Entscheidungen
des Reichsgerichts
in Zivilsachen

Sammlung der noch wichtigen Entscheidungen nach Fachgebieten geordnet

Herausgegeben

von

Professor Dr. Leonhard Auerbach, Berlin; Präsident des Reichspatentamtes a. D. Johannes Eylau, München; Rechtsanwältin Charlotte Graf, Berlin; Ministerialdirektor z. Wv. Senatspräsident Dr. Ernst Knoll, Berlin; Rechtsanwalt Erich Kummerow, Berlin; Rechtsanwalt Hermann Reuss, Berlin; Rechtsanwalt Dr. Walter Schmidt, Düsseldorf; Landgerichtsdirektor Alexander Swarzenski, Berlin; Rechtsanwalt Dr. Werner Vahldiek, Berlin

Gruppe V Öffentliches Recht

Beamtenrecht

Berlin 1954

Walter de Gruyter & Co.

vormals G. J. Göschen'sche Verlagshandlung / J. Guttentag, Verlagsbuchhandlung / Georg Reimer / Karl J. Trübner / Veit & Comp.

Beamtenrecht

Bearbeitet

von

Hermann Reuß

Rechtsanwalt in Berlin

Berlin 1954

Walter de Gruyter & Co.

vormals G. J. Göschen'sche Verlagsbuchhandlung / J. Guttentag, Verlagsbuchhandlung / Georg Reimer / Karl J. Trübner / Veit & Comp.

Archiv-Nr. 28 17 54

Satz und Druck: A. W. Hayn's Erben, Berlin SO 36

Vorwort

Zugleich eine Anleitung zur Benutzung des Bandes

Als zweiten Band der Gruppe V der Auswahlsammlung lege ich hiermit die Beamtenrechts-Rechtsprechung des ehemaligen Reichsgerichts vor. Mehr als anderwärts machte gerade hier die rechte Auswahl aus der Fülle der Entscheidungen Schwierigkeiten. Gegenüber einer Rechtslage, die seit dem Zusammenbruch im Jahre 1945 durch den Zerfall der deutschen Rechtseinheit auf dem Gebiet des Beamtenrechts gekennzeichnet ist, versagt der Maßstab des noch ‚Aktuellen' allzuoft. Die Rechtszersplitterung, die seitdem in Deutschland herrscht und sowohl die Beamten des Bundes einem anderen Gesetz als diejenigen der Länder wie auch diese wiederum länderweise verschiedenen Beamtengesetzen unterworfen hat, hätte es vielleicht angezeigt erscheinen lassen, mit der Herausgabe des Entscheidungsbandes erst das Erscheinen des Rahmengesetzes des Bundes auf dem Gebiet des Beamtenrechts abzuwarten, das den Erfordernissen der Rechtseinheit in Deutschland auf dem Gebiet des Beamtenrechts gemäß der — allerdings beschränkten — Zuständigkeit des Bundes (vgl. Art. 75 Ziff. 1 in Verbindung mit Art. 72 GG) wieder Geltung verschaffen wird. Von diesem Zeitpunkt, also vom Ergehen des Bundesrahmengesetzes an, wird man auf dem Gebiet des Beamtenrechts für den Bereich der Bundesrepublik und West-Berlins wieder festen Grund unter den Füßen und mithin auch einen tauglichen Maßstab dafür haben, was von der überkommenen Rechtsprechung des ehemaligen Reichsgerichts noch aktuell oder endgültig obsolet ist. Jedoch erschien es nicht angezeigt, mit der Herausgabe des Bandes noch so lange zu warten. Einmal ist dieser Zeitpunkt bei den Unberechenbarkeiten der Bundesgesetzgebung, die hier zudem noch durch die Fährnisse der Kompetenz-Empfindlichkeit der Länder hindurchsteuern muß, schwer abzusehen. Zum anderen sollte der Dienst am Alltag, den der Band zu leisten bestimmt ist, nicht länger hinausgezögert werden; denn der Nutzen, den der Band nach meiner zuversichtlichen Erwartung den Behörden des Bundes, der Länder und Gemeinden sowie den Zivil- und Verwaltungsgerichten und nicht zuletzt den Organisationen der Beamtenschaft, den Beamten selbst und ihren freiberuflichen Beratern, den Anwälten, im täglichen Gebrauch bringen wird, rechtfertigt die alsbaldige Herausgabe. Überdies kann die jetzt vorliegende gedrängte Übersicht über die in 172 Bänden der alten amtlichen Sammlung verstreuten Entscheidungen auch den mit der Neugestaltung des Beamtenrechts im Bund und in den Ländern befaßten zuständigen

Stellen und den hieran interessierten nichtamtlichen Kreisen innerhalb der Beamtenschaft und ihrer Organisationen manchen nützlichen Fingerzeig geben. Denn auch für das Beamtenrecht gilt das Wort: „Die Geschichte ist ein rückwärts gewandter Prophet!" Aus der während etwa sieben Jahrzehnten geübten Rechtsprechung des ehemaligen Reichsgerichts auf dem Gebiet des Beamtenrechts lassen sich positiv oder negativ manche Hinweise für die künftige Rechtsgestaltung entnehmen. Alle diese Erwägungen ließen es auch nicht zu, die Bestimmung darüber, welche Entscheidungen in die vorliegende ‚Auswahlsammlung' aufzunehmen seien, von einer allzu vordergründigen Auslegung des Begriffes ‚aktuell' abhängig zu machen. Selbstverständlich darf ein solches Werk keine ‚Obsoleten-Sammlung' sein. Aber es bedarf doch einer vertieften Besinnung, was noch bedeutungsvoll ist. Es mußte mithin darauf ankommen, die Auswahl so zu treffen, daß ihr Ergebnis die Beamtenrechts-Rechtsprechung des ehemaligen Reichsgerichts in einem Bande r e p r ä s e n t a t i v, d. h. i n i h r e r T y p i z i t ä t u n d i n i h r e m ü b e r z e i t l i c h e n G e h a l t e, wiedergibt. Damit ist zugleich auch das Anliegen erfüllt, dessen Verwirklichung mir am dringlichsten erschien: eine sich im steten Gebrauch bewährende wichtige Arbeitsunterlage für die beamtenrechtliche Alltagsarbeit, eine unentbehrliche Ergänzung zu dem Kommentar-Schrifttum zu schaffen. Auf mehrfache Weise habe ich versucht, zur Erreichung dieses Zieles den Reichtum der Rechtsprechung zu erschließen und dem Benutzer hierzu den Zugang möglichst zu erleichtern. Der ‚Aufschlüsselung' der umfangreichen jahrzehntelangen Rechtsprechung dient insbesondere das in unverdrossener zeitraubender und mühevoller Arbeit hergestellte Sachregister; in ihm werden nicht bloß Stichworte, sondern zum jeweiligen Stichwort möglichst der Extrakt des am Fundort anzutreffenden richterlichen Ausspruches geboten. Ich hoffe, daß der von mir so erarbeitete ‚Index' ein wahrer, selten versagender ‚Findex' geworden ist. Jedenfalls bietet das Sachregister für zahlreiche Fragen des Beamtenrechts die ‚Einstiegstelle' in den überkommenen Bestand der Rechtsprechung. Ein weiteres technisches Hilfsmittel zur Erleichterung für den Benutzer sind die von mir im Kopf jeder Seite gebrachten sog. ‚Kolumnentitel'. Bisweilen habe ich auch den alten Leitsätzen des Reichsgerichts, die dann als solche gekennzeichnet sind, eigene, neue Leitsätze vorangestellt, um dadurch den Inhalt der Entscheidung unter dem Blickpunkt der Gegenwart besser bewußt zu machen. Hierauf, d. h. auf die Hervorkehrung der Rechtsprechungsthesen des Reichsgerichts in das helle Licht des Bewußtseins, kam es mir überhaupt in besonderem Maße an; ich wollte verhüten, daß man über beachtenswerte Urteilsausführungen einfach hinwegliest. Der Vorbeugung hiergegen dienen in gleicher Weise das ausführliche, thesenartig ausgebaute Sachregister wie die Präzisierung des Entscheidungsinhalts durch die Kolumnentitel und die — allerdings nicht durchgängige — Prägung neuer Leitsätze. Überall, wo eine besondere Kennzeichnung des Leitsatzes nicht erfolgt ist, handelt es sich um den alten Leitsatz des Reichsgerichts. Meine eigenen Leitsätze, wo ich solche formuliert habe, sind denen des Reichsgerichts in klarer Kenntlichmachung vorangestellt. Es bedarf keiner Hervorhebung, daß ich mich bei der Bearbeitung durchweg der objektiven Treue zum abgedruckten Rechtsstoff verpflichtet gefühlt habe. Meine Versuche, den Inhalt der Rechtsprechung im Sachregister, in den

Kolumnentiteln und teilweise in neuen Leitsätzen prägnant zu formulieren und dem Benutzer dadurch bewußter zu machen sowie ihm diesen geistigen Besitz mnemotechnisch zu sichern, sind nur Bemühungen um die objektive Wiedergabe dessen, was das Reichsgericht gesagt hat. Der Gefahr einer auch nur unabsichtlichen subjektiven Verfälschung dieser Rechtsprechung bin ich mit wacher Selbstkritik entgegengetreten. Es versteht sich daher auch von selbst, daß ich mich mit den Thesen der Rechtsprechung des Reichsgerichts, soweit ich diese wiedergegeben habe, nicht identifiziere; gegen viele dieser Thesen habe ich recht ernsthafte Einwände. Aber es kam darauf an, objektiv den ‚Befund' an überkommener Rechtsprechung zu erheben. Der kritischen Würdigung ist kein Benutzer überhoben. Im Gegenteil: Der Entscheidungsband setzt den kritischen Benutzer, nicht den Sachunkundigen voraus. Insbesondere wird vom Benutzer der Blick für das Grundsätzliche auch hinter dem zeitbedingten Gewande der Entscheidungen erwartet; dieser Grundsätzlichkeit geschieht kein Abbruch dadurch, daß sie sich oft bei der Anwendung längst überholter positiver Rechtsvorschriften offenbart. Gegenüber dem von mir vorausgesetzten sachkundigen und kritischen Benutzer bedarf es auch nicht des Hinweises, daß da, wo in den Entscheidungen schlechthin von ‚Gericht' gesprochen wird, in der Regel das ‚ordentliche' Gericht gemeint ist, so daß die hierzu vom Reichsgericht getroffenen Feststellungen nichts bezüglich der Verwaltungsgerichte besagen.

Die Gemengelage der Themen oft innerhalb derselben Entscheidung ließ leider eine Ordnung nach sachlichen Gesichtspunkten nicht zu; sie zwang vielmehr zum Abdruck in chronologischer Folge. Um so wichtiger ist es, jeweils das Sachregister zu Rate zu ziehen und dort vor allem die jüngsten Entscheidungen, also die Fundstellen mit den höchsten Seitenzahlen nachzuschlagen. Aufmerksam mache ich noch darauf, daß leider dieselbe Abkürzung neuerdings zuweilen einen ganz verschiedenen Sinn hat. Die Abkürzung ‚BBG' z. B. bedeutet innerhalb der Entscheidungstexte ‚Berufsbeamtengesetz', hingegen in meinen gelegentlichen Fußnotenhinweisen auf die Rechtslage für die jetzigen Bundesbeamten — der üblichen Abkürzungsweise entsprechend — ‚Bundesbeamtengesetz'. Dem Sachkenner bereitet das keine Schwierigkeiten.

Die notwendige Konzentration des Stoffes, die schon durch den Charakter einer ‚Auswahl'-Sammlung bedingt ist, zwang nicht nur zur Ausschaltung von Entscheidungen, die im ganzen überholt oder rechtlich (auch rechtsprechungsgeschichtlich) minder bedeutsam sind, sondern darüber hinaus auch innerhalb der zum Abdruck gekommenen Entscheidungen zur möglichsten Straffung der Urteilsausführungen durch Weglassung entbehrlicher Angaben, die für das Verständnis nicht erforderlich oder gar belastend sind. Diese Kürzungen sind jeweils durch Auslassungspunkte (...) gekennzeichnet.

Auch bei aller Selbstkritik glaube ich doch, eine praktisch nützliche Arbeit geleistet zu haben, die den künftigen Benutzern des Bandes die Mühen ersparen wird, die ich mir in ihrer aller Interesse gemacht habe. Selbst wem die alte Sammlung der Entscheidungen des Reichsgerichts erhalten geblieben ist, dürfte mit dem vorliegenden Band eine wertvolle ‚Aufschlüsselung' ihres weit verstreuten Inhaltes in Händen haben und daher aus seinem Besitz Nutzen ziehen.

Reuß

Inhaltsverzeichnis

Verzeichnis

der aufgenommenen Entscheidungen aus der alten Sammlung

Wegen der Art der Bearbeitung der Entscheidungen, insbesondere ihrer Kürzung vgl. Vorwort.

Beamtenrecht

RGZ 12, 70

Bindung der Gerichte bei der Entscheidung über vermögensrechtliche Ansprüche der Beamten an Entscheidungen des öffentlichen Dienstherrn, die den anspruchserheblichen Rechtsstand des Beamten — seinen beamtenrechtlichen Status — gestalten.

Alter Leitsatz:

Steht dem Gerichte, vor welchem auf Grund des § 149 des Gesetzes über die Rechtsverhältnisse der Reichsbeamten ein vermögensrechtlicher Anspruch verfolgt wird, die Entscheidung auch darüber zu, ob die Verwaltungsbehörde mit Recht die Voraussetzung des § 24 gedachten Gesetzes (Umgestaltung der Behörde) als vorhanden angenommen habe?

II. Zivilsenat. Urt. v. 14. November 1884 i. S. R. (Kl.) w. Landesfiskus von Elsaß-Lothringen (Bekl.). Rep. II. 253/84.

I. Landgericht Straßburg. II. Oberlandesgericht Kolmar.

Kläger war durch Kaiserliche Bestallung zum administrativen Direktor der Kaiserlichen Tabaksmanufaktur in Straßburg ernannt worden, wurde jedoch durch Kaiserlichen Erlaß vom 2. April 1883 mit Gewährung des gesetzlichen Wartegeldes einstweilen in den Ruhestand versetzt. Nachdem er erfolglos bei den höheren Dienstbehörden remonstriert hatte, klagte er auf Bezahlung des Unterschiedes zwischen den vollen Gehaltsraten und den ihm ausbezahlten Dreiviertelteilen, indem er bestritt, daß das von ihm verwaltete Amt infolge gesetzmäßig vollzogener Umbildung der Behörde aufgehört habe.

Der Beklagte behauptete letzteres, machte aber vor allem geltend, daß der Rechtsweg unzulässig sei.

Das Landgericht und Oberlandesgericht haben den Rechtsweg für zulässig erklärt, jedoch aus materiellen Gründen die Klage abgewiesen. Das Reichsgericht hat die Statthaftigkeit des Rechtsweges verneint aus folgenden

Gründen:

Der § 149 des Reichsbeamtengesetzes erklärt den Rechtsweg über vermögensrechtliche Ansprüche der Beamten aus ihrem Dienstverhältnisse „mit den in den nachfolgenden Paragraphen enthaltenen Maßgaben" für statthaft. In dem § 155 wird sodann die Entscheidung der Verwaltungsbehörde darüber, o b und von welchem Zeitpunkte an ein Beamter einstweilig in den Ruhestand zu versetzen sei, f ü r d i e B e u r t e i l u n g der vor dem Gerichte geltend gemachten vermögensrechtlichen Ansprüche für m a ß g e b e n d erklärt.

Der klare, unzweideutige Wortlaut dieser Bestimmung, welche zu den „Maßgaben" gehört, auf welche der § 149 verweist, führt nun zu der Auslegung, daß damit den Gerichten[1]) die Nachprüfung darüber entzogen[2]) ist, ob die Verwaltungsbehörde aus zureichendem gesetzlichen Grunde und auf genügend festgestellte Tatsachen hin den Beamten aus seinem Amte entfernt, einstweilig oder definitiv in den Ruhestand versetzt habe; denn m a ß g e b e n d für die Beurteilung der geltend gemachten vermögensrechtlichen Ansprüche sind die gedachten Entscheidungen nur, wenn für ebendiese Beurteilung die Tatsache, d a ß der Beamte, wie im gegebenen Falle, einstweilig in den Ruhestand versetzt sei, mit d e r rechtlichen Folge unanfechtbar feststeht, daß n u r d a n a c h, d. h. also nur auf d e r Grundlage, daß es sich um vermögensrechtliche Ansprüche eines einstweilig in den Ruhestand versetzten Beamten handele, der Umfang dieser Ansprüche richterlich bestimmt werden soll.

Bei der anderen Auslegung, welche in den Kreis der gerichtlichen Erwägungen auch die Prüfung der Rechtmäßigkeit des Ausspruches der Verwaltungsbehörde zieht, wodurch der Beamte in einstweiligen Ruhestand versetzt worden ist, nach welcher also das Gericht auch zuständig wäre, die vermögensrechtlichen Ansprüche auf der entgegengesetzten Grundlage festzusetzen, daß der Beamte mangels der rechtlichen oder tatsächlichen Voraussetzungen n i c h t in den einstweiligen Ruhestand habe versetzt werden dürfen, wäre der Ausspruch der Verwaltungsbehörde für die Beurteilung der vermögensrechtlichen Ansprüche offenbar n i c h t maßgebend. Schon an diesem Zusammenhange der §§ 149 bis 155 und an der aus dem klaren Wortlaute sich notwendig ergebenden Folgerung muß jeder Versuch scheitern, dem § 155 eine die richterliche Zuständigkeit erweiternde Auslegung zu geben.

Es kann zwar die Unterscheidung zwischen dem privatrechtlichen und dem staatsrechtlichen Teile des Dienstverhältnisses, wie solche bereits in den Motiven zum preußischen Gesetze vom 24. Mai 1861 über die Erweiterung des Rechtsweges, dessen §§ 1 und 5 die §§ 149, 155 des Reichsbeamtengesetzes nachgebildet sind, gemacht worden ist, als theoretisch richtig[3]), und es kann ferner zugegeben werden, daß die ver-

[1]) Beachte aber jetzt die Prüfungszuständigkeit der Verwaltungssgerichte auf Grund der Generalklausel.

[2]) Vgl. hierzu jetzt Art. 19 Abs. 4 GG.

[3]) Diese wissenschaftlich überholten Ausführungen sind um ihres wissenschafts g e s c h i c h t l i c h e n Interesses willen wieder mit abgedruckt worden.
Der Bearbeiter.

mögensrechtlichen Ansprüche des Staatsbeamten, insbesondere auf Besoldung, Pension oder Wartegeld, zur privatrechtlichen Seite gehören; aus dieser Unterscheidung folgt jedoch noch nicht notwendig, daß der Gesetzgeber die Gerichte für zuständig erklären mußte, die vermögensrechtlichen Ansprüche der Beamten ganz unabhängig und losgelöst von der durch die Verwaltungs- oder Exekutivbehörde innerhalb ihrer Zuständigkeit geschaffenen Sachlage zu beurteilen. Bei der Auslegung des gegebenen Gesetzes bleibt vielmehr immer noch zu prüfen, ob der Wille des Gesetzgebers dahin gehe, daß die Gerichte die privatrechtlichen Ansprüche der Beamten nach der tatsächlich gegebenen öffentlichrechtlichen Stellung derselben (ob aktiv, ob zur Ruhe gesetzt, ob befördert, ob disziplinar bestraft oder nicht) zu beurteilen habe, — wie solche ihnen von der hierzu kompetenten Behörde durch Verleihung, Entziehung des Amtes und der Funktion gegeben worden ist, — oder, ob es der Wille des Gesetzgebers sei, daß für die Beurteilung der vermögensrechtlichen Ansprüche diejenige Stellung des Beamten maßgebend sei, welche demselben bei einer nach der Auffassung des Gerichtes rechtmäßigen Ausübung der Ämterhoheit oder der Disziplinargewalt hätte verliehen oder belassen werden sollen.

Nach dem bereits Ausgeführten lassen aber die angeführten §§ 149, 155 keine andere Auslegung zu als die, daß der Gesetzgeber den ersteren und nicht den zweiten Standpunkt eingenommen und seinem dahin gehenden Willen bestimmten Ausdruck gegeben habe.

. . . . .

Es kann zugegeben werden, daß bei der hier als allein richtig gebilligten Auslegung des Gesetzes die Tragweite des § 149 eingeschränkt und dem Beamten die Möglichkeit entzogen wird, vor den Gerichten wenigstens nach der vermögensrechtlichen Seite hin Abhilfe gegen eine seiner Überzeugung nach ungerechtfertigte Entfernung vom Amte oder Versetzung in den Ruhestand zu erlangen. Abgesehen jedoch davon, daß wirkliche oder scheinbar harte Konsequenzen eines Gesetzes nicht zu einer Auslegung desselben berechtigen, welche mit seinem klaren Wortlaute unvereinbar ist, bleibt immerhin noch ein großes Gebiet für die Anwendung des § 149 übrig. Der Beamte hat durch denselben gerichtlichen Schutz nicht nur gegen etwaige willkürliche Entziehung oder Schmälerung seines Diensteinkommens, Pension oder Wartegeld, wie ihm solche bei seiner von der Verwaltungsbehörde anerkannten Stellung gebühren, sondern auch gegen eine dem Gesetze nicht entsprechende Berechnung seiner Bezüge. ...

RGZ. 53, 423

Beamtenrechtliche Zusicherungen. Zulässigkeit des Rechtsweges hieraus. Ansprüche auf Dienstbezüge setzen die wirkliche Übertragung des hiermit verbundenen Amtes voraus; sie lassen sich nicht bereits aus einer entsprechenden Zusicherung herleiten.

Alter Leitsatz:

1. Sind Verträge über die künftige Uebertragung eines Amtes rechtsgültig? Rechtliche Natur solcher Verträge.

2. Findet daraus eine Klage im Rechtswege auch nur wegen des mit dem Amte verbundenen Diensteinkommens statt?

Reichsbeamtengesetz vom 31. März 1873 §§ 1, 4, 149 flg.

III. Zivilsenat. Urt. v. 10. Februar 1903 i. S. P. (Kl.) w. deutschen Reichsfiskus (Bekl.). Rep. III. 414/02.

I. Landgericht I Berlin. II. Kammergericht daselbst.

Der Kläger stand ursprünglich als Zollpraktikant im Dienste der preußischen Verwaltung der Zölle und indirekten Steuern. Im Dezember 1895 wurde er in das Auswärtige Amt des Deutschen Reiches zur Beschäftigung in der Geheimen Registratur II einberufen, und er blieb seitdem, mit einer vom 28. Mai bis zum 14. Juni 1896 währenden Unterbrechung, im Dienste des Auswärtigen Amts, und zwar seit Ende Juli 1896 bei der Geheimen Kalkulatur. Als er sich 1898 endgültig zu entscheiden hatte, erklärte er sich in einer dem Auswärtigen Amte überreichten Urkunde vom 19. September 1898 unter bestimmten Voraussetzungen bereit, in den Dienst jenes Amtes dauernd überzutreten. Er erhielt darauf folgenden, von dem Geheimen Legationsrate R. im Auftrage des Reichskanzlers unterschriebenen Erlaß des Auswärtigen Amtes:

„In der mir vorgelegten Urkunde vom 19. d. M. haben Sie sich bereit erklärt, auf Ihre Stellung als Zollpraktikant bei der Königlich preußischen Verwaltung der Zölle und indirekten Steuern zu verzichten, sofern Ihnen vom Auswärtigen Amt die schriftliche Zusicherung gegeben wird, daß Sie in die Zahl der etatsmäßigen Beamten Ihres Bureaus einrücken sollen, sobald Sie Ihrem Dienstalter gemäß an der Reihe sind, und daß Ihnen bei etwaiger vor Ihrer etatsmäßigen Anstellung eintretender Dienstunfähigkeit der im Dienste der Zoll- und Steuerverwaltung erworbene Anspruch auf gesetzliche Pension gewahrt bleiben soll.

Ich nehme nicht Anstand, Ihnen diese Zusicherung hiermit unter der Voraussetzung zu erteilen, daß Sie sich im diesseitigen Dienste wie bisher so auch in Zukunft bewähren, und ersuche Sie, mir nunmehr eine zur Uebermittlung an den Herrn Finanzminister geeignete schriftliche Erklärung einzureichen, worin Sie auf Ihre Stellung als Zollpraktikant verzichten und um Ihre Entlassung aus der Zoll- und Steuerverwaltung bitten."

Demgemäß schied der Kläger aus dem preußischen Staatsdienste aus und trat endgültig in den Reichsdienst über. Er erhielt als Hilfsarbeiter in der Expedition Diäten, die im Rechnungsjahr 1899 2520 M. betrugen. Bei der am 1. April 1900 in Kraft getretenen Neuregelung der Anstellungs- und Besoldungsverhältnisse der Bürobeamten des Auswärtigen Amts wurde ihm eine etatsmäßige Bürobeamtenstelle II. Klasse, nämlich die Stelle eines

Büroassistenten mit dem Titel „Geheimer Sekretariats-Assistent" und einem von 2100 M. bis 3000 M. steigenden Gehalte und einem Wohnungsgeldzuschusse von jährlich 540 M., übertragen.

Der Kläger ist der Ansicht, daß nach den im September 1898 in Geltung gewesenen Anstellungsgrundsätzen ihm vom 1. April 1901 ab nach seinem Dienstalter die Stelle eines Bürobeamten I. Klasse, die es damals in der Expedition (Kalkulatur) allein gegeben habe, hätte verliehen werden müssen, und er begründet dies unter Darlegung der einschlägigen tatsächlichen Verhältnisse. Außerdem meint er, daß er, da er am 1. April 1890 nach seinem Dienstalter noch nicht an der Reihe zur etatsmäßigen Anstellung gewesen sei, damals in seiner Stellung als Hilfsarbeiter in der Expedition hätte belassen werden müssen, weil er in dieser im Rechnungsjahr 1900 mit 2880 M. zu besolden gewesen wäre, während er als Bürobeamter II. Klasse nur 2640 M. erhalten hätte. Er verlangt deshalb für das Rechnungsjahr 1900 den Unterschied zwischen diesen beiden Beträgen mit 240 M. und vom 1. April 1901 ab den Unterschied zwischen dem jährlichen Anfangsgehalte eines Bürobeamten I. Klasse, das mit dem Wohnungsgeldzuschusse 3900 M. betrage, und dem ihm gewährten Diensteinkommen eines Bürobeamten II. Klasse mit 2640 M.

Nachdem er auf die von ihm geltend gemachten Ansprüche von dem Beklagten abschlägig beschieden worden, erhob er innerhalb der gesetzlichen Ausschlußfrist Klage. Er beantragte, den Beklagten zu verurteilen:

a) anzuerkennen, daß ihm seit dem 1. April 1901 die Bezüge eines etatsmäßigen Expedienten im Auswärtigen Amte mit dem Besoldungsdienstalter vom gleichen Tage zustehen,

b) an ihn 1500 M. nebst 4 v. H. Zinsen von 240 M. seit dem 1. März 1901, von 315 M. je seit dem 1. Juli 1901, 1 Oktober 1901 und 1. Januar 1902 zu zahlen.

Der Beklagte erhob die Einrede der Unzulässigkeit des Rechtsweges, weil dieser für die vermögensrechtlichen Ansprüche der Reichsbeamten nur insoweit gegeben sei, als sie aus dem tatsächlich zur Entstehung gelangten Dienstverhältnisse abgeleitet würden. In der Sache selbst hält er die in dem Erlasse vom 24. September 1898 dem Kläger gegebene Zusicherung dadurch für erfüllt, daß diesem vom 1. April 1900 ab seinem Dienstalter gemäß eine etatsmäßige Assistentenstelle verliehen worden sei.

Das Landgericht verwarf die Einrede der Unzulässigkeit des Rechtsweges wegen eines Teilbetrages zu b des Klagantrages in Höhe von 240 M. nebst 4 v. H. Zinsen seit dem 1. März 1901 und wies im übrigen die Klage wegen Unzulässigkeit des Rechtsweges ab.

Das Kammergericht wies die Berufung des Klägers zurück und änderte auf die Anschlußberufung des Beklagten das Urteil des Landgerichts dahin ab, daß die Klage auch in Ansehung des Teilbetrages von 240 M. nebst 4 v. H. Zinsen seit dem 1. März 1901 wegen Unzulässigkeit des Rechtsweges abgewiesen wurde.

Die Revision des Klägers ist zurückgewiesen aus folgenden

Gründen:

Das Berufungsgericht erachtet den Rechtsweg für die vom Kläger erhobenen Ansprüche deshalb für ausgeschlossen, weil dieser keine Forderungen aus einem Dienstverhältnisse, in welchem er tatsächlich gestanden habe, sondern aus einem solchen, in welchem er nach seiner Meinung hätte stehen müssen, geltend mache. Es nimmt dies insbesondere auch für den Anspruch auf Nachzahlung von 240 M. Diensteinkommen für das Rechnungsjahr 1900 an, weil auch dieser sich auf eine Dienststellung stütze, die der Kläger nicht inne gehabt habe, aber nach seiner Ansicht hätte inne haben müssen. Diese Begründung der Entscheidung des Berufungsgerichts steht mit der ständigen Rechtsprechung des Reichsgerichts im Einklang (es folgen Rspr.-Nachweisungen).

. . . Die Revision macht gegen das Berufungsurteil zunächst geltend, daß ein Beamter unter Umständen Schadensersatzansprüche geltend machen könne, wenn ihm ein mit einem höheren Einkommen verbundenes Amt noch nicht übertragen worden sei, und daß im vorliegenden Falle der Kläger den Anspruch in zweiter Reihe auch als Schadensersatzforderung erhoben habe. (Dieses Revisionsvorbringen wird zurückgewiesen.)

Was aber die Revision im weiteren darüber ausführt, daß auch durch einen Vertrag wie den von ihr behaupteten unmittelbar ein Dienstverhältnis im Sinne des § 149 des Reichsbeamtengesetzes und damit der Anspruch des Beamten auf das bestimmte Diensteinkommen begründet werden könne, ist rechtlich unhaltbar. Man kann zugeben, daß das Beamtenverhältnis durch einen Vertrag öffentlichrechtlicher Natur begründet wird, der durch den wechselseitig erklärten übereinstimmenden Willen des Staates, vertreten durch das zuständige Organ, und des Anzustellenden zustande kommt, und zu dessen Abschlusse als regelmäßige Form insbesondere nach Reichsrecht die Aushändigung der Anstellungsurkunde gehört (es folgen Schrifttums- und Rspr.-Nachweisungen).

Indes aus einem solchen Vertrage leitet der Kläger seinen Gehalts- und seinen in zweiter Reihe geltend gemachten Entschädigungsanspruch nicht her. Vielmehr stützt er ihn auf einen Vertrag, der dadurch zustande gekommen sein soll, daß er selbst in der von ihm dem Auswärtigen Amte überreichten Urkunde vom 19. September 1898 sich bereit erklärt habe, auf seine Stellung als Zollpraktikant bei der preußischen Verwaltung der Zölle und indirekten Steuern zu verzichten, sofern ihm vom Auswärtigen Amte die schriftliche Zusicherung gegeben werde, daß er in die Zahl der etatsmäßigen Beamten seines Büros einrücken solle, sobald er seinem Dienstalter gemäß an der Reihe sei, und daß ihm bei etwaiger vor seiner etatsmäßigen Anstellung eintretender Dienstunfähigkeit der im Dienste der Zoll- und Steuerverwaltung erworbene Anspruch auf gesetzliche Pension gewahrt bleiben solle, und daß das Auswärtige Amt ihm durch den Erlaß vom 24. desselben Monats die entsprechende Zusicherung erteilt habe. Dies war jedoch kein Anstellungsvertrag in dem vorher bezeichneten Sinne, mindestens nicht, soweit die Erklärungen sich auf die spätere Anstellung des Klägers als „etatsmäßiger Beamter seines Büros" bezogen; denn insoweit — und nur insoweit kommt er hier in Betracht — enthielt der Erlaß vom 24. September 1898 nur, wie er selbst besagt, die „Zusicherung", daß der Kläger künftig unter bestimmten Voraussetzungen in die Zahl der etatsmäßigen Beamten seines Büros einrücken solle. Es ist der Revision einzuräumen, daß auch durch jene zwischen dem Kläger und dem Auswärtigen Amte gewechselten Erklärungen ein Vertrag zustande kommen konnte und zustande gekommen ist, und daraus folgt, daß es eine rechtsirrtümliche Ausführung des Berufungsgerichts ist, wenn es meint, daß durch den Erlaß vom 24. September 1898 keine rechtlichen Verbindlichkeiten — im Gegensatze zu bloß sittlichen Verpflichtungen — hätten begründet werden können.

Allein dieser Rechtsirrtum des Berufungsgerichts kann nicht zur Aufhebung des angefochtenen Urteils führen, weil die Entscheidung sich aus einem anderen Grunde als gerechtfertigt darstellt (§ 563 ZPO.). Jener Vertrag war nämlich lediglich ein staatsrechtlicher; denn er enthielt auf der einen Seite die Zusicherung der das Reich vertretenden Anstellungsbehörde, daß dem Kläger unter gewissen Voraussetzungen ein bestimmtes Amt übertragen werden solle, auf der anderen Seite die Erklärung des Klägers, dieses Amt übernehmen zu wollen, also auf beiden Seiten lediglich die Eingehung von Verpflichtungen zu Handlungen, die dem staatsrechtlichen Gebiete angehörten. Daß für den Kläger außerdem auch das Recht auf den Bezug des mit dem Amte verbundenen Diensteinkommens wesentlich in Frage kam, kann für die rechtliche Charakterisierung des Vertrages nicht ins Gewicht fallen; denn dieses Recht war gemäß § 4 Abs. 2 des Reichsbeamtengesetzes immer erst eine Folge der wirklichen Uebertragung und der tatsächlichen Uebernahme des Amtes durch den Kläger. Aber selbst wenn man annehmen wollte, daß in dem Vertrage selbst schon das Reich, wenigstens mittelbar, auch eine Verpflichtung dahin eingegangen sei, dem Kläger bei Uebertragung des zugesicherten Amtes das damit verbundene Diensteinkommen zu gewähren, würde dies an der rechtlichen Natur des Vertrages nichts ändern. Denn auch das vom Reiche dem Beamten gewährte Diensteinkommen ist keine privatrechtliche Bezahlung geleisteter Dienste, sondern die öffentlichrechtliche Gegenleistung dafür, daß der Beamte regelmäßig seine ganze Persönlichkeit in den Dienst des Reiches stellt. . . .

Solche staatsrechtlichen Verträge über die künftige Uebertragung eines Amtes sind nun an sich, da sie nur eine Art der Ausübung des Rechts der Aemterhoheit auf seiten des Reiches oder des Staates enthalten, statthaft und rechtsgültig. ... (Schrifttums- und Rspr.-Nachweisungen.)

Ein im Rechtswege, also vor den ordentlichen Gerichten, zu verfolgender Anspruch auf Uebertragung des Amtes aber, das durch einen solchen Vertrag dem Bewerber zugesichert ist, wird dadurch nicht begründet. Der Ausschluß des Rechtsweges ist für alle staatsrechtlichen Ansprüche die Regel: für sie ist grundsätzlich nur der Verwaltungsweg, also eintretendenfalls die Beschwerde an die höhere Verwaltungsbehörde, oder in denjenigen Fällen, in denen das Gesetz dies ausdrücklich zuläßt, die Klage im Verwaltungsstreitverfahren gegeben. Dagegen bildet die Zulassung des Rechtsweges die Ausnahme, die nur in den vom Gesetze besonders bestimmten Fällen Platz greift. Wie daher einerseits die vermögensrechtlichen Ansprüche des Reichsbeamten aus ihrem Dienstverhältnisse nur deshalb und insoweit im Rechtswege verfolgbar sind, weil und insoweit die §§ 149 flg. des Reichsbeamtengesetzes dies ausdrücklich gestatten, so sind andererseits alle anderen etwaigen Ansprüche, die sich auf das Dienstverhältnis beziehen, von der Verfolgung im Rechtswege ausgeschlossen.

Und auch für solche staatsrechtlichen Ansprüche, die auf Vertrag beruhen, gilt keine Ausnahme. Da aber die wirkliche Uebertragung eines Amtes, wie schon erwähnt, nach der allgemeinen, zwingenden Vorschrift des § 4 Abs. 2 Reichsbeamtengesetzes die notwendige Voraussetzung für die Entstehung des Anspruchs des Beamten auf Gewährung des mit dem Amte verbundenen Diensteinkommens bildet, so läßt sich auch ein im Rechtswege verfolgbarer bloßer Anspruch auf dessen Gewährung nicht, wie die Revision meint, einfach auf einen Vertrag wie den vorliegenden stützen.

. . .

RGZ. 71, 243

1. Ist wegen des Anspruchs eines Lehrers aus der gesundheitgefährdenden Beschaffenheit der ihm überwiesenen Dienstwohnung nach fruchtloser Anrufung der zuständigen Verwaltungsbehörde das Verwaltungsstreitverfahren oder der ordentliche Rechtsweg zulässig?
2. Ist § 618 Abs. 1 BGB. auch auf Dienstwohnungen von Lehrern entsprechend anwendbar?
3. ... (überholt).

Preuß. Gesetz, betr. das Diensteinkommen der Lehrer und Lehrerinnen an den öffentlichen Volksschulen, vom 3. März 1897 §§ 13, 14, 20, 25. BGB. § 618. ZPO. §§ 258, 304, 323.

III. Zivilsenat. Urt. v. 18. Mai 1909 i. S. Schulgemeinde Groß- und Klein-Z. (Bekl.) w. N. (Kl.). Rep. III 272/08.

I. Landgericht II Berlin. II. Kammergericht daselbst

Der Kläger war als zweiter Lehrer an der öffentlichen Volksschule zu Gr.-Z. angestellt worden, die von der verklagten Schulgemeinde unterhalten wurde. Er erkrankte an Gelenkrheumatismus und wurde von der

Regierung aus dem Schuldienste entlassen, weil er unfähig sei, seine dienstlichen Pflichten zu erfüllen. Mit der Behauptung, daß seine Erkrankung auf den ungesunden Zustand seiner Dienstwohnung und der Schulräume zurückzuführen sei, forderte er Schadensersatz wegen Minderung seiner Erwerbsfähigkeit und erhob dieserhalb schließlich gerichtliche Klage auf Zahlung gewisser Beträge und auf Zubilligung einer jährlichen Rente.

Das Landgericht erklärte die Klagansprüche dem Grunde nach für berechtigt. Die Berufung der Schulgemeinde wurde zurückgewiesen, und ebenso auch deren Revision.

Gründe:

Daß die Voraussetzungen der Zulässigkeit des Rechtsweges, wie sie § 25 des Ges., betr. das Diensteinkommen der Lehrer und Lehrerinnen an den öffentlichen Volksschulen, vom 3. März 1897 aufstellt, im vorliegenden Falle erfüllt sind, hat das Berufungsgericht ohne Rechtsirrtum angenommen, soweit es sich dabei um die Erwirkung der Vorentscheidung gerade des Oberpräsidenten, als des nach dem Gesetze allein hierfür zuständigen Verwaltungsbeamten, und um die Einhaltung der sechsmonatigen Frist zur Erhebung der Klage handelt. Hiergegen hat auch die Revision keinen Angriff gerichet.

Dagegen rügt sie, daß der Rechtsweg für Ansprüche, wie sie der Kläger erhoben habe, nach den §§ 13, 14 und 20 des genannten Gesetzes überhaupt nicht gegeben sei. Wäre der Einwand des Klägers gegen die Benutzbarkeit der Dienstwohnung begründet gewesen, so hätte er nach den §§ 13 und 14 Abs. 1 und 2 die Festsetzung der Schulaufsichtsbehörde „über Notwendigkeit, Umfang und Einrichtung" einholen, und wenn deren Entscheidung gegen ihn ausgefallen wäre, Klage im Verwaltungsstreitverfahren erheben müssen. Die Rüge ist nicht begründet. Nach § 13 sollen auf dem Lande „erste und alleinstehende Lehrer in der Regel, bei vorhandenem Bedürfnis auch andere Lehrer und Lehrerinnen eine freie Dienstwohnung erhalten". Der § 14 will in Abs. 1 bei der Anlage und Verwendung von Dienstwohnungen die örtlichen „Verhältnisse und die Amtsstellung" berücksichtigt wissen, und in Abs. 2 läßt er gegen die Festsetzungen der Schulaufsichtsbehörde über „Notwendigkeit, Umfang und Einrichtung" das Verwaltungsstreitverfahren zu. Dieser Wortlaut und der Zusammenhang ergibt klar, gegen welche Festsetzungen der Schulaufsichtsbehörde das Verwaltungsstreitverfahren für zulässig erklärt ist. Sie müssen sich auf die Frage der Notwendigkeit der Errichtung einer neuen oder der Veränderung einer bestehenden Dienstwohnung, auf den Umfang der hiernach auszuführenden Bauten oder auf die Art und Zahl der Einrichtungsstücke, des Zubehörs, beziehen.

Der Entwurf zu dem Gesetze enthielt in Abs. 2 seines § 14 noch die Bestimmung: „Mit dieser" (nämlich der aus dem Abs. 1 sich ergebenden) „Maßgabe sind die seitens der Schulaufsichtsbehörde zu erlassenden allgemeinen Anordnungen über den Umfang der Dienstwohnungen für die im Verwaltungsstreitverfahren zu treffenden Entscheidungen verbindlich." Die Begründung aber bemerkte dazu: „Der Schlußsatz des § 14 wiederholt, um die Bestimmungen im Zusammenhange zu geben, die der Schulaufsichtsbehörde schon jetzt zustehende Befugnis, allgemeine Anordnungen über den Umfang der Dienstwohnung zu erlassen. Derartige Anordnungen sind ebensowohl erforderlich zur Beschränkung und Regelung der Ansprüche der Lehrer, wie zur Feststellung des Umfanges der Verpflichtung der Schulverbände."

Vgl. Drucks. des Abgeordnetenhauses 1896/97 Bd. 2 Nr. 9 S. 7 und 60. Ist auch der Abs. 2 des § 14 nicht in der Fassung des Entwurfs Gesetz geworden, so erhellt doch aus der Begründung dazu, an welche Ansprüche der Lehrer, soweit diese bei dem zugelassenen Verwaltungsstreitverfahren als Parteien in Betracht kommen könnten, überhaupt gedacht ist, nämlich Ansprüche wegen der Art der Anlage oder der Veränderung, sowie wegen des Umfanges der Dienstwohnung und ihrer Einrichtung, des Zubehörs. Für Anträge auf Beseitigung von Mängeln der Dienstwohnung ist demnach und schon nach der Überschrift des § 14 „Größe der Dienstwohnung" das Verwaltungsstreitverfahren überhaupt nicht zugelassen. Vorstellungen aber im Verwaltungswege hat der Kläger bei dem Vorsitzenden des Schulvorstandes nach dem festgestellten Sachverhältnisse und nach dem Geständnisse der Beklagten ausreichend erhoben. Denn die Beklagte gibt zu, daß der Kläger 1902 dem Ortsschulinspektor K. gesagt habe, daß die Dienstwohnung ungesund sei, und daß er zugleich den Wunsch nach Gewährung einer anderen Wohnung oder Zahlung einer Mietentschädigung geäußert habe. Demgemäß sind Ansprüche der Art wie der hier in Frage stehende aus dem Erleiden eines Schadens infolge der gesundheitsgefährdenden Beschaffenheit der Dienstwohnung von der Unterwerfung unter das Verwaltungsstreitverfahren ausgeschlossen, und es bleibt deshalb für sie der an sich gegebene ordentliche Rechtsweg bestehen.

Unbegründet sodann ist auch der Angriff der Revision: nachdem der Kläger im Rechtszuge der Berufung ausdrücklich erklärt habe, aus der ungesunden Beschaffenheit der Unterrichtsräume keinen Anspruch herleiten zu wollen, sei die entsprechende Anwendung des § 618 Abs. 1 BGB. auf den vorliegenden Fall vom Berufungsgerichte zu Unrecht angenommen worden, weil eine solche voraussetzen würde, daß es sich um Räume handele, welche die Beklagte dem Kläger zur Verrichtung seiner Dienste zu beschaffen gehabt habe; die entsprechende Anwendung des Abs. 2 aber sei deshalb ausgeschlossen, weil keine häusliche Gemeinschaft des Klägers mit der Beklagten oder ihren Vertretern bestanden habe. Von einer häuslichen Gemeinschaft ... kann freilich in dem Verhältnisse zwischen dem Kläger und der Beklagten oder ihren gesetzlichen Vertretern keine Rede sein. Dagegen trifft der Abs. 1 des § 618 in entsprechender Anwendung allerdings zu. Dienstwohnungen werden ihren Inhabern gerade mit Rücksicht auf die Verrichtung ihrer Dienste, in vielen Fällen aber geradezu deshalb gewährt, weil ihr Inhaber ohne eine solche seine Dienste überhaupt nicht verrichten könnte; denn Privatwohnungen würden für den Beamten oder Lehrer an dem betreffenden Orte überhaupt nicht oder nur unter unangemessenen Verhältnissen oder zu unverhältnismäßig hohen Preisen zu haben sein. Daß das Gesetz wenigstens in Ansehung der Lehrer auf dem Lande von dieser Anschauung ausgeht, erhellt schon aus § 13:

> „Auf dem Lande sollen erste und alleinstehende Lehrer in der Regel, bei vorhandenem Bedürfnis auch andere Lehrer und Lehrerinnen eine freie Dienstwohnung erhalten.“

Diese Vorschrift ist ersichtlich in erster Reihe im Interesse der Förderung der Zwecke der Schule getroffen, und dies bestätigt auch die Begründung des Entwurfs zu § 13. Sie führt aus, der § 13 überlasse es in den Städten den Schulvorständen, ob sie dem Lehrer eine Wohnung oder eine Mietentschädigung gewähren wollten. Im allgemeinen sei es üblich, daß der Rektor oder Hauptlehrer Dienstwohnung im Schulhause erhalte. Es erleichtere dies die Aufsicht sowie den Verkehr des Schulleiters mit den Eltern der Schüler. Auf dem Lande sollten wenigstens erste und alleinstehende Lehrer in der Regel, bei vorhandenem Bedürfnisse auch andere Lehrer und Lehrerinnen eine freie Dienstwohnung erhalten, weil hier passende Mietwohnungen selten zu haben seien und weil junge Leute, die eben das Seminar verließen, nicht immer auf das Wirtshaus angewiesen werden könnten.

Vgl. Drucks. des Abgeordnetenhauses a. a. O. S. 59.

Daraus folgt, daß in einem Falle, wie dem vorliegenden, in welchem nach dem festgestellten Sachverhältnisse der Kläger gerade deshalb, weil er anderweit im Dorfe keine passende Wohnung bekommen konnte, die gesundheitsgefährdende Dienstwohnung schließlich bezogen hat, diese zu den Räumen gehörte, welche die Gemeinde wenigstens mittelbar zur Ermöglichung der Verrichtung der Dienste des Lehrers zu beschaffen hatte. Die entsprechende Anwendung des § 618 Abs. 1 BGB. ist danach rechtlich nicht zu beanstanden. Daß aber überhaupt diese Vorschrift des bürgerlichen Rechts auf ein Dienstverhältnis des öffentlichen Rechts, wie es hier vorliegt, zu dessen Ergänzung im Wege der Analogie Anwendung finden muß, hat der erkennende Senat bereits in einer Reihe von Entscheidungen ausgesprochen. ...

RGZ. 80, 308

Was ist nach preußischem Staatsrecht unter einem Nebenamte zu verstehen?

Besoldungsordnung vom 26. Mai 1909 §§ 2, 5.

III. Zivilsenat. Urt. v. 1. November 1912 i. S. M. (Kl.) w. preuß. Eisenbahnfiskus (Bekl.). Rep. III. 96/12.

I. Landgericht Stettin. II. Oberlandesgericht daselbst.

Der Kläger war früher Eisenbahnsekretär bei der Eisenbahndirektion in St. Vom 5. Oktober 1907 ab wurde er zur Probedienstleistung als

Revisionsbeamter bei der Oberrechnungskammer in Potsdam einberufen und vom 1. August 1910 ab als Geheimer Rechnungsrevisor bei dieser Behörde angestellt. Er bezog zur Zeit seiner Einberufung, nachdem er im April 1905 zum stellvertretenden Vorsitzenden der Betriebskrankenkasse für den Eisenbahndirektionsbezirk St., des Bezirksausschusses Nr. 20 der Pensionskasse für die Arbeiter der preußisch-hessischen Eisenbahngemeinschaft und des Bezirksvorstandes Nr. 20 der Eisenbahnerverbandskasse bestellt worden war, zufolge Verfügung der Eisenbahndirektion vom 8. August 1905 eine widerrufliche Stellenzulage von 200 M. Bei dieser verblieb es auch, als ihm durch Verfügung vom 5. Dezember 1906 die Geschäfte eines Vorstehers der Wohlfahrtsabteilung übertragen wurden. Die mit rückwirkender Kraft für die Zeit vom 1. April 1908 an erlassene Besoldungsordnung als Teil des Gesetzes, betreffend die Bereitstellung von Mitteln zu Diensteinkommensverbesserungen vom 26. Mai 1909, bestimmte für die Klasse 22 b unter Nr. 10 b nicht pensionsfähige Stellenzulagen von 300 M für 63 Eisenbahnsekretäre als Vorsteher der Wagenbureaus, Materialienbureaus und der Wohlfahrtsabteilungen der Rechnungsbureaus. Diese Stellenzulage wurde auch nachträglich für den Kläger durch Verfügung des Präsidenten der Eisenbahndirektion in St. vom 21. Juni 1909 rückwirkend für die Zeit vom 1. April 1908 ab festgesetzt. Unter dem 30. September 1909 wurde dem Kläger von dem Präsidenten gleichzeitig mit seiner Überweisung an die Oberrechnungskammer zur aushilfsweisen Beschäftigung eröffnet, daß sein Gehalt und der Wohnungsgeldzuschuß unverändert bleiben, daß aber die ihm bewilligte Stellenzulage von 200 M mit Ende September 1908 wegfalle.

Der Kläger verlangte unter Hinweis auf § 54 der Instruktion für die Oberrechnungskammer vom 18. Dezember 1824 die Zahlung der Stellenzulage von 300 M. jährlich für die Zeit vom 1. Oktober 1908 bis zum 31. Juli 1910. Nach Erschöpfung des Verwaltungswegs beantragte er klagend die Verurteilung des Beklagten zur Zahlung von 550 M. nebst 4 v. H. Zinsen seit dem 8. Oktober 1910. Der Beklagte machte geltend, daß die Stellenzulagen dem Beamten bestimmungsgemäß nur für die Zeit seiner T ä t i g k e i t in einer bestimmten Stelle bewilligt würden. Sie bildeten kein festes Einkommen, da jederzeit ein Wechsel in der Person des Stelleninhabers vorgenommen werden könne.

Das Landgericht verurteilte den Beklagten nach dem Klagantrage, das Berufungsgericht dagegen wies den Anspruch ab, soweit er für die Zeit vom 1. Januar 1909 an erhoben war. Auf die Revision des Klägers ist dieses Urteil aufgehoben und das Urteil des Landgerichts wieder hergestellt worden. Über die in der Überschrift bezeichnete Frage sagen die

G r ü n d e :

... Allerdings hat das Berufungsgericht noch einen besonderen Grund dafür geltend gemacht, daß dem Kläger jene Stellenzulage dennoch habe entzogen werden können: es habe sich nämlich dabei um die Zulage für die Verwaltung einer „nebenamtlichen Stelle" gehandelt; im Hauptamte sei er als Eisenbahnsekretär bei der Eisenbahndirektion in St. angestellt gewesen, und nur diese Stelle habe ihm nach § 54 der Instruktion für die Oberrechnungskammer nicht entzogen werden können. ... Indes auch dieser Teil der Begründung des Berufungsurteils ist rechtsirrtümlich. Ihr liegt eine Verkennung des Begriffs Nebenamt im Sinne des preußischen Staatsrechts zugrunde. Als Nebenamt ist jede Stellung neben dem Hauptamte zu betrachten, die n i c h t schon nach der Gliederung und Verfassung der betreffenden Behörde selbst mit dem Hauptamte verbunden ist oder verbunden werden kann, und die sich als ein öffentliches Amt im Reiche oder Staate, in der Kommunalverwaltung, im Dienste der Kirche oder Schule oder einer sonstigen öffentlichrechtlichen Körperschaft darstellt. Vgl. den Aufsatz im preußischen Justizministerialblatt für 1893 „Die Übernahme von Nebenämtern und Nebenbeschäftigungen durch Justizbeamte" S. 3 flg. Die Verwaltung von Nebenämtern bildet hiernach gerade einen Gegensatz zu der Wahrnehmung besonderer, aber im allgemeinen Rahmen des betreffenden Dienstzweigs liegender Obliegenheiten, wie sie hier dem Kläger übertragen waren, für die eben deshalb, wenn überhaupt, besondere Stellen z u l a g e n zu dem regelmäßigen Gehalte gewährt werden. Dagegen liegen die Nebenämter a u ß e r h a l b des Dienstzweigs, dem der sie versehende Beamte im Hauptamt angehört, und für sie wird, wenn ihre Verwaltung überhaupt gegen Entgelt erfolgt, die Vergütung — sog. Remuneration u. dgl. — aus den besonderen Mitteln gewährt, die für den Dienstzweig gegeben sind, dem das Nebenamt angehört. Daß gerade auch die Besoldungsordnung vom 26. Mai 1909 von diesem Unterschied ausgeht, erhellt aus ihrem § 2:

> „Die Gewährung der Diensteinkünfte ausschließlich der Wohnungsgeldzuschüsse erfolgt auf Grund der anliegenden Besoldungsordnung an die in dieser aufgeführten Beamten.
>
> Die Bezüge für Nebenämter und Nebenbeschäftigungen, soweit nicht die Besoldungsordnung hierüber Bestimmungen enthält, bleiben von vorstehender Vorschrift unberührt."

Hier wird gerade hervorgehoben, daß die Vergütungen für Nebenämter in der Besoldungsordnung grundsätzlich nicht behandelt werden, daß also die dort vielfach ausgeworfenen „Stellenzulagen" keine Vergütung für die Wahrnehmung eines „Nebenamts" bilden. Anderseits bezeichnet demnächst der § 5 der Besoldungsordnung die „Zulagen", also auch die „Stellenzulage" ausdrücklich als Teil des dem Beamten gebührenden „Diensteinkommens", also als Vergütung für die Wahrnehmung seines Amtes, wie es ihm eben übertragen ist, indem er bestimmt:

> „Soweit das Diensteinkommen eines Beamten an Gehalt, Zulagen und Wohnungsgeldzuschuß oder Mietsentschädigung für das Etatsjahr 1908 hinter den bisherigen Bezügen zurückbleibt" usw.

Der Revision ist demgemäß darin beizutreten, daß die Stellenzulage einen Teil des etatsmäßigen Diensteinkommens des Beamten bildet, wie dies auch in dem von dem Kläger in Bezug genommenen Erlasse des Finanzministers vom 9. Juli 1909 anerkannt ist. ...

RGZ. 84, 400

Rechtsnatur des Beamtengehalts. Vom Gehalt rechtlich verschiedene sonstige Bezüge des Beamten, z. B. Tagegelder.

Alter Leitsatz:

1. . . .[1])

2. Verzicht auf unbekannte Ansprüche.

3. . . .[1])

Preuß. Gesetz, betr. die Tagegelder u. Reisekosten der Staatsbeamten, vom 24. März 1873 § 3. BGB. § 197.

III. Zivilsenat. Urt. v. 28. April 1914.

I. Landgericht Hildesheim. II. Oberlandesgericht Celle.

. . .

Die Ausführungen, mit denen das Berufungsgericht auch für den Fall der Unkenntnis vom Bestehen eines Anspruches das Vorhandensein eines Verzichts begründet, sind nicht frei von Rechtsirrtum. Es mag zwar zuzugeben sein, daß unter ganz besonderen Umständen ein Verhalten als Verzicht auch auf unbekannte Rechte gedeutet werden kann (vgl. Recht 1913 Nr. 3240, Rep. V. 204/13). Es kann jemand eine Rechtslage hinnehmen mit dem Willen, sie als das äußerste Maß der ihm zukommenden Vorteile gelten zu lassen, unbekümmert darum, ob weitere Rechte möglicherweise für ihn bestehen oder nicht. So liegt die Sache hier aber nicht, es fehlt vielmehr nach den Feststellungen durchaus an einem derartigen besonderen Sachverhalte. Dafür, daß ein Beamter den Anspruch auf ihm gesetzlich zustehende Bezüge sollte aufgeben wollen, spricht gewiß keine Vermutung; es ist vielmehr anzunehmen, daß der Beamte das Recht auf seine Bezüge, wenn es ihm bekannt ist, auch wahrnehmen wird. Und für den Kläger lag kein Grund vor, damit zurückzuhalten. Das Berufungsgericht hat hiernach den Rechtsbegriff des Verzichts verkannt.

. . .

. . . Die Besoldung, das Gehalt, stellt den Unterhalt dar, den der Staat dem Beamten dafür gewährt, daß dieser seine ganzen Kräfte in den Dienst des Staates stellt (Laband, Staatsrecht des Deutschen Reichs, 5. Aufl, Bd. 1 S. 500 flg.). Es gibt aber Bezüge, die rechtlich von der Besoldung durchaus verschieden sind, die nicht eine Rente für den Lebensunterhalt des Beamten bilden, sondern eine Gegenleistung für seine Auslagen und Verwendungen in Ausübung des Amtes. „Im Rechtssinne sind sie nicht Einnahmen des Beamten, sondern lediglich Ersatz von Auslagen"

[1]) Überholt.

(L a b a n d a. a. O. S. 497). Dazu gehören die Tagegelder bei dienstlicher Beschäftigung des Beamten außerhalb seines Wohnorts; vgl. auch Strieth-Arch. Bd. 14 S. 222, und Urteil des Oberverwaltungsgerichts vom 2. April 1902 im Min.Bl. f. d. innere Verw. 1902 S. 127. . . .

RGZ. 88, 326

Witwengeld aus früherer Ehe nach Auflösung einer späteren Ehe.

1. . . . (überholt)

2. Kann die Witwe eines Offiziers, die eine formell gültige, materiell nichtige Ehe geschlossen hat, nach Nichtigkeitserklärung der Ehe Nachzahlung des Witwengeldes für die Zeit des tatsächlichen Bestehens der scheinbar gültigen Ehe beanspruchen?

Militärhinterbliebenengesetz vom 17. Mai 1907 (RGBl. S. 214) §§ 28, 30, 35[1]).
BGB. §§ 1325 flg., 1329.

III. Z i v i l s e n a t. Urt. v. 20. Juni 1916 i. S. Deutsches Reich (Bekl.) w. v. Sch. (Kl.). Rep. III. 88/16.

I. Landgericht I Berlin. II. Kammergericht daselbst.

Die Klägerin, Witwe des im Jahre 1907 gestorbenen Majors v. Sch., heiratete im Januar 1910 den Schriftsteller A. O. Die Ehe wurde durch ein seit dem 26. April 1914 rechtskräftiges Urteil des Landgerichtes III in Berlin aus dem Grunde für nichtig erklärt, weil die Klägerin zur Zeit der Eheschließung geschäftsunfähig im Sinne des § 104 Nr. 2 BGB. gewesen sei (§ 1325 BGB.). Sie erhielt deshalb seit dem 26. April 1914 wieder Witwengeld. Das Verlangen der Nachzahlung für die Zeit vom 1. Februar 1910 bis zum 25. April 1914 lehnte der Beklagte ab. Die Klage wurde in erster Instanz abgewiesen. Auf die Berufung der Klägerin wurde der Beklagte zur Nachzahlung verurteilt. Die Revision des Beklagten wurde zurückgewiesen.

G r ü n d e :

. . .

In der Sache selbst hat das Berufungsgericht mit Recht den Anspruch der Klägerin für begründet erachtet. Nach § 30 MHG. erlischt das Recht auf den Bezug des Witwengeldes mit dem Ablaufe des Monats, in dem die Witwe sich verheiratet. Da das Gesetz sich nicht darüber ausspricht, was als Verheiratung im Sinne dieser Bestimmung zu verstehen ist, muß auf die Vorschriften des Bürgerlichen Gesetzbuchs über die Eingehung der Ehe und ihre Gültigkeit zurückgegangen werden. Sollte die Anwendung dieser Vorschriften ausgeschlossen und ein besonderer Begriff der Verheiratung zugrunde gelegt werden, so hätte dies zum

[1]) Vgl. § 97 DBG und DurchfVO. z. DBG. (Nr. 2 zu § 97), ferner § 164 Abs. 3 BBG.

Ausdrucke gebracht werden müssen. Demzufolge muß aber ferner, wenn nicht besondere Gründe darauf hinweisen, daß nur der formelle Akt der Eheschließung ohne Rücksicht auf seine materielle Gültigkeit entscheiden solle, angenommen werden, daß unter Verheiratung eine im Sinne des bürgerlichen Rechtes gültige Eheschließung zu verstehen ist. Von diesem Grundsatze ist der erkennende Senat schon in dem Urteile vom 25. April 1913, Jur. Wochenschr. S. 739, ausgegangen, wo es sich um eine Witwenpension nach dem preuß. Gesetze vom 20. Mai 1882 und um den Fall einer anfechtbaren und auf Anfechtung für nichtig erklärten Ehe handelte (§§ 1330 flg. BGB.). Im Anschluß an ein Urteil des IV. Zivilsenates vom 2. Juli 1903, Jur. Wochenschr. Beil. S. 111 Nr. 245, wurde dort auch ausgeführt, daß, wenn die Nichtigkeit der Ehe durch Urteil ausgesprochen sei, die Eheschließung von Anfang an keine rechtlichen Wirkungen äußere und ebenso zu behandeln sei, wie wenn sie nie erfolgt wäre.

Was dort für den Fall der Anfechtbarkeit gesagt ist, muß um so mehr in den Fällen gelten, in denen das Gesetz die Ehe als nichtig bezeichnet (§§ 1323 flg. BGB.). Die Nichtigkeit besteht von Anfang an und wird durch das sie aussprechende Urteil nur festgestellt, nicht erst begründet. Daß nach § 1329 BGB. die Nichtigkeit einer nach den §§ 1325 bis 1328 nichtigen Ehe, solange nicht die Ehe für nichtig erklärt oder aufgelöst worden ist, nur im Wege der Nichtigkeitsklage geltend gemacht werden kann, führt für Fälle dieser Art nicht zu einem anderen Ergebnis. Die Vorschrift dient dem Schutze der Ehe und soll zugleich eine einheitliche Entscheidung über ihren Rechtsbestand in einem hierzu besonders bestimmten und geeigneten Verfahren sichern (vgl. auch §§ 151, 629 ZPO.). Bis zur Nichtigkeitserklärung wird daher die Ehe als gültig behandelt. Dann aber kann die von Anfang an begründete Nichtigkeit unbeschränkt mit der gleichen Wirkung geltend gemacht werden, wie wenn die Ehe nicht geschlossen worden wäre. Das Erfordernis einer Nichtigkeitsklage, die übrigens, was die Revision übersieht, nicht bloß von einem der Ehegatten erhoben werden kann (§§ 631, 632 ZPO.), läßt also die sonstigen aus dem Begriffe der Nichtigkeit sich ergebenden Wirkungen unberührt. Wird die Ehe, z. B. durch den Tod des einen Ehegatten, aufgelöst, dann bedarf es zur Geltendmachung der Nichtigkeit nicht einmal der Klage. Für die Klägerin aber ergibt sich daraus, daß sie den Anspruch auf das Witwengeld auch für die Zeit des formellen Bestandes der materiell nichtigen Ehe unbeschränkt in der gleichen Weise geltend machen kann, wie wenn sie diese Ehe überhaupt niemals geschlossen hätte.

Eine abweichende Beurteilung läßt sich auch nicht aus dem Wesen der Hinterbliebenenversorgung rechtfertigen. Diese Versorgung beruht auf dem Gedanken, daß der Staat, der die volle Arbeitskraft des Beamten für sich in Anspruch nimmt, dafür an seiner Stelle für einen angemessenen Unterhalt seiner Angehörigen sorgt. Sie fällt daher weg, wenn die Witwe mit der Eheschließung in der Person des Ehemanns einen neuen Unterhaltspflichtigen (§ 1360 BGB.) gewinnt. Diese neue Unterhaltspflicht verliert aber mit der Nichtigkeitserklärung, und zwar, wie der IV. Zivilsenat in dem erwähnten Urteile für den Fall der anfechtbaren Ehe ausdrücklich ausgesprochen hat, mit rückwirkender Kraft ihre Rechtsgrundlage. An dem Ergebnis ändert sich nichts dadurch, daß ausnahmsweise der gutgläubige Ehegatte verlangen kann, daß sein Verhältnis zum anderen Ehegatten in vermögensrechtlicher Beziehung, insbesondere auch in Ansehung der Unterhaltspflicht, so behandelt werde, wie wenn die Ehe zur Zeit der Nichtigkeitserklärung geschieden und der Ehegatte, dem die Nichtigkeit bekannt war, für allein schuldig erklärt worden wäre (§§ 1345, 1578 BGB). Denn diese Verpflichtung berührt nur das Verhältnis der Ehegatten untereinander und läßt sich der den Bestand der Ehe voraussetzenden Unterhaltspflicht nach § 1360 BGB. nicht gleichstellen. Es ist daher unerheblich, ob ein Fall des § 1345 hier vorliegt, oder ob, wie das Berufungsgericht auf Grund tatsächlicher Erwägungen annimmt, seine Anwendung ausgeschlossen ist. Die Frage des Einflusses der Nichtigkeit auf den Bezug des Witwengeldes muß einheitlich entschieden werden und kann nach dem Wesen der Nichtigkeit nur dahin beantwortet werden, daß, sobald dem Erfordernis der Nichtigkeitserklärung genügt ist, der Anspruch der Witwe ebenso behandelt werden muß, wie wenn sie eine neue Ehe überhaupt nicht geschlossen hätte.

Die Auffassung des Beklagten, daß, eine formgültige Eheschließung vorausgesetzt, für den Verlust des Anspruchs auf das Witwengeld die bloße Tatsache der Wiederverheiratung genüge, würde folgerichtig zu einer Verweigerung des Witwengeldes auch für die Zeit nach der Nichtigkeitserklärung führen. Denn ein erloschenes Recht kann nicht wiederaufleben. Soweit geht aber der Beklagte selbst nicht. Sein tatsächliches Verhalten, wonach die Klägerin das Witwengeld für die Zeit nach der Rechtskraft des die Nichtigkeit der Ehe aussprechenden Urteils erhalten, für die frühere Zeit nicht erhalten soll, kommt darauf hinaus, daß der Anspruch während des tatsächlichen Bestehens der scheinbar gültigen Ehe geruht habe. Die Fälle, in denen das Recht auf den Bezug des Witwengeldes ruht, sind aber im Militärhinterbliebenengesetz, ebenso wie im Beamtenhinterbliebenengesetz, im unmittelbaren Anschluß an die Bestimmung über das Erlöschen des Rechtes abschließend aufgeführt (§§ 30, 31 flg. MHG., §§ 14, 15 flg. BHG.). Der Standpunkt des Beklagten steht also im Widerspruche mit dem Gesetze. ...

RGZ. 89, 104

Rechtsnatur des Beamtengehalts. Ausschließlichkeit der öffentlich-rechtlichen Verlustgründe für den Gehaltsanspruch.

Alter Leitsatz:

1. Allgemeine Arglisteinrede gegen eine Gehaltsforderung?

2. Bedarf die Suspensionsverfügung der Zustellung?

Preuß. Gesetz, betr. die Dienstvergehen der nicht richterlichen Beamten, die Versetzung derselben auf eine andere Stelle oder in den Ruhestand, vom 21. Juli 1852 (GS. S. 465) §§ 48/53.

III. Zivilsenat. Urt. v. 17. November 1916 i. S. M. (Kl.) w. Landkreis T. (Bekl.). Rep. III. 227/16.

I. Landgericht Flensburg. II. Oberlandesgericht Kiel.

Gründe:

Gegen den Kläger hatte der zuständige Landrat unter dem 22. April 1908 die Einleitung des Disziplinarverfahrens mit dem Ziel auf Dienstentlassung und zugleich die Suspension vom Amte verfügt. Sodann war der Kläger durch Strafkammerurteil vom 28. August 1911 wegen Urkundenfälschung verurteilt und durch Berufungsurteil des Oberverwaltungsgerichts vom 17. Januar 1913, welches die Entscheidung des Kreisausschusses . . . bestätigte, ohne Pension aus dem Amte entfernt worden.

Die Klage fordert die auf Grund der Suspension einbehaltene Gehaltshälfte vom 1. Juli 1908 ab, und zwar wegen der schon in erster Instanz auf Dienstentlassung lautenden Entscheidung vom 16. Februar 1912 . . . nur bis zum 1. März 1912; sie gründet sich darauf, daß die Suspension vom 22. April 1908 mangels richtiger Zustellung an den damals geisteskranken Kläger rechtsungültig gewesen sei.

Das Landgericht hat — unter Abweisung der Forderung für die Zeit bis 31. Dezember 1909, weil sie insoweit bereits rechtskräftig durch den Beschluß des Bezirksausschusses vom 18. Dezember 1909 abgelehnt worden sei — sie im übrigen zugesprochen. Der Berufungsrichter hat die Klage in vollem Umfange abgewiesen.

Der Berufungsrichter geht davon aus, daß die Zustellung der Suspension vom 22. April 1908 zwar formell in Ordnung sei, sie sei jedoch wegen der damaligen Geisteskrankheit des Klägers unwirksam gewesen und darum allerdings rechtsungültig geblieben. Er stützt seine Entscheidung auf den . . . Grund der Arglist und Sittenwidrigkeit: durch die Schuld des Klägers sei dem Beklagten ein über das Gehalt des Klägers hinausgehender Mehraufwand an Stellvertretungskosten erwachsen, ohne daß diesem Mehraufwand eine Arbeitsleistung des Klägers entsprochen habe, — schon insoweit sei die Klage sittenwidrig; ein Erfolg der Klage würde eine der Anschauung aller gerecht und billig Denkenden widerstrebende, durch die Schuld des Klägers ursächlich bewirkte Schadenszufügung gegen den Beklagten sein.

Dem kann nicht beigepflichtet werden. . . . Hier schloß sich kraft öffentlichrechtlicher Regeln an die Straftat des Klägers dessen vorläufige Dienstenthebung mit ihren im Gesetze genau festgesetzten vermögensrechtlichen Folgen. Die Tatsache, daß der Kläger infolge der Dienstenthebung dienstlich nicht arbeiten durfte und nicht gearbeitet hat, kann für den Charakter der Klage nicht in Betracht gezogen werden, — zumal das

Gehalt keine Gegenleistung für geleistete Arbeitsdienste, sondern die dem Beamten nach öffentlichrechtlichen Bestimmungen zu gewährende Unterhaltsrente darstellt. Darauf, daß der Beklagte durch die Stellvertretung einen Mehraufwand über das Gehalt des Klägers hinaus gehabt hat, und daß er im Falle des Unterliegens das Gehalt der Stelle zweimal zahlen müßte, an den Stellvertreter und an den Kläger, kann es nicht ankommen. Denn entscheidend sind allein die Voraussetzungen, an welche der endgültige Verlust der vorläufig einbehaltenen Gehaltshälfte durch das positive und unzweideutige Gesetz . . . geknüpft ist. Das Gehalt des Beamten wird durch staatsrechtliche Normen gewährleistet, und diese Normen dürfen durch Einführung bürgerlichrechtlicher Gesichtspunkte niemals beseitigt oder beeinträchtigt werden. Das aber wäre der Fall bei der Anschauung des Berufungsrichters.

Muß hiernach die Begründung des Berufungsrichters als unzutreffend abgelehnt werden, so ist das Ergebnis dennoch aufrechtzuerhalten. Denn die Suspension vom 22. April 1908 bedurfte zu ihrer Rechtsgültigkeit der Zustellung nicht. (Das wird an Hand der damals gültig gewesenen Bestimmungen ausgeführt.)

RGZ. 90, 385

Kann der Beamte unter besonderen Umständen wegen seiner Überlastung von jedem Verschulden daran entlastet sein, daß er auf die Führung seines Amtes nicht die genaueste Aufmerksamkeit verwendet?

Preuß. ALR. II. 10 § 88.

III. Zivilsenat. Urt. v. 3. Juli 1917 i. S. Preuß. Staat (Kl.) w. Sch. (Bekl.). Rep. III. 459/16.

I. Landgericht II Berlin. II. Kammergericht daselbst.

Bei der Gerichtsschreiberei der Abteilung 39 des Amtsgerichts Ch. war vom 15. Juli 1910 bis 3. Mai 1912 T. T. als Kanzleigehilfe beschäftigt. Die Zuteilung des Schreibwerkes an T., die Prüfung und Berichtigung der von T. in den Monatszetteln und auf den Urschriften gemachten Eintragungen und Vermerke und die Feststellung der Tagessummen lag dem Beklagten als dem verteilenden Beamten ob (Kanzleiordn. für die Gerichte vom 27. März 1907 §§ 11, 27); die monatliche Prüfung und Berichtigung der Monatszettel und die Feststellung des dem T. zu gewährenden Schreiblohns hatte der Obersekretär G. zu besorgen (Kanzleiordn. §§ 10, 28). Daraufhin erfolgte von seiten des dienstaufsichtführenden Amtsrichters die Zahlungsanweisung.

T. hatte nun während der bezeichneten Zeit viele Arbeiten teils zu hoch berechnet, teils doppelt und dreifach eingestellt, teils eingestellt, obwohl sie von seiner Ehefrau oder von anderen Beamten oder überhaupt nicht gefertigt waren. Der Beklagte hatte diese Unrichtigkeiten nicht entdeckt, vielmehr auch diese Einträge und Vermerke durch sein Namenszeichen als richtig bestätigt, da er sich mit Stichproben begnügte. Dem revidierenden Obersekretär waren die Unrichtigkeiten ebenfalls entgangen, so daß dem T. ein zu hoher Schreiblohn angewiesen und ausbezahlt wurde. Der dem T. solcherweise zu viel ausbezahlte Schreiblohn beträgt nach dem Berichte des Sekretärs D. vom 2. April 1913 957,65 M. Dafür fordert die Klage Ersatz in Höhe von 910,16 M.

Das Landgericht wies die Klage in Anwendung des § 254 BGB. ab, da dem Beklagten nur ein verhältnismäßig geringes, dem Kläger selbst aber ein wesentlich schwereres Verschulden zur Last falle und das letztere als die überwiegende Ursache des Schadens angesehen werden müsse. Der Berufungsrichter wies die Berufung des Klägers zurück: nicht § 254 BGB., sondern das Preußische Allgemeine Landrecht Teil I Titel 6 § 21 sei anzuwenden. Das Verschulden des Beklagten sei nur ein geringes oder jedenfalls nur ein mäßiges; der Schade sei ein mittelbarer und den Kläger treffe mitwirkendes Verschulden, er hätte durch Anwendung der gewöhnlichen Aufmerksamkeit den ihm erwachsenen Nachteil vermeiden können. Beide Instanzurteile erachten das Verschulden des Beklagten als ein nur geringes darum, weil der Beklagte überlastet gewesen sei und unbestritten wegen dieser seiner Überlastung wiederholt bei dem Obersekretär und bei dem Gerichtsvorstande Vorstellung erhoben hatte, ohne daß eine Abhilfe geschaffen wurde. Die Revision des Klägers wurde zurückgewiesen.

Gründe:

Die Revision greift die vom Berufungsrichter in Übereinstimmung mit dem Landgerichte getroffene Feststellung einer damals dauernd vorhandenen Überlastung des Beklagten an: diese Feststellung stütze sich auf den Bericht des dienstaufsichtführenden Amtsrichters, beruhe auf der vollkommen in der Luft schwebenden Annahme, daß dieser Amtsrichter alle in Betracht kommenden Verhältnisse richtig gewürdigt habe, und übergehe im wesentlichen die vom Kläger erhobenen substantiierten Einwendungen.

Selbstverständlich aber stand, wie der Berufungsrichter bemerkt, der aufsichtführende Amtsrichter, wenn er auch nur Vertreter war, den in Betracht kommenden dienstlichen Verhältnissen am nächsten; er mußte Art und Umfang der dem Beklagten obliegenden Dienstgeschäfte, also die dienstliche Beanspruchung des Beklagten, wie sie tatsächlich war, notwendig genau erkennen. Dieser tatsächlichen Frage gegenüber war der Hinweis des Klägers auf den Geschäftsumfang anderer Gerichtsschreibereien und auf die fortgesetzten Bemühungen der Justizverwaltung, den Personalbestand gerade der Gerichtsschreibereien des Amtsgerichts Ch. richtig und reichlich auszugestalten, unerheblich; es kann nicht auf das ankommen, was von der Justizverwaltung erstrebt und anderweit auch erreicht wurde, sondern allein auf die Sachlage, wie sie sich, insbesondere in Wirkung der im April 1910 erfolgten Zusammenlegung der Abteilungen 38 und 39, in Wirklichkeit für die Diensttätigkeit des Beklagten ergeben hatte. Der Berufungsrichter als Tatrichter durfte die Feststellung dieser allein in Frage stehenden Sachlage auf den Bericht des aufsichtführenden Amtsrichters gründen; übrigens war dieser Bericht sogar die in erster Linie sachgemäße und kraft seines eingehenden und erschöpfenden Inhalts die durchaus geeignete Grundlage der Feststellung. Als Bestätigung durfte der Berufungsrichter auch den Erlaß des Kammergerichtspräsidenten vom 4. November 1913 verwerten. ... (Wird ausgeführt.)

Beide Instanzen werfen die Frage auf, wie sich der Beklagte während seiner dauernden Überlastung verhalten konnte und sollte, nachdem die von ihm unbestritten deswegen bei den zuständigen Oberbeamten wiederholt erhobenen Vorstellungen erfolglos geblieben waren. Der Berufungsrichter beantwortet diese zutreffend gestellte Frage dahin, der Beklagte habe nur die Wahl gehabt, entweder einen Teil der ihm übertragenen Amtsgeschäfte je unter besonderer Anzeige unerledigt zu lassen oder sich um Erledigung aller Amtsgeschäfte, so gut es ihm möglich war, zu bemühen. Das erstere sei dem Beklagten nicht zuzumuten gewesen, denn dadurch wären schwere Störungen des Dienstbetriebes herbeigeführt worden und dann habe der Beklagte eines Disziplinarverfahrens und seines ungewissen Ausganges gewärtig sein müssen.

Dieser Erwägung muß als einer dem billig abwägenden Rechte entsprechenden durchaus beigetreten werden. Die dauernde, den vorgesetzten Stellen wiederholt vergeblich vorgestellte Überlastung hatte nun schlechthin mit Notwendigkeit zur Folge, daß der Beklagte nicht sämtliche ihm übertragenen Dienstgeschäfte ordnungsmäßig erledigen konnte; solange die Überlastung nicht durch Abnahme des einen oder andern Teiles der Geschäfte behoben war, verstand es sich also von selbst, daß der Beklagte dem oder jenem Teile der Geschäfte die pflichtmäßige Sorgfalt nicht widmen konnte und nicht gewidmet hatte, weil er dazu eben außerstande war. Diese Folgerung lag für die vorgesetzten Stellen, welche die Abhilfegesuche des Beklagten als begründet erkennen mußten und erkannten, klar zutage.

Mangels jedes abhelfenden Eingreifens der vorgesetzten Stellen hat der Beklagte selbst erwogen und entschieden, bei welchem Teile der Geschäfte eine nicht ordnungsmäßige, sondern nur flüchtige Erledigung die geringste Gefahr für die öffentlichen Interessen biete; er hat alle die Geschäftszweige, welche unmittelbar die Rechte des beteiligten Publikums zum Gegenstande hatten, deren Vernachlässigung demgemäß eine Haftung des Staates Dritten gegenüber zur Folge haben konnte, mit pflichtmäßiger Sorgfalt bearbeitet, sich jedoch bei der Prüfung und Bestätigung der ihm von T. über gefertigtes Schreibwerk vorgelegten Einträge und Vermerke mit Stichproben begnügt. In diesem Verhalten des Beklagten kann ein Verschulden überhaupt nicht gefunden werden. Er war in eine Notlage versetzt und trotz seiner wiederholten Vorstellungen darin belassen worden; er mußte sich mit dieser Notlage abfinden und er hat diesen ernsten, ihm ohne sein Verschulden durch das tatsächliche Ergebnis der damaligen staatlichen Organisation aufgedrängten Gewissenskonflikt zwischen der Pflicht zu ausnahmsloser Sorgfalt und der Unmöglichkeit gleichmäßiger genauer Sorgfalt für alle seine Amtsgeschäfte nach besten Kräften und nach billigen und richtigen Erwägungen zu lösen versucht.

Der Kläger hat geltend gemacht, die vergeblichen Vorstellungen des Beklagten würden ihn nur dann entlasten, wenn er ausdrücklich hervorgehoben hätte, daß er gerade das Kanzleischreibwerk nicht nachprüfen könne, sondern sich auf Stichproben beschränken müsse. Dieser Einwand geht fehl, ganz abgesehen von der Behauptung des Beklagten, daß er allerdings die große Menge des Schreibwerkes hervorgehoben habe. Denn die amtliche Anzeige, beim besten Willen die übertragenen Amtsgeschäfte nicht sämtlich ordnungsmäßig erledigen zu können, umfaßt sämtliche einzelnen Geschäftszweige, also auch die Prüfung des Schreibwerkes, als möglicherweise nur ordnungswidrig, d. h. nicht mit der nötigen Sorgfalt bearbeitbar; welcher Geschäftszweig daraufhin tatsächlich Not leiden mußte und Not litt, sich darum zu kümmern und insoweit geeignete Abhilfe zu schaffen, war eben Sache der vorgesetzten Stellen.

Die Revision bekämpft die Annahme des Berufungsrichters, den Beklagten treffe nur ein geringes oder ein mäßiges Versehen, indem sie betont, die dem Beklagten zur Last fallende fortgesetzte bewußt systematische Zuwiderhandlung gegen eine klare Dienstvorschrift stehe in krassem Widerspruche mit der genauesten Aufmerksamkeit, die der Beamte nach § 88 ALR. II. 10 auf die pflichtmäßige Führung des Amtes zu verwenden habe; und freilich hat der Beklagte die klaren Vorschriften der Kanzleiordn. § 27 bewußt und dauernd unerfüllt gelassen. Die Erfüllung aber war dem Beklagten eben wegen seiner Überlastung schlechthin unmöglich, und die vorgesetzten Stellen mußten wissen, daß der Beklagte bei dem oder jenem Geschäftszweige die pflichtmäßige genaue Sorgfalt nicht leisten werde.

Die Revision übersieht die notwendige und den vorgesetzten Stellen zutage liegende Wirkung der Überlastung ebenso bei dem Hinweis auf die Einfachheit der Abnahme des Schreibwerkes, wegen deren es genügt habe, auch nur ein wenig aufzupassen. Die Erfüllung der übrigens nach § 27 der Kanzleiordn., vgl. Muster 1, bis in die kleinsten Einzelheiten gehenden Prüfungsverbindlichkeiten des verteilenden Beamten mag freilich eine immerhin einfache sein. Sie erfordert jedoch eine nicht unerhebliche Zeit; diese stand dem Beklagten eben nicht zu Gebote. Es blieben ihm zur Erledigung des Schreibwerkes statt der Zeit von einer Stunde oder mehr täglich immer nur unzulängliche Minuten übrig; darum eben begnügte er sich mit Stichproben. Stichproben aber zeitigen nur Zufallsergebnisse, wie das Landgericht zutreffend bemerkt; das ergibt sich aus dem Begriffe der Stichproben. Falls also der Beklagte sich mit Stichproben begnügen durfte — und das ist in dem Dargelegten bejaht —, ist es ein völlig fehl gehender Einwand, diese und jene ganz offenbaren und groben Unrichtigkeiten des T. hätten vom Beklagten bemerkt werden müssen. Auch derartige Unrichtigkeiten mußten unbemerkt bleiben, wenn nicht gerade sie Gegenstand der Stichprobe waren. Eben darum hat der Beklagte nicht entdeckt, daß viele Arbeiten von der Ehefrau des T. gemacht und daß öfters Arbeitsleistungen in unmöglicher Höhe eingesetzt waren. Das nimmt der Berufungsrichter an, und das ist um so mehr eine prozeßgemäße tatsächliche Feststellung, als der Kläger niemals behauptet hat, der Beklagte habe je einmal eine von ihm wirklich bemerkte Unregelmäßigkeit trotz dessen, also wissentlich und absichtlich, unberichtigt gelassen. Die Stichproben konnten wegen Zeitmangels nur aufs Geratewohl gemacht werden, nicht erst nach Durchsicht der sämtlichen Eintragungen darauf hin, ob etwa diese oder jene verdächtig erschien. Auf den Hinweis des Berufungsrichters, die Verfehlungen des T. könnten auch nicht so ganz offensichtlich gewesen sein, da sie auch dem revidierenden Obersekretär fortgesetzt entgingen, kommt es demnach nicht weiter an.

Kann dem Beklagten nach dem Ausgeführten ein Verschulden überhaupt nicht zur Last gelegt werden, so werden gegenstandlos die Fragen, ob den Kläger selbst aus der Person seiner verfassungsmäßigen Vertreter oder seiner Erfüllungsgehilfen heraus ein Verschulden trifft, ob der Kläger sich dieses Verschulden als ein Mitverschulden nach § 254 BGB. oder nach § 21 ALR. I. 6 anrechnen lassen muß, oder ob dem Kläger alle beteiligten Beamten — seine Vertreter oder Erfüllungsgehilfen einerseits und der Beklagte anderseits — nebeneinander je für den Schaden haften.

Für die billige und richtige Beurteilung der Handlungsweise des Beklagten kann es nichts verschlagen, ob die beteiligten höheren Staatsorgane mit oder ohne Verschulden den Beklagten in die Notlage versetzten und trotz Vorstellungen darin beließen. Der Beklagte war durch die damalige staatliche Organisation gezwungen, trotz seiner Notlage die sämtlichen ihm aufgebürdeten und aufgebürdet bleibenden Amtsgeschäfte zu erledigen, und da er dies getan hat, soweit es eben ging, d. h. soweit es ihm nach billigem Ermessen zuzumuten war, muß der Vorwurf einer Amtspflichtverletzung als unbegründet abgelehnt werden. Der Beklagte ist nach der besonderen Gestaltung der Dinge durch seine Überlastung völlig von jeder Schuld entlastet.

RGZ. 91, 21

Wem haftet der Staat, wenn Familienangehörige des Inhabers einer Dienstwohnung durch die gesundheitsgefährliche Beschaffenheit der Räume erkranken?

III. Zivilsenat. Urt. v. 5. Oktober 1917 i. S. F. u. Gen. (Kl.) w. preuß. Staat (Bekl.). Rep. III. 145/17.

I. Landgericht Posen. II. Oberlandesgericht daselbst.

Der Kläger, ein Oberbahn-Assistent, wurde nach J. versetzt und erhielt dort die bis dahin vom Bahnhofsvorsteher Dr. benutzte Dienstwohnung angewiesen. Einige Monate nach dem Einzuge trat bei seiner

Tochter, der Mitklägerin, Tuberkulose auf, die zur Einleitung eines Heilverfahrens Anlaß bot. Die Kläger führen die Erkrankung darauf zurück, daß es der verklagte Staatsfiskus an der rechtzeitigen Entseuchung der erst am 5. und 6. Tage nach dem Einzuge desinfizierten Wohnung, die infolge eines Lungenleidens der Ehefrau Dr.s mit Tuberkelbazillen behaftet gewesen sei, habe fehlen lassen, und machen ihn deshalb wegen des Schadens haftbar, der ihnen durch die Krankheit erwachsen ist und noch erwachsen wird.

Das Landgericht erklärte die Klagansprüche dem Grunde nach für gerechtfertigt. Das Oberlandesgericht wies die Berufung des Beklagten hinsichtlich der Ansprüche des Klägers zurück, erkannte aber in Ansehung der Ansprüche der Mitklägerin auf Klagabweisung. Die Revision der Klägerin hatte Erfolg, die des Beklagten wurde zurückgewiesen.

Gründe:

Das Berufungsgericht stellt auf Grund der Beweisergebnisse fest, daß die Lungenerkrankung der Klägerin eine Folge des Aufenthalts in der durch die Krankheit der Frau Dr. mit Tuberkelbazillen behafteten Dienstwohnung ist. Es nimmt jedoch an, daß der Beklagte nur dem Kläger für den ihm durch die Erkrankung verursachten Schaden aufzukommen hat, und leitet diese Haftpflicht aus den für entsprechend anwendbar erachteten §§ 618, 278 BGB ab. Dabei wird erwogen, daß der Dr. D., welcher die Frau Dr. als vom Beklagten angestellter Bahnarzt behandelte, die verspätete Entseuchung der Dienstwohnung verschuldet habe; diese würde rechtzeitig in die Wege geleitet worden sein, wenn Dr. D. seiner Pflicht, alle ihm im Bereiche seiner Tätigkeit als Bahnarzt bekannt werdenden Fälle von Tuberkulose der Eisenbahnverwaltung anzuzeigen, im Falle Dr. genügt hätte. Der Klägerin spricht der Berufungsrichter das Recht auf Schadensersatz mit der Begründung ab, daß sie in keiner vertraglichen oder vertragsähnlichen Beziehung zum Beklagten gestanden habe; außervertragliche Ansprüche könne sie aber nicht erheben, weil der Beklagte hinsichtlich des Dr. D. den Entlastungsbeweis aus § 831 BGB. geführt habe.

Diese Ausführungen sind, soweit sie die Rechte des Klägers betreffen, nur im Ergebnis zutreffend, dagegen in der Begründung verfehlt; soweit sie sich aber auf die Rechte der Klägerin beziehen, sind sie in beiden Richtungen unhaltbar.

Die Entscheidung ist bei der staatsrechtlichen Natur des Beamtenverhältnisses im öffentlichen Rechte zu suchen und hat sich bei dem Mangel einschlagender Vorschriften auf die Grundsätze zu stützen, die sich aus der Natur der Sache bei Berücksichtigung der Rechtsgedanken ergeben, welche für die Beurteilung ähnlich liegender Verhältnisse des Privatrechts maßgebend sind. Das Reichsgericht hat in ständiger Rechtsprechung angenommen, daß eine Fürsorgepflicht, wie sie der § 618 BGB. für den Dienstvertrag aufstellt, auch dem Staate und den sonstigen

Körperschaften des öffentlichen Rechtes ihren Beamten gegenüber obliegt. Hieraus ist die Folgerung gezogen worden, daß im Anwendungsbereiche des preußischen Gesetzes, betr. das Diensteinkommen der Lehrer und Lehrerinnen an den öffentlichen Volksschulen vom 3. März 1897, die Gemeinden zur gefahrfreien Einrichtung und Unterhaltung der den Lehrern gewährten Dienstwohnungen verbunden und im Falle schuldhafter Verletzung dieser Pflicht dem hierdurch an der Gesundheit geschädigten Lehrer ersatzpflichtig sind (RGZ. Bd. 71 S. 243[1]), Warneyer Rspr. 1912 Nr. 250). Ausgegangen wird dabei von der Erwägung, daß die Dienstwohnung zu den Räumen zählt, welche die Gemeinde wenigstens mittelbar zur Ermöglichung der Verrichtung der Dienste des Lehrers zu beschaffen hat. Die Fürsorgepflicht steht sonach in engem Zusammenhange mit der Zweckbestimmung der Dienstwohnung, die ihren Inhaber in den Stand setzen soll, seinen dienstlichen Pflichten zu genügen oder ihm deren Erfüllung zu erleichtern. Wie er sich im Interesse der Erfüllung seiner Obliegenheiten die Benutzung der Dienstwohnung ansinnen lassen muß, so kann er von der Gemeinde einen ausreichenden Schutz gegen gesundheitsgefährdende Mängel der Wohnung verlangen. Dieser Gedanke führt dazu, dem Staate die gleiche Schutzpflicht in bezug auf die Dienstwohnungen seiner Beamten aufzuerlegen und sie nicht nur dem Beamten, sondern auch seinen Angehörigen gegenüber Platz greifen zu lassen, zu deren Aufnahme in die Wohnung er berechtigt ist. Denn die Nötigung der Beamten, die Dienstwohnung zu benutzen, erstreckt ihre Wirkungen auch auf sie, weil sie im Interesse der Aufrechterhaltung der Familiengemeinschaft den Aufenthalt des Beamten in der Dienstwohnung teilen müssen.

Dem Beamten selbst gegenüber hat die Schutzpflicht die Bedeutung, daß er den Staat wegen Vernachlässigung des Schutzes nicht bloß dann verantwortlich machen kann, wenn hierdurch seine eigene Gesundheit leidet, sondern auch, wenn die Gesundheit eines Angehörigen beeinträchtigt und der Beamte dadurch geschädigt wird. Wie im Falle der Störung der eigenen Gesundheit des Beamten dessen Ersatzberechtigung eine Stütze in dem entsprechend anzuwendenden § 618 BGB. findet, so bietet das bürgerliche Recht auch im Falle der gesundheitlichen Benachteiligung eines Familienangehörigen für das Bestehen von Ersatzansprüchen sowohl des Beamten wie des Angehörigen zwingende Analogien dar. Erleiden Familienmitglieder des Mieters einer Wohnung durch die vom Vermieter zu vertretende gesundheitsschädliche Beschaffenheit der Wohnräume Nachteile, so kann der Mieter, wie das Reichsgericht bereits ausgesprochen hat, den Vermieter wegen des ihm selbst hieraus erwachsenen Schadens auf Grund von § 538 BGB. haftbar machen. ... Es kann sich in der Regel aber auch der erkrankte Angehörige wegen s e i n e s Vermögensschadens auf Grund des Mietsvertrags am Vermieter erholen. Dem

---

[1]) In diesem Band S. 8.

Mieter einer Familienwohnung muß, wenn nicht besondere Umstände eine abweichende Auffassung bedingen, die für den Vermieter erkennbare Absicht unterstellt werden, beim Abschlusse des Mietvertrags auch die Interessen der mit ihm zusammenlebenden Angehörigen nach Möglichkeit wahrzunehmen und zu diesem Zwecke ihnen hinsichtlich der gefahrenfreien Beschaffenheit der Wohnräume dieselben Rechte gegen den Vermieter zu verschaffen, die ihm selbst zustehen (§ 328 BGB.). Denn ohne eine solche Ausdehnung der Vertragspflichten des Vermieters sind die Angehörigen in Schädigungsfällen auf außervertragliche Ansprüche beschränkt und genießen insbesondere nicht die Vorteile, welche dem Mieter die Vorschriften der §§ 278, 538 BGB. dadurch bieten, daß der Vermieter für einen beim Vertragsabschluß vorhandenen Mangel auch ohne Verschulden haftet. Eine solche verschiedene Gestaltung der Rechtslage des Mieters und der seiner Angehörigen widerstrebt dem gesunden Rechtsgefühl und entspricht deshalb nicht den Vertragsabsichten des Mieters, der seine Angehörigen, wie sich der Vermieter nicht verhehlen kann, in bezug auf Ersatzansprüche der bezeichneten Art nicht schlechter stellen will als sich selbst. Auch auf dem Boden des privatrechtlichen Dienstvertrags muß davon ausgegangen werden, daß der Dienstverpflichtete, dem der Arbeitgeber zur Ermöglichung oder Erleichterung der Dienstleistung eine Familienwohnung überläßt, diesem durch sein Einverständnis hiermit zugleich die Verpflichtung auferlegen will, seine Angehörigen durch sachgemäße Einrichtung und Unterhaltung der Wohnräume gegen Gefahren für Leib und Leben in gleichem Maße wie ihn selbst (§ 618) zu schützen, und daß er ihnen neben seinem eigenen Rechte auch ein selbständiges Recht hierauf erwirken will. Es würde nun eine unerträgliche Verschiedenheit in der Gestaltung verwandter Rechtsbeziehungen auf dem Gebiete des bürgerlichen und des öffentlichen Rechtes sein, wenn der Beamte, dem eine Dienstwohnung zugewiesen wird, vom Staate nicht den Schutz seiner zum Aufenthalt in der Wohnung berechtigten Angehörigen gegen gesundheitsschädliche Mängel der Wohnräume beanspruchen und wenn die Angehörigen nicht auch selbst hierauf Anspruch erheben könnten. Die verschiedene Behandlung würde um so mehr der Berechtigung entbehren, als für den Beamten und seine Angehörigen die für den Mieter oder Dienstverpflichteten und deren Angehörige bestehende Wahlfreiheit in bezug auf die Benutzung der Wohnung in Wegfall kommt und sie sich deren Gebrauch auch nicht entziehen können. Die Erstreckung der Schutzpflicht auf die Angehörigen liegt übrigens auch in der Linie der Entwicklung, die das öffentliche Recht durch die Fürsorge des Staates für die Angehörigen genommen hat. Sie zählt zu den dem Beamten für die amtliche Tätigkeit zu gewährenden Vorteilen, welche, ohne die Natur einer vertraglichen Gegenleistung zu haben, auf die Sicherung der Lebensstellung des Beamten berechnet sind.

In dem zur Entscheidung stehenden Falle hat es der Staat an der gehörigen Erfüllung der Schutzpflicht insofern fehlen lassen, als er keine Maßnahmen getroffen hat, durch welche die rechtzeitige Entseuchung der Dienstwohnungen beim Wegzug eines Wohnungsinhabers, in dessen Familie Tuberkulose aufgetreten ist, gewährleistet wird. Es ist zwar bestimmt worden, daß in dem bezeichneten Falle die Bahnmeister die Entseuchung vorzunehmen haben. Auch ist den Bahnärzten und den Dienstvorstehern zur Pflicht gemacht worden, zu ihrer Kenntnis gelangende Tuberkulosefälle in Familien von Bahnbediensteten der Eisenbahndirektion anzuzeigen, und es bestand für diese, wenn die Anzeigepflicht erfüllt wurde, die Möglichkeit, die Bahnmeister zur Vornahme der Entseuchung rechtzeitig anzuweisen. Diese Anordnungen boten aber mit Rücksicht auf die nicht fernliegende Möglichkeit, daß die Anzeige versehentlich unterblieb, keine ausreichende Gewähr für die Erreichung des damit verfolgten Zweckes. In Anbetracht der erheblichen Gefahren, welche den Beamten aus der Unterlassung der Anzeige erwachsen, mußte der Beklagte, sei es durch Befragung des Bahnarztes vor der Zuweisung der Dienstwohnung an den neuen Inhaber, sei es durch andere geeignete Maßregeln, dafür Sorge tragen, daß die rechtzeitige Entseuchung sichergestellt wurde. Das Gesetz vom 28. August 1905, auf das die Revision mit dem Bemerken verweist, daß es für Fälle der vorliegenden Art eine Entseuchungspflicht nicht aufstelle, ist zur Förderung der öffentlichen Gesundheitspflege erlassen und deshalb in bezug auf die Fürsorge des Staates für die Dienstwohnungen nicht maßgebend.

RGZ. 92, 114

1. Beginn der Frist zur Klageanbringung bei Ansprüchen von Beamten aus ihrem Dienstverhältnis.

2. Können im Laufe des innerhalb der gesetzlichen Frist nach der Entscheidung der Verwaltungsbehörde erhobenen Rechtsstreits weitere Ansprüche des Beamten im Wege der Klagerweiterung auch noch nach Ablauf der gesetzlichen Frist geltend gemacht werden?

Reichsbeamtengesetz § 150.

Preuß. Gesetz vom 24. Mai 1861, betr. die Erweiterung des Rechtswegs (GS. S. 241), § 2.

Preuß. Gesetz vom 27. März 1872, betr. die Pensionierung der unmittelbaren Staatsbeamten usw. (GS. S. 268), § 23.

Preuß. Gesetz, betr. die Anstellung und Versorgung der Kommunalbeamten, vom 30. Juli 1899 (GS. S. 141) § 7.

Mannschaftsversorgungsgesetz vom 31. Mai 1906 § 42.

Offizierpensionsgesetz vom 31. Mai 1906 § 39.

III. Zivilsenat. Urt. v. 29. Januar 1918 i. S. G. (Kl.) w. Deutsches Reich (Bekl.). Rep. III. 393/17.

I. Landgericht I Berlin. II. Kammergericht daselbst.

Der Erblasser der Kläger, G., wurde infolge eines von ihm im Dienste erlittenen Betriebsunfalls unter Bewilligung eines gemäß dem Unfallfürsorgegesetze bemessenen Ruhegehaltes in den Ruhestand versetzt. Er forderte im Jahre 1909 auf Grund des Unfallfürsorgegesetzes die Erstattung verschiedener Auslagen für ärztliche Behandlung, Heil- und Stärkungsmittel. Die Erstattung dieser Auslagen wurde von der Oberpostdirektion zum größten Teile abgelehnt und ihm dabei eröffnet, daß nur solche Aufwendungen erstattet würden, welche von dem Vertrauensarzte der Postverwaltung für notwendig erachtet würden.

Die Beschwerde des G. hiergegen wurde vom Reichspostamte durch Verfügung vom 21. September 1909 zurückgewiesen. Darauf erhob G. im November 1909 Klage auf Erstattung verschiedener von ihm aufgewendeter Heilungskosten im Betrage von 435,86 M. In der mündlichen Verhandlung vor dem Landgerichte vom 13. März 1911 erweiterte G. den Klagantrag um einen Betrag von 120 M Arztkosten und um 548,39 M für Heil- und Stärkungsmittel verschiedener Art, die er in der Zeit vom 29. Dezember 1909 bis Ende Mai 1910 aufgewendet habe. Die Erstattung der 120 M. hatte die Oberpostdirektion abgelehnt; das Reichspostamt, an das G. sich beschwerdeführend wandte, hatte das Verfahren der Oberpostdirektion durch Verfügung vom 23. April 1910 gebilligt. Auch ein erneutes Gesuch des G. um Erstattung der 120 M. sowie der weiteren Aufwendungen für Heil- und Stärkungsmittel war erfolglos geblieben. Beide nachträglich erhobenen Forderungen wurden vom Landgericht abgewiesen; die Berufung der Kläger hatte keinen Erfolg. Auf die Revision ist das Berufungsurteil, soweit es den Anspruch auf Erstattung der 548,39 M. für Heil- und Stärkungsmittel betrifft, aufgehoben, im übrigen aber die Revision zurückgewiesen worden.

Gründe:

Landgericht und Berufungsgericht erachten die Frist, welche § 150 RBeamtG. für die Anbringung der Klage vorschreibt, hinsichtlich der beiden streitigen Forderungen nicht für gewahrt. Sie nehmen an, daß diese Frist hinsichtlich der 120 M. Arztkosten durch den dem G. am 26. April 1910 zugestellten Bescheid des Reichspostamts vom 23. April 1910 in Lauf gesetzt sei, daß sie hinsichtlich der 548,39 M. Heilungskosten, deren Erstattung bereits durch den Bescheid des Reichspostamts vom 21. September 1909 endgültig zurückgewiesen sei, mit der Entstehung des Anspruchs, spätestens am 1. Juni 1910, begonnen habe und daß die Anbringung der Klage erst mit dem Zeitpunkt als erfolgt anzusehen sei, in dem diese Ansprüche durch Geltendmachung in der mündlichen Verhandlung gemäß § 281 ZPO. rechtshängig geworden seien.

Die Revision rügt die Verletzung des § 150 RBeamtG. und führt aus, daß die Bescheide des Reichspostamtes vom 21. September 1909 und 23. April 1910 für den Beginn der Frist zur Klageanbringung nicht von entscheidender Bedeutung sein könnten, da die Verwaltungsbehörde selbst an diese Bescheide nicht gebunden sei und im vorliegenden Falle auch von ihrer Befugnis zu spätererer abermaliger Prüfung Gebrauch gemacht habe. Die Frist des § 150 könne daher erst von Zustellung des Bescheids vom 10. Dezember 1910 ab gerechnet werden, und somit sei die Klage rechtzeitig angebracht. Diese Ausführungen der Revision stehen im Widerspruche zu der von dem Reichsgericht, und insbesondere auch von dem erkennenden Senat, in ständiger Rechtsprechung festgehaltenen Auffassung. Die Frist des § 150 RBeamtG. wird — ebenso wie die Fristen des § 2 des preußischen Gesetzes vom 24. Mai 1861, betreffend die Erweiterung des Rechtswegs, des § 23 des preußischen Pensionsgesetzes vom 27. März 1872, des § 7 des preußischen Kommunalbeamtengesetzes, des § 42 MannschVersG., des § 39 OffizPensG. und anderer die Verfolgung von Beamtenansprüchen regelnder Gesetze — in Lauf gesetzt durch eine Verfügung der maßgebenden Behörde, welche sich erkennbar als eine bestimmte, die Anerkennung des geltend gemachten Anspruchs ganz oder teilweise ablehnende Entscheidung darstellt. Daß diese Behörde befugt ist, die Entscheidung von Amts wegen oder auf Veranlassung des Beamten abzuändern, beeinflußt den Beginn und den Lauf der Frist zur Klagerhebung nicht. Am wenigsten kann es dem Beamten freigestellt bleiben, durch wiederholtes Vorbringen seiner Gesuche diese Fristen von neuem in Lauf zu setzen und damit den Zweck der Setzung der Fristen zu vereiteln. Diese Rüge kann daher nicht für begründet erachtet werden.

Dagegen kann den Vorentscheidungen darin nicht beigetreten werden, daß die Berücksichtigung dieser dem öffentlichen Rechte angehörigen Klagansprüche nur erfolgen könne, wenn sie innerhalb sechs Monaten nach der Zustellung der Entscheidung der obersten Reichsbehörde im Sinne der Zivilprozeßordnung rechtshängig geworden wären. Der prozessuale Begriff der Rechtshängigkeit kommt für die Anwendung des § 150 RBeamtG. und der gleichartigen Bestimmungen nicht in Betracht. Die Quelle dieser dem materiellen öffentlichen Rechte angehörenden Bestimmungen ist § 2 des preußischen Gesetzes vom 24. Mai 1861. § 2 gewährt für die vermögensrechtlichen Ansprüche der Staatsbeamten aus ihrem Dienstverhältnis den Weg der öffentlichen Klage, knüpft ihn aber an Bedingungen, welche die Rücksicht auf den Staatshaushalt, die Ordnung des Kassenwesens und das dienstliche Verhältnis der Beamten erfordern, darunter an die Innehaltung einer sechsmonatigen Frist für die Anbringung der Klage. Hieraus ergibt sich, daß die Zulässigkeit der Erhebung fernerer Ansprüche im Laufe des Rechtsstreits, wenn sich diese lediglich als tatsächliche und rechtliche Erweiterungen des ursprünglich erhobenen einheitlichen Klaganspruchs darstellen, nicht an die Innehaltung der sechsmonatigen Frist geknüpft ist. Dem Sinne und Zwecke des Gesetzes ist vielmehr damit genügt, daß der ursprünglich geltend gemachte einheitliche Anspruch rechtzeitig erhoben ist.

Ob im Laufe des Rechtsstreits geltend gemachte fernere Ansprüche im vorstehenden Sinne als Erweiterungen des ursprünglichen Klaganspruchs anzusehen sind, ist nur nach Maßgabe der Sach- und Rechtslage des einzelnen Falles zu beurteilen. Nur so viel läßt sich allgemein sagen, daß für die Beantwortung dieser Frage wesentlich mit in Betracht kommen Bedeutung und Tragweite derjenigen verwaltungsbehördlichen Entscheidung, gegen welche sich die Klage richtet. Wenn beispielsweise demjenigen, der auf Grund der Behauptung, er sei Beamter, einen zeitlich bestimmten Teil des ihm nach seiner Behauptung zustehenden Beamtengehalts einklagt, durch die verwaltungsbehördliche Entscheidung, gegen die sich die Klage richtet, überhaupt die Eigenschaft eines Beamten abgesprochen und deshalb jede Gewährung von Gehalt verweigert worden ist, so bildet die Geltendmachung weiterer Gehaltsteile im Laufe des Rechtsstreits nur eine zulässige Erweiterung der ursprünglich erhobenen einheitlichen Gehaltsklage, die an die Innehaltung der sechsmonatigen Frist nicht gebunden ist.

Diese Ausführungen gelten, wie für § 2 des Gesetzes vom 24. Mai 1861, für die sonstigen gesetzlichen Bestimmungen, welche ein „Anbringen“, „Erheben“ oder „Stattfinden“ der Klagen von Beamten aus ihrem Dienstverhältnis binnen bestimmter Frist nach der Entscheidung der Verwaltungsbehörden oder Verwaltungsgerichte erfordern, insbesondere auch für § 150 RBeamtG.

Im vorliegenden Falle ist die Frist des § 150 RBeamtG. hinsichtlich des Anspruchs auf Erstattung der 548,39 M. Heilungskosten als gewahrt anzusehen. Das Reichspostamt hatte in der Verfügung vom 21. September 1909 durch die Billigung der Bescheide der Oberpostdirektion vom 7. März und 14. August 1909 die Erstattung der Kosten von Stärkungs- und Heilmitteln überhaupt und schlechthin abgelehnt, soweit sie nicht vom Vertrauensarzte der Verwaltung für notwendig erachtet wären. Innerhalb sechs Monaten nach Zustellung der Entscheidung des Reichspostamts hat der Erblasser der jetzigen Kläger die Klage erhoben auf Erstattung solcher von ihm bereits aufgewendeter Kosten, die von dem Vertrauensarzte der Postverwaltung nicht als notwendig anerkannt waren. Mit der Erweiterung der Klage forderte er dann die Erstattung von Auslagen, die gleichfalls von dem Vertrauensarzte der Verwaltung nicht als notwendig anerkannt waren, und die er erst nach der Erhebung der Klage aufgewendet hatte. Es handelt sich hier also um eine Erweiterung des einheitlichen Klaganspruchs in dem oben erörterten Sinne. Hinsichtlich dieses Anspruchs ist deshalb die angefochtene Entscheidung aufzuheben und die Sache zur anderweitigen Verhandlung an das Berufungsgericht zurückzuverweisen.

Anders liegt die Sache hinsichtlich des Anspruchs auf Erstattung des Betrags von 120 M. Arztkosten. Die Entscheidung des Reichspostamts, welche die Erstattung dieser Kosten ablehnt, ist von dem Erblasser der Kläger innerhalb der sechsmonatigen Frist überhaupt nicht angefochten worden. Die Revision ist deshalb hinsichtlich dieses Anspruchs zurückzuweisen.

RGZ. 92, 178

Finden die Vorschriften der §§ 149 flg. des Reichsbeamtengesetzes über die Zulässigkeit des Rechtswegs auch auf Schadensersatzansprüche der Reichsbeamten Anwendung, die aus dem Dienstverhältnis abgeleitet werden?

RBeamtG. §§ 149 flg.

III. Zivilsenat. Urt. v. 8. Februar 1918 i. S. G. (Kl.) w. Deutsches Reich (Bekl.). Rep. III 317/17.

I. Landgericht Düsseldorf. II. Oberlandesgericht daselbst.

Die Klägerin ist anfangs 1903 von der Postverwaltung als Telegraphengehilfin gegen vierwöchige Kündigung angestellt, beim Fernsprechamt Duisburg verwendet und am 2. Mai 1908 wegen Krankheit entlassen worden. Ihr auf Bewilligung einer Pension gerichtetes Gesuch, bei dem ihre Krankheit auf das Verschulden der Postverwaltung zurückgeführt wird, ist durch Bescheid des Reichspostamts vom 31. Januar 1909 zurückgewiesen worden. Unter der Behauptung, daß das bei ihr vorhandene Magen- und Nervenleiden auf mehrfache Mißstände zurückzuführen sei, die beim Fernsprechamte Duisburg während ihrer dienstlichen Tätigkeit geherrscht hätten, verlangt die Klägerin mit der im Januar 1914 erhobenen Klage neben der Bezahlung von 200 M. eine Jahresrente von 800 M. Das Landgericht wies die Klage schon deshalb ab, weil die Vorschriften der §§ 149 flg. RBeamtG. nicht eingehalten seien. Das Berufungsgericht ist zwar der Ansicht, daß diese Gesetzesbestimmungen auf die Klage nicht anwendbar seien, wies aber trotzdem die Berufung zurück, da es den Anspruch sachlich nicht für begründet erachtete. Die Revision wurde zurückgewiesen aus folgenden

Gründen:

Die Klägerin verfolgt einen Schadensersatzanspruch, den sie darauf gründet, daß die durch ihr Magen- und Nervenleiden hervorgerufene Erwerbsbeschränkung ihre Ursache in der Verletzung der dem Beklagten ihr gegenüber aus dem Beamtendienstverhältnis obliegenden Schutzpflichten habe. Das Berufungsgericht vertritt — im Gegensatze zum Landgerichte — die Auffassung, daß für diesen Anspruch der Rechtsweg unbeschränkt ohne Einhaltung der in §§ 149 flg. RBeamtG. gegebenen Vorschriften zulässig sei. Dieser Ansicht kann nicht beigetreten werden, wie der erkennende Senat bereits in einer Entscheidung vom 30. Januar 1912 (Rep. III. 198/11) ausgesprochen hat. Gemäß § 149 RBeamtG. findet der Rechtsweg mit den in §§ 150 flg. festgesetzten Beschränkungen statt „über vermögensrechtliche Ansprüche der Reichsbeamten aus ihrem Dienstverhältnis, insbesondere über Ansprüche auf Besoldung, Wartegeld oder Pension". Ihrem Wortlaute nach umfaßt daher die Vorschrift alle Beamtenansprüche aus dem Dienstverhältnis und macht keinen

Unterschied zwischen den Dienstbezügen und den aus Anlaß der Dienstausübung erwachsenen Ansprüchen. Wenn das Berufungsgericht die ersteren als öffentlichrechtliche Ansprüche bezeichnet, Schadensersatzansprüche wie den mit der Klage erhobenen aber als privatrechtliche Ansprüche, so widerspricht dies der bereits in vielfachen neueren Urteilen zum Ausdruck gebrachten Grundauffassung des erkennenden Senats, wonach alle dem Beamtenverhältnis als einer öffentlichrechtlichen Einrichtung entspringenden Ansprüche und gerade auch die aus der Verletzung von Schutzpflichten erwachsenden Schadensersatzansprüche dem öffentlichen Rechte angehören. Soweit bei Beurteilung solcher Schadensersatzansprüche auf § 618 BGB. zurückgegriffen wird, kommt diese Bestimmung nicht als eine Vorschrift des bürgerlichen Rechtes, sondern nur in dem Sinne in Betracht, daß die in § 618 BGB. ausgedrückten allgemeinen Rechtsgedanken auch auf dem Gebiete des öffentlichen Rechtes für das Beamtenverhältnis insoweit zur Anwendung zu bringen sind, als dies der besonderen Ausgestaltung des Beamtenverhältnisses entspricht. Die in Frage stehenden Schadensersatzforderungen stehen im engsten Zusammenhange mit dem Beamtenverhältnis, werden aus ihm abgeleitet und gerade mit Mängeln und Mißständen, die sich aus den amtlichen Zuständen ergeben haben, begründet. Der Zweck der Beschränkung des Rechtsweges geht dahin, vor Beginn des Rechtsstreits der vorgesetzten Dienstbehörde Gelegenheit zur Prüfung und etwaigen Befriedigung der Ansprüche zu geben. Die Natur der Schadensersatzansprüche schließt diesen Zweck nicht nur nicht aus, läßt vielmehr die Vorprüfung im wohlverstandenen Interesse gerade auch des Beamten als wünschenswert erscheinen, weil durch eine pflichtgemäße Prüfung vielfach Prozesse abgeschnitten werden und die Möglichkeit rascher Befriedigung besteht.

Dieser Auslegung des Reichsbeamtengesetzes steht der Inhalt des preußischen Rechtes, insbesondere das Gesetz über die Erweiterung des Rechtswegs vom 24. Mai 1861 nicht entgegen.

Hiernach mußte die Entscheidung des Reichspostamts der Klage vorausgehen und diese bei Verlust des Klagerechts innerhalb sechs Monaten nach Bekanntgabe der Entscheidung angebracht werden. Diesen Erfordernissen hat aber die Klägerin, wie das Landgericht zutreffend ausgeführt hat, nicht genügt.

RGZ. 92, 307

Ist für die Schadensersatzansprüche, die ein Gemeindebeamter auf Grund seiner öffentlichrechtlichen Beziehungen zu einem Kommunalverbande gegen diesen aus sachwidriger Beschaffenheit der Diensträume herleitet, der Rechtsweg unbeschränkt zulässig?

KomBeamtG. § 7.

III. Zivilsenat. Urt. v. 12. März 1918 i. S. W. (Kl.) w. Stadtgemeinde Ch. (Bekl.). Rep. III. 438/17.

I. Landgericht III Berlin. II. Kammergericht daselbst.

Die Frage ist verneint aus folgenden

Gründen:

Der Kläger ist als Magistratsassessor bei der Stadtverwaltung in Ch. tätig. Am 20. August 1913 stürzte er von einer während eines Neubaues im Rathause daselbst errichteten hölzernen Nottreppe hinab und zog sich schwere Verletzungen zu. Für den ihm entstandenen Schaden macht er die beklagte Stadtgemeinde verantwortlich, weil die Treppe aus schlechtem Material unsachgemäß hergestellt und ungenügend beleuchtet worden sei.

Nach § 7 des Gesetzes, betr. die Anstellung und Versorgung der Kommunalbeamten, vom 30. Juni 1899 hat über deren streitige vermögensrechtliche Ansprüche aus ihrem Dienstverhältnis der Bezirksausschuß zu beschließen, bevor eine Klage im ordentlichen Rechtsweg erhoben werden darf. Zu den vermögensrechtlichen Ansprüchen im Sinne dieser Bestimmung gehört auch die Klageforderung, soweit sie auf Verletzung der der Beklagten ihren Beamten gegenüber obliegenden, inhaltlich der Vorschrift des § 618 BGB. entsprechenden öffentlich-rechtlichen Fürsorgepflicht gestützt wird. Auch das öffentliche Recht verlangt, daß der Staat und die Kommunalverbände die Diensträume und die Zugänge zu ihnen im Rahmen des Dienstbetriebes in einen für das Leben und die Gesundheit ihrer Beamten möglichst gefahrlosen Zustand versetzen und in ihm erhalten. Indem der Kläger der Beklagten vorwirft, hiergegen verstoßen zu haben, leitet er daher seinen Schadensersatzanspruch aus seiner Beamtenstellung nach Maßgabe öffentlichrechtlicher Grundsätze ab. Der erkennende Senat hat schon wiederholt ausgesprochen, daß die §§ 149 flg. RBeamtG. auch die auf einer solchen Grundlage beruhenden Schadensersatzansprüche der Reichsbeamten gegen das Reich mitumfassen (vgl. Urteil vom 30. Januar 1912 Rep. III. 198/11 und das Urteil vom 8. Februar 1918 Rep. III. 317/17[1]), und mißt, soweit Kommunalbeamte in Frage kommen, auch dem § 7 KomBeamtG. die gleiche rechtliche Tragweite bei. Dem steht die abweichende Auslegung, welche § 1 des preuß. Gesetzes über die Erweiterung des Rechtswegs vom 24. Mai 1861 seitens einiger Senate des Reichsgerichts gefunden hat und welche sich im wesentlichen auf den Wortlaut der allgemeinen Überschrift und der des ersten Abschnitts dieses Gesetzes stützt, ... nicht entgegen. Denn dieses Gesetz handelt lediglich von Ansprüchen unmittelbarer Staatsbeamter gegen den preußischen Staat. Deshalb bedarf es hier auch keiner Erörterung, ob der in den angezogenen Erkenntnissen vertretenen Auffassung, nach welcher der erste Abschnitt des Gesetzes von 1861 nur die Voraussetzungen des Rechtswegs für Ansprüche auf die den Staatsbeamten aus der Anstellung als solcher erwachsenen B e z ü g e regele, beizutreten sei.

[1]) In diesem Band S. 31.

Die Gemeindebeamten Preußens, auf welche sich die den unmittelbaren Staatsbeamten hinsichtlich ihrer Besoldungsansprüche den Rechtsweg verschließende Kabinettsorder vom 7. Juli 1830 (vgl. Annalen Bd. 14 S. 722) ebensowenig wie das Gesetz von 1861 bezog, waren bis zum Jahre 1883 unbeschränkt befugt, ihre vermögensrechtlichen Ansprüche gegen den Kommunalverband, der sie angestellt hatte, gerichtlich geltend zu machen. Erst § 20 Abs. 4 und § 36 Abs. 3 des preuß. Gesetzes über die Zuständigkeit der Verwaltungsbehörden vom 1. August 1883 unterwarfen ihre streitigen Pensionsansprüche — und zwar lediglich diese — vorbehaltlich des Rechtes der Beteiligten, die Gerichte anzurufen, zunächst der Beschlußfassung der Bezirks- und Kreisausschüsse, während im übrigen der ordentliche Rechtsweg unverändert offen blieb. Das war die Rechtslage, welche der Gesetzgeber im Jahre 1899 vorfand. Dadurch, daß er die im Jahre 1883 für Pensionsansprüche geschaffene Rechtswegsbeschränkung nunmehr „auf streitige vermögensrechtliche Ansprüche der Kommunalbeamten aus ihrem Dienstverhältnis" schlechthin ausdehnte, gab er zu erkennen, daß er, wie auch die Ausführungsanweisung des Ministers des Innern vom 12. Oktober 1899 (MinBl. f. inn. V. 1899 S. 192) in Art. II Nr. 4 betont, die Verfolgung der genannten Ansprüche einheitlich, d. h. ausnahmslos regeln wollte. Die Vorentscheidung, von der § 7 KomBeamtG. die Zulässigkeit des Rechtswegs abhängig macht, verpflichtet die Verwaltungsbehörden zu einer eingehenden Prüfung der Beamtenansprüche. Dadurch soll — im Interesse beider Beteiligten — deren Erledigung, wenn möglich, ohne Inanspruchnahme der Gerichte erreicht werden. Weder dieser Zweck noch der Wortlaut des § 7 a. a. O. geben einen Anhalt dafür, daß der Gesetzgeber beabsichtigt habe, Schadensersatzforderungen der vorliegenden Art anders zu behandeln als die übrigen in dem Dienstverhältnis wurzelnden Ansprüche der Kommunalbeamten. Für einen dem Kläger im Rahmen seiner öffentlichrechtlichen Beziehungen zu der Beklagten entstandenen Schadensersatzanspruch ist daher mangels einer Vorentscheidung des Bezirksausschusses der Rechtsweg zur Zeit noch nicht eröffnet. ...

RGZ. 92, 430

Kann im Rechtswege geltend gemacht werden, daß der Staat vermöge seiner Fürsorgepflicht verpflichtet gewesen sei, den Beamten in ein anderes Amt zu versetzen?

Reichsbeamtengesetz § 155.
Gerichtsverfassungsgesetz § 13.

III. Zivilsenat. Urt. v. 3. Mai 1918 i. S. S. (Kl.) w. Deutsches Reich (Bekl.). Rep. III. 49/18.

I. Landgericht Kiel. II. Oberlandesgericht daselbst.

Die Klage fordert einen durch Heilbehandlungen erwachsenen Kostenbetrag als Schadensersatz, weil der Beklagte die ihm dem Kläger gegenüber obliegende Fürsorgepflicht schuldhaft verletzt habe: kraft dieser Pflicht sei der Beklagte verpflichtet gewesen, den als Telegraphenassistenten in E. seit Sommer 1907 an einem Hautleiden erkrankten Kläger auf dessen am 25. November, 8. Dezember 1907 und 10. Februar 1908 eingereichte Gesuche hin von seinem damaligen Amtssitz E. wegzuversetzen, und zwar zum 1. Januar 1908, allenfalls auch nur zum 1. März 1908; statt dessen sei der Kläger erst zum 1. Mai 1908 nach K. versetzt worden, und diese Verzögerung habe die Unheilbarkeit des Hautleidens verursacht. Der Berufungsrichter hat die Berufung gegen das klagabweisende Urteil des Landgerichts zurückgewiesen, weil der Kläger mit der Behauptung, die anfänglichen Entscheidungen auf seine Versetzungsgesuche seien unrichtig und verfehlt gewesen, vor den ordentlichen Gerichten nicht gehört werden könne; in der Ausübung der Ämterhoheit gebe es keine dem einzelnen Beamten gegenüber obliegende Amtspflicht.

Die Revision blieb erfolglos.

Gründe:

Der Berufungsrichter stützt sich auf § 155 RBeamtG.: mit den für den Zivilrichter maßgebenden Entscheidungen der Disziplinar- und Verwaltungsbehörden darüber, ob und von welchem Zeitpunkt ab ein Reichsbeamter aus seinem Amte zu entfernen sei, sei die Entscheidung darüber, ob der Beamte in ein anderes Amt zu versetzen sei, mit umfaßt.

Unter Entfernung aus dem Amte versteht § 155 jedoch nur die in §§ 75, 73 genannten Maßnahmen, nämlich Strafversetzung und Dienstentlassung. Die Versetzung in ein anderes Amt wegen dienstlichen Bedürfnisses (§ 23 RBeamtG.) und die Versetzung auf Antrag des Beamten aus persönlichen Gründen dagegen sind der Nachprüfung durch den Zivilrichter entzogen nicht kraft des § 155, sondern aus dem allgemeinen Grunde der Unzulässigkeit des Rechtsweges über Verwaltungsakte der Ämterhoheit. Ob eine von dem Beamten beantragte Versetzung möglich, zulässig und angemessen ist, kann nur aus der Gestaltung und Stellung des einzelnen Amtes innerhalb des Gesamtorganismus des betreffenden Amtszweiges, aus dem Gesamtinteresse der beteiligten Beamtenschaft und aus der obersten Richtschnur der Wahrung und Förderung des allgemeinen, öffentlichen Amtszweckes beantwortet werden und ist daher dem völlig selbständigen pflichtmäßigen Ermessen der zur Ausfüllung, Leitung und Inganghaltung des einzelnen Ämterorganismus berufenen Verwaltungsbehörde überlassen. Der Beamte hat — von Ausnahmen abgesehen — einen Rechtsanspruch nicht einmal auf Belassung in seinem Amte; er muß sich, wie § 23 als einen Ausfluß der Ämterhoheit anordnet, die Versetzung in ein anderes Amt von nicht geringerem Range und etatsmäßigem Diensteinkommen mit Vergütung der Umzugskosten gefallen lassen, „wenn es — wie der im Reichstage beschlossene Zusatz vorsorgt — das dienstliche Bedürfnis erfordert". Ob aber diese Vorausetzung vorliegt, steht zum Ermessen allein der Verwaltungsbehörde und darf vom Richter nicht nachgeprüft werden.

Im vorliegenden Falle will der Kläger einen Rechtsanspruch gehabt haben nicht darauf, daß er in seinem Amte in E. verblieb, sondern im Gegenteile darauf, daß er aus diesem Amte zu bestimmter Zeit — 1. Januar oder doch 1. März 1908 — auf seinen Antrag hin wegversetzt wurde; er leitet diesen Rechtsanspruch aus der Fürsorgepflicht des Beklagten ab und begründet die erhobene Schadensersatzforderung mit angeblicher Verletzung dieses vermeintlichen Rechtsanspruchs. Diese ganze Aufmachung der Klage ist rechtsirrig. Aus keinen wie immer gearteten Gründen kann ein privatrechtlicher Rechtsanspruch des Beamten auf eine seinem Antrage gemäß erfolgende Versetzung hergeleitet werden. Ob es möglich und angemessen war, der Fürsorgepflicht des Staates durch die Maßregel einer solchen Versetzung nachzukommen, entzieht sich der Prüfung des Richters. Anderenfalls ergäbe sich als privatrechtliche Folge der öffentlichrechtlichen Fürsorgepflicht ein Eingriff in die ausschließlichen, öffentlichrechtlichen Zuständigkeiten — daß nämlich der Richter statt der Verwaltungsbehörde befindet, ob der Beamte auf seinen Antrag zu versetzen war. Das ist eine Verkehrung der in Wahrheit gegebenen Rechtsverhältnisse unter dem Schleier einer privatrechtlichen Schadensersatzforderung. Mit Recht hat der Berufungsrichter hier rechtliches Gehör versagt. Einer derart begründeten Schadensersatzforderung muß der Rechtsweg verschlossen bleiben.

RGZ. 94, 52

Beschwerde eines Eisenbahnbeamten gegen Festsetzung seiner Pension durch die Eisenbahndirektion. Muß eine bei dieser eingereichte Eingabe, um als Beschwerde an den Departementschef und den Finanzminister gelten zu können, erkennen lassen, daß nötigenfalls der Minister entscheiden solle?

Preuß. Gesetz, betr. die Fürsorge für Beamte infolge von Betriebsunfällen, vom 2. Juni 1902 § 9; Preuß. Beamtenpensionsgesetz vom 27. März 1872/30. April 1884 § 23.

III. Zivilsenat. Urt. v. 18. Oktober 1918 i. S. preuß. Staat (Bekl.) w. M. (Kl.). Rep. III. 219/18.

I. Landgericht Hagen. II. Oberlandesgericht Hamm.

Der Kläger, seit 1897 im preußischen Staatseisenbahndienste beschäftigt, wurde im Jahre 1907 als Schaffner angestellt und durch Verfügung der Eisenbahndirektion E. vom 11. Juli 1914 zum 1. Oktober 1914 mit der gewöhnlichen Zivilpension in den Ruhestand versetzt. Die Eisenbahndirektion ging dabei von der Annahme aus, daß die Dienstunfähigkeit des Klägers auf einen Unfall vom Jahre 1903 zurückzuführen sei. Der Kläger dagegen betrachtete als Ursache seiner Dienstunfähigkeit einen Unfall, den er als Beamter im Jahre 1908 im Eisenbahnbetrieb erlitten hatte, und verlangte eine Unfallpension nach dem Gesetze vom 2. Juni 1902. Die erste Instanz wies die Klage ab, weil der Kläger nicht innerhalb sechs Monaten gegen die Verfügung vom 11. Juli 1914 Beschwerde bei dem Minister der öffentlichen Arbeiten oder bei dem Finanzminister erhoben habe. Das Berufungsgericht fand diese Beschwerde in einer Eingabe des Klägers an die Eisenbahndirektion vom 1. August 1914 und gab der Klage statt. Die Revision des Beklagten wurde zurückgewiesen.

Gründe:

... Die Klage ist innerhalb sechs Monaten, nachdem der Minister der öffentlichen Arbeiten als „Departementschef" im Einverständnis mit dem Finanzminister die Ansprüche des Klägers zurückgewiesen hatte, erhoben worden. Ihre Zulässigkeit hängt also nur noch davon ab, ob der Kläger mit seiner Eingabe vom 1. August 1914, also rechtzeitig, gegen die die Pensionsfestsetzung enthaltende Verfügung der Eisenbahndirektion vom 11. Juli 1914 die nach § 9 des Gesetzes vom 2. Juni 1902 in Verbindung mit § 23 Abs. 1 Satz 2 des Pensionsgesetzes vom 27. März 1872/30. April 1884 erforderliche „Beschwerde an den Departementschef und den Finanzminister" erhoben hat. Die Revision bestreitet das. Es ist aber dem Berufungsgerichte zuzustimmen.

Daß eine solche Beschwerde mangels abweichender Vorschriften auch bei der Eisenbahndirektion, die die Pension festgesetzt hat, eingereicht werden kann, hat der erkennende Senat schon im Urteile vom 2. Mai 1913 III. 551/12 anerkannt. Ob die Eingabe vom 1. August 1914 ihrem Inhalte nach als Beschwerde zu betrachten ist, läßt sich nach ihrer Fassung in Zweifel ziehen. Die Eingabe enthält Ausführungen darüber, daß nicht der Unfall von 1903, auch nicht ein solcher von 1906, sondern der Unfall von 1908 die Ursache der Dienstunfähigkeit bilde, daß der Kläger durch die „Festsetzung der Unfallrente" geschädigt sei und 66²/₃ % seines letzten Einkommens zu beanspruchen habe, und schließt mit der Bitte, seine Ansprüche noch einmal zu prüfen und seine Rente zu erhöhen. Wäre die Eingabe von einer rechtskundigen, mit den einschlägigen Vorschriften vertrauten Person verfaßt worden, so könnte aus ihrem Schlusse gefolgert werden, daß eine Beschwerde nicht eingelegt werden sollte. Bei Erklärungen eines Laien ist ihrer Fassung kein solches Gewicht beizulegen. Um die Eingabe als Beschwerde erachten zu können, muß es daher genügen, wenn darin zum Ausdrucke gekommen ist, daß der Kläger sich bei der Pensionsfestsetzung nicht beruhigen, vielmehr eine andere Festsetzung, und zwar unter Berücksichtigung des Unfalls von 1908 als Ursache der Dienstunfähigkeit haben wollte. Dem entspricht der Inhalt der Eingabe. Ihre Eigenschaft als Beschwerde im Sinne des Gesetzes wird auch nicht dadurch ausgeschlossen, daß der Kläger nicht zum Ausdrucke gebracht hat, daß, wenn die Eisenbahndirektion seiner Bitte nicht entspreche, der Minister entscheiden solle. Daß eine Beschwerde im Sinne des § 23 Abs. 1 Satz 2 a. a. O. ausdrücklich an den Minister gerichtet werden müsse, ist im Gesetze nicht vorgeschrieben und auch aus dem Zusammenhange der Bestimmungen nicht zu entnehmen. Nach Satz 1 der Vorschrift soll der Klage die Entscheidung des Departementschefs und des Finanzministers vorhergehen. Satz 2 bestimmt folgerichtig, daß, wenn über den Anspruch auf Pension von einer nachgeordneten Behörde entschieden worden ist, die Entscheidung der nach Satz 1 zuständigen höheren Stelle im Wege der Beschwerde herbeigeführt werden muß. Das Wesentliche ist danach nur, daß der Beamte rechtzeitig Beschwerde einlegt und daß der Departementschef im Einverständnis mit dem Finanzminister über die den Gegenstand der Beschwerde bildenden Ansprüche entscheidet. Aus dem gleichen Grunde ist es auch unerheblich, daß der Minister der öffentlichen Arbeiten in seiner der Klage vorausgegangenen Entscheidung nicht auf die Eingabe vom 1. August 1914, sondern auf eine spätere Beschwerdeschrift des Klägers Bezug genommen hat. Es wäre Sache der Eisenbahndirektion gewesen, die rechtzeitig eingelaufene Beschwerde des Klägers, wenn sie ihr nicht abhelfen wollte, der zuständigen Stelle vorzulegen oder doch wenigstens dem Kläger anheimzugeben, sich an diese Stelle zu wenden. Ob das abweichende Verfahren der Eisenbahndirektion dieser nach Lage der Sache als Verschulden angerechnet werden kann, ist belanglos. Für die Wahrung der Rechte des Klägers genügt es, daß er rechtzeitig Beschwerde eingelegt hat.

Unbegründet ist auch die auf § 286 ZPO. gestützte Rüge, das Berufungsgericht habe nicht gewürdigt, daß die Parteien selbst, wie auch der Minister, die Eingabe vom 1. August 1914 nicht als Beschwerde im Sinne des Gesetzes betrachtet hätten. Daß die Eingabe zum Gegenstand der mündlichen Verhandlung gemacht worden ist, bestreitet die Revision nicht. Ihre rechtliche Würdigung hatte das Gericht unabhängig von den Meinungen der Parteien und anderer Personen vorzunehmen.

Die Zulässigkeit der Klage ist daher nicht zu beanstanden. Da auch die sachliche Beurteilung des eingeklagten Anspruchs keinen Anlaß zu rechtlichen Bedenken gibt, ist die Revision unbegründet. ...

RGZ. 95, 103

1. Zur Anwendung der §§ 149 flg. des Reichsbeamtengesetzes.

2. Darlegungs- und Beweispflicht bezüglich des ursächlichen Zusammenhanges bei Schadensersatzansprüchen.

III. Zivilsenat. Urt. v. 4. März 1919 i. S. M. (Kl.) w. Deutsches Reich (Bekl.). Rep. III. 338/18.

I. Landgericht Danzig. II. Oberlandesgericht Marienwerder.

Der Kläger, der als Postverwalter im Dienste des beklagten Deutschen Reichs vom 1. Dezember 1902 bis zum 30. September 1905 eine Dienstwohnung in A., Kreis M., innehatte, machte mit der Klage geltend, daß diese Wohnung, weil falsch und zu schnell gebaut, auch zu früh bezogen, feucht und kalt gewesen sei, und daß infolge dieser vom Beklagten zu vertretenden Mängel er selbst einen Gelenkrheumatismus und ein Herzleiden sich zugezogen habe, während seine Frau — die im Laufe des Rechtsstreites gestorben ist — lungenleidend geworden sei. Er verlangte die Erstattung von Aufwendungen in der Höhe von 7412 M. nebst Prozeßzinsen und die Feststellung der Ersatzpflicht des Beklagten für den weiteren Schaden. Die Klage wurde abgewiesen, die Berufung des Klägers zurückgewiesen. Auf die Revision des Klägers wurde das Berufungsurteil aufgehoben und die Sache an das Berufungsgericht zurückverwiesen.

Gründe:

Das Berufungsgericht läßt dahingestellt, ob der Kläger nach §§ 149 flg. RBG. innerhalb sechs Monaten vor der Erhebung der Klage die Entscheidung der obersten Reichsbehörde nachgesucht habe, indem es davon ausgeht, daß jene Vorschriften auf Diensteinkünfte zu beschränken seien. Diese Auffassung ist nicht zu billigen. Wie der erkennende Senat wiederholt ausgesprochen hat, finden die Vorschriften auf alle Ansprüche aus dem Dienstverhältnis, also auch auf Schadensersatzansprüche Anwendung, die, wie im vorliegenden Falle, aus einem dem § 618 BGB. entsprechenden Grundsatze abgeleitet werden. Der unrichtige Ausgangspunkt des Berufungsgerichts ist aber für die Entscheidung belanglos. Nach den in der Revisionsinstanz vorgelegten Schriftstücken hat das Reichspostamt auf die Eingaben des Klägers in einem Bescheide vom 8. Dezember 1912 ausdrücklich abgelehnt anzuerkennen, daß die Krankheiten des Klägers und seiner Frau auf Mängel der fraglichen Dienstwohnung zurückzuführen seien. Die Klage ist im April 1913, also innerhalb der gesetzlichen Frist erhoben. Der Rechtsweg ist demnach zulässig.

In der Sache selbst stellt das Berufungsgericht fest, daß die Wohnung kalt, nicht gehörig heizbar, feucht und infolgedessen gesundheitsschädlich gewesen sei, und nimmt auch an, daß diese Mängel wenigstens teilweise auf Umstände zurückzuführen seien, die der Beklagte vertreten müsse, billigt aber gleichwohl die Abweisung der Klage, weil ein ursächlicher Zusammenhang zwischen den Krankheiten des Klägers und seiner Frau und jenen Mängeln nicht angenommen werden könne. Daß es sich bezüglich der letzteren Frage auf § 287 ZPO. beruft, ist nicht zu beanstanden. Nach § 286 ZPO. ist nur zu würdigen, ob ein die Schadensersatzpflicht an sich begründendes Ereignis, ein vom Beklagten zu vertretendes Verschulden vorliegt. Die Begründung des Berufungsurteils kann auch insoweit nicht nachgeprüft werden, als sie sich auf tatsächlichem Gebiete bewegt. Sie ist aber, auch im Rahmen des § 287, rechtlich nicht haltbar, weil sie erkennen läßt, daß das Berufungsgericht die Darlegungs- und Beweispflicht des Klägers bezüglich des ursächlichen Zusammenhangs überspannt hat. Wenn, wie nach den Feststellungen des Berufungsgerichts hier der Fall ist, Mängel vorlagen, die nach dem natürlichen Verlaufe der Dinge geeignet sind, Krankheiten der fraglichen Art hervorzurufen oder in ihrer Entwicklung zu fördern, dann bedarf es, wenn der ursächliche Zusammenhang verneint werden soll, der Feststellung besonderer durch den Ersatzpflichtigen nachzuweisender Umstände, die nicht nur selbst Krankheitsursache sein können, sondern auch jene Mängel als Ursache oder Mitursache ausschließen. Mit diesem Grundsatze stehen jedenfalls die Ausführungen über die Krankheit der Frau des Klägers nicht im Einklange. Selbst der Sachverständige H., dem das Berufungsgericht im wesentlichen folgt, hat sich dahin ausgesprochen, daß der dauernde Aufenthalt in der feuchten und kalten Wohnung als mitwirkende Ursache für das Leiden der Frau angesehen werden könne. Wenn nun auch das Berufungsgericht an das Gutachten des Sachverständigen nicht gebunden war, so beruht es doch ersichtlich auf einer Verkennung des erwähnten Grundsatzes, wenn das Berufungsgericht auf die bloße Erwägung anderer Möglichkeiten hin sich mit der Feststellung begnügt, es habe nicht die Überzeugung erlangt, daß das Lungenleiden der Frau auch auf den mangelhaften Zustand der Dienstwohnung zurückzuführen sei. Ist aber das Berufungsgericht bei dieser Frage nicht von dem richtigen Grundsatz ausgegangen, dann muß damit gerechnet werden, daß seine unrichtige Auffassung auch die Würdigung des ursächlichen Zusammenhanges bezüglich der Erkrankung des Klägers beeinflußt hat. Die Revision weist zutreffend darauf hin, daß nach dem gewöhnlichen Laufe der Dinge jeder Kranke, der in einer solchen Wohnung lebe, einer Verschlimmerung seines Leidens ausgesetzt sei, und daß der Sachverständige H., der die Ursächlichkeit sowohl für die Entstehung als für eine Verschlimmerung der Leiden des Klägers verneint, für die Verneinung im letzteren Punkte keine besonderen Gründe angibt. In keinem Falle darf eine ungünstige Einwirkung nur mit der Begründung abgelehnt werden, daß dafür kein Anhaltspunkt vorhanden sei, und auch andere Umstände die ungünstige Entwicklung des Gesundheitszustandes erklären könnten, und noch weniger kann entscheiden, ob der Kläger selbst früher an einen Zusammenhang seiner Leiden mit den Mängeln der Dienstwohnung gedacht hat oder nicht. Das Berufungsurteil muß daher aufgehoben werden. ...

RGZ. 95, 144

Das Beamtenverhältnis bildet in allen seinen Beziehungen, auch soweit sie die vermögensrechtliche Seite betreffen, ein öffentlich-rechtliches Verhältnis.

Alter Leitsatz:

1. Oeffentlichrechtliche Natur des Beamtenverhältnisses.

2. Kann die Revision auf Gesetzesverletzung bei Auslegung des Anstellungsvertrags eines badischen Gemeindebeamten gestützt werden?

ZPO. §§ 549, 562.

III. Zivilsenat. Urt. v. 14. März 1919 i. S. der Stadtgemeinde H. (Bekl.) w. S. (Kl.). Rep. III. 437/18.

I. Landgericht Heidelberg. II. Oberlandesgericht Karlsruhe.

Im Jahre 1893 wurde der Kläger als Gehilfe der Stadtkasse von der Beklagten angestellt und eidlich verpflichtet. Unter dem 18. September/4. Oktober 1899 wurde mit ihm von dem Stadtrate der Beklagten nach

Zustimmung des Bürgerausschusses ein schriftlicher Dienstvertrag abgeschlossen, in dessen Eingang erwähnt wird, daß der Kläger als Beamter der Stadtverwaltung die etatsmäßige Amtsstelle eines Kassengehilfen bekleide; durch ihn wurden dem Kläger die Rechte der Dienst- und Gehaltsordnung für die Beamten der Beklagten gemäß deren § 3 verliehen und damit gleichzeitig deren Verpflichtungen für ihn als verbindlich erklärt, auch ausgesprochen, daß die Dienst- und Gehaltsordnung einen Bestandteil dieses Dienstvertrages bilde. Am 10. März 1916 beschloß der Stadtrat, den Kläger in Anwendung der Bestimmung in § 28 der Dienst- und Gehaltsordnung auf den 1. Juli 1916 in den Ruhestand zu versetzen, nachdem die durch den Bezirksarzt vorgenommene ärztliche Untersuchung ergeben habe, daß er infolge der bei ihm bestehenden Erkrankung als dauernd dienstunfähig anzusehen sei. Nach erfolglosem Widerspruche gegen diesen Beschluß erhob der Kläger im Mai 1916 Klage auf Feststellung der Unwirksamkeit der von der Beklagten ausgesprochenen Versetzung in den Ruhestand.

Von dem Landgericht abgewiesen, weil ihm ein Klagrecht auf eine solche Feststellung nicht zustehe, legte der Kläger Berufung ein und beantragte nunmehr die Verurteilung der Beklagten zur Zahlung des Gehalts an Stelle des ihm bewilligten Ruhegehalts. Diesem Antrage wurde, von Einschränkungen abgesehen, von dem Oberlandesgericht entsprochen. Die Revision der Beklagten hatte keinen Erfolg.

Gründe:

Die Beklagte geht bei der Begründung ihrer Revision von der Annahme aus, der Berufungsrichter habe dahingestellt gelassen, ob der Kläger Beamter der Beklagten gewesen sei oder nur in einem bürgerlichrechtlichen Dienstverhältnis zu ihr gestanden habe. Das beruht auf einem Mißverständnis. In dem Dienstvertrage von 1899 ist ausdrücklich gesagt, daß der Kläger als Beamter der Stadtverwaltung die etatsmäßige Amtsstelle eines Kassengehilfen bekleide, und durch den Vertrag sind ihm die Rechte der nur für die Beamten geltenden Dienst- und Gehaltsordnung verliehen und deren Verpflichtungen für ihn als verbindlich erklärt. Danach kann seine Beamteneigenschaft nicht in Zweifel gezogen werden; sie ist auch in der Klagschrift behauptet und in der Klagbeantwortung zugegeben worden. Wenn das Berufungsgericht bei der Prüfung der Zulässigkeit des Rechtswegs die Frage unentschieden läßt, ob die Dienst- und Gehaltsordnung nur als „ein privatrechtlicher Bestandteil des Dienstvertrags" anzusehen sei oder durch die nach der Entlassung des Klägers erfolgte Aufnahme in das Ortsstatut „die Eigenschaft einer öffentlichrechtlichen Bestimmung" auch in dem Verhältnis der Beklagten zu dem Kläger erlangt habe, so ist dies nicht dahin zu verstehen, daß die Beamteneigenschaft des Klägers dahingestellt bleiben solle, sondern der Berufungsrichter will damit nur den Unterschied zwischen einer ortsstatutarischen Bestimmung als einer objektiven Rechtsnorm und einer keine solche Norm darstellenden städtischen Dienstordnung, die nur auf Grund eines Vertrags als dessen Bestandteil Wirksamkeit erlange, zum Ausdruck bringen. Das Gegenteil ist auch nicht aus den Worten privatrechtlich und öffentlichrechtlich zu entnehmen. Die Bezeichnung des Dienstvertrags als eines privatrechtlichen Vertrags in den Urteilen der Vorinstanzen beruht vielmehr auf der früher vielfach ... vertretenen, neuerdings aber vorwiegend ... und namentlich auch von dem Reichsgericht (vgl. z. B. RGZ. Bd. 53 S. 427 flg.)[1]) abgelehnten Ansicht, daß ein Beamtenanstellungsvertrag ein privatrechtlicher Vertrag sei.

War der Kläger aber städtischer Beamter, so ist, da das Beamtenverhältnis in allen seinen Beziehungen, auch soweit sie die vermögensrechtliche Seite betreffen, ein öffentlichrechtliches Verhältnis bildet, das Rechtsverhältnis zwischen den Streitteilen nur nach dem in Baden geltenden öffentlichen Rechte zu beurteilen, auf dessen Verletzung mit Rücksicht auf seinen beschränkten Geltungsbereich nach § 549 ZPO. die Revision nicht gestützt werden kann. Auch soweit zur Ausfüllung der Lücken im Beamtenrecht an sich revisibele Bestimmungen des bürgerlichen Rechtes herangezogen werden, kommen diese nur als Teil des nicht revisibelen öffentlichen Rechtes zur Anwendung; nur der in ihnen zum Ausdruck gelangte allgemeine Rechtsgedanke hat Geltung für das Beamtenverhältnis als ein auch diesem angehöriger Grundsatz, wie der erkennende Senat wiederholt ausgesprochen hat (z. B. in den Urteilen vom 15. Dezember 1916, Warneyer 1917 S. 73, und vom 24. April 1917, Leipz. Zeitschr. 1917 Sp. 928). Dies gilt insbesondere auch für die Auslegung des Beamtenanstellungsvertrags, der, wie erwähnt, richtiger Ansicht nach öffentlichrechtlicher Natur ist; der gegenteiligen Annahme der Vorinstanzen ist irgendeine badische Bestimmung, deren Auslegung nach § 562 ZPO. für das Revisionsgericht bindend wäre, weder in den beiden Urteilen noch auch in der angezogenen Entscheidung des Verwaltungsgerichtshofs zugrunde gelegt.

Demnach ist das Revisionsgericht durch die Schranken des Rechtsmittels gehindert, die von der Revision angefochtene Richtigkeit der Auslegung der einen Bestandteil des Anstellungsvertrags bildenden Dienst- und Gehaltsordnung nachzuprüfen. Um deren Auslegung handelt es sich aber bei allen Revisionsangriffen, nicht nur soweit diese sich gegen die Annahmen des Berufungsgerichts richten, daß der Kläger zwar nicht Erfüllung, wohl aber Schadensersatz wegen Nichterfüllung fordern könne und daß die Beklagte verpflichtet sei, den Kläger in einer untergeordneten Stellung seinen Fähigkeiten und seinem Bildungsgrad entsprechend zu verwenden, sondern auch wenn die Revision geltend macht, es komme nicht darauf an, ob der Kläger im medizinischen Sinne geistig erkrankt und deshalb dienstunfähig geworden sei, sowie ob sich sein geistiger Zustand gegen früher verändert habe, sondern darauf, ob seine geistigen Kräfte

[1]) In diesem Band S. 6 ff.

jetzt noch ausreichen, um seinen Dienst ordnungsmäßig zu versehen. Aber auch die Rüge der Verletzung des § 286 ZPO. ist unzulässig, weil das Streitverhältnis nach nicht revisibelem Rechte zu beurteilen ist . . .; sie ist übrigens auch nicht begründet.

RGZ. 95, 168

Begründet die Feststellung des Voranschlags ein Recht der Gemeindebeamten auf die Bezahlung darin vorgesehener Alterszulagen?

III. Zivilsenat. Urt. v. 18. März 1919 i. S. N. (Kl.) w. Gemeinde B.-M. (Bekl.). Rep. III. 477/18.

I. Landgericht II Berlin. II. Kammergericht daselbst.

Der Kläger, seit 1907 Kassenrendant der Beklagten, sollte nach dem Normalbesoldungsetat am 1. April 1913 eine Alterszulage von 300 M. jährlich erhalten. Nachdem der Voranschlag für das Rechnungsjahr 1913, der auch diese Gehaltserhöhung berücksichtigte, von der Gemeindevertretung festgestellt worden war, versagte der Gemeindevorsteher durch schriftliche Verfügung vom 25. März 1913 unter Berufung auf § 4 des die Dienstpflichten und die Besoldung der Gemeindebeamten regelnden Ortsstatuts vom 30. März 1900 die Gewährung der Zulage. Der Kläger berief sich demgegenüber auf die Feststellung des Voranschlags. Auf seine unter Beobachtung des § 7 des Kommunalbeamtengesetzes erhobene Klage wurde die Beklagte in der ersten Instanz zur Zahlung verurteilt. Das Berufungsgericht wies die Klage ab. Die Revision des Klägers wurde zurückgewiesen.

Gründe:

Nach § 4 des Ortsstatuts, auf das die Anstellungsurkunde Bezug nimmt, hatte der Kläger keinen Rechtsanspruch auf das Aufsteigen in eine höhere Gehaltsstufe. Es war dem Gemeindevorsteher ausdrücklich vorbehalten, wenn nach seinem Ermessen gegen die Berufstätigkeit, den Fleiß oder die Dienstführung eines Beamten begründete Ausstellungen vorliegen, sein Aufrücken in die höheren Gehaltsstufen ganz oder zeitweilig hintanzuhalten. Um einen Rechtsanspruch des Klägers zu begründen, bedurfte es also einer Bewilligung der Zulage an ihn. Eine solche ist in der Feststellung des Voranschlags nicht zu finden. Die Feststellung des Voranschlags bedeutet grundsätzlich nur die Bewilligung der Mittel für die darin vorgesehenen Ausgaben. Sie gibt den mit der Verwaltung der Gemeinde betrauten Organen die Ermächtigung, diese Ausgaben zu machen, begründet aber nicht Rechte Dritter, also auch nicht der Gemeindebeamten, auf die Auszahlung der bewilligten Beträge. Die Bewilligung der Alterszulage an den Kläger könnte daher nur in einer auf Grund der Feststellung des Voranschlags erfolgten Handlung des Gemeindevorstehers gefunden werden, dem die Verwaltung und Vertretung der Gemeinde, wie auch die Anstellung und Beaufsichtigung der Gemeindebeamten oblag (Landgemeindeordnung vom 3. Juli 1891 § 88

Abs. 1, Abs. 4 Nr. 5, 7). Daß der festgestellte Voranschlag sich nicht darauf beschränkt, den Bedarf an Beamtengehältern in Gesamtsummen aufzuführen, sondern in der Anlage zu Kapitel I die Besoldungen der Beamten, darunter auch die des Klägers mit dem um die Alterszulage erhöhten Gehaltsbetrag, einzeln nachweist, kann an der rechtlichen Bedeutung der Feststellung nichts ändern. Die abweichende Meinung des Klägers würde auch zu einer Beeinträchtigung des dem Gemeindevorsteher vorbehaltenen Versagungsrechts führen, die in keiner Weise zu rechtfertigen wäre. Nach § 3 des Ortsstatuts kommen als Anfangstermine für Alterszulagen nicht nur der 1. April, sondern auch der 1. Juli, 1. Oktober und 1. Januar in Betracht. Es ist nicht anzunehmen, daß eine vor dem 1. April erfolgte Feststellung des Voranschlags auch über erst später eintretende Zulagen endgültig bestimmen und damit das im § 4 geregelte Versagungsrecht des Gemeindevorstehers so wesentlich beschränken sollte. Was aber für die später eintretenden Zulagen anzunehmen ist, muß auch für die zum Beginn des Rechnungsjahres, am 1. April, fällig werdenden gelten.

Danach ist schon die Meinung der Revision zurückzuweisen, daß in der Feststellung des Voranschlags eine Bewilligung der Alterszulage an den Kläger überhaupt gefunden werden könne. Wollte man aber selbst hierin dem Kläger folgen, dann müßte doch diese Bewilligung, um die Gemeinde gegenüber dem Kläger zu binden, ihm gegenüber, also nach außen hervorgetreten sein, sei es durch eine allgemeine Bekanntmachung, die dann mittelbar zugleich eine solche für die einzelnen Beamten wäre, sei es durch eine unmittelbare Kundgabe an den Kläger selbst. Eine Bekanntmachung der ersteren Art behauptet die Revision selbst nicht. Eine unmittelbare Kundgabe findet sie mit Unrecht darin, daß der Kläger in seiner Eigenschaft als Kassenrendant den Voranschlag zur Sollstellung erhielt und damit auch von seinem Inhalte Kenntnis bekam. Wenn auch in der Anweisung zur Sollstellung zugleich die Anweisung und Ermächtigung zur Auszahlung der Zulagen an die beteiligten Beamten einschließlich des Klägers selbst lag, so handelte es sich doch nicht um eine Kundgebung an den Kläger als gehaltsberechtigten Beamten. Der vom Berufungsgericht in dieser Beziehung gemachte Unterschied in der Person des Klägers als Vertreters der Kasse und als der Gemeinde gegenüberstehenden Dritten ist nicht nur formell begründet, sondern auch sachlich gerechtfertigt. Das Berufungsgericht erwägt mit Recht, daß der Kläger nicht durch den zufälligen Umstand, daß er Kassenrendant war, einen Vorteil vor den übrigen Beamten haben könne, für die die Anweisung an die Kasse noch keinerlei Recht begründe. In der Anweisung zur Sollstellung ist daher auch nicht eine dem Kläger gegenüber erfolgte Bewilligung der Zulage durch den Gemeindevorsteher zu finden, die die nachfolgende Versagung ausgeschlossen hätte. Der Zahlungsanspruch des Klägers ist demnach mit Recht abgewiesen worden. ...

RGZ. 95, 295

Sinn und Wirkung gesetzlicher Fristen für die Beschreitung des Rechtswegs. Anforderungen an die Klarstellung der Endgültigkeit verwaltungsbehördlicher Vorbescheide.

Alter Leitsatz:

Unter welchen Voraussetzungen beginnt im Pensionsfestsetzungsverfahren der Lauf der Fristen zur Einlegung der Beschwerde an den Departementschef und zur Erhebung der gerichtlichen Klage?

Preußisches Gesetz, betr. die Pensionierung der unmittelbaren Staatsbeamten, vom 27. März 1872 § 23.

III. Zivilsenat. Urt. v. 29. April 1919 i. S. Sch. (Kl.) w. preuß. Staat (Bekl.). Rep. III. 305/18.

I. Landgericht Beuthen. II. Oberlandesgericht Breslau.

Der Kläger war aus seinem Dienste als Lokomotivführer infolge Verurteilung zu Gefängnis und Ehrverlust am 31. März 1904 entlassen worden und hatte mit einer im September 1907 erhobenen Klage wegen eines am 26. Dezember 1899 erlittenen Unfalls (Gehirnerschütterung durch Fall auf den Hinterkopf) eine Unfallspension gefordert. Diese Klage hat eine sachliche Würdigung und Entscheidung bisher nicht gefunden. Der Berufungsrichter hatte nämlich den Anspruch abgewiesen: zunächst durch Urteil vom 1. Oktober 1908, weil dem Kläger infolge seiner strafgerichtlichen Verurteilung Rechte aus dem Beamtenfürsorgegesetz vom 2. Juni 1902 überhaupt nicht zustünden; sodann, nach Aufhebung dieser Entscheidung durch Revisionsurteil vom 19. Oktober 1909, unter dem 11. Juni 1910 wegen Nichtanmeldung des Anspruchs innerhalb der nach § 8 Abs. 2 des Fürsorgegesetzes vorgeschriebenen Frist. Gegen diese rechtskräftig gewordene Entscheidung erhob der am 26. Juni 1912 wegen Geisteskrankheit entmündigte Kläger durch den ihm bestellten Vormund Ende Juni 1913 die Nichtigkeitsklage, da der Kläger schon zur Zeit der Erhebung der Klage, im September 1907, geisteskrank gewesen sei. Dies und folgeweise die Nichtigkeit des Urteils vom 11. Juni 1910 stellten die auf die Nichtigkeitsklage nacheinander ergangenen beiden Entscheidungen des Berufungsgerichts fest, wiesen aber den Klaganspruch wiederum ab: die durch Revisionsurteil vom 30. Mai 1916 aufgehobene Entscheidung vom 18. November 1915 wiederum wegen Versäumung der Anmeldungsfrist, während die nunmehr von der Revision angefochtene Entscheidung vom 22. April 1918 damit begründet wurde, daß gegen die den Anspruch ablehnende Entscheidung der Eisenbahndirektion vom 9. Mai 1906 die Beschwerde an den Departementschef nicht rechtzeitig binnen der gesetzlichen sechsmonatigen Frist, sondern erst verspätet am 18. März 1907 erhoben worden sei.

Die Revision des Klägers hatte wiederum Erfolg.

Gründe:

Die Revision beschwert sich darüber, daß der Berufungsrichter die unter Beweis gestellte Behauptung des Klägers, er sei bereits seit Dezember 1905, schon zur Zeit seines ersten Unfallpensionsgesuchs vom 7. Dezember 1905, geisteskrank gewesen, für unerheblich erachtet und den Beweis nicht erhoben hat. Eines Eingehens auf diesen Revisionsangriff bedarf es nicht. Denn schon aus einem andern, weiter reichenden Grunde ergibt sich die Aufhebung des angefochtenen Urteils.

Es ist ein aus den Gesetzen folgender, ständig festgehaltener Grundsatz der Rechtsprechung, daß die Bestimmungen der Fristen zur Einholung der den Rechtsweg erst eröffnenden Vorentscheidungen der Verwaltungsbehörden ebenso objektive, jedem Belieben entzogene Normen sind wie die Vorschriften über die Fristen zur Erhebung der Klage nach Erschöpfung der Verwaltungsinstanzen. Erneuerte Bitten und Anträge vermögen die gesetzlichen Wirkungen des Fristablaufs nicht zu beseitigen, auch dann nicht, wenn die zu freiwilliger Gewährung der erhobenen Bitten jederzeit befugte Verwaltungsbehörde auf solche Bitten und Anträge sachlich eingeht und etwa weitere Ermittelungen anstellt. Andernfalls wäre es solchen immer wieder wiederholten Bitten und Anträgen anheimgegeben, die Fristen je aufs neue schrankenlos hinauszuschieben und so den Zweck der gesetzlichen Fristbestimmungen, die Klarlegung der rechtlichen Ansprüche in möglichst kurzer Zeit, völlig zu vereiteln ... Dieser Grundsatz setzt aber voraus, daß der eine Unfallpension beantragende Beamte klar erkennen konnte und mußte, sein Anspruch sei in dem einzelnen Bescheide von der betreffenden Verwaltungsinstanz endgültig, für immer und für jedwede zukünftige Neugestaltung der Unfallsfolgen, abgelehnt. Andernfalls würden die Fristen zur Anrufung des Departementschefs und zur Erhebung der gerichtlichen Klage zu gefährlichen, Unsicherheit, Streit und unbilligen Rechtsverlust erzeugenden Verfahrensvorschriften werden, während sie doch in beiderseitigem Interesse die Rechtsverfolgung durch klare und kurze Abstufung des Verfahrens einer möglichst schnellen Entscheidung zuführen wollen.

Vorliegend handelt es sich um die abweisenden Bescheide der Eisenbahndirektion vom 2. April und 9. Mai 1906. Der Berufungsrichter erachtet den zweiten Bescheid vom 9. Mai für den entscheidenden und rechnet von ihm ab die sechsmonatige Frist. Es ist nicht ersichtlich und verständlich, warum der erste Bescheid vom 2. April auf die Seite geschoben werden durfte; war schon er ein endgültiger, so mußte die Frist bereits vom 2. April berechnet werden. Wenn so schon der Berufungsrichter selbst einem Zweifel und einem Belieben in der Auffassung der beiden Bescheide Raum gibt, dann kann auch dem Kläger nicht zugemutet werden, daß er über die Natur der Bescheide zu zweifelsfreier Klarheit kam; dann war es möglich und naheliegend, daß der Kläger auch den zweiten Bescheid noch nicht für einen in der Instanz endgültigen erachtete. Zudem stand die Ursächlichkeit des Unfalls für die Dienstunfähigkeit und die geistige Erkrankung des Klägers in Frage. Die fortschreitende Entwickelung des Zustandes und der Krankheit des Klägers konnte einen neuen, gegenwärtigen, von den früheren Bescheiden noch nicht umfaßten, deren tatsächliche Grundlage überholenden Befund ergeben. Dementsprechend ist der Minister verfahren. Auf die Eingabe des Klägers vom 18. März 1907 — die der Minister in seiner Verfügung vom 24. Juli 1907 als eine „Vorstellung" bezeichnet, nicht schon, wie in der Auskunft an den Berufungsrichter vom 21. Dezember 1917, als eine „Beschwerde gegen die ablehnenden Bescheide der Eisenbahndirektion vom 2. April und 9. Mai 1906" — hat er dem Kläger am 30. April 1907 durch die Eisenbahndirektion eröffnen lassen, daß dieser innerhalb der nächsten 8 Tage durch einen bestimmten Arzt untersucht werden solle, und hat dem Kläger sodann unter dem 24. Juli 1907 den Bescheid gegeben: „Der von Ihnen erhobene Anspruch auf Gewährung einer Pension nach dem Unfallfürsorgegesetz ist unbegründet. Nach dem vorliegenden ärztlichen Gutachten sind Sie infolge des am 26. Dezember 1899 erlittenen Betriebsunfalls nicht dienstunfähig geworden. Auch ist das Ihre Erwerbsfähigkeit beschränkende Nervenleiden auf den erwähnten Betriebsunfall nicht zurückzuführen." Dieser Bescheid verwies also in keiner Weise auf die vorgängigen Eisenbahndirektionsbescheide und hatte nicht den diesen seiner Zeit zugrunde gelegten, sondern den nunmehr neu vorhandenen und erhobenen Krankheitszustand und Untersuchungsbefund zum Gegenstande, geschweige daß er eine an sich jeden weiteren Rechtsanspruch ausschließende Wirkung der vor länger als sechs Monaten erlassenen Direktionsbescheide auch nur andeutete. Die so lautende Verfügung des Ministers konnte und durfte die Auffassung bestätigen, es seien die vorgängigen Direktionsbescheide nur je vorläufige, der späteren Entwickelung der Krankheit und den damit später sich ergebenden Beweismöglichkeiten nicht vorgreifende Ablehnungen „zurzeit" gewesen; sie konnte und durfte sehr wohl als erster und zugleich letzter schlechthin endgültiger Verwaltungsbescheid erscheinen.

Diese besondere Zweifelhaftigkeit und Unklarheit der Sachlage schützt vor dem Präjudiz des Verlustes des Klagrechts infolge fruchtlosen Ablaufs einer mit den Direktionsbescheiden beginnenden Beschwerdefrist. Sie schützt sowohl den Kläger selbst, falls er bis zum 9. November 1906 noch nicht geisteskrank war, als dessen Vormund, falls der Kläger schon seit Dezember 1905 geisteskrank war oder während der sechs Monate vom 9. Mai bis 9. November 1906 in Geisteskrankheit verfiel. Bestand die Geisteskrankheit schon seit Dezember 1905, so beruhten die nicht etwa von Amts wegen zu erlassenden und erlassenen, sondern lediglich auf Antrag ergangenen Direktionsbescheide vom 2. April und 9. Mai 1906 auf einer nichtigen Grundlage, nämlich auf dem

Unfallpensionsgesuch des geisteskranken Klägers vom 7. Dezember 1905, welches ihr alleiniger Anlaß und dessen Erledigung ihr alleiniges Ziel war, und sie konnten dem geisteskranken Kläger nicht zugestellt werden; sie entbehrten also jeder Rechtswirksamkeit. Diesfalls lag dem Vormunde, der schon in der Nichtigkeitsklage von 1913 hatte behaupten lassen, der Kläger sei bereits mehrere Jahre vor der Klage vom September 1907 geisteskrank gewesen, nur ob, die Verwaltungsvorbescheide nachzuholen, und dies hat er während des weiter laufenden Rechtsstreits in der Zeit von November 1917 bis Februar 1918 getan. Die Nachholung genügt auch für den Fall, daß der Kläger gerade erst nach den ihm noch richtig zugestellten Direktionsbescheiden vom 2. April und 9. Mai 1906 geisteskrank geworden war und der Vormund diese Gestaltung des Verlaufs, obwohl sie bisher trotz vieler ärztlicher Untersuchungen und Zeugnisse nicht festgestellt ist, etwa erkennen konnte. Auch der Vormund durfte bei voller Kenntnis aller vorgängigen Verwaltungsverfügungen trotz des gerichtsseitigen Hinweises auf § 23 PensG. im Termine vom 6. April 1917 die Direktionsbescheide als noch nicht endgültige, also als noch nicht eine Beschwerdefrist eröffnende erachten. Es war sogar natürlich, daß ihm die ihm vom Berufungsrichter aufgebürdete Erkenntnis völlig fernbleiben mußte, nunmehr habe e r die Sechsmonatsfrist einzuhalten und müsse nunmehr e r im Jahre 1912 oder 1913 oder gar 1917 den Minister nochmals um Abänderung der Direktionsbescheide vom April/Mai 1906 ersuchen, trotzdem der Beklagte in dem auf die Klage vom September 1907 anhebenden Rechtsstreit immer wieder die materielle Richtigkeit des Ministerbescheids vom 24. Juli 1907 auf das nachdrücklichste behauptet, dargelegt und unter Beweis gestellt hatte.

Das Berufungsurteil kann hiernach nicht aufrechterhalten bleiben; es muß vielmehr auch dieser zweite gegen den Klaganspruch erhobene formelle Einwand zurückgewiesen und dem Berufungsrichter nunmehr die sachliche Entscheidung über den Klaganspruch aufgegeben werden.

RGZ. 96, 83
Rechtsnatur des Beamtengehalts.
Alter Leitsatz: Ueberholt.

III. Zivilsenat. Urt. v. 27. Mai 1919 i. S. L. (Bekl.) w. Stadt Kiel (Kl.) III 323/18.

I. Landgericht Kiel. II. Oberlandesgericht daselbst.

.....

Nach allgemeinen Grundsätzen des Beamtenrechts ist . . . das Gehalt des Beamten nicht eine Entlohnung für einzelne Dienstleistungen, sondern eine ihm für die Dauer seines Amtes zugebilligte, für den standesmäßigen Unterhalt bestimmte Rente, und der Anspruch des Beamten auf Zahlung des Gehalts kann deshalb nicht dadurch beeinträchtigt werden, daß er mit

Wissen und Willen seines Dienstherrn zeitweise ihm keine Dienste leistet. Diese grundsätzliche Auffassung . . . entspricht einer aus dem Wesen des Beamtenverhältnisses sich ergebenden sittlichen Forderung und muß festgehalten werden. Der Beamte hat nicht einzelne Dienste zu leisten, sondern seine ganze Tätigkeit zur Verfügung zu stellen. Dieser einheitlichen Leistung entspricht die Einheitlichkeit des dem Beamten zustehenden Diensteinkommens, und es ist durchaus billig und sachgemäß, daß die in dem Gehalte zugewiesene Unterhaltsrente dem Beamten nicht schon dadurch verlorengeht, daß zeitweise Dienstleistungen nicht stattfinden. . . . (Es wird dann ausgeführt, daß ausdrückliche gesetzliche Abweichungen vorbehalten bleiben.)

RGZ. 96, 302

Auslegung von Willenserklärungen im Beamtenrecht. Welche Anforderungen sind hinsichtlich der Einverständniserklärung eines Beamten mit seiner pensionslosen Entlassung aus dem Dienste zu stellen?

III. Zivilsenat. Urt. v. 10. Oktober 1919 i. S. Pr. (Kl.) w. Deutsches Reich (Bekl.). III 114/19.

I. Landgericht Kiel. II. Oberlandesgericht daselbst.

Der seit 1901 im Dienste der Marine befindliche, im Jahre 1904 als Marinebaumeister fest angestellte Kläger reichte am 20. November 1912 das Gesuch ein, ihn zum 1. Januar 1913 mit Pension aus dem Dienste zu entlassen. Er begründete dies Gesuch damit, daß er sich mit der den höheren Baubeamten in der Marine zugewiesenen Stellung nicht dauernd abfinden könne; er müsse, da er mit einer wesentlichen Besserung dieser Stellung in absehbarer Zeit nicht rechnen könne, bei weiterem Verbleiben in der Marine eine dauernde Schädigung seiner Gesundheit befürchten; sein Gesundheitszustand habe infolge seiner dienstlichen Tätigkeit, durch die er sich oft lang andauernde Erkältungen zugezogen habe, sowie durch persönliche Verärgerungen gelitten. Deshalb behalte er sich den Anspruch auf Pension vor, auch wenn seine Entlassung ohne Pension erfolgen sollte. Das Reichsmarineamt wies darauf durch Verfügung vom 19. Dezember 1912 die Inspektion des Torpedowesens in Kiel an, da das Gesuch des Klägers nicht erkennen lasse, daß er zur Erfüllung seiner Amtspflichten dauernd unfähig sei, und auf diesen Nachweis nicht verzichtet werden könne, den Kläger zu einer bestimmten Erklärung zu veranlassen, und, wenn er Pension fordern sollte, ihn ärztlich untersuchen und eventuell den Pensionsvorschlag vorlegen zu lassen. Auf die Mitteilung von dieser Verfügung zeigte der Kläger am 4. Januar 1913 an, daß er auf die Pension nicht verzichten könne, da er einen großen Teil seiner Lebenskraft im Dienste der Marine eingebüßt habe. Am 31. Mai 1913 wurde der Kläger aus dem Marinedienst entlassen, und zwar, da er aus dem Dienste scheide, ohne dauernd dienstunfähig zu sein, ohne Pension. Auf ein Gesuch vom 26. Juli 1913 um nochmalige Prüfung seines Pensionsanspruches wurde ihm anheimgegeben, seine dauernde Dienstunfähigkeit nachzuweisen. Der Kläger erhob nun Klage auf Zahlung seines Gehaltes für die Zeit vom 1. Juli bis 30. September 1913 und der Pension vom 1. Oktober 1913 ab. Er behauptete, daß ihm der Pensionsanspruch nach § 34 RBG. zustehe, da er dauernd dienstunfähig sei, begründete aber demnächst diesen Anspruch auch damit, daß seine Entlassung zu Unrecht erfolgt sei, da er nur seine Entlassung mit Pension beantragt habe, und ihm deshalb der Anspruch auf Fortzahlung des Gehaltes zustehe, den er jedoch nur in Höhe der Pension geltend machen wolle.

Landgericht und Berufungsgericht wiesen die Klage ab. Das Reichsgericht verurteilte nach dem Klagantrage.

Gründe:

Der vom Kläger im Berufungsverfahren in erster Reihe geltend gemachte Gehaltsanspruch hängt davon ab, ob die Entlassung des Klägers aus dem Reichsdienste zu Recht erfolgt ist oder nicht. Dem Gerichte steht die Prüfung dieser Frage zu. Die die richterliche Prüfungsbefugnis einschränkende Bestimmung des § 155 RBG. bezieht sich ebenso wie die des § 5 des preußischen Gesetzes, betr. die Erweiterung des Rechtsweges, vom 24. Mai 1861 nicht auf den hier vorliegenden Fall der Entlassung eines Beamten aus dem Dienste, die ohne Pension erfolgt und sein Einverständnis zur Voraussetzung hat, vgl. das Urteil des erkennenden Senats vom 1. Dezember 1916 III 174/16, Jur. Wochenschr. 1917 S. 225.

Mit Recht prüft deshalb das Berufungsgericht, ob der Kläger seine Dienstentlassung schlechthin, auch für den Fall, daß ihm ein Ruhegehalt nicht bewilligt würde, nachgesucht hat. Es bejaht diese Frage auf Grund des Gesuchs des Klägers vom 20. November 1912, seiner Erklärung vom 4. Januar 1913 und seines Verhaltens nach erfolgter Entlassung. Das Berufungsgericht geht bei der Auslegung der Erklärungen des Klägers von der Erwägung aus, daß der Kläger seine Erklärungen entsprechend den auch für das Beamtenverhältnis geltenden allgemeinen Grundsätzen des bürgerlichen Rechtes in dem Sinne gegen sich gelten lassen müsse, wie sie nach der Verkehrsauffassung unter Berücksichtigung von Treu und Glauben von dem Erklärungsempfänger verstanden werden konnten. Die Gefahr einer unrichtigen Ausdrucksweise, die der Erklärungsempfänger nicht erkennen konnte, träfe hierbei den Kläger, und ein Fehlgriff in dem, was er in Wirklichkeit sagen wollte, aber nicht gesagt hatte, könne nicht dahin führen, seine Äußerungen in einem anderen Lichte erscheinen zu lassen und einer damit in Widerspruch stehenden Deutung zugänglich zu machen.

Diese Erwägungen sind insoweit nicht zu beanstanden, als auch für das Beamtenrecht der Grundsatz anzuerkennen ist, daß nur der wirkliche, in die Erscheinung getretene, nicht der innere, unausgesprochen gebliebene Wille als Inhalt der Erklärung in Betracht kommt. Für die Würdigung des erklärten Willens aber ist, wie im geschäftlichen Verkehr die Anschauung der beteiligten Kreise, die besondere Lage der Verhältnisse, so im Beamtenrechte die öffentlichrechtliche Eigenart des Verhältnisses zwischen dem Staate und seinen Beamten von wesentlicher Bedeutung. Staat und Beamter stehen sich nicht gegenüber wie die Einzelnen im wirtschaftlichen Verkehr, die lediglich ihre eigenen Interessen verfolgen und innerhalb der durch die Gesetze und die guten Sitten gebotenen Schranken auch verfolgen dürfen. Der Staat hat mit der überragenden Machtstellung gegenüber seinen Beamten auch die Verpflichtung, deren Rechte und berechtigte Interessen auch im Verhältnis gegenüber sich selbst, dem Staatsganzen und dessen fiskalischem Interesse zu berücksichtigen und zu wahren. Aus dieser Fürsorgepflicht des Staates ergibt sich die Notwendigkeit für ihn, Erklärungen der Beamten, die einen Verzicht auf Rechte enthalten oder sonst ihren Interessen nachteilig wirken könnten, nur dann zur Grundlage seiner Entschließungen zu machen, wenn sie bestimmt und klar sind. Dies gilt ganz besonders für eine Erklärung, welche die folgenschwere Entlassung des Beamten ohne Gewährung eines Ruhegehaltes betrifft. Die Entscheidung auf das Entlassungsgesuch eines Beamten ist keine Entschließung, die in dringender Eile getroffen werden müßte. Die vorgesetzte Dienstbehörde ist in der Lage und darum auch gehalten, vor der Fällung einer solchen Entscheidung die erforderlichen Unterlagen, insbesondere also, soweit es Voraussetzung der Entlassung des Beamten ist, dessen Einverständnis in zweifelsfreier Weise und Form einzuholen. Für sogenannte „auslegungsbedürftige" Erklärungen, wie sie im hastenden Geschäftsverkehr unvermeidlich sind, ist hier kein Raum. Für die Erklärungen, welche die Voraussetzung einer solchen behördlichen Entschließung bilden, besteht vielmehr das Erfordernis der Klarheit ebenso, wie dies der erkennende Senat für die eigenen Bescheide der Behörden in Beamtenangelegenheiten ausgesprochen hat, vgl. Jur. Wochenschr. 1913 S. 697 Nr. 17 und RGZ. Bd. 95 S. 297[1]).

Diesem Erfordernis der Klarheit entsprechen nun die Erklärungen des Klägers, auf die hin seine Entlassung ausgesprochen ist, keinesfalls. Im Eingange seines Gesuchs vom 20. November 1912 bittet der Kläger, seine Entlassung unter Bewilligung der ihm zustehenden Pension erwirken zu wollen. Die nähere Begründung des Gesuchs mag die Auffassung möglich erscheinen lassen, daß er vielleicht die Entlassung auch für den Fall begehre, daß er nicht als dauernd dienstunfähig und deshalb nicht als pensionsberechtigt erachtet werden sollte. Bestimmt ausgesprochen ist dies aber nicht, und zwar auch nicht in dem Satze des Gesuchs, er behalte, weil sein Gesundheitszustand durch die dienstliche Tätigkeit gelitten habe, sich den Anspruch auf Pension vor, auch wenn seine Entlassung zunächst ohne Pension erfolgen sollte. Diese auf einer

1) In diesem Band S. 46, 47.

rechtsirrigen und für den Beklagten ohne weiteres als solche erkennbaren Auffassung beruhende Erklärung ergibt, daß er den Anspruch auf Pension aufrecht erhalten wollte, also mit einer diesen Anspruch endgültig beseitigenden Entlassung, wie sie tatsächlich erfolgt ist, nicht einverstanden war. Die Verfügung des Reichsmarineamts vom 19. Dezember 1912 zeigt denn auch, daß diese Behörde selbst in dem Gesuche des Klägers eine bestimmte Erklärung, daß er seine Entlassung unbedingt, schlimmstenfalls auch ohne Gewährung des Ruhegehaltes fordere, nicht erblickt hat. Die Behörde ordnete deshalb weitere Aufklärung an. Diese Aufklärung führte jedoch nur zu der Feststellung, daß eine dauernde Dienstunfähigkeit des Klägers nicht vorliege, nicht auch zu einer Klarstellung des Willens des Klägers. Dessen Erklärung in dem Schreiben vom 4. Januar 1913, daß er auf die durch § 34 RBG. vorgesehene Pension nicht verzichten könne, war vielmehr nur geeignet, die aus dem Gesuche vom 20. November 1912 sich ergebenden Bedenken zu verstärken.

Mangels einer klaren, unzweideutigen Einverständniserklärung des Klägers mit seiner Entlassung auch ohne Pension konnte deshalb eine solche Entlassung nicht rechtswirksam erfolgen. Das der Entlassung nachfolgende Verhalten des Klägers konnte den ihr anhaftenden Mangel unter keinen Umständen ergänzen; die Entlassung war nur wirksam, wenn die Einverständniserklärung vorlag, als sie erfolgte. Es kann aber dem Berufungsgericht auch darin nicht beigetreten werden, daß aus dem Unterlassen eines sofortigen Widerspruches gegen die Entlassung und aus der Art der ursprünglichen Klagbegründung ein Schluß darauf gezogen werden kann, daß der Kläger mit der unbedingten Entlassung einverstanden gewesen ist.

Da eine rechtsgültige Entlassung des Klägers nicht erfolgt ist, ist er berechtigt, die Weiterzahlung seines Gehaltes zu fordern.

RGZ. 97, 43

Bürgerlich-rechtliche Vorschriften als Erkenntnisbehelfe zur Erschließung auch das öffentliche Recht beherrschender allgemeiner Rechtsgedanken.

Alter Leitsatz:

Ist der in § 618 BGB. ausgesprochene Grundsatz auf das öffentlichrechtliche Beamtenverhältnis anwendbar?[1])

III. Zivilsenat. Urt. v. 28. Oktober 1919 i. S. Postsekretär a. D. J. (Kl.) w. Deutsches Reich (Bekl.). III 168/19.

I. Landgericht Magdeburg. II. Oberlandesgericht Naumburg a. S.

---

[1]) Diese konkrete Fragestellung ist überholt, da die neueren Beamtengesetze durchweg eine eigene, ausdrückliche Regelung der Fürsorgepflicht des öffentlichen Dienstherrn enthalten (vgl. § 36 DGB., § 79 BBG.). In grundsätzlicher Hinsicht jedoch, nämlich zur Verdeutlichung der Verwertbarkeit des bürgerlichen Rechts als Anhalt für die Erkenntnis vom Vorhandensein allgemeiner Rechtsgedanken, die dem gemeinsamen Urgrund sowohl des bürgerlichen wie auch des öffentlichen Rechts angehören, ist die Entscheidung auch weiterhin lehrreich.

Der Kläger ist infolge Erkrankung an Gelenkrheumatismus pensioniert worden. Er führt diese seine Erkrankung auf fehlerhafte Beschaffenheit seines Arbeitsplatzes zurück und fordert Schadensersatz. Das Landgericht hat abgewiesen; der Berufungsrichter hat zu 3/4 zugesprochen, zu 1/4 abgewiesen. Die Revisionen beider Teile blieben erfolglos. Aus den

Gründen:

Der Berufungsrichter stützt sein Erkenntnis auf entsprechende Anwendung des § 618 BGB. Die Revision des Beklagten stellt dies zur Nachprüfung. Dem Berufungsrichter ist beizustimmen, jedoch ... nicht in dem Sinne, als ob es sich um entsprechende, analoge Anwendung des privatrechtlichen § 618 auf das öffentlichrechtliche Beamtenverhältnis handle. Der Richter schöpft vielmehr aus Natur und Inhalt des Beamtenverhältnisses eine öffentlichrechtliche Rechtsregel, die auf einem allgemeinen Rechtsgedanken fußt, der, wie er für das Privatrecht in § 618 ausgeprägt ist, so in Ausfüllung einer Lücke des positiven öffentlichen Rechts auch das öffentlichrechtliche Beamtenverhältnis beherrschen muß. Es wird also nicht der § 618 angewendet, sondern § 618 ist nur ein auf anderm Rechtsgebiete gefundener Beleg für das Vorhandensein und die Notwendigkeit des allgemeinen Rechtsgedankens, den der Richter selbstschöpferisch in das öffentliche Recht einführt und nach dessen inneren Eigenarten und Erfordernissen, also unabhängig vom Inhalte des § 618, entwickelt, begrenzt und anwendet. ...

RGZ. 103, 291

Ist der Rechtsweg zulässig für einen Gehaltsanspruch, den der Beamte darauf stützt, daß er bei seiner Anstellung in eine höhere Gehaltsklasse, als geschehen, hätte eingereiht werden sollen? Maßgeblichkeit der Entscheidung der Verwaltungsbehörde über die Festsetzung des Besoldungsdienstalters.

III. Zivilsenat. Urt. v. 16. Dezember 1921 i. S. Preuß. Staat (Bekl.) w. S. (Kl.). III 265/21.

I. Landgericht I Berlin. II. Kammergericht daselbst.

Der Kläger war seit dem 6. Juli 1898 auf Grund eines privatrechtlichen Dienstvertrags bei der Wasserbauinspektion I in Berlin als Bauschreiber beschäftigt. Mit dem 1. September 1908 wurde er als Anwärter für die Bauassistentenlaufbahn angenommen und zum 1. Oktober 1909 zum Bauassistenten ernannt. Der Festsetzung seines Anfangsgehalts wurde gemäß dem Erlasse des Ministers der öffentlichen Arbeiten vom 28. Juni 1909 die Vergütung zugrunde gelegt, die er zuletzt im Privatdienst bei der Bauverwaltung erhalten hatte. Doch wurde hierbei nur die feste monatliche Vergütung berücksichtigt, während die wechselnden Beträge, die ihm für Arbeiten bei der Tiergartenbauverwaltung gezahlt worden waren, außer Betracht blieben. Der Kläger behauptet, daß auch diese wechselnden Vergütungen bei der Festsetzung seines Gehalts hätten berücksichtigt werden müssen, und fordert die Nachzahlung des danach sich ergebenden Mehrbetrags des Gehalts für die Zeit vom 1. Oktober 1909 bis Ende 1918. Das Landgericht wies die Klage ab, das Berufungsgericht gab ihr statt. Das Reichsgericht wies die Berufung des Klägers gegen das landgerichtliche Urteil zurück.

Gründe:

Der Kläger fordert die Zahlung seines Gehalts in einer Höhe, wie sie ihm seiner Meinung nach hätte bewilligt werden müssen, aber tatsächlich nicht bewilligt worden ist. Er ficht die Festsetzung seines Besoldungsdienstalters, wie sie bei seiner Übernahme in den Staatsdienst als Beamten erfolgt ist, als auf einer unrichtigen Auslegung des Erlasses des Ministers der öffentlichen Arbeiten vom 28. Juni 1909 über die Festsetzung des Besoldungsdienstalters der Bauassistenten beruhend an. Die Festsetzung des Besoldungsdienstalters unterliegt jedoch nach fester Rechtsprechung der richterlichen Nachprüfung nicht. Der erkennende Senat hat diesen Grundsatz ... in einer Reihe von Urteilen sowohl für die Reichsbeamten als für die preußischen Staatsbeamten ausgesprochen. ... Dieser Grundsatz ist auch nach dem Inkrafttreten der Reichsverfassung vom 11. August 1919 — vgl. Art. 129 Abs. 1 Satz 4: „Für die vermögensrechtlichen Ansprüche der Beamten steht der Rechtsweg offen" — von der Gesetzgebung sowohl des Reichs als Preußens aufrecht erhalten. § 3 Abs. 10 des preuß. Gesetzes über das Diensteinkommen der unmittelbaren Staatsbeamten vom 17. Dezember 1920 (GS. 1921 S. 135) bestimmt (ebenso wie § 10 Abs. 10 des Gesetzes vom 7. Mai 1920, GS. S. 191) in wesentlicher Übereinstimmung mit § 11 Abs. 2 des Reichsbesoldungsgesetzes vom 30. April 1920 (RGBl. S. 805):

„Die Entscheidung der Verwaltungsbehörden über die Festsetzung des Besoldungsdienstalters ist für die Beurteilung der vor den Gerichten geltend gemachten vermögensrechtlichen Diensteinkommensansprüche maßgebend."

Der Anspruch des Klägers ist hiernach, wenn auch nach der angeführten Vorschrift der Reichsverfassung der Rechtsweg für ihn als einen vermögensrechtlichen als gegeben anzusehen ist, unbegründet, weil ihm die das Gericht bindende Entscheidung der Verwaltungsbehörde entgegensteht.

RGZ. 104, 23

Der Mangel des Fehlens des Vorbescheides der zuständigen Dienstbehörde kann durch nachträgliche Beibringung noch während des ganzen Verlaufes des gerichtlichen Verfahrens, auch noch in der Revisionsinstanz, geheilt werden. — Begriff der Dienstunfähigkeit als Voraussetzung der vorzeitigen Zurruhesetzung. — Fürsorgepflicht des Dienstherrn gegenüber Rekonvaleszenten.

Alter Leitsatz:

1. Verpflichtung der vorgesetzten Dienstbehörde zur Rücksichtnahme auf den schonungsbedürftigen Zustand des nach einer Erkrankung wieder in den Dienst getretenen Beamten.

2. Voraussetzungen des Rechtswegs für Ansprüche von Beamten aus dem Beamtenverhältnis und aus der Staatshaftung für Beamtenverschulden.

III. Zivilsenat. Urt. v. 31. Januar 1922 i. S. K. (Kl.) w. Deutsches Reich (Bekl.). III 311/21.

I. Landgericht Frankfurt a. M. II. Oberlandesgericht daselbst.

Der mit dem 1. November 1916 gegen seinen Willen in den Ruhestand versetzte Kläger fordert Schadensersatz in Höhe des Unterschieds zwischen seinem Gehalt und der Pension, weil seine Dienstunfähigkeit durch Verschulden des Beklagten, nämlich durch dienstliche Ueberbürdung und durch Versagung eines von ihm erbetenen Landurlaubs, vorzeitig herbeigeführt worden sei. . . . Seine Klage ist in den Vorinstanzen abgewiesen worden. Auf die Revision des Klägers ist die Sache in die Berufungsinstanz zurückverwiesen worden.

Aus den Gründen:

. . .

Die Revision ist begründet, soweit sie sich gegen die Abweisung des Schadensersatzanspruchs richtet. Die Zulässigkeit des Rechtswegs für diesen Anspruch unterliegt, nachdem der Kläger den seinen Anspruch ablehnenden Bescheid des Reichspostministers vom 22. Juli 1921 beigebracht hat, keinen Bedenken mehr. Daß die zur Eröffnung des Rechtswegs erforderlichen Vorentscheidungen der Verwaltungsbehörden bei Beamtenansprüchen im Laufe des gerichtlichen Verfahrens und insbesondere auch noch in der Revisionsinstanz nachgeholt werden können, hat der erkennende Senat bereits früher ausgesprochen. Uebrigens bedurfte es einer Vorentscheidung der Verwaltungsbehörde insoweit nicht, als der Anspruch auf eine pflichtwidrige Handlung der Vorgesetzten des Klägers (§ 839 BGB.) und die hierfür eintretende Haftung des Reichs gestützt ist. . . .

Der Kläger behauptet, daß sein Krankheitszustand verursacht oder doch verschlimmert und seine Dienstunfähigkeit vorzeitig herbeigeführt worden sei dadurch, daß ihm ein nachgesuchter Landurlaub versagt worden sei und daß er Anfang April 1914, als er nach einer überstandenen Krankheit wieder den Dienst aufnahm, mit dem schweren Dienst als Urlaubsvertreter, und zwar als Geldbriefträger in ihm unbekannten großen Bestellbezirken beauftragt worden sei, obwohl er nach ärztlichem Zeugnis nur mit „leichtem" Außendienst hätte beschäftigt werden sollen, er auch trotz wiederholter Vorstellungen keine Abhilfe erreicht hätte. Soweit der Kläger seinen Anspruch auf die Verweigerung eines Landurlaubs stützt, ist er vom Berufungsgericht mit tatsächlicher, in prozeßgerechter Weise gegebener Begründung abgewiesen. Dagegen beruhen die Ausführungen, mit denen das Berufungsgericht in Uebereinstimmung mit dem Landgericht das Vorbringen des Klägers über seine dienstliche Verwendung im April 1914 für unerheblich erklärt, auf einer Verkennung der Amtspflichten, welche den Vorgesetzten gegenüber den unterstellten Beamten obliegen.

Die Vorinstanzen führen aus, daß der Kläger, wenn die ihm nach seinem Wiedereintritt in den Dienst übertragene Beschäftigung als Urlaubsvertreter zu schwer für ihn gewesen sein sollte, sich, sofern er noch krank gewesen sei, wiederum hätte krank melden müssen. Solange er dies nicht tat, habe er ungeachtet der von ihm beigebrachten ärztlichen Bescheinigung jeden Dienst, der seiner Stellung als Postunterbeamter entsprach, zu versehen gehabt. Wenn er *nicht mehr fähig gewesen sei, diesen Dienst in allen seinen Zweigen zu verrichten*, so sei er nicht mehr voll dienstfähig gewesen und habe er seine Versetzung in den Ruhestand beantragen müssen.

Diese Ausführungen gehen in doppelter Richtung fehl. Es ist unrichtig, daß ein Beamter, der nicht mehr für alle Zweige des Dienstes tauglich ist, in Ruhestand versetzt werden könnte und müßte. Voraussetzung der Versetzung in den Ruhestand ist vielmehr die dauernde Dienstunfähigkeit des Beamten überhaupt. Solange ein Beamter in bestimmten Zweigen des Dienstes, die von anderen, für ihn nicht geeigneten, trennbar sind, noch verwendungsfähig ist, hat er weder ein Recht, seine Pensionierung zu fordern, noch kann er wider seinen Willen pensioniert werden. Daß die Geeignetheit für alle Zweige eines bestimmten Dienstes Voraussetzung der Anstellung des Beamten ist, schließt nicht aus, daß er bei späterem Verluste der Eignung für einzelne dieser Zweige noch im Amte zu belassen ist. Es erfordert dies nicht nur die Rücksicht auf den Beamten, sondern auch die auf das Gemeinwohl. Es ist nicht abzusehen, weshalb z. B. ein Briefträger, der zwar nicht mehr als Geldbriefträger, aber zur gewöhnlichen Briefbestellung geeignet ist, oder ein solcher, der zwar nicht zur Verwendung in der Großstadt, wohl aber am kleineren Orte taugt und bei dieser Art der Verwendung voll dienstfähig wäre, in den Ruhestand versetzt werden sollte.

Sodann aber ist es eine selbstverständliche Pflicht der Behörde, auf den durch eine überstandene Erkrankung geschwächten Gesundheitszustand des Beamten Rücksicht zu nehmen. Es liegt nicht selten ebensowohl im Interesse der Allgemeinheit wie des einzelnen Beamten, daß dieser nach Behebung der Krankheit den Dienst wieder aufnimmt, noch ehe er alle Folgen der Krankheit überwunden, die frühere Kraft voll wiedererlangt hat. Meldet der Beamte, ohne diese volle Kraft wiedererlangt zu haben, sich wieder zum Dienst, so ist es Sache der Vorgesetzten, sich zu entscheiden, ob sie ihn sofort wieder beschäftigen oder seinen Krankheitsurlaub verlängern wollen. Ersterenfalls müssen sie dem Umstande, daß der Beamte noch nicht wieder voll dienstfähig geworden ist — soweit ihnen dieser

Umstand bekanntgeworden ist oder sein mußte — Rechnung tragen und den Beamten nur mit der entsprechenden Schonung zum Dienste heranziehen. Völlig unzulässig wäre es, einem solchen Beamten einen schwereren als den bisher von ihm versehenen Dienst zu übertragen, wie dies hier nach der Behauptung des Klägers geschehen ist.

RGZ. 104, 58

Wesen des Beamtentums. Der Beamte tritt kraft eines einseitigen Staatshoheitsaktes in ein Rechtsverhältnis zum Staate. Bedeutung der Lebenslänglichkeit von Beamtenverhältnissen, insbesondere im Hinblick auf die Zurruhesetzung wegen Erreichung der gesetzlichen Altersgrenze. Wohlerworbene Beamtenrechte.

Alter Leitsatz:

Steht das preuß. Altersgrenzengesetz vom 15. Dezember 1920, soweit es eine Altersgrenze für die zur Zeit seines Inkrafttretens bereits angestellten Beamten bestimmt, in Widerspruch mit Art. 129 Abs. 1 Satz 3 der Reichsverfassung vom 11. August 1919?

III. Zivilsenat. Urt. v. 14. März 1922 i. S. preuß. Staat (Bekl.) w. Sch. u. Gen. (Kl.). III 689/21.

I. Landgericht Potsdam. II. Kammergericht Berlin.

Den klagenden Senatspräsidenten des preußischen Oberverwaltungsgerichts und Oberverwaltungsgerichtsräten wurde durch Schreiben des preußischen Staatsministeriums vom 25. März 1921 eröffnet, daß sie wegen Ueberschreitung der Altersgrenze von 68 Jahren auf Grund des preußischen Altersgrenzengesetzes vom 15. Dezember 1920 am 1. April 1921 in den Ruhestand träten und von diesem Tage ab nicht mehr ihr Gehalt, sondern nur das ihnen nach den gesetzlichen Bestimmungen zustehende Ruhegehalt erhalten würden. Sie haben daraufhin im April 1921 Klage auf Zahlung des Unterschieds zwischen ihrem Stellengehalt und dem Ruhegehalte für die Zeit vom 1. April bis 30. Juni 1921 erhoben. Beide Vorderrichter haben zu ihren Gunsten erkannt. Die Revision des Beklagten führte zur Abweisung der Klage.

Gründe:

Die Kläger begründen ihren Anspruch auf Fortzahlung ihres vollen Gehalts damit, daß das preußische Altersgrenzengesetz vom 15. Dezember 1920 (AGrG.) auf Grund der Bestimmung des Art. 129 Abs. 1 Satz 3 der Reichsverfassung vom 11. August 1919 (RVerf.), welche lautet: „Die wohlerworbenen Rechte der Beamten sind unverletzlich", auf sie keine Anwendung finden könne. Denn sie seien gemäß §§ 18 flg. des Verwaltungsgerichtsgesetzes vom 3. Juli 1875/2. August 1880 zu Mitgliedern des Oberverwaltungsgerichts auf Lebenszeit mit der Maßgabe ernannt worden, daß sie wider ihren Willen nur wegen dauernder Unfähigkeit zur Erfüllung ihrer Amtspflichten und nur in dem dort geregelten Verfahren durch Plenarbeschluß des Oberverwaltungsgerichts in den Ruhestand versetzt werden könnten. Das AGrG. ordne dagegen den Eintritt der über 68 Jahre alten richterlichen Mitglieder des Oberverwaltungsgerichts in den Ruhestand an ohne Rücksicht darauf, ob sie noch dienstfähig seien oder nicht, und ohne Beobachtung der in jenem Gesetze vorgesehenen Formen. Darin liege eine Verletzung ihrer wohlerworbenen Rechte.

Zur Entscheidung steht demnach die Frage, ob das AGrG., soweit es eine Altersgrenze für die zur Zeit seines Inkrafttretens bereits angestellten Beamten bestimmt, deshalb der Wirksamkeit entbehrt, weil es insoweit mit der Vorschrift des Art. 129 Abs. 1 Satz 3 RVerf. in Widerspruch steht. . . .

Die Frage ist zu verneinen, und zwar nicht nur zuungunsten der richterlichen Mitglieder des Oberverwaltungsgerichts, sondern auch der sonstigen Richter und der nichtrichterlichen Beamten, für die die Frage ebenfalls streitig ist. Für die nichtrichterlichen Beamten, die das 65. Lebensjahr vollendet haben, war nämlich zwar schon durch § 30 des Beamtenpensionsgesetzes in der Fassung vom 31. März 1882 das in §§ 88 flg. des Disziplinarges. vom 21. Juli 1852 geregelte Verfahren für ihre unfreiwillige Versetzung in den Ruhestand in Fortfall gebracht, aber auch sie konnten bis zum Inkrafttreten des AGrG. nur im Falle ihrer Dienstunfähigkeit und nach deren in Gemäßheit der Vorschriften des § 20 BPensG. erfolgten Feststellung wider ihren Willen in den Ruhestand versetzt werden, so daß auch ihre Rechtsstellung durch das AGrG. geändert ist.

Der Berufungsrichter begründet nun seine Bejahung der obigen Frage zum Teil mit privatrechtlichen Grundsätzen. Er meint, die Anstellung des Berufsbeamten erfolge zwar durch einen einseitigen Staatsakt, aber auf Grund einer vorausgegangenen ausdrücklichen oder stillschweigenden Vereinbarung; dadurch entstehe zwischen dem Staate und dem Beamten ein öffentlichrechtliches Verhältnis mit privatrechtlichen Folgen, das wesentliche Merkmale eines gegenseitigen Vertrags enthalte und dem privatrechtlichen Dienstvertrag ähnlich sei. Er folgert daraus, daß für die Ansprüche aus dem Beamtenverhältnisse die zur Zeit der Anstellung des Beamten geltenden Anstellungsgrundsätze, nicht die jeweils geltenden Bestimmungen maßgebend seien. Damit setzt sich das Berufungsgericht mit der ständigen Rechtsprechung des erkennenden Senats in Widerspruch. Nach ihr ist das Beamtenverhältnis ein rein öffentlichrechtliches Verhältnis, auch in Ansehung der daraus erwachsenen Vermögensrechte, und unterliegt nicht privatrechtlichen Grundsätzen und Rechtsauffassungen. Privatrechtssätze finden auch keine entsprechende Anwendung. Dies gilt auch von den Vorschriften des § 618 BGB., auf die sich die Revisionsbeklagten bezogen haben; der hier für das Privatrecht ausgeprägte allgemeine Rechtsgedanke ist nur als eine öffentlichrechtliche Rechtsregel auf das Beamtenverhältnis anwendbar, wie z. B. in RGZ. Bd. 97 S. 44[1]) ausgesprochen ist. Die Ver-

[1]) In diesem Band S. 52, 53.

folgbarkeit des Gehalts im Rechtswege, auf die sich das Berufungsgericht beruft, beruht auf besonderer positiver Bestimmung und läßt sich nicht für die Gegenansicht verwerten. Auch der § 6 des Ges. vom 24. Mai 1861, nach dem bei der richterlichen Beurteilung der vermögensrechtlichen Beamtenansprüche unter anderem „die zur Zeit der Entstehung des streitigen Anspruchs in Kraft gewesenen Kgl. Anordnungen" zugrunde zu legen sind, wird von dem Vorderrichter zu Unrecht dafür herangezogen, daß sich die Beamtenansprüche nach dem Rechte zur Zeit der Anstellung bestimmen; die Zeit der Entstehung des streitigen Anspruchs, die sich übrigens nicht allgemein bestimmen läßt, deckt sich nicht mit der der Anstellung des Beamten. Nach dem öffentlichrechtlichen Beamtenrechte konnten vielmehr bis zum Inkrafttreten der RVerf. die Länder, soweit nicht reichsrechtliche Bestimmungen, wie die der §§ 6, 8, 9 GVG. für die Richter, entgegenstanden, die Rechtsverhältnisse ihrer Landesbeamten, auch der bereits angestellten, durch Landesgesetz neu regeln, auch wenn dadurch wohlerworbene Rechte beeinträchtigt wurden, und zwar ohne daß den betroffenen Beamten ein Anspruch auf Entschädigung zustand, es sei denn, daß ihnen eine solche besonders gesetzlich zugebilligt wurde. Der Satz, daß wohlerworbene Rechte nur gegen Entschädigung aufgehoben werden können, ist nur ein Grundsatz für den Gesetzgeber; greift ein Gesetz in solche Rechte ein, ohne eine Entschädigung anzuordnen, so hat der Verletzte keinen Entschädigungsanspruch (Rspr.-Nachweisungen).

Dies ist nun durch Art. 129 Abs. 1 Satz 3 RVerf., der nicht etwa nur eine Richtschnur für die künftige Gesetzgebung gibt, sondern den Beamten sofortige unmittelbare Rechte gewährt . . . und der für alle Beamten gilt, geändert worden. Wie sich namentlich aus einer Aeußerung des Reichsministers Preuß bei der zweiten Beratung des Entwurfs der RVerf. in der Vollversammlung der Nationalversammlung vom 17. Juli 1919 (Stenogr. Ber. Bd. 328 S. 1632) ergibt, ist diese Bestimmung in die RVerf. aufgenommen worden, weil die Beamtenschaft sich damals in großer Unruhe befand und Gerüchte umliefen, daß das ganze Berufsbeamtentum beseitigt, alles auf Kündigung angestellt werden sollte und dgl. mehr; deshalb hat man in der Verfassung eine gewisse Zusicherung dafür geben wollen, daß es bei dem Berufsbeamtentum und dessen wohlerworbenen Rechten sein Bewenden haben solle. Dementsprechend sind durch die obige Bestimmung die wohlerworbenen Rechte der Beamten unter Gewähr der RVerf. gestellt worden, so daß eine Schmälerung dieser Rechte nicht mehr, wie früher, durch Landesgesetz oder bei den Reichsbeamten durch einfaches Reichsgesetz, sondern nur durch ein verfassungsänderndes Reichsgesetz (Art. 76 RVerf.) erfolgen kann. Nur so kann der Art. 129 Abs. 1 Satz 3 nach seinem Wortlaute, Sinn und Zwecke verstanden werden; die Ansicht, daß nach ihm der Beamte nur einen unentziehbaren Anspruch auf Versorgung nach Maßgabe der jeweils geltenden Gesetze habe, ist unhaltbar. Die Vorschrift kommt nach ihrer allgemeinen Fassung und ihrem Zwecke auch nicht nur den zur Zeit des Inkrafttretens der RVerf. bereits angestellten

Beamten zugute, sondern sie wirkt auch für die Zukunft und gewährleistet auch erst später entstandene wohlerworbene Beamtenrechte.

Es fragt sich nun aber, was unter den wohlerworbenen Beamtenrechten zu verstehen ist. Da die gesetzlichen Bestimmungen nicht ursachlos in die Erscheinung treten, sondern in dem Boden der gegebenen Verhältnisse wurzeln, so sind bei ihrer Auslegung die Verhältnisse zu berücksichtigen, aus denen heraus sie erwachsen sind. Deshalb muß hier auf das Wesen des Beamtentums, wie es sich bis zum Erlasse der RVerf. entwickelt hatte, zurückgegriffen werden. Dieses besteht darin, daß der Beamte kraft eines einseitigen Staatshoheitsakts in ein dauerndes, nicht kündbares Lebens- und Rechtsverhältnis zum Staate tritt, kraft dessen er seine ganzen Kräfte in dessen Dienst zu stellen hat, solange er dazu fähig ist, wogegen der Staat die Verpflichtung übernimmt, ihm den standesgemäßen Unterhalt für sich und seine Familie zu gewähren, und zwar zunächst in Gestalt des vollen Stellendiensteinkommens, später aber, wenn er keine Dienste mehr leistet, des Ruhegehalts. Insofern ist die Verpflichtung des Staates eine lebenslängliche; sie erstreckt sich sogar durch die Versorgung der Hinterbliebenen des Beamten über dessen Tod hinaus. Dagegen ist der Grundsatz, daß die Anstellung der Beamten auf Lebenszeit erfolgt, nicht dahin zu verstehen, daß der Beamte ein Recht auf Belassung im Amte und auf Zahlung des Stellengehalts bis zu seinem Tode habe. Aus dem Wesen des Beamtenverhältnisses, aus der Pflicht zur Dienstleistung ergibt sich vielmehr, daß dieses Recht fortfällt, sobald der Beamte dauernd dienstunfähig wird. Bis zum Eintritte der Dienstunfähigkeit hat der auf Lebenszeit angestellte Beamte aber ein wohlerworbenes Recht auf Belassung im Amte, das gemäß Art. 129 Abs. 1 Satz 3 RVerf. nur durch verfassungsänderndes Reichsgesetz beseitigt werden kann. Ein Landesgesetz, das die lebenslänglich angestellten Beamten auf Kündigung stellen oder ihr Dienstverhältnis sonst vor dem Eintritte der Dienstunfähigkeit für beendigt erklären würde, würde nichtig sein; der Beamte würde nicht nur seine Gehaltsansprüche behalten, sondern der hoheitsrechtliche Akt selbst, der das Dienstverhältnis für beendigt erklärt oder den Eintritt in den Ruhestand ausspricht, würde der Rechtswirksamkeit entbehren. Der Beamte kann allerdings nur die aus dem Beamtenverhältnis entspringenden vermögensrechtlichen Ansprüche gerichtlich geltend machen und hat keinen im Rechtswege verfolgbaren Anspruch auf Belassung im Amte; das schließt aber nicht aus, daß ihm ein Recht auf Belassung im Amte bis zur Dienstunfähigkeit zusteht. Darüber, wie dieses Recht geltend gemacht werden kann, hat das Reichsgericht keinen Anlaß sich auszusprechen, da die Entscheidung dieser Frage nicht zu seiner Zuständigkeit gehört.

Dagegen ist kein wohlerworbenes Recht der Beamten, insbesondere der preußischen Beamten, anzuerkennen, daß die Dienstunfähigkeit, wie es bis zum Erlasse des AGrG. geschah, individuell für den einzelnen Beamten festgestellt werde, sie müssen sich vielmehr auch gefallen lassen, daß das Gesetz die Dienstunfähigkeit nach einer allgemeinen, aus den

Lebenserfahrungen heraus aufgestellten Regel für alle Beamten festsetzt. Das geschieht aber durch die Altersgrenzengesetze. Diese beruhen auf der Anschauung, daß nach den allgemeinen Erfahrungen des Lebens die Beamten regelmäßig mit dem Eintritt eines gewissen Lebensalters nicht mehr voll dienstfähig sind, ihre Dienstunfähigkeit also zu unterstellen ist. Die Bestimmung dieses Lebensalters muß notwendig der allgemeinen Lebenserfahrung angepaßt sein, wann bei den meisten Beamten eine Unfähigkeit zur Erfüllung ihrer Amtspflichten infolge Nachlassens ihrer körperlichen oder geistigen Kräfte einzutreten pflegt. Ist das nicht geschehen, wird z. B. gesetzlich bestimmt, daß die Beamten mit Vollendung ihres 50. Lebensjahrs in den Ruhestand treten, so ist darin nicht die Bestimmung einer Altersgrenze zu finden und ein solches Gesetz, das nur den Namen eines AGrG. führt, in Wahrheit aber einen anderen Charakter trägt, verfassungswidrig. Entspricht dagegen die Bestimmung der Altersgrenze der Lebensauffassung, so wird die gesetzliche Vermutung, daß die Beamten, die sie überschritten haben, nicht mehr dienstfähig sind, in der Regel zutreffen. Allerdings werden viele Ausnahmen vorkommen und die Altersgrenzengesetze für viele noch dienstfähige Beamte Härten zur Folge haben, aber deren Interessen müssen gegenüber denen der Allgemeinheit zurücktreten. Für die letztere kann insofern die Einführung von Altersgrenzen wertvoll sein, als diese den in übergroßer Zahl vorhandenen, schon lange auf Anstellung wartenden Beamtenanwärtern das Einrücken in Beamtenstellen ermöglicht und für die bereits angestellten Beamten die Möglichkeit zum Aufstieg in höhere Beamtenstellen schafft, und vor allem, weil dadurch erreicht wird, daß wirklich alle wegen ihres Alters nicht mehr dienstfähigen Beamten ausscheiden. Dies wurde durch die früheren preußischen Gesetze, namentlich bei den höheren Beamten, nicht voll erreicht. Für die Vorgesetzten war es naturgemäß sehr peinlich, einen pflichttreuen, bewährten Beamten, der sich selbst noch für dienstfähig hielt, für dienstunfähig zu erklären. Infolgedessen wird vielfach ein nicht mehr dienstfähiger alter Beamter im Dienst verblieben sein, weil er sich über seine Dienstfähigkeit einer Täuschung hingegeben hat, während ein anderer von gleicher Dienstunfähigkeit, der die erforderliche Selbsterkenntnis besaß, seine Versetzung in den Ruhestand nachsuchte. Auch diese Ungleichheit wird durch die Einführung der Altersgrenze beseitigt. Ob diese Interessen der Allgemeinheit unter den zur Zeit des Erlasses des AGrG. gegebenen Verhältnissen so erheblich waren, um die Einführung von Altersgrenzen trotz der daraus für einzelne Beamte entspringenden Härten zu rechtfertigen, ist nicht von den Gerichten, sondern von den gesetzgebenden Gewalten zu prüfen. Ihrer Erfahrung, Weisheit und Loyalität muß auch die Festsetzung der Grenze anvertraut bleiben.

Die Richtigkeit der vorstehenden Ausführungen findet ihre volle Bestätigung in den Vorschriften des Art. 104 RVerf. Dessen Satz 1 bestimmt zunächst, daß die Richter der ordentlichen Gerichtsbarkeit auf Lebenszeit ernannt werden. Daran schließt sich im Satz 2 die Bestimmung an, daß die Richter wider ihren Willen nur kraft richterlicher Entscheidung und nur aus den Gründen und unter den Formen, welche die Gesetze bestimmen, dauernd oder zeitweise ihres Amtes enthoben oder an eine andere Stelle oder in den Ruhestand versetzt werden können; hieraus erhellt, daß, wie oben angeführt, unter der Anstellung auf Lebenszeit nicht eine solche bis zum Tode zu verstehen ist. Der Satz 3 sagt dann: „Die Gesetzgebung kann Altersgrenzen festsetzen, bei deren Erreichung Richter in den Ruhestand treten." Dieser Satz steht, wie aus dem Zusammenhang der Bestimmungen zu entnehmen ist, nicht im Widerspruch zu dem vorhergehenden Satze, sondern beide zusammen besagen in Ansehung der zur Entscheidung stehenden Frage: die zur Versetzung in den Ruhestand erforderliche Dienstunfähigkeit kann gemäß Satz 2 individuell für den einzelnen Fall festgestellt werden, es kann aber auch gemäß Satz 3 die Aufstellung einer allgemeinen Regel erfolgen, wie dies oben näher ausgeführt ist.

Die Bestimmung des Satzes 3 ermächtigt die Gesetzgebung auch zur Einführung sofort wirksamer Altersgrenzengesetze. Die Ansicht, daß nur für die erst nach dem Inkrafttreten der Verfassung ernannten Richter Altersgrenzen zugelassen seien, ist unhaltbar. Sie führt zu dem unannehmbaren Ergebnisse, daß die Bestimmung erst nach etwa einem Menschenalter wirksam werden würde, während sich in der Zwischenzeit vielleicht die Verhältnisse, die die Einführung von Altersgrenzen notwendig erscheinen ließen, völlig geändert haben und das Interesse der Allgemeinheit an dieser weggefallen oder gar in das Gegenteil verkehrt ist. Sie steht auch mit der Entstehungsgeschichte der Bestimmung im Widerspruch. Allerdings sind die Gesetzesmaterialien stets nur mit Vorsicht zu verwerten. Hier ergibt sich aber aus den Verhandlungen des Verfassungsausschusses der verfassunggebenden Nationalversammlung mit Sicherheit eine Bestätigung der obigen Auslegung, daß auch für die bereits im Amte befindlichen Richter die Einführung von Altersgrenzen zugelassen werden sollte. Der Abgeordnete S p a h n hat gleich bei seinen ersten Ausführungen, in denen er die Einführung einer Altersgrenze für Richter anregte, bemerkt, daß diese im Interesse des Richterstandes selbst liege und ein Ueberschuß an jungen Juristen vorhanden sei, so daß die Anstellung vor dem 40. Lebensjahre zu den Ausnahmen gehöre (Verh. der verfassunggebenden Nationalversammlung Bd. 336 S. 354), und der Vertreter des preußischen Justizministeriums, der um die Aufnahme der Bestimmung in der RVerf. gebeten hat, hat erklärt, für die Altersgrenze bestehe ein Bedürfnis, weil in Preußen tatsächlich überalterte Richter vorhanden seien und der gegenwärtige Notstand der Assessoren dazu zwinge, Luft für den Nachwuchs zu schaffen (das. S. 477).

Die Vorschrift des Art. 104 Abs. 1 Satz 3 bezieht sich nun allerdings nur auf die Richter der ordentlichen Gerichtsbarkeit, nicht auf die nichtrichterlichen Beamten und auch nicht auf die richterlichen Mitglieder der Verwaltungsgerichte, wie nach Art. 104 Abs. 1 Satz 1 und Art. 107 keinem

Zweifel unterliegen kann. Sie stellt aber nicht etwa die Richter unter ein ihnen nachteiliges Sonderrecht, sondern spricht nur zur Abschneidung von Zweifeln für Richter etwas aus, was sich für andere Beamte auch ohne ausdrückliche Bestimmung von selbst versteht. Vor Erlaß der RVerf. bestand nämlich wegen der reichsrechtlichen Vorschriften der §§ 6, 8 GVG. Streit darüber, ob die Landesgesetze für Richter Altersgrenzen einführen dürften, während dies für andere Landesbeamte, insbesondere auch für die richterlichen Mitglieder des preußischen Oberverwaltungsgerichts, deren Sonderstellung nur auf Landesrecht beruhte, zweifellos zulässig war. Es hatten zwar trotzdem einige Länder Altersgrenzenbestimmungen verschiedenen Inhalts für Richter getroffen; jene Streitfrage war aber nie zum Austrage gekommen. . . . Mit Rücksicht auf die Möglichkeit, daß sich an die den §§ 6, 8 GVG. entsprechenden Bestimmungen des Art. 104 RVerf. der gleiche Zweifel hinsichtlich der Richter der ordentlichen Gerichtsbarkeit knüpfen könnte, während sich für andere Beamte die Zulässigkeit landesrechtlicher Altersgrenzenbestimmungen ohne weiteres aus Art. 129 Abs. 1 Satz 1 („Die Anstellung der Beamten erfolgt auf Lebenszeit, soweit nicht durch Gesetz etwas anderes bestimmt ist") ergebe, wurde die Bestimmung des Art. 104 Abs. 1 Satz 3 von dem Verfassungsausschuß in den Entwurf der RVerf. eingefügt (Verh. der verfassunggebenden Nationalversammlung Bd. 336 S. 354, 360, 477). Die Bestimmung war ursprünglich dahin gefaßt, daß die „Landesgesetzgebung" Altersgrenzen einführen dürfe. An die Stelle des Wortes „Landesgesetzgebung" ist dann das Wort „Gesetzgebung" gesetzt worden (das. S. 360, 363), wohl sicher, wenn das auch aus den Verhandlungen nicht hervorgeht, um die Folgerung auszuschließen, als ob für die richterlichen Reichsbeamten Altersgrenzen nicht zulässig seien, während für die Richter des Reichsgerichts selbstverständlich keine Ausnahme gelten sollte; für diese ist also, wie vor dem Erlasse der RVerf., so auch jetzt die Einführung von Altersgrenzen durch einfaches Reichsgesetz in gleicher Weise zulässig wie für die richterlichen Landesbeamten durch Landesgesetz.

Angesichts der dargelegten Auslegung und Bedeutung der Vorschrift des Art. 104 Abs. 1 Satz 3 kann man übrigens auch allein schon aus dem Nebeneinanderstehen dieser Vorschrift und der des Art. 129 Abs. 1 Satz 3 in der ein einheitliches Gesetz bildenden RVerf., deren einzelne Bestimmungen bei ihrer Auslegung nicht für sich allein, sondern nur unter Berücksichtigung der übrigen betrachtet werden dürfen, den Satz entnehmen, daß die RVerf. in der Einführung von Altersgrenzen für bereits angestellte richterliche und nichtrichterliche Beamte keine Verletzung wohlerworbener Rechte im Sinne des Art. 129 Abs. 1 Satz 3 sieht. Die hiergegen erhobene Einwendung, daß der in dem Abschnitte „Rechtspflege" stehende Art. 104 nicht bezwecke, die Rechte der mit der Rechtspflege befaßten Beamten, insbesondere deren Vermögensrechte zu ordnen, ist mit dem sonstigen Inhalte dieses Artikels (vgl. besonders Abs. 3) unvereinbar, und die Vereinigung beider Bestimmungen dahin, daß die Festsetzung von Altersgrenzen für bereits angestellte Richter nach Art. 104 Abs. 1 Satz 3 zwar zulässig sei, diesen aber nach Art. 129 Abs. 1 Satz 3 ihr volles Stelleneinkommen trotz ihres Eintritts in den Ruhestand belassen werden müsse, ist deshalb abzulehnen, weil dadurch die Länder so erheblich belastet werden würden, daß sie von der Einführung von Altersgrenzen Abstand nehmen müßten, und so die erstere Vorschrift praktisch bedeutungslos sein würde. Jedenfalls aber bestätigt die Vorschrift des Art. 104 Abs. 1 Satz 3 die obige, aus allgemeinen Grundsätzen des Beamtenrechts entnommene Auslegung des Art. 129 Abs. 1 Satz 3.

. . .

RGZ. 104, 251

Ist für den Anspruch eines Beamten, insbesondere eines Militäranwärters, auf Ersatz des durch verspätete Verleihung einer Amtsstelle erwachsenen Schadens durch Art. 129 RVerf. der Rechtsweg eröffnet?

III. Zivilsenat. Urt. v. 4. April 1922 i. S. B. (Kl.) w. Deutsches Reich (Bekl.). III 461/21.

I. Landgericht Köln. II. Oberlandesgericht daselbst.

Der Kläger ist als Militäranwärter in den Reichspostdienst eingetreten und am 1. April 1909 vom Postassistenten zum Postsekretär und am 1. April 1918 zum Oberpostsekretär befördert worden. Er behauptet, nach den für die Anstellung der Militäranwärter maßgebenden Grundsätzen des Bundesrats vom 20. Juni 1907 hätte er schon am 1. Oktober 1907 zum Postsekretär und am 1. Oktober 1910 zum Oberpostsekretär ernannt werden müssen, und beansprucht die ihm durch die Verspätung der Beförderungen entgangenen Gehaltsbeträge. Das Landgericht hat den Rechtsweg für zulässig erklärt und den Klaganspruch als sachlich unbegründet abgewiesen. Die Berufung des Klägers ist mit der Maßgabe zurückgewiesen worden, daß die Abweisung der Klage wegen Unzulässigkeit des Rechtswegs erfolge. Seine Revision hatte keinen Erfolg.

Gründe:

Für die vermögensrechtlichen Ansprüche der Beamten aus ihrem Dienstverhältnis ist nicht etwa, wie die Revision meint, der Rechtsweg eröffnet, soweit er nicht durch besondere Vorschrift ausdrücklich ausgeschlossen ist, sondern aus der öffentlichrechtlichen Natur des Beamtenverhältnisses in allen seinen Beziehungen, insbesondere auch soweit es vermögensrechtliche Wirkungen erzeugt, folgt für alle daraus abgeleiteten Ansprüche die Unzulässigkeit des Rechtswegs, insoweit er nicht durch besondere gesetzliche Bestimmung zugelassen ist. Letzteres ist bezüglich eines Anspruchs auf Ersatz des durch verspätete Verleihung einer Amtsstelle erwachsenen Schadens nicht geschehen. § 149 RBG., auf den sich der Kläger in erster Linie berufen hat, läßt den Rechtsweg für einen solchen Anspruch, insbesondere auch, wenn er von einem Militäranwärter auf Grund der sogenannten Anstellungsgrundsätze des Bundesrats erhoben wird, nach feststehender Rechtsprechung nicht zu; er eröffnet ihn ausdrücklich nur für „vermögensrechtliche Ansprüche der Reichsbeamten aus ihrem Dienstverhältnisse", d. h. aus einer durch Verleihung eines Amts tatsächlich gegebenen Stellung des Beamten ... Aber § 149 kommt hier nicht mehr zur Anwendung. Er ist ersetzt durch Art. 129 Abs. 1 Satz 4 RVerf. vom 11. August 1919, der als prozeßrechtliche Vorschrift sofort Geltung erlangt hat und auch auf die bereits vor der Verkündung der RVerf. begründeten vermögensrechtlichen Ansprüche der Beamten Anwendung findet ... Daraus, daß in diesem Satze: „Für die vermögensrechtlichen Ansprüche der Beamten steht der Rechtsweg offen" die Worte „aus ihrem Dienstverhältnisse" fehlen, glauben das Landgericht und die Revision schließen zu sollen, daß auch für den vorliegenden Klaganspruch jetzt der Rechtsweg gegeben sei. Das Berufungsgericht ist dagegen anderer Meinung, und ihm ist darin beizupflichten, daß die Reichsverfassung durch die Fortlassung der Worte „aus ihrem Dienstverhältnisse" in Abänderung des bisherigen Rechts den Rechtsweg für Schadensersatzansprüche wegen Nichtverleihung oder verspäteter Verleihung einer Beamtenstelle nicht hat eröffnen wollen und nicht eröffnet hat. Die Unzulässigkeit des Rechtswegs für solche Ansprüche beruht keineswegs nur auf jenen Worten des § 149 RBG. und der entsprechenden Landesgesetze (z. B. des preußischen Gesetzes vom 24. Mai 1861 § 1 und des preußischen Kommunalbeamtengesetzes § 7), sondern auf dem allgemeinen Grundsatze des Beamtenrechts, daß es einen im Rechtswege verfolgbaren Anspruch auf den nur der Entschließung der Verwaltungsbehörden unterliegenden hoheitsrechtlichen Akt der Verleihung einer Beamtenstelle nicht gibt. ...

Auf eine schuldhafte Amtspflichtverletzung ist die Klage in den Vorrechtszügen nicht gestützt worden. Der Kläger hat kein Verschulden eines Beamten behauptet und sich namentlich zur Begründung der Zulässigkeit des Rechtswegs nur auf § 149 RBG. und Art. 129 RVerf., nicht auf das Reichshaftungsgesetz vom 22. Mai 1910 und auf Art. 131 RVerf. berufen. Daher kann auf die Frage der Zulässigkeit des Rechtswegs für diese von der Revision nachgeschobene Klagbegründung nicht eingegangen werden.

RGZ. 104, 278

Kann eine preußische Stadtgemeinde eine Besoldungsordnung, die eine allgemeine Gehaltserhöhung bringt, für bestimmte Beamtenklassen in Kraft setzen, davon aber einzelne diesen Klassen angehörige Beamte ausnehmen?

III. Zivilsenat. Urt. v. 7. April 1922 i. S. W. u. Gen. (Kl.) w. Stadtgemeinde B. (Bekl.). III 464/21.

I. Landgericht Bochum. II. Oberlandesgericht Hamm.

Die Kläger, damals Polizeibeamte auf Lebenszeit im Dienste der beklagten Stadtgemeinde, traten am 1. Juli 1909 anläßlich der Übernahme der Polizei durch den preußischen Staat als Schutzleute in den Staatsdienst. Sie fochten aber im April 1910 gegenüber der Beklagten den Übertritt wegen Zwanges und wegen arglistiger Täuschung an und klagten auf Schadensersatz nach Maßgabe des Unterschieds der Bezüge im städtischen und im staatlichen Dienste. Die erste Instanz wies die Klage ab. Ein früheres Berufungsurteil, das die Berufung der Kläger zurückgewiesen hatte, wurde durch Urteil des erkennenden Senats vom 26. März 1915 III 510/14 aufgehoben. Das Berufungsgericht, an das die Sache zurückverwiesen wurde, erhob Beweis und wies dann die Berufung der Kläger wiederum zurück. Auf die Revision der Kläger wurde auch dieses Berufungsurteil aufgehoben und die Sache nochmals an das Berufungsgericht zurückverwiesen.

Gründe:

Es handelt sich nach dem gegenwärtigen Stande der Sache nur noch um den Schadensersatzanspruch der Kläger aus unerlaubter Handlung der Beklagten nach § 823 Abs. 2 BGB. in Verb. mit §§ 240, 263 StGB. oder nach § 826 BGB. Das Berufungsgericht hält für naheliegend, daß die Vertreter der Beklagten durch Drohung und arglistige Täuschung in nicht zu entschuldigender Weise auf die Kläger eingewirkt haben und daß dadurch die Kläger zum Übertritt in den Staatsdienst widerrechtlich bestimmt worden sind, läßt aber dahingestellt, ob die bisherige Beweisaufnahme zu einer Feststellung dieses Inhalts ausreiche oder eine weitere Beweiserhebung geboten sein würde, und bestätigt die Abweisung der Klage aus dem Grunde, weil nicht festgestellt werden könne, daß die Kläger durch den Übertritt in den Staatsdienst geschädigt worden seien. Dabei unterscheidet es zwischen dem Falle, daß die Kläger beim Verbleiben im städtischen Dienste an den Vorteilen der im September 1909 beschlossenen, am 1. Oktober 1909 in Kraft getretenen neuen Besoldungsordnung teilgenommen haben würden, und dem anderen, daß sie von diesen Vorteilen ausgeschlossen worden wären. Für den letzteren Fall verneint das Berufungsgericht einwandfrei eine Schädigung der Kläger. Für den ersteren rechnet es selbst mit einer solchen Schädigung, erklärt dies aber für unerheblich, weil nach Lage der Sache anzunehmen sei, daß die Kläger beim Verbleiben im städtischen Dienste von der in der neuen Besoldungsordnung vorgesehenen Aufbesserung der Gehälter ausgeschlossen worden wären. Das Berufungsgericht hält eine solche Ausschließung für zulässig und trägt auch kein Bedenken, zuzulassen, daß sich die Beklagte zur Abwendung des auf Drohung und arglistige Täuschung ihrerseits gegründeten Schadensersatzanspruchs auf die Möglichkeit der Ausschließung beruft. Beides ist jedoch zu beanstanden.

In der Rechtsprechung ist allerdings anerkannt, daß den nichtrichterlichen Beamten ein Anspruch auf Bewilligung von Gehaltszulagen, die nach Zurücklegung einer gewissen Dienstzeit gewährt werden, nicht zusteht, weshalb sie auch einzelnen Beamten einer Beamtenklasse, für die sie in der Besoldungsordnung vorgesehen sind, versagt werden können, wenn ihr Verhalten dazu Anlaß gibt. Aufbesserungen, die auf einer allgemeinen Gehaltserhöhung beruhen, sind jenen Zulagen nicht völlig gleichzustellen. Die sog. Alterszulagen beruhen auf dem Gedanken, daß der Beamte ein höheres Gehalt erhalten soll, wenn er längere Zeit pflichtgemäß gedient hat. Dem entspricht die Versagung der Zulage, falls die Pflichtmäßigkeit des Verhaltens des Beamten Bedenken unterliegt. Eine allgemeine Aufbesserung der Gehälter hat andere Grundlagen, insbesondere die Veränderung der wirtschaftlichen Verhältnisse, die die Beamten einer Klasse gleichmäßig treffen, und läßt sich deshalb mit dem Verhalten der einzelnen Beamten nicht in Beziehung setzen. Wenn also auch, zumal in Rücksicht auf § 11 der neuen Besoldungsordnung, davon ausgegangen werden muß, daß ein im Rechtswege verfolgbarer Anspruch auf das erhöhte Gehalt (ebenso wie gemäß § 4 ebenda auf Gehaltszulagen) den Klägern nicht schon mit dem Erlasse der neuen Besoldungsordnung zugestanden haben würde, so wäre es doch unzulässig gewesen, diese Besoldungsordnung für die Beamtenklasse, der die Kläger angehörten, in Kraft zu setzen, davon aber die Kläger und andere einzelne dieser Klasse angehörige Beamte auszunehmen. Das wäre aber hier der Fall gewesen. Denn die Kategorie der Polizeisergeanten erster Klasse, wozu die Kläger gehörten, findet sich in der neuen Besoldungsordnung ebenso wie in der alten, und es wird auch nicht etwa behauptet, daß beim Verbleiben der Kläger und ihrer ebenfalls gegen die Beklagte Ansprüche erhebenden Genossen im Dienste der Stadt die ganze Klasse von einer Gehaltsaufbesserung ausgeschlossen worden wäre. Auf eine unzulässige Maßregel kann sich die Beklagte aber hier nicht berufen, wenn es sich darum handelt, ob den Klägern durch den Übertritt in den Staatsdienst ein Schaden entstanden ist.

Der Beklagten müßte aber selbst die Berufung auf eine an sich zulässige Ausschließung der Kläger von den Vorteilen der neuen Besoldungsordnung versagt werden, da sie damit nach Lage der Sache nichts anderes geltend machen würde, als daß sie die Kläger gegebenenfalls durch diese Ausschließung dafür bestraft haben würde, daß sie sich nicht durch die vom Berufungsgericht unterstellte unzulässige Einwirkung mit Drohung und Täuschung zum Übertritt in den Staatsdienst hätten bestimmen lassen. Es wäre dies nur eine Fortsetzung des der Beklagten zur Last gelegten unlauteren Verhaltens gewesen, und die Berufung hierauf muß um so mehr für unzulässig erachtet werden, als, wie sich aus dem dritten Beschlusse des Magistrats vom 22. Juni 1909 ergibt, die Ausschließung von jeder Gehaltsaufbesserung (ebenso wie von jeder Gehaltszulage) selbst den Gegenstand einer Drohung bildete. Daß die Beklagte ein Interesse daran hatte, sich der für sie überflüssig gewordenen Beamten zu entledigen, kann an der rechtlichen Beurteilung nichts ändern. Auch die Billigkeitserwägungen des Berufungsgerichts treffen nur unvollkommen zu. Es übersieht, daß die Beklagte die Kläger und ihre Genossen dadurch hätte befriedigen können, daß sie bei ihrer Zusicherung, für Gehaltsunterschiede einzustehen, die kommende Besoldungsordnung berücksichtigt hätte, statt ihr Kommen zu verschweigen. Von berechtigter Notwehr, wie das Berufungsgericht meint, kann ohnehin keine Rede sein. Nach den eigenen Feststellungen des Berufungsgerichts muß also bei der Beurteilung der Klagansprüche davon ausgegangen werden, daß die Kläger durch den Übertritt in den Staatsdienst geschädigt worden sind.

RGZ. 105, 196

Ist der Rechtsweg zulässig für Ansprüche gegen das Reich wegen Verletzung der dem vorgesetzten Reichsbeamten gegen den Untergebenen obliegenden Amtspflicht, sich bei dienstlichen Berichten wahrheitswidriger Äußerungen über letzteren zu enthalten?

III. Zivilsenat. Urt. v. 22. September 1922 i. S. B. (Kl.) w. Deutsches Reich (Bekl.). III 222/22.

I. Landgericht Königsberg. II. Oberlandesgericht daselbst.

Der Kläger, der seit Jahren als Beamter im Reichspostdienste steht, wurde trotz Meldung zur Telegraphensekretärprüfung in den Jahren 1916 und 1917 von dieser Prüfung ausgeschlossen und erst 1918 zugelassen, worauf er die Prüfung im Oktober 1919 bestand und später auch als Telegraphensekretär angestellt wurde. Er führte die frühere Ausschließung auf unwahre Berichte zurück, die nach seiner Behauptung der ihm damals vorgesetzte Telegraphendirektor wider besseres Wissen an die für die Zulassung zuständige Oberpostdirektion erstattet haben soll, und machte geltend, er sei dadurch insofern geschädigt worden, als er bei früherer Zulassung auch früher die Prüfung bestanden hätte und früher Telegraphensekretär geworden wäre. Seine Klage auf Ersatz der Mehrbezüge, die er in diesem Falle gehabt hätte und fernerhin haben würde, wurde abgewiesen, seine Berufung zurückgewiesen. Auf die Revision des Klägers wurde das Berufungsurteil aufgehoben und die Sache an das Berufungsgericht zurückverwiesen.

Gründe:

Das Berufungsgericht bestätigt die Abweisung der Klage wegen Unzulässigkeit des Rechtswegs, fügt aber in längeren Ausführungen bei, daß der Berufung des Klägers auch aus materiellrechtlichen Gründen nicht stattgegeben werden könnte. Diese Häufung der Gründe ist unzulässig. Wenn der Rechtsweg für die Klage nicht offen steht, dann darf auch auf ihre sachliche Begründung nicht eingegangen werden. Das Berufungsgericht will aber den Kläger ersichtlich nur darauf hinweisen, daß er auch sachlich keine Aussicht gehabt hätte, mit seinem Anspruche durchzudringen, während die Entscheidung selbst nur auf die Annahme der Unzulässigkeit des Rechtswegs gestützt wird. Die Ausführungen über die sachlichen Aussichten der Klage sind daher als unschädlich zu betrachten und ebenso zu behandeln, wie wenn sie überhaupt nicht vorhanden wären.

Die Unzulässigkeit des Rechtswegs nimmt aber das Berufungsgericht mit Unrecht an. Es erwägt: Nach der Anweisung für die Telegraphensekretärprüfung habe die vorgesetzte Behörde mit der Meldung zur Prüfung einen Bericht über den Prüfling vorzulegen, worauf dann die Oberpostdirektion über die Zulassung entscheide. Die Prüfungsbestimmungen seien im öffentlichen Interesse gegeben, um eine Zulassung ungeeigneter Beamter zu verhüten, und die Behörde habe nur von ihrem Recht und ihrer Pflicht Gebrauch gemacht, die Auswahl des Beamtennachwuchses nach der Eignung der einzelnen Personen zu treffen. Es handle sich also nicht um den Rechtskreis der Einzelperson, und der Kläger wolle in der Form einer vermögensrechtlichen Klage nur erreichen, daß das Gericht die Nichtzulassung des Klägers nachträglich für unwirksam erkläre und den Kläger auf eine höhere Gehaltsstufe stelle, also gewissermaßen vorpatentiere. Solche Versuche, öffentlichrechtliche, dem Rechtsweg entzogene Ansprüche in der Gestalt, als wären es nur Vorfragen für privatrechtliche Forderungen, vor den Zivilrichter zu bringen, seien nach der Rechtsprechung des Reichsgerichts zurückzuweisen. Mit diesen Erwägungen wird aber das Berufungsgericht dem Sinne des Klagebegehrens nicht gerecht. Der Kläger wendet sich nicht gegen seine Nichtzulassung durch die Oberpostdirektion, auch nicht gegen diejenigen Beamten, denen die Entscheidung über die Zulassung zustand, sondern macht geltend, daß ein anderer Beamter, der ihm vorgesetzte Telegraphendirektor, in Ausübung der ihm anvertrauten öffentlichen Gewalt und unter schuldhafter Verletzung der ihm gegenüber dem untergebenen Kläger obliegenden Amtspflicht durch bewußt wahrheitswidrige Berichte die Nichtzulassung herbeigeführt und dadurch den Kläger geschädigt habe. Was der Kläger damit will, ist nichts anderes als die Haftung des Reichs für schuldhafte Amtspflichtverletzung eines seiner Beamten nach dem Reichsgesetze vom 22. Mai 1910 in Verbindung mit § 839 BGB. Auch ein Beamter kann Dritter im Sinne des § 839 BGB. und damit Gläubiger des aus der Amtspflichtverletzung erwachsenen Anspruchs sein. ... Als die Amtspflicht, welche dem Vorgesetzten gegen den untergebenen Beamten als Dritten obliegt, kommt hier die selbstverständliche Verpflichtung des ersteren in Betracht, sich bei dienstlichen Berichten wahrheitswidriger Äußerungen über den Untergebenen zu enthalten. Ob die in dieser Beziehung vom Kläger gegen seinen Vorgesetzten erhobenen Vorwürfe zutreffen und den Schadensersatzanspruch des Klägers rechtfertigen, wird in künftiger Verhandlung und Entscheidung festzustellen sein. Daß aber für einen so begründeten Anspruch gegen das Deutsche Reich der Rechtsweg zulässig ist, war schon nach dem Reichsgesetze vom 22. Mai 1910 und ist jetzt nach der ausdrücklichen Vorschrift des Art. 131 RVerf. unzweifelhaft.

RGZ. 107, 189

Das Beamtenverhältnis ist ausschließlich öffentlich-rechtlicher Natur, also frei von privatrechtlichen Bestandteilen. Vorschriften des bürger-

lichen Rechts sind auf das Beamtenverhältnis weder unmittelbar noch entsprechend anwendbar. Nur die Anwendung eines allgemeinen, im bürgerlichen Recht ausdrücklich formulierten, aber gleichermaßen einen eigenen Bestandteil des öffentlichen Rechts bildenden Rechtsgedankens kommt in Betracht. — Rechtsnatur des Beamtengehalts.

Alter Leitsatz:

Ist ein Beamter (Richter), der auf seinen Antrag im Laufe eines Kalendervierteljahres aus dem Dienste ausscheidet, verpflichtet, von seinem am Vierteljahrsbeginn empfangenen Gehalt den Teil zurückzuzahlen, der auf die Zeit nach seinem Ausscheiden entfällt?

III. Zivilsenat. Urt. v. 12. Juni 1923 i. S. Z. (Bekl.) w. Preuß. Staat (Kl.). III 641/22.

I. Landgericht Guben. II. Kammergericht Berlin.

Der Beklagte, der Amtsgerichtsrat in F. war, wurde durch Verfügung des Preußischen Justizministers vom 5. Oktober 1920 unter Entlassung aus dem Justizdienste vom 16. Oktober 1920 ab zur Rechtsanwaltschaft bei dem Amtsgericht dort zugelassen. Von dem ihm am 1. Oktober 1920 ausgezahlten Vierteljahresgehalt fordert der Kläger den Teil zurück, der auf die Zeit vom 16. Oktober bis zum 31. Dezember 1920 entfällt. Der Beklagte glaubt, zu dieser Zurückzahlung rechtlich nicht verpflichtet zu sein.

Die Vorinstanzen haben zugunsten des Klägers erkannt. Die Revision des Beklagten wurde zurückgewiesen.

Gründe:

Das Beamtenverhältnis ist ein öffentlichrechtliches Verhältnis, das auch in Ansehung der daraus erwachsenden vermögensrechtlichen Folgen ausschließlich nach öffentlichem Recht zu beurteilen ist. Privatrechtlichen Grundsätzen und Auffassungen unterliegt es nicht. Vorschriften des Privatrechts können auf das Beamtenverhältnis auch keine entsprechende Anwendung finden. Sie lassen sich nur insofern dafür verwerten, als sie einen allgemeinen Rechtsgedanken zum Ausdruck bringen, der für das öffentliche Recht gleichfalls gilt und der deshalb in Ausfüllung einer Lücke des positiven Rechts als ein Bestandteil des öffentlichen Beamtenrechts anzuerkennen ist [RGZ. Bd. 95 S. 146[1]), Bd. 97 S. 44[2]), Bd. 104, S. 60[3])]. Die Revision des Beklagten wendet sich daher mit Recht gegen die Annahme der Vorinstanzen, daß der Klaganspruch in § 628 Abs. 1 Satz 3 BGB. seine Rechtfertigung finde. Ebensowenig ergibt sich freilich seine Unbegründetheit unmittelbar aus der vom Beklagten angerufenen Vorschrift des § 760 Abs. 3 BGB. in Verb. mit § 1361 Abs. 1 Satz 1, § 1580 Abs. 1 Satz 1, § 1612 Abs. 3, § 1710 Abs. 3

[1]) In diesem Band S. 42.
[2]) In diesem Band S. 53.
[3]) In diesem Band S. 58.

daselbst. Vielmehr ist die Entscheidung dem öffentlichen Beamtenrecht zu entnehmen.

Nach diesem ist das Gehalt des Beamten keine Entlohnung für die einzelnen von ihm geleisteten Dienste, sondern eine ihm für die Dauer seines Amtes zugebilligte, für den standesmäßigen Unterhalt bestimmte Rente [RGZ. Bd. 96 S. 87[4])]. In der Form des Gehalts gewährt der Staat dem Beamten den erforderlichen Unterhalt als Entgelt dafür, daß er grundsätzlich seine ganze Persönlichkeit in den staatlichen Dienst zu stellen hat [RGZ. Bd. 53 S. 429[5]), Bd. 84 S. 406[6]), Bd. 89 S. 106[7])]. Dieser öffentlich-rechtlichen Gegenleistung geht der Beamte noch nicht dadurch verlustig, daß er zeitweise keine Dienste leistet, wohl aber dann, wenn seine Verpflichtung, sich dem öffentlichen Dienste zu widmen, überhaupt aufhört. Nur für die Dauer des Beamtenverhältnisses besteht die Unterhaltspflicht des Staates, hat der Beamte Anspruch auf Gehalt. An diesem Grundsatz wird dadurch nichts geändert, daß das Gehalt, seinem Unterhaltscharakter entsprechend, für eine gewisse Zeit im voraus gezahlt wird. Endet das Beamtenverhältnis während eines Zeitabschnitts, für den das Gehalt im voraus gezahlt worden ist, so erlischt zugleich, der Gehaltsvorauszahlung unerachtet, die aus dem Beamtenverhältnis entspringende Unterhaltsverpflichtung des Staates. Es entfällt damit für den Rest des Vorauszahlungsabschnitts der Rechtsgrund, aus dem die Zahlung erfolgt ist. Dem Staate erwächst ein im öffentlichen Recht wurzelnder Rückforderungsanspruch auf den entsprechenden Teil der im voraus entrichteten Besoldung.

Unentschieden kann im vorliegenden Falle bleiben, ob dieses Rückforderungsrecht des Staates dann nicht entsteht, wenn das Beamtenverhältnis während des Zeitraums, für den der Beamte sein Gehalt bereits empfangen hat, dadurch erlischt, daß der Beamte stirbt. Die preußische Verwaltungsübung beläßt im Falle des Todes des Beamten seinen Erben das im voraus erhobene Gehalt auch dann, wenn er keine Hinterbliebenen zurückläßt, die auf das sog. Gnadenvierteljahr Anspruch haben (Nr. IV a. E. der GemVerf. des Finanzministers und des Ministers des Innern vom 11. April 1908 [MBlfdiV. 1908 S. 92]; für die Justizverwaltung vgl. Müller, Die Preußische Justizverwaltung, 6. Aufl. Bd. I S. 884). Als Beleg dafür, daß diese Uebung allgemeinen Rechtsgrundsätzen entspricht, könnte man anführen, daß nach den oben genannten Bestimmungen des Bürgerlichen Gesetzbuchs auch eine privatrechtliche Unterhaltsrente für den ganzen Zeitabschnitt geschuldet wird, für den sie im voraus zu entrichten ist, sofern der Gläubiger nur den Beginn des Zeitabschnitts erlebt. Daraus ist aber auch für das bürgerliche Recht nicht mehr zu folgern, als daß die Rentenforderung für den Zeit-

4) In diesem Band S. 48, 49.
5) In diesem Band S. 7.
6) In diesem Band S. 14.
7) In diesem Band S. 17.

abschnitt, in dem der Gläubiger stirbt, durch seinen Tod nicht berührt wird. Daß auch, wenn andere in diesen Zeitraum fallende Ereignisse den Unterhaltsanspruch zum Erlöschen bringen, dem Unterhaltsberechtigten trotzdem die Rente für die ganze Zeitspanne gebührt, ist in den angeführten Vorschriften nicht ausgesprochen worden. Für das Beamtenrecht kann jedenfalls eine Gleichstellung des Todes des Beamten mit anderen Gründen der Beendigung des Beamtenverhältnisses in der hier erörterten Hinsicht nicht anerkannt werden. Ganz besonders gilt das, wenn wie im vorliegenden Falle der Beamte seine Entlassung aus dem Staatsdienste selbst beantragt hat, und zwar nicht wegen Dienstunfähigkeit, sondern um sich einem anderen Berufe, hier dem des Rechtsanwalts, zuzuwenden. Es fehlt an jedem inneren Grunde, die Unterhaltspflicht des Staates dem ausscheidenden Beamten gegenüber auf eine Zeit zu erstrecken, für die das ihn mit dem Staate verknüpfende Band auf seinen Wunsch und in seinem Interesse bereits gelöst worden ist und für die ihm seine dem Staate nicht mehr zur Verfügung zu stellende Arbeitskraft eine andere Erwerbsquelle eröffnet hat.

§ 1 des Gesetzes, betr. die Zahlung der Beamtenbesoldung und des Gnadenvierteljahrs, vom 7. März 1908 besagt nichts zugunsten des vom Beklagten vertretenen Standpunktes. Er bestimmt, daß die unmittelbaren Staatsbeamten ihre Besoldung vierteljährlich im voraus erhalten. Damit zieht er nur eine Folgerung aus dem Unterhaltscharakter des Beamtengehalts, der, wie bereits hervorgehoben, seine Vorauszahlung für einen gewissen Zeitraum notwendig macht. Die Frage, inwieweit die im voraus gezahlte Besoldung zurückzuzahlen ist, falls der Beamte innerhalb des Vierteljahrs in anderer Weise als durch den Tod, beispielsweise durch Entlassung, aus dem Amte scheidet, läßt die Vorschrift unberührt, wie in der Begründung des Gesetzes (Drucks. des Herrenhauses Session 1907/08 Nr. 17 S. 7 zu § 1) ausdrücklich ausgesprochen ist (vgl. § 48 Abs. 4 Satz 2 der Etatsvorschriften für die preußische Justizverwaltung vom 8. Januar 1914 JMBl. S. 15). Im übrigen beschäftigt sich das Gesetz nur mit Gnadenbezügen der Beamtenhinterbliebenen, betrifft also nur die Folgen des Todes des Beamten.

Unrichtig ist demnach die Auffassung der Revision, der Beklagte habe sein Gehalt für das letzte Vierteljahr 1920 bereits am 1. Oktober 1920 voll verdient gehabt. An diesem Tage stand ihm zwar ein Anspruch auf Vorauszahlung eines Vierteljahrsgehalts zu. Sie erfolgte aber nur unter der Voraussetzung, daß er bis zum Schlusse des Vierteljahrs Beamter bliebe. Diese Voraussetzung ist nicht eingetroffen. Seit dem 16. Oktober 1920 hat der Beklagte nicht etwa nur zeitweise keine Dienste geleistet. Er konnte vielmehr von diesem Tage, von dem Erlöschen seiner Beamteneigenschaft an, überhaupt keine Beamtendienste mehr leisten. Seitdem stellte er seine Persönlichkeit dem Staate nicht mehr zur Verfügung und konnte deshalb auch keinen Unterhalt in der Form von Gehalt mehr verlangen.

Dies Ergebnis stimmt mit älteren Erkenntnissen des Reichsgerichts (Urt. vom 22. Dezember 1881, auszugsweise abgedruckt MBlfdiV. 1888 S. 148; Urt. vom 13. Dezember 1892 III 205/92, Bolze, Praxis des Reichsgerichts Bd. 14 S. 376 Nr. 576 a) überein. In ihnen ist bereits anerkannt, daß der Beamte im Falle seines Ausscheidens aus dem Amte das im voraus gezahlte Gehalt insoweit zurückzahlen muß, als es auf die Zeit nach seinem Ausscheiden entfällt. Diese Rechtsanschauung trifft auch gegenwärtig noch zu. . . .

RGZ. 108, 117

Ist der Rechtsweg zulässig für Klagen, mit denen die Feststellung verlangt wird, daß jemand Beamter sei?

III. Zivilsenat. Urt. v. 11. März 1924 i. S. Stadtgemeinde S. (Bekl.) w. K. (Kl.). III 282/23.

I. Landgericht M.-Gladbach. II. Oberlandesgericht Düsseldorf.

Der Kläger wurde nach Wahl durch das Kuratorium von der Regierung in Düsseldorf mittels Urkunde vom 31. Oktober 1914 endgültig zum Leiter der Kaiser-Wilhelm-Schule in S., einer städtischen Rektoratschule (Mittelschule), ernannt und am 1. Dezember 1914 von dem Kreisschulinspektor in sein neues Amt eingeführt. Infolge von Mißhelligkeiten kündigte ihm die Beklagte am 16. Februar 1921 zum 1. April 1921 und verweigerte von da an jede Gehaltszahlung. Der Kläger erkannte die Kündigung nicht als rechtswirksam an, behauptete vielmehr, auf Lebenszeit angestellt zu sein, und klagte auf Zahlung des am 1. April 1921 fällig gewordenen Vierteljahrsgehalts. Die Beklagte vertrat die Auffassung, daß sie mit dem Kläger nur einen Privatdienstvertrag geschlossen habe. Lebenslänglich angestellter Beamter habe er nur im Falle der Aushändigung einer Anstellungsurkunde durch sie werden können. Die Regierung sei zur Anstellung von städtischen Beamten nicht befugt. Demgemäß beantragte die Beklagte Klagabweisung und erhob Widerklage auf Feststellung, daß der Kläger nicht als Beamter der Stadt S. auf Lebenszeit angestellt und insbesondere nicht berechtigt sei, von der Beklagten auf Lebenszeit das Gehalt als Leiter der Kaiser-Wilhelm-Schule zu beanspruchen. Der Kläger beantragte Abweisung der Widerklage und führte aus, daß die Ernennungsurkunde der Regierung die erforderliche Anstellungsurkunde sei.

Das Landgericht gab der Klage und der Widerklage statt, ersterer deshalb, weil die Beklagte dem Kläger erst zum 31. Dezember 1921 habe kündigen dürfen, letzterer wegen Fehlens einer Anstellung des Klägers durch die Beklagte. Gegen dieses Urteil legte nur der Kläger Berufung ein, so daß nur noch die Widerklage im Streit blieb. Der Kläger verlangte ihre Abweisung. Die Beklagte beantragte, die Berufung mit der Maßgabe zurückzuweisen, „daß die Entscheidung über den Anspruch des Klägers auf Zahlung des Gehalts von der Beklagten wegfalle". Sie beschränkte damit ihren Widerklagantrag auf die Feststellung, daß der

Kläger nicht als Beamter auf Lebenszeit angestellt sei. Den Grund für diese Änderung bildete das preußische Mittelschullehrer-Diensteinkommensgesetz vom 14. Januar 1921 (MDG.), nach dem der Kläger etwaige Gehaltsansprüche nicht mehr gegen die Beklagte, sondern nur noch gegen die Landesmittelschulkasse geltend machen kann. Die Beklagte will aber trotzdem an der von ihr begehrten Feststellung ein Interesse haben, da sie an die Kasse Beiträge für den Kläger zahlen müsse, wenn er wirklich lebenslänglich angestellt sei.

Das Oberlandesgericht bejahte die Eigenschaft des Klägers als Beamten der Bekagten, gab seiner Berufung statt und wies die Widerklage ab. Die Revision der Beklagten wurde mit der Maßgabe zurückgewiesen, daß die Widerklage wegen Unzulässigkeit des Rechtswegs abgewiesen werde.

Gründe:

Das Beamtenverhältnis ist ein Verhältnis des öffentlichen Rechts; die aus ihm entspringenden Ansprüche sind öffentlich-rechtliche. Sie können deshalb im Rechtsweg nur verfolgt werden, soweit das Gesetz es gestattet. In Übereinstimmung mit früheren reichs- und landesrechtlichen Vorschriften bestimmt Art. 129 Abs. 1 Satz 4 RVerf., daß für die vermögensrechtlichen Ansprüche der Beamten der Rechtsweg offen steht. In Rechtsstreitigkeiten, die derartige Ansprüche der Beamten zum Gegenstand haben, werden die Gerichte vielfach genötigt sein, die Vorfrage zu entscheiden, ob ein Beamtenverhältnis besteht. Ihre Bejahung oder Verneinung hat aber nur Bedeutung für den im Prozeß befangenen vermögensrechtlichen Anspruch. Dagegen steht den Gerichten die Feststellung des Beamtenverhältnisses als solchen, eben seiner öffentlichrechtlichen Natur wegen, nicht zu. Ein Antrag auf Feststellung der Beamteneigenschaft kann zwar unter Umständen als Antrag auf Feststellung eines sich auf diese Eigenschaft gründenden vermögensrechtlichen Anspruchs, etwa eines Gehaltsanspruchs, gemeint sein. Dann liegt eine ungenaue Fassung des Antrags vor, die sachlich unschädlich ist. Auch wird nicht selten dem Antrag auf Feststellung oder Erfüllung eines vermögensrechtlichen Beamtenanspruchs der Antrag auf Feststellung der Beamteneigenschaft selbst vorausgeschickt. Ihm kommt nur vorbereitende Bedeutung zu, ähnlich wie dem Antrag auf Feststellung des Eigentums an einer Sache, der dem Antrag auf ihre Herausgabe vorangestellt wird. Für Klagen jedoch, mit denen die selbständige, von streitigen vermögensrechtlichen Ansprüchen losgelöste Feststellung verlangt wird, daß jemand Beamter sei, ist der Rechtsweg nicht gegeben. Das alles gilt ebenso für Klagen, mit denen die umgekehrte, die Beamteneigenschaft verneinende Feststellung begehrt wird. Auch für sie ist der Rechtsweg unzulässig.

Die vorstehenden Erwägungen lassen die Zulässigkeit des Rechtswegs für den ursprünglichen Widerklagantrag als unbedenklich erscheinen. Sein Schwerpunkt lag in dem Verlangen, dem Kläger den Anspruch auf lebenslängliche Gehaltszahlung, den er gegen die Beklagte auf Grund der von ihm behaupteten Anstellung geltend machte, abzuerkennen. Der einleitende Satz des Antrages hob nur einen für die Sachentscheidung wesentlichen Inzidentpunkt besonders hervor. Er war kein selbständiger Teil des Widerklagantrags.

Völlig verändert hat sich die Rechtslage aber durch die Einschränkung, die der Widerklagantrag in der Berufungsinstanz erfahren hat. Der den Gehaltsanspruch des Klägers betreffende Teil des Antrages ist gestrichen, also gerade der, über den die Gerichte zu entscheiden befugt waren. Die Beklagte ist zu dieser Streichung veranlaßt worden, weil dem Kläger mit Rücksicht auf § 15 Abs. 1, § 16 Abs. 3 a MDG. Gehaltsansprüche nur noch gegen die Landesmittelschulkasse, nicht mehr gegen die Beklagte zustehen. Ein von ihm gegen die Beklagte zu erhebender Gehaltsanspruch befindet sich nicht mehr im Streit. Der verbleibende Teil des Widerklagantrags steht mit vermögensrechtlichen, dem Rechtswege zugänglichen Ansprüchen des Klägers nicht mehr in Verbindung. Er zielt lediglich auf Verneinung des Beamtenverhältnisses des Klägers. Seine ausschließlich öffentlich-rechtliche Bedeutung erfährt noch eine besondere Beleuchtung durch die Art und Weise, wie die Beklagte das Fortbestehen ihres Interesses an der begehrten Feststellung begründet. Sie legt dar, daß von der Beamteneigenschaft des Klägers ihre Verpflichtung zur Zahlung von Beiträgen an die Landesmittelschulkasse abhänge. Daß ihre Beziehungen zu dieser lediglich dem öffentlichen Recht angehören und im Wege des Zivilprozesses nicht geordnet werden können, bedarf keiner Ausführung. Eine Deutung des Widerklagantrags dahin, daß mit ihm die Feststellung eines zwischen den Parteien bestehenden privat-rechtlichen Dienstverhältnisses begehrt werde, ist angesichts seines Wortlauts und seiner Begründung unmöglich. Für die Widerklage mit ihrem jetzigen Inhalt ist demnach der Rechtsweg unzulässig.

RGZ. 108, 314

Werden die Angehörigen einer Beamtengruppe dadurch, daß diese nicht ebenso wie die ihr im Diensteinkommen bisher gleichgestellte Gruppe im Gehalt aufgestuft wird, in ihren wohlerworbenen Rechten im Sinne von Art. 129 Abs. 1 Satz 3 RV. verletzt?

III. Zivilsenat. Urt. v. 24. Juni 1924 i. S. M. u. Gen. (Kl.) w. Deutsches Reich (Bekl.). III 585/23.

I. Landgericht I Berlin. II. Kammergericht daselbst.

Die Kläger waren früher im preußischen Kriegsministerium als Geheime Kanzleisekretäre tätig. Als im Jahre 1919 aus den einzelstaatlichen Kriegsministerien das Reichswehrministerium gebildet wurde, wurden sie in dieses als Ministeralkanzlei-Sekretäre übernommen. Bei der Neuregelung der Gehälter der Reichsbeamten durch das Gesetz vom 30. April 1920 wurden sie in die Gruppe VI der Besoldungsordnung eingereiht. Sie glauben jedoch Anspruch auf die Dienstbezüge der Gruppe VII zu haben und machen zur Rechtfertigung dieses Standpunkts geltend, sie seien früher den der Gruppe VII zugeteilten Bureaubeamten 1. Klasse der Provinzialbehörden im Rang und Diensteinkommen gleichgestellt gewesen. Nun bedeute die Eingliederung in die Besoldungsordnung zugleich eine Rangabstufung der Beamten. Da sie durch die Hebung der ihnen vormals gleichstehenden Beamten aus dem Zusammenhang mit diesen herausgerissen und durch die Zuteilung zur Gruppe VI aus der Klasse der mittleren Beamten in die Klasse der Unterbeamten herabgedrückt seien, so sei ihr Rang beeinträchtigt. Die einmal erlangte Rangstellung gehöre jedoch zu den wohlerworbenen Rechten der Beamten, so daß das gleiche auch von der durch sie bedingten Besoldung gelten müsse. Das Reich sei daher verpflichtet, ihnen vom 1. April 1920, dem Tage des Inkrafttretens des vorbezeichneten Gesetzes an, die Unterschiedsbeträge zwischen der Gruppe VI und der Gruppe VII zu gewähren. Auf die Zahlung dieser Beträge für die Zeit von dem genannten Tage bis zum 31. März 1922 nebst Zinsen richtet sich die Klage, die nach Erwirkung eines den Antragstellern ungünstigen Vorbescheids des Reichswehrministers fristgemäß erhoben worden ist. Die Klage wurde abgewiesen. Die Berufung der Kläger wurde zurückgewiesen. Ebenso ihre Revision aus folgenden

Gründen:

Die Kläger glauben die Dienstbezüge der Besoldungsgruppe VII in Anspruch nehmen zu können, weil sie als Geheime Kanzleisekretäre im früheren preußischen Kriegsministerium nach Rang und Diensteinkommen mit den in jene Gruppe eingereihten Bureaubeamten 1. Klasse der Provinzialbehörden gleichgestellt gewesen und in den hierdurch erlangten wohlerworbenen Rechten durch die Einstufung in die Gruppe VI verletzt worden seien. Das Reich hält ihnen u. a. entgegen, daß sie früher preußische Beamte gewesen, durch die Übernahme in das Reichswehrministerium aber unmittelbare Reichsbeamte geworden seien, und daß schon mit Rücksicht auf diese Änderung ihrer staatsrechtlichen Stellung ihr Standpunkt unhaltbar sei. Es bedarf keiner Erörterung, ob diese Rechtsansicht zutrifft. Auch wenn ihr nicht beizupflichten ist, erscheinen die Ansprüche der Kläger ungerechtfertigt. Daraus, daß zwei Beamtengattungen vor dem Inkrafttreten der Reichsverfassung gleiche oder annähernd gleiche Dienstbezüge erhielten, ist ein Recht der Beamten, die schon zur Zeit des Bestehens dieses Zustandes zu ihnen zählten, auf Aufrechterhaltung der Gleichstellung nicht abzuleiten. Die Hebung der einen Beamtengruppe in der Besoldung hat auch keine Schlechterstellung der Angehörigen der anderen Gruppe zur Folge; diese bleibt auf ihrer bisherigen Besoldungsstufe stehen. Für die gegenteilige Auffassung bietet die Vorschrift in § 34 des Besoldungsgesetzes vom 30. April 1920/26. Oktober 1922 keine Stütze. Der Gesetzgeber hat hier allerdings als einen der Fälle, die nach seiner Meinung an sich ein verfassungsänderndes Gesetz (Art. 76 RV.) erfordern, und deren Regelung im Wege der einfachen Gesetzgebung ermöglicht werden soll, die Änderung der Einreihung der Beamten in die Besoldungsgruppen ins Auge gefaßt. Eine solche Änderung der Einreihung widerfährt jedoch nicht den Angehörigen einer Beamtenklasse durch die Höherstufung einer anderen mit ihr bisher derselben Besoldungsgruppe zugeteilten Beamtengattung.

Ebensowenig würden die Kläger Anspruch auf die Sätze der Gruppe VII erheben können, wenn mit ihnen entgegen der Begründung zum Entwurf des Besoldungsgesetzes unter IX (S. 15) davon auszugehen wäre, daß die gruppenmäßige Abstufung der Beamten in der Besoldungsordnung zugleich eine Rangordnung der Ämter darstelle. Zwar ist ... die Versetzung eines Beamten in ein Amt von geringerem Rang unzulässig. Allein selbst wenn der Rechtsgedanke, auf dem dieser Grundsatz beruht, zu der Annahme nötigte, daß die Herabsetzung eines Amts im Rang den es bisher verwaltenden Beamten gegenüber unwirksam sei, so würde dies der Klage nicht zum Erfolg verhelfen können. Wie nach dem Dargelegten die Aufstufung einer Beamtenklasse im Gehalt für die mit ihr im Diensteinkommen vorher gleichgestellte Beamtengruppe keine Schlechterstellung bedeutet, so würde auch die Hebung der einen Gruppe im Rang für die andere noch keine Rangminderung in sich schließen; diese würde ihre bisherige Rangstufe beibehalten.

RGZ. 108, 345

Bindung der Gerichte bei der Entscheidung über vermögensrechtliche Ansprüche der Beamten an entscheidungserhebliche Urteile von Disziplinargerichten.

Alter Leitsatz:
1. Sind die ordentlichen Gerichte in einem Rechtsstreit über die Ansprüche eines im Dienststrafverfahren zur Dienstentlassung verurteilten Kommunalbeamten in Preußen an die Entscheidung des Disziplinargerichts gebunden?
2. . . . überholt.

III. Zivilsenat. Urt. v. 8. Juli 1924 i. S. Fr. (Kl.) w. Stadtgem. D. (Bekl). III 109/24.

I. Landgericht Duisburg. II. Oberlandesgericht Düsseldorf.

Der Kläger war als Oberlehrer am städtischen Realgymnasium in D. (Rheinprovinz) angestellt. Er verweigerte die Leistung des in Art. 176 RV. vorgeschriebenen Beamteneides in der Fassung der Verordnung des Reichspräsidenten vom 14. August 1919 und wurde deshalb im Dienststrafverfahren vom Provinzialkollegium in K. zur Dienstentlassung unter Zubilligung von drei Vierteln des gesetzlichen Ruhegehalts verurteilt. Seine Berufung wurde vom Disziplinarhof für die nicht richterlichen Beamten in Berlin verworfen. Der Kläger vertritt den Standpunkt, daß die Norm des Beamteneides insofern über Art. 176 RV. hinausgehe, als sie das Gelöbnis „Treue der Verfassung" enthalte. Er bestreitet daher, daß seine Weigerung, den Eid in dieser Form zu leisten, ein Dienstvergehen enthalte, und behauptet, daß er zu Unrecht entlassen sei. Da nach seiner Ansicht die Entscheidungen der Disziplinarbehörden die ordentlichen Gerichte nicht binden, hält er sich für berechtigt, den Unterschied zwischen den Dienstbezügen, die ihm im Falle der Nichtentlassung zustehen würden, und den Ruhegehaltsbeträgen, die er gezahlt erhält, von der Stadtgemeinde D. zu fordern. Seine Klage wurde jedoch vom Landgericht abgewiesen. Seine Berufung blieb ohne Erfolg. Auch seine Revision wurde zurückgewiesen.

Aus den Gründen:

... Der Vorderrichter hat es mit Recht abgelehnt, in die vom Kläger begehrte Prüfung der Rechtmäßigkeit der Dienstentlassung einzutreten. ... Die Maßgeblichkeit der disziplinargerichtlichen Entscheidung für den Zivilrichter ergibt sich ohne weiteres aus deren rechtlicher Wirkung. Sie bringt, wenn sie auf Entfernung aus dem Amte lautet, mit dem Eintritt der Rechtskraft die Beamteneigenschaft des Verurteilten zum Erlöschen. Diese Veränderung der staatsrechtlichen Stellung haben die Gerichte als eine vollendete Tatsache hinzunehmen und ihrer Entscheidung über die aus dem Dienstverhältnis abgeleiteten vermögensrechtlichen Ansprüche des Beamten zugrunde zu legen. Die Verfassung bietet keinen Anhalt dafür, daß mit der Gewährleistung des Rechtswegs für diese Ansprüche zugleich die Befugnis der Gerichte hat begründet werden sollen, im Rahmen der von ihnen zu treffenden Entscheidungen die Rechtmäßigkeit der Dienstentlassung selbständig und unabhängig von der Entscheidung der Disziplinarbehörden zu beurteilen. Die Entstehungsgeschichte des Art. 129 Abs. 1 Satz 4 läßt dies nicht erkennen. Insbesondere ist der Wille einer solchen Ausdehnung der richterlichen Aufgaben auch nicht daraus zu entnehmen, daß die Reichsverfassung ... den Grundsatz der Zulässigkeit des Rechtswegs für die bezeichneten Ansprüche nicht durch eine Vorschrift ergänzt hat, welche die Bindung der Gerichte an die vorausgegangenen Entscheidungen des Disziplinarrichters ausspricht. Bei der dargelegten Tragweite dieser Entscheidungen bedurfte es einer solchen ausdrücklichen Bestimmung nicht. Es hätte im Gegenteil, wenn den Gerichten das zur Erörterung stehende weitgehende Prüfungsrecht hätte eingeräumt werden sollen, diese Absicht des Gesetzgebers in einem besonderen Rechtssatz zum Ausdruck gebracht werden müssen. Aus dem Mangel einer solchen Bestimmung darf um so mehr auf das Fehlen jener Absicht geschlossen werden, als die Erweiterung der richterlichen Machtbefugnisse nach der bezeichneten Richtung angesichts des im Reich und in Preußen bestehenden Rechtszustands (RGZ. Bd. 12 S. 70)[1]) einen Bruch mit der Rechtsentwicklung bedeutet hätte. Wären die Gerichte in der Lage, bei der Beurteilung der Gehaltsansprüche eines mit Entfernung aus dem Amte bestraften Beamten die Rechtmäßigkeit dieser Maßnahme zu verneinen und ihm Gehalt zuzusprechen, so würde

[1]) In diesem Band S. 1.

sich hieraus auch ein unerträglicher Widerspruch zwischen ihrer und der im Dienststrafverfahren ergangenen rechtskräftigen Entscheidung in allen den Fällen ergeben, in welchen das Disziplinargericht angeordnet hat, daß dem verurteilten Beamten ein Teil des gesetzlichen Ruhegehalts zu belassen sei.

. . .

RGZ. 109, 220

Welche Rechtswirkung hat nach Reichsrecht die Verleihung einer Stelle mit rückwirkender Kraft (Vorpatentierung)?

§ 52 des Reichsbeamtengesetzes vom 18. Mai 1907.

III. Zivilsenat. *Urt. v. 21. November 1924 i. S. R. (Kl.) w. die Reichsversicherungsanstalt für Angestellte (Bekl.). III 831/23.*

I. Landgericht I Berlin. II. Kammergericht daselbst.

Mit Patent des Reichspräsidenten vom 12. Juni 1920 ist der Kläger zum Regierungsrat bei der Reichsversicherungsanstalt für Angestellte, der Beklagten, „mit Wirkung vom 1. Januar 1920" ernannt worden. Er beansprucht Gehalt aus Gruppe XII der Besoldungsordnung, weil den zu dieser Gruppe gehörigen Oberregierungsräten auch die am 31. März 1920 im Amt befindlich gewesenen Mitglieder der Reichsmittelbehörden, sobald sie ein Assessorendienstalter von 8 Jahren erreicht haben, in ihren Dienstbezügen gleichgestellt seien; Assessor aber sei er seit Mitte Dezember 1912. In beiden Rechtszügen abgewiesen, hat er Revision eingelegt. Diese ist zurückgewiesen worden.

Gründe:

Wesentlich für die Entscheidung des Rechtsstreits ist die Frage, welche rechtliche Bedeutung der Ausspruch im Patent des Klägers hat, daß er „mit Wirkung vom 1. Januar 1920", einem zurückliegenden Tage, ernannt wurde. Es handelt sich hierbei nicht um eine Anrechnung von Dienstzeit gemäß § 52 des Reichsbeamtengesetzes, die für die gerichtliche Entscheidung bindend sein würde, denn keiner der in der genannten Gesetzesstelle vorgesehenen Fälle liegt hier vor. Vielmehr kommt lediglich die Ernennung zum Regierungsrat, verbunden mit einer sogenannten Vorrückung, in Frage. Eine solche vermag dem Ernannten nach Reichsrecht nicht für die zurückliegende Zeit Beamteneigenschaft mit allen Rechten und Pflichten beizulegen, vielmehr dient die rückwirkende Anstellung vorzugsweise der nachträglichen Gewährung von Beamtenbezügen. Der Ernannte soll in Ansehung ihrer so gestellt werden, wie er gestanden hätte, wenn die Anstellung in dem Zeitpunkte erfolgt wäre, auf den sie zurückbezogen ist. Dieser Rechtsansicht hat sich der Reichsdisziplinarhof angeschlossen. Ihr entspricht die Bestimmung in Nr. 29 Abs. 5 der Besoldungsvorschriften (Besoldungsblatt 1924 S. 221); dort heißt es: „Durch die Verleihung einer Stelle mit rückwirkender

Kraft wird dem Beamten das Diensteinkommen der Stelle, nicht aber die betreffende Beamteneigenschaft rückwirkend zuerkannt." Demnach vermag eine solche Vorrückung dem so ernannten Beamten zwar einen Anspruch auf Dienstbezüge zu verschaffen, den er ohne die ausgesprochene Rückwirkung seiner Anstellung durch letztere allein nicht erworben hätte; eine weitergehende Wirkung hat sie nicht. Daran ändert auch der Umstand nichts, daß die Vorpatentierung vom Reichspräsidenten selbst unterschrieben ist, da diesem eine hier eingreifende Sonderbefugnis verfassungsmäßig nicht zusteht.

Hiernach kann der Kläger, der am 12. Juni 1920 mit Wirkung vom 1. Januar 1920 ernannt ist, zwar schon vom letztgenannten Tage ab die Bezüge verlangen, die einem am 12. Juni 1920 ohne Vorrückung ernannten Regierungsrat bei der Beklagten erst vom Tage der Ernennung ab zustehen würden, aber mehr und anderes hat er auf Grund seiner Bestallung nicht zu beanspruchen. Er will sich jedoch den bereits am 31. März 1920 bei der Beklagten im Amte befindlich gewesenen, ein Assessorendienstalter von 8 Jahren besitzenden Regierungsräten gleichgestellt sehen und dann gleich diesen befugt sein, aus Gruppe XII besoldet zu werden. Er verlangt nicht eine andere Eingruppierung, sondern beansprucht die ihm vermeintlich nach der Besoldungsordnung (Anm. 2 zu Gruppe XII) zustehende, aber nicht gewährte Bezahlung. Sein Verlangen ist indessen nicht berechtigt, denn zu den am 31. März 1920 bereits im Amte befindlichen Regierungsräten hat er eben nicht gehört. Er war damals noch nicht Regierungsrat, sondern Assessor, und daran ändert auch der Umstand nichts, daß er gehaltlich vorgerückt worden ist. Diese Folgerung ergibt sich ohne weiteres aus obiger Darlegung, die im letzten Absatz der Nr. 95 a der Besoldungsvorschriften Bestätigung findet, wo gesagt ist, daß Beamte, denen eine solche Stelle mit Wirkung von einem früheren Tage als dem 1. April 1920 verliehen worden ist, nicht zu den aus Gruppe XII zu besoldenden gehören. Der Kläger hat also, da er am 31. März 1920 noch nicht Regierungsrat bei der Beklagten war, trotz der in seiner Bestallung ausgesprochenen Vorrückung nicht auch den hier geltend gemachten Anspruch.

Wenn — worauf der Kläger Gewicht legt — eine besondere Stellenverleihung neben der Bestallung ihm nicht zuteil geworden ist, so konnte diese sich deshalb erübrigen, weil sie hier als in der Vorrückung enthalten zu erblicken war, die in der vom zuständigen Reichsminister gegengezeichneten Bestallung ausgesprochen worden ist. Die Verbindung beider Maßnahmen in der Bestallungsurkunde konnte den rechtlichen Charakter jeder von ihnen nicht beeinträchtigen.

RGZ. 111, 358

Kann ein Minister Beamte, die aus seinem Dienstbereich ausgeschieden und im Amtsbereich eines anderen Ministers angestellt worden sind, mit rückwirkender Kraft noch befördern?

Reichsbesoldungsgesetz § 23. Reichsverfassung Art. 56.

III. Zivilsenat. Urt. v. 9. Oktober 1925 i. S. K. u. Gen. (Kl.) w. Deutsches Reich (Bekl.). III 501/24.

I. Landgericht München I. II. Oberlandesgericht daselbst.

Die Kläger, welche früher planmäßige Militärgerichtsschreibergehilfen (Militärgerichtsassistenten) waren, wurden nach dem Inkrafttreten des Gesetzes vom 17. Dezember 1920, betr. Änderung des Reichsbesoldungsges. vom 30. April 1920, zu Kriegsgerichtssekretären ernannt. Als solche erhielten sie vom 1. April 1920 an die Bezüge der Gruppe VI der Besoldungsordnung. Nach Aufhebung der Militärgerichtsbarkeit, die auf Grund des Gesetzes vom 17. August 1920 vom 1. Oktober 1920 ab erfolgte, zählten sie zu den Beamten des Abwicklungswesens. Im November 1920 wurden sie auf ihr Ansuchen vom Reichsschatzministerium zur probeweisen Dienstleistung bei Reichsvermögensstellen einberufen und im April 1921 als Verwaltungssekretäre der Besoldungsgruppe VI angestellt, und zwar K. mit Wirkung vom 25., S. mit Wirkung vom 22. November 1920 an. Am 5. August 1921 ernannte sie der Reichswehrminister auf Grund des Nachtrags zum außerordentlichen Haushalt Kap. VIII B I Tit. 5 für 1920 mit Wirkung vom 1. April 1920 an zu Oberkriegsgerichtssekretären. Das Mehr an Dienstbezügen, das sich infolge der Einstufung dieser Beamtenklasse in die Gruppe VII der Besoldungsordnung ergab, wurde ihnen für die Zeit vom 1. April bis 30. November 1920 ausgezahlt. Für die Zeit vom 1. Dezember 1920 an wurde ihnen eine höhere Besoldung als aus Gruppe VI vom Reichsschatz- und später vom Reichsfinanzminister verweigert. Sie haben deshalb Klage mit dem Antrag erhoben, festzustellen, daß ihnen die Gebührnisse der Gruppe VII zustünden, und den Beklagten zur Zahlung der entsprechenden Bezüge für die Zeit vom 1. Dezember 1920 an zu verurteilen. Das Landgericht hat der Klage stattgegeben; das Oberlandesgericht hat sie abgewiesen. Die Revision der Kläger hatte keinen Erfolg.

Gründe:

Die Kläger sind der Meinung, daß sie durch die Verfügung des Reichswehrministers vom 5. August 1921 mit rückwirkender Kraft vom 1. April 1920 an mit der Stelle eines Oberkriegsgerichtssekretärs beliehen worden sind, und daß ihnen deshalb auch für die Zeit nach ihrer Übernahme in die Reichsvermögensverwaltung, also auch für die Zeit nach dem 30. November 1920, die Bezüge der Besoldungsgruppe VII zustehen. Sie berufen sich hierfür auf § 23 des Reichsbesoldungsgesetzes, wonach Beamte, die infolge einer Umbildung der Reichsbehörden aus Anlaß der Umgestaltung des Staatswesens aus dienstlichen Rücksichten in Stellen von geringerem Diensteinkommen verwendet werden, während der Dauer dieser Verwendung das Grundgehalt erhalten sollen, das sie in ihrer früheren Stelle nach den Vorschriften des bezeichneten Gesetzes bezogen haben. Das Berufungsgericht hält die Vorschrift um deswillen für unanwendbar, weil der Reichswehrminister nach der Anstellung der Kläger im Bereiche des Reichsschatzministeriums nicht mehr in der Lage gewesen sei, sie in einem ihm unterstellten Dienstzweig zu befördern, und seiner Entschließung deshalb eine über den November 1920 hinausreichende Wirkung nicht beigemessen werden könne. Dem Vorderrichter ist darin beizupflichten, daß diese Erwägung die Anwendung des § 23 zugunsten der Kläger ausschließt. Sie bezogen bei ihrem Übertritt in die Reichsvermögensverwaltung die Gebührnisse aus Gruppe VI, also aus der nämlichen Gruppe, in welche die Klasse der Verwaltungssekretäre eingestuft ist, der sie vom Reichsschatzminister zugeteilt wurden. Eine höher besoldete Stelle konnte ihnen nach ihrer endgültigen Anstellung im Bereiche des Reichsschatzministeriums vom Reichswehrminister in seinem Dienstbereich nicht mehr mit rechtlichem Erfolg verliehen werden. Nach Art. 56 Satz 2 der Reichsverfassung leitet jeder Minister den ihm anvertrauten Geschäftszweig selbständig. Rechtsbeständige Maßnahmen kann daher ein Minister außerhalb seines Amtsbereichs nicht treffen. Die Verordnung des Reichspräsidenten vom 14. Juni 1922 (RGBl. I S. 577), durch welche dieser auf Grund von Art. 46 RV. das ihm zustehende Ernennungsrecht hinsichtlich der Beamten der Gruppen A I bis IX den Leitern der obersten Reichsbehörden übertragen hat, muß demgemäß sowie mit Rücksicht auf die Anforderungen einer geordneten Staatsverwaltung dahin verstanden werden, daß jeder dieser Leiter Ernennungen nur in seinem Geschäftsbereich wirksam vornehmen kann. Das gleiche gilt infolgedessen von den Beförderungen. Beamte, die seiner Dienstgewalt nicht oder nicht mehr unterstehen, kann ein Minister nicht mit rechtlicher Wirkung befördern. Die Ernennung der Kläger zu Oberkriegsgerichtssekretären durch den Reichswehrminister blieb daher für ihre Anstellung in der Reichsvermögensverwaltung wirkungslos. Ob ihr im Falle des Einverständnisses des Reichsschatzministers die rechtliche Anerkennung nicht versagt werden könnte, bedarf keiner Entscheidung. Eine solche Zustimmung ist nicht eingeholt worden. Ebensowenig ist zu prüfen, ob die Ernennung für die Kläger ein Recht auf das höhere Diensteinkommen der Gruppe VII für die Zeit bis zu ihrem Eintritt in die Reichsvermögensverwaltung begründet hat. Sie haben das Mehr der Bezüge dieser Gruppe gegenüber der Gruppe VI für den Zeitraum vom 1. April bis 30. November 1920 unstreitig erhalten, wie sie denn auch in ihrem Antrag erst vom 1. Dezember 1920 an die Bezüge der Gruppe VII in Anspruch nehmen. Die Zuständigkeit des Reichswehrministers für die Beförderung läßt sich auch nicht daraus ableiten, daß im Nachtrag zum außerordentlichen Haushalt für 1920 zwei von den sechs Stellen früherer Militärgerichtsschreiber-Gehilfen in solche von Obersekretären umgewandelt wurden. Eine Erweiterung des Ernennungsrechts des Ministers ergibt sich hieraus nicht. Noch weniger können auf Grund des Nachtrags die Kläger einen Anspruch auf Verleihung der beiden neugeschaffenen Stellen erheben. Ein Recht auf Beförderung steht dem Beamten überhaupt nicht zu, auch begründen die Gesetze über die Feststellung des Staatshaushalts keine Ansprüche der Beamten auf die dort ausgeworfenen Gehälter ...

Nach § 26 Abs. 1 Satz 2 des Gesetzes über die Aufhebung der Militärgerichtsbarkeit vom 17. August 1920 findet zwar auf die bei den aufgehobenen Militärgerichten planmäßig angestellten Beamten der § 23 des Reichsbeamtengesetzes entsprechende Anwendung, und nach dieser Vorschrift müssen sich Reichsbeamte bei eintretendem dienstlichen Bedürfnis die Versetzung in ein anderes Amt nur gefallen lassen, wenn es sich um ein Amt von nicht geringerem Rang und etatmäßigem Diensteinkommen handelt. Allein die Kläger waren, wie erwähnt, zur Zeit der Übernahme in die Reichsvermögensverwaltung Beamte der Gruppe VI und sind infolge der Unwirksamkeit ihrer Beförderung zu Militärgerichtsobersekretären durch die Ernennung zu Verwaltungssekretären nicht schlechter gestellt worden, als sie es nach ihrer Ernennung zu Kriegsgerichtssekretären waren.

RGZ. 113, 143

1. Wird die unerlaubte Entfernung eines Beamten vom Amt dadurch allein zu einer erlaubten, daß seine vorläufige Amtsenthebung angeordnet wird?

2. Hat der vom Dienst vorläufig enthobene, im Ungehorsam beharrende Beamte Anspruch auf die Hälfte seines zuletzt bezogenen Diensteinkommens?

RBeamtenG. §§ 14 Abs. 3, 128 Abs. 1.

III. Zivilsenat. Urt. v. 16. März 1926 i. S. Deutsche Reichsbahn-Gesellschaft (Bekl.) w. Th. (Kl.). III 174/25.

I. Landgericht I Berlin. II. Kammergericht daselbst.

Der Kläger, der als Eisenbahnassistent in Diensten der Beklagten steht, war von dieser zu dem Vorstand der Reichsgewerkschaft Deutscher Eisenbahnbeamten und -Anwärter für die Zeit bis zum 31. März 1922 unter Vorbehalt jederzeitigen Widerrufs gehaltlos beurlaubt.

Durch Erlaß des Reichsverkehrsministers vom 5. Februar 1922 wurde gegen den Kläger das förmliche Dienststrafverfahren eröffnet und er gleichzeitig vorläufig vom Dienst enthoben mit der Begründung, er habe einer Ende Januar 1922 an ihn gerichteten Aufforderung zum Wiederantritt seines Dienstes keine Folge geleistet und habe gelegentlich der zu jener Zeit vorhandenen Streikbewegung der Eisenbahner lebhaft für den Streik gewirkt. In dem Dienststrafverfahren verteidigte sich der Kläger damit, daß ihm eine Aufforderung zur Wiederaufnahme des Dienstes nicht zugegangen sei, auch bestritt er, für den Streik tätig gewesen zu sein. Das Dienststrafverfahren endigte mit der Einstellung, jedoch wurde gegen den Kläger wegen der ihm zur Last gelegten Verfehlungen eine

Ordnungsstrafe verhängt. Bis zu seiner Wiedereinstellung in den Dienst zu Beginn des Jahres 1924 ist dem Kläger kein Gehalt gezahlt, ein Antrag auf Zahlung des halben Gehalts vom 1. März 1922 an ist vom Reichsverkehrsminister durch Erlaß vom 19. Mai 1923 abgelehnt worden.

Mit der Klage verlangt der Kläger unter Berufung auf § 128 Abs. 1 RBG. Nachzahlung der Hälfte seines Diensteinkommens seit dem 1. März 1922. Das Landgericht hat die Beklagte dem Klagantrag entsprechend zur Zahlung eines Papiermarkbetrags verurteilt, das Kammergericht hat die Berufung der Beklagten zurückgewiesen, auf die Anschlußberufung des Klägers die Beklagte zur Zahlung von 195 RM. verurteilt und die weitergehenden Ansprüche des Klägers abgewiesen.

Die Revision der Beklagten führte zur Aufhebung des Berufungsurteils und zur Zurückverweisung der Sache.

Gründe:

Da das Berufungsgericht zu Eingang der Entscheidungsgründe seines Urteils erklärt, es trete den Ausführungen des Landgerichts in allen Punkten bei und mache sie zu den seinigen, so ist auf die Entscheidungsgründe der beiden Vorinstanzen einzugehen. Diese sind nicht geeignet, das angefochtene Urteil zu tragen. Zwar vermag der Senat den auch von der Revision vertretenen Standpunkt der Beklagten nicht zu teilen, daß die Voraussetzungen des § 128 Abs. 1 RBG. schon um deswillen nicht gegeben seien, weil der Kläger zur Zeit der vorläufigen Dienstenthebung infolge seiner gehaltlosen Beurlaubung überhaupt kein Gehalt bezogen habe, also auch von einer Einbehaltung der Hälfte seines Diensteinkommens keine Rede sein könne. Denn die Beurlaubung ohne Gehalt ist ein nur vorübergehender Zustand, der von der Beklagten jederzeit durch Ausübung ihres Widerrufsrechts beendet werden konnte und der den Rechtsanspruch des Klägers auf Gehaltszahlung im Fall der Dienstleistung nicht berührt. Hätte der Kläger nach dem Widerruf seiner Beurlaubung seine Dienste der zuständigen Behörde sofort wieder zur Verfügung gestellt, so wäre sein Gehaltsanspruch — wie die Vorinstanzen annehmen — allerdings in der durch § 128 Abs. 1 RBG. bestimmten Höhe wieder aufgelebt.

Dagegen ist die von der Revision behauptete Verletzung des § 14 RBG. in folgendem zu finden:

Die Vorinstanzen nehmen übereinstimmend an, daß mit dem Zeitpunkt der vorläufigen Dienstenthebung des Klägers von einer „unerlaubten" Entfernung im Sinne des § 14 Abs. 3 RBG. nicht mehr die Rede sein könne, da diese gesetzliche Bestimmung nur Platz greife, wenn die Nichtleistung der Dienste auf dem Willen des Beamten beruhe, daß sie also nicht Anwendung finde, wenn die dienstberechtigte Behörde — wie im vorliegenden Fall — durch die Amtsenthebung des Beamten es ihm „unmöglich mache", Dienste zu leisten. Das landgerichtliche Urteil spricht noch besonders aus, auf Grund der Vorschrift des § 14 Abs. 3 RBG.

würde der Kläger im Fall einer unentschuldigten Urlaubsüberschreitung lediglich seines Gehalts zwischen der Beendigung des Urlaubs — Ende Januar 1922 — und dem Beginn der vorläufigen Amtsenthebung — dem 5. Februar 1922 — verlustig gehen können, da mit dieser Enthebung seine Entfernung nicht mehr unerlaubt, sondern durch seine vorgesetzte Behörde geboten gewesen sei.

In dieser Allgemeinheit und uneingeschränkt ausgesprochen ist diese Ansicht rechtsirrig. Sie geht schon um deswillen fehl, weil auch der enthobene Beamte, wenn er ohne Urlaub seinen Dienstsitz verläßt, für die Dauer der unerlaubten Entfernung seines ganzen Diensteinkommens verlustig geht, da die Residenzpflicht trotz der vorläufigen Dienstenthebung bestehen bleibt. Die Unhaltbarkeit der von den Vorinstanzen vertretenen Rechtsansicht ergibt sich aber vor allem aus folgenden Erwägungen: Überschreitet ein Beamter den erteilten Urlaub, weil er anderwärts eine gewinnbringende Tätigkeit gefunden hat, und kehrt er auf Widerruf des Urlaubs und Aufforderung zum Wiederantritt des Dienstes nicht zurück in der Absicht, sich die gefundene Einnahmequelle zu erhalten, und sieht anderseits die vorgesetzte Dienstbehörde von einer vorläufigen Amtsenthebung ab, so kann es keinem Zweifel unterliegen, daß § 14 Abs. 3 RBG. Anwendung zu finden hat, der Beamte also für die Zeit der unerlaubten Entfernung sein gesamtes Diensteinkommen verliert. Diese Rechtslage kann — bei sonst gleichen Umständen — unmöglich dadurch eine andere werden, daß die oberste Reichsbehörde die dienstliche Verfehlung als so schwer ansieht, daß sie die vorläufige Amtsenthebung für geboten erachtet. Die unerlaubte Entfernung des Beamten verwandelt sich durch die Verhängung dieser Maßnahme niemals in eine erlaubte, von der dienstberechtigten Behörde gebotene. Wollte man anders entscheiden, so würde die Verhängung der vorläufigen Dienstenthebung für den im Ungehorsam beharrenden Beamten geradezu eine Besserstellung bedeuten, das Reich müßte ihm zu dem erheblichen Verdienst, den er außerhalb seines Amts gesucht und gefunden hat, gemäß § 128 Abs. 1 noch die Hälfte seines Diensteinkommens bezahlen, nur weil die Suspension verhängt worden ist. Das kann aber der Gesetzgeber unmöglich gewollt haben. Während der vorläufigen Amtsenthebung soll dem Beamten, der sein volles Gehalt bezieht, die eine Hälfte einbehalten werden, nicht aber soll dem Beamten, der seines Gehalts gemäß § 14 Abs. 3 verlustig ist, die Hälfte der zuletzt erhaltenen Bezüge zugewendet werden. Zu beachten ist ferner, daß § 14 unter den allgemeinen Bestimmungen des Gesetzes steht und im Gegensatz zu der Verfahrensvorschrift des § 128 einen materiellen Rechtssatz enthält. Auch die Erwägung des Landgerichts, daß der Fortfall des Diensteinkommens nach § 14 Abs. 3 RBG. auch für die Dauer des Dienststrafverfahrens schon deshalb nicht eintreten könne, weil dann eine Urlaubsüberschreitung einer strengeren Behandlung unterläge als jede andere dienstliche Verfehlung, also auch eine solche strafrechtlicher Art, kann keinen Anlaß zu einer anderen rechtlichen Beurteilung geben. Denn der Einkommensverlust nach § 14 Abs. 3 RBG. hat keinen strafrechtlichen Charakter, sondern ist eine vermögensrechtliche Folge der Nichterfüllung der Amtspflicht und des dadurch dem Reich zugefügten Schadens.

Es kommt daher auf die Umstände des Falles an, ob eine Urlaubsüberschreitung als unerlaubte Entfernung vom Amt anzusehen ist und ob dem Beamten besondere Entschuldigungsgründe zur Seite stehen, was vom Gericht nachzuprüfen ist (RGUrt. vom 27. November 1925 III 252/25). Im vorliegenden Fall behauptet nun die Beklagte, wie sich schon aus dem Schreiben des Reichsverkehrsministers vom 19. Mai 1923, aus ihren Schriftsätzen und namentlich aus der Berufungsbegründung ergibt, der Kläger habe der Aufforderung, *seinen Dienst wieder* anzutreten, nicht Folge geleistet und habe diesen Willen auch über die Zeit des ihm ursprünglich bewilligten Urlaubs, den 31. März 1922, hinaus gehabt und durch sein Verhalten bekundet. Umgekehrt macht der Kläger geltend, er habe das Aufforderungsschreiben zur Rückkehr in den Eisenbahndienst nicht erhalten und er habe in dem Disziplinarverfahren alsbald dem die Untersuchung führenden Beamten erklärt, daß er einer Aufforderung zur Rückkehr in den Dienst sofort Folge geleistet haben würde und daß er auch zur Zeit der Vernehmung noch bereit sei, den Dienst wieder aufzunehmen. Das Berufungsgericht durfte sich daher der Stellungnahme zu diesem widersprechenden und für die Entscheidung der Rechtsfrage erheblichen Parteivorbringen nicht entziehen. Das angefochtene Urteil läßt jedoch die erforderlichen Feststellungen vermissen. Im Tatbestand des landgerichtlichen Urteils ist allerdings die Feststellung enthalten, der Kläger habe dem die Untersuchung führenden Beamten gegenüber geäußert, er hätte den Dienst wieder aufgenommen, wenn ihm das Aufforderungsschreiben zugegangen wäre. Da jedoch die Feststellung fehlt, ob letzteres der Fall ist oder nicht, so läßt sich eine Dienstbereitschaft des Klägers aus dieser Äußerung allein nicht herleiten. Denn wenn ihm, wie die Beklagte behauptet, das Rückberufungsschreiben tatsächlich zugegangen ist, so stellt die Äußerung eine völlig unbeachtliche Ausrede dar. Eine Feststellung, daß der Kläger sich auch zur Zeit seiner Vernehmung noch ernstlich bereit erklärt hätte, den Dienst wieder aufzunehmen, wodurch die Annahme einer unerlaubten Entfernung für die Folgezeit unter Umständen hätte entkräftet werden können, ist gleichfalls nicht getroffen. Dabei ist aber zu berücksichtigen, daß — wie schon oben angedeutet — die Erklärung der Dienstbereitschaft ausdrücklich oder stillschweigend an die zuständige Behörde gerichtet gewesen sein muß. Unter Umständen wird auch die Erklärung, die der Kläger dem die Dienststrafuntersuchung führenden Beamten gegenüber abgegeben haben will, dazu ausreichen können. Um dies anzunehmen, müssen aber vorher Form und Inhalt der Erklärung und die Umstände, unter denen sie erfolgt ist, festgestellt werden.

RGZ. 114, 122

1. Genügt zur Wahrung der Ausschlußfrist des § 7 des preuß. Kommunalbeamtengesetzes vom 30. Juli 1899 die Erhebung der Klage bei einem sachlich und örtlich unzuständigen Gericht?

2. Kann einer Stadt durch Ortsstatut die Befugnis übertragen werden, von dem Grundsatz der Anstellung ihrer Beamten auf Lebenszeit im Einzelfall ohne Genehmigung der Aufsichtsbehörde abzuweichen?

3. Kann die in § 9 Abs. 1 des preuß. Kommunalbeamtengesetzes vorgesehene Genehmigung der Aufsichtsbehörde zur Abweichung von dem Grundsatze der Anstellung auf Lebenszeit noch erteilt werden, wenn der Beamte die für ihn festgesetzte Probezeit bereits zurückgelegt hat?

4. Kann ein Kommunalbeamter die Zustimmung zur Umwandlung seines lebenslänglichen Beamtenverhältnisses in ein zeitlich begrenztes Privatdienstverhältnis durch schlüssige Handlungen wirksam erteilen?

III. Zivilsenat. Urt. v. 22. Juni 1926 i. S. B. (Bekl.) w. Stadtgemeinde W. (Kl.). III 379/25.

I. Landgericht Limburg. II. Oberlandesgericht Frankfurt a. M.

Am 30. Mai 1913 schrieb die klagende Stadtgemeinde die Stelle des Stadtbaumeisters zur Besetzung aus. Nach der Ausschreibung sollte die Anstellung zunächst auf ein Jahr Probe und bei Bewährung nach den Bestimmungen des Ortsstatuts, betreffend die Anstellung und Versorgung der Beamten der Stadtgemeinde W., auf Lebenszeit erfolgen. Bis zur Erfüllung der Voraussetzungen des Ortsstatuts sollte — auch während des Probejahrs — eine beiderseitige vierteljährliche Kündigung gelten. Die Wahl der Stadt fiel auf den Beklagten, dem ihr Bürgermeister am 18. Juli 1913 schrieb, er übertrage ihm hiermit die Stelle des Stadtbaumeisters der Stadt W. in Gemäßheit des öffentlichen Ausschreibens. Der Beklagte trat seinen Dienst am 8. September 1913 an. In der ihm ausgehändigten Anstellungsurkunde vom gleichen Tage hieß es, er werde hierdurch als Stadtbaumeister bei der Stadt W. in Gemäßheit des genannten Ortsstatuts vom 29. September 1910 mit Wirkung vom 8. September 1913 auf dreimonatliche Kündigung angestellt; wenn er das 30. Lebensjahr und eine fünfjährige, vom 8. September 1913 ab zu berechnende Dienstzeit bei der Stadt W. zurückgelegt haben werde (das sei bis zum 8. September 1918), trete an die Stelle seiner Anstellung gegen Kündigung die Anstellung auf Lebenszeit. Ein Probejahr war in der Urkunde nicht erwähnt.

Bei Kriegsausbruch trat der Beklagte in das Heer ein, aus dem er Anfang Dezember 1918 entlassen wurde. Während dieser Zeit, am 25. Oktober 1917, beschloß der kollegialische Gemeindevorstand der Klägerin, dem Beklagten mit dreimonatiger Frist zu kündigen. Dieser Beschluß wurde ihm alsbald durch den Bürgermeister mitgeteilt. Am 25. November 1917 erwiderte diesem der Beklagte, er vermöge sich der Begründung der Kündigung nicht anzuschließen, er bitte vielmehr veranlassen zu wollen, daß seine Anstellung weiter bestehen bleibe. Der Bürgermeister antwortete mit Schreiben vom 27. desselben Monats, daß eine Rückgängigmachung der zu Recht erfolgten Kündigung ausgeschlossen sei; wenn der Beklagte seine Weiterbeschäftigung im städtischen Dienst beantrage, so könne dieser Antrag nur dann erörtert werden, wenn er ausdrücklich auf sein Recht aus der Anstellungsurkunde verzichte und darum bitte, auf Privatdienstvertrag bei monatlicher oder dreimonatlicher Kündigung gegen entsprechende Vergütung beschäftigt zu werden. Der Beklagte wandte sich nunmehr beschwerdeführend an den Regierungspräsidenten in C. Dieser erkannte in seiner an die Stadt gerichteten Verfügung vom 8. Februar 1918 zwar an, daß sie berechtigt sei, dem Beklagten zu kündigen, empfahl aber, ihm eine Frist zu gewähren, während der er nach seiner endgültigen Entlassung aus dem Heeresdienste unter Beibehaltung seiner Dienstbezüge sich um eine neue Stelle bewerben könne. Dementsprechend beschloß die Stadtverordnetenversammlung am 26. März 1918, den Beklagten, wenn er selbst Wert darauf lege, auf Privatdienstvertrag bis 1/4 Jahr nach Entlassung vom Militär mit den seitherigen Bezügen zu beschäftigen, um ihm Gelegenheit zu geben, von hier aus eine andere Stelle zu bekommen. Dieser Beschluß wurde aber dem Beklagten durch die Stadt nicht mitgeteilt; er erhielt Kenntnis von ihm nur durch den Regierungspräsidenten.

Am 3. Dezember 1918 schrieb der Beklagte an den kollegialischen Gemeindevorstand der Klägerin, daß seine Entlassung vom Militär in den nächsten Tagen bevorstehe und daß er um Äußerung bitte, ob die Stadtverwaltung damit einverstanden sei, daß er seinen Dienst erst am 3. Januar 1919 antrete. Der Bürgermeister erwiderte mit Schreiben vom 11. Dezember 1918, er sei in Ausführung des Beschlusses der Stadtverordnetenversammlung vom 26. März 1918 bereit, den Beklagten bis zum 1. April 1919 auf Privatdienstvertrag gegen die seinerzeitigen Bezüge weiter zu beschäftigen. Außerdem kündigte er, um, wie es in seinem Schreiben vom 30. Dezember 1918 hieß, Mißverständnisse zu vermeiden, dem Beklagten zum 1. April 1919. Diese Kündigung wurde dem Beklagten am 3. Januar 1919 zugestellt. Im Januar 1919 trat der Beklagte seinen Dienst bei der Klägerin wieder an. Am 15. März bat er den Bürgermeister mündlich, ihn eventuell über den 1. April hinaus für den Monat April gegen das seitherige Entgelt noch weiter beschäftigen zu wollen, da er verschiedene Bewerbungen laufen habe und aus einer ungekündigten Stellung leichter fortkommen könne als aus einer gekündigten. Diesem Wunsch wurde entsprochen und die Weiterbeschäftigung des Beklagten bis Ende Mai unter Fortzahlung seiner Gehaltsbezüge zugelassen. Dagegen wurde sein unter Berufung auf die Verordnung vom 24. Januar 1919 über die Einstellung usw. der Angestellten geäußerter Wunsch um Beschäftigung bis Ende Juni abgelehnt, auch die Kündigung zum 31. Mai 1919 nochmals ausdrücklich ausgesprochen. Bis zu diesem Tage ist ihm sein Diensteinkommen von der Klägerin gezahlt worden.

Am 29. April 1919 reichte der Beklagte beim Regierungspräsidenten eine erneute Beschwerde wegen seiner Kündigung ein, die durch Verfügung vom 15. Mai zurückgewiesen wurde. Alsdann wandte er sich am 10. August 1919 an den Bezirksausschuß in C. Dieser hat, seinen Anträgen im wesentlichen entsprechend, durch Beschluß vom 7. Dezember 1922, der Klägerin zugestellt am 22. Dezember, die Kündigung des Beklagten durch die Stadt für unwirksam erklärt und seine lebenslängliche Anstellung festgestellt, auch die Weiterzahlung seiner Bezüge angeordnet.

Die Klägerin hat am 22. Juni 1923 beim Amtsgericht W. eine Klage gegen den Beklagten eingereicht mit dem Antrag, die Unzulässigkeit des Beschlusses des Bezirksausschusses und weiter festzustellen, daß dem Beklagten keinerlei Gehaltsansprüche gegen die Klägerin zuständen. Die Klagschrift ist dem Beklagten am 17. August 1923 zugestellt worden. Auf Antrag der Klägerin, mit dem der Beklagte einverstanden war, hat sich das Amtsgericht durch Beschluß vom 2. November 1923 für unzuständig erklärt und die Sache an das Landgericht verwiesen.

Die Klägerin stützt ihre Klage darauf, daß sie nach Ausschreibung, Anstellungsurkunde und Ortsstatut dem Beklagten gegenüber zur Kündigung befugt gewesen sei. Die während des Kriegsdienstes ausgesprochene Kündigung sei spätestens nach seiner Entlassung aus dem Heere wirksam geworden. Das spätere Verhalten des Beklagten zeige auch seine Zustimmung zur Kündigung. Für die Zeit vom 1. Januar 1919 an sei er mit seiner Beschäftigung im Privatdienstverhältnis einverstanden gewesen.

Der Beklagte hat Klagabweisung beantragt, und zwar zunächst deshalb, weil die Klagerhebung beim Amtsgericht zur Wahrung der Frist von § 7 des Kommunalbeamtengesetzes vom 30. Juli 1899 nicht genügt habe. Aber auch sachlich sei die Klage unbegründet. Das Ortsstatut vom 29. September 1910 finde auf ihn als Stadtbaumeister keine Anwendung, so daß er mit Ablauf des Probejahrs lebenslänglich Beamter der Stadt geworden sei. Die während seines Kriegsdienstes ausgesprochene Kündigung sei außerdem nach § 66 des Reichsmilitärgesetzes unwirksam. Er habe ihr nicht zugestimmt, überhaupt auf seine Beamtenrechte nie verzichtet.

Die Vorinstanzen haben der Klage stattgegeben. Die Revision des Beklagten führte zur Klagabweisung.

Gründe:

Dem Oberlandesgericht ist darin beizupflichten, daß die Klägerin durch Einreichung der Klage beim Amtsgericht W., die am letzten Tage der sechsmonatigen Ausschlußfrist des § 7 des Kommunalbeamtengesetzes erfolgt ist, die Frist gewahrt hat. Daß dem Amtsgericht die sachliche Zuständigkeit fehlte, ist deshalb unerheblich, weil das Landgericht nicht etwa ohne Rücksicht auf den Wert des Streitgegenstands ausschließlich zuständig war (vgl. Urteil des Senats vom 22. Dezember 1925 III 16/25). Aus demselben Grunde kann dahingestellt bleiben, ob das Amtsgericht W. und das Landgericht Limburg, an das die Sache später vom Amtsgericht verwiesen worden ist, örtlich zuständig waren. Jedenfalls war am Wohnsitz des Beklagten kein ausschließlicher Gerichtsstand begründet. Der Beklagte hat aber, ohne die Unzuständigkeit geltend zu machen, zur Hauptsache mündlich verhandelt (vgl. § 39 ZPO.).

Die in der Revisionsbegründung für die gegenteilige Meinung angezogenen Entscheidungen behandeln den § 30 des preußischen Enteignungsgesetzes und leiten lediglich aus der dortigen Bestimmung einer ausschließlichen örtlichen Zuständigkeit des Gerichts der belegenen Sache her, daß eine beim örtlich unzuständigen Gericht gegen die Entscheidung des Bezirksausschusses erhobene Klage zur Fristwahrung nicht genüge. Mit der Klagerhebung bei einem sachlich unzuständigen Gericht wird dagegen die Ausschlußfrist des § 30 a. a. O. innegehalten, weil die sachliche Zuständigkeit hier keine ausschließliche ist. So ist denn auch anerkannt worden, daß die Frist des § 13 des preußischen Wasserstraßengesetzes vom 1. April 1905 durch die Klage beim örtlich unzuständigen Gericht gewahrt wird. Dasselbe muß im vorliegenden Falle gelten. Das vom Revisionskläger weiter noch angeführte Urteil JW. 1916 S. 1335 Nr. 5 betrifft, ebenso wie das Urteil des erkennenden Senats vom 13. Dezember 1907 (III 179/07), einen Fall, in dem die Klage — anders als hier — vom örtlich unzuständigen Gericht abgewiesen war.

. . . . .

Die prozessualen Angriffe der Revision sind sonach unbegründet. — Dagegen kann der vom Berufungsgericht getroffenen sachlichen Entscheidung nicht beigestimmt werden.

Der § 1 des Ortsstatuts, betreffend die Anstellung und Versorgung der Beamten der Stadtgemeinde W., vom 29. September 1910 lautet:

„Die Anstellung der städtischen Beamten — mit Ausnahme des Bürgermeisters, für welchen § 30 der rheinischen Städteordnung vom 15. Mai 1856 maßgebend ist, ferner des Stadtbaumeisters und des Direktors der Gas-, Wasser- und Kanalwerke, für welche die Anstellung und Besoldung von Fall zu Fall geregelt wird —, erfolgt auf Lebenszeit, jedoch erst von dem Zeitpunkt ab, in dem das 30. Lebensjahr und eine fünfjährige Dienstzeit bei der Stadt W. zurückgelegt sind. ...

Bis zur Anstellung auf Lebenszeit werden die Beamten auf dreimonatliche Kündigung angestellt."

Das Oberlandesgericht billigt die Auffassung der Klägerin, daß ihr die in dieser Vorschrift vorbehaltene Kündigungsbefugnis auch dem Beklagten gegenüber während seiner ersten fünf Dienstjahre zugestanden habe. Denn die Stellenausschreibung vom 30. Mai 1913 verweise ausdrücklich auf das Ortsstatut. In Gemäßheit dieses Ausschreibens sei aber die Anstellung des Beklagten durch das Schreiben des Bürgermeisters vom 18. Juli 1913 erfolgt. Das Kündigungsrecht der Stadt werde auch wiederholt in der Anstellungsurkunde vom 8. September 1913. Der Beklagte meint demgegenüber, daß in der Ausschreibung lediglich eine Probezeit von einem Jahre vorbehalten sei und daß nach deren Ablauf eine Kündigung nicht mehr habe erfolgen können. Die formularmäßige Anstellungsurkunde habe keine sachliche Bedeutung. Einer Entscheidung dieses Streitpunkts bedarf es nicht. Denn wenn die Klägerin die Anstellung des Beklagten an die vom Vorderrichter angenommenen Bedingungen geknüpft hat, so ist ihnen die Wirksamkeit zu versagen, da sie mit zwingenden Gesetzesvorschriften in Widerspruch stehen.

Nach § 8 Abs. 1 des Kommunalbeamtengesetzes erfolgt die Anstellung der städtischen Beamten grundsätzlich auf Lebenszeit. Nach Ablauf des Probejahrs (§ 10) ist der Beklagte also auf Lebenszeit Beamter der Klägerin geworden (vgl. JW. 1916 S. 1280 Nr. 14), es sei denn, daß eine der Ausnahmen des § 9 Abs. 1 gegeben, daß eine Abweichung vom Grundsatz der lebenslänglichen Anstellung durch Ortsstatut oder im Einzelfalle mit Genehmigung der Aufsichtsbehörde festgesetzt worden ist. Der angeführte § 1 des Ortsstatuts der Stadt W. findet nach seinem ausdrücklichen Wortlaut auf den Stadtbaumeister keine Anwendung. Die dort vorgesehene fünfjährige Dienstzeit auf Kündigung gilt also für den Beklagten unmittelbar kraft Ortsstatuts nicht. Das Oberlandesgericht mißt aber dem Umstand Bedeutung bei, daß § 1 ausspricht, die Anstellung des Stadtbaumeisters werde von Fall zu Fall geregelt. Damit sei, so führt es aus, der Stadt die Ermächtigung gegeben, den Stadtbaumeister, statt lebenslänglich, auf Kündigung anzustellen, ohne daß es dazu der Genehmigung des Regierungspräsidenten bedürfe. Die Klägerin habe dem Beklagten gegenüber hiervon Gebrauch gemacht und für ihn dieselbe Dienstzeit auf Kündigung festgesetzt, wie sie für ihre sonstigen Beamten nach dem Ortsstatut gelte.

An die Auslegung, die das Berufungsgericht dem Ortsstatut hat zuteil werden lassen, ist das Revisionsgericht gebunden (§§ 549, 562 ZPO.). Die danach in ihm enthaltene Bestimmung wird aber durch § 9 Abs. 1 a. a. O. nicht gedeckt. Dieser gestattet, wie schon hervorgehoben, für städtische Beamte Abweichungen von der lebenslänglichen Anstellung nur, wenn sie durch Ortsstatut oder im Einzelfalle mit Genehmigung der Aufsichtsbehörde festgesetzt sind. Die zweite Alternative ermöglicht die zeitlich begrenzte Anstellung eines bestimmten Beamten. Im Gegensatz dazu muß das Ortsstaut als objektive Rechtsnorm allgemeine Grundsätze über die Art und Weise enthalten, in der für bestimmte Beamtengruppen oder bestimmte Beamtenstellen von der lebenslänglichen Dauer der Anstellung abgewichen werden soll. Unzulässig dagegen ist es, der Stadt die selbständige Anordnung darüber zu übertragen, ob und wie bei der Anstellung einer bestimmten Einzelpersönlichkeit als Beamten das Dienstverhältnis zeitlich beschränkt werden soll. Eine solche Regelung für den Einzelfall erfordert nach dem Gesetz die Genehmigung der

Aufsichtsbehörde, welches Erfordernis durch Ortsstatut nicht beseitigt werden kann. Dieses kann an die Stelle der gesetzlichen Lebenslänglichkeit der Amtsdauer städtischer Beamten eine andere Regelung setzen; dem von der Aufsichtsbehörde nicht kontrollierten Ermessen der Stadt darf es die Festsetzung der Amtsdauer nicht überlassen. Die Bestimmung im Ortsstatut der Klägerin so, wie das Oberlandesgericht sie auslegt, läuft darauf hinaus, die nach dem Gesetz vorgeschriebene Genehmigung des Regierungspräsidenten auszuschalten. Das ist nicht angängig.

So ist der bei der Anstellung des Beklagten für fünf Jahre gemachte Kündigungsvorbehalt nur dann gültig, wenn die Aufsichtsbehörde ihn genehmigt hat. Das Berufungsgericht entnimmt diese Genehmigung dem Schreiben des Regierungspräsidenten in C. vom 8. Februar 1918, worin anläßlich der vom Beklagten gegen seine Kündigung eingelegten Beschwerde die Stadt für kündigungsberechtigt erklärt wird. Es ist schwer verständlich, wie diese Erklärung als ausreichend zur Erfüllung der Voraussetzung des § 9 Abs. 1 des Kommunalbeamtengesetzes hat angesehen werden können. Denn der Beklagte ist im Jahre 1913 angestellt worden, sein Probejahr ist 1914 abgelaufen. Damit ist er lebenslänglicher Beamter der Stadt geworden, sofern nicht damals schon einer der Ausnahmetatbestände des Gesetzes gegeben war. Nach der Auffassung des Berufungsrichters würde der Regierungspräsident die Möglichkeit behalten haben, dem Beklagten noch im Jahre 1918, also nach mehreren Jahren, die erlangte lebenslängliche Anstellung wieder zu nehmen. Dieses Ergebnis läuft allen Grundsätzen des Beamtenrechts, auch des schon vor Erlassung der Reichsverfassung geltenden, zuwider und ist deshalb zu mißbilligen.

Die Unwirksamkeit der von der Stadt getroffenen Bestimmungen über die Kündbarkeit des Beklagten macht seine Anstellung nicht nichtig; vielmehr hat sie als der gesetzlichen Regelung entsprechend, also auf Lebenszeit erfolgt zu gelten. Die Kündigungen, die die Klägerin gegen ihn ausgesprochen hat, waren überhaupt unzulässig, so daß ihre Vereinbarkeit mit § 66 des Reichsmilitärgesetzes nicht geprüft zu werden braucht.

Das Oberlandesgericht hat aber der Klage in letzter Linie auch deshalb stattgegeben, weil das Beamtenverhältnis des Beklagten, wenn nicht durch Kündigung, so doch jedenfalls dadurch beendigt worden sei, daß es nach seinem Ausscheiden aus dem Heere durch beiderseitiges Einverständnis in ein Privatverhältnis umgewandelt worden sei. Eine ausdrückliche Erklärung seiner Zustimmung hierzu hat der Beklagte unstreitig nicht abgegeben. Nach der Annahme des Berufungsgerichts konnte aber sein ganzes Verhalten von der Klägerin nur in dem Sinne aufgefaßt werden, daß er mit ihrem Anerbieten, auf Privatdienstvertrag noch ein Vierteljahr beschäftigt zu werden, einverstanden war. In diesem Sinne müsse der Beklagte sein Verhalten gegen sich gelten lassen.

Diesen Ausführungen des angefochtenen Urteils liegen die Rechtssätze zugrunde, die sich im bürgerlichen Recht über die Auslegung von Willenserklärungen gebildet haben. Der Berufungsrichter übersieht jedoch bei ihrer Anwendung, daß es sich beim Beamtenverhältnis um ein Verhältnis des öffentlichen Rechts handelt, auf das die Grundsätze des bürgerlichen Rechts nicht ohne Berücksichtigung seiner Eigenart übertragen werden können. Bereits in der Entscheidung RGZ. Bd. 96 S. 302[1]) ist aus dieser Eigenart hergeleitet worden, daß Erklärungen von Beamten, die einen Verzicht auf ihre Rechte enthalten, nur dann zur Grundlage behördlicher Entschließungen gemacht werden dürften, wenn sie bestimmt und klar seien. Besonders gilt das für Entlassungsgesuche. Das Einverständnis, das Voraussetzung der Entlassung eines Beamten sei, müsse in zweifelfreier Weise und Form eingeholt werden. Für auslegungsbedürftige Erklärungen, wie sie im Geschäftsverkehr unvermeidlich seien, sei hier kein Raum. An diesen Sätzen, die für Reichs- und Staatsbeamte wie für Gemeindebeamte gelten (Urteil vom 11. November 1921 III 166/21), ist festzuhalten. Sie treffen auch den vorliegenden Fall, der nicht etwa deshalb eine abweichende Beurteilung erheischt, weil das Beamtenverhältnis des Beklagten durch ein — übrigens kurz befristetes — privatrechtliches Dienstverhältnis ersetzt worden sein soll. Denn daß er bei Aufgabe seiner Beamtenstellung vorübergehend als Privatangestellter der Stadt weiterbeschäftigt werden sollte, ändert nichts daran, daß die Erklärung, die das Berufungsgericht aus seinem Verhalten herausliest, ihm seine Rechte als lebenslänglicher Beamter genommen hätte. Eine Erklärung, die einen so weit gehenden Rechtsverzicht des Beamten enthält, kann nur dann als vorliegend angesehen werden, wenn er sie ausdrücklich, mit klaren, unzweideutigen Worten abgegeben hat. Das ist auch der durchaus zutreffende Standpunkt des Bürgermeisters der Klägerin gewesen, als er am 27. November 1917 an den Beklagten schrieb, wenn dieser seine Weiterbeschäftigung im städtischen Dienste beantrage, so könne der Antrag nur erörtert werden, falls er, Beklagter, ausdrücklich auf sein Recht aus der Anstellungsurkunde verzichte. Diesen ausdrücklichen Verzicht hat der Beklagte aber nicht abgegeben, die Klägerin hat nicht auf ihm bestanden. So sind die Folgen, die sich nur an eine derartige Erklärung knüpfen ließen, nicht eingetreten. Der Beklagte ist Beamter der Stadt geblieben.

Zur Rechtfertigung des Klagbegehrens ungeeignet ist endlich auch die von der Klägerin aufgestellte Behauptung, der Beklagte habe nach seinem Ausscheiden aus dem städtischen Dienst erhebliche Privateinnahmen als Inhaber eines Architekturbüros erzielt. Die Ansicht, daß er neben ihnen nicht auch noch Gehaltsansprüche erheben könne, ist rechtsirrig. Nach der Rechtsprechung des Senats (Warn. 1916 Nr. 31) findet der in § 615 Satz 2 BGB. für das bürgerlichrechtliche Dienstverhältnis ausgesprochene Rechtsgedanke auf das Beamtenverhältnis keine Anwendung. ...

---

[1]) In diesem Band S. 49.

RGZ. 119, 240

Steht einem auf Grund des § 13 der preußischen Verordnung vom 26. Februar 1919 in den Ruhestand versetzten Beamten nach dem Inkrafttreten des preußischen Beamtendiensteinkommengesetzes vom 17. Dezember 1920/13. Mai 1924 und des preußischen Beamten-Altruhegehaltsgesetzes vom 17. Dezember 1920 ein Anspruch auf Neufestsetzung seines Besoldungsdienstalters oder auf die einer Neufestsetzung entsprechenden Bezüge zu?

Beamtendiensteinkommengesetz v. 17. Dezember 1920/13. Mai 1924 § 3 Abs. 10, § 23 Abs. 2. Beamten-Altruhegehaltsgesetz vom 17. Dezember 1920 §§ 1, 10.

III. Zivilsenat. Urt. v. 13. Dezember 1927 i. S. St. (Kl.) w. Preuß. Staat (Bekl.). III 121/27.

I. Landgericht Lüneburg. II. Oberlandesgericht Celle.

Der Kläger trat auf Grund des § 13 der preußischen Verordnung, betr. die einstweilige Versetzung der unmittelbaren Staatsbeamten in den Ruhestand, vom 26. Februar 1919 (GS. S. 33) zum 1. Januar 1920 in den Ruhestand. Als Anfangstag für die Berechnung seines Dienstalters wurde dabei der 19. Juni 1913 festgesetzt. Er trägt vor, der Beklagte habe allerdings bei Berechnung des Besoldungsdienstalters die in der oben bezeichneten späteren Gesetzgebung sowie in den Ministerialerlassen vom 7. Oktober 1921 und vom 31. März 1922 (Preuß. MinBl. f. d. inn. Verw. 1921 S. 332 und 1922 Sp. 352) vorgeschriebene Anrechnung von Teilen der Wartezeit, des Vorbereitungs- und des Militärdienstes nicht berücksichtigen können; er verweigere aber zu Unrecht eine Neufestsetzung nach den angezogenen Bestimmungen. Der Kläger verlangt daher für die Zeit seit dem Inkrafttreten der Besoldungsgesetze vom 17. Dezember 1920 die Nachzahlung zunächst eines Teilbetrags von 346,25 RM. Vom Landgericht und vom Oberlandesgericht wurde er abgewiesen. Im dritten Rechtszug stellte er den Hilfsantrag auf Feststellung der Verpflichtung des Beklagten, sein Besoldungsdienstalter nach den Vorschriften des Beamten-Diensteinkommengesetzes zu berechnen. Seine Revision blieb jedoch erfolglos.

Gründe:

Der Beklagte hat in den beiden ersten Rechtszügen das Klagebegehren und seine Begründung als sachlich ungerechtfertigt bekämpft, da sich § 23 Abs. 2 (früher § 25 Abs. 2) BDEG., auf den sich der Kläger stütze, nur auf die am 1. April 1920 noch im Dienste befindlichen Beamten beziehe und gemäß § 10 BARG. auf die vor diesem Zeitpunkt in den Ruhestand getretenen Pensionäre keine Anwendung finde. Das Landgericht erkannte diesen Einwand als durchgreifend an. Das Oberlandesgericht wies die Klage jedoch ab, weil die Festsetzung des Besoldungsdienstalters der Nachprüfung der Gerichte entzogen sei. Es hat also nicht, wie die Revision unterstellt, die Zulässigkeit des Rechtswegs für den Klaganspruch verneint, sondern angenommen, daß bei der Ruhegehaltsberechnung die Entscheidung der Verwaltungsbehörde über das Besoldungsdienstalter für die Gerichte maßgebend sei. Dem ist beizupflichten.

Die Revision meint zwar, die Annahme des Berufungsrichters, wonach sich der Kläger über unrichtige Festsetzung seines Besoldungsdienstalters beschwere, sei ungenau und irreführend; der Streit der Parteien drehe sich vielmehr darum, ob die Bemessung des Besoldungsdienstalters nach § 23 Abs. 2 BDEG. zu erfolgen habe oder nicht. Das letztere ist an sich richtig, trifft aber nicht den Kernpunkt der Sache. Denn die Klageforderung ist nur dann begründet, wenn der Kläger einen Rechtsanspruch darauf hat, daß sein Besoldungsdienstalter nach § 23 Abs. 2 a. a. O. neu und anders berechnet werde, als es bisher geschehen ist. Nun ist nach § 3 Abs. 10 BDEG. die Entscheidung der Verwaltungsbehörden über die Festsetzung des Besoldungsdienstalters für die Gerichte bei Beurteilung der vor ihnen erhobenen vermögensrechtlichen Diensteinkommensansprüche bindend. Daß diese Bestimmung ebenso für die im Dienst wie für die im Ruhestand befindlichen Beamten gilt, liegt in der Natur der Sache. Die entgegengesetzte Ansicht würde zu einer ungleichen Behandlung beider und zu einer Schlechterstellung der ersteren führen, die jeder inneren Berechtigung entbehrt.

Die Revision stellt weiter zur Erwägung, ob nicht die Anwendung des § 3 Abs. 10 a. a. O. auf die gemäß der Verordnung vom 26. Februar 1919 in den Ruhestand versetzten Beamten in ihre wohlerworbenen Rechte eingreife, da bis zu seinem Inkrafttreten eine Befugnis des Finanzministers zu unanfechtbaren Entscheidungen über Elemente eines Ruhegehaltsanspruchs dem preußischen Beamtenrecht fremd gewesen sei. Diese Auffassung ist rechtsirrig. Es war von jeher ein anerkannter Grundsatz des öffentlichen Rechts, daß ein Beamter oder Ruheständler kein Recht auf anderweitige Festsetzung seines Besoldungsdienstalters und auf die einer solchen anderweitigen Festsetzung entsprechenden Bezüge habe (Urteile des erkennenden Senats vom 19. März 1912 III 369/11, vom 16. April 1918 III 464/17 und vom 1. April 1919 III 454/18). § 3 Abs. 10 BDEG. enthält also nur den Niederschlag eines bisher ungeschriebenen Satzes des öffentlichen Rechts. Die Festsetzung des Besoldungsdienstalters ist ein Ausfluß der staatlichen Ämterhoheit, eine Verwaltungsmaßnahme, die im Rechtsweg nicht angefochten und vom ordentlichen Richter nicht abgeändert werden kann. Der § 23 Abs. 2 BDEG. gibt den höheren Verwaltungsbehörden Anweisungen, deren Beachtung zu ihren Dienstpflichten gehört, aber nicht im Rechtsweg erzwingbar ist. Ob dieser Paragraph die Neuberechnung des Besoldungsdienstalters eines Altruheständlers, insbesondere des Klägers, fordert und ob er ihr zugrunde zu legen ist, darüber haben nur die Verwaltungsbehörden und nicht die ordentlichen Gerichte zu befinden. Die Verwaltungsbehörden haben diese Frage verneint und dadurch, daß sie einen Antrag auf Neufestsetzung des Besoldungsdienstalters ablehnten, ihre frühere Festsetzung vom Jahre 1919 aufrechterhalten; diese rechtfertigt aber den Klaganspruch nicht.

Wenn der Revision auch zuzugeben ist, daß § 1 BARG. die Altpensionäre den Neupensionären im allgemeinen gleich, d. h. so stellen wollte, als wäre das Beamten-Altruhegehaltsgesetz zur Zeit ihres Übertritts in den Ruhestand schon in Kraft gewesen, so wird dadurch doch nicht die Bindung der ordentlichen Gerichte an die Entscheidungen der Verwaltungsbehörden über Anrechnung oder Nichtanrechnung bestimmter *Dienstjahre auf das Besoldungsdienstalter beseitigt.* ...

RGZ. 121, 352

1. Sind die als Stellenanwärter endgültig in den preußischen Zivilstaatsdienst übernommenen Versorgungsanwärter stets lebenslänglich angestellte Beamte?

2. Bedarf es nach preußischem Recht zur Anstellung eines Beamten auf Kündigung eines ausdrücklichen Vorbehalts ihm gegenüber oder genügt es, wenn durch allgemeine Vorschrift für bestimmte Beamtenklassen die Kündbarkeit angeordnet wird?

Preuß. Disziplinargesetz vom 21. Juli 1852, §§ 83, 85. Preuß. Beamtendiensteinkommengesetz vom 17. Dezember 1920 §§ 1, 11.

III. Zivilsenat. Urt. v. 29. Juni 1928 i. S. F. (Kl.) w. Preuß. Staat (Bekl.). III 480/27.

I. Landgericht Düsseldorf. II. Oberlandesgericht daselbst.

Der Kläger, der als Inhaber des Zivilversorgungsscheins Versorgungsanwärter ist, wurde von der preußischen Strafanstaltsverwaltung zum Vorbereitungsdienst einberufen, den er am 22. Februar 1922 antrat. Am 2. März 1923 bestand er die Prüfung für das Amt eines Strafanstaltssekretärs. Daraufhin erging an ihn am 20. März 1923 folgende Verfügung des Präsidenten des Strafvollzugsamts in D.:

„Auf Grund der von Ihnen am 2. März 1923 vor der Prüfungskommission bei der Strafanstalt in E. bestandenen Prüfung für das Amt eines Strafanstaltssekretärs erhalten Sie das beiliegende Befähigungszeugnis. ... Sie werden mit Wirkung vom 3. März 1923 ab als Stellenanwärter — diätarischer Strafanstaltssekretär — im Sinne des Beamten-Diensteinkommensgesetzes endgültig in den Strafanstaltsdienst übernommen. . . "

Durch Schreiben des genannten Präsidenten vom 2. Oktober 1925 wurde er aus dem Justizdienst entlassen. Er verlangt Fortzahlung seiner Bezüge, da er lebenslänglich angestellter Beamter sei und daher nur im Wege des Disziplinarverfahrens habe entlassen werden können. Auf

Zahlung eines Teilbetrags hat er Klage erhoben. Der verklagte preußische Staat vertritt die Auffassung, daß der Kläger als Stellenanwärter jederzeit habe entlassen werden können.

Landgericht und Oberlandesgericht haben die Klage abgewiesen. Die Revision des Klägers blieb erfolglos.

Gründe:

Der Kläger wurde in den Strafanstaltsdienst zunächst zur Vorbereitung, zur Ausbildung einberufen. Diese Vorbereitungszeit deckte sich mit der in den §§ 47 flg. der Anstellungsgrundsätze vom 26. Juli 1922 (RGBl. 1923 I S. 651) vorgesehenen Probezeit. Während ihrer Dauer konnte der Kläger jederzeit wegen Ungeeignetheit wieder entlassen werden. Sie endete damit, daß er durch die Verfügung des Präsidenten des Strafvollzugsamts vom 20. März 1923 endgültig in den Strafanstaltsdienst übernommen wurde. Von da an war er, wie in der Verfügung noch ausdrücklich ausgesprochen worden ist, Stellenanwärter im Sinne des Beamten-Diensteinkommengesetzes vom 17. Dezember 1920 (GS. 1921 S. 135) mit der Amtsbezeichnung „diätarischer Strafanstaltssekretär". Die Verfügung stand im Einklang mit Ziff. 126 Abs. 3 (vgl. dazu Ziff. 140 und 141) der preußischen Besoldungsvorschriften vom 8. Juli 1921 (FinMinBl. S. 319). Dort ist bestimmt, daß die endgültig in den Zivilstaatsdienst übernommenen Militäranwärter (jetzt Versorgungsanwärter) Stellenanwärter im Sinne des Beamten-Diensteinkommengesetzes sind. Die Stellenanwärter sind Beamte, und zwar, wie sich aus § 11 BDEG. ergibt, außerplanmäßige Beamte. Es ist unverständlich, wie das Landgericht unter Billigung des Oberlandesgerichts den Satz aufstellen kann, der Kläger sei nicht als Beamter übernommen worden.

Insoweit ist also den Angriffen der Revision gegen das Berufungsurteil die Berechtigung nicht abzusprechen; aber daraus, daß der Kläger Stellenanwärter und damit Beamter geworden ist, folgt noch nicht, daß er lebenslänglich angestellt worden ist. Allerdings kann kein allgemeiner Grundsatz des Inhalts anerkannt werden, daß die nichtplanmäßigen Beamten als solche kündbar sind. Wie der Senat erst kürzlich im Urteil vom 11. Mai 1928 III 375/27 ausgesprochen hat, gilt auch für das preußische Recht die Regel der lebenslänglichen Anstellung der Beamten; Ausnahmen bedürfen der besonderen Rechtfertigung. Diese Rechtfertigung kann nicht schon aus dem Wesen der außerplanmäßigen Anstellung, dem Begriff des Diätariats, entnommen werden. Der Senat hat schon in früheren Urteilen die Auffassung abgelehnt, daß sich die Begriffe „lebenslänglich angestellt" und „nichtplanmäßig" ausschlössen, daß jeder außerplanmäßige Beamte auf Widerruf oder auf Kündigung angestellt sei. Zwar beziehen sich diese Entscheidungen unmittelbar nur auf Reichsrecht. Das dort Gesagte gilt aber auch für Preußen. Schon das Obertribunal hat in der Entscheidung vom 7. September 1868 (Striethorsts Arch. Bd. 72 S. 132) den Grund für unzutreffend erklärt, daß der damals klagende Beamte nicht auf Lebenszeit angestellt sei, weil er nur „fixierte Diäten" bezogen habe.

Auch nichtplanmäßige Beamte können demnach nur dann ohne Disziplinarverfahren entlassen werden, wenn § 83 oder § 85 DiszG. auf sie anwendbar ist. Für die Stellenanwärter scheidet § 85 aus. Sie gehören nicht zu den dort genannten „zur Erlernung des Dienstes bei den Behörden beschäftigten" Personen. Stellenanwärter sind, wie sich aus Ziff. 140 Abs. 1 BesV. ergibt, die endgültig in den Staatsdienst übernommenen Beamten, die nach erlangter Befähigung für das Amt die Anwartschaft erhalten haben, in eine entsprechende planmäßige Stelle einzurücken. Sie sind fertig ausgebildet, haben überhaupt alle Bedingungen für die Übertragung einer planmäßigen Stelle erfüllt. Sie dürfen deshalb nicht, wie die Vorinstanzen anscheinend getan haben, mit den Versorgungsanwärtern oder den zur Vorbereitung angenommenen Anwärtern verwechselt werden. Auch der Kläger hat, ehe er endgültig in den Strafanstaltsdienst übernommen wurde, die Prüfung für das Amt eines Strafanstaltssekretärs abgelegt. Damit war seine Ausbildung abgeschlossen. Mit seiner im Schreiben vom 20. März 1923 enthaltenen Ernennung zum diätarischen Strafanstaltssekretär ist er aus dem Kreise der in § 85 DiszG. genannten Beamten in den Kreis der nichtplanmäßigen Beamten aufgerückt.

Die Befugnis der Justizverwaltung, den Kläger ohne Disziplinarverfahren zu entlassen, folgt indessen aus § 83 DiszG. Nach § 2 RBG. bedarf es zur Anstellung eines Reichsbeamten auf Kündigung eines ausdrücklichen Vorbehalts. Eine entsprechende Vorschrift fehlt im preußischen Recht. Wie schon bemerkt, stellt dieses zwar gleichfalls die Regel auf, daß die Anstellung der Beamten auf Lebenszeit erfolgt. Eine Abweichung davon muß ausdrücklich ausgesprochen werden. Es ist aber nicht erforderlich, daß das jedem einzelnen Beamten gegenüber geschieht, der auf Kündigung angestellt werden soll. Es genügt vielmehr, wenn durch allgemeine Vorschrift, deren gesetzliche Grundlage dann eben § 83 DiszG. bildet, für bestimmte Beamtenklassen die Kündbarkeit angeordnet wird. Sie ist dann Teil der Anstellungsbedingungen, ohne daß darauf in jedem einzelnen Falle besonders hingewiesen zu werden braucht. Eine solche allgemeine Anordnung bestand nun zur Zeit der Übernahme des Klägers in den Strafanstaltsdienst für die Stellenanwärter im Bereiche der preußischen Justizverwaltung. Die Stellenanwärter, die nach § 11 Abs. 1 BDEG. nur dann Anspruch auf Vergütung haben (der in den Vorinstanzen gebrauchte Ausdruck „Gehalt" ist ungenau; Gehalt beziehen nach § 1 BDEG. nur die planmäßigen Beamten), wenn sie im Staatsdienst voll beschäftigt werden, können als ständige oder nichtständige (außerordentliche) Hilfsarbeiter beschäftigt werden. Nach den Etatsvorschriften (später Haushaltsvorschriften genannt) für die Justizverwaltung vom 8. Januar 1914 (JMBl. S. 15) erfolgt sowohl die Bestellung der ständigen (§ 61 Abs. 1, § 65) wie der nichtständigen (§ 70

Abs. 1) Hilfsarbeiter unter dem Vorbehalt der Kündigung. Ständiger Hilfsarbeiter ist der Kläger unstreitig nicht gewesen. Seine Bestellung zum nichtständigen Hilfsarbeiter galt aber nach § 70 Abs. 1 a. a. O. ohne weiteres als unter dem Vorbehalt sofortiger Kündigung erfolgt. Diese allgemeine Vorschrift muß der Kläger auf sich anwenden lassen, obwohl sie im Übernahmeschreiben des Präsidenten des Strafvollzugsamts nicht besonders angezogen worden ist. Sie rechtfertigt seine — im Rechtssinn als Kündigung anzusehende — Entlassung. Unter diesen Umständen kommt auch keine Verletzung eines wohlerworbenen Rechts des Klägers (Art. 129 Abs. 1 Satz 3 RVerf.) in Frage. ...

RGZ. 122, 8

Haben die Angehörigen einer Beamtengruppe dann, wenn die Gruppe bei einer Besoldungsneuregelung in zwei verschieden besoldete Gruppen geteilt wird, ein wohlerworbenes Recht auf die Besoldung der höheren Gruppe?

RVerf. Art. 129 Abs. 1 Satz 3.

III. Zivilsenat. Urt. v. 10. Juli 1928 i. S. V. u. Gen. (Kl.) w. Stadtgemeinde B. (Bekl.). III 22/28.

I. Landgericht Breslau. II. Oberlandesgericht daselbst.

Aus den Gründen:

Die Kläger glauben aus folgenden Erwägungen einen Anspruch auf Besoldung nach Gehaltsgruppe X zu haben: Das wohlerworbene Recht der Bürovorsteher bestehe nicht nur in der erfolgten Einstufung, sondern in dem Anspruch, sämtlich persönlich gleich behandelt zu werden, und zwar einerlei, wie die Stellen später eingestuft würden. Es komme daher nur darauf an, ob auch nur ein Teil der mit den gleichen Dienstaufgaben (wie die Kläger) betrauten Bürovorsteher eine höhere Besoldung erhalten habe als die Kläger. Sei das geschehen, so hätten die Kläger auch ihrerseits einen Anspruch auf diese höhere Besoldung, weil sie eben die gleichen amtlichen Dienstaufgaben wie die höher Besoldeten übertragen erhalten hätten. Daher ergebe sich aus ihrer bisherigen Gleichstellung mit den jetzt höher Besoldeten ihr wohlerworbenes Recht auf gleichmäßige Besoldung mit den jetzt besser Gestellten.

Diese Rechtsauffassung ist verfehlt. Die Einreihung sämtlicher Bürovorsteher in die einheitliche Besoldungsgruppe begründete für die Kläger lediglich ein Recht auf das mit dem fraglichen Amte jeweils verbundene Gehalt. Es wurde damit eine Besoldung nach den Bezügen ausgeschlossen, die für ein niedriger eingestuftes Amt ausgeworfen sind. Dagegen ist für die Kläger kein Recht auf das Fortbestehen einer einheitlichen Besoldung mit den übrigen Bürovorstehern entstanden. Ebensowenig wie daraus, daß mehrere Beamtengattungen die gleichen Dienstbezüge erhalten, ein Recht der Beamten, die zur Zeit des Bestehens dieses Zustandes zu ihnen zählen, auf Aufrechterhaltung dieser Gleichstellung abzuleiten ist, kann auf die Tatsache, daß eine und dieselbe Beamtengattung nach derselben Gehaltsgruppe besoldet wird, ein Recht der ihr angehörenden Beamten auf die Fortdauer dieser Regelung gestützt werden. Auch in dem von der Revision angezogenen Urteil des erkennenden Senats vom 23. Mai 1924 (III 472/23) ist lediglich der Grundsatz ausgesprochen, daß einem Beamten die Bezüge der Stelle, die ihm verliehen worden ist, erhalten werden müssen und durch schlechtere Einstufung des Amtes nicht entzogen werden können. Ein Recht des Beamten auf fortdauernde einheitliche besoldungsrechtliche Behandlung mit der ganzen Beamtenklasse, der er zuzurechnen ist, wird dort aber nicht anerkannt. Wird daher eine Besoldungsordnung dahin geändert, daß eine Beamtengattung, die bisher in eine einzige Gehaltsgruppe eingereiht war, auf zwei Gruppen verteilt wird, so können die Beamten hieraus kein Recht auf Besoldung aus der höheren dieser beiden Gruppen entnehmen.

RGZ. 122, 10

Ist § 5 Abs. 1 des badischen Beamtengesetzes in der Fassung des Gesetzes vom 28. Januar 1926 insoweit mit der Reichsverfassung vereinbar, als es die Versetzung eines Beamten in ein anderes Amt mit geringerem Range zuläßt?

RVerf. Art. 129 Abs. 2.

III. Zivilsenat. Beschl. v. 13. Juli 1928. III Tgb. 58/28.

Die Frage ist verneint worden aus folgenden

Gründen:

. . . . .

Richtig ist, daß Art. 129 Abs. 2 RVerf. von der Rangstellung der Beamten, insbesondere von der Möglichkeit ihrer Versetzung in ein Amt von geringerem Range, nicht spricht. Es ist aber verfehlt, daraus den Schluß zu ziehen, daß Art. 129 Abs. 2 diese Art der Versetzung überhaupt nicht betreffe. Denn bei der Auslegung eines Gesetzes wie bei der jeder anderen Willenserklärung ist zu beachten, daß eine Bejahung eine Verneinung enthalten kann, die, auch wenn sie nicht in besondere Worte gekleidet ist, doch schon durch erstere hinreichend zum Ausdruck gelangt. Insbesondere kann die Gestattung gewisser Maßnahmen zugleich das auch ohne ausdrücklichen Ausspruch erkennbar gewollte Verbot enthalten, andere Maßnahmen gleicher oder ähnlicher Art zu treffen. So steht es mit Art. 129 Abs. 2 RVerf. Er gestattet, daß die Beamten unter den gesetzlich bestimmten Voraussetzungen und Formen vorläufig ihres Amtes enthoben, einstweilen oder endgültig in den Ruhestand oder in ein anderes Amt mit geringerem Gehalt versetzt werden. Damit schließt er andere Maßnahmen disziplinarer Art aus, die auf die Entfernung des Beamten aus seinem Amte abzielen, mögen sie auch nach dem bisherigen Beamtenrecht des Reiches oder der Länder zulässig gewesen sein. Könnte und dürfte man dem Art. 129 Abs. 2 RVerf. diese Einschränkung nicht entnehmen, so würde man gerade bei der hier streitigen Versetzung der

Beamten in ein Amt von geringerem Range zu einem unannehmbaren Ergebnis gelangen. Wäre es nämlich richtig, daß Art. 129 Abs. 2 nur den Zweck hat, die von ihm genannten Maßnahmen an gesetzlich zu bestimmende Voraussetzungen und Formen zu knüpfen, daß er dagegen die von ihm nicht erwähnte Versetzung in ein Amt von geringerem Rang überhaupt nicht berührt, so wäre diese Maßregel unbeschränkt zulässig geblieben. Das Landesrecht könnte die Versetzung der Beamten in ein Amt minderen Ranges ohne jede gesetzliche Voraussetzung und Form in das freie Belieben der vorgesetzten Dienstbehörden stellen. Diese Schlußfolgerung ist unvereinbar mit dem Ziel des ganzen Art. 129 RVerf., der die Stellung des Berufsbeamtentums sichern will. Es wäre auch nicht erklärlich, warum die Reichsverfassung die Versetzung eines Beamten in ein anderes Amt von geringerem Einkommen an gesetzliche Voraussetzungen und Formen bände, hiervon aber absähe bei der für den betroffenen Beamten ebenso bedeutsamen Versetzung in ein Amt von geringerem Range. Ist diese Deutung mithin abzulehnen, so bleibt nur die andere übrig, daß Art. 129 Abs. 2 die Versetzung in ein Amt mit geringerem Range überhaupt hat untersagen wollen.

. . . . .

Verbietet demnach Art. 129 Abs. 2 RVerf. die Versetzung eines Beamten in ein anderes Amt mit geringerem Rang gegen seinen Willen, so folgte daraus schon kraft Reichsrechts, daß jeder Beamte auf seinen Amtsrang ein wohlerworbenes Recht im Sinne von Art. 129 Abs. 1 Satz 3 das. besitzt. ...

Es ist somit dahin zu entscheiden, daß § 5 Abs. 1 BadBG. in seiner jetzigen Fassung insoweit nicht mit der Reichsverfassung vereinbar ist, als er die Versetzung eines Beamten in ein Amt mit geringerem Range zuläßt.

RGZ. 122, 94

Sind die gemäß § 7 des preußischen Kommunalbeamtengesetzes vom 30. Juli 1899 ergehenden Beschlüsse der Bezirksausschüsse der materiellen Rechtskraft fähig?

III. Zivilsenat. Urt. v. 9. Oktober 1928 i. S. Stadt R. (Bekl.) w. T. (Kl.). III 492/27.

I. Landgericht Paderborn. II. Oberlandesgericht Hamm.

Der Kläger wurde im Jahre 1908 zum Bürgermeister der verklagten Stadtgemeinde gewählt. In der Anstellungsurkunde vom 1. April des genannten Jahres wurde ihm ein allmählich bis zum Höchstbetrag von 4500 M. steigendes Bargehalt und „außerdem freie Wohnung im Werte von 500 M." zugesichert. Nach Ablauf seiner Amtsperiode wurde er wiedergewählt und auf weitere 12 Jahre als Bürgermeister angestellt. „Als Gehalt erhalten Sie" — so heißt es in der Anstellungsurkunde vom 2. Juni 1919 — „nach der für die Bürgermeisterstelle zurzeit bestehenden Gehaltsordnung ein Grundgehalt von 3000 M., das von drei zu drei

Jahren um je 600 M. bis 6000 M. steigt, neben einer freien Dienstwohnung im ruhegehaltsfähigen Werte von 874 M." Auf Grund des preußischen Gesetzes betr. vorläufige Regelung verschiedener Punkte des Gemeindebeamtenrechts vom 8. Juli 1920 (GS. S. 383) erließ die Beklagte am 13. Dezember 1920 eine neue Gehaltsordnung, wonach der Bürgermeister in die Gruppe 10 der für die unmittelbaren Staatsbeamten geltenden Besoldungsordnung eingereiht wurde, und brachte nach Inkrafttreten des preußischen Beamten-Diensteinkommensgesetzes vom 17. Dezember 1920 (GS. 1921 S. 135) den Wert der freien Dienstwohnung in Höhe von 900 M. von seinem Gehalt in Abzug. Der Kläger hielt diese Maßnahme für ungesetzlich und rief die Entscheidung des Bezirksausschusses an, der durch Beschluß vom 9. Januar 1923 den Anspruch des Klägers auf freie Dienstwohnung seinem Antrag entsprechend für berechtigt erklärte. Dieser Beschluß wurde von der Beklagten nicht angefochten.

Da im Jahre 1925 einige Mitglieder der Stadtverordnetenversammlung die Auffassung vertraten, daß dem Kläger neben der freien Dienstwohnung nicht auch noch die Ortszulage gezahlt werden dürfe, wandte sich dieser nochmals an den Bezirksausschuß mit der Bitte, ihm den Anspruch auf freie Dienstwohnung neben dem auf Gewährung des Wohnungsgeldzuschusses zuzuerkennen. Der Antrag wurde vom Bezirksausschuß am 8. September 1925 zurückgewiesen. Die Beschwerde des Klägers hatte nur insofern Erfolg, als der Provinzialrat am 19. Juli 1926 in Abänderung des Beschlusses des Bezirksausschusses feststellte, daß dem Kläger ein wohlerworbenes Recht auf freie Dienstwohnung zustehe, deren Wert nach Maßgabe der für die Staatsbeamten geltenden Bestimmungen auf den Ortszuschlag anzurechnen sei. Innerhalb von sechs Monaten nach Zustellung des Provinzialratsbeschlusses erhob der Kläger gemäß § 7 des preußischen Kommunalbeamtengesetzes vom 30. Juli 1899 (GS. S. 141) Klage und beantragte, die Beklagte zu verurteilen, ihm freie Dienstwohnung ohne Anrechnung ihres Wertes auf den Ortszuschlag zu gewähren. Landgericht und Oberlandesgericht gaben der Klage statt. Die Revision der Beklagten blieb erfolglos.

Gründe:

... Das Berufungsgericht stützt ebenso wie das Landgericht seine dem Kläger günstige Entscheidung auf die Rechtskraft des Bezirksausschuß-Beschlusses vom 9. Januar 1923, die eine nochmalige sachliche Erörterung des in ihm festgestellten Anspruchs ausschließe. Die Revision rügt unrichtige Anwendung der Grundsätze über Rechtskraft und Verletzung des § 322 ZPO. sowie des § 7 KBG.

Der Beschluß vom 9. Januar 1923 hat zweifellos formelle Rechtskraft erlangt, da die Beklagte von der durch § 7 KBG. begründeten Anfechtungsmöglichkeit keinen Gebrauch gemacht hat. Fraglich kann nur sein, ob und in welchem Umfang er auch der materiellen Rechtskraft fähig ist und ob auf ihn der im § 322 ZPO. zum Ausdruck gelangte Rechtsgedanke sinngemäß Anwendung zu finden hat. Für die Entscheidungen im Verwaltungsstreitverfahren wird diese Anwendung grundsätzlich zu bejahen sein. Sie ist auch vom Oberverwaltungsgericht wiederholt bejaht worden (vgl. Entsch. Bd. 76 S. 399, auch § 100 des preußischen Landesverwaltungsgesetzes vom 30. Juli 1883 [GS. S. 195], der von der Wiederaufnahmeklage gegen die im Verwaltungsstreitverfahren ergangenen, rechtskräftig gewordenen Urteile handelt). Wegen der im Beschlußverfahren ergehenden Entscheidungen der Verwaltungsbehörden hat das Oberverwaltungsgericht ausgesprochen, daß ihre Tragweite nur im Einzelfall unter Berücksichtigung der dafür maßgebenden gesetzlichen Vorschriften und unter Würdigung der Natur des Rechtsverhältnisses sowie der Formen des zu seiner Feststellung dienenden Verfahrens bestimmt werden könne (Entsch. Bd. 41 S. 284). Dem ist beizutreten. Nach Art. 129 Abs. 1 RVerf. steht zwar für vermögensrechtliche Ansprüche der Beamten aus ihrem Dienstverhältnis grundsätzlich der Rechtsweg offen. Seine Zulässigkeit kann aber reichs- oder landesgesetzlich von bestimmten Voraussetzungen abhängig gemacht und an bestimmte Zeitgrenzen gebunden werden. Das ist bei den vermögensrechtlichen Ansprüchen der Kommunalbeamten aus dem Dienstverhältnis in § 7 KBG. geschehen, der als unerläßliche Prozeßvoraussetzung eine Vorentscheidung des Bezirksausschusses erfordert.

Was somit zunächst das Beschlußverfahren vor ihm und in der Beschwerdeinstanz vor dem Provinzialrat anlangt, so ist es in den §§ 115 flg. LVG. so geregelt, daß es den Parteien volle Gewähr für eine gewissenhafte Erörterung des Streitstoffs und eine unparteiische Sachentscheidung bietet. Der Zwang aber, den der Gesetzgeber im § 7 KBG. wegen der Anrufung des Bezirksausschusses auf die Beamten ausübt, bezweckt, die dort genannten Ansprüche aus dienstlichen Rücksichten und auch im sonstigen Interesse der Parteien im Verwaltungsweg zu erledigen und Prozesse über sie möglichst zu verhüten. Deshalb wurde die Zulässigkeit des Rechtswegs auch an die Einhaltung einer von der Zustellung der Verwaltungsentscheidung an laufenden sechsmonatigen Frist geknüpft. Daraus folgt, daß die Entscheidung des Bezirksausschusses, wenn die Streitteile mit ihr zufrieden sind, d. h. sie weder im Beschwerde- noch im Klagewege anfechten, nach Ablauf der Anfechtungsfristen unter ihnen einen Rechtszustand schaffen soll und schafft, dessen spätere Abänderung — durch den ordentlichen Richter jedenfalls — ausgeschlossen ist. Dann würde aber nicht Rechtssicherheit, sondern eine unerträgliche Rechtsunsicherheit geschaffen, wenn man einem Streitteil gestatten wollte, den vom Bezirksausschuß einmal entschiedenen Anspruch ihm nochmals zu unterbreiten und auf Grund der Zustellung des neuen, die frühere Entscheidung aufhebenden oder bestätigenden Beschlusses der einen oder der anderen Partei die bereits verwirkte Möglichkeit der Beschreitung des Rechtswegs wieder zu eröffnen. Deshalb steht es einem Beamten nicht frei, die für die Klagbarkeit von Beamtenansprüchen gesetzlich bestimmte Frist (vgl. § 150 RBG., § 2 des preußischen Gesetzes, betr. die Erweiterung des Rechtswegs vom 24. Mai 1861, GS. S. 241; § 23 des preußischen Pensionsgesetzes vom 27. März 1872, GS. S. 268), wenn sie einmal verstrichen ist, durch Anbringung wiederholter Gesuche wieder in Lauf zu setzen.

Die nach Vorstehendem erforderliche Prüfung der Gesamtverhältnisse, unter denen der Beschluß vom 9. Januar 1923 ergangen ist, und des Zweckes, zu dem dies geschehen ist, ergibt danach, daß dem Beschlusse materielle Rechtskraft innewohnt. Damit steht auch das Urteil des erkennenden Senats vom 1. März 1910 III 183/09 im Einklang, wonach der Gehaltsanspruch eines Kommunalbeamten erfolgreich mit dem Einwand bekämpft werden kann, daß er schon durch einen von ihm früher erwirkten und im ordentlichen Rechtsweg nicht angefochtenen Beschluß des Bezirksausschusses rechtskräftig aberkannt sei. Der durch den Beschluß vom 9. Januar 1923 herbeigeführte Rechtszustand konnte somit auch vom Bezirksausschuß nicht mehr abgeändert werden, vorausgesetzt, daß der vorliegende Rechtsstreit denselben Tatbestand und dieselbe Rechtsfrage zum Gegenstand hat, die den Gegenstand des im Jahre 1923 vom Bezirksausschuß endgültig entschiedenen Streites bildeten. Das hat aber das Oberlandesgericht einwandfrei bejaht. Zwar läßt die Formel des Beschlusses vom 9. Januar 1923, die „das wohlerworbene Recht des Klägers auf freie Dienstwohnung" feststellt, nicht ohne weiteres erkennen, ob durch sie sein Recht nicht nur auf eine freie, sondern auch auf eine abzugsfreie Dienstwohnung festgestellt werden sollte. Die Frage aber, ob es zulässig sei, den Ortszuschlag um den Mietwert der Dienstwohnung zu kürzen, bildete von Anfang an den Kernpunkt des Streites der Parteien. Gerade die Kürzung der Dienstbezüge des Klägers um 900 M., d. h. um den angeblichen Wert der Dienstwohnung im Jahre 1921/22, wurde von ihm als Unrecht empfunden und führte zur ersten Anrufung des Bezirksausschusses. Daß dieser die Nichtberechtigung eines solchen Abzugs aussprechen wollte, erhellt, wie der Berufungsrichter ohne Rechtsirrtum annimmt, unzweideutig aus der Begründung des Beschlusses vom 9. Januar 1923. Die Gründe einer Entscheidung gehen zwar an sich nicht in Rechtskraft über, sie können aber in Zweifelfällen zur Feststellung des Gegenstands, um den es sich in dem Streit gehandelt hat, und zur Auslegung der Urteilsformel sowie zur Bestimmung ihrer Tragweite mitherangezogen werden. Dem Berufungsrichter ist daher kein Vorwurf daraus zu machen, daß er im gegebenen Falle diesen Weg eingeschlagen hat. In den Gründen seines Beschlusses vom 9. Januar 1923 führt der Bezirksausschuß aus, daß der Wegfall der freien Dienstwohnung für den Bürgermeister oder die Anrechnung ihres Wertes auf seine Dienstbezüge nur zulässig wäre, wenn der Antragsteller in erkennbarer Weise ausdrücklich oder stillschweigend auf das ihm bisher eingeräumte Recht verzichtet hätte. Im Anschluß daran legt er dar, daß ein solcher Verzicht des Bürgermeisters zu verneinen sei. Im Hinblick hierauf und auf die gesamte Sachlage konnte der Berufungsrichter ohne Rechtsirrtum zur Überzeugung gelangen und feststellen, daß der Bezirksausschuß mit der Anerkennung des Rechts auf freie Dienstwohnung in der Beschlußformel zugleich der Stadt die Befugnis hat absprechen wollen und abgesprochen hat, ihren Wert auf die sonstigen Dienstbezüge des Klägers in Anrechnung zu bringen.

Da der Kläger mit der wiederholten Anrufung des Bezirksausschusses im Jahre 1925 und mit der gegenwärtigen Klage nichts anderes als Feststellung der Nichtberechtigung dieser Anrechnung bezweckt und da er sich zur Begründung ihrer Unrechtmäßigkeit in erster Reihe auf die Rechtskraft des Bezirksausschuß-Beschlusses vom 9. Januar 1923 berufen hat, so bildet diese den ausschlaggebenden Klagegrund (actio judicati). Das Oberlandesgericht mußte sich, weil es im Verhalten des Klägers, insbesondere in der neuen Anrufung des Bezirksausschusses, keinen Verzicht auf die Rechtskraftwirkungen des genannten Beschlusses oder auf sein darin festgestelltes Recht erblickt, darauf beschränken, zu wiederholen, was nach dem Beschluß vom 9. Januar 1923 Rechtens war und Rechtens ist.

Das Oberlandesgericht verkennt zwar nicht, daß die Rechtskraft des Beschlusses nicht entscheidend sein würde, wenn das durch ihn für den Kläger festgestellte Recht auf freie Dienstwohnung ohne Anrechnung ihres Wertes auf die Ortszulage, das als „wohlerworbenes" im Sinne des Art. 129 Abs. 1 RVerf. anzusehen ist, vom Gesetzgeber später wieder beseitigt worden wäre. Das konnte aber nur im Wege eines verfassungsändernden Reichsgesetzes geschehen. Ein solches ist jedoch seit dem Beschlusse vom 9. Januar 1923 nicht erlassen worden, so daß sich die (vom Oberlandesgericht vorgenommene) Prüfung der Fortgeltung des im Januar 1923 in Kraft befindlichen § 7 preuß. BDEG. erübrigt.

Das oben erwähnte wohlerworbene Recht des Klägers besteht also unverändert fort und mußte, da es vom Provinzialrat verneint oder wenigstens eingeschränkt worden ist, vom Berufungsgericht ohne Nachprüfung der materiellen Richtigkeit des Beschlusses vom 9. Januar 1923 antragsgemäß festgestellt werden.

RGZ. 122, 113

1. Welche oberste Reichsbehörde hat die Entscheidung zu treffen, die der Klage eines Reichsbeamten aus seinem Dienstverhältnis vorhergehen muß?

2. Wird das rechtliche Interesse eines Beamten an der alsbaldigen Feststellung eines Gehaltsanspruchs dadurch berührt, daß er infolge widerruflicher Beschäftigung im Reichsdienst vorläufig einen dem beanspruchten Gehalt gleichkommenden Betrag aus Reichsmitteln erhält?

3. Sind die Gerichte dann, wenn ein Reichsbeamter in den einstweiligen Ruhestand versetzt worden ist, weil sein Amt infolge einer Umbildung der Reichsbehörden aufgehört habe, zu prüfen berechtigt, ob er in der umgebildeten Reichsbehörde eine planmäßige Stelle bekleidet hat?

4. Ist die Versetzung eines Beamten in eine andere Behörde möglich, ohne daß das Amt bezeichnet wird, das er in ihr bekleiden soll?

5. Wird die unzulässige Versetzung eines Reichsbeamten in den einstweiligen Ruhestand ohne weiteres wirksam, wenn ein Grund eintritt, aus dem sie nunmehr erfolgen könnte?

RBG. §§ 24, 150, 151, 155. ZPO. § 256.

III. Zivilsenat. Urt. v. 12. Oktober 1928 i. S. Deutsches Reich (Bekl.) w. K. (Kl.). III 45/28.

I. Landgericht I Berlin. II. Kammergericht daselbst.

Der Kläger war Präsident der Reichsvermögensverwaltung für die besetzten rheinischen Gebiete in Koblenz. Am 6. März 1921 wurde er von der Rheinland-Kommission aus den besetzten Gebieten ausgewiesen. In der Folgezeit wurde er im Reichsschatzministerium beschäftigt, zu dessen Geschäftsbereich damals die genannte Reichsvermögensverwaltung gehörte. Am 11. August 1921 erging folgende, vertretungsweise von einem Ministerialdirektor gezeichnete Verfügung des Reichsschatzministeriums: „Ich versetze den Präsidenten K. hierdurch mit 1. August 1921 von der Reichsvermögensverwaltung für das besetzte rheinische Gebiet in Koblenz zum Reichsschatzministerium. Er bezieht seine Besoldung in Höhe der bisherigen Gebührnisse aus der offenen 6. Ministerialdirektorstelle." Zum 1. April 1923 wurde das Reichsschatzministerium aufgelöst. Die vom Kläger geleitete Abteilung ging als Auflösungsstelle zum Reichsministerium der Finanzen über. Nach Beendigung ihrer Abwicklungstätigkeit wurde er durch Erlaß des Reichspräsidenten vom 29. Oktober 1923, den der Reichsminister der Finanzen gegengezeichnet hatte, auf Grund des § 24 RBG. zum 1. November 1923 einstweilig in den Ruhestand versetzt.

Der Kläger erkennt seine Versetzung in den einstweiligen Ruhestand nicht als rechtsgültig an. Er behauptet, Präsident der Reichsvermögensverwaltung für die besetzten rheinischen Gebiete geblieben zu sein. Er sei in keine planmäßige Stelle des Reichsschatzministeriums versetzt, sondern dort nur kommissarisch beschäftigt worden. Da er diesem Ministerium nicht angehört habe, berühre dessen Auflösung das von ihm bekleidete Amt nicht, so daß § 24 RBG. auf ihn nicht anwendbar sei. Er habe deshalb Anspruch nicht bloß auf Wartegeld, sondern immer noch auf das volle Gehalt seiner Präsidentenstelle. Dieses stehe ihm auch dann zu, wenn seine Versetzung in den einstweiligen Ruhestand rechtswirksam sein sollte, da diese Maßnahme auf einer schuldhaften Amtspflichtverletzung des Reichsministers der Finanzen beruhe. Nicht berührt werde sein Anspruch dadurch, daß er beim Reichssparkommissar beschäftigt werde und daher zur Zeit den Unterschied zwischen Gehalt und Wartegeld anderweitig aus Reichsmitteln beziehe. Die Dauer dieser Tätigkeit sei völlig unbestimmt. Bei der ablehnenden

Stellungnahme der Reichsministerien ihm gegenüber sei er also jederzeit der Gefahr ausgesetzt, daß ihm nur Wartegeld gezahlt werde. Deshalb sei er berechtigt, auf künftige Gehaltszahlung zu klagen.

Am 27. Oktober 1925 hat der Kläger ein Gesuch um Entscheidung über seinen Gehaltsanspruch an den Reichsminister für die besetzten Gebiete gerichtet, dem gegenwärtig die Reichsvermögensverwaltung für die besetzten rheinischen Gebiete unterstellt ist. Dieser hat das Gesuch an den Reichsminister der Finanzen zur Bearbeitung weitergegeben und hat das dem Kläger durch Bescheid vom 20. November 1925 mitgeteilt. Der Reichsminister der Finanzen hat das Gesuch durch Erlaß vom 24. Dezember 1925 abgelehnt. Nunmehr hat der Kläger Klage erhoben und beantragt, den Beklagten zu verurteilen, ihm vom Zeitpunkt seines Ausscheidens aus der vorübergehenden Beschäftigung im Reichsdienst den Unterschied zwischen Wartegeld und aktivem Gehalt eines Präsidenten der Vermögensverwaltung für die besetzten rheinischen Gebiete nach Maßgabe der bis zur Zeit des Pensionsfalls für die im aktiven Reichsdienst befindlichen Beamten jeweils geltenden gesetzlichen Vorschriften in monatlichen Abschnitten vorauszahlbar nebst 10 % Zinsen aus den jeweils fälligen Abschnitten seit Fälligkeit zu zahlen. Die Klage ist dem Reichsminister für die besetzten Gebiete am 29. April 1926 zugestellt worden. Auf Veranlassung des Gerichts erster Instanz wurde sie am 8. Juni 1927 auch dem Reichsminister der Finanzen zugestellt.

Der Beklagte hat gegenüber der Klage folgendes geltend gemacht:

1. Der Kläger habe die Frist des § 150 RBG. nicht innegehalten. Er habe zuletzt unter dem Reichsminister der Finanzen gestanden, der daher das Reich ihm gegenüber zu vertreten habe. Bereits durch Erlasse dieses Ministers vom 30. Oktober 1923 sowie vom 22. Juli und 30. September 1925 seien seine Ansprüche abgelehnt worden, spätestens jedenfalls durch den Bescheid vom 24. Dezember 1925. Die Zustellung der Klage an den zur Vertretung des Reiches in dieser Angelegenheit nicht zuständigen Reichsminister für die besetzten Gebiete sei ohne rechtliche Wirkung gewesen, die Zustellung an den Reichsminister der Finanzen aber zu spät erfolgt.

2. Der Kläger habe an der von ihm begehrten Entscheidung kein Interesse. Er habe infolge seiner dauernden Beschäftigung beim Reichssparkommissar stets das von ihm beanspruchte volle Gehalt aus Reichsmitteln bezogen und beziehe es auch gegenwärtig noch. Es sei nicht damit zu rechnen, daß diese Beschäftigung in absehbarer Zeit aufhören werde. Sachlich sei der gegenwärtige Streit also ohne Bedeutung.

3. Nach § 155 RBG. könne die Rechtsgültigkeit der Versetzung des Klägers in den einstweiligen Ruhestand nicht von den Gerichten nachgeprüft werden.

4. Der Kläger sei am 11. August 1921 zum Reichsschatzministerium versetzt worden. Damit sei er planmäßiger Beamter des Reichsschatzministeriums geworden mit Tätigkeit und Stellung eines Abteilungs-

leiters sowie mit der Amtsbezeichnung „Präsident" und den entsprechenden Dienstbezügen, wie er sie vor seiner Versetzung gehabt habe, zuzüglich der Ministerialzulage. Er sei auch mit dieser Versetzung einverstanden gewesen. Dieses neue Amt des Klägers sei mit der Auflösung des Reichsschatzministeriums weggefallen, so daß die Anwendung des § 24 RBG. auf ihn gerechtfertigt sei. Seine Versetzung in den einstweiligen Ruhestand sei mit Recht von dem dafür zuständigen Reichsminister der Finanzen gegengezeichnet worden.

5. Keinesfalls könne der Kläger Gehalt bis zum Eintritt des Pensionsfalls fordern, da die Reichsvermögensverwaltung für die besetzten rheinischen Gebiete aufgelöst werde, sobald das besetzte Gebiet geräumt werde. Dann falle auch das vom Kläger beanspruchte Amt als Präsident der genannten Behörde fort, spätestens damit werde seine Versetzung in den einstweiligen Ruhestand wirksam.

Der Kläger hat bestritten, daß er mit seiner Versetzung in das Reichsschatzministerium einverstanden gewesen sei.

Das Landgericht hat nach dem Klagantrag erkannt; das Kammergericht hat die Berufung des Beklagten mit der Maßgabe zurückgewiesen, daß der Kläger die ihm zugesprochenen Bezüge nur bis zum Eintritt des Pensionsfalls zu beanspruchen habe und daß der Zinsanspruch abgewiesen werde. Die Revision des Beklagten blieb erfolglos.

Gründe:

1. Die oberste Reichsbehörde, deren Entscheidung nach § 150 RBG. der Klage eines Reichsbeamten aus seinem Dienstverhältnis vorhergehen muß, ist, wie sich bei Zusammenhalt mit § 151 Abs. 1 RBG. ergibt, diejenige, unter welcher der Beamte — mittelbar oder unmittelbar — steht oder gestanden hat. Der Kläger fordert das ihm als Präsidenten der Reichsvermögensverwaltung für die besetzten rheinischen Gebiete zustehende Gehalt. Diese Behörde gehört zum Geschäftsbereich des Reichsministers für die besetzten Gebiete, dem ihr Präsident unmittelbar untersteht. Daraus folgt, daß für die Bemessung der Klagefrist von dem Bescheid dieses Ministers auszugehen ist und daß ihm binnen 6 Monaten seit Bekanntgabe seines Bescheids an den Kläger die Klage zugestellt sein muß.

Der Beklagte bestreitet, daß der Kläger noch Präsident der genannten Behörde sei, da er in das Reichsschatzministerium übergeführt und nach dessen Auflösung in den einstweiligen Ruhestand versetzt worden sei. Dieser Einwand richtet sich gegen den Klaganspruch selbst. Denn wenn die Behauptungen des Beklagten richtig sind, so hat das vom Kläger im Reichsschatzministerium verwaltete Amt infolge Fortfalls dieses Ministeriums aufgehört, so daß, wie er selbst nicht bestreitet, seine einstweilige Versetzung in den Ruhestand nach § 24 RBG. zulässig war. Er kann dann nicht mehr Gehalt, sondern nur das ihm stets gewährte Wartegeld fordern.

Die sachliche Einwendung des Beklagten ist jedoch für die Beurteilung der zur Erörterung stehenden prozessualen Vorfrage ohne Belang. Auszugehen ist, wie bei der Prüfung der Zulässigkeit des Rechtswegs überhaupt, vom Klagevorbringen; dieses ist als tatsächlich richtig zu unterstellen. Bei seiner rechtlichen Beurteilung ist das Gericht allerdings nicht an die Auffassung des Klägers gebunden. Indessen ist hier unzweifelhaft und unbestritten, daß für den Kläger nur der Reichsminister für die besetzten Gebiete als oberste Reichsbehörde in Frage kommt, falls er — und darauf wird die Klage gestützt — seine Stelle als Präsident der Reichsvermögensverwaltung für die besetzten rheinischen Gebiete nicht verloren hat. In diesem Punkte unterscheidet sich der vorliegende Fall von dem im Urteil des Senats vom 24. April 1925 III 209/24 (JW. 1925 S. 1877 Nr. 4) behandelten. Dort war streitig, welchem Geschäftsbereich die Stelle angehörte, die der damalige Kläger innegehabt hatte, während es sich hier darum handelt, welche von zwei nach ihrer Ressortzugehörigkeit unbestrittenen Stellen der Kläger bekleidet hat oder jetzt noch bekleidet.

Die an den Kläger ergangenen Bescheide des Reichsministers der Finanzen sind demnach für die Wahrung der Frist des § 150 RBG. ohne Belang. Das Berufungsgericht findet eine dieser Vorschrift genügende Entscheidung des Reichsministers für die besetzten Gebiete schon in dem Erlaß vom 20. November 1925, durch den der Kläger von der Abgabe seines Gesuchs an den Reichsfinanzminister benachrichtigt wurde und dem die Klageerhebung binnen sechs Monaten gefolgt ist. Ob dem beizutreten wäre, kann dahinstehen. Denn jedenfalls liegt eine solche Entscheidung im Antrag auf Klagabweisung, den der Minister als gesetzlicher Vertreter des Reiches im jetzigen Rechtsstreit gestellt hat.

Es mag bemerkt werden, daß der Reichsminister der Finanzen für den Prozeß nur deshalb neben dem Reichsminister für die besetzten Gebiete als gesetzlicher Vertreter des Beklagten in Betracht kommt, weil der Kläger hilfsweise seinen Anspruch auf eine Amtspflichtverletzung des erstgenannten Ministers stützt. Diesem Anspruch gegenüber hat er das Reich zu vertreten.

2. Die prozessuale Zulässigkeit der Klage läßt sich nicht, wie der Vorderrichter annimmt, aus § 259 ZPO. begründen. Die Klage genügt den an eine Leistungsklage zu stellenden Erfordernissen insofern nicht, als sie keine bestimmte, insbesondere keine zahlenmäßige Angabe darüber enthält, was gefordert wird, sondern hierfür lediglich auf die jeweils geltenden gesetzlichen Vorschriften verweist. Es handelt sich, obgleich um „Verurteilung" des Beklagten gebeten worden ist, in Wirklichkeit um eine Feststellungsklage. Für sie sind indessen die Voraussetzungen des § 256 ZPO. gegeben, wie sich ohne Berücksichtigung der in dieser Instanz von den Parteien vorgebrachten neuen Behauptungen über Art und voraussichtliche Dauer der Tätigkeit des Klägers beim Reichssparkommissar aus folgenden Erwägungen ergibt:

Der Kläger verlangt Feststellung des Bestehens seines Anspruchs auf Gehalt, also eines Rechtsverhältnisses. An dieser Feststellung hat er ein rechtliches Interesse, wenngleich er allmonatlich von der Reichskasse einen Betrag ausgezahlt erhält, der dem von ihm beanspruchten Gehalt gleichkommt. Denn gezahlt wird ihm diese Summe nicht als Gehalt, sondern als Wartegeld, und zu dem dieses übersteigenden Betrag als Vergütung für seine rechtlich jederzeit widerrufliche Tätigkeit beim Reichssparkommissar. Für jeden Beamten ist es aber wesentlich, zu wissen, auf welcher beamtenrechtlichen Stellung seine Dienstbezüge beruhen, da sie deren rechtlichen Charakter bestimmt. Wird die von ihm beanspruchte Dienststellung von seiner obersten Dienstbehörde bestritten, so hat er ein rechtliches Interesse daran, seiner Auffassung von der Rechtsnatur seines Diensteinkommens durch Richterspruch zur Anerkennung zu verhelfen. Dieses gegenwärtige Interesse wird nicht dadurch berührt, daß das Reich den Kläger zurzeit geldlich so stellt, als ob er noch die von ihm beanspruchte Dienststellung innehätte. Damit werden zwar seine wirtschaftlichen Belange befriedigt, sein rechtliches Begehren bleibt aber weiterhin unerfüllt. Sein rechtliches Interesse an der alsbaldigen Feststellung seines ihm bestrittenen Gehaltsanspruchs muß deshalb unabhängig von seiner anderweitigen Beschäftigung im Reichsdienst anerkannt werden.

3. § 155 RBG. steht dem Klagebegehren nicht entgegen. ... Nur solche Verwaltungsentscheidungen sind der Nachprüfung durch die Gerichte entzogen, die an sich geeignet sind, das Beamtenverhältnis — hier das aktive Beamtenverhältnis — zu beendigen. Diese Begrenzung der richterlichen Befugnisse deckt sich nicht, wie das Berufungsgericht meint, mit der von Rechts- und Tatfrage. Auch an die rechtliche Beurteilung, die eine Disziplinar- oder Verwaltungsbehörde dem Sachverhalt hat zuteil werden lassen, sind die Gerichte gebunden. Voraussetzung dafür ist aber immer das Vorliegen einer an sich zulässigen Entscheidung. Trifft eine Verwaltungs- oder Disziplinarbehörde eine Entscheidung, die, von der tatsächlichen und rechtlichen Gestaltung des Einzelfalles ganz abgesehen, nach dem Stand der Gesetzgebung überhaupt unzulässig ist, so ist sie auch für die Beurteilung der vermögensrechtlichen Ansprüche des betroffenen Beamten nicht maßgebend.

Ein solcher Fall ist hier gegeben. Nach § 24 RBG., auf den die Überführung des Klägers in den Wartestand gestützt worden ist, kann jeder Reichsbeamte unter Bewilligung des gesetzlichen Wartegeldes einstweilig in den Ruhestand versetzt werden, wenn das von ihm verwaltete Amt infolge einer Umbildung der Reichsbehörden aufhört. Daß die Auflösung des Reichsschatzministeriums eine Umbildung im Sinne des Gesetzes darstellt, ist unzweifelhaft und unbestritten. Streitig ist aber — und darin liegt der Unterschied von dem in RGZ. Bd. 12 S. 70[1])

[1]) In diesem Band S. 1.

behandelten Fall —, ob der Kläger ein Amt in diesem aufgelösten Ministerium innegehabt hat. Zu jener Entscheidung braucht daher nicht Stellung genommen zu werden. Nur für die Beamten, die in der umgebildeten Reichsbehörde ein Amt verwaltet, d. h. eine planmäßige Stelle bekleidet haben, ist eine Versetzung in den einstweiligen Ruhestand aus diesem Anlaß statthaft. Gesetzlich unzulässig ist dagegen die Erstreckung der Maßnahme auf einen Beamten, der einer andern Behörde angehört. War der Kläger bei der Auflösung des Reichsschatzministeriums, wie er behauptet, noch Präsident der Reichsvermögensverwaltung für die besetzten rheinischen Gebiete, so konnte er überhaupt nicht auf Wartegeld gesetzt werden. Ein Rechtsgrund für seine Überführung in den Wartestand ist in solchem Falle undenkbar. Als eine für den zu fällenden Richterspruch maßgebende Verwaltungsentscheidung kann die Versetzung des Klägers in den einstweiligen Ruhstand also nur dann angesehen werden, wenn er Beamter des Reichsschatzministeriums bei dessen Auflösung war. Der Prüfung dieser Frage hat sich daher das Kammergericht mit Recht unterzogen.

4. Die Versetzung des Klägers aus seiner Stellung als Präsident der Reichsvermögensverwaltung für die besetzten rheinischen Gebiete in das Reichsschatzministerium sieht der Beklagte in der Verfügung vom 11. August 1921. Das Berufungsgericht hat diese jedoch dahin ausgelegt, daß sie keine solche Versetzung enthalte, sondern nur bedeute, der Kläger solle im Reichsschatzministerium kommissarisch beschäftigt werden. Diese Auslegung beruht auf tatsächlichen Erwägungen, insbesondere auch auf einer Würdigung der Aussage des vernommenen Zeugen, und ist daher für die Revisionsinstanz bindend. Mit dem Wortlaut der Verfügung ist sie vereinbar, sie widerspricht auch keinen gesetzlichen Auslegungsregeln. Auffällig ist zwar, daß die Verfügung sagt: „Ich v e r s e t z e den Präsidenten K. hierdurch mit 1. August 1921 von der Reichsvermögensverwaltung für die besetzten rheinischen Gebiete in Koblenz zum Reichsschatzministerium." Aber schon das Wort „zum" statt „in das" deutet darauf hin, daß nur die Herstellung eines loseren Verhältnisses des Klägers zur Zentralbehörde beabsichtigt gewesen ist. Ausschlaggebend ist jedoch, daß es an jeder Angabe der Stellung fehlt, die der Kläger im Reichsschatzministerium bekleiden sollte. Es ist nicht wohl denkbar, daß ein Beamter in ein anderes Amt versetzt wird, ohne daß dieses bezeichnet wird. Die im Prozeß aufgestellte Behauptung, der Kläger sei planmäßiger Beamter des Reichsschatzministeriums geworden mit der Tätigkeit und der Stellung eines Abteilungsleiters mit der Amtsbezeichnung „Präsident" und mit den entsprechenden Dienstbezügen, wie er sie vor seiner Versetzung gehabt hatte, zuzüglich der Ministerialzulage, scheitert schon daran, daß diese Stelle weder in einer gesetzlichen noch in einer sonstigen organisatorischen Vorschrift vorgesehen war. Dazu kommt, daß nach der eigenen Angabe des Beklagten erst in den Reichshaushaltsplan 1922 der Vermerk aufgenommen worden ist: „Ein

ehemaliger Präsident der Reichsvermögensverwaltung für die besetzten rheinischen Gebiete wird unter Beibehalt seiner bisherigen Gebührnisse aus einer Ministerialratsstelle besoldet." Zunächst hat der Kläger seine Besoldung in Höhe seiner bisherigen Bezüge aus einer damals offenen Ministerialdirektorstelle bezogen, er ist also ersichtlich nicht in eine Planstelle versetzt worden.

Zum mindesten entbehrt die Verfügung vom 11. August 1921 einer klaren Fassung. Der Kläger konnte ihr, auch wenn man berücksichtigt, daß er ein hoher Beamter in leitender Stellung war, nicht mit Sicherheit entnehmen, daß ihm damit seine Stellung als Präsident genommen werden sollte. Unklarheiten in Anordnungen, welche die Rechtsstellung von Beamten betreffen, gehen aber zu Lasten des Staates.

Unter diesen Umständen kommt es auf die nach der mehrgenannten Verfügung liegenden Vorgänge, auf die weitere Behandlung der Personalangelegenheiten des Klägers nicht an. Soweit daraus Rückschlüsse auf den Sinn der Verfügung gezogen werden sollen, können sie gegenüber der zum mindesten undeutlichen Fassung der Verfügung nicht ins Gewicht fallen. Eine Zustimmung des Klägers zu seiner Versetzung kommt aber nicht in Frage, wenn diese überhaupt nicht verfügt worden ist.

Der Kläger gehörte mithin bei Auflösung des Reichsschatzministeriums diesem nicht als planmäßiger Beamter an, sondern war noch immer Präsident der Reichsvermögensverwaltung für die besetzten rheinischen Gebiete. Deshalb war es unzulässig, ihn aus Anlaß dieser Auflösung in den einstweiligen Ruhestand zu versetzen. Er kann auch jetzt noch sein Gehalt als Präsident fordern.

5. Die Tatsache, daß mit dem Aufhören der Besetzung deutschen Gebiets auf Grund des Versailler Vertrags aller Voraussicht nach die Reichsvermögensverwaltung für die besetzten rheinischen Gebiete aufgehoben werden wird, ist, wie das Kammergericht mit Recht annimmt, für den Klaganspruch unerheblich. Die Versetzung des Klägers in den einstweiligen Ruhestand ist unwirksam und wird auch nicht wirksam, wenn das Amt des Klägers als Präsident der genannten Behörde späterhin aufhört. Vielmehr tritt erst dann ein gesetzlicher Grund ein, der die Versetzung des Klägers in den Wartestand rechtfertigen könnte. Die zuständigen Stellen müssen, wenn er eingetreten ist, ermessen, ob von ihm Gebrauch gemacht werden soll.

In dieser Beurteilung der Sachlage liegt kein Überschreiten der Schranken, die der richterlichen Entscheidungsbefugnis gezogen sind. Der Erlaß des Reichspräsidenten vom 29. Oktober 1923 wird damit nicht für unwirksam erklärt oder aufgehoben. Nur soweit es die den Gerichten zustehende Entscheidung über die vermögensrechtlichen Ansprüche des Klägers erfordert, wird als Vorfrage die Wirksamkeit des genannten Erlasses geprüft, während das Urteil ihn unmittelbar nicht berührt. Anderseits würde es in die Entscheidung dieser Vorfrage einen Widerspruch hineintragen, wenn sich das Gericht, wie die Revision will, auf den Standpunkt stellte, daß die einstweilige Zurruhesetzung des Klägers mit dem Wegfall seiner Präsidentenstelle ohne weiteres in Kraft trete. Es würden dann die vermögensrechtlichen Folgen der Unwirksamkeit des früheren Erlasses in einer Weise beschränkt, die sich gesetzlich nicht rechtfertigen ließe. Sollte beim Aufhören der Präsidentenstelle die Versetzung des Klägers in den einstweiligen Ruhestand nicht wiederholt werden, so würde ihm nach den oben entwickelten Grundsätzen weiter Gehalt zustehen. Dieser Folge kann der Beklagte nur entgehen, wenn er die Unwirksamkeit der ersten Zurruhesetzung des Klägers anerkennt, wozu er im Rechtswege freilich nicht gezwungen werden kann und wozu ihn auch eine der gegenwärtigen Klage stattgebende Entscheidung nicht verpflichtet. Das bleibt nach wie vor seiner freien Entschließung anheimgestellt.

Das Berufungsgericht hat demnach die Verpflichtung des Beklagten, dem Kläger das Gehalt eines aktiven Präsidenten der Reichsvermögensverwaltung für die besetzten rheinischen Gebiete zu zahlen, mit Recht bis zum Eintritt des Pensionsfalls erstreckt, wobei unter „Pensionsfall“ jeder Fall der rechtmäßigen Beendigung jenes Amtes des Klägers zu verstehen ist.

RGZ. 122, 295

Fließt die Vergütung, die der preußische Landkreistag den von ihm verwendeten Personen gewährt, aus öffentlichen Mitteln?

§ 27 Abs. 1, 2 des preuß. Pensionsgesetzes i. d. F. des Art. IV des Gesetzes vom 12. Juli 1923 (GS. S. 305).

III. Zivilsenat. Urt. v. 16. November 1928 i. S. Preuß. Staat (Bekl.) w. K. (Kl.). III 112/28.

I. Landgericht Königsberg. II. Oberlandesgericht daselbst.

Der Kläger, der als preußischer Landrat im Jahre 1920 pensioniert worden ist, hat vom Beklagten, dem Preußischen Staat, zunächst ein Ruhegehalt empfangen. Seit dem 1. Juli 1926 verweigert der Beklagte die Weiterzahlung des Ruhegehalts um deswillen, weil der Kläger unstreitig für seine Tätigkeit als Leiter des preußischen Landkreistags seit Februar 1924 ein sein Landratsgehalt übersteigendes Gesamteinkommen bezieht. Der Kläger hat deshalb den Rechtsweg beschritten. Das Landgericht hat seine Klage auf Fortzahlung der Pension abgewiesen; das Oberlandesgericht hat ihr stattgegeben. Die Revision des Beklagten wurde zurückgewiesen.

Gründe:

Die Revision rügt, daß das Berufungsgericht die Vorschrift des § 27 Abs. 1, 2 des preuß. Pensionsgesetzes i. d. F. des Art. IV des Gesetzes vom 12. Juli 1923 verletzt habe, indem es die Einbehaltung des Ruhegehalts des Klägers für unberechtigt erkläre, weil der Kläger als Leiter des preußischen Landkreistags nicht im öffentlichen Dienste stehe. Zur Begründung wird geltendgemacht, daß nach der genannten Vorschrift jede Tätigkeit eines Pensionärs schon dann zur Kürzung der Pension führe, wenn die Vergütung unmittelbar oder mittelbar aus öffentlichen Mitteln fließe, und daß diese Voraussetzung beim Landkreistag vorliege, weil er seine Mittel aus den Beiträgen der Landkreise erhalte.

Die Auffassung, daß die Bezüge des Klägers aus öffentlichen Mitteln flössen, ist nicht zutreffend. Bei Auslegung des § 27 Abs. 2 des preuß. Pensionsgesetzes ist davon auszugehen, daß diese Vorschrift eine Ausnahmebestimmung gegenüber den pensionierten Beamten darstellt und daher nicht ausdehnend ausgelegt werden darf. Im Beamtenrecht gilt der — nur vorübergehend durch die Personalabbauverordnung beseitigte — Grundsatz, daß der pensionierte Beamte, auf dessen Tätigkeit der Staat verzichtet hat, frei über seine Arbeitskraft verfügen kann und sich eine Kürzung seiner Pension nur bei Wiederverwendung im öffentlichen Dienst gefallen lassen muß. Wenn § 27 Abs. 2 eine Kürzung der Pension für den Fall vorsieht, daß die Vergütung des Pensionärs unmittelbar oder mittelbar aus öffentlichen Mitteln fließt, so kann dem nicht die Bedeutung beigelegt werden, daß die Vorschrift in jedem Falle eingreift, in dem der Ursprung der Mittel in irgendwelcher Weise auf öffentliche Mittel zurückgeht. Ein solcher Fall, in dem die Kürzung der Pension eine Überspannung des Gedankens des § 27 Abs. 2 bedeuten würde, liegt hier vor. Der Landkreistag ist nach seiner Satzung ein Verein des bürgerlichen Rechts, der in das Vereinsregister eingetragen ist. Die Mitglieder des Vereins, die Landkreise, unterliegen in Ansehung ihres Beitritts zum Landkreistage keinem Zwang; sie schließen sich freiwillig dem Verband an und leisten ihm ihre Beiträge auf Grund des § 5 der Satzung. Wenn die Beiträge auch insofern aus öffentlichen Mitteln fließen, als die Kreise ihrerseits die von ihnen an den Landkreistag gezahlten Summen regelmäßig auf dem Wege der Erhebung öffentlicher Abgaben empfangen haben werden, so fällt doch entscheidend ins Gewicht, daß diese Gelder durch Hingabe an den bürgerlichrechtlichen Verein, den Landkreistag, und durch den Übergang in das Vereinsvermögen sich in privatrechtliche Mitgliedsbeiträge verwandeln und damit ihren öffentlichrechtlichen Charakter verlieren. Leistet daher der Verein Zahlungen aus seinem Vereinsvermögen, in das die Beiträge gelangt sind, so können diese Zahlungen nicht mehr als aus öffentlichen Mitteln fließend angesehen werden. Der preußische Finanzminister selbst hat in seiner Verfügung vom 8. Oktober 1923 über das Ruhen der Pensionen bei Verwendung von Pensionären im Reichs-, Staats- oder in einem sonstigen öffentlichen Dienste anerkannt, daß § 27 Abs. 2 keine Anwendung finde auf Beschäftigungen bei Unternehmen, an denen „das Reich (ein Land oder eine sonstige öffentliche Körperschaft) in privatrechtlicher Gesellschaftsform mit Kapitalseinlagen beteiligt ist (z. B. bei vom Staat oder unter Staatsbeteiligung gegründeten Aktiengesellschaften, Siedlungsgesellschaften usw.)". Wenn der Minister gleichwohl in derselben Verfügung die Tätigkeit bei einem Städtebund und beim Verband deutscher Landkreise als Beschäftigung im öffentlichen Dienst ansieht, so widerspricht er damit dem von ihm selbst aufgestellten Grundsatz. Denn der Landkreis, der dem Landkreistag angehört, ist Mitglied eines Vereins des bürgerlichen Rechts und leistet als solches die ihm nach bürgerlichem Recht obliegenden Beiträge. Die Angestellten des Vereins stehen rechtlich nicht anders da als die Angestellten einer vom Kreis oder unter Beteiligung des Kreises gegründeten Aktiengesellschaft.

RGZ. 123, 191

Ist die Beschwerde eines preußischen Volksschullehrers im Ruhestande gegen einen seine Ruhegehaltsansprüche ablehnenden Bescheid der Regierung deshalb unwirksam, weil er sie statt an den zuständigen Oberpräsidenten an den nicht zuständigen Minister für Wissenschaft, Kunst und Volksbildung gerichtet hat?

Preuß. Ges. betr. die Pensionierung der Lehrer und Lehrerinnen an den öffentlichen Volksschulen vom 6. Juli 1885/10. Juni 1907 Art. I §§ 14, 15.
Preuß. Gesetz über Änderungen in dem Diensteinkommen der Lehrer und Lehrerinnen an den öffentlichen Volksschulen vom 13. April 1922 Art. I § 6.

III. Zivilsenat. Urt. v. 25. Januar 1929 i. S. A. (Kl.) w. Preuß. Staat (Bekl.). III 292/28.

I. Landgericht Breslau. II. Oberlandesgericht daselbst.

Der Kläger war Volksschullehrer. Zum 1. Mai 1910 wurde er wegen Krankheit unter Gewährung des gesetzlichen Ruhegehalts in den Ruhestand versetzt. Späterhin fand er auf kürzere und längere Zeit bei anderen Behörden und bei Gemeinden vorübergehend Verwendung. Mit dem Antrag, ihm diese Beschäftigungszeiten auf seine ruhegehaltsfähige Dienstzeit anzurechnen, wandte sich der Kläger am 18. Juni 1925 an die Regierung in Breslau. Diese lehnte den Antrag durch Verfügung vom 22. August 1925 ab. Hiergegen legte er am 9. September 1925 Beschwerde ein. Auf diese erhielt er von der genannten Regierung einen Bescheid vom 12. November 1925, in dem sie ihm im Auftrag des Ministers für Wissenschaft, Kunst und Volksbildung mitteilte, daß eine Anrechnung der nach seiner Zurruhesetzung liegenden Beschäftigungszeit aus den in ihrem Bescheid vom 22. August bereits angeführten Gründen nicht möglich sei. Am 1. Mai 1926 hat dann der Kläger gegen den preußischen Staat die gegenwärtige Klage erhoben mit dem Antrage, diesen zu verurteilen, er habe anzuerkennen, daß bei der Berechnung des ruhegehaltsfähigen Dienstalters des Klägers die Zeit des von ihm bei den in Frage kommenden anderen Stellen geleisteten Dienstes anzurechnen sei. Der Beklagte wendet in erster Linie ein, daß der Kläger es unterlassen habe, innerhalb von sechs Monaten seit Empfang des Bescheids der Regierung vom 22. August 1925 den Oberpräsidenten anzurufen. Dadurch sei ihm die Möglichkeit, den Rechtsweg zu beschreiten, genommen worden. Der Kläger vertritt demgegenüber die Auffassung, daß der ihm durch die Verfügung der Regierung vom 12. November 1925 mitgeteilte Bescheid des Ministers den des Oberpräsidenten ersetze. Mit dessen Bekanntgabe habe die Klagefrist für ihn zu laufen begonnen, die er eingehalten habe.

Das Landgericht hat die Klage teilweise, das Oberlandesgericht hat sie völlig abgewiesen. Die Revision des Klägers führte zur Aufhebung und Zurückverweisung.

Gründe:

Das Oberlandesgericht hat die Klage deshalb abgewiesen, weil sich der Kläger nicht innerhalb der gesetzlich vorgeschriebenen Frist von sechs Monaten über den ablehnenden Bescheid der Regierung vom 22. August 1925 beim Oberpräsidenten beschwert habe. Dieser Abweisungsgrund trifft indessen nicht zu.

Das preußische Gesetz betr. die Pensionierung der Lehrer und Lehrerinnen an den öffentlichen Volksschulen vom 6. Juli 1885/10. Juni 1907 bestimmt in Art. I:

„§ 14. Die Entscheidung darüber, ob und welche Pension einem Lehrer bei seiner Versetzung in den Ruhestand zusteht, erfolgt durch die Schulaufsichtsbehörde.

§ 15. Die Beschreitung des Rechtswegs gegen diese Entscheidung (§ 14) steht dem Lehrer sowie dem zur Unterhaltung der Schule Verpflichteten offen; doch muß die Entscheidung des Unterrichtsministers der Klage vorangehen und letztere sodann, bei Verlust des Klagerechts, innerhalb 6 Monaten, nachdem diese Entscheidung den Beschwerdeführern bekanntgemacht worden ist, erhoben werden. Der Verlust des Klagerechts tritt auch dann ein, wenn von den Beteiligten gegen die Entscheidung der Schulaufsichtsbehörde über den Anspruch auf Pension nicht binnen gleicher Frist die Beschwerde an den Unterrichtsminister erhoben ist."

Diesen § 15 änderte der § 25 des Volksschullehrer-Diensteinkommensgesetzes vom 17. Dezember 1920/24. November 1921 in der ihm durch Art. I § 6 des Gesetzes über Änderungen in dem Diensteinkommen der Lehrer und Lehrerinnen an den öffentlichen Volksschulen vom 13. April 1922 (GS. S. 99) eingefügten Ziff. 3a dahin ab, daß an Stelle des Unterrichtsministers der Oberpräsident entscheidet. Es ist danach allerdings richtig, daß der Kläger, wenn er sein Klagerecht nicht verlieren wollte, innerhalb sechs Monaten nach Empfang der Entscheidung der Regierung vom 22. August 1925 Beschwerde an den Oberpräsidenten erheben mußte. Das hat er aber auch getan durch die am 9. September 1925, also fristgemäß, eingelegte Beschwerde. Von ihr steht bisher nicht einmal fest, ob sie überhaupt an eine bestimmte Dienststelle gerichtet war. War sie das nicht, so enthielt sie die Anrufung der zuständigen Behörde, also des Oberpräsidenten. Das muß ebenso dann gelten, wenn sich der Kläger in seiner Beschwerde ausdrücklich an den Minister gewandt haben sollte. Ihn hat er in diesem Fall nur als die vermeintlich zuständige Stelle genannt, während er die Entscheidung der wirklich zuständigen erbitten wollte. Gerade angesichts der 1922 erfolgten Änderung des Lehrerpensionsgesetzes liegt es auf der Hand, daß der Kläger in Unkenntnis von der durch sie geschaffenen neuen Rechtslage den Minister genannt hat. Die mit der Eingabe befaßten Behörden, denen die Neuregelung der Zuständigkeit bekannt war, konnten nicht darüber im Zweifel sein, daß der Kläger die in § 15 des Lehrerpensionsgesetzes vorgesehene Beschwerdestelle anzugehen beabsichtigte. Sie durften sich bei ordnungsmäßiger Prüfung der Sachlage durch die falsche Bezeichnung des Empfängers nicht irreleiten lassen. Für sie lag mit hinreichender Deutlichkeit eine Beschwerde vor, die sich an die zu ihrer Entscheidung berufene Stelle, mithin an den Oberpräsidenten, richtete. An diesen hätte deshalb das Schriftstück weitergeleitet werden müssen. Der Minister hätte sich einer Entscheidung enthalten sollen. Seiner Ablehnung der Beschwerde, die dem Kläger durch den Bescheid der Regierung vom 12. November 1925 übermittelt worden ist, kommt unter diesen Umständen keine Bedeutung zu. Der Kläger hat die Beschwerdefrist gewahrt und damit das getan, was das Gesetz von ihm zur Erhaltung seines Klagerechts verlangt. Die weitere Klagefrist konnte erst mit einer Entscheidung des Oberpräsidenten ihren Lauf beginnen; diese Entscheidung ist während des Rechtsstreits ergangen. Das Verlangen des Oberlandesgerichts, der Kläger hätte seine erste Beschwerde nach Empfang der Verfügung vom 12. November 1925 wiederholen sollen, entbehrt der gesetzlichen Grundlage und muß auch als durchaus unbillig bezeichnet werden.

RGZ. 123, 208

Sind Verträge rechtswirksam, welche bezwecken, die nach § 59 des Reichsbeamtengesetzes eintretende Beschränkung des Ruhegehalts zu verhüten?

III. Zivilsenat. Urt. v. 29. Januar 1929 i. S. Deutsche Reichspost (Bekl.) w. 1. Th. (Kl.), 2. Allg. Ortskrankenkasse H. (Streitgehilfin). III 161/28.

I. Landgericht Halle a. S. II. Oberlandesgericht Naumburg a. S.

Der Kläger war nach seinem Ausscheiden aus dem Postdienst Angestellter der Streitgehilfin. Am 1. Januar 1922 verließ er auch diesen Dienst. Als „Abfindung" bewilligte sie ihm durch Vergleich vom 19. Mai 1921 eine lebenslängliche Jahreszahlung, neben welcher Hinterbliebenenbezüge und Kinderzulagen entsprechend den gesetzlichen Vorschriften gewährt werden sollten. Ferner wurde bestimmt:

> Unter gegebenen Umständen ist die Abfindungssumme auf die Höhe der Herrn Th. (dem Kläger) gegenwärtig zustehenden gesetzlichen Pension zu bringen.

Am 20. Juni 1922 vereinbarten der Kläger und die Streitgehilfin zur Behebung von Zweifeln u. a. folgendes:

> Die Parteien sind sich darüber einig, daß die Worte .... „gesetzliche Pension" so auszudeuten sind, daß darunter der Geldbetrag zu verstehen ist, welcher einem Beamten, der im Mai 1921 in den Ruhestand getreten ist, jeweils zukommt. Das mit den Worten „unter gegebenen Umständen" Gemeinte bezieht sich auf eine etwaige Kürzung der Herrn Th. zufließenden Postpension. Der Fall ... ist gegeben, wenn diese Postpension ohne Verschulden des Herrn Th. gekürzt werden sollte.

Der Kläger hat gegen die jetzige Streitgehilfin Ansprüche aus dem Vergleich im Prozeßwege geltend gemacht und auch ein obsiegendes Urteil erstritten. *In diesem Vorprozeß hatte die damalige Beklagte*, jetzige Streitgehilfin, der jetzigen Beklagten, der Deutschen Reichspost, den Streit verkündet, und diese war ihr beigetreten. Der Kläger hat dann auf Grund des Vergleichs Zahlungen von der Streitgehilfin erhalten, und daraufhin wurden entsprechende Abzüge von seiner Postpension gemacht. Diese Abzüge berechnet der Kläger für die Zeit vom 1. Dezember 1925 bis 30. August 1927 auf 2019,66 RM. Er hat nach fruchtloser Anrufung der Verwaltungsbehörde Klage auf Zahlung dieses Betrags nebst Zinsen erhoben. Diesem Antrag ist die von ihm angerufene Streitgehilfin beigetreten. Die Klage ist im ersten Rechtszug abgewiesen worden. Das Berufungsgericht hat ihr stattgegeben. Die Revision führte zur Aufhebung des Berufungsurteils und zur Zurückverweisung.

Gründe:

Verklagt ist, worüber in diesem Rechtszuge die Parteien einig sind und wie es auch der Rechtslage — vgl. Reichspostfinanzgesetz vom 18. März 1924 (RGBl. I S. 287) — entspricht, die Deutsche Reichspost. Da ihre Beamten nach § 12 des genannten Gesetzes Reichsbeamte sind, ist gemäß § 547 ZPO. in Verbindung mit § 71 Abs. 2 Nr. 1 GVG. die Revision zulässig, obgleich der streitige Anspruch nicht gegen das Deutsche Reich erhoben ist. ...

Auch sachlich finden, da § 12 a. a. O. nicht entgegensteht, die für Reichsbeamte geltenden Vorschriften auf den vorliegenden Fall Anwendung, so auch § 59 RBG., der bestimmt, daß dann, wenn ein Pensionär außerhalb des Reichsdienstes eine Pension erdient, die unmittelbar oder mittelbar aus öffentlichen Mitteln gewährt wird, neben ihr die Reichspension nur bis zur Erreichung des in § 58 Abs. 2 das. bezeichneten Betrags zu zahlen ist. Hiervon ausgehend hat die Beklagte die fragliche Kürzung vorgenommen. Die Streitgehilfin als Revisionsbeklagte bestreitet die Berechtigung dazu und trägt vor, ihre Zahlungen stellten nicht die Gewährung von Ruhegehaltsbezügen dar, sondern von Abfindungsbeträgen, zu deren Zahlung sie sich im Vergleich unter Ausschluß der Ruhegehaltsgewährung verpflichtet habe. Die Beklagte, so meint sie, sei nicht befugt, die Zahlungen rechtlich anders, etwa als Ruhegehaltszahlungen, anzusehen;

denn in dem Prozeß, den der Kläger gegen sie, seine jetzige Streitgehilfin, geführt habe, sei rechtskräftig festgestellt worden, daß der Anspruch des Klägers auf die ihm im Vergleich gewährten Abfindungszahlungen kein Ruhegehalts-, sondern ein „rein bürgerlich-rechtlicher Vertragsanspruch" sei. An diese rechtliche Feststellung sei die Beklagte gebunden, weil sie ihr damals als Streitgehilfin beigetreten sei. Das Berufungsgericht hat sich diese auf § 74 Abs. 3, § 68 ZPO. gestützte Rechtsauffassung zu eigen gemacht und ausgeführt: da hiernach keine Pension vorliege, finde auch § 59 RBG. keine Anwendung; folglich sei die Beklagte zu Abzügen nicht berechtigt gewesen.

Nun erstreckt sich allerdings die Rechtskraft des im Vorprozeß ergangenen Urteils der heutigen Beklagten gegenüber, welcher der Streit verkündet war, auf die tatsächlichen und rechtlichen Grundlagen der damaligen Entscheidung. Sie muß es also gegen sich gelten lassen, daß der Kläger gegen die Streitgehilfin keinen Ruhegehalts-, sondern einen bürgerlichrechtlichen Anspruch hat. Damit ist indessen der Rechtsstreit noch nicht entschieden, sondern es ist folgendes zu erwägen:

Die jetzt maßgebende Fassung des § 59 RBG. beruht auf der neunten Ergänzung des Besoldungsgesetzes vom 18. Juni 1923 (RGBl. I S. 385). Denjenigen Reichspensionären, die bei Erlaß dieses Gesetzes schon Bezüge aus öffentlichen Mitteln erhielten, konnte ihr aus Reichsmitteln fließendes Ruhegehalt nur im Rahmen der bisherigen Bestimmungen entzogen werden, nicht aber nach Maßgabe der Neufassung und der damit verbundenen Erweiterung der Kürzungsvorschriften, nämlich des hier einschlägigen Art. 2 des genannten Gesetzes. Auf diese ihm günstige Rechtslage kann sich aber der Kläger nicht berufen. Denn er beansprucht Zahlungen für die Zeit vom 1. Dezember 1925 bis 31. August 1927. Für diesen Zeitraum gilt jedoch die auf dem Ermächtigungsgesetz vom 13. Oktober 1923 (RGBl. I S. 943) beruhende Gesetzgebung, die über etwaige Beamtenrechte hinweggehen konnte. Auf Grund dieses Ermächtigungsgesetzes ist die Reichs-Personal-Abbau-Verordnung vom 27. Oktober 1923 (RGBl. I S. 999) ergangen. Dort ist in Art. 10 § 9 bestimmt, daß, wenn Versorgungsberechtigte im öffentlichen Dienste verwendet werden, ihre Bezüge nach Maßgabe der neunten Ergänzung des Besoldungsgesetzes zu kürzen sind. Das infolgedessen nun doch hier anzuwendende, oben erwähnte Gesetz vom 18. Juni 1923 sieht aber in Art. 2 und der hierdurch veranlaßten nunmehrigen Fassung des Reichsbeamtengesetzes die hier in Frage stehende Kürzung vor und bestimmt ferner, wer in solchem Fall als im öffentlichen Dienst verwendet angesehen werden soll. Trifft letzteres ebenfalls auf den Kläger zu, dann kann er den Schutz wohlerworbener Rechte nicht beanspruchen.

Nach dem in § 59 angezogenen und hier maßgebenden § 57 Nr. 2 a. a. O. ist davon auszugehen, daß die dem Kläger wegen seines Dienstes bei der Streitgehilfin gewährte Vergütung, mag sie auch in Form einer

Abfindungsrente gewährt werden, aus öffentlichen Mitteln erfolgt. Das entspricht der in Verwaltung und Rechtsprechung anerkannten Auffassung. Würde ihm die Vergütung als Ruhegehalt gewährt, so wäre sie unbestreitbar, wie geschehen, abzuziehen. Im Vergleich vom 19. Mai 1921 und im Abkommen vom 20. Juni 1922 wurden die oben wiedergegebenen Bestimmungen getroffen.

Die Fassung des Abkommens vom 20. Juni 1922, die Umstände, unter denen es geschlossen worden ist, sein Zweck und Ergebnis nötigen zu der Prüfung, ob damals der Kläger und die Streitgehilfin beabsichtigt haben, eine Rechtslage zu schaffen, die beim Kläger den Eintritt von Folgen verhütete, wie sie sich aus § 59 RBG. ergeben. Daß das in rechtswirksamer Weise geschehen konnte und hier geschehen ist, verstand sich aber keineswegs von selbst. Wäre das Abkommen zur absichtlichen Umgehung des Gesetzes getroffen worden, so wäre zu prüfen, ob es trotzdem wirksam war. Die planmäßige Umgehung eines Gesetzes kann, auch wenn sie kein besonderes Verbot verletzt, dennoch sittenwidrig und deshalb nichtig sein, zumal dann, wenn das betreffende Gesetz in der Not des Vaterlands und zu ihrer Bekämpfung erlassen worden ist. Die hiernach notwendige Prüfung des Zweckes der fraglichen Vereinbarung und ihrer Wirksamkeit wird auch nicht durch den Umstand erübrigt, daß das Gesetz vom 18. Juni 1923 noch nicht erlassen war, als das Abkommen getroffen wurde. Auch die Absicht, eine erwartete oder als möglich vorhergesehene Gesetzeslage zu umgehen, wird regelmäßig nicht anders zu beurteilen sein. ...

RGZ. 124, 85

1. Ist das Gericht berechtigt zu prüfen, ob Umbildung einer Reichsbehörde stattgefunden hat?

2. Ist eine Delegation der dem Reichspräsidenten zustehenden Organisationsgewalt zur Vornahme einer solchen Umbildung zulässig?

3, Wann liegt eine solche Umbildung vor?

4. Wann hat ein Amt infolge Umbildung der Behörde aufgehört?

RBG. §§ 24, 155.

III. Zivilsenat. Urt. v. 9. April 1929 i. S. J. (Kl.) w. Deutsches Reich (Bekl.). III 352/28.

I. Landgericht I Berlin.

Der Kläger war Ministerialrat und Dirigent einer Unterabteilung des Reichsfinanzministeriums. Er ist zum 1. Oktober 1926 in den einstweiligen Ruhestand versetzt worden. Das verstoße, so behauptet er, gegen § 24 RBG., Art. 131 RVerf. und § 839 BGB. in Verbindung mit § 1 des Reichsgesetzes vom 22. Mai 1910 (RGBl. S. 798) und berechtige ihn, statt der ihm gewährten Wartegeldsbezüge Gehaltszahlung zu beanspruchen. Hierauf fußend hat er nach vergeblicher Anrufung des Reichsfinanzministers Klage gegen das Deutsche Reich auf Zahlung eines Teilbetrags erhoben.

Mit dieser abgewiesen, hat er — unter Zustimmung des Reiches die Berufungsinstanz übergehend — Revision eingelegt. Diese hat zur Aufhebung des angefochtenen Urteils und zur Zurückverweisung an das Kammergericht geführt.

Gründe:

.... Auf Anstehen und unter Gegenzeichnung des Reichsfinanzministers hat der Reichspräsident am 7. September 1926 eine Verordnung erlassen, die im Reichsgesetzblatt (I S. 469) veröffentlicht worden ist und folgendermaßen lautet:

§ 1.

Im Vollzuge der Reichsverwaltungsreform wird das Reichsfinanzministerium unter den Gesichtspunkten der Vereinheitlichung der Geschäftsleitung sowie besseren Verteilung und sparsamen Nutzung der Arbeitskräfte umgebildet. § 24 des Reichsbeamtengesetzes findet Anwendung.

§ 2.

Mit der Durchführung der Umbildung wird der Reichsminister der Finanzen beauftragt.

§ 3.

Der Abschluß der Umbildung ist mir anzuzeigen.

Gestützt auf diese Verordnung hat der genannte Minister eine Änderung des Reichsfinanzministeriums vorgenommen, in deren Verfolg u. a. der Kläger in den einstweiligen Ruhestand versetzt worden ist. Ist diese Änderung als eine Umbildung des Reichsfinanzministeriums im Sinne des § 24 RBG. und das vom Kläger bis dahin verwaltete Amt als hierdurch aufhörend anzusehen, so muß der Kläger sich dem fügen und kann den eingeklagten Anspruch nicht erheben. Der Beklagte hat behauptet, das zu prüfen stehe dem Gericht nicht zu; denn gemäß § 155 RBG. sei ihm gegenüber die vorliegende Entscheidung der Verwaltungsbehörde darüber maßgebend, ob und von welchem Zeitpunkt an der Kläger einstweilig in den Ruhestand versetzt worden sei. Das trifft unbedenklich für den Fall zu, daß eine an sich zulässige Entscheidung der Verwaltungsbehörde vorliegt. Hätte aber die Entscheidung — vom Einzelfall abgesehen — nach dem Stande der Gesetzgebung überhaupt nicht getroffen werden dürfen, so wäre sie auch nicht geeignet gewesen, die bis dahin bestehende Rechtslage zu ändern, und wäre somit auch für die Beurteilung des eingeklagten vermögensrechtlichen Anspruchs nicht maßgebend. Daran also, daß die Gerichte an die gemäß § 150 RBG. ergehenden Entscheidungen gebunden sind, besteht kein Zweifel; sie haben aber zu prüfen, ob die gesetzlichen Voraussetzungen für den Erlaß derartiger Entscheidungen vorliegen. Das bestreitet der Beklagte, und er bezieht sich dabei auf RGZ. Bd. 12 S. 70[1]).

[1]) In diesem Band S. 1.

Diese Entscheidung verhält sich über einen ähnlichen Fall wie den vorliegenden: ein in den einstweiligen Ruhestand versetzter Beamter klagte Gehalt ein und bestritt, daß das von ihm verwaltete Amt infolge gesetzmäßig vollzogener Umbildung der Behörde aufgehört habe. Damals verneinte das Reichsgericht (II. Zivilsenat), daß das Gericht nachprüfen dürfe, ob die Behörde aus zureichendem gesetzlichen Grunde den Kläger aus dem Amte entfernt habe, und erklärte: § 155 RBG. sei notwendig dahin zu verstehen, daß er den Richter bei Beurteilung der privatrechtlichen Ansprüche an die von den Disziplinar- und Verwaltungsbehörden geschaffene öffentlichrechtliche Lage binde (a. a. O. S. 73)[2]). Unter „privatrechtlichen" Ansprüchen sind dort die vermögensrechtlichen verstanden (a. a. O. S. 72)[3]). Diese Auffassung ist längst überholt. Indessen kommt es zunächst weniger hierauf als auf die dort ausgesprochene Ansicht an, daß der Richter an die von den Verwaltungsbehörden geschaffene öffentlichrechtliche Lage gebunden sei. Das entspricht dem Gesetz, setzt aber doch voraus, daß eben eine Rechtslage geschaffen worden ist, nicht nur ein tatsächlicher Zustand. Hierfür kann es rechtlich nicht genügen, daß eine Behörde eine entsprechende Behauptung aufstellt. Denn nicht schon an eine solche Erklärung hat § 24 RBG. die in ihm ausgesprochene Rechtsfolge geknüpft, sondern der dort vorgesehene Fall muß eingetreten, die vom Gesetze bestimmte Rechtslage muß geschaffen worden sein. Nicht lediglich die behördliche Erklärung kann als maßgebend angesehen, sondern es muß geprüft werden, ob das Vorgehen der Behörde an sich rechtlich zulässig gewesen ist und so die gesetzlich vorgesehene Lage geschaffen hat. Soweit diese Ansicht ein Abgehen von der Entscheidung in RGZ. Bd. 12 S. 70[1]) enthalten mag, erübrigt sich gleichwohl ein Vorgehen gemäß § 136 GVG. Denn die vorgenannte, vor mehr als 44 Jahren ergangene Entscheidung beruht in der sie bestimmenden Grundauffassung auf Anschauungen über die Rechtsnatur des Beamtenverhältnisses und der Beamtenansprüche, welche durch die spätere Rechtsentwicklung, vollends durch diejenige seit Erlaß der Reichsverfassung überholt sind. In einem solchen Falle wird ein Abweichen im Sinne des § 136 GVG. nicht für vorliegend erachtet.

Der vorstehend erörterten Rechtsauffassung ist das angefochtene Urteil nicht gerecht geworden. Es hat davon abgesehen, selbst zu prüfen, ob, wie der Beklagte behauptet, damals eine Umbildung des Reichsfinanzministeriums im Sinne des § 24 RBG. erfolgt ist. Daher konnte es nicht aufrecht erhalten werden, sondern es war unter Anwendung der §§ 564, 565, 566a Abs. 5 ZPO. wie geschehen zu erkennen.

Bei der hiernach vorzunehmenden Prüfung wird das Kammergericht selbstverständlich von der oben wiedergegebenen Verordnung des Reichspräsidenten auszugehen haben. Der Kläger trägt Einzelheiten vor, die

---

[2]) In diesem Band S. 3.
[3]) In diesem Band S. 2, 3.

dartun sollen, daß vor und bei Erwirkung dieser Verordnung gewissen Bestimmungen der Geschäftsordnung der Reichsregierung (RMinBl. 1924 S. 173, 237) sowie dienstlichen Gepflogenheiten zuwidergehandelt worden sei. Dem nachzugehen erübrigt sich; denn etwaige Ordnungswidrigkeiten dieser Art können die Rechtswirksamkeit der Verordnung, gegen deren Verfassungsmäßigkeit keinerlei Bedenken bestehen, nicht beeinträchtigen. Sie selbst enthält allerdings keine Bestimmung, die als eine Umbildung des Reichsfinanzministeriums angesehen werden könnte, sondern sie verheißt nur in § 1 die Vornahme einer Umbildung. Mit deren Durchführung wird in § 2 der Reichsfinanzminister beauftragt. Die Verordnung enthält also insoweit eine Übertragung (Delegation) der dem Reichspräsidenten zustehenden Organisationsgewalt an den Reichsfinanzminister. So wie geschehen ist diese für zulässig zu erachten, zumal da sie eine bestimmte zeitliche und sachliche Begrenzung sowie eine genau bezeichnete Zielsetzung enthält. Daß, wenn in Verfolg dieser Verordnung eine „Umbildung" des Reichsfinanzministeriums eintrat, § 24 RBG. Anwendung zu finden hatte, entsprach der Rechtslage und ist in der Verordnung noch ausdrücklich ausgesprochen. Letzteren Umstand dahin zu deuten, daß jede Maßnahme, die der Reichsfinanzminister aus Anlaß dieser Verordnung treffen würde, als ein nach § 24 RBG. zu beurteilender Sachverhalt gelten solle, ist nach Wortlaut und Sinn der Verordnung ausgeschlossen. Der Beklagte hat auch keineswegs eine dahingehende Behauptung aufgestellt.

Der Kläger bestreitet, daß die vom Reichsfinanzminister auf Grund der Verordnung vorgenommenen Maßnahmen eine „Umbildung" des Ministeriums gewesen seien; er behauptet, sie hätten sich — so ist sein Vorbringen kurz zusammenzufassen — auf eine „Umordnung" der genannten Behörde beschränkt. Der Unterschied zwischen diesen beiden Maßnahmen ist, wie auch die am 10. November 1926 vom damaligen Reichsfinanzminister dem Reichstag vorgelegte Denkschrift über die Umbildung des Reichsfinanzministeriums (Drucks. Nr. 2659 der dritten Wahlperiode) zutreffend ausführt, kein solcher des Umfangs, sondern ein solcher der Art und ist auf die sich aus den gesamten Umständen ergebende Beurteilung sowie besonders darauf abzustellen, ob wesentliche organisatorische Änderungen getroffen worden sind. Maßgebend ist daher, ob Veränderungen von solcher Art stattgefunden haben, daß nicht nur der Geschäftsgang, sondern auch die Organisation des Reichsfinanzministeriums sachlich geändert worden ist.

Anscheinend von ähnlichen Gesichtspunkten ausgehend hat das angefochtene Urteil in anderem Zusammenhang ausgesprochen: „Die Veränderungen im Reichsfinanzministerium stellen sich nur als eine Geschäftsplanänderung aus Zweckmäßigkeitsgründen dar, aber nicht als eine organische Umbildung einer Reichsbehörde". Worauf sich in tatsächlicher Hinsicht diese Ausführung des Urteils stützt, wird aber nicht gesagt. Daher läßt sich nicht beurteilen, ob sie auf rechtlich einwandfreier Grundlage beruht. Sie gibt insbesondere auch dem Zweifel Raum, ob sie, wenn vielleicht im Ausgangspunkt richtig, doch bei Durchführung der Beurteilung rechtlich zutreffend geblieben ist; denn auch „eine Geschäftsplanänderung aus Zweckmäßigkeitsgründen" kann sachlich und rechtlich „eine organische Umbildung" der Behörde enthalten. Die einander ausschließende Gegenüberstellung beider Maßnahmen geht also fehl und läßt auf rechtliche Verkennung des Begriffs der Umbildung im Sinne des § 24 RBG. schließen.

Bei der hiernach vorzunehmenden Prüfung wird ferner zu beachten sein, daß auch eine nicht völlig gelungene Umbildung immer noch eine solche im Rechtssinne sein kann. Entscheidend wird sein, ob eine Umbildung gewollt war und ob die Maßnahmen, die zu ihrer Durchführung vorgenommen worden sind, hierzu geeignet, insbesondere also wesentliche organische Änderungen waren. Ob sie ihren Zweck erfüllt haben, ist nicht zu prüfen. Führt die nach diesen Gesichtspunkten vorzunehmende Prüfung zu der Annahme, daß damals eine Umbildung des Reichsfinanzministeriums im Sinne von § 24 RBG. stattgefunden hat, so wird weiterhin zu prüfen sein, ob das vom Kläger verwaltete Amt infolge dieser Umbildung aufgehört hat. Damit würde es nicht unvereinbar sein, daß die vom Kläger bis dahin verwalteten Dienstgeschäfte nicht weggefallen sind und daß es nach wie vor im Reichsfinanzministerium Abteilungsdirigenten gibt. Wesentlich ist, ob die vom Kläger bisher innegehabte Amtsstelle im Rahmen und zum Zweck der in § 1 der Verordnung des Reichspräsidenten vorgeschriebenen Vereinheitlichung der Geschäftsleitung sowie der besseren Verteilung und sparsamen Nutzung der Arbeitskräfte eingezogen worden ist. Ist das der Fall, so konnte der Kläger gemäß § 24 RBG. einstweilig in den Ruhestand versetzt werden.

Darin, daß gerade er betroffen worden ist, kann, wenn ein nach § 24 RBG. zu beurteilender Sachverhalt als vorliegend angenommen wird, nicht ohne weiteres die Verletzung einer dem Kläger gegenüber bestehenden Amtspflicht erblickt werden. Für eine solche Annahme fehlt bisher jede Grundlage.

RGZ. 124, 192

1. Sind Verwaltungshandlungen, welche die Anstellung oder Zurruhesetzung eines Beamten betreffen, wegen eines Willensmangels der Behörde anfechtbar?

2. Hat eine solche Anfechtung rückwirkende Kraft?

BGB. § 119.

III. Zivilsenat. Urt. v. 23. April 1929 i. S. G. (Kl.) w. Stadtgemeinde B. III 345/28.

I. Landgericht Breslau.

Im März 1925 ist der Kläger, der bis dahin im Dienste der verklagten Stadtgemeinde gestanden hat, auf seinen Antrag zum 1. April jenes Jahres wegen Dienstunfähigkeit in den Ruhestand versetzt worden; dabei wurde ihm die Höhe des ihm — unter Vorbehalt der Genehmigung der Stadtverordnetenversammlung — zugedachten Ruhegehalts mitgeteilt. Ehe noch die letztere ihre Zustimmung erteilt hatte, stellte sich heraus, daß der Kläger umfangreiche Unterschlagungen zum Nachteil der Beklagten verübt hatte. Deshalb ist er rechtskräftig zu einer Gefängnisstrafe von 1 Jahr und 6 Monaten verurteilt worden. Auf Grund dieses Sachverhalts hat der Magistrat durch Schreiben vom 3. März 1926 seine Erklärungen in der dem Kläger gemachten Mitteilung wegen arglistiger Täuschung und Irrtums angefochten und deshalb sowie mit Rücksicht darauf, daß der Beklagten ein Zurückbehaltungs- und Aufrechnungsrecht zustehe, Zahlung verweigert. Der Kläger hat den Bezirksausschuß angerufen. Dieser hat aber die begehrte Feststellung abgelehnt, daß dem Kläger ein Ruhegehalt entsprechend dem oben erwähnten Bescheid zustehe und daß der Magistrat nicht berechtigt sei, wie beabsichtigt, aufzurechnen oder zurückzubehalten. Der Kläger hat nunmehr den Rechtsweg beschritten und jene Feststellung vom Gericht verlangt. Die Klage ist abgewiesen worden. Mit Zustimmung der Beklagten die Berufungsinstanz umgehend hat der Kläger Revision eingelegt. Diese hatte keinen Erfolg.

Gründe:

Der Magistrat der verklagten Stadtgemeinde hat nach der Feststellung des angefochtenen Urteils durch Beschluß vom 25. März 1925 dem Antrag des Klägers zugestimmt, ihn wegen Dienstunfähigkeit zum 1. April jenes Jahres in den Ruhestand zu versetzen. Gegen die Rechtswirksamkeit dieses Beschlusses sind Bedenken in formeller oder materieller Hinsicht weder erhoben noch ersichtlich geworden. Gleichwohl will die Beklagte die ihm entsprechende Mitteilung ihres Magistrats an den Kläger nicht gelten lassen, weil dieser sie nach Kundwerden der Verfehlungen des Klägers und seiner deshalb erfolgten Bestrafung angefochten habe und sie hierdurch nichtig geworden sei. Der Kläger bestreitet, daß eine solche Anfechtung einer bereits wirksam gewordenen Zurruhesetzung rechtlich möglich und daß es überhaupt angängig sei, die Grundsätze des bürgerlichen Rechts über Anfechtung und ihre Wirkungen auf das öffentliche Recht, insbesondere auf Beamtenverhältnisse, zu übertragen. Letztere sind allerdings auch in ihren vermögensrechtlichen Beziehungen ausschließlich nach öffentlichem Recht zu beurteilen und unterliegen weder der Anwendung noch der Übertragung von Grundsätzen des bürgerlichen Rechts (RGZ. Bd. 107 S. 189)[1]. Diejenigen Rechtsgedanken aber, die sich sowohl im bürgerlichen wie im öffentlichen Recht finden und im ersteren eine auch auf letzteres anwendbare Fassung gefunden haben, finden auch im öffentlichen Recht Anwendung, dann aber als zu ihm gehörende Rechtssätze. Ein solcher, auch auf dem Gebiete des öffentlichen Rechts wirksamer Rechtsgedanke ist der einer Anfechtbarkeit von Verwaltungshandlungen wegen Willensmängel, jedenfalls insoweit, als diese Mängel bei der

[1]) In diesem Band S. 69.

Anstellung von Beamten obwalten. ... Aus dieser Rechtsauffassung ergibt sich folgerichtig, daß, wie die zur Begründung des Beamtenverhältnisses führende Anstellung der Anfechtung wegen Willensmängel unterliegen kann, so auch die zur Beendigung des Beamtenverhältnisses führende Zurruhesetzung, wenn von Willensmängeln beeinflußt, anfechtbar ist.

Der Beklagten ist daher zuzugeben, daß ihr Magistrat rechtlich in der Lage gewesen ist, seine hier in Frage stehende Erklärung anzufechten. Er hat das unter Bezugnahme darauf getan, „daß der Kläger im vollen Bewußtsein seiner Verfehlungen das Pensionsgesuch eingereicht und die auf dasselbe bezügliche Erklärung des Magistrats entgegengenommen habe." Das angefochtene Urteil hat in diesem Vorgang eine Anfechtung wegen Täuschung und *Irrtums erblickt und sie durchgreifen lassen.* Die Annahme eines der Anfechtung Raum gebenden Irrtums begegnet keinem rechtlichen Bedenken. Denn die Beklagte war, wenn sie den Kläger auch wegen Dienstunfähigkeit so, wie geschehen, in den Ruhestand versetzen konnte, doch, wie der Revision entgegenzuhalten ist, keineswegs verpflichtet, das schon damals und ohne weiteres zu tun. Im angefochtenen Urteil ist als tatsächliche und für den gegenwärtigen Rechtszug bindende Annahme des Instanzgerichts ausgesprochen, daß der Magistrat der Beklagten zum Eingehen auf das Pensionierungsgesuch durch seinen Irrtum über wesentliche Eigenschaften des Klägers veranlaßt worden sei, und zwar habe er sich über die Pflichttreue des Klägers geirrt. Die Pflichttreue eines Beamten ist aber als dessen im Dienstverkehr wesentlichste Eigenschaft anzusehen. Daher unterliegt es bei dem festgestellten Sachverhalt keinem rechtlichen Bedenken, daß angenommen worden ist, der Magistrat würde bei Kenntnis des Umstands, in wie hohem Maße dem Kläger diese unerläßliche Eigenschaft mangelte, von der Zurruhesetzung, wie sie damals erfolgte, abgesehen haben; zur Erklärung der Zurruhesetzung sei er durch seinen Irrtum über diese Eigenschaft des Klägers veranlaßt worden und er sei daher befugt, sie wegen dieses Irrtums anzufechten.

Diese Anfechtung beseitigte mithin die Rechtswirksamkeit des Magistratsbescheids, auf den der Kläger seinen Klageanspruch stützt, und zwar hob sie ihn mit rückwirkender Kraft auf. Gegenüber den von der Revision gegen diese Rechtsauffassung vorgebrachten Bedenken ist darauf hinzuweisen, daß auch im Gebiete des öffentlichen Rechts die Notwendigkeit besteht, mit einem Willensmangel behaftete und deswegen angefochtene Rechtshandlungen in der Weise beseitigen zu können, daß sie auch für die zurückliegende Zeit der Wirkung entkleidet und so behandelt werden, als ob sie nie vorgenommen worden wären. Welchen Einfluß diese Beseitigung auf solche Verhältnisse und Gestaltungen ausübt, die in Ansehung Dritter auf Grund der nunmehr beseitigten Rechtshandlung inzwischen entstanden waren, braucht bei der Lage des gegenwärtigen Falles nicht erörtert zu werden (vgl. etwa § 78 ALR. II, 10 und für das bürgerliche Recht § 142 Abs. 2 BGB).

RGZ. 125, 1

Unterliegt die Pension eines Ruhegehaltsempfängers während seiner entgeltlichen Beschäftigung bei einer Körperschaft des öffentlichen Rechts der Kürzung ohne Rücksicht darauf, aus welchen Mitteln die gewährte Vergütung fließt?

Reichsbeamtengesetz § 57. Offizierspensionsgesetz § 24. 9. Ergänzung des Besoldungsgesetzes vom 18. Juni 1923 Art. 2 IV, Art. 11.

III. Zivilsenat. Urt. v. 28. Mai 1929 i. S. S. (Kl.) w. Deutsches Reich (Bekl.). III 400/28.

I. Landgericht I Berlin. II. Kammergericht daselbst.

Der Kläger, der als Lazarettverwaltungsinspektor auf Grund des Offizierspensionsgesetzes vom 31. Mai 1906 (RGBl. S. 565) mit Ruhegehalt verabschiedet worden ist, war vom 1. Januar bis 31. Dezember 1926 bei der Provinzial-Lebensversicherungsanstalt Brandenburg angestellt. Das Versorgungsamt hat ihm sein Ruhegehalt gekürzt unter Hinweis auf Art. 11 der 9. Ergänzung des Besoldungsgesetzes vom 18. Juni 1923 (RGBl. I S. 385) in Verbindung mit § 57 RBG. Der Kläger erhob gegen das Deutsche Reich Klage auf Zahlung der einbehaltenen Pensionsbeträge und auf Feststellung, daß der Beklagte nicht zur Kürzung seiner Pension berechtigt sei, indem er behauptete, die Versicherungsanstalt sei keine Persönlichkeit des öffentlichen Rechts und erhalte auch keine Zuschüsse aus öffentlichen Mitteln. Das Landgericht gab der Klage statt. Dagegen wies das Kammergericht sie ab. Die Revision des Klägers wurde zurückgewiesen.

Gründe:

Der Kläger bezieht seine Pension vom Beklagten auf Grund des Offizierspensionsgesetzes. Nach Art. 11 der 9. Ergänzung des Besoldungsgesetzes vom 18. Juni 1923 gelten Vorschriften, die in anderen Reichsgesetzen enthalten sind als dem Reichsbeamtengesetz und dem Beamtenhinterbliebenengesetz über das Ruhen von Pensionen usw. aus Anlaß einer Verwendung der Versorgungsberechtigten als geändert entsprechend den Art. 2 und 3 des Gesetzes vom 18. Juni 1923. Werden Ruhegehaltempfänger, bei denen für das Ruhen ihrer Pension § 24 OPG. maßgebend ist, in einem öffentlichen Dienste beschäftigt, so gelten für sie die Vorschriften des § 57 RBG. in der ihnen durch Art. 2 IV des genannten Gesetzes gegebenen Fassung. Nach Nr. 2 Abs. 1 das. ruht das Recht auf den Bezug der Pension, solange ein Pensionär aus der Verwendung im Reichs- oder in einem sonstigen öffentlichen Dienste ein Diensteinkommen bezieht, insoweit, als der Betrag dieses neuen Diensteinkommens unter Hinzurechnung der Pension den Betrag des von dem Beamten im Zeitpunkt des Ausscheidens aus dem Dienste bezogenen Diensteinkommens übersteigt. Die in der Vorschrift erforderten Voraussetzungen für die Kürzung der Pension lagen beim Kläger während seiner Verwendung bei der

Provinzial-Lebensversicherungsanstalt Brandenburg vor. Er ist Pensionär; er ist während des Jahres 1926 bei der Provinzial-Lebensversicherungsanstalt angestellt gewesen. Diese ist nach dem Inhalt ihrer landesherrlich genehmigten Satzung eine gemeinnützige Anstalt des öffentlichen Rechts und, da sie die Rechte einer juristischen Person hat (§ 3 Abs. 2 der Satzung), eine Persönlichkeit des öffentlichen Rechts. Die Verwendung des Klägers ist demnach in einem öffentlichen Dienste erfolgt. Er hat von der öffentlichen Körperschaft für seine Dienste eine Vergütung erhalten. Die Bezüge, die eine öffentliche Körperschaft einem von ihr — bei Erfüllung ihrer im öffentlichen Interesse liegenden Aufgaben — beschäftigten Pensionär zahlt, sind für den Empfänger ein „Diensteinkommen" im Sinne des § 57 Nr. 2 Abs. 1 RBG. Es bedarf daher in einem solchen Falle keiner Prüfung, aus welchen Mitteln die zur Zahlung des Diensteinkommens verwendeten Beträge herrühren. Die Tatsache, daß die öffentliche Körperschaft sie dem Pensionär für seine Tätigkeit als Entlohnung aus ihrer Kasse zahlt, genügt, um die Voraussetzungen des § 57 Nr. 2 Abs. 1 RBG. zu erfüllen.

Mit Recht hat das Berufungsgericht hiernach abgelehnt, darauf einzugehen, ob die Voraussetzungen des § 57 Nr. 2 Abs. 2 RBG. vorliegen. Nach der Entstehungsgeschichte (vgl. Verhandlungen des Reichstags I. Wahlperiode 1920 Band 378 Nr. 5897 S. 8) und nach der Fassung dieser Vorschrift will das Gesetz durch sie nur den besonderen Fall hervorheben, daß jede entgeltliche Tätigkeit eines Pensionärs, ohne Rücksicht darauf, ob sie bei einer öffentlichrechtlichen oder privatrechtlichen Persönlichkeit ausgeübt wird, schon dann als Verwendung im öffentlichen Dienste anzusehen ist, wenn die gewährte Vergütung ganz oder teilweise, unmittelbar oder mittelbar, aus öffentlichen Mitteln fließt. Die selbständige Bedeutung der Vorschrift in § 57 Nr. 2 Abs. 1 RBG. wird damit nicht aufgehoben.

RGZ. 125, 315

Rechtsnatur des Beamtengehalts. Die abschließende gesetzliche Regelung der Einwirkung von Straftaten und von Dienstvergehen auf die Gehaltsansprüche der Beamten läßt die Annahme weiterer Verlustgründe aus allgemeinen Gesichtspunkten, z. B. wegen Treu und Glauben, nicht zu.

Alter Leitsatz:

1. . . .[1])

2. Kann der Staat gegenüber dem Gehaltsanspruch eines Beamten die Einrede der Arglist erheben?

Preuß. Disziplinargesetz vom 21. Juli 1852 §§ 8, 10. BGB. § 242.

III. Zivilsenat. Urt. v. 12. Juli 1929 i. S. Preuß. Staat (Bekl.) w. F. (Kl.). III 98/29.

I. Landgericht I Berlin. II. Kammergericht daselbst.

---

[1]) Überholt.

Der Kläger war Landrat eines preußischen Kreises; er beantragte am 29. Dezember 1920 auf Grund der Verordnung vom 26. Februar 1919 (GS. S. 33) seine Versetzung in den Ruhestand. Das Pensionierungsverfahren wurde aber vorläufig eingestellt, nachdem der Kläger gegen sich selbst im Februar 1921 zur Klärung gegen ihn erhobener Vorwürfe die Einleitung eines Disziplinarverfahrens beantragt hatte; dieses wurde am 25. April 1922 durch Einstellungsbeschluß beendigt. Zugleich wurde der Kläger, der inzwischen als Regierungsrat an eine Regierung versetzt worden war, auf seinen Antrag bis zum 7. August 1922 ohne Gehalt beurlaubt. Am 17. Mai 1922 beantragte er die Fortsetzung des Pensionierungsverfahrens. Durch Bescheid vom 24. Juli 1922, der ihm am 11. August 1922 zugestellt wurde, wurde sein Gesuch endgültig wegen Fehlens der Voraussetzungen der Verordnung vom 26. Februar 1919 abgelehnt. Er klagte nunmehr auf Feststellung, daß er als Landrat zum 1. März 1921 verabschiedet worden sei, und auf Zahlung von Ruhegehalt für die Zeit vom 1. Juli 1922 bis 15. Mai 1924, wurde aber mit dieser Klage rechtskräftig abgewiesen (Urteil des erkennenden Senats vom 28. September 1926 III 259/25). Ein Gesuch um Verlängerung des ihm bis zum 7. August 1922 erteilten Urlaubs war am 26. August 1922 abgelehnt worden. Am 17. März 1923 verfügte der Minister des Innern die Sperrung seines Gehaltes und am 4. Juni 1923 erging folgender Bescheid des Ministers des Innern und des Finanzministers:

„Der Regierungsrat F., welcher seinen Dienst bei der Regierung in A. aus eigenem Verschulden nicht antritt und sich dadurch der unerlaubten Entfernung vom Amte schuldig macht, wird für die Zeit dieser unerlaubten Entfernung vom Amte, und zwar vom Tage der Zustellung dieses Beschlusses an, seines Diensteinkommens für verlustig erklärt."

Der Beschluß wurde dem Kläger am 30. Juni 1923 zugestellt.

Er verlangt mit der am 11. Juli 1927 erhobenen Klage sein Gehalt für die Zeit vom 7. August 1922 bis zum 30. Juni 1923, und zwar aufgewertet nach den jetzt gezahlten Gehaltsbeträgen mit insgesamt 6235 RM. Der Beklagte hat geltend gemacht, der Kläger sei seines Gehaltes gemäß § 8 des preußischen Disziplinargesetzes vom 21. Juli 1852 (GS. S. 465) verlustig gegangen[1]); auch stehe ihm die Einrede der Arglist entgegen. Das Landgericht hat durch Teilurteil vom 9. Juli 1928 die Klage in Höhe von 4140,97 RM. abgewiesen. Es lehnt den Klaganspruch ab, soweit nicht der Kläger infolge eines Sturzes vom 1. Januar bis 31. März 1923 dienstunfähig gewesen sei. Die Entscheidung über den Anspruch für die bezeichnete Zeit hat es dem Schlußurteil vorbehalten. Auf die Berufung des Klägers hat das Kammergericht den Anspruch dem Grunde nach für gerechtfertigt erklärt. Die Revision des Beklagten blieb ohne Erfolg.

[1]) Vgl. § 17 Abs. 2 DBG., § 73 Abs. 2 BBG.

Gründe:

Der Beklagte verweigert, wie erwähnt, dem Kläger die Zahlung des Gehalts für die Zeit vom 7. August 1922 bis 30. Juni 1923, weil der Kläger auf Grund des § 8 DiszG. seines Diensteinkommens verlustig gegangen sei. Dieser § 8 enthält, wie das Berufungsgericht im Anschluß an RGZ. Bd. 52 S. 20 zutreffend feststellt, eine Disziplinarmaßnahme. Beizupflichten ist danach auch der Auffassung des Berufungsgerichts, daß diese Maßnahme, der Gehaltsverlust, „nicht eo ipso kraft Gesetzes mit der unentschuldigten Entfernung vom Amte, sondern als Disziplinarstrafe nur kraft besonderer Entziehung (§ 10 DiszG.)" eintritt[2]). Die gleiche Rechtsansicht hat der erkennende Senat schon in den Urteilen vom 2. und 8. Juli 1918 (III 61 und 193/18) vertreten. Da es sich um eine Disziplinarmaßnahme handelt, muß sie in einer für den Beamten klar erkenntlichen Form ihm gegenüber ausdrücklich angeordnet werden. Wenn § 10 DiszG. bestimmt, daß die Entziehung des Diensteinkommens von derjenigen Behörde verhängt wird, die den Urlaub zu erteilen hat, so beschränkt sich die Bedeutung dieser Verfügung nicht darauf, die Entziehung des Diensteinkommens nach außen hin erkennbar zu machen und jede Möglichkeit eines späteren Zweifels auszuschließen. Denn die Verfügung der Behörde stellt nicht etwa eine zweifelfrei bestehende Rechtslage fest. Sie muß vielmehr notwendigerweise erlassen werden, da dem Beamten gegen die Verfügung ein Widerspruchsrecht zusteht. Der Widerspruch bildet die Voraussetzung für das auf Entziehung des Diensteinkommens gerichtete Disziplinarverfahren. In diesem Verfahren hat der Beamte dann die Möglichkeit, die Aufhebung der Verfügung und damit der Gehaltsentziehung herbeizuführen, wenn er den Nachweis erbringt, daß seinem Fernbleiben vom Dienste „besondere Entschuldigungsgründe" zur Seite standen (§ 8 DiszG.). Die vorgesetzte Dienstbehörde des Klägers, der preußische Minister des Innern und der preußische Finanzminister, sind, wie sich aus dem gemeinsamen Bescheid vom 4. Juni 1923 ergibt, offenbar selbst nicht davon ausgegangen, daß die Vorschrift des § 8 DiszG. für den hier in Frage kommenden Zeitraum auf den Kläger ohne besondere Verfügung anzuwenden gewesen wäre. Wenn die Minister in dem Bescheid ausdrücklich sagen, daß der Kläger für die Zeit der unerlaubten Entfernung vom Amte, und zwar vom Tage der Zutellung dieses Beschlusses an, seines Diensteinkommens für verlustig erklärt werde, so ergibt sich aus dieser Fassung des Bescheides zwingend, daß der Kläger bis zum genannten Tage, d. h. dem 30. Juni 1923, seinen Gehaltsanspruch behalten sollte. Die vom zuständigen Minister dem Kläger gegenüber abgegebene Erklärung ist für den Staat bindend.

Die Revision kann auch nicht mit Erfolg geltend machen, daß das Verlangen des Klägers auf nachträgliche Gehaltszahlung für die in Rede

[2]) Überholt, vgl. §§ 17 Abs. 2 DBG., 69 Abs. 2 BBG.

stehende Zeit arglistig sei und gegen § 242 BGB. verstoße. Die Revision führt hierzu aus: Der Kläger habe unstreitig für die fragliche Zeit, für die er jetzt Gehalt verlange, selbst Urlaub unter Verzicht auf Gehalt nachgesucht. Nach Ablehnung des Gesuches sei er trotzdem und trotz wiederholter Aufforderung zum Dienstantritt dem Dienst ferngeblieben. Es widerspreche Treu und Glauben und sei mit dem Rechtsgefühl unvereinbar, daß der Kläger nunmehr gerade für diese Zeit seiner willkürlichen und unerlaubten Entfernung vom Amte Gehalt fordere, auf das er bei seinen Urlaubsanträgen ausdrücklich verzichtet habe. Aber die Berufung auf die Grundsätze von Treu und Glauben, die sonst im öffentlichen Recht ebensowohl Geltung haben wie im bürgerlichen Recht, muß hier daran scheitern, daß für die Beamten die Einwirkung von Straftaten und disziplinarischen Vergehen auf ihre Gehaltsanprüche durch die Gesetze erschöpfend geregelt ist. Aus allgemeinen Erwägungen können über die bestehenden gesetzlichen Vorschriften hinaus weitere Gründe für die Verwirkung eines Gehaltsanspruchs um so weniger geschaffen werden, als die Besoldung des Beamten keine Entlohnung für die einzelnen von ihm geleisteten Dienste bildet, sondern eine ihm für die Dauer des Dienstverhältnisses zugebilligte, für den standesgemäßen Unterhalt bestimmte Rente ist. Einem solchen Unterhaltsanspruch kann nicht mit der auf Pflichtwidrigkeit gestützten Einrede der Arglist begegnet werden (vgl. Urt. des erkennenden Senats vom 23. März 1928 III 178/27, abgedr. JW. 1928 S. 1503 Nr. 19).

RGZ. 125, 369

Verstößt die Vorschrift in § 7 Abs. 1 des preuß. Besoldungsgesetzes vom 17. Dezember 1927, wonach ledige Beamte an Stelle des für ihre Gehaltsgruppe aus § 6 das. zu errechnenden Wohnungsgeldzuschusses den der nächstniedrigeren Tarifklasse erhalten, gegen die Reichsverfassung?

RVerf. Art. 109 Abs. 1, Art. 129 Abs. 1 Satz 3.

III. Zivilsenat. Urt. v. 17. September 1929 i. S. G. (Kl.) w. Preuß. Staat (Bekl.). III 515/28.

I. Landgericht I Berlin. II. Kammergericht daselbst.

Der Kläger, der als Amtsgerichtsrat in Berlin aus Gruppe 2b der preußischen Besoldungsordnung vom 17. Dezember 1927 besoldet wird, ist ledig. Auf Grund des § 7 Abs. 1 des preußischen Besoldungsgesetzes vom 17. Dezember 1927 (GS. S. 223) erhält er an Stelle des für seine Gehaltsgruppe nach § 6 das. berechneten Wohnungsgeldzuschusses den der nächstniedrigeren Tarifklasse. Er hat als Diensteinkommen vor Inkrafttreten des Besoldungsgesetzes monatlich insgesamt 733,43 RM., nachher 817 RM. ausgezahlt erhalten. Nachdem der preußische Justizminister durch Bescheid vom 23. Januar 1928 den Anspruch des Klägers auf Zahlung des Wohnungsgeldzuschusses für verheiratete Beamte abgelehnt hatte, erhob dieser Klage auf Zahlung des Unterschiedsbetrages zwischen dem ihm gezahlten und dem einem verheirateten Beamten zustehenden Wohnungsgeldzuschuß für einen Monat mit 36 RM.

Die Vorinstanzen haben die Klage abgewiesen. Die Revision des Klägers blieb erfolglos.

Gründe:

Die Revision rügt, daß die Vorschrift in § 7 Abs. 1 des preußischen Besoldungsgesetzes gegen Art. 129 RVerf. (wohlerworbene Rechte) und gegen Art. 109 RVerf. (Gleichheit vor dem Gesetze) verstoße. Aus zutreffenden Erwägungen hat indessen das Berufungsgericht das Bestehen eines wohlerworbenen Rechtes in dem Sinne, daß der Beamte einen Anspruch darauf hat, den Wohnungsgeldzuschuß immer in der einmal durch die Gesetzgebung festgesetzten Höhe zu erhalten, abgelehnt. Der Beamte kann nicht verlangen, daß die einzelnen Teile seines Diensteinkommens stets in gleicher Höhe bestehen bleiben. Das Diensteinkommen in seiner Gesamtheit stellt den Unterhalt dar, den der Staat dem Beamten zur Führung eines standesgemäßen Lebens zu gewähren hat. In welcher Weise der Staat dieses Diensteinkommen im einzelnen gliedern will (Grundgehalt, Wohnungsgeldzuschuß, Kinderbeihilfen), liegt in seiner Hand. Daß der Kläger durch die Neuregelung der Besoldung vom 1. Oktober 1927 ab in der Gesamtheit seines Diensteinkommens gegenüber dem bisherigen Zustand verkürzt worden wäre, ist unstreitig nicht der Fall. Wenn die Revision zu diesem Punkt ausführt, daß es hierauf nicht ankommen könne, weil dann in Zeiten der durch wirtschaftlichen Niedergang hervorgerufenen Geldentwertung die wohlerworbenen Rechte der Beamten schutzlos seien, so ist diese Erwägung für die Entscheidung des vorliegenden Falles ohne Bedeutung. Daß die wohlerworbenen Vermögensrechte der Beamten in Zeiten der Geldentwertung wenig praktische Bedeutung haben, trifft zu. Für den Gehaltsanspruch des Klägers fällt indessen entscheidend ins Gewicht, daß seit der Festigung der deutschen Währung die Zahlung der Beamtenbezüge wieder in wertbeständiger Form möglich und daß das wertbeständige Diensteinkommen des Klägers durch das Besoldungsgesetz nicht verkürzt worden ist. Der Kläger erblickt eine Verletzung seiner wohlerworbenen Rechte auch darin, daß durch die bisher dem Beamtenrecht fremde unterschiedliche Behandlung der verheirateten und unverheirateten Beamten eine Verschlechterung seiner Bezüge eingetreten sei, zwar nicht im Verhältnis zu seinem bisherigen Gehalt, aber im Verhältnis zu dem der Mehrzahl der Beamten seiner Gehaltsgruppe, ohne daß sich eine Änderung der von diesen geleisteten Arbeit, der Schwierigkeit ihrer Obliegenheiten oder des Maßes ihrer Verantwortung ergeben hätte. Auf die vom Kläger hervorgehobenen Umstände kommt es hier nicht an. Der Beamte muß sich gefallen lassen, daß die Gesetzgebung eine Regelung trifft, durch die aus sachlichen Erwägungen, insbesondere bei Berücksichtigung der Natur des Diensteinkommens als einer Unterhaltsrente, bestimmte Gruppen von Beamten besoldungsrechtlich anders behandelt werden als die übrigen Angehörigen der betroffenen Beamtenklasse, soweit nicht eine Kürzung des bis dahin gezahlten Gesamteinkommens eintritt. Der Staat ist in der Lage, die dienstälteren Beamten höher zu besolden als die dienstjüngeren. Er kann den Beamten mit Kindern Kinderbeihilfen gewähren. Er konnte den verheirateten Beamten Frauenzulagen zubilligen und konnte sie ihnen, da ihr Gesamteinkommen durch die neue Regelung nicht vermindert wurde, auch wieder entziehen. So muß dem Staat auch das Recht eingeräumt werden, den ledigen Beamten einen geringeren Wohnungsgeldzuschuß zu zahlen als den verheirateten. Ausschlaggebend ist allein, daß der Kläger durch die Neuordnung der Besoldung nicht schlechter gestellt worden ist als vorher. Die Verletzung eines wohlerworbenen Rechts liegt danach nicht vor.

Die in § 7 Abs. 1 preuß. BesG. getroffene Regelung enthält aber auch keinen Verstoß gegen Art. 109 Abs. 1 RVerf. Es ist zwar davon auszugehen, daß der Grundsatz „Alle Deutschen sind vor dem Gesetze gleich" sich nicht auf Persönlichkeitsrechte beschränkt, sondern auch auf Vermögensrechte erstreckt. Die Revision verkennt aber die Bedeutung der Vorschrift, wenn sie behauptet, daß eine unterschiedliche Behandlung von Verheirateten und Ledigen unzulässig sei. Selbst wenn man annehmen wollte, daß die Vorschrift des Art. 109 Abs. 1 RVerf. auch den Gesetzgeber bindet, so verbietet der Satz der Verfassung doch nur die willkürliche unterschiedliche Behandlung der einzelnen Staatsbürger bei gleichliegenden Tatbeständen. Von einer Willkür kann hier aber keine Rede sein, denn die Einführung eines Unterschieds in der Gewährung des Wohnungsgeldzuschusses zwischen verheirateten und ledigen Beamten beruht auf beachtlichen sozialen Erwägungen. Auch darin, daß von der für Ledige getroffenen Regelung — wie die Revision hervorhebt — wiederum die ledigen Geistlichen ausgenommen sind, ist kein Willkürakt zu erblicken. Es ist anzuerkennen, daß der Geistliche unter Berücksichtigung der ihm zufallenden Aufgaben seinen Haushalt in anderer Form gestalten muß als sonst ledige Beamte.

Wenn die Revision schließlich geltend macht, daß die Verfassung die Fälle erschöpfend geregelt hat, in denen der einzelne Staatsbürger mit Rücksicht auf seine persönlichen Verhältnisse bei gleicher Sachlage anders als seine Mitbürger behandelt werden dürfe, und insbesondere auf Art. 119 Abs. 2 Satz 2 RVerf. (kinderreiche Familien haben Anspruch auf ausgleichende Fürsorge) hinweist, so geht diese Behauptung schon um deswillen fehl, weil die angezogene Verfassungsvorschrift kein unmittelbar anwendbares Recht enthält, sondern nur eine Richtlinie für die Gesetzgebung bedeutet.

RGZ. 126, 243

Kann ein auf seinen Antrag entlassener Beamter dann nachträglich Fortzahlung seines Gehalts verlangen, wenn sowohl er wie die öffentliche Körperschaft, in deren Dienst er stand, bei der Entlassung unrichtigerweise davon ausgegangen sind, daß er Kündigungsbeamter sei, während er tatsächlich lebenslänglich angestellter Beamter war?

BGB. § 242.

III. Zivilsenat. Urt. v. 22. November 1929 i. S. W. (Kl.) w. Stadtgemeinde O. (Bekl.). III 171/29.

I. Landgericht Osnabrück. II. Oberlandesgericht Celle

Der Kläger war seit 1913 im Dienste der verklagten Stadtgemeinde zunächst als Polizeisergeant, dann als Stadtassistent tätig. Im April 1925 wurde entdeckt, daß er eine Unterschlagung im Amte begangen hatte, wegen der er später im Strafverfahren rechtskräftig zu drei Monaten Gefängnis verurteilt wurde. Am 25. April 1925 erklärte er zu Protokoll des Senators S., er habe sich entschlossen, am 1. Mai 1925 aus dem Dienste der Beklagten auszuscheiden, und verzichte ausdrücklich auf alle Ansprüche aus seinem bisherigen Amte, wie Gehalt, Ruhegehalt, Hinterbliebenenversorgung, Abfindungssumme usw. Jetzt hält er diesen Verzicht für rechtsunwirksam und verlangt deshalb mit der Klage Fortzahlung seines Gehalts. Er behauptet, er habe bei Abgabe seiner Erklärung angenommen, daß er Kündigungsbeamter sei, während er tatsächlich mit seiner Ernennung zum Stadtassistenten lebenslänglich angestellter Beamter geworden sei. Er habe daher nur im Wege des Disziplinarverfahrens entfernt werden können. Hätte er dies gewußt, so würde er nicht auf seine Beamtenrechte verzichtet haben.

Die Beklagte hat bestritten, daß der Kläger lebenslänglich angestellter Beamter geworden sei, und hat geltend gemacht, der Kläger könne die einmal abgegebene Erklärung nicht anfechten. Landgericht und Oberlandesgericht haben die Entscheidung des Rechtsstreites von zwei vom Senator S. zu leistenden Eiden abhängig gemacht. Die Revision des Klägers führte zur Aufhebung und Zurückverweisung.

Gründe:

Das Oberlandesgericht stellt fest, daß der Kläger lebenslänglich angestellter Beamter der Beklagten geworden ist. Die Feststellung beruht auf einer Auslegung der ortsstatutarischen Vorschriften der Stadtgemeinde O. Sie ist daher der Nachprüfung in der Revisionsinstanz entzogen.

Das Oberlandesgericht ist der Auffassung, daß der Kläger den aus dem Beamtenverhältnis fließenden Gehaltsanspruch dann verloren habe, wenn auf seinen Antrag seine ordnungsmäßige Entlassung aus dem Beamtendienst erfolgt sei. Es geht davon aus, daß der Antrag des Klägers auf Entlassung rechtsverbindlich gestellt sei, und erklärt es für unwesentlich, daß beide Teile damals der irrigen Ansicht gewesen seien, der Kläger sei nur Kündigungsbeamter. Der Vorderrichter hält den Irrtum des Klägers für rechtlich bedeutungslos, da er nur den Grund betreffe, der ihn zu seinen Erklärungen bewogen habe, und ein solcher Irrtum auf dem Gebiete des öffentlichen Rechts keine Grundlage für eine wirksame Anfechtung der durch ihn hervorgerufenen Erklärungen biete. Diese Rechtsansicht kann nicht gebilligt werden.

Es kann dahingestellt bleiben, ob der Irrtum des Klägers über seine Eigenschaft als lebenslänglich angestellter Beamter ihn nicht zur Anfechtung seines Entlassungsantrags berechtigen würde. Denn sein Gehaltsanspruch ist schon um deswillen rechtlich begründet, weil sowohl der Kläger wie die verklagte Stadtgemeinde bei der Entlassung des Klägers unzutreffenderweise annahmen, er sei Kündigungsbeamter, und weil sich die Beklagte jetzt nicht zur Abwehr des Klaganspruchs auf die Entlassung berufen kann, die unter einem übereinstimmenden Irrtum über das ihr zugrunde liegende Rechtsverhältnis zustande gekommen ist. Wenn man nicht aus dem Umstand, daß beide Streitteile das Vorliegen eines kündbaren Verhältnisses angenommen haben, die Ungültigkeit des Entlassungsaktes überhaupt herleiten will, so muß ihm doch jedenfalls die Bedeutung beigemessen werden, daß es gegen Treu und Glauben verstößt, wenn die Beklagte den Kläger an einem Entlassungsantrag festhalten will, den er unter einem von ihr geteilten Irrtum über die objektive Grundlage der Entlassung gestellt hat. Die Grundsätze von Treu und Glauben haben, wie der erkennende Senat wiederholt ausgesprochen hat, im öffentlichen Recht ebenso Geltung wie im bürgerlichen. Für bürgerlich-rechtliche Rechtsverhältnisse hat der Senat im Anschluß an das Urteil des IV. Zivilsenats RGZ. Bd. 108 S. 105 (110)[1]) bereits entschieden, daß es bei einem Vertragsabschluß, bei dem beide Vertragschließende übereinstimmend von unrichtigen Voraussetzungen ausgegangen sind, keiner Irrtumsanfechtung bedarf, daß vielmehr für die rechtliche Beurteilung schlechthin § 242 BGB. maßgebend ist (Urteil vom 2. November 1926 III 2/26, abgedr. Gruch. Bd. 69 S. 216). Die Entlassung eines Beamten, selbst wenn sie auf seinen besonderen Antrag geschieht, ist allerdings kein Vertrag, auch nicht im Sinne des öffentlichen Rechts. Sie ist aber immerhin ein zweiseitiger Verwaltungsakt, indem auf der Seite des Beamten eine Willenserklärung, die Stellung des Entlassungsantrags, erfolgen muß, damit dann auf der anderen Seite, durch die öffentlich-rechtliche Körperschaft, die Entlassungserklärung, der Staatshoheitsakt, ausgesprochen werden kann. Es bestehen daher keine rechtlichen Bedenken, auf ein solches öffentlich-rechtliches Verhältnis den in § 242 BGB. enthaltenen Rechtsgedanken zu übertragen und ihn für den vorliegenden Fall dahin zu bestimmen, daß die Beklagte, die bei Vornahme der Entlassung mit dem Kläger darüber einig war, daß

[1]) In dieser Auswahlsammlung I. Gruppe, Bürgerl. Recht, Schuldverhältnisse Bd. 8 S. 276.

nur ein kündbares Beamtenverhältnis vorliege, jetzt dem Klageanspruch gegenüber nicht geltend machen kann, durch die Entlassung sei das Beamtenverhältnis beendigt, obwohl sich nachträglich herausgestellt hat, daß der Kläger lebenslänglich angestellter Beamter war.

RGZ. 127, 36

1. Ist die Versetzung eines preußischen Beamten aus einem Ministerium in eine Provinzialbehörde trotz des damit verbundenen Verlustes der Ministerialzulage zulässig?
2. Ist eine solche Versetzung auch dann zulässig, wenn der Beamte Landtagsabgeordneter ist und seine Versetzung mit Äußerungen zusammenhängt, die er in dieser Eigenschaft getan hat?

RVerf. Art. 36, 118, 129. Preuß. Disziplinargesetz vom 21. Juli 1852 § 87 Nr. 1.

III. Zivilsenat. Urt. v. 20. Dezember 1929 i. S. Preuß. Staat (Bekl.) w. K. (Kl.). III 46/29.

I. Landgericht I Berlin. II. Kammergericht daselbst.

Der Kläger war Oberjustizrat im Preußischen Justizministerium; seit der Wahl vom 7. Dezember 1924 war er preußischer Landtagsabgeordneter. Er gehörte der deutschvölkischen Freiheitspartei an. Als Abgeordneter unterzeichnete er zwei Anfragen seiner Partei, die sich mit der Amtsführung des damaligen Preußischen Justizministers beschäftigten. Er wurde daraufhin zum Staatssekretär im Preußischen Justizministerium bestellt, der ihm eröffnete, daß sich das Ministerium mit den Anfragen befassen werde. Durch Erlasse des Preußischen Ministers des Innern und des Justizministers wurde er sodann aus dem Justizministerium heraus mit Wirkung vom 1. August 1925 als Oberregierungsrat an das Oberpräsidium für die Provinz Brandenburg und Berlin versetzt. Von diesem Zeitpunkt an ist ihm die Ministerialzulage, die er während seiner Tätigkeit im Ministerium erhalten hatte, nicht mehr gezahlt worden. Der Kläger behauptet, daß seine Versetzung verfassungswidrig sei, und verlangt mit der Klage Ersatz des ihm infolge der Versetzung entstandenen Schadens durch Nachzahlung der Ministerialzulage von monatlich 85 RM. für die Zeit vom 1. August 1925 bis 31. Juli 1926.

Das Landgericht hat die Klage abgewiesen, das Kammergericht hat ihr stattgegeben. Auf die Revision des Beklagten wurde das Berufungsurteil aufgehoben und die Berufung des Klägers gegen das erstinstanzliche Urteil zurückgewiesen.

Gründe:

Der Kläger gründet den Klaganspruch einmal darauf, daß seine Beamtenrechte durch die Versetzung verletzt seien, zum anderen darauf, daß die Verwaltung ihn als Abgeordneten der Verfassung zuwider zur Verantwortung gezogen habe.

Zum ersten Punkte macht er geltend, daß die Versetzung an das Oberpräsidium gegen § 87 Nr. 1 des preuß. Disziplinargesetzes vom 21. Juli 1852 (GS. S. 465) sowie gegen Art. 118 und 129 RVerf. verstoße. Nach § 87 Nr. 1 PrDiszG. ist gegenüber nichtrichterlichen Beamten „die Versetzung in ein anderes Amt von nicht geringerem Range und etatsmäßigem Diensteinkommen" zulässig. Das Berufungsgericht nimmt mit dem Kläger an, daß die Ministerialzulage zum „etatsmäßigen Diensteinkommen" des Klägers als Oberregierungsrat im Preußischen Justizministerium gehört habe und daß demnach in dem Fortfall der Ministerialzulage durch die Versetzung des Klägers an das Oberpräsidium eine nach § 87 PrDiszG. unzulässige Verringerung seines etatsmäßigen Diensteinkommens zu erblicken sei. Das Berufungsgericht legt in dieser Hinsicht entscheidenden Wert darauf, daß im preußischen Staatshaushaltsplan im Gegensatz zu dem des Reichs die „Ministerialzulagen" nicht unter „anderen persönlichen Ausgaben", sondern unter den Titeln „Besoldungen" ausgeworfen sind. Es folgert daraus, daß in Preußen die Ministerialzulage als ein „planmäßiges" Diensteinkommen des Beamten zu betrachten sei. Diese Auffassung ist unzutreffend. Der Umstand, daß die Ministerialzulagen in Preußen unter den Titeln „Besoldungen" eingereiht sind, könnte allerdings ein Anhaltspunkt für die Planmäßigkeit des Diensteinkommens sein. Nach der durch die Besoldungsordnung getroffenen Regelung ist jedoch eine solche Annahme nicht gerechtfertigt. Die „Ministerialzulagen" sind in der hier maßgebenden Besoldungsordnung zum Beamtendiensteinkommengesetz vom 17. Dezember 1920 (PrGS. 1921 S. 135) — übrigens gleichlautend mit dem jetzt geltenden Besoldungsgesetz vom 17. Dezember 1927 (PrGS. 1927 S. 223) — in den Schlußbemerkungen zur Besoldungsordnung unter „B Sondervergütungen" aufgeführt. Die Regelung ist in folgender Weise getroffen:

> Den in einem Ministerium beschäftigten Beamten können nach näherer Bestimmung des Staatsministeriums Sondervergütungen (Ministerialzulagen) aus den dafür im Staatshaushaltsplan vorgesehenen Mitteln gewährt werden. ...

Aus dieser Fassung ergibt sich, daß es in der Hand des Staatsministeriums liegt, ob und inwieweit es den in den Ministerien beschäftigten Beamten Ministerialzulagen bewilligen will. Es werden im Haushaltsplan nur allgemein Mittel für die Auszahlung von Ministerialzulagen ausgeworfen, es werden nicht die einzelnen Beamtenklassen aufgeführt, denen eine Ministerialzulage zusteht (Regierungsräte, Oberregierungsräte, Ministerialräte). Damit erwirbt aber der einzelne Beamte keinen Anspruch auf die Gewährung der Zulage, sie gehört nicht zu seinem „planmäßigen Einkommen" als Oberregierungsrat, sondern ist von der jederzeit widerruflichen Bewilligung durch das Ministerium abhängig. Der Fortfall der Ministerialzulage ist demnach nicht als eine Kürzung des etatsmäßigen Diensteinkommens anzusehen.

Die Verletzung der Vorschrift des Art. 118 Abs. 1 RVerf. sieht der Kläger darin, daß er durch seine Beteiligung an den kleinen Anfragen seiner Partei nur von seinem Rechte der freien Meinungsäußerung Gebrauch gemacht habe und deshalb nicht benachteiligt werden dürfe. Dieser Auffassung steht entgegen, daß nach dem oben Ausgeführten im beamtenrechtlichen Sinne eine „Benachteiligung" des Klägers nicht eingetreten ist, Art. 118 RVerf. daher schon aus diesem Grunde nicht herangezogen werden kann.

Der Kläger behauptet ferner, daß die Versetzung an das Oberpräsidium auch um deswillen eine Verfassungsverletzung enthalte, weil er als Mitglied des Preußischen Landtags durch diese Maßnahme entgegen der Vorschrift des Art. 36 RVerf. „wegen der in Ausübung seines Berufs getanen Äußerungen" „zur Verantwortung gezogen" worden sei. Das Berufungsgericht stellt zu diesem Punkte fest: Durch die Anfragen, deren Inhalt der Justizminister als kränkend habe empfinden müssen, sei die dienstliche Stellung des Klägers als Referent des Justizministeriums in Mitleidenschaft gezogen und ein ersprießliches Zusammenarbeiten mit dem Minister und den vorgesetzten Dienststellen erschwert worden. Nach Lage der Verhältnisse müsse deshalb davon ausgegangen werden, daß das dienstliche Interesse des Geschäftsbetriebs im Justizministerium einen Wechsel der Beschäftigungsbehörde des Klägers habe wünschenswert erscheinen lassen. Diese Auffassung des Berufungsgerichts entspricht der Sachlage, ist übrigens tatsächlicher Art und schon deshalb dem Revisionsurteil zugrunde zu legen. Wenn das Berufungsgericht aber dann seine tatsächliche Würdigung des Vorgangs rechtlich dahin auswertet, daß die Versetzung des Klägers an eine Provinzialbehörde unter Fortfall der ihm bis dahin zustehenden Ministerialzulage einen Strafcharakter trage, deshalb „ein sonstiges zur Verantwortung Ziehen" darstelle und infolgedessen mit Art. 36 RVerf. in Widerspruch stehe, so kann diese Rechtsansicht nicht als zutreffend anerkannt werden.

Der Begriff des „zur Verantwortung Ziehens" erfordert nach dem Wortlaute der Vorschrift und unter Berücksichtigung des Zusammenhangs, der sich aus der Zusammenstellung des Begriffs in der Verfassungsvorschrift mit der „gerichtlichen oder dienstlichen Verfolgung" ergibt, daß dem Abgeordneten, der Beamter ist, eine Äußerung, die er in Ausübung seines Berufes als Abgeordneter getan hat, zur Schuld angerechnet und ihm deswegen ein Nachteil zugefügt wird. Daran fehlt es hier.

Gerade deshalb, weil die Verwaltung den Beamten wegen seiner als Abgeordneter gemachten Äußerungen nicht zur Verantwortung ziehen wollte und durfte, hat sie, wie nach dem in der Vorinstanz festgestellten Sachverhalt anzunehmen ist, von dem ihr allen nichtrichterlichen Beamten gegenüber gesetzlich zustehenden Mittel der Versetzung in ein anderes Amt von nicht geringerem Range und etatsmäßigem Diensteinkommen Gebrauch gemacht. Nach den Feststellungen des Berufungsgerichts hatte sich durch das Verhalten des Klägers die Sachlage objektiv so gestaltet, daß sein Verbleiben im Ministerium im Interesse einer reibungslosen Erledigung der Dienstgeschäfte unmöglich war. Aus diesem objektiven Zustande hat die Verwaltung die einzig mögliche und im Interesse des Dienstes gebotene Folge gezogen, daß sie den Beamten auf Grund des § 87 Nr. 1 PrDiszG. aus dem Ministerium heraus versetzt hat. Dafür, daß die Verwaltung mit dieser Maßnahme den Beamten wegen seiner Betätigung als Abgeordneter hätte zur Rechenschaft ziehen, ihm einen Nachteil hätte zufügen wollen, fehlt es an jedem Anhaltspunkt. Für die Annahme eines solchen Willens genügt es nicht, wie das Berufungsgericht angenommen hat, daß die Versetzung etwa dem Willen des betroffenen Abgeordneten zuwiderläuft. Entscheidend ist vielmehr, ob nach den Umständen des Falles der Beamte wegen seines Verhaltens als Abgeordneter zur Verantwortung gezogen werden soll, oder ob die Verwaltung nur im Staatsinteresse die ihr gesetzlich zustehenden Befugnisse zur Versetzung eines Beamten ausübt. Nach dem festgestellten Sachverhalt trifft letzteres zu. Ein „zur Verantwortung Ziehen“ kann auch nicht daraus gefolgert werden, daß dem Kläger durch die Versetzung an das Oberpräsidium die Ministerialzulage entzogen worden ist. Die Ministerialzulage wird den in einer Zentralbehörde beschäftigten Beamten gezahlt, um ihnen einen Ausgleich für die erhöhten Anforderungen an ihre Arbeitskräfte und die ihnen aus ihrer Tätigkeit erwachsenden besonderen Aufwendungen zu gewähren. Dieser Anlaß für die Gewährung der Zulage fällt mit der Versetzung an eine Provinzialbehörde fort. Ein zur Verantwortung Ziehen könnte nur dann in Betracht kommen, wenn die Versetzung mit der Absicht erfolgt wäre, dem Kläger die Ministerialzulage zu entziehen und ihm damit einen Nachteil zuzufügen. Das ist hier nicht der Fall. Der Beklagte hat vielmehr unwidersprochen behauptet, daß seine Versuche, den Kläger in einem anderen Ministerium unterzubringen, vergeblich gewesen seien.

RGZ. 127, 329

1. . . . (überholt).

2. Setzt der Begriff des Nebenamtes voraus, daß sein Inhaber zugleich Inhaber eines Hauptamtes ist?

3. . . . (überholt).

Gewerbegerichtsgesetz v. 29. Juli 1890 § 85. Preuß. Ges. betr. die Königlichen Gewerbegerichte in der Rheinprovinz v. 11. Juli 1891 §§ 2, 11, 13. ArbGG. §§ 117, 119. Kaufmannsgerichtsgesetz v. 6. Juli 1904 § 1 Abs. 3, § 8.

III. Zivilsenat. Urt. v. 4. März 1930 i. S. S. (Kl.) w. Preuß. Staat (Bekl.). III 90/29.

I. Landgericht Düsseldorf. II. Oberlandesgericht daselbst.

. . . . .

Wenn die Revision ausführt, der staatsrechtliche Begriff des Nebenamtes erfordere, daß sein Träger zugleich der eines Hauptamtes sei, so irrt sie. Nicht nur § 5 des preußischen Pensionsgesetzes vom 27. März 1872 (GS. S. 268), sondern auch § 6 Abs. 5 und § 11 Abs. 9 des preußischen Besoldungsgesetzes vom 17. Dezember 1927 (GS. S. 223) treffen Bestimmungen für Beamte, die nur ein Nebenamt innehaben. Das preußische Pensionsgesetz behandelt dagegen die Pensionsberechtigung derjenigen Beamten, die ein Nebenamt neben einem Hauptamt bekleiden, nicht in dem genannten § 5, sondern besonders in § 12. Die Annahme, daß es nebenamtliche Beamte ohne Hauptamt geben kann, unterliegt daher weder einem begrifflichen oder sprachlichen, noch einem staatsrechtlichen Bedenken. Man wird unter Nebenamt in diesem Sinne ein solches zu verstehen haben, das nicht die ganze Arbeitskraft, nicht die ganze Persönlichkeit seines Inhabers in Anspruch nimmt, sondern von ihm neben seinem Hauptberuf oder seiner sonstigen Tätigkeit verwaltet werden kann, verwaltet werden darf und verwaltet wird. Diese Begriffsbestimmung trifft auf den Kläger, dessen Hauptbetätigung unstreitig in seinem Beruf als Rechtsanwalt erfolgt, in bezug auf seine Stellung als Gewerbegerichtsvorsitzender zu. ...

RGZ. 127, 335

Unter welchen Voraussetzungen genügt es zum Ausschluß der lebenslänglichen Anstellung eines Staatsbeamten, daß durch allgemeine Vorschrift die Kündbarkeit der Beamtengattung, der er angehört, angeordnet worden ist?

III. Zivilsenat. Urt. v. 7. März 1930 i. S. Preuß. Staat (Bekl.) w. L. (Kl.). III 140/29.

I. Landgericht Frankfurt a. O. II. Kammergericht Berlin.

Durch Erlaß des Preußischen Ministers für Landwirtschaft, Domänen und Forsten vom 20. Juni 1922 wurde der Kläger mit Wirkung vom 1. April 1922 ab zum Kreistierarztassistenten bestellt und ihm die Verwaltung der Kreistierarztassistentenstelle des Kreises B. mit dem Amtssitz in Z. übertragen. Durch Schreiben vom 27. September 1926 eröffnete der Regierungspräsident in Sch. im Auftrag des genannten Ministers dem Kläger, daß er mit dem 31. Dezember 1926 aus dem Staatsdienst entlassen sei. Der Kläger, der auf dem Standpunkt steht, daß er lebenslänglich angestellter Beamter sei, verlangt im Klageweg die Fortzahlung seines Gehalts.

Der Beklagte meint dagegen, der Kläger sei Beamter auf Kündigung gewesen. Die Stellen, von denen der Kläger eine innegehabt habe, seien durch den Erlaß des Ministers für Landwirtschaft, Domänen und Forsten vom 28. März 1875 als Grenztierarztstellen geschaffen, später in Kreistierarztassistenten- und schließlich in Veterinärassessorenstellen umgewandelt worden. In dem Erlaß von 1875 sei aber ausdrücklich bestimmt worden, daß eine feste Anstellung für Grenztierärzte nicht beabsichtigt werde, daß vielmehr „die diesbezüglichen Funktionen in allen Fällen nur kommissarisch" übertragen werden könnten. Diese Tatsache sei den betreffenden Anwärtern allgemein bekannt gewesen. Sie hätten auch gewußt, daß ihre Stellen keine planmäßigen seien.

Das Landgericht gab der Klage statt; das Kammergericht wies die Berufung des Beklagten zurück. Seine Revision blieb erfolglos.

Gründe:

... Die sachliche Entscheidung des Berufungsgerichts ist zu billigen. Nach den getroffenen Feststellungen fehlte es für den Kläger an jedem Anhaltspunkt dafür, daß er auf Kündigung oder auf Widerruf angestellt werden sollte. Dann muß er aber der Regel entsprechend als auf Lebenszeit angestellt angesehen werden. Der erkennende Senat hat allerdings im Urteil RGZ. Bd. 121 S. 352 *) ausgesprochen, daß es genüge, wenn durch allgemeine Vorschrift für gewisse Beamtenklassen die Kündbarkeit angeordnet werde; sie sei dann ein Teil der Anstellungsbedingungen, ohne daß darauf in jedem einzelnen Fall besonders hingewiesen zu werden brauche. Erforderlich ist aber, daß eine solche allgemeine Vorschrift öffentlich bekanntgemacht und dadurch den beteiligten Beamten zugänglich geworden ist; eine nur im inneren Dienstverkehr kundgemachte Anordnung darf den Beamten, die sie nicht kennen können, nicht entgegengehalten werden. Die Etatsvorschriften für die preußische Justizverwaltung, die in dem früher entschiedenen Fall in Betracht kamen, waren im Justizministerialblatt veröffentlicht worden. Für eine allgemeine Bekanntgabe des Erlasses des Ministers für Landwirtschaft, Domänen und Forsten vom 28. März 1875, auf den sich der Beklagte hier beruft, ist dagegen nichts geschehen. Der Kläger konnte mit seinem Vorhandensein nicht rechnen; schon deshalb ist der Erlaß für das Anstellungsverhältnis des Klägers belanglos. Auf seine — keineswegs unzweifelhafte — sachliche Tragweite kommt es daher nicht weiter an. Daß der Kläger als nichtplanmäßiger Beamter besondere Veranlassung gehabt hätte, sich über die Grundlagen seines Anstellungsverhältnisses zu unterrichten, kann der Revision nicht zugegeben werden. Außerplanmäßige Anstellung ist nach der ständigen Rechtsprechung des Senats (a. a. O. S. 355) mit lebenslänglicher durchaus vereinbar.

RGZ. 128, 59

Ist die Anstellungsbehörde, die einem preußischen Kommunalbeamten (außerhalb des Falles einer vorläufigen Dienstenthebung im Dienststrafverfahren) die weitere Ausübung seines Amtes untersagt, ohne weiteres befugt, die Räumung und Herausgabe der ihm überlassenen Dienstwohnung zu verlangen?

BGB. §§ 985, 986. RVerf. Art. 129.

III. Zivilsenat. Urt. v. 25. März 1930 i. S. Stadtgemeinde X. (Kl.) w. Y. (Bekl.). III 21/30.

I. Landgericht Düsseldorf. II. Oberlandesgericht daselbst.

*) In diesem Band S. 96.

Die Klägerin hat den Beklagten im Jahre 1922 als obersten Beamten (Direktor) ihrer gesamten Krankenanstalten auf Lebenszeit angestellt. Nach den Anstellungsbedingungen wurde ihm neben dem Gehalt freie Wohnung, Heizung und Beleuchtung sowie Gartenbenutzung gewährt. Der Geldwert dieser Nebenbezüge sollte im Falle der Pensionierung des Beamten in bestimmter Weise mitberücksichtigt werden. Dem Beklagten ist die Dienstwohnung in einem im Eigentum der Klägerin stehenden Gebäude der städtischen Krankenanstalten eingeräumt worden. Seit dem 19. Februar 1928 hat die Klägerin den Beklagten ohne seinen Antrag auf unbestimmte Zeit beurlaubt und auf die Entgegennahme seiner Dienste verzichtet. Weiter ist auf Antrag der Klägerin gegen den Beklagten ein Verfahren auf zwangsweise Zurruhesetzung eingeleitet worden mit der Begründung, der Beklagte sei infolge von Krankheit dauernd dienstunfähig. Dieses Verfahren ist noch nicht abgeschlossen.

Die Klägerin macht geltend, daß sie dem Beklagten im öffentlichen Interesse die weitere Ausübung seines Amtes habe untersagen müssen, und zwar nicht nur deshalb, weil er wegen seiner geschwächten Gesundheit das Amt nicht mehr ausfülllen könne, sondern auch, weil er durch seine Unverträglichkeit und besonders durch den von ihm ständig hervorgekehrten Oppositionsstandpunkt seine Entfernung aus dem Dienst verschuldet habe.

Mit der vorliegenden Klage beantragt die Klägerin, den Beklagten zur Räumung der ihm überlassenen Wohnung und zur Herausgabe der Wohnung und des Gartens zu verurteilen. Sie vertritt den Standpunkt, daß die Wohnung dem tatsächlichen Leiter der Direktionsgeschäfte, jetzt daher dem stellvertretenden Direktor, zustehe. Der Beklagte habe ein Recht auf die Dienstwohnung nur in Verbindung mit der Leistung seiner Dienste. Auf diese habe sie zulässigerweise verzichtet, und sie sei auch — selbst wenn das Zwangspensionierungsverfahren ergebnislos verlaufe — nicht gewillt, ihm die Ausübung seines Amtes wieder zu gestatten. Leiste er aber die Dienste nicht mehr, dann sei er verpflichtet, die ihm nur für die Zeit der tatsächlichen Dienstausübung überlassene Wohnung zurückzugeben.

Der Beklagte betrachtet sich dagegen nach wie vor als Direktor der Krankenanstalten, hält sich zur vollständigen Ausübung seiner Dienstobliegenheiten für befähigt, bestreitet, irgendwelchen Anlaß zur Dienstenthebung gegeben zu haben, und erachtet sich nicht für verpflichtet, die einen Teil der Gegenleistung der Klägerin bildende Wohnung herauszugeben. Er erklärt jedoch, er werde ernsthafte Vorschläge auf Räumung der Wohnung gegen Zuweisung einer entsprechenden Ersatzwohnung nicht ablehnen.

Das Landgericht wies die Klage ab. Im Berufungsverfahren wiederholte die Klägerin den Klagantrag und erbat hilfsweise die Feststellung, daß der Beklagte verpflichtet sei, die Wohnung gegen die Gewährung einer angemessenen Ersatzwohnung oder eines angemessenen Entgelts zu räumen. Die Berufung der Klägerin wurde zurückgewiesen. Auch ihre Revision blieb ohne Erfolg.

Gründe:

Die Klägerin nimmt nicht etwa als Dienstvorgesetzte des Beklagten das Recht in Anspruch, von ihm unter Androhung von Zwangsstrafen die Räumung der ihm überlassenen Dienstwohnung zu verlangen, sondern sie klagt im ordentlichen Rechtsweg auf Verurteilung des Beklagten zur Räumung und Herausgabe der Wohnung, und zwar — wie das Berufungsgericht ausdrücklich feststellt — als Eigentümerin des Gebäudes auf Grund des § 985 BGB. Sie muß sich daher gefallen lassen, daß der Beklagte ihrer Klage auf Herausgabe der Sache mit dem auf § 986 BGB. gegründeten Einwand begegnet, er sei ihr gegenüber auf Grund des bestehenden Beamtenverhältnisses zum Besitz berechtigt. Die Zulässigkeit des Rechtswegs für die Klage unterliegt keinem Bedenken. Ob ein solcher Rechtsanspruch des Beklagten auf die weitere Innehabung der Dienstwohnung anzuerkennen ist, bedarf daher vorab der Prüfung. Dabei vermag dem Vorbringen der Revision, daß dem Beklagten kein Recht auf die Dienstwohnung zustehe, nicht zur Stütze zu dienen das preußische Regulativ über die Dienstwohnungen der Staatsbeamten vom 26. Juli 1880 (JMBl. S. 331), teilweise geändert durch die Ausführungsbestimmungen zum preußischen Besoldungsgesetz vom 17. Dezember 1927 (GS. S. 223) vom 19. Mai 1928 (preuß. BesBl. S. 157). Ebensowenig greift durch der Hinweis auf Nr. 4 und 21 der Vorschriften über Reichsdienstwohnungen (Dienstwohnungsvorschriften) vom 2. Dezember 1929 (RBesBl. S. 199), die auf Grund von Nr. 60 der Besoldungsvorschriften vom 12. März 1928 (RBesBl. S. 33) erlassen worden sind. Der Beklagte ist Kommunalbeamter und untersteht als solcher nicht den von Reich und Ländern für ihre Beamten erlassenen Dienstwohnungsvorschriften, so daß es keiner Untersuchung bedarf, ob die erst nach Begründung des Beamtenverhältnisses erlassenen Vorschriften auf die zwischen den Parteien bestehenden Rechtsbeziehungen einwirken könnten. Für die Kommunalbeamten fehlen allgemeine Vorschriften über die Dienstwohnungen (Brand Das Beamtenrecht 3. Aufl. S. 222 Nr. 23). § 5 des preußischen Kommunalbeamtengesetzes vom 30. Juli 1899 (GS. S. 141) trifft — wie § 9 RBG. — lediglich Vorkehrungen für den Todesfall eines im Besitz einer Dienstwohnung befindlichen Beamten. Ein Regulativ oder Ortsstatut, aus dem sich das von der Klägerin in Anspruch genommene jederzeitige Verfügungsrecht über die dem Beklagten gewährte Dienstwohnung ergeben würde, besteht nicht, wie das Landgericht feststellt und das Berufungsgericht unbeanstandet läßt. Es kann sich daher nur darum handeln, wie die Anstellungsbedingungen des Beklagten auszulegen sind, und was sich hieraus für das Recht des Beklagten auf die Dienstwohnung als Anstellungswille der Klägerin ergibt. Die Vorinstanzen haben sich der Prüfung dieser Frage unterzogen und sind übereinstimmend zu der Feststellung gelangt, daß der Beklagte nach den Anstellungsbedingungen gerade Anspruch auf diejenige, gegenständlich bestimmte, Dienstwohnung habe, deren Räumung die Klägerin im Rechtsstreit fordert, und daß diese Dienstwohnung einen Teil des dem Beklagten von der Klägerin zu leistenden Entgelts für seine Dienste als Direktor der Krankenanstalten bildet, solange der Beklagte lebt und nicht durch Pensionierung aus dem Dienst ausgeschieden ist (vgl. Mittelstein Die Miete 3. Aufl. S. 38). Diese Willenserforschung und die darauf begründeten Feststellungen lassen keinen Rechtsirrtum erkennen. Wenn der Berufungsrichter von einem „Vertrag der Parteien", von einer Auslegung des „Anstellungsvertrags" spricht, so handelt es sich nur um ein Vergreifen im Ausdruck. Denn nach ständiger Rechtsprechung des Reichsgerichts in neuerer Zeit wird das Beamtenverhältnis nicht durch einen öffentlichrechtlichen Vertrag, sondern durch einen einseitigen Verwaltungsakt der Anstellungsbehörde begründet. Der Zusammenhang der Urteilsbegründung läßt unzweifelhaft erkennen, daß das Berufungsgericht den Beklagten als Kommunalbeamten und die beiderseitigen Rechtsbeziehungen richtig als Beamtenverhältnis ansieht, und es darf daher in dem, was das Berufungsgericht als Wille der angeblichen Vertragsparteien auslegt und feststellt, unbedenklich der Wille der Klägerin als anstellender Behörde gefunden werden.

Muß aber hiernach im Hinblick auf die festgestellte Sach- und Rechtslage die dem Beklagten gewährte Dienstwohnung, so wie sie in den Anstellungsbedingungen nach der Auslegung des Berufungsgerichts gekennzeichnet ist, als ein Bestandteil der dem Beklagten zugesicherten Besoldung angesehen werden, und stellt sich demgemäß das Recht auf sie als ein im Rechtswege verfolgbarer, vermögensrechtlicher Anspruch des Beamten dar (Art. 129 Abs. 1 Satz 4 RVerf.), so kann auch die Annahme des Berufungsgerichts nicht beanstandet werden, daß es sich insoweit um ein wohlerworbenes Recht des Beamten auf die Dienstwohnung handle, das nach Art. 129 Abs. 1 Satz 3 RVerf. unverletzlich sei.

Nicht beigepflichtet werden kann der Ansicht der Revision, daß auch beim Fehlen ausdrücklicher ortsgesetzlicher Vorschriften die Überlassung einer Dienstwohnung als Teil des Diensteinkommens der Klägerin nicht das Recht entziehe, im Interesse des Dienstes über die Wohnung anderweit zu verfügen und dem Beklagten eine vollwertige Ersatzwohnung anzubieten, und daß sich schon aus dem Begriff der Dienstwohnung eine dahingehende Befugnis der Anstellungsbehörde als Ausfluß ihrer Ämterhoheit ergebe, jedenfalls nicht in dieser Allgemeinheit und Unbeschränktheit. Die Frage, ob nicht dem von den Vorinstanzen festgestellten Anspruch des Beklagten auf die Dienstwohnung eine Beschränkung insofern innewohnt, als die Klägerin unter gewissen besonderen Umständen die Herausgabe der Wohnung zu verlangen berechtigt wäre, kann dahingestellt bleiben, da solche Gründe nicht dargetan sind.

Die Klägerin will aber einen besonderen Rechtsgrund für die Entziehung der Dienstwohnung aus der Tatsache ableiten, daß sie dem

Beklagten im dienstlichen Interesse die weitere Ausübung seines Amtes untersagt und auf seine ferneren Dienstleistungen verzichtet habe. Diese Auffassung der Klägerin berührt eine der bestrittensten Fragen des gesamten Beamtenrechts, nämlich die Frage nach dem Recht des Beamten auf Belassung im Amt. In der reichsgerichtlichen Rechtsprechung ist diese Frage mehrfach gestreift ..., aber nicht einheitlich entschieden worden. Auch im Schrifttum sind die Meinungen geteilt und wechselnd (vgl. die Zusammenstellung bei Brand a. a. O. 3. Aufl. S. 117 flg. und bei Nischk Das Kommunalbeamtenrecht 2. Aufl. 1929 S. 213 flg.; Urteil des Württembergischen Verwaltungsgerichtshofs vom 14. Juli 1925 in JW. 1925 S. 2512 Nr. 1). Jedenfalls ist die Bemerkung von Brand (a. a. O. S. 120) berechtigt, restlos sei die Streitfrage auch durch die Rechtsprechung des Reichsgerichts nicht geklärt. Für die Entscheidung des vorliegenden Rechtsstreits bedarf es keiner grundsätzlichen Stellungnahme zu der Streitfrage, wie sich auch das Berufungsgericht einer solchen enthalten hat. Denn hier ist lediglich die Frage zu beantworten, ob der Beklagte zur Herausgabe der ihm überlassenen Dienstwohnung verpflichtet ist, und dies hängt keineswegs notwendig davon ab, ob ihm ein Recht auf Belassung im Amt zusteht oder nicht. Wie immer man sich auch zu der grundsätzlichen Frage stellen mag, ob der Anstellungsbehörde vermöge ihrer Ämterhoheit das Recht zusteht, dem Beamten die Ausübung seiner Amtsverrichtungen zu untersagen, ihn zwangsweise zu beurlauben, so viel ist sicher, daß eine solche Anordnung immer eine Notmaßnahme darstellt, die sich nur aus wichtigen Gründen, aus dringenden Rücksichten auf das Staats- oder Gemeindewohl rechtfertigen läßt, die sich daher in engsten Grenzen zu halten hat und in den Rechtskreis des Beamten nur so weit eingreifen darf, als die Rücksichten auf das Staats- oder Gemeindeinteresse es als notwendig erscheinen lassen. Unter diesem Gesichtspunkt betrachtet ist es wohl denkbar, daß — die Zulässigkeit einer Dienstenthebung des Beamten außerhalb des Falles einer eigentlichen Suspension unterstellt — die Staatsnotwendigkeiten zwar gebieten, einen Beamten an der Weiterausübung seines Amtes zu hindern, daß sie aber der unveränderten Aufrechterhaltung seiner sonstigen Beamtenrechte, wie etwa des Rechts auf Weiterbenutzung der ihm überlassenen Dienstwohnung, nicht im Wege stehen. Um eine Entziehung auch solcher Rechte zu rechtfertigen, müßte der Nachweis geführt sein, daß wichtige Gründe, dringende Rücksichten auf das Staats- oder Gemeindewohl gerade mit dem Weitergenuß dieser Rechte im Widerstreit stehen, etwa, daß die Amtsausübung des mit der Stellvertretung des betreffenden Beamten Betrauten ohne Innehabung der Dienstwohnung schlechthin unmöglich oder doch wesentlich erschwert wäre. Dahingehende Feststellungen sind jedoch im vorliegenden Falle nicht getroffen, und eine Verletzung des § 286 ZPO. durch Nichterhebung angebotener Beweise ist nicht gerügt. Im Berufungsverfahren hat die Klägerin selbst vortragen lassen, als der Beklagte im Jahre 1922 sein Amt angetreten habe, habe ihm die im „Vertrag" in Aussicht genommene Dienstwohnung mit Garten noch nicht eingeräumt werden können, weil sie noch von seinem Vorgänger bewohnt gewesen sei, es sei dem Beklagten daher einstweilen die Wohnung des Betriebsdirektors zur Verfügung gestellt worden. Erst im Jahre 1924 — sonach zwei Jahre nach seinem Dienstantritt — sei ihm die im „Vertrag" für ihn vorgesehene Wohnung seines Dienstvorgängers überlassen worden. Dieser Sachvortrag ergibt, daß eine Amtsausübung des Direktors der städtischen Krankenanstalten auch ohne Benutzung der für ihn vorgesehenen eigentlichen Dienstwohnung möglich ist, daß sich eine Zwischenregelung auch für längere Zeit sehr wohl treffen läßt, und es ist daher die von der Klägerin behauptete Eilbedürftigkeit der Entziehung auch der Dienstwohnung des Beklagten nicht einzusehen. Jedenfalls fehlt es an irgendwelchen Feststellungen, daß die etwa gebotene Ausnahmemaßregel, dem Beklagten die fernere Amtsausübung zu untersagen, deren Berechtigung und Zulässigkeit nicht zur Entscheidung steht, sich auch auf die Weiterbenutzung der mit dem Amt verbundenen Dienstwohnung zu erstrecken hätte.

Dahingestellt kann bleiben, ob § 32 des Gesetzes über Mieterschutz und Mieteinigungsämter in der Fassung der Bekanntmachung vom 17. Februar 1928 (RGBl. I S. 25), auf den sich die Klägerin gleichfalls beruft, auf das öffentlichrechtliche Beamtenverhältnis Anwendung findet. Auch wenn man dies annimmt (vgl. Hertel Mieterschutz und Wohnungszwangswirtschaft 4. Aufl. Bd. I S. 252 flg. und S. 428), so unterliegt doch die Klägerin als Gemeinde der Beschränkung des § 32 Abs. 4, wonach die Vorschriften der Abs. 1 bis 3 nur insoweit entsprechende Anwendung finden, als die Gemeinde die Räume für eigene Zwecke dringend benötigt. Am Nachweis gerade dieser Voraussetzung fehlt es aber nach dem vorstehend Ausgeführten.

Ob das Angebot der Klägerin, dem Beklagten gegen Räumung der Dienstwohnung eine andere Wohnung zur Verfügung zu stellen oder ihn durch eine Geldsumme abzufinden, eine Verringerung seines Diensteinkommens darstellt (worauf das Berufungsurteil anscheinend Wert legt), ist nach der von den Vordergerichten festgestellten und hier erörterten Sach- und Rechtslage nicht von ausschlaggebender Bedeutung.

RGZ. 130, 396

Kann ein in gesetzlich zulässiger Weise in ein anderes Amt versetzter Reichsbeamter aus dem früheren Amt vermögensrechtliche Ansprüche für sich herleiten, wenn dieses Amt bei einer Neuregelung des Besoldungswesens höher bewertet wird als das Amt, in das der Beamte versetzt worden ist?

RBG. § 23. RVerf. Art. 129 Abs. 1 Satz 3.

III. Zivilsenat. Urt. v. 2. Dezember 1930 i. S. M. (Kl.) w. Deutsches Reich (Bekl.). III 54/30.

I. Landgericht Breslau. II. Oberlandesgericht daselbst.

Der Kläger war Oberregierungssekretär am Reichsversorgungsgericht. Mit Wirkung vom 1. Juli 1924 wurde er an ein Versorgungsamt versetzt. Zwischen den Obersekretären beim Reichsversorgungsgericht und denjenigen bei den Versorgungsämtern bestand damals kein Unterschied im Rang und im Diensteinkommen; sie erhielten sämtlich die Bezüge der Besoldungsgruppe VII. Mit dem Inkrafttreten des Besoldungsgesetzes vom 16. Dezember 1927 (RGBl. I S. 349), also mit Wirkung vom 1. Oktober 1927, wurden die Obersekretäre beim Reichsversorgungsgericht in die Besoldungsgruppe A 4a eingereiht, während die Obersekretäre bei den Versorgungsämtern der Besoldungsgruppe A 4c zugeteilt wurden. Das Grundgehalt der Gruppe A 4a endet mit einem Betrag von 5800 RM., dasjenige der Gruppe A 4c mit 5000 RM.

Der Kläger glaubt, auf die Bezüge der Besoldungsgruppe A4a Anspruch zu haben, indem er geltend macht, seine einmal erfolgte Anstellung als Oberregierungssekretär beim Reichsversorgungsgericht begründe ein wohlerworbenes Recht auf dauernden Bezug des mit dieser Stelle jeweils verbundenen Diensteinkommens. Dieses Recht könne durch seine spätere Versetzung in ein anderes Amt nicht beeinträchtigt werden. Mit der Klage fordert der Kläger Nachzahlung des Unterschieds für den Monat Oktober 1927. Der Beklagte bestreitet, daß ein wohlerworbenes Recht des vom Kläger behaupteten Inhalts bestehe. Zur Zeit der Versetzung des Klägers, die nach § 23 RBG. zulässig gewesen sei, hätten sich die Obersekretäre bei den in Betracht kommenden Behörden auch in der Besoldung gleichgestanden, das Endgrundgehalt habe für alle Beamten dieser Art 3432 RM. betragen. Das wohlerworbene Recht des Klägers beschränke sich darauf, daß er in seinem Endgehalt diesen Betrag erreiche; das sei aber der Fall, da das Reichsbesoldungsgesetz von 1927 ein Aufsteigen bis zu 5000 RM. vorsehe.

Das Landgericht hat der Klage stattgegeben, das Oberlandesgericht hat sie auf Berufung des Beklagten abgewiesen. Die Revision des Klägers hatte keinen Erfolg.

Gründe:

Der Revision ist zuzugeben, daß der Kläger seine Ansprüche auf gleiche Besoldung mit den Oberregierungssekretären am Reichsversorgungsgericht nicht so sehr auf die Tatsache stützt, daß er mit diesen Beamten früher, vor Erlaß des Reichsbesoldungsgesetzes von 1927, in der gleichen Besoldungsgruppe zusammengefaßt, sondern in erster Reihe darauf, daß ihm selbst bei seiner Anstellung dieses jetzt höher besoldete Amt übertragen worden war. ... Wie das Berufungsgericht rechtlich bedenkenfrei feststellt, ist dem Kläger weder in der Anstellungsurkunde noch aus anderem Anlaß eine besondere Zusicherung dauernder Gleichstellung in den Dienstbezügen mit den Obersekretären beim Reichsversorgungsgericht gemacht worden. ...

Mit dem Berufungsgericht ist davon auszugehen, daß die Versetzung des Klägers vom Reichsversorgungsgericht an ein Versorgungsamt der

Gesetzeslage zur Zeit der Versetzung entsprochen hat. Denn der Kläger ist, wie er selbst niemals bestritten hat, in ein Amt von damals nicht geringerem Rang und von planmäßigem Diensteinkommen versetzt worden. Fand aber die Versetzung ihre Rechtsgrundlage in § 23 Abs. 1 RBG., so muß mit dem Berufungsrichter angenommen werden, daß der Kläger damit aus der bis dahin innegehabten Dienststellung eines Obersekretärs am Reichsversorgungsgericht endgültig ausgeschieden ist und daß er von da an das Amt eines Oberverwaltungssekretärs bei einem Versorgungsamt bekleidet hat. Der Verlust der zuerst übertragenen Stelle und die Verleihung eines neuen Amtes schließt es aus, bei einer nach der Versetzung erfolgenden Neuregelung der Besoldungsverhältnisse zugunsten des vor Jahren aufgegebenen Amtes auf die mit diesem nunmehr verbundenen Vorteile zurückzugreifen und sie für den in eine andere Dienststellung versetzten Beamten in Anspruch zu nehmen. Die Revision irrt, wenn sie meint, eine zeitliche Begrenzung wohlerworbener Rechte sei dem Beamtenrecht fremd. Die wohlerworbenen Rechte bestimmen sich nach Art und Inhalt des verliehenen Amtes und sind keineswegs unveränderlich und unbegrenzt. Der Beamte, der freiwillig aus dem Reichs- oder Staatsdienst ausscheidet, um etwa in der Privatindustrie eine Stellung anzutreten oder den Beruf des Rechtsanwalts zu ergreifen, gibt die von ihm bis dahin erworbenen Rechte auf und kann für die Zukunft keine Gehalts- oder Ruhegehaltsansprüche mehr geltend machen. Der Richter, der etwa auf seinen Antrag zum Verwaltungsbeamten ernannt wird, verzichtet mit der Verleihung des neuen Amtes auf die bis dahin erworbenen Sondervorrechte des Richterstandes. Handelt es sich bei den vorstehend erörterten Gestaltungsmöglichkeiten um freie Willensentschließungen der Beamten, so kann in diesem Punkt eine gesetzlich zulässige Versetzung des Beamten in ein anderes Amt rechtlich nicht anders beurteilt werden. Der Staatsanwalt, dem ein richterliches Amt verliehen wird, müßte es hinnehmen, wenn etwa bei einer nach seiner Versetzung eintretenden Besoldungsneuregelung die Dienstbezüge der staatsanwaltschaftlichen Beamten eine günstigere Gestaltung erfahren sollten. In gleicher Weise könnte einem Landgerichtsrat, der vorher Amtsrichter war, kein vermögensrechtlicher Anspruch daraus erwachsen, daß bei einer anderweitigen Besoldungsregelung die richterliche Tätigkeit bei den Amtsgerichten eine höhere Bewertung erfahren würde. Nicht anders liegt der hier zur Entscheidung stehende Fall. Der Kläger ist im Einklang mit den Gesetzen in ein nach Rang und Diensteinkommen der von ihm damals innegehabten Dienststellung gleichstehendes Amt versetzt worden, und es kann ihm nicht zur Beschwerde gereichen, daß bei der Besoldungsneuregelung von 1927 das ihm ursprünglich verliehene Amt höher bewertet worden ist, wie er es ohne Zweifel nicht beanstandet hätte, wenn etwa das von ihm bei Inkrafttreten des neuen Reichsbesoldungsgesetzes innegehabte Amt herausgehoben worden wäre. Mit der Anstellung auf Lebenszeit und mit der rechtlichen Natur des Beamtendiensteinkommens als einer Unterhaltsrente, auf welche die Revision hinweist, hat die hier zu beantwortende Frage nichts zu tun. Wollte man anders entscheiden, so würde man entweder dem § 23 Abs. 1 RBG., der ein wichtiges Recht der Anstellungsbehörde gewährleistet, Inhalt und Bedeutung nehmen, oder es wären den Regierungen des Reiches und der Länder bei erforderlich werdenden Neuregelungen des Besoldungswesens in weittragender Weise die Hände gebunden. Es bestünde die Gefahr, daß ein Beamter, der verschiedene Dienststellen bekleidet hat, aus jedem Amt an Grundgehalt und Nebenbezügen das für sich in Anspruch nehmen könnte, was ihm am vorteilhaftesten erscheint. Diese dem Standpunkt des Klägers entsprechenden Rechtsfolgen sind jedoch unannehmbar und daher abzulehnen. Nicht zu verkennen ist, daß der hier vertretene Rechtsstandpunkt unter Umständen Härten für den einzelnen Beamten nach sich ziehen kann. Allein wie der Wortlaut und der erkennbare Sinn des § 23 RBG. ergeben, besteht der Zweck dieser Vorschrift gar nicht darin, den Beamten gegen jede denkbare Verkürzung seiner Dienstbezüge zu sichern, die sich später einmal unter gewissen Voraussetzungen aus seinem Übertritt in das neue Amt ergeben könnte, sondern nur in der Sicherung gegen eine solche Verkürzung, die zur Zeit der Versetzung selbst aus dieser unmittelbar folgen würde; und noch weniger bezweckt die Vorschrift, die Hinterbliebenen des Beamten gegen eine auf seine Versetzung in ein anderes Amt etwa zurückzuführende Schmälerung ihrer Bezüge zu schützen. Von diesen Grundsätzen abzugehen, besteht kein Anlaß.

RGZ. 131, 87

Kann ein Beamter dem Staate gegenüber wirksam auf sein Ruhegehalt verzichten?

III. Zivilsenat. Urt. v. 16. Dezember 1930 i. S. B. (Kl.) w. Deutsches Reich (Bekl.). III 44/30.

I. Landgericht I Berlin. II. Kammergericht daselbst.

Das Reichsgericht hat die Frage bejaht aus folgenden

Gründen:

Ob das Gesuch des Klägers, eines Marineoberzahlmeisters, vom 25. September 1920, durch das er seinen Abschied unter Verzicht auf Ruhegehalt erbat, rechtswirksam war, hängt davon ab, ob ein Beamter überhaupt auf sein Pensionsrecht wirksam verzichten kann. Es ist jetzt nahezu unbestritten, daß die vermögensrechtlichen Anspüche der Beamten auf Zahlung ihres Gehalts, ihres Wartegelds oder ihres Ruhegehalts dem öffentlichen Recht und nicht dem Privatrecht unterstehen. Aus dieser öffentlich-rechtlichen Natur der Ansprüche auf Gebührnisse folgt, daß die privatrechtlichen Vorschriften, nach denen man über vermögensrechtliche Ansprüche grundsätzlich frei verfügen kann, auf öffentlichrechtliche Anprüche nicht ohne weiteres Anwendung finden können, weil hier wichtige öffentliche Belange in Frage stehen. Es kann jedoch dahingestellt bleiben, ob im allgemeinen ein Verzicht auf den Gehalts- oder Ruhegehaltsanspruch rechtswirksam ausgesprochen werden kann oder nicht.[1]) Denn für einen bestimmten Fall wird diese Frage ganz überwiegend bejaht, nämlich dann, wenn der Beamte nicht diesen Verzicht für sich allein ausspricht, sondern wenn er sich dabei im Rahmen einer weitergehenden Willenserklärung hält, d. h. wenn er auf seine Beamtenstellung überhaupt verzichtet. Es besteht in dieser Richtung ein allgemeines Gewohnheitsrecht, daß der Beamte jederzeit seine Entlassung fordern kann, wenn er auf Titel, Rang, Gehalt und jeglichen Pensionsanspruch verzichtet und seine Amtsgeschäfte vollständig erledigt hat.[2]) Diese allgemeine Norm ... ist aus der Notwendigkeit erwachsen, einen Beamten, der seiner Stellung seine ganze Persönlichkeit widmen soll, nicht länger gegen seinen Willen in einem Amte zu halten, das er nicht mehr bekleiden will. Das wird jetzt in der Wissenschaft fast allgemein vertreten und ist vom Reichsgericht schon in der Entscheidung des erkennenden Senats vom 14. Oktober 1910 III 418/09 grundsätzlich gebilligt worden. Im Rahmen einer solchen Entlassung muß ein Verzicht auf die Gebührnisse, welcher Art sie auch sein mögen, als rechtswirksam und zulässig gelten. . . . Hieraus folgt für den vorliegenden Fall, daß an sich die Entlassung des Klägers aus seinem Beamtenverhältnis in der seinerzeit durchgeführten Weise möglich war. Der Kläger hat unzweideutig erklärt, daß er seine Stellung als Beamter unter allen Umständen aufgeben wolle, weil er sich einem anderen Berufe widmen wolle. Dabei hat er in seiner Erklärung vom 25. September 1920 klar und bestimmt auf sein Ruhegehalt verzichtet und lediglich gebeten, ihm die bis dahin noch ihm zustehenden Gebührnisse zukommen zu lassen. Dafür, daß diese Erklärung unter einem rechtlich in Betracht kommenden Zwang abgegeben worden sei, liegt kein Anhalt vor. Auch ist es nicht richtig, daß schon damals die Voraussetzungen für eine Zurruhesetzung des Klägers infolge Dienstunfähigkeit vorgelegen hätten. Noch am 21. September 1920, also wenige Tage vor Abgang des Entlassungsgesuches, hatte der zuständige Militärarzt den Kläger untersucht und ihn für völlig gesund und seedienstfähig erklärt.

Hiernach kann der Erklärung des Klägers vom 25. September 1920 die Rechtswirksamkeit nicht abgesprochen werden. Sie bildete die Voraussetzung für die Entlassungserklärung der Behörde. . . .

---

[1]) Vgl. hinsichtlich der laufenden Dienstbezüge jetzt § 83 Abs. 2 BBG. wie auch bereits § 38 Abs. 1 DBG. Eine entsprechende Vorschrift für Ruhegehaltsbezüge enthält weder das BBG. noch das DBG.; siehe aber § 52 Abs. 1 Nr. 5 BDO. und RDStO.

[2]) Das Recht des Beamten, jederzeit seine Entlassung zu verlangen, ist später ausdrücklich durch Gesetz anerkannt worden (vgl. § 60 DBG., § 30 BBG.). Der Verlust des Anspruchs auf Dienstbezüge und Versorgung ist die *gesetzliche Folge* der Entlassung (§ 66 Abs. 2 DBG., § 34 BBG.).

RGZ. 131, 312

Können die in den einstweiligen Ruhestand versetzten Reichsbeamten, die nach dem Außerkrafttreten von Art. 1 IV der Personal-Abbau-Verordnung in den dauernden Ruhestand treten, verlangen, daß ihre Wartestandszeit auf ihr pensionsfähiges Dienstalter angerechnet wird?

Reichsbeamtengesetz § 46 Abs. 1 Nr. 1.

III. Zivilsenat. Urt. v. 20. Februar 1931 i. S. Deutsche Reichsbahn-Gesellschaft (Bekl.) w. G. (Kl.). III 185/30.

I. Landgericht Kassel. II. Oberlandesgericht daselbst.

Der Kläger stand als Lokomotivführer im Dienste zunächst der Preußisch-Hessischen Staatseisenbahn, dann des Reichs. Auf Grund der Personal-Abbau-Verordnung wurde er zum 1. Februar 1924 in den einstweiligen Ruhestand versetzt. Zum 1. September 1929 erfolgte seine Versetzung in den dauernden Ruhestand, ohne daß er inzwischen im Reichs- oder Landesdienst wieder verwendet worden war. Der Berechnung seines Ruhegehalts ist nur die Dienstzeit bis zu seinem Übertritt in den einstweiligen Ruhestand zugrunde gelegt worden. Der Kläger verlangt aber außerdem Anrechnung seiner Wartestandszeit vom 1. Februar 1924 bis zum 31. August 1929 und hat darauf Klage erhoben. Die Vorinstanzen haben die Beklagte dem Klageantrag entsprechend verurteilt. Ihre Revision blieb erfolglos.

Gründe:

Die rechtlichen Folgen der Versetzung eines Beamten in den dauernden Ruhestand sind zu beurteilen nach dem Recht, das zur Zeit dieser Versetzung gilt. ... Für die Bemessung des Ruhegehalts des zum 1. September 1929 endgültig in den Ruhestand versetzten Klägers kommt es deshalb auf den an diesem Tage geltenden Rechtszustand an, während der Rechtszustand zur Zeit seiner Versetzung in den einstweiligen Ruhestand ohne Belang ist. Die Beklagte ist vor dem Revisionsgericht dieser Auffassung nicht mehr entgegengetreten, sondern hat lediglich den Standpunkt bekämpft, den der Kläger hinsichtlich der an dem genannten Tage und auch jetzt noch bestehenden Rechtslage vertritt. (Es folgen Ausführungen, die überholt sind; dann heißt es weiter:)

Nach den allgemeinen Grundsätzen des Beamtenrechts des Reichs, wie übrigens auch nach preußischem Recht, hat das durch den Eintritt in den Staatsdienst einmal begründete Beamtenverhältnis dauernden Bestand. Es wird nicht dadurch unterbrochen, daß der Staat von den Diensten des zu seiner Verfügung stehenden Beamten keinen Gebrauch macht; vielmehr besteht es fort, bis es nach Maßgabe der gesetzlichen Vorschriften oder der Anstellungsbedingungen förmlich gelöst wird. ... Dienstzeit im Sinne der §§ 41, 45 RBG. ist nicht die Zeit, während welcher der Beamte tatsächlich Dienste leistet, sondern die Zeit, während welcher er in einem Beamtendienstverhältnis zum Reiche steht. Dessen Dauer ist der Berechnung der pensionsfähigen Dienstzeit zugrunde zu legen. Alles das gilt auch für die in den einstweiligen Ruhestand versetzten Beamten. Sie leisten zwar keine Dienste mehr, da der Staat darauf verzichtet hat; sie sind aber noch weiterhin Beamte. Ihr Beamtendienstverhältnis besteht fort und endet erst mit ihrer Versetzung in den endgültigen Ruhestand. ...

RGZ. 132, 61

Begriff des Nebenamtes.

Alter Leitsatz:

1. . . . (überholt).

2. . . . (überholt).

Preuß. Kommunalbeamtengesetz § 1 Satz 2.

III. Zivilsenat. Urt. v. 3. März 1931 i. S. S. (Kl.) w. Kreis O. (Bekl.). III 223/30.

I. Landgericht Lyck. II. Oberlandesgericht Königsberg.

Aus den Gründen:

Das Nebenamt bildet eine Stellung neben dem Hauptamt, eine Stellung, die nicht schon nach der Gliederung und Verfassung der betreffenden Behörde mit dem Hauptamt verbunden ist oder verbunden werden kann. Die Verwaltung eines Nebenamtes steht gerade im Gegensatz zur Wahrnehmung besonderer, aber in den allgemeinen Rahmen des betreffenden Dienstzweigs fallender Obliegenheiten. Das Nebenamt liegt außerhalb des Dienstzweigs, dem der es versehende Beamte im Hauptamt angehört. ... Der öffentliche Dienstherr, zu dem ein Beamter durch Übernahme eines Nebenamtes in Beziehung tritt, kann ein anderer sein als der, welcher dem Beamten das Hauptamt übertragen hat. ...

RGZ. 132, 122

Der Rechtsstellung des Beamten sind auch die Schranken immanent, mit denen das Gesetz sie von vornherein nur begründet hat.

Alter Leitsatz:

Wirkt die Herabsetzung von Dienstbezügen gemeindlicher Beamten, die auf Verlangen der Aufsichtsbehörde gemäß § 43 Abs. 4 des preußischen Besoldungsgesetzes vom 17. Dezember 1927 erfolgt, auch zuungunsten solcher Beamten, denen die ursprüngliche günstigere Regelung, z. B. die Bewilligung einer demnächst weggefallenen Zulage, vorbehaltlos bekanntgegeben worden ist)?*

III. Zivilsenat. Urt. v. 17. März 1931 i. S. H. (Kl.) w. Gemeinde T. (Bekl.). III 191/30.

I. Landgericht Kiel. II. Oberlandesgericht daselbst.

*) Ebenso ist durch Urteil vom gleichen Tage III 192/30 in einem Fall entschieden worden, in dem nicht die Bewilligung einer Zulage, sondern eine zu hohe Gehaltseinstufung in Frage stand.

Der Kläger steht als Beamter (Rendant und Verwaltungsinspektor) im Dienste der verklagten preußischen Gemeinde. Nach Erlaß des preuß. Besoldungsgesetzes vom 17. Dezember 1927 (GS. S. 223) hat die Beklagte den Kläger in eine der Gruppe 4 c der staatlichen Besoldungsordnung entsprechende Gehaltsstufe eingestuft und ihm außerdem eine ruhegehaltsfähige Zulage von 500 RM. zugebilligt, ihm auch hiervon durch Schreiben vom 15. März 1928 Mitteilung gemacht. In der Folge hat der Landrat die Zulage beanstandet. Daraufhin hat die Gemeinde dem Kläger vom 1. Dezember 1928 ab die Zulage nicht mehr gezahlt. Der Kläger hält das für unrechtmäßig und fordert mit der Klage weitere Zahlung. Das Landgericht hat die Klage abgewiesen, das Oberlandesgericht die Berufung des Klägers zurückgewiesen. Seine Revision war erfolglos.

Gründe:

Das preuß. Besoldungsgesetz vom 17. Dezember 1927 hat in § 43 Abs. 1 die Gemeinden verpflichtet, die Dienstbezüge ihrer Beamten so zu regeln, daß die Bezüge den Grundsätzen entsprechen, die das Gesetz selbst für die preußischen Staatsbeamten ausgesprochen hat. Im Falle erheblicher Verletzung dieser Vorschrift können nach § 43 Abs. 4 die Aufsichtsbehörden „verlangen, daß eine entsprechende Regelung erfolgt". Im Verfolg einer Beanstandung der Aufsichtsbehörde hat die Beklagte vom 1. Dezember 1928 ab dem Kläger die früher bewilligte Zulage entzogen. Der Kläger vertritt die Meinung, daß die Beanstandung durch die Aufsichtsbehörde und die sich daran anschließende anderweitige Regelung, d. h. also die Entziehung der Zulage, allenfalls bei einer künftigen Neubesetzung seiner Stelle in Wirksamkeit zu treten hätten, daß sie aber ihm gegenüber unwirksam seien, nachdem die Beklagte ihm durch Schreiben vom 15. März 1928 vorbehaltlos die Bewilligung der Zulage bekanntgegeben habe.

Dies ist demgemäß die einzige zur Entscheidung stehende Frage. Der Berufungsrichter stellt sie dahin: Hat die Neuregelung Rückwirkung gehabt oder nicht? Diese Ausdrucksweise ist ungenau. Rückwirkung käme in Frage, wenn die Beklagte die Zahlungen, die sie vor dem 1. Dezember 1928 an den Kläger geleistet hat, von diesem zurückerstattet verlangte. Das tut sie aber nicht. Sie will die Neuregelung erst vom 1. Dezember 1928 ab in Kraft treten lassen. Um Rückwirkung handelt es sich dabei nicht. Die Meinungsverschiedenheit besteht vielmehr darüber, ob der abändernde Gemeindebeschluß sofort oder erst später (bei künftiger Neubesetzung der Stelle) wirksam wird, oder anders ausgedrückt, ob der sofortigen Wirksamkeit des Beschlusses ein Hindernis aus der Person des Klägers entgegensteht.

Der Berufungsrichter hat die Frage verneint und damit zuungunsten des Klägers entschieden. Weder Art. 129 RVerf. noch § 43 pr. BesG. rechtfertige, so führt er aus, den Standpunkt des Klägers. Diesem Ergebnis ist beizutreten.

Dahin führt schon die Betrachtung des unmittelbaren Gesetzesinhalts. Das preuß. Besoldungsgesetz vom 17. Dezember 1927 hat den Staatsbeamten eine wesentliche Verbesserung ihrer wirtschaftlichen Lage gebracht. Kraft des § 43 Abs. 1 sollte diese Verbesserung auch den Beamten der Gemeinden zugute kommen. Dabei sollten die Beamten der Gemeinden den Staatsbeamten innerhalb eines gewissen, mäßigen Spielraums gleichgestellt werden. Auf dem letzteren Gedanken beruht Abs. 4. Er begründet das Recht der Aufsichtsbehörde, in Fällen „erheblicher Verletzung" der Vorschrift des Abs. 1 von der Gemeinde eine dem Gesetz entsprechende (anderweitige) Regelung zu verlangen. Daraus ergibt sich die Befugnis und Verpflichtung der Gemeinde, die gebotene anderweitige Regelung zu treffen, d. h. gegebenenfalls die dem Beamten etwa gewährten, zu hoch bemessenen Bezüge herabzusetzen. Ob die Aufsichtsbehörde eine „erhebliche Verletzung" annimmt, ist Frage ihres Ermessens und daher, wie die Instanzen zutreffend annehmen und wie auch die Revision nicht beanstandet, der richterlichen Nachprüfung entzogen. Alle diese Vorschriften sind, als Bestandteile des Besoldungsgesetzes, einheitlich mit diesem Gesetz in Kraft getreten; das Gesetz enthält weder eine ausdrückliche Vorschrift, noch bietet es einen Anhalt dafür, daß das Beanstandungsrecht der Aufsichtsbehörde oder die ihm entfließende Befugnis und Verpflichtung der Gemeinde, die der Beanstandung entsprechende Neuregelung zu treffen (Abs. 3), erst zu einem späteren Zeitpunkt in Kraft treten oder wirksam werden sollten. An dieses einheitliche Gesetz waren, ganz wie bei anderen Gesetzen, alle diejenigen gebunden, in deren Rechts- und Pflichtenkreis das Gesetz nach seinem Inhalt eingegriffen hat. Sicherlich konnte jeder Gemeindebeamte, der sich durch die Neueinstufung im Verhältnis zu den Staatsbeamten benachteiligt fühlte, alsbald seine vermeintliche Beeinträchtigung bei der Aufsichtsbehörde anmelden und seine daraus für ihn abzuleitenden Rechte weiter verfolgen. Das Gesetz hat also nicht bloß zwischen Staats- und Gemeindebehörden öffentlichrechtliche Befugnisse und Pflichten geschaffen, sondern auch den einzelnen Beamten Rechte gewährt, die der Beamte auf dem geordneten Weg durchsetzen konnte, sei dies der Rechts- oder der Verwaltungsweg. Folgerichtig muß dies auch für den umgekehrten Fall gelten, daß einer Gemeinde gegen den Beamten Rechtsansprüche aus zu hoher Einstufung erwachsen. Für jeden einzelnen Beamten ist, wie die Anwartschaft auf die vom Gesetz gebrachte Besserstellung, so auch die weniger erfreuliche Aussicht auf eine Überprüfung zu seinem Nachteil mit dem Gesetze selbst geboren. Nach alledem ist mindestens zunächst davon auszugehen, daß der einzelne betroffene Beamte eine nachträgliche anderweitige Regelung hinzunehmen hat, wenn sie auf Grund des § 43 Abs. 4 rechtmäßig erfolgte. Will der Beamte, wie hier der Kläger, eine abweichende Beurteilung geltend machen, so muß er dafür ausreichende Gründe beibringen. Der Kläger führt an, daß ihm die Gemeinde anfänglich die neuen Bezüge vorbehaltlos und uneingeschränkt bewilligt und ihm das amtlich mitgeteilt hat.

Dieser Beweisgrund nimmt vorweg, was erst zu beweisen ist. Wie gezeigt, stand die anfängliche Bewilligung von Hause aus und von Gesetzes wegen unter der Voraussetzung, daß nicht nachträglich die Aufsichtsbehörde sie beanstandete. Damit bestand ein Zustand schwebender Unwirksamkeit, wie er in den vorderen Rechtszügen zutreffend gekennzeichnet worden ist. Der Berufungsrichter spricht geradezu von einer auflösenden Bedingung. Hiergegen wendet sich die Revision. In der Tat handelt es sich nicht um eine auflösende Bedingung im Sinne des bürgerlichen Rechts (§ 158 Abs. 2 BGB)., sondern um eine gesetzliche Voraussetzung. Aber in der Sache ist die Rechtslage doch ganz ähnlich wie bei der auflösenden Bedingung. Wenn die Revision im übrigen auszuführen sucht, daß derlei unsichere Verhältnisse im Beamtenrecht etwas Ungewöhnliches seien, so genügt es, darauf hinzuweisen, daß es Beamte auf Widerruf, auf Kündigung und zur Probe sowie zu vorübergehenden Dienstleistungen gibt.

Die Rechtsprechung des Reichsgerichts steht dem Kläger nicht zur Seite. Allerdings darf ein Beamter nach fester Rechtsprechung Erklärungen, welche die Anstellungskörperschaft oder -behörde ihm gegenüber vorbehaltlos und unbedingt abgegeben hat, so hinnehmen, wie sie lauten, und sich auf ihre Richtigkeit und Vollständigkeit verlassen. So braucht der Beamte einen Kündigungsvorbehalt oder den Vorbehalt des Widerrufs einer Zulage nicht gegen sich gelten zu lassen, wenn sie ihm nicht erklärt sind.... Aber das gilt nicht für Vorbehalte oder Einschränkungen, die dem Beamten von vornherein erklärt worden oder sonst amtlich bekannt geworden sind. Daß ein Beamter auch eine ihm kundgegebene Beschränkung, eine Kündigung, einen Widerruf nicht zu beachten brauchte, ist noch niemals angenommen worden und wäre eine durch nichts gerechtfertigte und unerträgliche Annahme. Was aber von ausdrücklichen, im Einzelfalle kundgegebenen Vorbehalten gilt, muß ebenso gelten, wenn das Gesetz, das dem Beamten eine Vergünstigung oder Bewilligung bringt, zugleich schon in sich selbst eine Beschränkungsmöglichkeit, einen gesetzlichen Vorbehalt birgt. So hat der erkennende Senat ... für die Kündbarkeit von Beamten ausgesprochen, es genüge, daß die Kündbarkeit durch allgemeine (nur gehörig bekanntgegebene) Vorschrift für die betreffende Beamtenklasse angeordnet sei. Dem entspricht der hier zur Entscheidung stehende Fall. Daß auch in solchen Fällen die Anstellungskörperschaft oder -behörde bei Bekanntmachung der Bewilligung (Zulage oder Einstufung) den Beamten auf die gesetzliche Möglichkeit späterer Beeinträchtigung hinweist, mag ein Gebot der Vorsicht sein; die Unterlassung dieser Maßnahme kann aber nicht dazu führen, daß deswegen der gesetzliche Vorbehalt unwirksam wird. Das würde den Rechtsgedanken der §§ 133, 157 BGB. zuwiderlaufen, die auch im Gebiete des öffentlichen Beamtenrechts anwendbar sind; es würde nur den besonderen Belangen des zufällig betroffenen Beamten dienen, die öffentlichen Belange aber schädigen. Denn daß Zweck und Inhalt des § 43 pr. BesG. die von der Beklagten vertretene Auffassung fordern, hat der Berufungsrichter zutreffend dargelegt. Es ist die Absicht des Gesetzes, daß die Gemeindebeamten nicht wesentlich anders behandelt werden sollen als die Staatsbeamten. Diese Absicht wäre aufs schwerste beeinträchtigt, wenn der Gemeindebeamte, der in erheblichem Maße vor einem gleichzuachtenden Staatsbeamten bevorzugt worden ist, trotz einer erfolgten Beanstandung und Neuregelung seine ganze Anstellungszeit hindurch im Besitz und Genuß der gesetzlich mißbilligten Bevorzugung bleiben und wenn sich die Beanstandung erst für den Fall einer anderweitigen Besetzung der Stelle zur Geltung bringen könnte. Ein so weit gehender Schutz des Beamten, wie ihn die Auffassung des Klägers verlangt, wäre auch innerlich nicht zu rechtfertigen. Er würde über den Schutz des gutgläubigen Erwerbs, wie ihn das bürgerliche Recht ausgebildet hat, noch hinausgehen; denn der Kläger beansprucht die Maßgeblichkeit der vorbehaltlos ausgesprochenen Bewilligung ohne Rücksicht darauf, ob der Beamte die entgegenstehende gesetzliche Einschränkung gekannt hat oder, was bei dem Beamten doch sehr nahe liegt, wenigstens kennen mußte.

Aus der Entstehungsgeschichte des § 43 pr. BesG. geht, wie der Berufungsrichter zutreffend bemerkt, nur so viel hervor, daß auch damals über Sinn und Tragweite des Abs. 4 keine volle Klarheit herrschte. Einzelne Regierungsvertreter mögen den jetzt vom Kläger vertretenen Standpunkt eingenommen haben. Einen Niederschlag im Gesetze selbst hat diese Auffassung aber nicht gefunden.

Ohne Belang ist auch, daß das preuß. Besoldungsgesetz — abweichend von dem preuß. Gesetz, betr. vorläufige Regelung verschiedener Punkte des Gemeindebeamtenrechts, vom 8. Juli 1920 (GS. S. 383) und von dem Besoldungssperrgesetz vom 21. Dezember 1920 (RGBl. S. 2117) — keine Frist für die Beanstandung durch die Aufsichtsbehörde eingeführt hat. Eine solche möchte in gewisser Hinsicht zweckmäßig gewesen sein; aber auch ohne eine Fristbestimmung war so lange keine empfindliche Rechtsunsicherheit für die Beamten zu besorgen, als sich die Gemeinden im Rahmen des Gesetzes (§ 43 Abs. 1) hielten, was der Gesetzgeber doch wohl erwarten durfte, zumal da dies ja dem bis dahin bestehenden Rechtszustand entsprach. Eine etwaige Rechtsunsicherheit konnte demnach nur solche Beamte treffen, die sich einer vom Gesetz mißbilligten Bevorzugung vor den Staatsbeamten erfreuten. Auch diese Beamten konnten sich mit dem Inhalt des § 43 Abs. 4 vertraut machen, und sie werden sich, dank der Aufklärungsarbeit der Organisationen und der Presse, in den meisten Fällen damit vertraut gemacht haben. So werden verhältnismäßig seltene Fälle übrig bleiben, in denen ein Beamter wirklich unliebsam durch die nachträgliche Entziehung von Bezügen überrascht worden wäre. Sollte das im einzelnen Fall erst nach einer unangemessen langen Zeit geschehen, so könnte dieser Umstand vielleicht Veranlassung zu einer anderen Beurteilung gemäß § 242 BGB. geben.

Den hier vertretenen Standpunkt scheint übrigens bereits das Reichsarbeitsgericht (Urt. v. 4. Mai 1929 RAG. 583/28) und ebenso das Preußische

Oberverwaltungsgericht (RuPrVBl. 1931 S. 191 Nr. 3) eingenommen zu haben.

Hiernach ist dem Berufungsrichter schon aus dem von ihm zutreffend dargelegten Grunde beizutreten, weil nämlich der Kläger den Anspruch auf die neuen Bezüge von Hause aus nur mit der Maßgabe bewilligt erhalten hat, daß sie auf Beanstandung gemäß § 43 Abs. 4 pr. BesG. wieder in Wegfall gestellt werden konnten. Daraus erhellt zugleich, daß dem Kläger auch Art. 129 RVerf. nicht zur Seite steht. Diese Vorschrift schützt „wohlerworbene Rechte" nur in dem Umfang, in dem sie „wohlerworben" sind. Die Bewilligung gewährte dem Kläger ein wohlerworbenes Recht auf die neuen Bezüge insoweit, als die Gemeinde ihm diese nicht mehr willkürlich nach ihrem Ermessen wieder entziehen konnte. Aber die Möglichkeit einer Entziehung gemäß § 43 Abs. 4 wohnte der Bewilligung von vornherein inne. Hiergegen vermochte den Kläger auch Art. 129 RVerf. nicht zu schützen. Eine zeitliche Begrenzung wohlerworbener Rechte ist dem Beamtenrecht nicht fremd.

RGZ. 133, 249

1. Kann der Beamte, der einen Gehaltsvorschuß erhalten hat, einwenden, die spätere Einbehaltung von unpfändbaren Gehaltsteilen zur Abtragung dieses Vorschusses sei eine unzulässige Aufrechnung?
2. Kann ein Beamter, der seine Dienststelle zum Zweck der Tilgung von Schulden bei einer Beamtenbank unwiderruflich angewiesen hat, seine Bezüge auf die Bank zu überweisen, diese Anweisung widerrufen, wenn es sich um unpfändbare Bezüge handelt?
3. Wird der Beamte dadurch ungerechtfertigt bereichert, daß ihm die Bank die ihr trotz des Widerrufs von der Behörde überwiesenen Bezüge gutbringt?

BGB. §§ 134, 183, 185, 362 Abs. 2, §§ 394, 400, 812. ZPO. § 850.

III. Zivilsenat. Urt. v. 3. Juli 1931 i. S. Landwirtschaftskammer für die Provinz Brandenburg und Berlin (Bekl.) w. M. (Kl.). III 363/30.

I. Landgericht I Berlin. II. Kammergericht daselbst.

Der Kläger, der früher Beamter der Beklagten war und am 1. Februar 1928 in den Ruhestand versetzt worden ist, hatte sich damit einverstanden erklärt, daß seine Gehaltsbezüge auf sein Konto bei der Landwirtschaftlichen Beamtenbank eingetr. Genossenschaft mbH. überwiesen wurden, bei welcher er einen größeren Kredit in Anspruch genommen hatte. Außerdem hatte er von der Beklagten Gehaltsvorschüsse von 3000 RM. und 650 RM. erhalten. Da er in finanzielle Bedrängnis geraten war und nicht unerhebliche Schulden hatte, waren die pfändbaren Teile seines Gehalts und späterhin seines Ruhegehalts von verschiedenen Gläubigern gepfändet und diesen zur Einziehung überwiesen worden. Im Jahre 1928 wurde ein amtsgerichtliches Verteilungsverfahren gegen ihn eröffnet.

Die Beklagte wollte dem Kläger bei Ordnung seiner Vermögensverhältnisse behilflich sein. Am 20. November 1927 stellte er deshalb der Beamtenbank eine notarielle Schuldurkunde aus, worin er bekannte, einen Notstandskredit von 8650 RM. erhalten zu haben, und zwar 3650 RM. als langfristigen Gehaltsvorschuß von der Beklagten, 5000 RM. von der Beamtenbank. Die Tilgung sollte nach einem besonderen Tilgungsplan erfolgen. Der Kläger verpflichtete sich, zur Sicherheit für die von ihm übernommene Rückzahlungsverpflichtung die Beklagte bis zur Deckung der Schuld unwiderruflich anzuweisen, sein jeweiliges Gehalt bei Fälligkeit auf sein Konto bei der Beamtenbank zu überweisen. Auch räumte er der Beamtenbank das Recht ein, sich aus den auf seinem Konto eingehenden Beträgen für die jeweils fälligen Schuldbeträge ohne weiteres zu decken. Nach dem Tilgungsplan sollte die Beamtenbank in den ersten Jahren monatlich 150 RM. von den überwiesenen Beträgen einbehalten, hiervon 65 RM. an die Beklagte abführen und 85 RM. gegen den von ihr gewährten Kredit verrechnen. Nach den in der Urkunde vom 20. November 1927 in bezug genommenen Bestimmungen über den laufenden Rechnungsverkehr und nach den dort für maßgeblich erklärten Geschäftsbedingungen der Beamtenbank war der Kläger als Mitglied und Kreditnehmer verpflichtet, seine Bezüge über die Beamtenbank gehen zu lassen. Am 20. Februar 1928 erwirkte diese gegen den Kläger auf Grund der genannten Urkunde ein rechtskräftiges Urteil auf Zahlung von 8335,20 RM. nebst Zinsen. Außerdem stellte der Kläger am 2. Mai 1928 auf Veranlassung der Beklagten und in Ausführung der übernommenen Verpflichtung eine Erklärung aus, durch welche er die Beklagte anwies, zur Tilgung seines ihm von der Beamtenbank eingeräumten Kredits in Höhe von 8650 RM. den jeweiligen Betrag seines Gehalts bei Fälligkeit auf sein Konto bei der Beamtenbank zu überweisen. Die Anweisung sollte unwiderruflich sein, bis die Beamtenbank die Abdeckung seiner Schuld der Beklagten schriftlich bestätigt oder auf die Überweisung verzichtet habe. Diese Erklärung focht der Kläger durch Schreiben vom 19. Mai 1928 gegenüber der Beklagten als in einer Zwangslage abgegeben an. In dem Schreiben widerrief er die von ihm abgegebene Erklärung und verlangte ausdrücklich den nicht pfändbaren Teil seiner Pension. Die Beklagte erkannte den Widerruf nicht an, sondern überwies nach wie vor die der Pfändung nicht unterliegenden Teile des Ruhegehalts auf das Konto des Klägers bei der Beamtenbank.

Der Kläger hält die Überweisung der Gehaltsteile auf die Beamtenbank und die Einbehaltung von monatlich 150 RM. für unzulässig. Er verlangt mit der Klage Zahlung der einbehaltenen Beträge in Höhe von 1800 RM. nebst Zinsen und macht geltend, daß die Erklärung vom 2. Mai 1928, soweit sie nicht zulässigerweise widerrufen sei, wegen Verstoßes gegen die Bestimmungen über die Zulässigkeit der Abtretung von Beamtenbezügen ungültig sei. Die Beklagte wendet Erfüllung ein und verweist den Kläger insbesondere auf die ihm gezahlten Gehaltsvorschüsse.

Widerklagend verlangt sie die Feststellung, daß sie auch weiterhin berechtigt sei, das Ruhegehalt des Klägers bis zur Abdeckung der ihm von der Beklagten und der Beamtenbank gewährten 8650 RM. auf sein Konto bei der Beamtenbank zu überweisen. Sie sucht darzulegen, in der Erklärung vom 2. Mai 1928 liege lediglich die unwiderrufliche Vereinbarung einer Zahlstelle. Der Kläger macht gegenüber der Verweisung der Beklagten auf die Gehaltsvorschüsse geltend, daß diese auf Grund des Abkommens vom 20. November 1927 in ein Darlehen umgewandelt worden seien.

Das Landgericht hat die Beklagte antragsgemäß, das Kammergericht unter Abweisung der weitergehenden Klage nur zur Zahlung von 1350 RM. verurteilt. Die Widerklage haben beide Vorinstanzen abgewiesen. Die Revision der Beklagten führte zur Aufhebung des angefochtenen Urteils, soweit zur Klage erkannt war. Hinsichtlich der Entscheidung zur Widerklage wurde die Revision zurückgewiesen.

Aus den Gründen:

I. 1. Die Beklagte macht den Einwand der Erfüllung unter einem zweifachen Gesichtspunkt geltend. Einmal behauptet sie, daß sie durch Überweisung der Ruhegehaltsbeträge auf das Konto des Klägers dessen Anspruch auf Ruhegehalt erfüllt habe. Zum anderen führt sie aus, daß der Kläger — ganz abgesehen von der Frage der Zulässigkeit der Überweisung und einer hierdurch erfolgten Tilgung — einen Anspruch auf jene Beträge schon deswegen nicht geltend machen könne, weil er durch die in Höhe von 3000 RM. und 650 RM. gewährten Vorschüsse, die als Vorauszahlungen der geschuldeten Bezüge anzusehen seien, bereits in dieser Höhe befriedigt sei.

Wegen des letzteren Vorbringens ist vorweg zu bemerken, daß es nicht geeignet ist, die Widerklage, welche die Berechtigung der Beklagten zur Überweisung der Bezüge auf das Bankkonto betrifft, zu begründen. Denn falls keine Befugnis zur Überweisung, sei es wegen gültigen Widerrufs der Überweisungsanweisung, sei es wegen deren Nichtigkeit, besteht, so ist damit die Widerklage ohne weiteres unbegründet, ganz abgesehen von der Frage, ob der Kläger von der Beklagten Ruhegehaltszahlungen bis zur Höhe der Vorschüsse verlangen kann.

2. Was diese vom Berufungsrichter an letzter Stelle behandelte Frage betrifft, so sind seine Ausführungen nicht geeignet, die Verurteilung der Beklagten zu rechtfertigen. Hat ein Beamter, wie es hier die Beklagte behauptet, auf seine zukünftigen Bezüge Vorschüsse erhalten, so handelt es sich nicht um ein Darlehen, sondern um eine Vorauszahlung der später als laufende Bezüge geschuldeten Beträge. Es kommt auch nicht eine durch § 394 BGB. beschränkte Aufrechnung in Frage; denn die Kürzung des zu zahlenden Gehalts beruht auf keiner Gegenforderung der zahlungspflichtigen Stelle, sondern auf der bereits erfolgten Vorauszahlung. Eine Zurückbehaltung im engeren Sinne findet ebenfalls nicht statt, sondern nur diejenigen Beträge sollen erneut gezahlt werden, die schon früher gezahlt

worden waren. Etwas anderes gilt nur für „überhobene" Gehaltsteile. Eine Gehaltsüberhebung, von der beispielsweise § 39 Abs. 3 des preußischen Besoldungsgesetzes vom 17. Dezember 1927 (GS. S. 223) handelt, liegt aber nicht vor, wenn im beiderseitigen Einverständnis Beträge als Vorschüsse auf erst später fällig werdende Gehaltsteile gegeben werden.

Eine andere rechtliche Beurteilung wäre nur gerechtfertigt, wenn — wie der Kläger behauptet — eine Umwandlung der Vorschüsse in ein Darlehen, eine Novation, vorliegen würde und diese gültig zustandegekommen wäre. Der Vorderrichter hat aber eine Feststellung, daß eine solche Umwandlung in ein Darlehen erfolgt sei, nicht abschließend getroffen. Er führt aus, einer Beweisaufnahme über die von der Beklagten bestrittene Novation habe es nicht bedurft, da auch ohne diese Annahme der fragliche Betrag im allseitigen Einverständnis in den Tilgungsplan einbezogen worden sei, indem er durch ratenweise Einbehaltung im Rahmen des Tilgungsplanes, soweit dieser gültig sei, abzudecken gewesen sei. Der Tilgungsplan sei aber nicht gültig, da er einen Verstoß gegen die für Beamte bestehenden Abtretungsverbote enthalte, indem er dem Kläger die Verfügung über die unpfändbaren Teile seines Ruhegehaltes nehme.

Mit Recht bemängelt die Revision diese Ausführungen als eine unvollständige und rechtsirrige Würdigung des Vorbringens der Beklagten. Hatte keine gültige Umwandlung in ein Darlehen stattgefunden, so waren die Vorschüsse nach der Behauptung der Beklagten als Vorauszahlungen im Sinne der vorstehend dargelegten Grundsätze zu würdigen. Die Vorauszahlungen konnten sich sehr wohl auf sämtliche später fällig werdenden Bezüge beziehen, sei es, daß sie als Gehalt, sei es, daß sie nach der Zurruhesetzung als Ruhegehalt geschuldet wurden. Bezogen sie sich auf die in der Klage geforderten Ruhegehaltsbeträge, so war die Einbeziehung in den Tilgungsplan gleichgültig für die Frage, ob die Beklagte zur nochmaligen Zahlung der schon im voraus gezahlten Beträge verpflichtet war. War der Tilgungsplan etwa ungültig, so blieb die Tatsache bestehen, daß die Beträge bereits im voraus gezahlt waren. Außerdem konnte die Ungültigkeit des Tilgungsplanes als Teil der zusammenhängenden Vereinbarungen gemäß § 139 BGB. auch die Ungültigkeit der vom Kläger behaupteten Novation mit sich ziehen.

Das Urteil ist daher schon wegen rechtsirriger Würdigung der Natur und der Wirkung der Vorauszahlung aufzuheben, soweit die Beklagte zur Zahlung verurteilt ist.

II. 1. Die Abweisung der Widerklage ist dagegen gerechtfertigt. Die weiteren Rügen der Revision sind auch insoweit unbegründet, als sie sich, abgesehen von dem zu I 2 behandelten Punkt, gegen die Schlüssigkeit der Klageforderung richten.

Der Berufungsrichter geht davon aus, das Schreiben des Klägers vom 19. Mai 1928 stelle einen Widerruf der früher erteilten Weisung dar, seine Bezüge auf sein Bankkonto zu überweisen. Vergeblich rügt die Revision, daß das auf § 123 BGB. aufgebaute Schreiben keinen allgemeinen Widerruf enthalte. Jene Auslegung ist möglich und verstößt nicht gegen anerkannte Auslegungsgrundsätze. Sie findet vielmehr in dem Wortlaut eine klare Stütze.

Der Vorderrichter führt weiter aus, die Beklagte könne sich gegenüber dem Widerruf, abgesehen von der Frage seiner Zulässigkeit, weder auf die bisher erfolgte tatsächliche Übung noch darauf berufen, daß sich der Kläger die Überweisung habe gefallen lassen. Die Rüge der Revision, daß die Rechtserheblichkeit dieses Vorbringens verkannt worden sei, geht fehl. Nahm die Beklagte ohne gültige Ermächtigung Zahlungen in Form von Überweisungen auf das Bankkonto vor, so hing gemäß § 362 Abs. 2, § 185 BGB. die tilgende Wirkung der Leistung, unbeschadet der eine Einwilligung enthaltenden Vereinbarung einer Zahlstelle, von der Einwilligung oder nachträglichen Genehmigung des Klägers ab. Die Vorschrift des § 362 Abs. 2 BGB. findet auch bei öffentlichrechtlichen Zahlungsverpflichtungen Anwendung (vgl. RGUrt. vom 6. Mai 1927 III 314/26).

Eine etwa in der tatsächlichen Übung liegende Einwilligung konnte jederzeit widerrufen werden, da nicht behauptet ist, die Unwiderruflichkeit sei insoweit, also abgesehen von der mit der Urkunde vom 20. November 1927 zusammenhängenden Vereinbarung, zugesagt worden oder ergebe sich aus einer früher erklärten Weisung oder aus dem der Übung zugrunde liegenden Rechtsverhältnis (§ 183 BGB.). Denn wenn auch eine Einwilligung unwiderruflich bindend zugesagt werden kann, so ist doch eine solche Zusage der Unwiderruflichkeit nicht zu vermuten.

Den Widerruf jeder Zahlungsermächtigung hat aber der Berufungsrichter ohne Rechtsverstoß in der Erklärung vom 19. Mai 1928 gefunden. Ferner hat er das in den Abhebungen und in den Verfügungen über das Konto liegende Verhalten des Klägers dahin tatsächlich gewürdigt, daß hierin kein Einverständnis liege. (Wird näher ausgeführt.)

2. Der Berufungsrichter erörtert weiter, ob die Beklagte Rechte daraus herleiten könne, daß sich der Kläger im Zusammenhang mit der Erklärung vom 20. November 1927 und in der Erklärung vom 2. Mai 1928 zur unwiderruflichen Überweisung verpflichtet habe. Er verneint dieses, weil bei Annahme einer „Anweisung“ die Klausel der Unwiderruflichkeit nicht bindend gewesen sei, und weil andernfalls die Urkunde eine weitergehende Vereinbarung als die bloße Angabe einer Zahlstelle ergebe. Inhalt der Vereinbarung sei gewesen die Überlassung des künftigen Gehalts an die Beamtenbank zur Verfügung darüber nach Maßgabe des Tilgungsplans, unabhängig vom Willen des Klägers und unter Beseitigung seiner Verfügungsmacht über sein Konto. Eine solche Abmachung komme in der Wirkung einer Abtretung gleich. Nur pro forma sei der Kläger Gläubiger geblieben, in Wirklichkeit sei die Beamtenbank kraft ihrer Verfügungsmacht über das Konto Gläubigerin geworden. Es

liege hierin eine Umgehung der nach preußischem Recht für Beamtenbezüge bestehenden, auf Grund des Art. 81 EG. z. BGB. aufrecht erhaltenen Abtretungsverbote[1]) sowie der Vorschrift des § 400 BGB. Die Abmachung sei somit insoweit nichtig, als sie eine Darlehnstilgung durch Verfügung über das künftige Gehalt des Klägers in sich schließe. Der Kläger sei also an die Unwiderruflichkeit der Anweisung nicht gebunden und mit dem Widerruf habe die Berechtigung der Beklagten aufgehört, an die bisher angegebene Zahlstelle zu zahlen. Ihre Zahlungen seien nicht mehr als Erfüllung im Sinne des § 362 BGB. anzusehen, da sie nicht an den allein berechtigten Empfänger geleistet seien.

Die Revision rügt, daß das Wesen der getroffenen Vereinbarungen verkannt sei. Es habe sich um Vereinbarungen eigener Art, insbesondere um Schaffung einer unwiderruflichen Zahlstelle gehandelt, an der die Beklagte wegen der von ihr gewährten Vorschüsse ein eigenes Interesse gehabt habe. Nach den Geschäftsbedingungen der Beamtenbank, auf welche die Vereinbarungen ausdrücklich Bezug nähmen, dürfe diese satzungsgemäß Darlehen nur geben, wenn eine unwiderrufliche Anweisung — nicht zu verwechseln mit einer Gehaltsabtretung — erteilt werde. Die Beamtenbank sei als Genossenschaftsbank wie alle Beamtenbanken auf dem Grundsatz aufgebaut, daß sich die Beamten verpflichten müßten, ihr Gehalt bei der Bank einzahlen zu lassen und der Behörde eine entsprechende unwiderrufliche Anweisung zu geben. Der Aufbau der Beamtenbank diene einer Kontrolle der Bank, der Verhinderung leichtfertiger Verfügungen durch die Beamten und dem erforderlichen Schutz der Bank, ohne den diese nicht bestehen könne. Gehe man von diesem Zweck aus, so entfalle die (auf Art. 81 EG. z. BGB. gestützte) Anwendbarkeit der preußischen Sondernormen. Ihre Anwendbarkeit würde die Existenz der zum Besten der Beamten geschaffenen Beamtenbanken vernichten.

Der Rüge ist der Erfolg zu versagen. Zwar liegt eine Anweisung weder im engeren (§ 783 BGB.) noch im weiteren Sinne vor; denn zum Wesen der Anweisung gehört die Absicht, daß sich der Angewiesene durch besondere abstrakte Erklärung (§ 784 BGB.) gegenüber dem Anweisungsempfänger verpflichten soll. Es kommt aber hierauf nicht an. Denn selbst wenn man in dem Abkommen eine unwiderrufliche Berechtigung der Beklagten, die Zahlung an die Beamtenbank zu leisten, und eine unwiderrufliche Ermächtigung der Bank, die Zahlung im eigenen Namen für den Kläger zu empfangen, oder auch die zwischen dem Kläger und der Beklagten erfolgte unwiderrufliche Vereinbarung einer Zahlstelle im Sinne einer solutionis causa adjectio finden wollte, so ist dem Berufungsrichter darin beizutreten, daß mindestens dieser Ausschluß des Widerrufs in rechtsähnlicher Anwendung der §§ 394, 400 BGB. gemäß § 134 BGB. nichtig und der Kläger an ihn nicht gebunden

[1]) Vgl. § 84 BBG.

wäre. Zutreffend hat der Vorderrichter ausgeführt, daß die von der Beklagten behaupteten Vereinbarungen darauf hinausliefen, ein Verfahren zu schaffen, das der Bank ermöglichte, durch die Einrichtung eines Kontos und durch unwiderrufliche Überweisungen die unpfändbaren Bezüge des Klägers, eines Beamten, in ihre Hände zu bekommen und darüber zu verfügen unter ausdrücklicher Außerachtlassung der zum Schutze des Beamten erlassenen Abtretungsverbote und zum Zwecke der sonst gesetzlich ausgeschlossenen eigenmächtigen Befriedigung aus den unpfändbaren Gehaltsteilen. Den §§ 394, 400 BGB. in Verb. mit § 850 Abs. 1 Nr. 7 und 8 ZPO., welche im öffentlichen Interesse erlassen sind und sich im Gegensatz zu den bei Lohnforderungen geltenden Grundsätzen auch auf rückständige Bezüge beziehen (RGUrt. vom 14. Mai 1912 III 284/11), ist der gesetzgeberische Gedanke zu entnehmen, daß einem Beamten nicht durch im voraus getroffene Verfügungen und eingegangene Verpflichtungen sein Existenzminimum genommen werden kann derart, daß es ihm unmöglich gemacht wird, in Erfüllung seiner öffentlichrechtlichen Verpflichtung seine ganze Kraft dem Staate oder dem Gemeinwesen zu widmen.

Dieser Schutz findet nur darin seine Grenze, daß der Beamte in der Verfügung über die tatsächlich erhaltenen Beträge in vollem Umfange frei ist und bleibt. Demgemäß ist die von einem Beamten mit einer Bank, auf die seine Bezüge überwiesen werden, etwa getroffene Abrede, daß diese sich mit den Bezügen bezahlt machen soll, an sich zulässig, sofern nicht im Einzelfall infolge besonderer Abreden der Charakter als unpfändbare Forderung auch noch nach der Überweisung bestehen bleibt und somit die Einräumung einer nach § 394 BGB. unzulässigen Aufrechnungsbefugnis vorliegt. Denn die Überweisung auf die Bank tritt im Regelfall an die Stelle der baren Auszahlung an den Beamten. Das Aufhören des Schutzes mit dem Augenblick der Auszahlung findet seinen Grund darin, daß nunmehr der freie und ungebundene Wille des Beamten entscheidend für die Verwendung der Bezüge sein muß und deshalb das Bedürfnis eines Schutzes entfällt, soweit nicht die Pfändung der erhaltenen Geldmittel gemäß § 811 Nr. 8 ZPO. im Interesse des Beamten ausgeschlossen ist. Auch dieser Bestimmung ist der Wille des Gesetzgebers zu entnehmen, für die Beamten zwecks Aufrechterhaltung ihrer Existenzmöglichkeit zu sorgen.

Die Möglichkeit freier Verfügung durch den Beamten, insbesondere sein freier Wille, fällt nun in allen denjenigen Fällen weg, in denen sich der Beamte bereits vor der Auszahlung durch Vorausverfügungen gebunden hat, oder in denen Gläubiger des Beamten vor der Auszahlung gegen ihn vorgehen oder sich selbst befriedigen. In allen diesen Fällen wird das unentziehbare Recht des Beamten vereitelt, die unpfändbaren Teile der Bezüge zur eigenen freien Verwendung für seine Lebensbedürfnisse zu erheben. Deshalb muß dieses Recht nicht nur in den vom Gesetz hervorgehobenen besonderen Fällen gewährleistet sein, welche die regelmäßigen Formen der Vorausverfügung oder Vorausbefriedigung gegen den Willen des Beamten darstellen. Es sind auch solche Vereinbarungen ungesetzlich und daher unwirksam, die sich anderer Rechtsformen bedienen, aber zu dem gleichen wirtschaftlichen Ergebnis der Vorausschmälerung des unpfändbaren Teils der Beamtenbezüge durch Entziehung der freien Verfügung darüber führen. Hierin liegt keine unzulässige Ausdehnung der Ausnahmebestimmung des § 850 Abs. 1 Nr. 8 ZPO., sondern nur die Anwendung des ihr zugrunde liegenden Gedankens, der den näher erläuterten Schutz des Beamten für die Zeit vor der Auszahlung der Bezüge unbedingt gewährleisten will. Deshalb muß eine von einem Beamten im voraus erteilte Anweisung oder Ermächtigung, sein Gehalt einer dritten Stelle auszuzahlen (sei es durch einseitige Erklärung, sei es auf Grund gegenseitigen Vertrages, auch im Sinne der Ernennung eines solutionis causa adjectus), hinsichtlich des unpfändbaren Teils dieses Gehalts stets widerruflich sein, weil er sonst der auszahlenden Stelle und dem dritten Empfänger eine Verfügungsmacht im voraus einräumen würde. Die Überweisung, insbesondere auf ein Bankkonto, ist daher für die unpfändbaren Teile nur gültig, wenn die Einwilligung des Beamten im Sinne des § 362 Abs. 2 BGB. noch im Augenblick der Überweisung vorliegt.

Es braucht deshalb nicht darauf eingegangen zu werden, ob sich diese Ungültigkeit des Ausschlusses des Widerrufs auch aus den vom Vorderrichter angeführten preußischen Sondernormen ergibt, deren Anwendbarkeit dahingestellt bleiben mag. Fraglich kann nur sein, ob nicht bloß der Ausschluß des Widerrufs, sondern das ganze von der Beklagten als einheitliche Abmachung aufgefaßte Abkommen gemäß § 139 BGB. nichtig ist, worüber sich der Berufungsrichter noch nicht ausgesprochen hat. Durch die Ungültigkeit würde übrigens nur die Entscheidung zur Klage wegen des möglichen Wegfalls der vom Kläger behaupteten Novation, nicht aber die Entscheidung zur Widerklage berührt. (Wird näher ausgeführt; auch werden verschiedene weitere Revisionsrügen zur Widerklage zurückgewiesen.)

3. Die Revision rügt an letzter Stelle, nicht beachtet sei das Vorbringen der Beklagten, der Kläger würde eine Bereicherung erfahren. Diese Rüge ist sowohl bei Nichtigkeit lediglich der Unwiderruflichkeitsklausel, wie auch bei Nichtigkeit des gesamten Abkommens unbegründet. Denn selbst wenn der Kläger durch die von der Beamtenbank vorgenommene Einbehaltung in deren Höhe von seiner Schuld ihr gegenüber befreit worden wäre, so wäre diese Befreiung nicht infolge einer unmittelbaren Vermögensverschiebung zwischen den Parteien geschehen. Lediglich für die Überweisung an die Beamtenbank war der Rechtsgrund weggefallen, indem die nicht genehmigte Zahlung an den nicht empfangsberechtigten Dritten (die Beamtenbank) zur beabsichtigten Tilgung nicht führte (vgl. auch RGUrt. vom 12. Juni 1911 VI 281/10, abgedr. Recht 1911 Nr. 2841). Eine unmittelbare Vermögensverschiebung zwischen der

Beklagten und dem Kläger trat somit nicht ein. Vielmehr würde die Tilgung durch Gutschrift nur infolge dieser selbständigen Handlung der Beamtenbank erfolgt sein. Es kommt somit nicht darauf an, ob der Kläger eine mittelbare Bereicherung erfahren hat. Nur der Vollständigkeit halber mag erwähnt werden, daß dieser Fall nicht eingetreten ist, weil die Gutschriften der Beamtenbank nur unter der Voraussetzung vorgenommen wurden, daß die Bank gültigerweise Geldbeträge für den Kläger empfing. Diese Voraussetzung war aber nicht gegeben, weil infolge des Widerrufs weder die Beklagte die Ermächtigung zur Überweisung noch die Beamtenbank die Ermächtigung zur Empfangnahme der Zahlungen für Rechnung des Klägers hatte. Die Beklagte kann sich also wegen der an die Beamtenbank geleisteten Zahlungen, soweit sie der Kläger nicht durch Verfügung über das Konto gemäß §§ 362, 185 BGB. genehmigt hat, nur an die Beamtenbank halten.

Wegen des gültigen Widerrufs der Ermächtigung ist daher die Widerklage mit Recht abgewiesen worden.

RGZ. 133, 313

1. Kann ein Beamter (Kommunalbeamter) der Anstellungsbehörde gegenüber wirksam auf Ruhegehalt verzichten?

2. Ist es für die Rechtswirksamkeit der Verzichtserklärung von Bedeutung, ob sie vor oder nach Beendigung des Beamtenverhältnisses abgegeben wurde?

III. Zivilsenat. Urt. v. 29. September 1931 i. S. Kreis Sch. (Bekl.) w. G. (Kl.). III 367/30.

I. Landgericht Meseritz.

Der am 15. Januar 1876 geborene Kläger wurde am 1. März 1911 auf Grund seiner mehr als zwölfjährigen Militärdienstzeit von dem damals zur Provinz Posen gehörigen Kreise O. als Chausseeaufseher angestellt; seit 1913 führt er die Bezeichnung Wegemeister. Nach Abtrennung des Kreises O. vom Preußischen Staat wurde der Kläger im Austausch mit einem Wegemeister polnischer Staatsangehörigkeit von dem verklagten Kreise in gleicher Eigenschaft unter Anrechnung der zurückgelegten ruhegehaltsfähigen Dienstzeit übernommen.

Am 9. Januar 1922 beantragte der Kläger unter Beifügung eines kreisärztlichen Zeugnisses, ihn wegen Krankheit zu pensionieren. Seine häufigere Dienstunfähigkeit hatte sein damaliger Vorgesetzter auf dem Antrage bescheinigt. Das kreisärztliche Zeugnis bezeichnet den Kläger als dauernd dienstunfähig. Da der Kreis Verdacht hegte, daß der Kläger sein Leiden künstlich verschlimmert habe, forderte er ein Obergutachten ein. Auch dieses am 29. März 1922 erstattete Gutachten kam zum Ergebnis, daß der Kläger nicht mehr fähig sei, den Außendienst als Kreiswegemeister zu leisten, sofern dieser große und längere Radfahrten erfordere. Dem Wunsche des Kreises entsprechend fügte der Obergutachter hinzu, es bestünden jedoch keine Bedenken, den Beamten im Bürodienst ständig zu beschäftigen.

Inzwischen hatte der Kläger am 6. März 1922 um Urlaub bis zu seiner Pensionierung gebeten, da sich sein Leiden verschlimmert habe. Dieses Gesuch wurde abgelehnt, ein Erholungsurlaub vom 1. bis 28. Mai 1922 dagegen bewilligt. Am 29. April 1922 meldete der Kläger, daß seine Familie nach C. verzogen sei und daß er während seines Urlaubs ebenfalls dort sein werde. Es wurde dann festgestellt, daß der Kläger in C. eine Gastwirtschaft gekauft habe.

Das Pensionierungsgesuch des Klägers wurde am 27. Juni 1922 vom Kreisausschuß abgewiesen; der Bescheid wurde ihm am 7. Juli 1922 zu Protokoll eröffnet. Inhaltlich dieses Protokolls beantragte der Kläger wiederholt, ihn vom 1. Oktober 1922 ab aus dem Dienste des Kreises zu entlassen, und verzichtete dabei ausdrücklich auf alle Ansprüche gegen den Kreis, die er etwa aus seinem Anstellungsverhältnis herzuleiten berechtigt wäre (Ruhegehalt, Witwen- und Waisengeld und dgl.). Diese Erklärung gab der Kläger jedoch unter dem Vorbehalt ab, daß ihn der Kreis bis zum 30. September 1922 beurlaube. Am Tage darauf gab der Kreisausschuß dem Antrag des Klägers statt. Bereits am 9. November 1922 bat der Kläger um Wiederverleihung der Wegemeisterstelle; das Gesuch wurde abgelehnt.

Im Beschlußverfahren vor dem Bezirksausschuß stellte der Kläger gegen den Beklagten den Antrag auf Gewährung des gesetzlichen Ruhegehalts. Der Bezirksausschuß entsprach durch Beschluß vom 12. März 1927 dem Antrag in vollem Umfang. Auf Beschwerde des Beklagten sprach der Provinzialrat durch Beschluß vom 6. August 1928 dem Kläger vom 1. Oktober 1922 ab nur eine monatliche Abfindungssumme von 120 RM. auf Lebensdauer zu.

Mit der innerhalb der Ausschlußfrist des § 7 des preußischen Gesetzes betr. die Anstellung und Versorgung der Kommunalbeamten vom 30. Juli 1899 (GS. S. 141) erhobenen Klage beantragt der Kläger die Feststellung, daß der Beklagte verpflichtet sei, ihm die gesetzliche Pension vom 1. Oktober 1922 ab zu gewähren, wie wenn an diesem Tage seine Pensionierung als Kreiswegemeister mit gesetzlichem Ruhegehalt erfolgt wäre. Zur Begründung dieses Antrags macht der Kläger geltend, daß der von ihm erklärte Verzicht auf seine vermögensrechtlichen Ansprüche aus dem Beamtenverhältnis rechtsunwirksam sei, da ein Verzicht des Beamten auf sein Diensteinkommen, sein Ruhegehalt und gleich zu bewertende, im öffentlichen Recht wurzelnde Ansprüche grundsätzlich unstatthaft sei. Außerdem habe er sich im Zeitpunkt der Erklärung dieses Verzichts in einem Zustand krankhafter Störung der Geistestätigkeit befunden und habe die Erklärung nur unter einem gewissen Zwang abgegeben.

Der Beklagte hält den Verzicht des Klägers für rechtswirksam und trägt außerdem vor, es sei dem Kläger nur darum zu tun gewesen, das Hausgrundstück in C. zu erwerben und darin die Gastwirtschaft zu betreiben, wovon er sich eine günstigere Gestaltung seiner wirtschaftlichen Verhältnisse versprochen habe als von der Fortsetzung des Beamtenverhältnisses. Eine auch nur vorübergehende Störung der Geistestätigkeit des Klägers und das Einwirken eines Zwanges auf seine Willensentschließung stellt der Beklagte in Abrede.

Das Landgericht verurteilte den Beklagten nach dem Klagantrage. Die von diesem unmittelbar eingelegte Revision führte zur Aufhebung des Urteils und zur Zurückverweisung an das Landgericht.

Gründe:

Das angefochtene Urteil leidet zunächst insofern an einem wesentlichen Mangel, als nach ständiger Rechtsprechung die Verurteilung zur Zahlung der gesetzlichen Pension die Versetzung des Beamten in den Ruhestand zur notwendigen Voraussetzung hat. Eine Zurruhesetzung des Klägers ist aber unstreitig nicht erfolgt, sondern das Pensionierungsgesuch des Klägers ist vom Kreisausschuß ausdrücklich abgewiesen worden. Der Anspruch des Klägers auf Zahlung weiterer Bezüge müßte daher auf anderer Rechtsgrundslage aufgebaut werden. Aber auch hiervon abgesehen unterliegt das Urteil durchgreifenden Bedenken.

Der Vorderrichter läßt es dahingestellt, ob sich der Kläger im Zeitpunkt der Abgabe der Erklärung vom 7. Juli 1922 in einem Zustande krankhafter Störung seiner Geistestätigkeit befunden oder seine Erklärungen unter einem gewissen Zwange abgegeben habe. Er hält es grundsätzlich für rechtsunwirksam, daß ein Beamter durch Vereinbarung mit der Anstellungsbehörde sein Beamtenverhältnis unter gleichzeitigem Verzicht auf Pensionsansprüche lösen könne, da diese Ansprüche öffentlich-rechtlicher Natur seien und für eine rechtsgeschäftliche Veränderung oder Gestaltung dieses Zustandes kein Raum bleibe[1]). Die Erklärungen des Klägers vom 7. Juli 1922 seien daher auch beim Fehlen der behaupteten Willensmängel nichtig gewesen. Selbst wenn man aber einen Verzicht zulassen wollte, so würde er im vorliegenden Falle der Wirksamkeit entbehren. Der Kläger sei zur Zeit der Abgabe seiner Verzichtserklärung noch Beamter gewesen; sein Anspruch auf Ruhegehalt sei zwar schon erworben, aber für ihn noch nicht entstanden gewesen. Verzichten könne man aber grundsätzlich nur auf entstandene Rechte.

Diese Rechtsausführungen vermögen der Nachprüfung des Revisionsgerichts nicht standzuhalten. Ein allgemeiner Verzicht des Beamten auf Diensteinkommen, Ruhegehalt und Hinterbliebenenversorgung wird

---

[1]) Das Recht des Beamten, jederzeit seine Entlassung zu verlangen, ist später durch Gesetz ausdrücklich anerkannt worden (§ 60 DBG., § 30 BBG.). Der Verlust des Anspruchs auf Dienstbezüge und Versorgung ist hiernach die gesetzliche Folge der Entlassung (§ 66 Abs. 2 DBG., § 34 BBG.).

wegen der öffentlichrechtlichen Natur dieser Ansprüche in Rechtsprechung und Schrifttum für unzulässig erachtet[2]). Davon verschieden ist aber die für den vorliegenden Fall allein in Betracht kommende Frage, ob ein Verzicht auf Ruhegehalt dann zulässig ist, wenn der Beamte gleichzeitig um seine Entlassung aus dem Dienste nachsucht und dabei sein Einverständnis mit der ruhegehaltlosen Entlassung erklärt. Im Schrifttum ist auch diese Frage nicht unstreitig, sie wird aber überwiegend bejaht (vgl. die Zusammenstellung bei Brand Das Beamtenrecht 3. Aufl. S. 131 Nr. 5 und bei von Bonin in JW. 1929 S. 1125). Zutreffend weist die Revision in Uebereinstimmung mit dem Parteivorbringen im ersten Rechtszuge darauf hin, daß ein Verzicht des Beamten auf Gehalt und Pensionsanspruch in Verbindung mit einem Gesuch um Entlassung dem Reichsbeamtenrecht nicht fremd ist. § 100 RBG. bestimmt, die Einstellung eines Disziplinarverfahrens müsse erfolgen, sobald der Angeschuldigte seine Entlassung aus dem Reichsdienst mit Verzicht auf Titel, Gehalt und Pensionsanspruch nachsuche und gewisse sonstige Voraussetzungen erfüllt habe.

Eine Erweiterung des dem § 100 RBG. zugrunde liegenden Gedankens findet sich in dem Reichsgerichtsurteil vom 1. Dezember 1916 III 174/16 (abgedruckt JW. 1917 S. 225 Nr. 14). Dort wird das Ausscheiden eines Beamten der Reichspost aus dem Dienste unter Verzicht auf Titel, Gehalt und Pension auch dann für rechtswirksam gehalten, wenn ein Dienststrafverfahren noch nicht eingeleitet war, sondern seine Eröffnung nur in Aussicht stand. ... Uebrigens hatte das Urteil des Senats vom 14. Oktober 1910 III 418/09 aus den Bestimmungen der §§ 94, 95, 96 II 10 Preuß. ALR. einen allgemeinen Grundsatz des Staatsrechts abgeleitet, daß das Beamtenverhältnis auch durch einfache Entlassung auf den Antrag des Beamten beendigt werden kann.

. . .

Hiernach läßt sich der grundsätzlich gegenteilige Standpunkt des Landgerichts nicht verteidigen. Dem ersten Richter kann auch darin nicht beigetreten werden, wenn er ausführt, selbst bei grundsätzlicher Zulassung eines Verzichts in dem oben abgegrenzten Umfang würde die zur Entscheidung stehende Willenserklärung des Klägers der Wirksamkeit entbehren, da er zur Zeit ihrer Abgabe noch Beamter gewesen und sein Anspruch auf Ruhegehalt zwar schon erworben, aber für ihn noch nicht entstanden gewesen sei; grundsätzlich sei nur ein Verzicht auf enstandene Rechte zulässig. Dabei wird übersehen, daß es sich um einen Verzicht des Klägers auf seine Beamtenrechte im ganzen, auf seine gesamte Beamtenstellung gehandelt hat, daß also durch seine Einverständniserklärung mit der Entlassung ohne Ruhegehalt und mit der sich

[2]) Vgl. hinsichtlich der laufenden Dienstbezüge § 38 Abs. 1 DBG. und jetzt § 83 Abs. 2 BBG. Eine entsprechende ausdrückliche Vorschrift für Ruhegehaltsbezüge enthält weder das DBG. noch das BBG.; siehe aber § 52 Abs. 1 Nr. 5 BDO. und RDStO.

anschließenden Dienstentlassung durch einseitige Willenserklärung der Verwaltungsbehörde das Beamtenverhältnis völlig aufgelöst werden sollte, genau so, wie es in § 100 RBG. für den Fall, daß ein Dienststrafverfahren eingeleitet ist, vorgesehen und als zulässig anerkannt wird. Der Austausch der beiderseitigen Willenserklärungen findet gewissermaßen Zug um Zug statt, und es kann der Anstellungsbehörde nicht zugemutet werden, den Beamten zunächst in den Ruhestand zu versetzen, um dann unter Umständen Gefahr zu laufen, daß die von dem Beamten in Aussicht gestellte Verzichtserklärung auf Ruhegehalt demnächst nicht abgegeben wird.

Hiernach unterliegt das angefochtene Urteil der Aufhebung. Es wird für den Tatrichter geboten sein, zu dem weiteren Vorbringen des Klägers über die Umstände Stellung zu nehmen, unter denen er die Erklärung vom 7. Juni 1922 abgegeben hat. Hierbei werden die strengen Anforderungen, die in der Rechtsprechung an derartige Willenserklärungen gestellt werden, zu beachten und es wird namentlich auch zu prüfen sein, ob die Hinzufügung eines Vorbehalts, wie sie hier geschah, die Rechtswirksamkeit der Erklärung beeinträchtigen kann.

RGZ. 134, 1

1. Bestimmt die Reichsverfassung den Inhalt der wohlerworbenen Rechte der Beamten?
2. Stellen die Vorschriften der Besoldungsgesetze, die eine Herabsetzung von Beamtenbezügen durch einfaches Gesetz zulassen, eine Beschränkung der Besoldungsansprüche der Beamten dar, so daß diese Ansprüche nur mit einer solchen Beschränkung wohlerworbene Rechte geworden sind?
3. Gewährleistet die Reichsverfassung die Fortdauer der wesentlichen Grundlagen des Berufsbeamtentums als wohlerworbenes Recht auf Aufrechterhaltung der Eigenschaft als Beamter und damit auf Ermöglichung einer der Beamtenstellung entsprechenden Lebensführung?
4. Ist ein in einem Besoldungsgesetz enthaltener Änderungsvorbehalt, der zum Teil wohlerworbene Rechte der Beamten verletzt, insoweit aufrecht zu erhalten, als er mit der Reichsverfassung nicht im Widerspruch steht?
Oldenburgisches Beamtendiensteinkommensgesetz vom 11. August 1920 § 33. Reichsbesoldungsgesetz vom 30. April 1920 § 34. RVerf. Art. 129.

III. Zivilsenat. Urt. v. 10. Juli 1931 i. S. Oldenburgischer Staat (Bekl.) w. St. u. Gen. (Kl.). III 149/30.

I. Landgericht Oldenburg. II. Oberlandesgericht daselbst.

. . . . .

Aus den Gründen:

§ 33 OldBDEG. lautet:

Änderungen der durch dieses Gesetz geregelten Gehälter, Ortszuschläge und Kinderzuschläge, sowie der auf Grund der Gehälter und

Ortszuschläge festgesetzten Ruhegehälter, Wartegelder und Versorgungen, ebenso Änderungen der Einreihung der Beamten in die Gruppen der Gehaltsordnung können durch Gesetz erfolgen.

Werden Beamte durch eine solche Änderung hinsichtlich der im Abs. 1 genannten Bezüge oder hinsichtlich ihrer Einreihung in die Gruppen der Gehaltsordnung mit rückwirkender Kraft schlechter gestellt, so sind die Unterschiedsbeträge nicht zurückzuerstatten. Dies gilt sinngemäß für Versorgungsberechtigte.

. . . . .

Der Berufungsrichter . . . hält die Vorschrift des § 33 OldBDEG. gemäß Art. 13 RVerf. für rechtsunwirksam. . . . Er stellt sonach die Entscheidung des Rechtsstreits darauf ab, ob § 33 OldBDEG. mit Art. 129 Abs. 1 RVerf. im Widerspruch steht. Die Beantwortung dieser maßgebenden Frage enthält eine Anwendung des Art. 129 RVerf. und des in ihm enthaltenen reichsrechtlichen Satzes: „Die wohlerworbenen Rechte der Beamten sind unverletzlich." Die Entscheidung des Berufungsrichters ist daher insoweit der Nachprüfung durch das Revisionsgericht unterworfen. . . .

Dem Berufungsrichter muß zwar in der grundlegenden Frage insoweit beigetreten werden, daß § 33 OldBDEG. — wenigstens zum Teil — mit Art. 129 Abs. 1 RVerf. im Widerspruch steht. Gleichwohl ist die Klage aus weiter sich ergebenden Rechtsgründen abzuweisen.

Die Vorschrift des § 33 OldBDEG. ist im wesentlichen gleichlautend mit § 34 des Reichsbesoldungsgesetzes vom 30. April 1920 (RGBl. S. 805) und mit § 39 des Reichsbesoldungsgesetzes vom 16. Dezember 1927. Sie ist, wie ohne weiteres ersichtlich, der zuerst genannten reichsrechtlichen Vorbehaltsbestimmung nachgebildet. In der oldenburgischen Vorschrift wird dem künftigen Gesetzgeber die Befugnis verliehen, eine Änderung der durch das Besoldungsgesetz gewährten Beamtenbezüge durch einfaches Landesgesetz vorzunehmen. Die Entscheidung des Rechtsstreits hängt somit davon ab, ob diese Änderungsbefugnis im Widerspruch zu der in Art. 129 Abs. 1 Satz 3 RVerf. bestimmten Unverletzlichkeit der wohlerworbenen Rechte der Beamten steht. Der Berufungsrichter hat dies bejaht. Er nimmt an, die Vorschrift enthalte eine Beschränkung der im oldenburgischen Beamtendiensteinkommensgesetz geregelten Besoldungsansprüche, die ihnen unmittelbar derart innewohne, daß die Besoldungsansprüche der aus dem Gesetz berechtigten Beamten nur mit diesem einschränkenden Vorbehalt erworben würden. Das Berufungsgericht lehnt damit die Ansicht ab, wonach das in der Vorbehaltsbestimmung gegebene Recht des Gesetzgebers nur eine allgemeine, neben dem Besoldungsanspruch stehende Befugnis des Gesetzgebers über den Anspruch und einen selbständigen Rechtssatz darstelle, der unabhängig von der Besoldungsregelung dem Gesetzgeber das Recht zur Änderung einräumen solle.

Der im Schrifttum lebhaft bekämpften Ansicht des Berufungsrichters ist beizutreten. Sie enthält weder eine Verkennung des Rechtsbegriffs der wohlerworbenen Rechte im Sinne des Art. 129 Abs. 1 Satz 3 RVerf. noch eine Verletzung der allgemeinen Rechtsgrundsätze über die Gewährung von Beamtenbesoldung.

Die Reichsverfassung will die „wohlerworbenen" Rechte der Beamten schützen. Sie will nach ihrem klaren Wortlaut, wie weiter unten eingehender darzulegen sein wird, nicht ihren Inhalt bestimmen, sondern sie nur in dem Umfang aufrechterhalten, in dem sie erworben worden sind. Welche Rechte als wohlerworbene anzusehen sind, ist daher nicht der verfassungsrechtlichen Vorschrift zu entnehmen, sondern richtet sich nach Art und Inhalt des jeweiligen Rechts selbst. Dieser Inhalt wird jedoch durch die Gesetze bestimmt, welche diese Rechte begründen. Werden also durch ein Gesetz Beamtenrechte nur mit einer gewissen Beschränkung gewährt, so werden sie auch nur mit dem hiernach gegebenen Inhalt und Umfang „wohlerworben". . . . Deshalb wird beispielsweise Rechten, die das Gesetz nur unter Vorbehalt des Widerrufs oder nur auf bestimmte Zeit gewährt, nach Ausübung des Widerrufs oder nach Ablauf der Zeit kein Schutz mehr zuteil.

In gleicher Weise ist aber auch der Fall zu beurteilen, daß das Gesetz Bezüge mit dem Vorbehalt der Änderung durch einfaches Gesetz gewährt. Auch in diesem Falle wird das Recht auf die weiteren Bezüge nur mit einer Beschränkung gewährt, welche dem Rechte von vornherein innewohnt. Allerdings wäre ein Vorbehalt der gesetzlichen Änderungsmöglichkeit selbstverständlich und würde eines besonderen oder ausreichend bestimmten Inhalts entbehren in Fällen, wo dem Gesetzgeber eine dahingehende Befugnis ohnehin zustände. Der Vorbehalt gewinnt jedoch eine besondere Bedeutung, wenn das vorbehaltlos gewährte Recht an sich gegen eine Änderung durch Landesgesetz oder einfaches Reichsgesetz geschützt ist. Die Einfügung der Vorbehaltsbestimmung in die Reichsbesoldungsgesetzgebung des Jahres 1920 — und ihr folgend in die überwiegende Zahl der landesgesetzlichen Besoldungsregelungen — ist aber, wie die Materialien erkennen lassen, gerade im Hinblick auf den Schutz erfolgt, den Art. 129 RVerf. vorbehaltlos gegebenen Beamtenrechten gewährt (Begründung zum Entwurf eines Besoldungsgesetzes in Drucksachen der Verfassunggebenden Deutschen Nationalversammlung Nr. 2471 S. 34 zu § 35 des Entw. [§ 34 des Ges.]; Begründung zum Entwurf des Besoldungssperrgesetzes in Drucksachen des Reichstags I. Wahlperiode 1920 Nr. 905 S. 620 zu § 3 des Entw.). Es liegt deshalb klar auf der Hand, daß die Gesetzgeber in den Vorbehaltsbestimmungen nicht ein allgemeines Recht zur gesetzgeberischen Änderung behandeln wollten, dergestalt, daß dieses Recht unabhängig von im übrigen selbständig gewährten Beamtenrechten vorbehalten werden sollte. Ein derartiger Vorbehalt wäre, wie gesagt, ohne rechten Sinn und würde den gewollten Zweck verfehlen. Vielmehr sollten die Beamtenrechte von vornherein nur in veränderlicher Gestalt begründet werden, wenn das Gesetz sagt: „Änderungen der durch dieses Gesetz geregelten Gehälter ... können durch Gesetz erfolgen." Die gewährten Besoldungsrechte selbst sind also nach ihrem Inhalt nur als beschränkte Rechte entstanden. Denn ihr Inhalt wird in gewisser Richtung nicht für die Dauer unmittelbar aus dem Gesetz bestimmt, sondern hängt nach dessen Willen von späteren Maßnahmen ab. Die Beamten haben im Hinblick auf die Vorbehaltsklausel Rechte erhalten, die ihrem Wesen nach nur begrenzt und in ihrer Ausgestaltung sowie in ihrer Fortdauer von weiteren Entschlüssen des Gesetzgebers abhängig sind. Sie wurden also nur in dieser Begrenzung „wohlerworben" und durch die Verfassung gesichert.

Diese Annahme verstößt auch nicht gegen allgemeine Rechtsgrundsätze. Der Gesetzgeber ist bei der erstmaligen Begründung von Beamtenrechten völlig frei, und es steht in seiner Macht, ob er Rechte vorbehaltlos oder als befristete, bedingte, unter Widerruf stehende oder irgendwie wieder beschränkbare Rechte gewähren will, sofern er nicht hierdurch sonst bestehende wohlerworbene Rechte verletzt. Dementsprechend sind schon häufig vermögensrechtliche Ansprüche der Beamten als mit wechselndem Inhalt gegebene und nur mit ihrem jeweiligen Inhalt geschützte Rechte anerkannt worden. Es mag auf die Teuerungs- und Ausgleichszuschläge, die Ministerial- und die sonstigen unter dem besonderen Vorbehalt des Widerrufs gewährten Zulagen sowie auf die während der Inflation nur auf Grund etatmäßiger Bewilligung gewährten zusätzlichen Bezüge hingewiesen werden.

Die Vorbehaltsklauseln sind auch nach ihrem Wortlaut klar und bestimmt. Es ist ihnen ohne weiteres zu entnehmen, daß sie zur Änderung ein einfaches Gesetz und keine qualifizierte Mehrheit voraussetzen. Es kann auch nicht als Erfordernis eines gültigen Vorbehalts verlangt werden, daß der Umfang der späteren Anordnung schon von vornherein erkennbar sei. Ebensowenig ist erforderlich, daß es sich um im Rechtssinne bedingte Rechte handeln müsse. Für Inhalt und Wesen des Vorbehalts ist der rechtsbegründende Wille des Gesetzgebers und seine Gesetzgebungsmacht ausschlaggebend, zumal wenn es sich um die öffentlichrechtliche Regelung der Bezüge der dem Staat unterstellten Beamten handelt.

Dementsprechend sind auch allgemein gesetzliche Befugnisse zur Beschränkung gewährter Besoldungsbezüge wiederholt in Erkenntnissen des Reichsgerichts für zulässig erklärt worden. . . . Die mit den vorstehenden Ausführungen übereinstimmende Auslegung der oldenburgischen Vorbehaltsklausel (§ 33 OldBDEG.) ist daher nicht zu beanstanden.

Das angefochtene Urteil hat in Auslegung der genannten Vorschrift noch ausgeführt: Das dem zukünftigen Gesetzgeber gewährte Recht zur Kürzung der durch das Gesetz gewährten Bezüge sei unbeschränkt; denn die Vorbehaltsbestimmung enthalte keinerlei Einschränkungen hinsichtlich der Befugnis, die Besoldungssätze herabzusetzen oder ihre Berechnungsart zu ändern. Es wäre somit bei ihrer Gültigkeit rechtlich zulässig, den nach dieser Zeit angestellten Beamten durch einfaches Landesgesetz ihre ganzen Versorgungsbezüge zu entziehen, die Gehälter auf das Existenzminimum und darunter herabzusetzen und dadurch die Beamten zur Aufgabe des Beamtenverhältnisses zu zwingen.

Durch diese Auslegung der landesrechtlichen Norm ist für § 33 OldBDEG. eine anderweitige Auslegungsmöglichkeit abgelehnt worden, die sich sonst aus geschichtlicher Betrachtungsweise aller Vorbehaltsbestimmungen ergeben könnte in Verbindung mit Sinn und Zweck jeder Beamtenbesoldung, dem Beamten einen seiner jeweiligen Beamtenstellung entsprechenden standesgemäßen Unterhalt zu sichern. Diese Ausführungen des Berufungsrichters sind aber, da es sich um die nicht nachprüfbare Auslegung einer landesrechtlichen Norm handelt, für das Revisionsgericht bindend und müssen daher den nachfolgenden Erörterungen zugrunde gelegt werden.

Für die Frage, ob die Vorbehaltsklausel in der ihr vom Berufungsrichter gegebenen Tragweite die Vorschrift des Art. 129 Abs. 1 Satz 3 RVerf. verletzt, ist zunächst klarzustellen, welche Bedeutung und welchen Umfang diese verfassungsrechtliche Vorschrift hat. Daß sie nicht bloß eine Richtschnur, sondern unmittelbar geltendes Recht enthält, wird allgemein anerkannt. Dagegen ist umstritten, welchen Inhalt die durch sie geschützten wohlerworbenen Rechte haben, und ebenso, ob die Vorschrift selbst den Beamten Rechte als unverletzlich geschützte verleiht. Die letztere Ansicht, daß also Art. 129 selbst gewisse Beamtenrechte als wohlerworbene Rechte gewähre, ist, wie schon erwähnt, abzulehnen. Sie findet weder im Wortlaut noch in der Geschichte der Vorschrift eine Stütze.

Der Rechtszustand vor 1919 ging dahin, daß wohlerworbene Rechte auf Gehalt in bestimmter Höhe verfassungsrechtlich nicht besonders geschützt waren. Vielmehr war an sich ihre Änderung im Wege der einfachen Gesetzgebung möglich. Eine reichsgesetzliche Sicherung gegen die Kürzung gewährter Gehälter gab es nicht. Es bestand nur die allgemeine Staatspraxis, daß die den Beamten einmal gewährten Besoldungsbezüge gesichert blieben.

Die Beamtenschaft war nach der Umwälzung in große Erregung geraten durch Gerüchte, das Berufsbeamtentum solle beseitigt oder in seinen Rechten erheblich geschmälert werden. Nach den Äußerungen, wie sie sich aus den Vorberatungen des Art. 129 RVerf. ergeben, sollte deshalb in der Verfassung eine Zusicherung gewährt werden, daß es beim Berufsbeamtentum und bei dessen wohlerworbenen Rechten sein Bewenden haben solle (Protokolle des Verfassungsausschusses, Verhandlungen der Verfassunggebenden Deutschen Nationalversammlung Bd. 336, S. 382, 508; Sten. Berichte der Nationalversammlung 59. Sitzung vom 17. Juli 1919 Bd. 328 S. 1632). Man wollte also nicht nur einen Schutz gegen die Verletzung subjektiver Rechte der einzelnen Beamten geben, sondern auch eine Gewährleistung schaffen für das Bestehen des Beamtentums als solchen, als einer bestimmten Einrichtung des Staates. Es sollten deshalb zum Zweck der Aufrechterhaltung und Sicherung des Berufsbeamtentums diejenigen Rechte, welche als wohlerworbene zu betrachten waren, verfassungsrechtlich gegen eine Schmälerung durch Landesgesetz oder durch einfaches Reichsgesetz geschützt werden. Dieser erstrebte Schutz ließ sich aber nur erreichen, wenn auch diejenigen Rechte, die den Beamten in Zukunft als wohlerworbene zukommen würden, unter den gleichen verfassungsrechtlichen Schutz gestellt wurden. Es ist deshalb mit der herrschenden Lehre anzunehmen, daß auch die zukünftigen wohlerworbenen Rechte der Beamten geschützt werden sollten. Dagegen lag keine Veranlassung vor, den Beamten durch die Verfassung selbst neue Rechte als wohlerworbene zu verleihen, insbesondere den Rechtsstand der Beamten inhaltlich zu verbessern. Nur der vorhandene und zukünftige Rechtsstand sollte gegen Verletzung durch einfaches Gesetz gesichert werden (RGUrt. vom 18. Februar 1927 [oben S. 7] und vom 28. Juni 1927 III 431/26, abgedr. DRZ. 1927 Nr. 641).

Was nun den Kreis der geschützten wohlerworbenen Rechte betrifft, so sind außer denjenigen auf Titel und Rang die subjektiven Rechte auf die gesetzlich festgelegten Gehaltsbezüge stets zu ihnen gerechnet werden. Diese Rechte wurden aber von jeher nur nach Maßgabe der Besoldungsgesetze erworben (vgl. § 6 des preuß. Gesetzes vom 24. Mai 1861, § 149 RBG.). Auch nach Inkrafttreten der Reichsverfassung wurde stets angenommen, daß die Regelung des Beamtengehalts nur durch ausdrückliche Vorschriften erfolge. ... Die auf Grund der Besoldungsregelungen erwachsenen Gehaltsansprüche stellen somit wohlerworbene Beamtenrechte dar, die durch Art. 129 Abs. 1 RVerf. in dem einmal gegebenen Bestande geschützt werden. Es ist demnach sowohl die Ansicht abzulehnen, daß wohlerworben nur diejenigen subjektiven Rechte seien, welche auf einem besonderen Rechtstitel beruhen, als auch die gegenteilige, vom Regierungsvertreter bei der Beratung des Reichsbesoldungsgesetzes vom 16. Dezember 1927 vor dem Reichsrat (Sitzung des Reichsrats vom 13. Oktober 1927, Reichsanzeiger Nr. 241 vom 14. Oktober 1927 S. 2) allgemein geäußerte Ansicht, der Beamte habe zwar Anspruch auf Gehalt, aber die Höhe bleibe der Abänderung durch Gesetz vorbehalten. Auch dem vom Reichsfinanzhof in seiner Entscheidung vom 25. März 1931 (RFH. Bd. 28 S. 208; vgl. den Bescheid vom 15. Januar 1931 RFH. Bd. 27 S. 321) eingenommenen Standpunkt kann nicht beigetreten werden, es seien nur solche subjektiven Rechte der Beamten geschützt, die dem Beamtenverhältnis wesentlich seien, es sei deshalb eine unwesentliche Schmälerung dem Gesetzgeber ohne weiteres gestattet und nur die Gewährung eines standesgemäßen Unterhalts verfassungsrechtlich geschützt. Das uneingeschränkt gewährte Gehalt muß als einmal erworbener, subjektiver, öffentlichrechtlicher Anspruch in voller Höhe ein wohlerworbenes Recht darstellen. Eine Pflicht der Beamtenschaft, mit Rücksicht auf die Staatsnotwendigkeit eine gewisse Schmälerung der uneingeschränkt zugesicherten Beamtenbesoldung zu tragen, kann dem geltenden Recht nicht entnommen werden. Hiermit würde dem Staat das Recht gegeben werden, die in seiner Verfassung gesetzlich verankerte Gewährleistung selbst zu mißachten. Ebensowenig kann der Umstand, daß die Reichsverfassung im Art. 129 das Berufsbeamtentum als solches schützen, mithin eine sog. institutionelle Garantie schaffen wollte, dazu herangezogen werden, um den Kreis und Inhalt der einzelnen, jedem Beamten als unverletzlich verliehenen Rechte enger zu ziehen. Daß auch ein besonderer Staatsnotstand dem Staat kein Recht zu „übergesetzlichen" und zu „überverfassungsrechtlichen" Eingriffen gewähren kann, bedarf im Rahmen dieser Entscheidung keiner besonderen Erörterung. Für die Berücksichtigung des Staatsnotstandes können an sich, abgesehen von der Ermächtigung durch verfassungänderndes Gesetz (Art. 76 RVerf.), nur die Maßnahmen getroffen werden, die in Art. 48 Abs. 2 RVerf. verfassungsrechtlich vorgesehen sind. Unter die dort aufgeführten Grundrechte, die bei erheblicher Störung oder Gefährdung der öffentlichen Sicherheit und Ordnung vorübergehend außer Kraft gesetzt werden können, hat aber der Gesetzgeber den Art. 129 RVerf. nicht aufgenommen.

Wie bereits ausgeführt, erwachsen die Besoldungsansprüche, welche das Gesetz nur mit einer ihnen innewohnenden Beschränkung gewährt, auch nur mit dieser Beschränkung als wohlerworbene Ansprüche. Die Rechte aus dem maßgebenden oldenburgischen Beamtendiensteinkommensgesetz sind daher nur mit der aus § 33 das. sich ergebenden Beschränkbarkeit wohlerworbene Rechte geworden. Die durch das neue oldenburgische Besoldungsgesetz später eingetretene Schmälerung bedeutete somit an sich noch keinen Verstoß gegen wohlerworbene Besoldungsansprüche.

Dagegen ist dem Berufungsrichter darin beizutreten, daß die durch die Vorbehaltsklausel dem späteren Gesetzgeber verliehene Befugnis nicht unbegrenzt sein kann. Gewisse Grenzen müssen hier gerade im Sinne des Art. 129 RVerf. gezogen sein.

Es braucht nicht Stellung genommen zu werden zu der Streitfrage, ob neben dem Anspruch auf die in den Besoldungsordnungen bestimmten Bezüge ein selbständiges wohlerworbenes Recht auf standesgemäßes Gehalt anzuerkennen ist. Es kommt somit nicht auf das hiergegen nicht ohne Grund erhobene Bedenken an, daß der Richter nicht befugt sein könne, ein in unzulänglichem Maße gewährtes Gehalt durch Richterspruch zu erhöhen. ... Ausschlaggebend ist, daß die wohlerworbenen Rechte der Beamten, welche die Reichsverfassung vorfand, sich nicht in den Ansprüchen auf Gehalt erschöpften, sondern auch verschiedene nicht vermögensrechtliche, allgemeine Rechte umfaßten, wie beispielsweise die schon erwähnten Rechte auf Titel und Rang. Zu diesen allgemeinen wohlerworbenen Beamtenrechten gehört — wenn auch ein Recht auf das einmal verliehene Amt oder überhaupt auf ein Amt abzulehnen ist (RGUrt. vom 12. Juni 1931 III 334/30) — jedenfalls auch das Recht des Beamten auf die einmal erworbene Eigenschaft als Beamter, insbesondere das Recht auf Belassung im Amte. ... Dieses Recht ergibt sich aus dem Wesen des Beamtentums, wie es sich bis zum Erlaß der Reichsverfassung entwickelt hatte. Denn das Wesen des Beamtentums bestand und besteht gerade darin, daß der Beamte kraft einseitigen Staatshoheitsaktes in ein dauerndes, regelmäßig nicht kündbares Lebens- und Rechtsverhältnis zum Staate tritt. Dieses Recht sollte auch durch die Reichsverfassung geschützt werden, ganz unabhängig von der Frage, wie es geltend gemacht werden kann. Das ergibt ohne weiteres die vorstehend wiedergegebene Geschichte der verfassungsrechtlichen Vorschrift und ihr Zweck, dem Beamten eine dauernde, unter verfassungsrechtlicher Gewährleistung stehende gesicherte Lebensstellung zu verschaffen. Der Grundsatz der lebenslänglichen Anstellung hat auch im Abs. 1 Satz 1 des Art. 129 RVerf. klaren Ausdruck gefunden.

Das Recht auf Aufrechterhaltung der Eigenschaft als Beamter wird aber verletzt, wenn die Grundlage des Rechts entzogen wird. Dies wäre der Fall, wenn die Vorbehaltsklausel der Besoldungsgesetze zu einer Herabsetzung der Bezüge in einer Art und in einem Umfang führen würde, die dem einzelnen Beamten die Aufrechterhaltung einer seiner Stellung entsprechenden Lebensführung unmöglich machte. Denn der Beamte kann die ihm obliegende Pflicht, seine ganze Kraft in den Dienst des Staates zu stellen, nur dann erfüllen, wenn der Staat ihm die Sorge um seinen Unterhalt abnimmt. Eine Entziehung der standesgemäßen Unterhaltsrente würde somit der dem Staate regelmäßig verwehrten Aufhebung des Beamtenverhältnisses gleichkommen. Die Verfassung gewährleistet also gegenüber anderweitiger Landes- und einfacher Reichsgesetzgebung die Fortdauer der wesentlichen Grundlagen des Berufsbeamtentums. Hierunter ist insbesondere zu verstehen dessen ganze Ordnung, wie sie in der verschiedenen Gliederung der einzelnen Beamtenklassen, in ihrem Aufbau von unten nach oben und auch in der Gewährung einer standesgemäßen Unterhaltsrente zum Ausdruck kommt, die dem Range der ganzen jeweiligen Stellung und der mit dem Amte verbundenen Verantwortung angepaßt ist. Falls also durch die genannten Besoldungsvorbehalte die Gehaltsverkürzung in einer Art und Weise ermöglicht wird, welche die vorstehend gekennzeichneten wesentlichen Grundlagen des Berufsbeamtentums verletzt und insbesondere den der Amtsstellung angepaßten standesgemäßen Unterhalt schmälert — bei dessen Bemessung naturgemäß dem allgemeinen Lebenszuschnitt, der Kaufkraft des Geldes und anderen volkswirtschaftlichen Gesichtspunkten Rechnung getragen werden mag —, so tritt sie insoweit mit dem Art. 129 RVerf. in Widerspruch. Der Berufungsrichter hat aber, wie ausgeführt, die landesrechtliche Vorbehaltsklausel des § 33 OldBDEG. für das Revisionsgericht bindend dahin ausgelegt, daß eine Herabsetzung der durch das Gesetz gewährten Bezüge unbeschränkt zugelassen werden sollte, so daß bei ihrer Gültigkeit selbst die völlige Entziehung oder die Herabsetzung der Bezüge bis auf ein Existenzminimum zulässig wäre.

Der Berufungsrichter nimmt sonach mit Recht an, daß die genannte Vorschrift des oldenburgischen Gesetzes insoweit mit der Reichsverfassung nicht mehr vereinbar ist. Es erhebt sich jedoch die weitere Frage, ob damit auf Grund des Art. 13 RVerf. die ganze Vorschrift nichtig ist, wie der Berufungsrichter annimmt, oder ob sie — entsprechend dem dem § 139 BGB. zugrunde liegenden, auch im öffentlichen Recht verwertbaren allgemeinen Rechtsgedanken — in dem Umfang aufrechtzuerhalten ist, in welchem ein Widerspruch mit Art. 129 Abs. 1 RVerf. nicht vorliegt.

Trotz der sich aus der Schwierigkeit der Grenzziehung ergebenden Bedenken hält der Senat eine Teilung der Vorschrift in einen gültigen und in einen ungültigen Teil für möglich. Es ist als vermutlicher Wille des Gesetzgebers anzunehmen, daß er nichts Verfassungswidriges bezweckt hat, sondern durch die Vorbehaltsbestimmung sich nur die Möglichkeit hat sichern wollen, die Beamtenbezüge in dem verfassungsmäßig erlaubten Maße herabzusetzen. Soweit sich also das Landesrecht in den mit der Reichsverfassung vereinbaren Grenzen hält, wird die Vorschrift des § 33 OldBDEG. durch das Reichsrecht nicht nach Art. 13 RVerf. gebrochen. Denn Reichsrecht bricht Landesrecht nur insoweit, als es brechen will. Das angefochtene Urteil muß daher aufgehoben werden.

Im übrigen hängt die Entscheidung des Rechtsstreits davon ab, ob sich die Wiederentziehung der den beiden Klägern gewährten Bezüge innerhalb des Rahmens bewegt, in dem der maßgebende § 33 OldBDEG. nach den vorstehenden Ausführungen der Reichsverfassung nicht widerstreitet und somit als gültig anzusehen ist.

Zur Vornahme dieser Prüfung bedarf es nicht der Zurückverweisung. Denn der Rechtsstreit ist insoweit ohne weiteres zur Endentscheidung reif (§ 565 Abs. 3 Nr. 1 ZPO.). Die neue oldenburgische Regelung entspricht dem Rechtszustand, wie er in Preußen besteht (§ 19 des preußischen Besoldungsgesetzes vom 17. Dezember 1927 GS. S. 223). Es kann deshalb ohne weiteres angenommen werden, daß diese Regelung, die in einem so großen Staatsgebiet wie Preußen für angemessen gehalten wurde, in Ansehung der Lebenshaltung der Kläger die wesentlichen Grundlagen des Berufsbeamtentums nicht beeinträchtigt und insbesondere den Klägern den ihnen mit Rücksicht auf ihre amtliche Stellung gebührenden standesgemäßen Unterhalt nicht schmälert. Die Wiederentziehung hielt sich somit innerhalb desjenigen Teils der im § 33 OldBDEG. erteilten Ermächtigung, der nicht im Widerspruch zu Art. 129 RVerf. steht und daher gültig ist.

Hiernach ist die Klage unbegründet.

RGZ. 134, 162

1. Sind im öffentlichen Recht stillschweigende Willenserklärungen zulässig?

2. Gilt der in den §§ 134 und 138 Abs. 1 BGB. zum Ausdruck gelangte Rechtsgedanke auch im öffentlichen Recht?

3.[1]) Ist ein Behördenleiter stets verpflichtet, eine zu seiner Kenntnis gelangende Straftat, insbesondere ein Vorgesetzter die Straftat eines ihm unterstellten Beamten, der Strafverfolgungsbehörde anzuzeigen? Besteht eine solche Verpflichtung für ihn wenigstens dann, wenn er zugleich Leiter der örtlichen Polizei ist? Kein Ineinanderfließen behördlicher Doppelfunktionen.

4. Zur Anfechtbarkeit öffentlichrechtlicher Willenserklärungen wegen widerrechtlicher Drohung.

5. Wird die Fürsorgepflicht, die der Behörde ihren Beamten gegenüber obliegt, dadurch verletzt, daß der Vorgesetzte einen Beamten unter Hinweis auf eine von diesem begangene Straftat veranlaßt, seine Entlassung unter Verzicht auf alle Ansprüche zu beantragen, ohne daß ihm vor seiner Entschließung eine ausreichende Überlegungsfrist gelassen wird?

III. Zivilsenat. Urt. v. 13. November 1931 i. S. Stadtgemeinde H. (Bekl.) w. Hu. (Kl.). III 374/30.

I. Landgericht Hannover. II. Oberlandesgericht Celle.

Der Kläger stand seit dem 1. November 1913 im Dienste der verklagten Stadtgemeinde. Seit 1927 wurde er in der Buchhalterei der Grundstücksgesellschaft beschäftigt, einer Gesellschaft mbH., an der die Stadt beteiligt ist. Im September 1928 geriet er in den Verdacht, Mietszahlungen in Höhe von 92 RM., die er unbefugt in Empfang genommen hatte, unterschlagen und auf den darüber ausgestellten Quittungen den Namen des Kassierers gefälscht zu haben. Der von dem Vorfall am 28. September 1928 in Kenntnis gesetzte Oberbürgermeister der Beklagten ließ den Kläger alsbald herbeiholen, setzte ihm die gegen ihn bestehenden Verdachtsgründe auseinander und legte ihm schließlich ein Schriftstück folgenden Wortlauts vor:

H., den 28. September 1928.

> Ich, der unterzeichnete Stadtsekretär Hu., beantrage hierdurch, mich sofort aus dem Dienste der Stadt H. zu entlassen mit der Maßgabe, daß ich noch bis zum 1. November 1928 Gehalt beziehe. Abgesehen von diesem Gehalt verzichte ich auf alle Ansprüche, die aus meinem Beamtenverhältnis entstanden sind oder noch entstehen können.

Auf seine Bitte erhielt der Kläger eine Bedenkzeit von einer Viertelstunde bewilligt. Als er nach Ablauf dieser Zeit nicht wieder erschien, ordnete der Oberbürgermeister sofortige Mitteilung an die Polizeibehörde an. Der Bürodirektor rief dann von seinem Amtszimmer den Polizeikommissar telephonisch herbei. Bevor dieser aber erschien, kam der Kläger in das Amtszimmer des Bürodirektors und bat diesen, er möge sich

[1]) Leitsatz 3 z. T. neu gefaßt.

beim Oberbürgermeister dafür einsetzen, daß die Bedenkfrist bis zum nächsten Morgen verlängert werde. Der Bürodirektor erklärte ihm jedoch, das habe keinen Zweck; er habe auch, da die vorgesehene Bedenkfrist abgelaufen sei, der Polizei Mitteilung gemacht, damit diese den Sachverhalt feststelle. In diesem Augenblick betrat der Polizeikommissar das Zimmer. Bei seinem Erscheinen erklärte der Kläger, er wolle die Urkunde unterschreiben, und unterschrieb sie auch. Der Bürodirektor erklärte darauf dem Polizeikommissar, die Angelegenheit sei vorläufig erledigt. Am gleichen Tage noch erhielt der Kläger das folgende, von zwei Magistratsmitgliedern unterzeichnete Schreiben:

> Ihren Antrag vom heutigen Tage, wonach Sie aus dem Dienst der Stadt H. auszuscheiden beantragen und, abgesehen von einem Monatsgehalt, auf alle Ansprüche verzichten, welche aus Ihrem Beamtenverhältnis entstanden sind und noch entstehen könnten, nehmen wir hierdurch an.

Am nächsten Tage genehmigte der Magistrat durch besonderen Beschluß das sofortige Ausscheiden des Klägers.

Nachdem sich schon die Ehefrau des Klägers durch Schreiben vom 19. Oktober 1928 beschwerdeführend an den Regierungspräsidenten gewendet hatte, forderte der Kläger selbst durch Schreiben seines Prozeßbevollmächtigten an den Magistrat der Beklagten vom 17. November 1928 Zahlung seines Novembergehalts, indem er seinen Entlassungsantrag wegen widerrechticher Drohung durch den Oberbürgermeister anfocht. Als die Beklagte nicht zahlte, beantragte der Kläger gegen sie am 4. Dezember 1928 den Erlaß einer einstweiligen Verfügung auf Zahlung seines Gehalts für November und Dezember. Der Antrag wurde abgewiesen. Am 23. Dezember 1928 erstattete der Magistrat gegen den Kläger Strafanzeige bei der Staatsanwaltschaft. Das Strafverfahren endete mit rechtskräftiger Verurteilung des Klägers zu einer Gesamtstrafe von sechs Wochen Gefängnis wegen Unterschlagung in Tateinheit mit schwerer Urkundenfälschung.

Nunmehr verlangt der Kläger im Prozeßwege Zahlung seines Gehalts vom 1. November 1928 ab. Er behauptet, der Gehaltsverzicht eines Beamten sei überhaupt unwirksam. Jedenfalls habe er seine Erklärung vom 28. September 1928 mit Recht angefochten, da er zu ihr durch die widerrechtliche Drohung des Oberbürgermeisters bestimmt worden sei, ihn bei der Polizei anzuzeigen. Der Verzichtsvertrag sei auch nichtig, weil er die Unterdrückung einer Strafanzeige bezweckt habe, zu deren Erstattung der Oberbürgermeister, zumal als Verwalter der Polizei, verpflichtet gewesen sei. Durch die spätere Erstattung der Strafanzeige gegen den Kläger habe die Beklagte dann auch noch vertragswidrig gehandelt und ihm damit das Recht verschafft, seine Erklärung zu kondizieren. Sollte die Beklagte von vornherein beabsichtigt haben, ihn trotz des Abkommens bei der Polizei anzuzeigen, so greife die Anfechtung wegen arglistiger Täuschung durch.

Die Beklagte bestreitet in jeder Hinsicht die vom Kläger geltend gemachte Unwirksamkeit seiner Entlassung. Insbesondere leugnet sie, daß dem Kläger bei seiner Unterredung mit dem Oberbürgermeister von diesem irgendwie gedroht worden sei. Eine solche Drohung würde aber auch nicht widerrechtlich gewesen sein. Der Oberbürgermeister sei berechtigt gewesen, ohne Einleitung eines Disziplinarverfahrens auf dem von ihm eingeschlagenen Wege das Verhältnis der Stadt zum Kläger so schnell wie möglich zu klären. Er habe nur als oberstes Verwaltungsorgan der Stadt, nicht als Polizeiorgan gehandelt. Das spätere Verhalten des Klägers selbst habe dann die nachträgliche Strafanzeige gegen ihn veranlaßt.

Das Landgericht hat die Klage abgewiesen, das Oberlandesgericht dagegen hat ihr stattgegeben. Die Revision der Beklagten führte zur Aufhebung und Zurückverweisung.

Gründe:

Unstreitig hat der Oberbürgermeister der Beklagten am 28. September 1928 dem Kläger die gegen ihn vorliegenden Verdachtsgründe auseinandergesetzt und ihm dann die Urkunde mit dem Entlassungsantrag und der Erklärung des Verzichts auf alle Beamtenrechte vorgelegt. Nach Auffassung des Berufungsgerichts lag in diesem Vorgehen des Oberbürgermeisters das Angebot an den Kläger, falls dieser das Schriftstück unterschreibe, werde er, der Oberbürgermeister, von einer weiteren Untersuchung, jedenfalls von einer Strafanzeige bei der Staatsanwaltschaft, absehen. Dieses Angebot habe der Kläger durch das Unterschreiben der Urkunde angenommen. Damit sei ein Abkommen getroffen worden, durch das sich der Oberbürgermeister zur Unterlassung einer Strafanzeige gegen den Kläger verpflichtet habe.

Diese Deutung der Verhandlungen zwischen den Beteiligten liegt im wesentlichen auf tatsächlichem Gebiet. Indessen lassen sich gegen sie rechtliche Bedenken geltend machen, von denen nicht ersichtlich ist, ob der Vorderrichter sie hinreichend beachtet hat. Er hat, worauf noch in anderem Zusammenhang zurückzukommen sein wird, den vorliegenden Fall nach den Vorschriften des Bürgerlichen Gesetzbuchs entschieden, ohne ihre Anwendbarkeit näher zu prüfen, während dazu der Umstand alle Veranlassung geboten hätte, daß die Beziehungen des Klägers zur Beklagten, in deren Dienst er als Beamter stand, lediglich öffentlichrechtlicher Natur waren. So ist das Abkommen, dessen Abschluß das Berufungsgericht annehmen zu können geglaubt hat, ebenfalls nach den Grundsätzen des öffentlichen Rechts zu beurteilen. Im öffentlichen Recht sind stillschweigende Willenserklärungen zwar denkbar und zulässig. Immerhin sind sie dort seltener als im täglichen Geschäftsverkehr. Insbesondere erfolgt die Regelung der Beziehungen zwischen den Beamten und ihrer vorgesetzten Dienstbehörde, wenn überhaupt, so doch nur in seltenen Fällen durch auslegungsbedürftige Erklärungen. Hier muß regelmäßig für die Willenserklärungen nicht bloß des Beamten ..., sondern auch der

Behörde Klarheit und Bestimmtheit erfordert werden. Eine ausdrückliche Erklärung, durch die er sich verpflichtete, keine Strafanzeige gegen den Kläger zu erstatten, hat der Oberbürgermeister nicht abgegeben. Ob er diese Verpflichtung stillschweigend übernommen hat, bedurfte besonders sorgfältiger Erwägung, und zwar um so mehr, als das Eingehen einer rechtlichen Bindung solchen Inhalts sicherlich etwas Ungewöhnliches ist. Nach der — allerdings, wie später darzulegen, nicht zu billigenden — Ansicht des Berufungsgerichts stellte sie sogar eine Pflichtwidrigkeit des Oberbürgermeisters dar. Sehr wohl denkbar ist, daß sich der Kläger beim Unterschreiben der ihm vorgelegten Erklärung mit der tatsächlichen, an Gewißheit grenzenden Wahrscheinlichkeit begnügt hat, die Stadt werde nach seinem Ausscheiden kein Interesse an seiner Strafverfolgung mehr haben und deshalb von einer Strafanzeige absehen, so daß er auf eine rechtliche Verpflichtung zur Nichtanzeige keinen Wert zu legen brauchte.

Die Annahme einer vom Oberbürgermeister vertraglich übernommenen Verpflichtung, den Kläger mit Strafanzeige zu verschonen, bildet die Grundlage für die Beurteilung des Streitfalls durch das Berufungsgericht. Ist sie, wie aus dem bisher Gesagten erhellt, nicht völlig haltbar, so fehlt schon deshalb den weiteren rechtlichen Ausführungen des Vorderrichters der sichere Boden. Aber auch sonst können sie durchweg nicht gebilligt werden.

Das Oberlandesgericht erklärt das nach seiner Auffassung dem Entlassungsantrag des Klägers zugrunde liegende Abkommen für nichtig und für anfechtbar.

I. Die Nichtigkeit stützt es auf § 134 und § 138 Abs. 1 BGB., da die Vereinbarung zwischen dem Oberbürgermeister und dem Kläger sowohl gegen ein gesetzliches Verbot wie gegen die guten Sitten verstoße. Schon eingangs ist betont worden, daß eine solche unmittelbare Anwendung von Vorschriften des bürgerlichen Rechts auf öffentlichrechtliche Verhältnisse, wie sie hier zur Entscheidung stehen, nicht angängig ist. Es kann sich nur fragen, inwieweit solche Vorschriften allgemeine Rechtsgedanken zum Ausdruck bringen, die, wenngleich sie nur im Privatrecht einen positiven gesetzlichen Niederschlag gefunden haben, doch auch für das öffentliche Recht Geltung zu beanspruchen haben. Diese Frage muß allerdings für die genannten beiden Vorschriften des Bürgerlichen Gesetzbuchs bejaht werden. Willenserklärungen, die einem gesetzlichen Verbot oder den guten Sitten zuwiderlaufen, können auch im öffentlichen Recht keine Anerkennung beanspruchen. Dabei kann an dieser Stelle unerörtert bleiben, wie ein Verwaltungsakt, der einen solchen Verstoß enthält, in seiner rechtlichen Wirkung zu beurteilen ist. Jedenfalls sind öffentlichrechtliche Willenserklärungen von Privatpersonen, die unsittlichen oder verbotswidrigen Charakter tragen, nichtig. Dasselbe gilt von behördlichen Willenserklärungen, die nicht Verwaltungsakte sind. Deshalb würde, wenngleich an sich Vereinbarungen zwischen Behörde und Beamten über dessen Ausscheiden aus dem Dienst rechtlich zulässig sind, auch das fragliche

Abkommen nichtig sein, wenn ihm der Mangel der Gesetzwidrigkeit oder Unsittlichkeit anhaftete. Das muß jedoch im Gegensatz zum Vorderrichter verneint werden.

1. Die Verfehlungen des Klägers waren nicht bloß disziplinarisch zu ahnden. Er hat Unterschlagung und schwere Urkundenfälschung, also strafbare Handlungen, begangen. Das Berufungsgericht meint nun, die Beamtenpflichten des Oberbürgermeisters hätten es erfordert, daß er als Spitze der städtischen Verwaltung entweder die Strafanzeige erstattete oder aber den Sachverhalt untersuchen ließ. Wenn er statt dessen mit dem Kläger das fragliche Abkommen geschlossen und sich darin zur Unterlassung der Anzeige verpflichtet habe, so stelle dies eine Verletzung seiner Beamtenpflichten dar, die das Abkommen, wenn nicht nach § 134, so doch nach § 138 Abs. 1 BGB. nichtig mache.

Die Pflicht des Oberbürgermeisters als Dienstvorgesetzten des Klägers, dessen strafrechtliche Verfolgung zu veranlassen, hat der Vorderrichter nicht etwa auf Grund besonderer, nicht revisibler Vorschriften des hannoverschen Rechts angenommen, sondern er hat sie ersichtlich aus allgemeinen Grundsätzen des preußischen Rechts abgeleitet. Nach diesem bestand sie jedoch nicht. Es ist keineswegs Aufgabe jeder Behörde und jedes Beamten, zu seiner Kenntnis gelangende strafbare Handlungen anzuzeigen[2]). Eine solche Verpflichtung liegt dem Vorgesetzten auch dann nicht ob, wenn es sich um Straftaten eines ihm untergebenen Beamten handelt. Welche Schritte er tun will, wenn er von einer solchen erfährt, hängt von seinem pflichtgemäßen Ermessen ab. Zuweilen wird schon das von ihm zu wahrende Interesse seiner Verwaltung eine Nichtanzeige als geboten erscheinen lassen. Aber auch eine billige Rücksichtnahme auf die Belange des schuldigen Beamten ist nicht immer ausgeschlossen und kann den Vorgesetzten unter Umständen veranlassen, von einer Anzeige abzusehen, ohne daß ihm das als Pflichtverletzung ausgelegt werden müßte.

Die vom Berufungsgericht durch Hinweis auf eine Entscheidung des Preußischen Oberverwaltungsgerichts vom 24. September 1909 (angeführt bei v o n R h e i n b a b e n Die preußischen Disziplinargesetze 2. Aufl. S. 102 Fußnote 1) berührte Streitfrage betrifft lediglich die Anzeigepflicht der Disziplinarbehörden. § 4 Abs. 2 des preußischen Disziplinargesetzes vom 21. Juli 1852 (GS. S. 465)[3]) bestimmt, daß, wenn im Laufe eines Disziplinarverfahrens wegen der nämlichen Tatsachen eine gerichtliche Untersuchung gegen den Angeschuldigten eröffnet wird, das Disziplinarverfahren bis zur rechtskräftigen Erledigung des gerichtlichen Verfahrens ausgesetzt werden muß (ebenso § 77 Abs. 2 RBG.). Es ist nun die Frage aufgeworfen worden, ob, wenn im Laufe eines Disziplinarverfahrens der Verdacht einer strafbaren Handlung des angeschuldigten Beamten auftaucht, die Disziplinarbehörde der Strafverfolgungsbehörde Anzeige erstatten muß, um dem Strafverfahren seinen vom Gesetz gewollten Vor-

[3]) Vgl. später § 13 RDStO., jetzt § 13 BDO.
[2]) Vgl. jetzt grundlegend BGHSt. 5 S. 225 [228—230]

rang vor dem Disziplinarverfahren zu wahren. Die Frage wird verschieden beantwortet. Eine Stellungnahme dazu ist hier aber nicht erforderlich; denn jedenfalls kann aus dem § 4 a. a. O. (und ebenso für das Reichsrecht aus § 77 a. a. O.) eine Mitteilungspflicht, wenn überhaupt, so doch nur dann hergeleitet werden, wenn ein Disziplinarverfahren eingeleitet ist oder eingeleitet werden soll, und ferner nur für die Disziplinarbehörde, nicht für jeden Dienstvorgesetzten des Beamten, der sich strafbar gemacht haben soll. An beiden Voraussetzungen gebricht es im vorliegenden Fall. Die Einleitung eines Disziplinarverfahrens gegen den Kläger kam damals überhaupt noch nicht in Frage. Außerdem war die für ihn zuständige Disziplinarbehörde nicht der Oberbürgermeister, sondern der Regierungspräsident (§ 20 des Zuständigkeitsgesetzes vom 1. August 1883, GS. S. 237). Ersterem lag also in seiner Eigenschaft als Leiter der Verwaltungsgeschäfte der Stadt (§ 74 Abs. 3 der Revidierten hannoverschen Städteordnung vom 24. Juni 1858, Hann.GS. S. 141) keine Pflicht zur Strafanzeige ob.

Das Oberlandesgericht spricht in diesem Zusammenhang auch noch von der Pflicht des Oberbürgermeisters, das Verhalten des Klägers untersuchen zu lassen. Eine Pflicht dieses Inhalts kann indessen noch weniger anerkannt werden als die zur Strafanzeige. Jedenfalls hat diese Untersuchungspflicht auch wohl nach Ansicht des Vorderrichters keine selbständige Bedeutung. Ihre Verletzung allein kann daher den Bestand des zwischen dem Oberbürgermeister und dem Kläger etwa getroffenen Abkommens nicht beeinträchtigen.

2. Die Verpflichtung des Oberbürgermeisters, die Verfehlungen des Klägers der Staatsanwaltschaft mitzuteilen, entnimmt das Berufungsgericht außer seiner Vorgesetzteneigenschaft weiter noch seiner Eigenschaft als Leiter der Polizei in H. Als solcher habe er, so meint der Vorderrichter, nach § 163 StPO. die ihm amtlich mitgeteilten strafbaren Handlungen des Klägers erforschen müssen. Diese Beurteilung des Sachverhalts läßt indessen eine hinreichende Trennung der verschiedenen Amtsaufgaben vermissen, die dem Oberbürgermeister der Beklagten oblagen. Er stand an der Spitze der städtischen Verwaltung, aber auch, wie der Berufungsrichter an Hand der nicht revisiblen hannoverschen Städteordnung darlegt, an der Spitze der Polizeiverwaltung. Beide Stellungen vereinigten sich in seiner Person. Gleichwohl sind sie für die rechtliche Betrachtung zu trennen, ganz ebenso wie z. B. in der Entscheidung RGSt. Bd. 63 S. 167 unterschieden worden ist zwischen der Stellung eines Amtsrichters als Richter und als Justizverwaltungsbeamter. Nicht jede Pflicht, die dem Oberbürgermeister als Leiter der Polizei oblag, traf ihn auch als obersten Vorgesetzten der städtischen Beamten. Und umgekehrt brauchte er nicht jede Mitteilung, die ihm in Verwaltungsgeschäften der Stadt gemacht wurde, schon ohne weiteres unter polizeilichen Gesichtspunkten zu behandeln. Seinem pflichtmäßigen Ermessen war es überlassen, wie er sich im einen Amtskreis durch den anderen beeinflussen lassen wollte. Die gegenteilige Ansicht des Vorderrichters widerspricht der herrschenden Ver-

waltungsübung, führt auch zu unannehmbaren Ergebnissen. Von ihr aus müßte im vorliegenden Fall dem Oberbürgermeister — von der inneren Tatseite abgesehen — sogar der Vorwurf gemacht werden, ein nach § 346 StGB. strafbares Verbrechen begangen zu haben.

Ist es danach geboten, zwischen den beiden Aufgabenkreisen des Oberbürgermeisters zu unterscheiden, so könnte seine Stellung als Leiter der Polizei nur dann für die Beurteilung seines Verhaltens dem Kläger gegenüber von Belang sein, wenn er in dieser Eigenschaft mit letzterem verhandelt hätte. Dafür bietet aber der unstreitige Sachverhalt keinen Anhalt. Nur um die Stadtverwaltung, deren Leiter er war, baldmöglichst von einem unwürdigen Beamten zu befreien, hat er den Kläger zu sich kommen lassen und ihm nahegelegt, freiwillig aus dem städtischen Dienst zu scheiden.

3. Hilfsweise erörtert das Berufungsgericht, wie das Verfahren des Oberbürgermeisters dann zu beurteilen wäre, wenn er durch die ihm vom Bürodirektor und vom Stadtkämmerer gemachten Mitteilungen von der Schuld des Klägers nicht voll überzeugt worden sei, sondern noch Zweifel an ihr gehabt habe. Es meint, der Oberbürgermeister habe dann gegen die Treu- und Beamtenfürsorgepflicht, die der Beklagten dem Kläger gegenüber obgelegen habe, und damit auch gegen die guten Sitten verstoßen. Er habe dann das Interesse des Klägers an Klarstellung der Angelegenheit nicht hinreichend berücksichtigt. Er habe nicht ohne weitere Feststellungen vom Kläger das Ausscheiden aus dem Amte verlangen dürfen, noch dazu unter Drohung mit einer polizeilichen Untersuchung. Hierzu ist an dieser Stelle nur zu bemerken, daß, wenn der Oberbürgermeister schuldhaft die Fürsorgepflicht außer acht gelassen haben sollte, deren Erfüllung der Kläger von der Stadt fordern durfte, hieraus für ihn ein Schadensersatzanspruch erwachsen sein mag, auf den am Schluß des Urteils noch eingegangen werden soll. Den guten Sitten hat der Oberbürgermeister aber nicht schon dadurch zuwidergehandelt, daß er bei Abwägung der beiderseitigen Belange fehlgegriffen haben sollte. Das Interesse der Stadt an Reinhaltung ihres Beamtenkörpers, an baldiger Schaffung klarer Verhältnisse hat er nicht bloß höher bewertet als das Interesse des Staates an der Bestrafung des Klägers, sondern auch als dessen Interesse daran, daß ihm längere Zeit zur ruhigen Überlegung über die von ihm zu fassenden Entschlüsse gelassen werde. Es mag sein, daß der Kläger daraus einen Vorwurf gegen den Oberbürgermeister herleiten kann. In einer solchen — vielleicht irrigen — Bewertung der verschiedenen beachtlichen Gesichtspunkte durch diesen liegt aber noch keine Sittenwidrigkeit, welche die nach Annahme des Vorderrichters getroffene Abmachung in ihrer Gültigkeit beeinträchtigen würde.

4. Das Berufungsgericht legt dann weiter noch dar, bei der engen zeitlichen und wirtschaftlichen Verbindung des schuldrechtlichen Abkommens, das durch das Unterschreiben der vorgelegten Urkunde zustandegekommen sei, mit dem Entlassungsantrag und der Verzichtserklä-

rung habe die Nichtigkeit des Abkommens auch diese Erklärungen getroffen, gleichgültig ob die Nichtigkeit des Abkommens auf § 134 oder auf § 138 Abs. 1 BGB beruhe. Ob auch gegen diese Auffassung des Vorderrichters Einwendungen zu erheben sind, kann dahingestellt bleiben. Denn nach dem bisher Gesagten kommt eine Nichtigkeit der nach Annahme des Berufungsgerichts den weiteren Erklärungen des Klägers und des Magistrats zugrunde liegenden Abmachung weder wegen Verbotswidrigkeit noch wegen Unsittlichkeit in Frage.

II. In zweiter Reihe legt der Vorderrichter dar, das zwischen dem Oberbürgermeister und dem Kläger getroffene Abkommen, dessen Entlassungsantrag und Verzichtserklärung seien, wenn nicht von vornherein nichtig, so doch mindestens nachträglich infolge der — auf widerrechtliche Drohung gestützten — Anfechtung des Klägers nichtig geworden. Auch hier ist zunächst die vom Vorderrichter nicht aufgeworfene Frage zu beantworten, ob öffentlichrechtliche Willenserklärungen von Privatpersonen der Anfechtung wegen widerrechtlicher Drohung unterliegen. Dies ist unbedenklich zu bejahen. Jedoch ist eine rechtlich einwandfreie Feststellung solcher Drohung im Berufungsurteil nicht getroffen worden.

Zunächst führt das angefochtene Urteil aus: Darin, daß der Oberbürgermeister dem Kläger die schweren gegen diesen vorliegenden Verdachtsgründe auseinandergesetzt und dann von ihm verlangt habe, er solle die vorgelegte Urkunde unterschreiben, und zwar sofort oder doch nach Ablauf einer Bedenkzeit von einer Viertelstunde, habe schon von selbst die Androhung gelegen, daß der Sachverhalt untersucht und zur Anzeige gebracht werden würde, wenn der Kläger nicht unterschriebe. Das sei auch dann anzunehmen, wenn weder ausdrücklich noch andeutungsweise von einer Strafanzeige oder von einer Benachrichtigung der Polizei gesprochen worden sei. Hiernach ist damit zu rechnen, daß der Oberbürgermeister dem Kläger überhaupt keine Strafanzeige in Aussicht gestellt hat, weder ausdrücklich noch auch stillschweigend. Er soll ja nicht einmal „andeutungsweise" davon gesprochen haben. Eine Drohung kann aber nur durch irgendeine Willensäußerung des Drohenden zum Ausdruck gelangen. Sie ist hier also für den Oberbürgermeister, dessen Drohung der Kläger nachgegeben haben soll, bisher nicht festgestellt worden. Es bleibt, worauf die Revision mit Recht hinweist, die Möglichkeit offen, daß die objektive Sachlage den Kläger dazu bestimmt hat, den Entlassungsantrag zu unterschreiben. Er konnte nach allgemeiner Lebenserfahrung nichts anderes erwarten, als daß ihn die Stadtverwaltung bei der Staatsanwaltschaft anzeigen werde. Anderseits durfte er, worauf bereits an anderer Stelle hingewiesen worden ist, mit größter Wahrscheinlichkeit damit rechnen, daß diese Anzeige bei seinem Ausscheiden aus dem Dienste unterbleiben werde, da dann jedes Interesse der Stadt an seiner Bestrafung wegfiel. War ihm das ohne weiteres bewußt, so bedurfte es keines irgendwie gearteten Hinweises des Oberbürgermeisters mehr. Die für beide Teile durchaus klare objektive Sachlage leitete die Entschlüsse des Klägers. Dann ist er auf Grund eigener Überlegung dazu gelangt, sein Amt niederzulegen, um ein Strafverfahren zu vermeiden, das aller Voraussicht nach ebenfalls den Amtsverlust für ihn im Gefolge gehabt haben würde. ...

Nach Ablauf der ihm gesetzten Bedenkzeit von einer Viertelstunde ist der Kläger nicht nochmals beim Oberbürgermeister, sondern nur beim Bürodirektor erschienen, um eine Verlängerung der ihm gesetzten Frist zu erwirken. In dessen Antwort, der Polizei sei auf Anweisung des Oberbürgermeisters bereits Mitteilung gemacht worden, sieht das Berufungsgericht eine weitere Drohung, jedoch zu Unrecht. Denn die Eröffnung des Bürodirektors an den Kläger betraf, worauf die Revision ebenfalls mit Recht Wert legt, eine schon vollzogene Tatsache, stellte dem Kläger nicht etwa erst die künftige Verwirklichung eines Übels durch die Stadtverwaltung in Aussicht. Das Erscheinen des Polizeikommissars, bei dessen Anblick sich der Kläger zur Unterschrift entschloß, ist nach der Darstellung der Beklagten nur zufällig mit der Anwesenheit des Klägers beim Bürodirektor zusammengefallen. Daß das Erscheinen des Polizeibeamten vom Oberbürgermeister veranlaßt worden sei, um auf den Kläger einen Druck auszuüben, ist bisher nicht festgestellt worden. Dagegen spricht, daß der Oberbürgermeister den Polizeikommissar erst hat herbeirufen lassen, als die dem Kläger gesetzte Bedenkzeit abgelaufen war, als er wahrscheinlich nicht mehr damit rechnete, der Kläger werde noch freiwillig erscheinen.

Demnach genügt auch zu diesem Teil die Begründung des Berufungsurteils nicht, um die getroffene Entscheidung zu rechtfertigen, so daß die Aufhebung des angefochtenen Urteils und die Zurückverweisung der Sache an die Vorinstanz geboten ist.

Bei der erneuten Verhandlung der Sache wird insbesondere zu prüfen sein, ob der Oberbürgermeister, auch wenn er weder gegen ein gesetzliches Verbot noch gegen die guten Sitten verstoßen hat und wenn ihm ferner keine widerrechtliche Drohung zur Last fällt, gleichwohl bei Herbeiführung des Ausscheidens des Klägers die schon in anderem Zusammenhang erwähnte Fürsorgepflicht schuldhaft verletzt hat, welche die Stadt ihren Beamten schuldig ist. Bei aller ihm obliegenden Wahrung der städtischen Interessen durfte er doch an den Belangen des Klägers nicht völlig vorbeigehen. ... Es kann in Frage kommen, ob eine so kurze Bemessung der Überlegungsfrist für die vom Kläger zu treffende außerordentlich wichtige Entschließung noch gebilligt werden kann. Allerdings würde eine solche Verletzung der Fürsorgepflicht die Entlassung des Klägers an sich nicht berühren, sondern nur eine Schadensersatzpflicht der Stadt begründen. Ihre Pflicht zur Gehaltszahlung würde sich beschränken auf die Zeit, während deren der Kläger noch Gehalt bezogen hätte, falls er den Entlassungsantrag nicht gestellt hätte. Er würde dann voraussichtlich sein Amt im Wege eines Disziplinarverfahrens verloren haben. Dieser Zeitpunkt wäre zu ermitteln und danach die Verurteilung der Beklagten zu begrenzen. Auch eine etwa durch Suspension des Klägers eingetretene Minderung des Gehalts des Klägers wäre ebenso zu berücksichtigen wie auf der anderen Seite die Möglichkeit, daß ihm bei seiner strafweisen Dienstentlassung ein Teil seines Ruhegehalts belassen worden wäre.

RGZ. 135, 351

1. Ist der maßgebende Zeitpunkt für die Entstehung vermögensrechtlicher Ansprüche aus einem preußischen Staatsamt das Datum der Bestallungsurkunde oder der Zeitpunkt der planmäßigen Anstellung des Beamten?[1])
2. . . . (überholt).

Preuß. ALR. §§ 84, 85 II 10. Preuß. Beamten-Diensteinkommensgesetz vom 17. Dezember 1920 (GS. 1921 S. 135)/13. Mai 1924 (GS. S. 487) §§ 1, 3 Abs. 10. Preuß. Besoldungsgesetz vom 17. Dezember 1927 (GS. S. 223) § 1 Abs. 1, § 2 Abs. 1, § 3 Abs. 1 u. 5, § 4 Abs. 2.

III. Zivilsenat. Urt. v. 4. März 1932 i. S. T. (Kl.) w. Preuß. Staat (Bekl.). III 205/31.

I. Landgericht I Berlin. II. Kammergericht daselbst.

Der Kläger war in einem preußischen Ministerium als Kanzleiinspektor angestellt. In dieser Eigenschaft vertrat er seit Mai 1927 den erkrankten Kanzleidirektor und versah nach dessen im Juni 1927 erfolgtem Tode die Stelle weiter. Am 14. Juli 1927 wurde für den Kläger eine Bestallungsurkunde ausgefertigt, die folgenden Wortlaut hat:

> Der Ministerialkanzleiinspektor T. wird hierdurch zum Kanzleidirektor bei dem Preußischen Ministerium für ... ernannt. Namens des Preußischen Staatsministeriums: Der Minister für ...

In einem vom gleichen Tage datierten, von dem Minister unterzeichneten Begleitschreiben wurde dem Kläger unter Bezugnahme auf die beiliegende Bestallung die Ernennung zum Kanzleidirektor nochmals bekanntgegeben. Daran anschließend enthält diese Verfügung folgenden Satz:

> Wegen Übertragung der planmäßigen Stelle eines solchen und der Regelung der Dienstbezüge wird Ihnen besondere Mitteilung zugehen.

Die in Aussicht gestellte besondere Mitteilung erfolgte durch Verfügung des Ministers vom 27. September 1927, in der dem Kläger unter Bezugnahme auf die Benachrichtigung vom 14. Juli 1927 „hiermit die planmäßige Stelle eines Kanzleidirektors im Ministerium für ... vom 1. Oktober 1927 ab" verliehen und ihm gleichzeitig bekanntgegeben wird, daß er von diesem Tage an das Gehalt der Besoldungsgruppe 10 nach einem Besoldungsdienstalter vom 20. Februar 1918 erhalten werde. Aus Anlaß der Neuregelung des Besoldungswesens durch das preußische

[1]) Für den Anwendungsbereich des BBG. vgl. daselbst § 82.

Besoldungsgesetz vom 17. Dezember 1927 gab der Minister dem Kläger durch Verfügung vom 3. Dezember 1929 bekannt, er werde mit Wirkung vom 1. Oktober 1927 ab in die Gruppe A 3 c der neuen Besoldungs-Ordnung eingewiesen, sein Besoldungsdienstalter in dieser Besoldungsgruppe werde gemäß § 3 Abs. 5 BesG. auf den 1. Oktober 1919 festgesetzt. Gleichzeitig wurde mitgeteilt, die Fußnote 1 zur Besoldungsgruppe A 3 c sei auf den Kläger nicht anwendbar, da ihm die planmäßige Kanzleidirektorstelle erst mit Wirkung vom 1. Oktober 1927 verliehen worden sei. Dem Kläger wurde mit dieser Verfügung eine Berechnung der ihm zustehenden Dienstbezüge übersandt.

Der Kläger beanstandet die Berechnung seines Diensteinkommens in dreifacher Beziehung. Er verlangt, 1. daß die ihm als Kanzleidirektor zustehenden Bezüge vom Zeitpunkt seiner Ernennung, dem 14. Juli 1927, an gezahlt würden; 2. daß diese Bezüge vom 1. Oktober 1927 an unter Zugrundelegung eines Besoldungsdienstalters vom 20. Februar 1918 gezahlt würden, weil das einmal festgesetzte Besoldungsdienstalter nicht zu seinen Ungunsten geändert werden könne; 3. daß die Bezüge nach der Besoldungsgruppe A 2 c statt nach A 3 c gezahlt würden, und zwar auf Grund der Fußnote zur Besoldungsgruppe A 3 c, da er bereits am 30. September 1927 als Kanzleidirektor im Amt gewesen sei. Von den sich hiernach ergebenden, von dem Kläger ziffernmäßig berechneten Ansprüchen hat er einen Teilbetrag von 1000 RM. geltend gemacht.

Der verklagte Staat vertritt den Rechtsstandpunkt, daß der Kläger am 14. Juli 1927 wohl zum Kanzleidirektor ernannt, daß ihm aber die planmäßige Stelle eines Kanzleidirektors erst mit Wirkung vom 1. Oktober 1927 verliehen worden sei, daß daher der Kläger auch erst von diesem Tage ab Anspruch auf das höhere Stellengehalt habe und daß er vor diesem Zeitpunkt nicht in dem Amte gewesen sei. Das Besoldungsdienstalter des Klägers sei von der Verwaltungsbehörde maßgebend festgesetzt, und diese Festsetzung sei für die ordentlichen Gerichte bindend.

In den beiden vorderen Rechtszügen mit der Klage abgewiesen, hat der Kläger Revision eingelegt, die teilweise Erfolg hatte.

Gründe:

Den Anspruch, ihm die Bezüge eines Kanzleidirektors im Ministerium bereits vom Tage seiner Ernennung, dem 14. Juli 1927, an zu zahlen, gründet der Kläger in erster Reihe auf § 84 ALR. II 10, welcher lautet:

> Titel und Rang, welche mit einem Amt verbunden sind, werden, nebst den davon abhängenden Vorrechten, schon durch die darüber ausgefertigte Bestallung verliehen.

Wie schon der Wortlaut dieser Gesetzesbestimmung ergibt, regelt sie nur Titel, Rang und die sonstigen Vorrechte der Beamten; von vermögensrechtlichen Ansprüchen, deren Geltendmachung im Rechtsstreit allein in Betracht kommt, ist darin keine Rede. Aus dieser Vorschrift läßt sich daher der Anspruch des Klägers auf Gewährung der Dienstbezüge eines Kanzleidirektors mit Wirkung vom 14. Juli 1927 nicht herleiten. Für die vermögensrechtlichen Ansprüche der Beamten läßt sich mit mehr Berechtigung der § 85 ALR. II 10 heranziehen, der vorschreibt, daß die Rechte und Pflichten der Zivilbedienten in Beziehung auf das ihnen anvertraute Amt durch die darüber ergangenen besonderen Gesetze und durch ihre Amtsinstruktionen bestimmt werden. Hierdurch wird auf die zur Regelung des Besoldungswesens erlassenen Gesetze und Verordnungen verwiesen, die für die Gehaltsverhältnisse der Beamten in erster Reihe maßgebend sind. Zur Zeit der Ernennung des Klägers zum Ministerialkanzleidirektor war das preußische Beamtendiensteinkommensgesetz vom 17. Dezember 1920 in der Fassung der Bekanntmachung vom 13. Mai 1924 in Geltung. Dieses enthält ebenso wie das preußische Besoldungsgesetz vom 17. Dezember 1927 vor § 1 die Überschrift: „Planmäßige Beamte" und bestimmt in § 1, daß die „planmäßig angestellten unmittelbaren Staatsbeamten ein Grundgehalt" erhalten. Damit ist als maßgebender Zeitpunkt für die Entstehung vermögensrechtlicher Ansprüche aus einem Staatsamt nicht das Datum der Bestallungsurkunde oder der Zeitpunkt ihrer Aushändigung an den Staatsbeamten anerkannt, sondern der Zeitpunkt der planmäßigen Anstellung des Beamten in demjenigen Amte, dessen Bezüge er für sich in Anspruch nimmt, mit anderen Worten der Zeitpunkt, zu dem die Verleihung einer Planstelle in dem Sinne erfolgt, daß dem Beamten eine planmäßige Stelle mit dem damit verbundenen Diensteinkommen dauernd und nicht etwa nur zur vorübergehenden widerruflichen Verwaltung verliehen wird. Dieser Zeitpunkt kann mit dem Tage der Ernennung des Beamten und der Aushändigung der Bestallungsurkunde zusammenfallen; es muß dies aber keineswegs notwendig der Fall sein. In nicht seltenen Fällen erfolgt die planmäßige Anstellung unter Rückbeziehung der rechtlichen Wirkungen auf einen früheren Tag als das Ausstellungsdatum der Bestallungsurkunde. In gleicher Weise ist es rechtlich zulässig und entspricht der Verwaltungsübung, die Rechtsbeziehungen erst von einem späteren Zeitpunkte ab eintreten zu lassen, wenn die besonderen Umstände dies erfordern, und den Tag in der Anstellungsurkunde zu bezeichnen. Es besteht endlich rechtlich kein Hindernis, den Anstellungsakt derart in zwei Teile zu zerlegen, daß zunächst nur die Ernennung des Anwärters zum Beamten einer bestimmten Gattung erfolgt und seine Einweisung in die seinem Titel entsprechende und damit verbundene Planstelle einem späteren, noch nicht genau bezeichneten Zeitpunkte vorbehalten wird. Dabei muß allerdings — wie überall bei der Regelung des Rechtsverhältnisses der Beamten — verlangt werden, daß die Maßnahmen der Anstellungsbehörde klar, unmißverständlich und nicht auslegungsbedürftig sind.

Wendet man diese Grundsätze auf den vorliegenden Fall an, so kann es keinem Zweifel unterliegen, daß nichts im Wege gestanden hätte, in der Bestallungsurkunde vom 14. Juli 1927 oder in dem Begleitschreiben des Ministers vom gleichen Tage bereits zu erwähnen, daß dem Kläger die planmäßige Stelle mit Wirkung vom 1. Oktober 1927 übertragen werde. Dies hätte durchaus der Verwaltungsübung entsprochen, während des sog. Gnadenvierteljahrs und der Entrichtung der vollen Dienstbezüge des verstorbenen Beamten an seine Hinterbliebenen die Planstelle nicht zu besetzen, um das Diensteinkommen nicht doppelt entrichten zu müssen. Diesen Weg hat die Anstellungsbehörde im vorliegenden Falle nicht gewählt; sie hat den Kläger mit sofortiger Wirkung zum Kanzleidirektor im Ministerium ernannt, hat aber in dem ihm gleichzeitig zugefertigten Begleitschreiben ausdrücklich erklärt, wegen Übertragung der planmäßigen Stelle eines Kanzleidirektors und der Regelung der Dienstbezüge werde ihm besondere Mitteilung zugehen. Durch diesen Vorbehalt war dem Kläger in nicht mißverständlicher, zweifelfreier Weise bekanntgegeben, daß er zunächst nicht mit der planmäßigen Stelle des Kanzleidirektors beliehen werde und daß ihm auch die Dienstbezüge dieses Amtes erst zu einem späteren, vom Minister zu bestimmenden Zeitpunkt gewährt werden sollten. Ob dem Kläger mitgeteilt war, daß der Grund für diese Maßnahme in dem Bestreben der Anstellungsbehörde zu finden sei, die doppelte Entrichtung des Stellengehalts zu vermeiden, oder ob auch ohne ausdrückliche Bekanntgabe dem Kläger als Beamten der Grund für diese Maßnahme ohne weiteres erkennbar war, darauf kann es nicht entscheidend ankommen. Es muß genügen, daß dem Kläger in bestimmter und klarer Weise zu erkennen gegeben war, die Beleihung mit dem Amt und der Bezug des höheren Diensteinkommens werde erst zu einem späteren Zeitpunkt eintreten. Daß ihm der genaue Zeitpunkt noch nicht alsbald bekanntgegeben worden war, beschwert ihn nicht. Nach ständiger Rechtsprechung des Senats hat der Beamte keinen im Rechtsweg verfolgbaren Anspruch auf Übertragung eines Amtes überhaupt, es kann daher auch kein Rechtsanspruch auf Übertragung eines Amtes zu einem bestimmten Zeitpunkt anerkannt werden. Daß der Kläger bereits am 14. Juli 1927 zum Kanzleidirektor ernannt worden war, bedeutete für ihn insofern einen gewissen Vorteil, als er dadurch eine bestimmte Anwartschaft auf die Beleihung mit der planmäßigen Stelle erhielt und andere Bewerbungen um die gleiche Stelle von vornherein ausgeschlossen wurden.

Daß die Aushändigung der Anstellungsurkunde allein nicht die von dem Kläger und der Revision behaupteten vermögensrechtlichen Folgen nach sich ziehen kann, ergibt aber — abgesehen von den vorstehend erörterten ausdrücklichen gesetzlichen Bestimmungen — auch die Erwägung, daß die Anstellungsurkunde keine rechtsbegründende (konstitutive) Bedeutung, sondern nur kundmachenden (deklarativen) Charakter hat. Die überragende Bedeutung der Einweisung in eine Planstelle und des Amtsantritts für die vermögensrechtlichen Ansprüche des Beamten ergibt sich endlich auch aus der Tatsache, daß, wenn der Beamte aus in seiner Person liegenden Gründen — wie Ableben, körperliche oder geistige Krankheit — unfähig ist, seinen Dienst oder das neue Amt anzutreten, weder er noch seine Angehörigen Ansprüche auf das mit dem anzutretenden Amte verbundene Stellengehalt erheben können. ... Auch Nr. 5 der preußischen Besoldungsvorschriften zum Besoldungsgesetz vom 17. Dezember 1927 (Pr. BesB. 1928 S. 157) bestimmt, daß die Zahlung des Grundgehalts mit dem Zeitpunkt der planmäßigen Anstellung beginnt.

Daß das Vorgehen der Verwaltungsbehörde nicht gegen Art. 109 Abs. 4 RVerf. verstößt, bedarf als selbstverständlich keiner näheren Darlegung. Wäre dies aber der Fall, so könnte daraus für die vermögensrechtlichen Ansprüche des Klägers seit dem 14. Juli 1927 nichts hergeleitet werden.

Was den Anspruch des Klägers betrifft, seine Dienstbezüge vom 1. Oktober 1927 an im Widerspruch mit der Festsetzung durch die Verwaltungsbehörde nach einem Besoldungsdienstalter vom 20. Februar 1918 statt unter Zugrundelegung eines solchen vom 1. Oktober 1919 zu berechnen, so müssen dieses Begehren und die darauf gestützten Revisionsangriffe an den gesetzlichen Bestimmungen wie an der ständigen Rechtsprechung des erkennenden Senats scheitern. § 4 Abs. 2 BesG. von 1927 bestimmt, gleichlautend mit § 3 Abs. 10 BDEG., daß die Entscheidung der Verwaltungsbehörden über die Festsetzung des Besoldungsdienstalters für die Beurteilung der vor den Gerichten geltend gemachten vermögensrechtlichen Ansprüche maßgebend ist. In Auslegung dieser und der entsprechenden reichsrechtlichen Bestimmungen hat der Senat bis in die neueste Zeit daran festgehalten, daß die Festsetzung des Besoldungsdienstalters — abgesehen von hier nicht in Betracht kommenden Ausnahmen — der richterlichen Nachprüfung nicht unterliegt und daß sich hieran auch durch Art. 129 Abs. 1 Satz 4 RVerf. nichts geändert hat (vgl. zuletzt RGUrt. vom 10. November 1931 III 387/30 und vom 24. November 1931 III 44/31 mit Nachweisungen). Von dieser Rechtsprechung abzugehen bietet der vorliegende Fall keinen Anlaß. Es kommt hier noch hinzu, daß die Vorschriften über das Besoldungsdienstalter Teil der Besoldungsordnung selbst sind und deshalb mit deren Änderung hinfällig werden (Urteil des erkennenden Senats vom 20. Januar 1925 III 252/24). Das nach der Besoldungsordnung von 1920 festgesetzte Besoldungsdienstalter des Klägers war also für seine Bezüge nach der Besoldungsordnung von 1927 ohne Bedeutung.

Auch dem Verlangen des Klägers, ihm gemäß der Fußnote 1 zur Besoldungsgruppe A 3 c der Besoldungsordnung von 1927 für seine Person die Bezüge der Besoldungsgruppe A 2 c zuzusprechen, da er am 30. September 1927 als Kanzleidirektor im Amte gewesen sei, kann in Übereinstimmung mit den Ausführungen des Berufungsgerichts nicht stattgegeben werden. Dabei kommt es nicht an auf die unterschiedlichen Bezeichnungen der verschiedenen, am 30. September 1927 im Amte gewesenen Beamtengruppen in den einzelnen Bestimmungen des Besoldungsgesetzes von 1927, der zugehörigen Besoldungsordnung und der Besoldungsvorschriften. Denn der in der Fußnote 1 zur Besoldungsgruppe A 3 c aufgestellte Begriff der „am 30. September 1927 im Amte gewesenen Kanzleidirektoren" kann nur im Zusammenhalt mit § 1 Abs. 1, § 2 Abs. 1 und § 3 Abs. 1 BesG. von 1927 ausgelegt werden, wo überall von „planmäßig angestellten" und „planmäßigen" Beamten die Rede ist. Er muß daher im Sinne einer planmäßigen Anstellung verstanden werden. Eine gegenteilige, der grundsätzlichen Verknüpfung der vermögensrechtlichen Ansprüche mit der planmäßigen Anstellung zuwiderlaufende Auslegung der Fußnote müßte zu einer unerträglichen Verwirrung und zu einer verschiedenartigen Anwendung und Auslegung der einzelnen Bestandteile des einheitlichen Gesetzgebungswerkes führen. Planmäßig angestellt als Kanzleidirektor im Ministerium war der Kläger aber nach der Verfügung des Ministers vom 27. September 1927 und nach den obenstehenden Darlegungen erst mit Wirkung vom 1. Oktober 1927, so daß die in Frage stehende Fußnote auf ihn keine Anwendung finden kann. (Folgen Erörterungen, die zur Aufhebung des angefochtenen Urteils führen.)

RGZ. 137, 273

1. Bildet das Verzeichnis der den Militäranwärtern im preußischen Staatsdienste vorbehaltenen Stellen (Anlage M zu den Anstellungsgrundsätzen vom 20. Juni 1907) einen Bestandteil dieser Grundsätze und stellt sein Inhalt, wie diese, im Klagewege verfolgbares objektives Recht dar?

2. Gewährt die Eigenschaft eines Militäranwärters als solche und der Besitz des Zivilversorgungsscheins allein einen Anspruch auf die Übertragung von Beförderungsstellen?

3. Wie ist die Bestimmung in Spalte 4 des preußischen Stellenverzeichnisses auszulegen, das Aufrücken der Militär- und Zivilanwärter in höhere Gruppen erfolge nach der Reihenfolge, die sich aus dem Anteilsverhältnis ergebe?

Grundsätze für die Besetzung der mittleren Kanzlei- und Unterbeamtenstellen bei den Reichs- und Staatsbehörden mit Militäranwärtern und Inhabern des Anstellungsscheins — Anstellungsgrundsätze — vom 20. Juni 1907 (RZBl. S. 317) §§ 4, 7, 8 Abs. 2 u. 3, § 22 Abs. 4 u. 5. Anlage M zu den Anstellungsgrundsätzen (Preuß. MinBl. f. d. innere Verw. 1911 S. 310).

III. Zivilsenat. Urt. v. 27. September 1932 i. S. R. (Kl.) w. Deutsche Reichsbahn-Gesellschaft (Bekl.). III 373/31.

I. Landgericht Stettin. II. Oberlandesgericht daselbst.

Der Kläger war Militäranwärter und Inhaber des Zivilversorgungsscheins. Am 16. Oktober 1906 trat er als Stationsaspirant in den Dienst der Preußisch-Hessischen Staatseisenbahnverwaltung. Am 1. Mai 1910 wurde er planmäßig angestellt, am 26. August 1921 mit Wirkung vom 1. April 1920 zum Eisenbahninspektor befördert und damit in die Besoldungsgruppe VIII des Reichsbesoldungsgesetzes vom 30. April 1920 eingereiht. Beim Inkrafttreten des Besoldungsgesetzes vom 16. Dezember 1927 wurde der Kläger infolge der Zusammenlegung der Besoldungsgruppen VII und VIII in die neue Eingangsstelle dieser zusammengelegten Gruppe 7 eingestuft. Eine Gehaltsminderung ist für ihn hierdurch nicht eingetreten, sondern sein Diensteinkommen hat sich verbessert.

Der Kläger behauptet, Beamte der Beklagten hätten ihre ihm gegenüber obliegende Amtspflicht dadurch verletzt, daß sie ihn als Militäranwärter bei der Beförderung in eine Oberinspektorstelle übergangen hätten. Nach § 18 des Mannschaftsversorgungsgesetzes vom 31. Mai 1906 (RGBl. S. 593), § 4 der Anstellungsgrundsätze und dem in der Anlage M zu diesen befindlichen Stellenverzeichnis sei mindestens die Hälfte der Stellen der mittleren nichttechnischen Eisenbahnbeamten mit Militäranwärtern zu besetzen. Die Eisenbahndirektion Stettin habe jedoch von den seit 1920 besetzten 203 Oberinspektorstellen 130 mit Zivilanwärtern, dagegen nur 73 mit Militäranwärtern besetzt, diesen seien also 29 Stellen entzogen worden. Auch auf diese neugeschaffenen Oberinspektorstellen seien die Anstellungsgrundsätze anzuwenden, da diese Stellen denen der Obersekretäre alter Ordnung gleichständen und gleichwertige Dienstleistungen erforderten. Dadurch, daß die Beklagte die Anstellungsgrundsätze nicht auf ihn angewendet und ihn nicht zum Oberinspektor befördert habe, habe sie seine wohlerworbenen Rechte verletzt. Seit 1920 stehe fest, daß er für die schwierigsten Stellen des mittleren Dienstes geeignet sei, gleichwohl befinde er sich in der Eingangsstelle des mittleren Dienstes. Die Oberinspektoren bekleideten aber nicht einmal die schwierigsten Stellen, sondern dafür seien die Amtmänner bestimmt. Die Beförderung bei der Eisenbahnverwaltung sei allgemein nach dem Dienstalter erfolgt; da er zu den ältesten Anwärtern gehöre, hätte er, wenn das den Militäranwärtern vorbehaltene Anteilsverhältnis gewahrt worden wäre, längst eine Beförderungsstelle erhalten müssen. Als Schaden beansprucht der Kläger den Unterschied zwischen seinen jetzigen Bezügen und demjenigen Diensteinkommen, das er als Oberinspektor erhalten würde.

Die Beklagte bestreitet, daß einer ihrer Beamten sich einer Amtspflichtverletzung dem Kläger gegenüber schuldig gemacht habe, und macht geltend, er habe nach den Anstellungsgrundsätzen keinen Anspruch auf Übertragung von Beförderungsstellen. Im Stellenverzeichnis (Anlage M) seien zwar Beförderungsstellen aufgeführt, es handle sich jedoch hierbei um ein freiwilliges Entgegenkommen der Eisenbahnbehörde. Die Oberinspektorstellen seien neugeschaffene Beförderungsstellen, auf die sich das Stellenverzeichnis nicht beziehe. Dem Kläger sei allerdings die Eignung zuerkannt, die schwierigsten Stellen des mittleren Dienstes zu versehen, daraus folge aber nicht, daß ihm eine Beförderungsstelle als Oberinspektor hätte übertragen werden müssen. Dies sei lediglich eine Frage des pflichtmäßigen Ermessens der Dienstbehörde.

In beiden vorderen Rechtszügen wurde die Klage abgewiesen. Auch die Revision des Klägers hatte keinen Erfolg.

Aus den Gründen:

Der Kläger stützt seinen Schadensersatzanspruch im Rechtszug der Revision überwiegend auf die Behauptung, Beamte der Beklagten hätten den § 18 des Mannschaftsversorgungsgesetzes vom 31. Mai 1906, die Anstellungsgrundsätze von 1907 und das als Anlage M bezeichnete Verzeichnis der den Militäranwärtern im preußischen Staatsdienst vorbehaltenen Stellen dadurch verletzt, daß sie ihn als Militäranwärter bei der Beförderung in eine Oberinspektorstelle übergangen, daß sie hierdurch ihren ihm gegenüber bestehenden Amtspflichten zuwidergehandelt und die Beklagte zum Ersatz des ihm entstandenen Schadens verpflichtet hätten. Es ist daher in erster Reihe zu prüfen, ob die erwähnten Bestimmungen eine Rechtsgrundlage für den mit der Klage geltend gemachten Anspruch abzugeben geeignet sind. Daß die reichsrechtlichen Anstellungsgrundsätze nicht nur Regelungen des inneren Dienstes, sog. Verwaltungsanweisungen, sondern im Klagewege verfolgbares objektives Recht darstellen, ist ständige Rechtsprechung. ... Der hier zur Entscheidung stehende Anspruch läßt sich jedoch aus ihnen nicht herleiten.

Die Beklagte hat während des ganzen Rechtsstreits gleichbleibend geltend gemacht, der Kläger habe als Militäranwärter nach den Anstellungsgrundsätzen von 1907 keinen Anspruch auf vorzugsweise Übertragung von Beförderungsstellen. Dieser Standpunkt erscheint gerechtfertigt. Ausschlaggebend hierfür sind die Vorschriften in § 22 Abs. 4 der Anstellungsgrundsätze, woselbst bestimmt ist, das Aufrücken in höhere Diensteinnahmen und die Beförderung in Stellen höherer Klasse erfolge lediglich nach den für die einzelnen Dienstzweige maßgebenden Bestimmungen; der Besitz des Zivilversorgungsscheins oder des Anstellungsscheins begründe dabei keinen Anspruch auf Bevorzugung. Der gleiche Gedanke kommt in der für die Inhaber des Anstellungsscheins geltenden Bestimmung des § 22 Abs. 5 zum Ausdruck, in Beziehung auf die Beförderung in Stellen des mittleren Dienstes oder des Kanzleidienstes seien Inhaber des Anstellungsscheins oder etatsmäßig angestellte ehemalige Inhaber dieses Scheines lediglich als nichtversorgungsberechtigte Zivilpersonen anzusehen. Damit ist in zweifelsfreier Weise ausgesprochen, daß die Eigenschaft als Militäranwärter als solche und der Besitz des Zivilversorgungsscheins allein keinen Anspruch auf die Übertragung von Beförderungsstellen gewährt, daß vielmehr bei dem Aufrücken in gehobene Stellen des mittleren Beamtendienstes der Militäranwärter keine Bevorzugung gegenüber den anderen Stellenanwärtern genießt, sondern mit diesen in freiem Wettbewerb steht, also für die Beförderungsstelle nur dann in Betracht kommt, wenn er nach den für die einzelnen Dienstzweige maßgebenden Bestimmungen — heute nach dem Leistungsgrundsatz — den Anforderungen für die Stelle in jeder

Beziehung genügt. So ist denn auch in den Erläuterungen des Bundesrats zu den Anstellungsgrundsätzen (RZBl. 1907 S. 344) unter VI ausdrücklich erwähnt, daß die Bestimmung in § 9 Abs. 1, wonach die den Militäranwärtern vorbehaltenen Stellen mit anderen Personen nicht besetzt werden dürfen, der Anwendung der Bestimmung in § 22 Abs. 4 nicht entgegensteht.

Aus dem Schreiben des Reichsamts des Innern vom 1. Juni 1911 betreffend die Verzeichnisse der den Militäranwärtern vorbehaltenen Stellen läßt sich für den Standpunkt des Klägers nichts herleiten. Wenn auch in diesem Schreiben unter a im Gegensatz zu dem Rechtsstandpunkt der Beklagten gesagt ist, unter „Stellen" im Sinne der §§ 4 und 7 der Anstellungsgrundsätze seien auch die nur im Wege des Aufrückens oder der Beförderung erreichbaren Stellen zu verstehen, so wird doch unter d ausdrücklich auf § 22 Abs. 4 das. hingewiesen und ausgeführt, daß die Anstellungsbehörden es danach in der Hand hätten, einen Militäranwärter, der die maßgebenden Verwaltungsbestimmungen nicht erfülle, von der Beförderung auszuschließen. Zur Begründung dieser Annahme wird noch angegeben, die Stelle sei dem betreffenden Militäranwärter dann nicht zugänglich, bleibe aber den Militäranwärtern vorbehalten.

Nun gewinnt allerdings der Anspruch des Klägers auf den ersten Anschein eine gewisse Berechtigung dadurch, daß in dem Verzeichnis der den Militäranwärtern im preußischen Staatsdienst vorbehaltenen Stellen — Anlage M — in Spalte 4 unter „Bemerkungen" bestimmt ist: „Das Aufrücken der Militär- und Zivilanwärter in höhere Gruppen erfolgt nach der Reihenfolge, die sich aus dem Anteilsverhältnis ergibt." Zutreffend nimmt der Berufungsrichter an, daß die Anlage M — wenn auch von einer Landesbehörde ausgehend — doch auf Grund der §§ 7 und 8 Abs. 2 der Anstellungsgrundsätze erlassen ist, daß sie daher einen Bestandteil dieser Grundsätze bildet, und daß eine Verletzung ihrer Bestimmungen in gleicher Weise zu bewerten wäre wie eine Verletzung der Anstellungsgrundsätze selbst. Wenn aber der Kläger diese Bemerkung in Verbindung mit der Bestimmung in Spalte 2, daß die betreffenden Stellen den Militäranwärtern mindestens je zur Hälfte vorbehalten sind, dahin ausgelegt wissen will, daß die Besetzung dieser Beförderungsstellen in unabänderbarem Wechsel zwischen Militär- und Zivilanwärtern erfolgen müsse, daß, wenn die Gruppe der Militäranwärter an der Reihe sei, unbedingt der dienstälteste Stellenbewerber dieser Gruppe zu entnehmen sei und daß dem dienstältesten Militäranwärter stets der Vorzug auch vor besser qualifizierten Zivilanwärtern gebühre, so kann dem nicht beigetreten werden. Damit würde sich die Preußische Staatsregierung in Widerspruch mit den Bestimmungen des § 22 Abs. 4 der Anstellungsgrundsätze, aber auch mit dem Leistungsgrundsatz gesetzt haben, wonach für die Verleihung von Beförderungsstellen in Besoldungsgruppe IX nicht das Dienstalter des Beamten, sondern allein praktische Bewährung und nachgewiesene Fähigkeit zur Wahrnehmung der schwierigsten Stellen maßgebend sein sollen (vgl. jetzt Ausführungserlaß des Reichsverkehrsministeriums zum Nachtragshaushalt 1920 vom 4. Juni 1921). Daß bei Herausgabe des preußischen Stellenverzeichnisses ein Abweichen von den erörterten Grundsätzen nach der einen oder anderen Richtung beabsichtigt gewesen sei, dafür fehlt jeder Anhalt. Es kann daher nur angenommen werden, daß die Erfüllung der in § 22 Abs. 4 gestellten Bedingungen selbstverständliche Voraussetzung auch für das Aufrücken in die in der Anlage M verzeichneten Beförderungsstellen bleiben, daß also kein Anspruch auf Bevorzugung des Militäranwärters bestehen solle, wenn ihm die Eignung für die gehobene Stellung fehle. Die Rechtslage ist daher keine andere als nach der Fußnote zu dem Verzeichnis der den Militäranwärtern im Reichsdienste vorbehaltenen Stellen (Anlage F zu den Anstellungsgrundsätzen a. a. O. S. 331), wo von Stellen die Rede ist, die den Militäranwärtern vorbehalten, aber regelmäßig nur im Wege des Aufrückens oder der Beförderung zugänglich sind.

Was nun aber die Frage betrifft, ob der Kläger bei Besetzungen von Stellen eines Oberinspektors jeweils nach der praktischen Bewährung und nachgewiesenen Fähigkeit als der tüchtigste und geeignetste Bewerber um diese Beförderungsstelle in Betracht kam, so ist dies eine reine Ermessensfrage, die bisher von der vorgesetzten Dienstbehörde des Klägers verneint wurde. Ohne erkennbaren Rechtsirrtum legt das Berufungsgericht dar, daß bei der Beurteilung dieser Frage von einer Willkür oder einem auch nur fahrlässig-schuldhaften Ermessensmißbrauch der Verwaltungsbehörden keine Rede sein könne. Dabei werden die Richtlinien beachtet, die in der Rechtsprechung für die Nachprüfung von Ermessensentscheidungen der Verwaltungsbehörden durch die Gerichte aufgestellt worden sind. ...

RGZ. 139, 396

Ist für den Anspruch des Beamten auf Gewährung der Einsichtnahme in seine Personalnachweise der Rechtsweg zulässig?

RVerf. Art. 129. RBG. § 149. Reichsbahn-Personalgesetz vom 30. August 1924 (RGBl. II S. 287) § 8. ZPO. § 547.

VII. Zivilsenat. Urt. v. 10. Februar 1933 i. S. K. (Kl.) w. Deutsche Reichsbahn-Gesellschaft (Bekl.). VII 294/32.

I. Landgericht Königsberg. II. Oberlandesgericht daselbst.

Der Kläger war ehedem Beamter im Dienste der Beklagten. Ihm war früher die Leitung des Überwachungsdienstes zur Bekämpfung von Eisenbahndiebstählen übertragen. Mit den daran beteiligten Bediensteten unterhielt er auch noch weiterhin Beziehungen, nachdem der Überwachungsdienst durch den sogenannten Eisenbahnstreifdienst ersetzt worden war, dessen Leitung nicht mehr in seinen Händen lag. Zur Anschaffung von Fahrrädern, welche die Bediensteten benutzen sollten, bewilligte die Eisenbahndirektion einen Betrag von rund 11 000 RM.

Der Kläger führte die Kaufverhandlungen mit den Adlerwerken, welche die Räder an die einzelnen Beteiligten lieferten. Der Kaufpreis wurde von der Eisenbahnkasse an die Adlerwerke bezahlt. Die am Streifdienst beteiligten Bediensteten mußten die Räder, die in ihr Eigentum übergingen, in Raten abzahlen. Diese Geldbeträge kamen in die Hand des Klägers, der sie aber nicht an die Eisenbahnkasse ablieferte, sondern für sich behielt. Wegen Amtsunterschlagung wurde er im Jahre 1927 zu einer Gefängnisstrafe verurteilt; auch verlor er infolgedessen seine Dienststellung.

Im Rechtsstreit behauptet der Kläger: er habe die bezeichneten Geldmittel von der Beklagten als Darlehen erhalten, und zwar mit der Auflage, die Fahrräder für die Streifdienstbeteiligten anzukaufen; dementsprechend habe er die Kaufverträge mit den Adlerwerken einerseits und mit den einzelnen Bediensteten anderseits im eigenen Namen abgeschlossen; diese Verträge seien im Besitze der Beklagten. Der Kläger verlangt auf Grund des ihm angeblich daran zustehenden Eigentums von der Beklagten die Herausgabe der Vertragsurkunden. Hilfsweise begehrt er, daß sie verurteilt werde, ihm die Einsichtnahme in seine Dienstakten und in diejenigen der Streifdienstbeteiligten sowie in den gesamten den Ankauf der Fahrräder betreffenden Briefwechsel zu gestatten. An letzter Stelle verlangt der Kläger noch, daß die Beklagte verurteilt werde, ihm über die Abwicklung der Fahrradkäufe, insbesondere über die Höhe der von ihr eingezogenen Kaufpreisbeträge Auskunft zu erteilen.

Von den Vorinstanzen ist die Klage abgewiesen worden. Die Revision des Klägers war ohne Erfolg.

Aus den Gründen:

Die Revision ist, da der Wert des Beschwerdegegenstandes in der Revisionsinstanz nach dem Wertfestsetzungsbeschlusse des Senats nur 500 RM. beträgt und zur Änderung dieser Festsetzung kein Anlaß besteht, nur insoweit zulässig, als einer der Ausnahmefälle des § 547 ZPO. vorliegt.

Ein Rechtsstreit über Ansprüche, für welche die Landgerichte ohne Rücksicht auf den Wert des Streitgegenstandes ausschließlich zuständig sind (§ 547 Nr. 2 ZPO.), steht nicht in Frage. (Wird dargelegt.)

Über den Antrag des Klägers, der die Gewährung der Einsichtnahme in seine eigenen Dienstakten betrifft, hat der Berufungsrichter nicht sachlich entschieden. Allerdings spricht er in dem maßgebenden Satze seiner Entscheidungsgründe nur von dem „Antrage auf Einsichtnahme in die Dienstakten" schlechthin, ohne hierbei zwischen den eigenen Dienstakten des Klägers und denen der Streifdienstbeteiligten zu unterscheiden. Seine weiteren Ausführungen, insbesondere die Bezugnahme auf die Gründe des Landgerichts, denen er sich anschließt, stellen jedoch klar, daß er den Einsichtnahmeanspruch, soweit er die Dienstakten der Streifdienstbeteiligten betrifft, wie die übrigen Ansprüche des Klägers (mit

Ausnahme seines Begehrens auf Einsicht in seine eigenen Dienstakten) sachlich für unbegründet erachtete und deshalb abfällig bescheiden wollte; denn das Landgericht hatte insoweit erwogen, daß weder der Kläger einen Anspruch in Ansehung der Sachen (Dienstakten der Streifdienstbeteiligten) habe, noch die Urkunden in seinem Interesse errichtet, noch darin Rechtsverhältnisse zwischen dem Kläger und einem Dritten beurkundet seien. Dagegen hat das Berufungsgericht den Anspruch des Klägers auf Einsichtnahme seiner eigenen Dienstakten aus dem Grunde aberkannt, weil dafür der Rechtsweg nicht zulässig sei. Insoweit ist die Revision zwar ohne Rücksicht auf den Wert des Beschwerdegegenstandes statthaft (§ 547 Nr. 1 ZPO.), aber sachlich nicht begründet. Denn der Meinung des Berufungsgerichts ist beizutreten, daß der auf dem Beamtenverhältnis beruhende Anspruch auf Einsichtnahme in die Personalnachweise nicht zu den vermögensrechtlichen Ansprüchen gerechnet werden kann, für die allein nach Art. 129 Abs. 1 Satz 4 RVerf. in Verbindung mit § 8 des Reichsbahn-Personalgesetzes vom 30. August 1924 der Rechtsweg[1]) offen steht. Diese Eigenschaft kommt einem Anspruch nur dann zu, wenn er entweder aus einem vermögensrechtlichen Verhältnis abgeleitet wird oder zwar auf nicht vermögensrechtlicher Grundlage beruht, dann aber ein Verlangen darstellt, dessen Gegenstand einen Vermögenswert besitzt. Beide Voraussetzungen fehlen bei dem vom Kläger erhobenen Anspruch auf Einsichtnahme in seine eigenen Personalakten. Das durch die Anstellung als Beamter begründete Dienstverhältnis ist als solches kein vermögensrechtliches; es ist seinem Inhalte nach ein öffentlich-rechtliches Gewaltverhältnis, das den Beamten zur Treue und zum Gehorsam gegen die Staatsgewalt und deren Organe verpflichtet, für den Staat aber die Verpflichtung begründet, dem Beamten den Genuß der Rechte zu gewährleisten, die ihm als Entgelt für die Erfüllung der Dienstpflicht zugesichert sind. Nur kraft besonderer gesetzlicher Vorschrift können die aus dem Beamtenverhältnis entspringenden vermögensrechtlichen Ansprüche, insbesondere der auf die Besoldung, Gegenstand einer Klage vor den ordentlichen Gerichten werden (Art. 129 Abs. 1 Satz 4 RVerf., § 149 RBG.); gerade darin zeigt sich ihr öffentlich-rechtlicher Ursprung. Der der Nationalversammlung vorgelegte Entwurf einer Verfassung enthielt keine dem Art. 129 Abs. 3 Satz 3 entsprechende Vorschrift. Den Anstoß dazu gab ein im Verfassungsausschuß gestellter Antrag des Abgeordneten S p a h n , der forderte, daß Eintragungen von dem Beamten ungünstigen Tatsachen in die Nachweise über seine Person erst vorzunehmen seien, wenn ihm Gelegenheit gegeben war, sich über sie zu äußern, und daß dem Beamten die Eintragung mitzuteilen sei. Bei der Beratung kam es dann zu dem Antrage S t e i n k o p f - Dr. Q u a r c k - K a t z e n s t e i n , der ebenso wie der erste Teil des Antrags S p a h n angenommen

[1]) Unberührt bleibt die Frage, ob der Beamte (auch der ehemalige Beamte) jetzt mittels verwaltungsgerichtlicher „Vornahmeklage" die Einsichtgewährung in seine Personalakten verfolgen kann.

wurde (Verhandlungen der Nationalversammlung Bd. 328 S. 1631 bis 1642, Bd. 336 Nr. 391 S. 353, 354). Mit dem Antrage war bezweckt, dem Beamten eine Gewähr dafür zu geben, daß er bei der Führung der ihn betreffenden Nachweisungen, insbesondere bei der Beurteilung seines dienstlichen und außerdienstlichen Verhaltens, seiner Befähigung, seiner Leistungen, überhaupt seiner Persönlichkeit, nicht etwaiger Willkür eines Vorgesetzten ausgesetzt werde; auch sollte ihm die Möglichkeit gegeben werden, etwaigen Irrtümern und Mißverständnissen entgegenzutreten (vgl. die Ausführungen des Abgeordneten S t e i n k o p f in der 59. Sitzung der Nationalversammlung vom 17. Juli 1919, Prot. S. 1631 flg.). Die Personalnachweise dienen dem Zwecke der dienstlichen Beurteilung des Beamten. Der durch die Verfassung gewährleistete, gegen die öffentliche Verwaltung gerichtete Anspruch auf Gestattung der Einsicht in die Personalnachweise ist rein persönlicher Natur. Er enthält kein Verlangen, dessen Gegenstand einen Vermögenswert bildet, und wird nicht schon dadurch zu einem vermögensrechtlichen, daß er etwa erhoben wird, um die Verfolgung vermögensrechtlicher Ansprüche vorzubereiten oder zu ermöglichen.

Soweit der Kläger, wie die Revision anführt, auch diesen Anspruch auf das bürgerliche Recht gegründet haben sollte, würde ihm die Vorschrift des § 547 Nr. 1 ZPO. nicht helfen. Dann läge allerdings möglicherweise ein Prozeßverstoß darin, daß das Berufungsgericht diesen Klagegrund unbeschieden gelassen hat. Ob dieser Prozeßverstoß ordnungsgemäß gerügt ist, braucht aber nicht geprüft zu werden. Denn hier wäre die Zulässigkeit der Revision davon abhängig, daß die Revisionssumme gegeben wäre. Nach § 546 Abs. 1 ZPO. hängt zwar die Zulässigkeit der Revision nur in Rechtsstreitigkeiten über vermögensrechtliche Ansprüche vom Vorhandensein der Revisionssumme ab; es ist aber nicht zweifelhaft, daß die vom Kläger erhobenen Ansprüche auf Vorlegung von Urkunden und auf Auskunftserteilung, soweit er sie nicht auf das öffentlich-rechtliche Beamtenverhältnis, sondern auf bürgerlich-rechtliche Rechtsverhältnisse gründet, als vermögensrechtliche Ansprüche im Sinne dieser Verfahrensvorschrift zu gelten haben. Denn insoweit fließen die Ansprüche des Klägers unmittelbar aus Vermögensrechten, gleichviel ob er sie auf Darlehen oder Auftrag, auf ein gemischtes Vertragsverhältnis oder auf ungerechtfertigte Bereicherung zu gründen sucht oder ob er seine Ansprüche unmittelbar aus den Vorschriften der §§ 809, 810 BGB. abzuleiten beabsichtigt. ...

RGZ. 140, 101

Inwieweit sind die Entscheidungen der Verwaltungsbehörden über die Festsetzung des Besoldungsdienstalters richterlich[1]) nachprüfbar?

[1]) Unberührt bleibt die etwaige v e r w a l t u n g s gerichtliche Nachprüfbarkeit nach der insoweit einschlägigen „Generalklausel" (vgl. auch Art. 19 Abs. 4 GG.).

Reichsbesoldungsgesetz vom 16. Dezember 1927 (RGBl. I S. 349) § 8 Abs. 2.

III. Zivilsenat. Urt. v. 7. März 1933 i. S. Deutsche Reichspost (Bekl.) w. W. (Kl.). III 100/32.

I. Landgericht I Berlin. II. Kammergericht daselbst.

Zur Zeit des Inkrafttretens des Reichsbesoldungsgesetzes vom 16. Dezember 1927 war der Kläger Telegraphenbetriebsassistent in der alten Besoldungsgruppe A 10 mit einem Besoldungsdienstalter vom 1. August 1913. Er ist in der Folge zweimal befördert worden: auf den 1. Januar 1929 zum Telegraphenassistenten in Gruppe 8a, auf den 1. Juli 1930 zum Telegraphenbauführer in Gruppe 6. Beide Male ist sein Besoldungsdienstalter anderweit festgesetzt worden, das erste Mal auf den 1. Mai 1920, also mit einer Verkürzung um 6 Jahre 9 Monate, das zweite Mal auf den 1. Mai 1924, also mit einer Verkürzung um 4 Jahre. Nach der Meinung des Klägers durfte die Verkürzung beide Male 4 Jahre nicht übersteigen; sein Besoldungsdienstalter hätte also bei der ersten Beförderung nicht ungünstiger als auf den 1. August 1917, das zweite Mal nicht ungünstiger als auf den 1. August 1921 festgesetzt werden dürfen. Mit der Klage verlangt er Nachzahlung des hieraus sich ergebenden Gehaltsunterschieds für die Zeit vom 1. Januar 1929 bis zum 31. Dezember 1930 sowie die Feststellung, daß die Beklagte ihm auch später Gehalt nach Maßgabe eines Besoldungsdienstalters vom 1. August 1921 zu entrichten habe.
Das Landgericht hat die Klage abgewiesen. Dagegen hat das Kammergericht nach den Klaganträgen erkannt. Auf die Revision der Beklagten wurde das angefochtene Urteil aufgehoben und die Berufung des Klägers gegen das erste Urteil zurückgewiesen.

Gründe:

... Nach § 7 Abs. 5 RBesG. wird beim Übertritt eines Beamten aus der Besoldungsgruppe A 10 in A 8 und aus A 8 in A 7 oder A 6 — dies sind die Fälle der beiden Beförderungen des Klägers — „das Besoldungsdienstalter höchstens um vier Jahre verkürzt". Entgegen dieser Gesetzesvorschrift, jedoch gestützt auf Nr. 98 der zur Ausführung des Besoldungsgesetzes ergangenen Besoldungsvorschriften vom 12. März 1928 (RBesBl. S. 33) hat die Beklagte bei der ersten Beförderung des Klägers dessen Besoldungsdienstalter nicht nur um vier Jahre, sondern darüber hinaus um weitere 33 Monate verkürzt; das hat auch bei der zweiten Beförderung nachteilig für den Kläger gewirkt, obschon die Beklagte bei dieser die Vierjahresgrenze an sich eingehalten hat. Wegen des Widerstreits mit dem Gesetz hält der Kläger die Kürzung für unrechtmäßig.

Die Beklagte wendet an erster Stelle ein, daß ihre Entscheidung über das Besoldungsdienstalter des Klägers gemäß § 8 Abs. 2 RBesG. für das Gericht bindend sei. Der Berufungsrichter hat den Einwand verworfen. Mit dem Landgericht meint er, die Festsetzung des Besoldungsdienstalters sei nur insoweit der richterlichen Nachprüfung entzogen, als sie innerhalb des gesetzlichen Rahmens erfolgt sei; nicht bindend sei die Festsetzung dagegen dann, wenn die Verwaltungsbehörde den gesetzlichen Rahmen für die Festsetzung überschritten habe und mithin ungesetzlich verfahren sei. Für diese Auffassung beruft sich der Vorderrichter auf die Urteile des Reichsgerichts vom 10. Januar 1928 III 252/27, abgedr. JW. 1928 S. 1042 Nr. 7, HöchstRspr. 1928 Nr. 1346 und ZBR. Bd. 1 S. 37, sowie vom 23. Dezember 1930 III 89/30. Dem ist nicht zu folgen. In mehreren Urteilen neuester Zeit hat der erkennende Senat vielmehr die Meinung vertreten, daß nach § 8 Abs. 2 RBesG. die Festsetzung des Besoldungsdienstalters durch die vorgesetzte Dienstbehörde für die Gerichte, mit einziger Ausnahme der Fälle besonderer rechtswirksamer Zusicherung und etwaiger reiner Willkür, schlechthin bindend sei, und daß etwaige gesetzliche Bestimmungen nur als Anweisungen an die Verwaltung zu bewerten seien, nicht aber den Gerichten Anlaß geben könnten, die Verwaltungsentscheidung nachzuprüfen und gegebenenfalls an die Stelle der Entscheidung der Verwaltung diejenige des Gerichts zu setzen. An dieser Rechtsprechung (vgl. Senatsurteil vom 24. November 1931 III 44/31, abgedr. HöchstRspr. 1932 Nr. 776 u. ZBR. Bd. 4 S. 120, sowie vom 11. November 1932 III 165/32) ist festzuhalten. Soweit in dem vorgenannten Urteil vom 23. Dezember 1930 eine andere Auffassung zum Ausdruck gekommen sein sollte, wird sie aufgegeben. Da der Kläger sich weder auf eine besondere Zusicherung berufen kann, noch ein Fall von Willkür vorliegt (denn der Beklagten steht imerhin Nr. 98 der Besoldungsvorschriften zur Seite, die für die Übergangszeit erlassen und durch gewisse Billigkeitserwägungen gerechtfertigt ist), so greift schon der bisher besprochene erste Einwand der Beklagten gegen die Klage durch.

RGZ. 140, 373

Kann ein württembergischer Staats- oder Gemeindebeamter bei einer Gesundheitsbeschädigung, die seine Dienstfähigkeit beeinträchtigt, von dem nach bürgerlichem Recht Verantwortlichen Schadloshaltung dafür verlangen, daß er zum Ersatz der Stellvertretungskosten verpflichtet ist? Kann er diesen Anspruch rechtswirksam an den Staat oder die Gemeinde abtreten?

BGB. §§ 249, 399, 400. ZPO. § 850 Abs. 3. Württemb. Beamtengesetz vom 21. Januar 1929 (RegBl. S. 7) Art. 57 Abs. 2.

VIII. Zivilsenat. Urt. v. 22. Mai 1933 i. S. Sch. (Bekl.) w. Stadtgemeinde H. (Kl.). VIII 70/33

I. Landgericht Stuttgart. II. Oberlandesgericht daselbst.

Der als Beamter im Dienst der klagenden württembergischen Stadtgemeinde stehende Schlachthofdirektor Dr. F. ist am 31. Juli 1931, als er sich als Gast in dem vom Beklagten betriebenen und diesem gehörigen Gasthof befand, dadurch körperlich zu Schaden gekommen, daß ein Treppenaufgang nebst Laufgang einstürzte. Zur Wiederherstellung mußte sich der Verunglückte bis Mitte Oktober 1931 in einem Krankenhaus aufhalten; auch seitdem ist er nach der Behauptung der Klägerin immer noch in seiner Arbeitsfähigkeit erheblich beschränkt. Mit der Klage nimmt die Klägerin den Beklagten auf Erstattung der Kosten der deswegen erforderlich gewordenen und noch weiter erforderlichen Vertretung des Verletzten in seinem Amt in Anspruch, nachdem dieser ihr seine Forderung aus §§ 823, 836 BGB. gegen den Beklagten auf Befreiung von der ihm nach Art. 57 Abs. 2 des württembergischen Beamtengesetzes vom 21. Januar 1929[1]) obliegenden Verbindlichkeit zur Tragung dieser Kosten gemäß Satz 2 das. abgetreten hat; und zwar hat sie die Verurteilung des Beklagten zur Zahlung von 1550 RM. und die Feststellung seiner Verpflichtung zum Ersatz aller weiteren Stellvertretungskosten beantragt. Der Beklagte hat aus Rechtsgründen das Entstandensein einer solchen Forderung für Dr. F. und ihre Abtretbarkeit bestritten. Beide Vorinstanzen haben dem Klagantrag entsprochen. Die Revision des Beklagten war erfolglos.

Gründe:

Das Berufungsgericht erachtet den Beklagten auf Grund der §§ 823, 836 BGB. für verpflichtet, in vollem Umfang für den Schaden einzustehen, der dem Dr. F. durch den Einsturz des Laufganges und der Treppe und die hierbei erlittenen Verletzungen erwachsen ist und noch erwachsen wird. Die Erwägungen, aus denen es zu diesem Schluß gekommen ist, sind rechtlich einwandfrei und werden auch von der Revision nicht angefochten.

Das Oberlandesgericht geht weiter davon als unstreitigem Sachverhalt aus, daß Dr. F. infolge jener Verletzungen zeitweise völlig dienstunfähig und später nur beschränkt dienstfähig gewesen ist und voraussichtlich noch länger bleiben wird, und daß für seine deswegen erforderliche Vertretung in seinen Amtsgeschäften von der Klägerin die mit der Klage begehrten Geldbeträge aufgewandt werden mußten und entsprechende weitere Aufwendungen in Zukunft voraussichtlich zu machen sein werden. Es entnimmt dem Art. 57 WürttBeamtG. in Verbindung mit Art. 6 des württembergischen Gesetzes zur Änderung des Körperschaftspensionsgesetzes usw. vom 14. April 1928 (RegBl. S. 93) und mit Art. 56 des württembergischen Körperschaftspensionsgesetzes in seiner Neufassung von demselben Tage (RegBl. S. 111), daß Dr. F. verpflichtet ist, der Klägerin diese Kosten zu erstatten, sieht in dem Erwachsen einer solchen Verbindlichkeit für ihn einen ihm aus dem Unfall entstandenen Schaden und folgert daraus, daß der Beklagte hierfür nach §§ 823, 836 BGB. aufzu-

[1]) Art. 57 Abs. 2 a. a. O. lautet: Eine Verpflichtung zum Ersatz der Stellvertretungskosten besteht insoweit, als Dritte dem Beamten auf Grund bürgerlichrechtlicher Verpflichtung für Wiederersatz haften. Der Beamte hat solche Ersatzansprüche gegen Dritte an den Staat abzutreten; mit der Abtretung hört seine eigene Ersatzpflicht auf.

kommen habe. Auch diese Überlegungen sind rechtlich nicht zu beanstanden; was die Revision ihnen gegenüber vorbringt, schlägt nicht durch.

Daß das Landesrecht innerhalb der durch Art. 129 RVerf. gezogenen Grenzen den Landesbeamten die Verpflichtung auferlegen kann, in Erkrankungsfällen die Kosten ihrer Stellvertretung im Amte zu ersetzen, ist nicht zu bezweifeln und wird auch von der Revision nicht bestritten. Dann kann es diese Verpflichtung aber auch davon abhängen lassen, ob und inwieweit Dritte dem Beamten auf Grund bürgerlich-rechtlicher Vorschriften für Wiederersatz haften, wie das württembergische Beamtengesetz es in Art. 57 Abs. 2 nach der mit der Revision nicht angreifbaren Feststellung des Berufungsgerichts getan hat. Es ist ein Trugschluß, wenn die Revision dagegen einwendet, mit einer solchen Regelung lasse sich ein Schadensersatzanspruch des Beamten gegen den Dritten nicht begründen, weil dessen Voraussetzung eine Schädigung des Beamten sei, eine solche aber jedenfalls nur beim Bestehen einer Ersatzpflicht für die Stellvertretungskosten vorliegen könne, diese jedoch nach jener Vorschrift ihrerseits wieder vom Bestehen eines Schadensersatzanspruches abhängen solle, man also im Kreise herumgeführt werde. Denn der Sinn der Regelung, wie sie vom Oberlandesgericht als getroffen festgestellt ist, geht nicht dahin, daß die Ersatzpflicht des Beamten vom Bestehen eines unabhängig von ihr aus dem bürgerlichen Recht folgenden entsprechenden Schadensersatzanspruchs abhängig sein solle. Nach ihr hat vielmehr der Beamte insoweit für die Stellvertretungskosten aufzukommen, als sich beim Bestehen einer solchen Verpflichtung des Beamten aus dem bürgerlichen Recht für ihn ein Anspruch gegen den Dritten auf Wiederersatz ergibt, oder mit anderen Worten, als das bürgerliche Recht an eine vorausgesetzte Kostenersatzpflicht einen entsprechenden Schadensersatzanspruch als Rechtsfolge knüpft. Bedingung der Ersatzverpflichtung des Beamten ist also nur das Bestehen einer Rechtsfolgebeziehung zwischen gedachter Ersatzpflicht und gedachtem Rückgriffsrecht, nicht aber das vorher festzustellende wirkliche Bestehen eines solchen Rückgriffsrechts selbst.

Zur Erfüllung dieser Bedingungen genügt aber, daß das Erwachsen der Ersatzpflicht für den Beamten als eine rechtlich beachtliche (adäquate) nachteilige Folge seiner gänzlichen oder teilweisen Dienstunfähigkeit erscheint, und der Dritte nach bürgerlichem Recht für diese Dienstunfähigkeit und deren schädigende Wirkungen verantwortlich ist. Wenn die Revision hierzu vorbringt, die Fortgewährung des Gehalts an den Beamten schließe die Möglichkeit aus, ihn als geschädigt zu betrachten, so übersieht sie, daß es für die Frage der Schädigung darauf ankommt, ob die Lage des Beamten im ganzen zu seinem Nachteil verändert ist, und daß als Schaden auch die Belastung mit einer Verbindlichkeit in Betracht kommen kann. Erst recht abwegig ist es, wenn sie eine Schädigung des Beamten wegen seines Ersatzanspruchs an den nach bürgerlichem Recht verantwortlichen Dritten verneint wissen will; denn dieser Ersatzanspruch, der die nachteilige Veränderung seiner Gesamtlage auszugleichen bestimmt ist, darf bei der Prüfung dieser Gesamtlage selbstverständlich nicht mitberücksichtigt werden. Ebensowenig kann der Einwand durchgreifen, den die Revision daraus herleitet, daß nach Art. 57 WürttBeamtG. die Ersatzpflicht des Beamten aufhört, sobald er seinen Anspruch auf Wiederersatz gegen den Dritten an den Staat (oder die Gemeinde) abtritt. Denn der vom Berufungsgericht bindend festgestellte Sinn dieser Vorschrift ist nur der, daß nach solcher Abtretung der Beamte persönlich nicht mehr in Anspruch genommen wird, insbesondere also nicht bei Nichtbeitreibbarkeit der abgetretenen Forderung. Diese an die Abtretung der Rückgriffsforderung geknüpfte Rechtswohltat ist für den Bestand und den Umfang der abgetretenen Forderung selbst ohne jede Bedeutung. Was der Geschädigte durch eine solche Überlassung seines Schadensersatzanspruchs an einen anderen erlangt, muß bei der Feststellung, ob und inwieweit er geschädigt ist, ebenso unberücksichtigt bleiben wie das Bestehen des Schadensersatzanspruchs selbst. Endlich ist der Revision zwar zuzugeben, daß keineswegs immer dann, wenn sich jemand für den Fall seiner Erkrankung einem anderen zu einer Leistung verpflichtet hat, die Belastung mit dieser Leistungspflicht als rechtlich beachtliche Folge der wirklich eingetretenen Erkrankung anzusehen ist, auf deren Ausgleich er den in Anspruch nehmen könnte, der ihm gegenüber für diese Erkrankung verantwortlich ist. Wohl aber trifft das dann zu, wenn er dem anderen zu Diensten verpflichtet ist, die er wegen der Erkrankung nicht leisten kann, und er ihn für einen solchen Ausfall zu entschädigen übernommen hat, und es muß erst recht gelten, wenn der andere ihm trotz seiner Dienstunfähigkeit das für die Dienstleistung ausbedungene höhere Entgelt weitergewährt, durch die getroffene Regelung also im ganzen die von dem Dritten zu tragenden Schadensfolgen herabgemindert werden. So liegt aber hier der Sachverhalt. Das Berufungsgericht hat demnach mit Recht angenommen, daß für Dr. F. ein Anspruch gegen den Beklagten auf Ersatz des Schadens entstanden ist, der ihm aus seiner Pflicht zur Erstattung der Stellvertretungskosten erwachsen ist und noch erwachsen wird.

Das Oberlandesgericht stellt schließlich als unstreitig fest, daß Dr. F. seine Ansprüche gegen den Beklagten wegen der Vertretungskosten gemäß einer ihm nach Art. 57 WürttBeamtG. obliegenden Verpflichtung an die Klägerin abgetreten hat. Es ist der Ansicht, daß der Rechtswirksamkeit dieser Übertragung kein rechtliches Hindernis im Wege gestanden habe, insbesondere auch nicht die Vorschriften in § 400 BGB. und § 850 Abs. 3 ZPO., und gelangt deshalb dazu, die Klage in vollem Umfang als begründet zu erklären.

Auch diese Ausführungen sind rechtlich unbedenklich. Die Vorschriften in § 400 BGB. und § 850 Abs. 3 ZPO. stehen der Abtretbarkeit des Anspruchs gegen den Beklagten in der Tat nicht entgegen. Denn dieser Anspruch hat nicht die Zahlung einer G e l d r e n t e wegen Beeinträchtigung der Erwerbsfähigkeit zum Gegenstand, sondern die Befreiung des Gläubigers von seiner Verbindlichkeit gegenüber der Klägerin zur Erstattung von Stellvertretungskosten, einer Verbindlichkeit, die ihm zum teilweisen Ausgleich dafür auferlegt ist, daß ihm sein Gehalt von der Klägerin unverkürzt weitergezahlt wird. Auf einen solchen Anspruch kann aber jene Vorschrift unmittelbar überhaupt nicht angewandt werden, und auch eine entsprechende Anwendung kann bei ihm nicht in Frage kommen, weil die für jene Vorschrift maßgebenden Gründe, nämlich die Bestimmung der geschuldeten Leistung für die Deckung des Unterhalts des Gläubigers, hier nicht vorliegen. Eine auf Befreiung von einer Verbindlichkeit gerichtete Forderung kann zwar nach ihrem Inhalt im allgemeinen nicht abgetreten werden (§ 399 BGB.). Eine Ausnahme davon gilt aber für die Abtretung an den Gläubiger jener Verbindlichkeit selbst. In dessen Hand verwandelt sich die Forderung dann in eine solche auf die ihm geschuldete Leistung ..., hier also auf die Erstattung der Stellvertretungskosten, wie sie von der Klägerin mit der Klage verlangt wird.

RGZ. 140, 404

Zur Eignung der Herabsetzung der Altersgrenze als Sparmaßnahme.

Alter Leitsatz:

Ist die durch die preußische Zweite Sparverordnung vom 23. Dezember 1931 angeordnete Herabsetzung der Altersgrenze für Schulleiter und Lehrer von 65 auf 62 Jahre rechtsgültig?

Preuß. Gesetz, betr. Einführung einer Altersgrenze, vom 15. Dezember 1920 (GS. S. 621) in der Fassung von § 84 der preuß. Personal-Abbau-Verordnung vom 8. Februar 1924 (GS. S. 73) §§ 1, 6. Preuß. Zweite Sparverordnung vom 23. Dezember 1931 (GS. S. 293) § 36 Nr. 3, § 37.

III. Zivilsenat. Urt. v. 27. Juni 1933 i. S. J. u. Gen. (Kl.) w. Preuß. Landesmittelschulkasse (Bekl.). III 14/33.

I. Landgericht I Berlin. II. Kammergericht daselbst.

Das preußische Gesetz, betr. Einführung einer Altersgrenze, vom 15. Dezember 1920 in der ihm durch § 84 PrPersAbbVo. gegebenen Fassung bestimmte in

§ 1: (1) Unmittelbare Staatsbeamte, soweit sie nicht Lehrer an den wissenschaftlichen Hochschulen sind, und Volksschullehrer treten mit dem auf die Vollendung des 65. Lebensjahrs zunächst folgenden 1. April oder 1. Oktober kraft Gesetzes in den Ruhestand.

und in

§ 6: Das Gesetz findet auch Anwendung auf die Lehrer und Lehrerinnen an den von Patronaten unterhaltenen höheren Schulen und an den öffentlichen mittleren Schulen.

Die von dem Preußischen Staatsministerium erlassene Zweite Sparverordnung vom 23. Dezember 1931 gab jedoch in § 36 Nr. 3 dem § 6 AltersgrG. folgende Fassung:

Das Gesetz findet auf Leiter(-innen) und Lehrer(-innen) an öffentlichen Schulen, auch soweit sie unmittelbare Staatsbeamte sind, mit der Maßgabe Anwendung, daß an Stelle des 65. Lebensjahres (§ 1) das 62. Lebensjahr tritt.

Ferner ordnete sie in § 37 an:

Die in § 6 des Gesetzes, betreffend Einführung einer Altersgrenze, in der Fassung dieser Verordnung bezeichneten Lehrpersonen, die am 1. Oktober 1931 das 62., aber noch nicht das 65. Lebensjahr vollendet *haben, treten, unbeschadet des § 8 des Gesetzes, betreffend Einführung* einer Altersgrenze, mit dem 1. April 1932 kraft Gesetzes in den Ruhestand.

Die beiden Kläger sind preußische Mittelschulrektoren. Der eine hat mit dem 9. Oktober 1930, der andere mit dem 25. August 1931 das 62. Lebensjahr vollendet. Nach Erlaß der Zweiten Sparverordnung ist ihnen mitgeteilt worden, daß sie nach deren Bestimmungen mit dem 1. April 1932 in den Ruhestand träten. Seit diesem Tag erhalten sie nur noch das gesetzliche Ruhegehalt. Nunmehr fordern sie mit der Klage Zahlung des Unterschieds zwischen Gehalt und Ruhegehalt, indem sie geltend machen, die durch die Zweite Sparverordnung verfügte Herabsetzung der Altersgrenze für Leiter und Lehrer an öffentlichen Schulen von 65 auf 62 Jahre sei rechtsungültig.

Das Landgericht hat der Klage stattgegeben, dagegen hat das Kammergericht sie abgewiesen. Die Revision der Kläger führte zur Wiederherstellung des landgerichtlichen Urteils.

Gründe:

Die preußische Zweite Sparverordnung vom 23. Dezember 1931 sagt in ihrem Eingang:

Auf Grund der Verordnungen des Reichspräsidenten vom 24. August 1931 (Reichsgesetzbl. I S. 453) und vom 6. Oktober 1931, Dritter Teil Kapitel III § 2 (Reichsgesetzbl. I S. 537) wird zur Sicherung des Haushalts, zur Vereinheitlichung der öffentlichen Verwaltung sowie zur besseren Verteilung und sparsamen Nutzung der Arbeitskräfte folgendes verordnet: ...

Sie beruht also nicht auf der Preußischen Verfassung, weshalb deren Vorschriften bei Prüfung der Rechtmäßigkeit der Verordnung außer Betracht zu bleiben haben, sondern auf der reichsrechtlichen Ermächtigung, welche der Reichspräsident durch die genannten beiden Notverordnungen den Länderregierungen erteilt hat. ... Die Revision macht zweierlei Bedenken geltend: 1. die Herabsetzung der Altersgrenze für die Leiter und Lehrer an öffentlichen Schulen werde durch die den Landesregierungen erteilte Ermächtigung, im Verordnungswege Ausgaben herabzusetzen, nicht gedeckt, da sie keine Ersparnis bedeute, sondern zu vermehrten Ausgaben führe; 2. die Maßnahme verletze wohlerworbene Beamtenrechte und widerstreite daher dem Art. 129 Abs. 1 Satz 3 RVerf. Von diesen beiden Einwänden braucht der zweite nicht geprüft zu werden, da schon der erste als berechtigt anerkannt werden muß.

Nach der Notverordnung des Reichspräsidenten vom 24. August 1931 sind die Landesregierungen ermächtigt, alle Maßnahmen, die zum Ausgleich der Haushalte von Ländern und Gemeinden (Gemeindeverbände) erforderlich sind, im Verordnungswege vorzuschreiben, wobei sie vom bestehenden Landesrecht abweichen dürfen. Sie können insbesondere bestimmen, daß und in welcher Weise die Personalausgaben der Länder und Gemeinden (Gemeindeverbände) herabgesetzt werden. Die angeführte Vorschrift der Dritten Notverordnung vom 6. Oktober 1931 erweitert diese Ermächtigung der Landesregierungen dahin, daß sie auch die persönlichen und sonstigen Ausgaben der ihrer Aufsicht unterstehenden Körperschaften des öffentlichen Rechts herabsetzen dürfen. Die Festsetzung der Altersgrenze für Leiter und Lehrer an öffentlichen Schulen auf 62 statt auf 65 Jahre durch die vom Preußischen Staatsministerium erlassene Zweite Sparverordnung wird also nur dann durch die den Landesregierungen gegebene reichsrechtliche Ermächtigung getragen, wenn sie zu einer wirklichen Herabsetzung der Personalausgaben der Schulträger — Land, Gemeinden, Gemeindeverbände, öffentlichen Körperschaften — führt, wenn sie diesen nicht ganz unerhebliche Ersparnisse ermöglicht.... Solche Ersparnisse brauchen nicht unmittelbar mit dem früheren Übertritt der Schulleiter und Lehrer in den Ruhestand verknüpft zu sein. Es reicht aus, ist aber auch mindestens erforderlich, daß das infolge der Herabsetzung der Altersgrenze eintretende frühere Freiwerden von Stellen mittelbar eine geldliche Entlastung der öffentlichen Hand bewirkt. Ob die umstrittenen Vorschriften der Zweiten Sparverordnung diese Wirkung haben, unterliegt der richterlichen Nachprüfung, die sich, wie in der höchstrichterlichen Rechtsprechung anerkannt, auf die Verfassungsmäßigkeit der anzuwendenden Landesverordnungen erstreckt. Freilich genügt es, um die Verfassungsmäßigkeit einer landesrechtlichen Maßnahme zu bejahen, die sich auf die vorgenannten Notverordnungs-Bestimmungen stützt, daß sie an sich geeignet ist, für das Land, seine Gemeinden oder öffentlichen Körperschaften Ersparnisse in nicht ganz geringem Umfang herbeizuführen. Dagegen unterliegt nicht mehr der gerichtlichen Nachprüfung, ob mit der Maßnahme ein solcher Erfolg auch tatsächlich erzielt wird.

Das Kammergericht hat danach mit Recht geprüft, ob die Herabsetzung der Altersgrenze sparend wirken könne. Es hat diese Frage mit folgenden Ausführungen bejaht: Die Kläger griffen aus der Gesamtheit der Sparverordnung ein einzelnes Stück, nämlich die Herabsetzung der Altersgrenze, heraus und versuchten an dieser einzelnen Bestimmung darzulegen, daß ihr kein Sparzweck innewohne. Diese Betrachtungsweise gebe jedoch ein falsches Bild über die Wirkung der Herabsetzung der Altersgrenze, wenn nicht zugleich auch die geplante Einziehung von Lehrerstellen, die Umorganisation des Schulwesens und ferner die Einsparung von Unterstützungen an Junglehrer mitberücksichtigt würde. Die Herabsetzung der Altersgrenze könne im Zusammenwirken mit den übrigen Bestimmungen der Sparverordnung zu Ersparnissen führen. Sei aber die Möglichkeit von Einsparungen vorhanden, so halte sich die Sparverordnung im Rahmen der reichsrechtlichen Ermächtigung.

Hiergegen wendet die Revision zunächst ein, es könne nicht entscheidend sein, ob die Durchführung des gesamten Inhalts der Verordnung auf eine nennenswerte Ersparnis hinauskomme. Denn dann würde durch dieses Gesamtergebnis auch eine Einzelbestimmung gedeckt, mit der erkennbar ein völlig anderer Zweck als der der Ersparnis verfolgt werde. Um eine derartige Maßnahme handle es sich aber gerade bei der streitigen Herabsetzung der Altersgrenze für Schulleiter und Lehrer, die, wie vom Ministerium sogar zugegeben sei, der Not der Junglehrer steuern solle. Auf diesen Gesichtspunkt sei der Berufungsrichter überhaupt nicht eingegangen und habe damit gegen § 551 Nr. 7 ZPO. verstoßen.

Diese Revisionsbeschwerde greift indessen nicht durch, und zwar verfahrensrechtlich schon deshalb nicht, weil mit ihr dem Berufungsgericht nur eine sachlich unzulängliche Begründung seiner Entscheidung in einem bestimmten Punkt, nicht aber, wie § 551 Nr. 7 ZPO. voraussetzt, das Übergehen eines selbständigen Angriffs- oder Verteidigungsmittels vorgeworfen wird. Aber auch sachlich-rechtlich wird die Revision hier dem Berufungsurteil nicht gerecht. Den vorstehend wiedergegebenen Ausführungen hat das Berufungsgericht den Satz vorausgeschickt, daß der Sparzweck allen Vorschriften, die sich auf die Ermächtigungsverordnung vom 24. August 1931 stützten, innewohnen müsse, da sonst eine gesetzliche Grundlage nicht vorhanden und die Bestimmung damit rechtsungültig wäre. Es hat also gerade das ausgesprochen und dann auch berücksichtigt, was es nach Ansicht der Revision verkannt haben soll. Nur hält es für genügend, wenn die streitige Vorschrift erst in ihren weiteren Wirkungen, in Verbindung insbesondere mit sonstigen Maßnahmen — als solche nennt es die Einziehung von Lehrerstellen, die Umorganisation des Schulwesens, die Einsparung von Unterstützungen an Junglehrer — zu Ersparnissen führe. Eine Anordnung dient aber schon, wenn sie nur mit einer solchen mittelbaren Sparwirkung verknüpft ist, der Herabsetzung der öffentlichen Ausgaben und fällt daher, wie bereits hervorgehoben, in den Bereich der Ermächtigung, welche die genannten beiden Verordnungen den Landesregierungen erteilt haben. Diese grundsätzliche Auffassung des Berufungsgerichts ist also durchaus zu billigen. Daß die Herabsetzung der Altersgrenze die Notlage der noch nicht angestellten Junglehrer mildern soll, steht ihrer rechtlichen Gültigkeit nicht entgegen, sofern sie überhaupt eine Ersparnismaßnahme in dem dargelegten weiteren Sinn ist. Nur wenn — auch mittelbar — keine Ausgabensenkung mit ihr verbunden sein könnte, würde allerdings der Gesichtspunkt der Bekämpfung der Junglehrernot allein sie nicht zu rechtfertigen vermögen.

Nicht unbegründet sind jedoch die Einwendungen, welche die Revision in dem nach dem Dargelegten entscheidenden Punkt gegen das Berufungsurteil erhebt: die Herabsetzung der Altersgrenze ist, wie die Kläger zutreffend geltend machen, nicht geeignet, eine Senkung der öffentlichen Ausgaben herbeizuführen.

Tritt ein Lehrer auf Grund der neuen Vorschrift mit dem auf die Vollendung des 62. Lebensjahres folgenden 1. April oder 1. Oktober in den Ruhestand, so wird dadurch zunächst erspart der Unterschied zwischen seinem Gehalt und seinem Ruhegehalt. Die meisten Lehrer (darunter sollen im folgenden auch die Schulleiter miteinbegriffen sein) werden in diesem Zeitpunkt bereits den Höchstruhegehaltssatz von 80 % erreicht haben. ... Ein Teil der Lehrer mag allerdings bei Erreichung der niedrigeren Altersgrenze die zur Erlangung des Höchstruhegehalts erforderlichen 40 Dienstjahre noch nicht vollendet haben. Man wird aber unbedenklich damit rechnen können, daß dieser Teil nur klein ist, und deshalb das Richtige treffen mit der Annahme, daß die Lehrer, wenn sie mit 62 Jahren in den Ruhestand treten, im Durchschnitt 75 % ihres Gehalts als Ruhegehalt weiterbeziehen werden. Erspart werden also günstigstenfalls 25 % des Gehalts der von der neuen Altersgrenze betroffenen Lehrer, diese aber auch nur dann vollständig, wenn die auf solche Weise freiwerdenden Stellen drei Jahre lang, d. h. bis zur Erreichung der bisherigen Altersgrenze, unbesetzt bleiben. Das geschieht jedoch nicht in vollem Umfang, sondern höchstens teilweise. Sehr viele Stellen, welche durch die Herabsetzung der Altersgrenze früher frei werden als bisher, müssen aus zwingenden sachlichen Bedürfnissen alsbald wieder besetzt werden und werden das auch. Die Ersparnis dadurch, daß den in den Ruhestand tretenden Lehrern statt Gehalt nur noch Ruhegehalt gezahlt wird, beträgt nach dem Gesagten höchstens 25 % ihrer Bezüge. Deshalb kann mit der Herabsetzung der Altersgrenze überhaupt keine Ersparnis verbunden sein, wenn von den freiwerdenden Stellen mehr als ein Viertel wieder besetzt wird. Das ist aber nach allgemeiner Erfahrung der Fall, wird auch für die Stellen an den preußischen Mittelschulen durch die von den Klägern mitgeteilten, insoweit von der Beklagten nicht bestrittenen Zahlen noch besonders bestätigt.

Aber selbst wenn nur einem Viertel oder auch noch weniger der mit 62 Jahren in den Ruhestand tretenden Lehrer alsbald Nachfolger gegeben werden sollten, würde noch keine Ausgabenverminderung erzielt werden. Denn jede Wiederbesetzung bedeutet eine Belastung der öffentlichen Hand, die in Verbindung mit dem an den ausgeschiedenen Lehrer zu zahlenden Ruhegehalt höher ist als die vor der Herabsetzung der Altersgrenze bestehende. Erspart wird ein Viertel des Gehalts des bisherigen Amtsinhabers. Diesem Viertel steht gegenüber das seinem Amtsnachfolger zukommende Gehalt, das stets höher ist als das ersparte Viertel. Das Grundgehalt der Mittelschullehrer steigt nach dem Mittelschullehrer-Besoldungsgesetz vom 30. April 1928 (GS. S. 149) von 3600 auf 5800 RM. jährlich. Tritt ein Mittelschullehrer mit 62 Jahren in den Ruhestand, so bezieht er regelmäßig das Höchstgehalt von 5800 RM. Als Pension erhält er unter Zugrundelegung von 75 % 4350 RM., also jährlich nur 1450 RM. weniger, während sein Amtsnachfolger an Grundgehalt mindestens 3600 RM. erhält. Bei den einzelnen die Altersgrenze erreichenden Volksschullehrern (Höchstgehalt nach dem Volksschullehrer-Besoldungsgesetz vom 1. Mai 1928 [GS. S. 125]: 5000 RM.) beträgt die Ersparnis 1250 RM. jährlich, der ein Anfangsgehalt des Nachfolgers von 2800 RM. gegenübersteht. Die vorstehend angegebenen absoluten Zahlen vermindern sich allerdings, wenn man die in den letzten Jahren eingetretenen Besoldungskürzungen berücksichtigt. Das Verhältnis der Ruhegehälter und Gehälter zueinander wird dadurch jedoch nicht berührt. Darauf kommt es aber an, so daß sich eine genauere Berechnung der jetzt tatsächlich in Frage kommenden Beträge erübrigt. Nicht anders als bei den vorstehend beispielsweise genannten Mittel- und Volksschullehrern liegen die einschlägigen Verhältnisse bei den Lehrern an den höheren und den weiter noch in Betracht kommenden Schulen (Berufsschulen usw.). Bei den Inhabern von Stellen, die mit ruhegehaltsfähigen Zulagen bedacht sind, insbesondere bei den Schulleitern — um solche handelt es sich bei den Klägern, die beide Mittelschulrektoren sind —, scheint allerdings insofern eine erhöhte Sparmöglichkeit zu bestehen, als die durch den Übertritt des bisherigen Inhabers in den Ruhestand erledigte Stelle, auch wenn sie nicht eingezogen wird, doch immerhin in eine solche ohne Zulage umgewandelt werden kann. Die ersparte Zulage — z. B. bei Mittel- und Volksschullehrern höchstens 1400 RM. (§ 3 VBG. und § 4 MBG.) — erreicht aber nicht den Betrag, der mehr aufgewendet werden muß, weil nunmehr Ruhegehalt (an den bisherigen Stelleninhaber) und Gehalt (an den neuen Stelleninhaber) gezahlt werden. Wird die Stelle als gehobene wieder besetzt, so ist die Mehrbelastung sogar noch größer als bei der Wiederbesetzung einer solchen ohne Zulage.

Die hiernach bei der Wiederbesetzung der durch die Altersgrenze erledigten Stellen notwendig werdenden Mehraufwendungen werden auch nicht etwa dadurch ausgeglichen, daß Unterstützungen wegfallen, die den bisher beschäftigungslosen und nunmehr zur Anstellung gelangenden Junglehrern aus Wohlfahrts- oder sonstigen öffentlichen Mitteln haben gezahlt werden müssen. Hierdurch mag eine gewisse Verminderung der Mehrbelastung eintreten, vollständig aufgehoben wird diese aber keineswegs. Nach den angegebenen Zahlen beträgt z. B. der jährliche Mehraufwand bei einer durch die Herabsetzung der Altersgrenze erledigten und dann wiederbesetzten Volksschullehrerstelle 2800 — 1250 = 1550 RM., ein Betrag, den man mit Rücksicht auf die zwischenzeitlichen Gehaltskürzungen um etwa 20 %, also auf rund 1200 RM., herabsetzen kann. Nur wenn Unterstützungen in dieser Höhe erspart würden, fiele das ins Gewicht. Damit ist aber nicht zu rechnen. Übrigens sind bei den bisherigen Ausführungen die zum Grundgehalt tretenden Nebenbezüge (Wohnungsgeldzuschuß usw.) nicht berücksichtigt worden. Um sie erhöhen sich die mit der Neubesetzung der freiwerdenden Stelle verbundenen Mehrausgaben noch entsprechend. Um so weniger kann durch das Ersparen von Unterstützungen ein Ausgleich geschaffen werden.

Richtig ist allerdings, daß man die Herabsetzung der Altersgrenze und ihre geldlichen Wirkungen nicht für sich allein betrachten darf. Sie bildet ein Glied in der Kette von Maßnahmen, mit denen eine einfachere und damit billigere Gestaltung des öffentlichen Schulwesens überhaupt herbeigeführt werden soll. Diese Neuordnung der Schule, die das Berufungsgericht mit Recht als bedeutsam für die Beurteilung der Herabsetzung der Altersgrenze bezeichnet hat, bezweckt eine Verringerung des Unterrichtsbedarfs. Die Herabsetzung der Wochenstundenzahl für die Schüler, die Heraufsetzung der Pflichtstundenzahl für die Lehrer, die stärkere Belegung der einzelnen Schulklassen und ähnliche Maßnahmen dienen alle diesem Ziel. Bei Verminderung des Unterrichtsbedarfs genügt aber eine geringere Lehrerzahl. Die freiwerdenden Stellen brauchen nicht sämtlich wieder besetzt zu werden. Die damit verbundene Ausgabenminderung wird, je mehr Stellen sich erledigen, um so schneller erreicht. Insofern ist gerade auch die Herabsetzung der Altersgrenze von Bedeutung. Sie ermöglicht eine baldige Einsparung von Stellen, die sonst erst später wegfallen könnten, und das um so mehr, als nach der preußischen (Ersten) Sparverordnung vom 12. September 1931, Zweiter Teil Kap. VIII sämtliche Leiter(-innen) und Lehrer(-innen) an öffentlichen Schulen im Interesse des Dienstes versetzt werden können. So ist es möglich, den Inhaber einer einzusparenden Stelle zu versetzen an eine Stelle, die sich erledigt, weil der Inhaber die Altersgrenze erreicht hat.

Diese Eingliederung der Herabsetzung der Altersgrenze in einen größeren Zusammenhang führt indessen nur zu dem Ergebnis: sie wirkt sparend, soweit die dadurch, wenn auch erst mittelbar, freiwerdenden Stellen nicht wieder besetzt werden. So muß man auch hier zurückgreifen auf die bereits angestellten, ins Rechnerische übergehenden Erwägungen. Jede Ersparnis durch die Herabsetzung der Altersgrenze ist ausgeschlossen, wenn mehr als ein Viertel der durch sie unmittelbar oder mittelbar erledigten Stellen wieder besetzt werden. Aber auch die Ersparnis, die sich ergibt, wenn man mehr als drei Viertel der Stellen eingehen läßt, wird durch die mit jeder Wiederbesetzung verbundenen Mehrausgaben so sehr geschmälert, daß eine wirkliche Ausgabenminderung nur dann erreicht werden könnte, wenn ein ganz geringer Bruchteil der Stellen neu vergeben würde. Das ist aber ersichtlich trotz aller im Schulbetrieb vorgenommenen Einschränkungen nicht möglich und geschieht nicht.

Eine Bestätigung der vorstehend begründeten Auffassung, daß die Herabsetzung der Altersgrenze keine Ersparnis, sondern sogar Mehrausgaben mit sich bringt, läßt sich entnehmen den Verhandlungen, die im Jahre 1920 in der Verfassunggebenden Preußischen Landesversammlung bei der ersten Einführung einer Altersgrenze gepflogen worden sind. Schon in der Begründung zum Entwurf des Altersgrenzengesetzes (Verfassunggebende Preuß. Landesvers. Drucks. Nr. 2661), die als Zweck der Einführung einer Altersgrenze nur die Beseitigung der Überalterung des Beamtenkörpers und die Schaffung von Anstellungsmöglichkeiten für den Nachwuchs anführt, wird zur Rechtfertigung einer Festsetzung der Altersgrenze auf 65 Jahre gesagt: „... wird sie niedriger bemessen, so liegt darin für viele noch dienstfähige Beamte eine zu große Härte und werden die dem Staat durch das Ausscheiden noch dienstfähiger Beamten erwachsenden Lasten in kaum erträglichem Maße gesteigert" (Sp. 5). Dementsprechend wurde in der Vollversammlung von keiner Seite bezweifelt, daß die Einführung der Altersgrenze eine geldliche Belastung für den Staat bedeute. In diesem Sinne haben sich bei der zweiten Beratung in der Sitzung vom 24. November 1920 ausgesprochen die Abgeordneten Weißermel (StenBer. Sp. 13811/12), Barteld (Sp. 13816), Reineke (Sp. 13823/24) und Freymuth (Sp. 13830), wenn sich auch begreiflicherweise die Bedeutung, die sie dem mit der Einführung der Altersgrenze verbundenen Mehraufwand beimaßen, jeweils nach ihrer politischen Einstellung gerichtet hat. Der erstgenannte Abgeordnete Weißermel hat auch nach einer Berechnung des Finanzministeriums Zahlen angegeben und dabei hervorgehoben, was für die jetzt zur Erörterung stehende Herabsetzung der Altersgrenze für die Lehrer nicht ohne Belang ist, daß sich die finanzielle Belastung veranderthalbfache, wenn die Volksschullehrer hinzukämen. Endlich hat noch der Finanzminister (StenBer. Sp. 12834) klipp und klar erklärt: „Selbstverständlich verursacht dieses Gesetz Kosten." Hinzugefügt hat er allerdings: „Man muß sich aber auch die Frage vorlegen, was verursacht mehr Kosten, die Durchführung dieses Gesetzes oder die dauernde Beibehaltung von überalterten, in ihrer Leistungsfähigkeit, in ihrer Anpassungsfähigkeit, in ihrer Elastizität stark herabgeminderten Beamten?" Indessen handelt es sich bei den „Kosten" der letzten Art nicht um unmittelbare Aufwendungen im Staatshaushalt, sondern um die mittelbaren Schäden, die nach der Meinung des Finanzministers dadurch eintreten, daß die alten Beamten nur noch Geringes leisten können. Wirkungen dieser Art müssen aber hier ausscheiden, da es sich bei der zur Erörterung stehenden Herabsetzung der Altersgrenze nur darum handelt, ob sie zum Ausgleich des öffentlichen Haushalts dienen kann. Das hat man, wie die Verhandlungen im Jahre 1920 zeigen, für die Einführung der Altersgrenze ohne weiteres verneint. Daß es mit ihrer Herabsetzung nicht anders steht, liegt auf der Hand. Ausdrücklich ausgesprochen ist das außerdem in der im Urteil des Landgerichts wiedergegebenen Mitteilung des Amtlichen Preußischen Pressedienstes vom 31. Oktober 1931. Dort wird berichtet über Erwägungen, welche die Preußische Regierung vor Erlaß der (Ersten) Sparverordnung vom 12. September 1931 über die notwendigen Einschränkungsmaßnahmen auf dem Gebiet des öffentlichen Schulwesens angestellt habe. „Es mußte", so heißt es, „damals davon Abstand genommen werden, die Altersgrenze für die Lehrer auf das 62. oder 60. Lebensjahr herabzusetzen, weil . . . verfassungsrechtliche Bedenken und vor allen Dingen die Unmöglichkeit dagegen sprach, die erheblichen Mehraufwendungen, die diese Maßnahme notwendig zur Folge gehabt hätte, aufzubringen".

Die Herabsetzung der Altersgrenze für Schulleiter und Lehrer an öffentlichen Schulen ist sonach nicht geeignet, die Personalausgaben des Landes Preußen oder der preußischen Gemeinden (Gemeindeverbände) und öffentlichen Körperschaften zu vermindern. Sie trägt zum Ausgleich der öffentlichen Haushalte nicht bei und kann das auch nicht bei der nur beschränkten Möglichkeit, die dadurch freiwerdenden Stellen einzuziehen. So findet sie in den Notverordnungen des Reichspräsidenten vom 24. August und 6. Oktober 1931 keine genügende verfassungsrechtliche Grundlage.

RGZ. 141, 67

Kann ein Reichsbeamter, dessen Anspruch auf Pensionserhöhung von der obersten Reichsbehörde als unbegründet abgelehnt worden ist, diesen Anspruch trotz Ablaufs der Ausschlußfrist des § 150 Abs. 1 RBG.[1]) später noch gerichtlich geltend machen, wenn der von der obersten Reichsbehörde eingenommene Rechtsstandpunkt inzwischen durch höchstrichterliche Entscheidung für unzutreffend erklärt worden ist?

III. Zivilsenat. Urt. v. 28. März 1933 i. S. Deutsches Reich (Bekl.) w. K. (Kl.). III 344/32.

I. Landgericht I Berlin. II. Kammergericht daselbst.

Der Kläger, der als Lazarettverwaltungsdirektor im Reichsdienst stand, beantragte durch Gesuch vom 17. April 1919 freiwillig seine Versetzung in den Ruhestand. Diesem Gesuch wurde durch Erlaß des Reichsarbeitsministers vom 8. November 1919 entsprochen und der Kläger zum 1. März 1920 in den Ruhestand versetzt. In der Zwischenzeit war das Reichsgesetz betr. Erhöhung der Pensionen von Reichsbeamten, die das fünfundsechzigste Lebensjahr vollendet haben, vom 12. September 1919 (RGBl. S. 1653) ergangen, das unter gewissen Voraussetzungen älteren, freiwillig in den Ruhestand tretenden Reichsbeamten eine Erhöhung ihrer Pension um 10 v. H. zugestand. Der Kläger bat, ihm diesen Pensionszuschlag zu gewähren. Er wurde jedoch vom Reichsarbeitsminister durch Erlaß vom 23. März 1920 und später nochmals durch Erlaß vom 4. April 1929 abschlägig beschieden, da

[1]) Vgl. jetzt § 173 Abs. 1 Satz 2 BBG.

das Gesetz auf seinen Fall nicht zutreffe. Durch Urteil des erkennenden Senats vom 21. April 1931 (III 211/30) wurde die Pensionserhöhung von 10 v. H. einem Reichsbeamten zugesprochen, bei dem die Verhältnisse ebenso lagen wie beim Kläger. Der Kläger bat unter Berufung auf dieses Urteil am 26. August 1931 erneut um Bewilligung des Zuschlags. Durch Erlaß des Reichsarbeitsministers vom 16. September 1931 wurde er jedoch wiederum abgewiesen, diesmal mit der Begründung, daß nach § 150 RBG. die Frist zur Geltendmachung des Anspruchs verstrichen sei.

Mit der gegenwärtigen, Ende Dezember 1931 erhobenen Klage fordert der Kläger Zahlung der ihm, wie er meint, nach dem Reichsgesetz vom 12. September 1919 zustehenden Pensionserhöhung, und zwar zunächst nur für die Jahre 1927, 1928 und 1929 in Höhe von 1350 RM. Gegenüber der Berufung des Beklagten auf § 150 RBG. macht der Kläger geltend, durch das Urteil des Reichsgerichts vom 21. April 1931 sei eine veränderte Rechtslage geschaffen worden, die eine erneute Erhebung des Anpruchs gestatte. Außerdem sei es ständige Uebung der Zentralbehörden gewesen, bei Klarstellung einer zweifelhaften Rechtsfrage durch höchstrichterliche Entscheidung dem Rechnung zu tragen und allen bis dahin unrichtig beschiedenen Beamten die Vorteile der neuen Rechtsprechung zukommen zu lassen. Eine Abweichung von dieser Uebung widerspreche dem zwischen Staat und Beamten bestehenden Fürsorge- und Treuverhältnis. Der Beamte sei daher berechtigt, unabhängig von der Frist des § 150 RBG. seine Ansprüche einzuklagen. Davon habe er (Kläger) zunächst nur im Vertrauen auf jene Uebung abgesehen.

Das Landgericht hat die Klage abgewiesen. Dagegen hat das Kammergericht ihr stattgegeben. Die Revision des Beklagten führte zur Wiederherstellung des landgerichtlichen Urteils.

Gründe:

Die Erlasse des Reichsarbeitsministers vom 23. März 1920 und vom 4. April 1929 betrafen unstreitig den jetzt vom Kläger eingeklagten Anspruch. Sie haben ihn als unbegründet abgelehnt. Der Kläger hat gleichwohl nicht innerhalb von sechs Monaten Klage erhoben. Er hat also nach § 150 Abs. 1 RBG. sein Klagrecht verloren. Die Gründe, aus denen das Kammergericht geglaubt hat, in Uebereinstimmung mit dem Kläger zu einem anderen Ergebnis gelangen zu können, sind nicht zu billigen.

Zunächst legt das Kammergericht dar, aus dem Beamtenverhältnis ergebe sich eine Treu- und Fürsorgepflicht der vorgesetzten Dienstbehörde, aus der heraus sie verpflichtet sei, den ihr unterstellten Beamten die Wohltaten der zu ihren Gunsten erlassenen Gesetze, also auch Besoldungsansprüche aus solchen nach dem Stande der Gesetzgebung und Rechtsprechung zu gewähren, wie sie sich in dem Zeitpunkt befänden, in dem ein unverjährter Gehaltsanspruch erhoben werde. Dieser

Pflicht werde der Beklagte nicht gerecht, wenn er unter Berufung auf den Fristablauf nach § 150 RBG. dem Kläger die Möglichkeit nehme, sich durch Urteil die gleiche Rechtslage zu verschaffen, wie sie dem gegenwärtigen Stand der Rechtsprechung entspreche, und wie sie sich ein gleichgeordneter anderer Beamter erstritten habe. Daran ist richtig, daß die Behörden die gesetzlich begründeten Besoldungsansprüche ihrer Beamten erfüllen müssen. Das ergibt sich schon ohne Annahme einer besonderen Treu- und Fürsorgepflicht aus dem Recht der Beamten auf ihre gesetzmäßige Besoldung. Mit dem Gesetz steht aber das Verhalten des Beklagten im vorliegenden Fall durchaus im Einklang, da, wie dargelegt, der Klaganspruch durch Fristablauf untergegangen ist. § 150 RBG. ist eine Rechtsregel, die gleichwertig neben den Besoldungsgesetzen steht. Unrichtig ist die weitere Annahme des Kammergerichts, daß die Behörden über den einzelnen, durch Urteil rechtskräftig entschiedenen Fall hinaus an die Rechtsprechung gebunden seien und deshalb allen Beamten das zukommen lassen müßten, was ein in gleicher Lage wie sie befindlicher Beamter im Rechtsweg erreicht habe. Die zuständigen Verwaltungsbehörden sind in der Beurteilung der Rechtsfragen auch auf dem Gebiet des Besoldungsrechts frei und rechtlich nicht verpflichtet, sie ebenso zu entscheiden, wie das ein Gericht — und sei es das höchste — getan hat, mögen sie sich auch aus praktischen Gründen regelmäßig einer gefestigten höchstrichterlichen Rechtsprechung fügen. Uebrigens hat sich der Reichsarbeitsminister, als er in den Jahren 1920 und 1929 die Ansprüche des Klägers ablehnte, zu keiner gerichtlichen Entscheidung in Widerspruch gesetzt. Das vom Kläger angezogene Urteil des erkennenden Senats vom 21. April 1931 ist erst später ergangen. Jetzt ist seine Berücksichtigung zugunsten des Klägers durch den Ablauf der Frist des § 150 RBG. eben ausgeschlossen. Das genannte Urteil hat keine Aenderung, sondern nur eine Klarstellung der Rechtslage herbeigeführt, so daß aus dem Urteil des erkennenden Senats vom 8. April 1930 III 249/29, abgedr. ZBR. Bd. 3 S. 76, für den vorliegenden Fall nichts hergeleitet werden kann.

Das Kammergericht sagt dann weiter, allerdings sei die Ausschlußfrist des § 150 RBG. geschaffen worden, um die Behörde in bestimmter Zeit vor klare Verhältnisse stellen zu können. Anderseits dürfe aber nicht außer acht gelassen werden, daß die Beamten nach ständiger Uebung gerade mit Rücksicht auf die sich aus dem Beamtenverhältnis ergebende Treupflicht es unterlassen hätten, im Verein mit den übrigen gleichgestellten Beamten gegen den Beklagten sofort klageweise vorzugehen, bloß um die Frist aus § 150 RBG. formell zu wahren. Vielmehr hätten sie nach der früheren ständigen Verwaltungsübung darauf rechnen dürfen, daß der Beklagte durch allgemeinen Erlaß sämtlichen Beamten in gleichliegenden Fällen die Gesetzeswohltat in dem Grade gewähren würde, wie sie im Rechtsstreit für den Einzelfall durch die Rechtsprechung geklärt worden sei. Auf das wohldisziplinierte Warten des einzelnen Beamten mit der Klage dürfe der Beklagte nicht mit der Berufung auf den Fristablauf nach § 150 RBG. erwidern, da auch das Beamtenrecht von dem Rechtsgrundsatz von Treu und Glauben beherrscht werde.

Diesen Ausführungen des Berufungsgerichts kann ebenfalls nicht beigepflichtet werden. Die Sache liegt nicht etwa so, daß dem Kläger persönlich von seiner vorgesetzten Dienstbehörde zu erkennen gegeben wurde, sie werde ihm die Vorteile künftiger höchstrichterlicher Entscheidung zukommen lassen, auch wenn er die Frist des § 150 RBG. nicht innehalte. Wie in einem solchen Fall zu entscheiden wäre, kann deshalb dahingestellt bleiben. Hier vermag der Kläger nichts anderes für sich anzuführen, als daß die Zentralbehörden ihr Verhalten in zweifelhaften Besoldungsfragen regelmäßig den höchstrichterlichen Urteilssprüchen anzupassen pflegen. Sie tun das aber in erster Reihe aus Zweckmäßigkeitserwägungen, um weitere Rechtsstreitigkeiten zu vermeiden, deren für den Staat ungünstigen Ausgang sie erwarten müssen, nachdem die Rechtsfrage einmal endgültig gegen ihn entschieden worden ist. Den beteiligten Beamten gegenüber sind die Zentralbehörden nicht verpflichtet, so zu verfahren, da sie, wie schon hervorgehoben, in ihrem Geschäftsbereich auftauchende Rechtsfragen selbständig zu entscheiden haben. Ganz besonders besteht keine derartige Verpflichtung gegenüber den Beamten, die ihre Ansprüche schon durch Ablauf der Frist des § 150 RBG. verloren haben. Man mag sie aus Billigkeitsgründen vielfach berücksichtigt haben, wenn eine höchstrichterliche Entscheidung Veranlassung gab, die bisherige Verwaltungsübung in einem den Beamten günstigeren Sinne zu ändern. Das lag aber immer außerhalb des rechtlichen Bereichs. Den Beamten, die kraft Gesetzes ihres Klagrechts verlustig gegangen waren, wurde damit etwas gewährt, worauf sie keinen Rechtsanspruch hatten und auf dessen Bewilligung sie deshalb auch nicht bauen durften. Bei ihrer Entschließung darüber, ob sie gegen eine Vorentscheidung die nur innerhalb bestimmter Frist zulässige Klage erheben wollten, durften sie somit nicht die Möglichkeit in Rechnung stellen, daß sie vielleicht auch trotz Fristablaufs noch befriedigt werden würden. Taten sie es dennoch, so handelten sie auf eigene Gefahr. Sie können nicht das, was sie nur als freiwillige Billigkeitszuwendung erwarten durften, nunmehr als ihnen rechtlich zustehend fordern. Die Annahme einer so weitgehenden Treu- und Fürsorgepflicht der Behörde ist unvereinbar mit der streng formalen Vorschrift des § 150 RBG. Ihrer klaren Fristbestimmung gegenüber ist, wenn überhaupt, die Berufung auf Treu und Glauben nur in ganz engen Grenzen zulässig. Das Vertrauen des Beamten auf Innehaltung einer völlig vom Ermessen seiner Dienstbehörde abhängigen Uebung reicht nicht aus, um ihn von den gesetzlichen Wirkungen des Fristablaufs zu befreien, deren Eintritt er durch eigenes Handeln hätte abwenden können.

RGZ. 141, 134

1. Wie ist die Beschäftigung eines Reichsbeamten im Landesdienst rechtlich zu beurteilen?
2. Haben die bei den preußischen Zentralbehörden beschäftigten Beamten einen unmittelbaren, von einer besonderen Bewilligung unabhängigen Rechtsanspruch auf die Ministerialzulage?

Preußisches Beamten-Diensteinkommensgesetz vom 17. Dezember 1920 (GS. 1921 S. 135)/13. Mai 1924 (GS. S. 487) — BDEG. — § 1 Abs. 3, § 8 Satz 1; Anlage 1 (Besoldungsordnung für die planmäßigen unmittelbaren Staatsbeamten) Schlußbemerkung B Nr. 2.

III. Zivilsenat. Urt. v. 30. Mai 1933 i. S. E. (Kl.) w. Preuß. Staat (Bekl.). III 431/32.

I. Landgericht I Berlin. II. Kammergericht daselbst.

Der Kläger war bis zum Jahre 1921 als Regierungsrat im Preußischen Ministerium für öffentliche Arbeiten tätig. Beim Übergang der öffentlichen Wasserstraßen von den Ländern auf das Reich im Jahre 1921 wurde er mit Wirkung vom 1. April 1921 in den Reichsdienst übernommen und gleichzeitig zur Beschäftigung im Preußischen Landwirtschaftsministerium, Abwicklung Wasserbau, beurlaubt. Auf dieses Ministerium waren nach der Auflösung des Ministeriums der öffentlichen Arbeiten die gesamten bei Preußen verbleibenden, das Wasserwesen betreffenden Geschäfte (von gewissen Ausnahmen abgesehen) übergegangen. Im Preußischen Landwirtschaftsministerium wurde dem Kläger ein bestimmtes Arbeitsgebiet zugewiesen. Aber auch im Reichsverkehrsministerium, in welchem dem Kläger die planmäßige Stelle eines Oberregierungsrats in der Abteilung für Wasserstraßen verliehen und eine Ministerialzulage von jährlich 2400 M. zugesichert worden war, wurde ihm eine Tätigkeit übertragen. Diese hatte er neben seinem Referat in dem preußischen Ministerium zu versehen. Der später zum Ministerialrat beförderte, inzwischen infolge Erreichung der Altersgrenze in den Ruhestand getretene Kläger bezog sein Diensteinkommen aus der Reichskasse einschließlich der erwähnten Ministerialzulage. Seit dem 1. April 1927 wurde die Sondervergütung, die den bei den preußischen Ministerial-(Zentral-)Behörden beschäftigten Beamten gewährt wird, die preußische Ministerialzulage, höher festgesetzt als die Ministerialzulage im Reich.

Der Kläger begehrt vom Preußischen Staat für den Monat April 1927 Zahlung des Unterschiedsbetrags zwischen der preußischen Ministerialzulage und der des Reichs in Höhe von 42,50 RM. Er ist der Meinung, er sei zwar durch sein Diensteinkommen, das er aus der Reichskasse bezogen habe, auch für seine preußischen Dienstleistungen abgefunden, aber nur insoweit, als die Bezüge eines Beamten seiner Art im preußischen Ministerialdienst nicht höher gewesen seien als seine (des Klägers) Bezüge im Reich. Er habe somit einen Anspruch auf die höhere preußische Zulage. Durch die Beurlaubung und Zuweisung des Referats im Preußischen Ministerium für Landwirtschaft, Domänen und Forsten sei ihm ein Amt verliehen, er sei damit außer seinem Reichsamt auch preußischer Beamter geworden. Dadurch habe er in sinngemäßer Anwendung des § 1 Abs. 3 BDEG. in Verbindung mit § 8 das. und mit den Richtlinien des Preußischen Staatsministeriums über die Gewährung einer jederzeit widerruflichen Sondervergütung (Ministerialzulage) der bei den Zentralbehörden beschäftigten Beamten vom 19. Mai 1927 einen Anspruch auf die preußische Ministerialzulage erworben, mindestens soweit sie diejenige des Reichs übersteige.

Der Beklagte hat demgegenüber ausgeführt, die preußische Ministerialzulage sei nur ein „Annex“ zu einem aus preußischen Mitteln gezahlten Grundgehalt eines in Preußen in einer planmäßigen oder außerplanmäßigen Stelle beschäftigten Beamten. Dem Kläger sei aber keine solche Stelle verliehen worden. Er habe deshalb auch keinen Anspruch auf die preußische Ministerialzulage. Sein Gehalt richte sich vielmehr nach der Reichsbesoldungsordnung. Beide dem Kläger zugewiesenen Tätigkeiten bildeten zusammen das ihm übertragene Hauptamt. Zwischen den beteiligten Stellen sei eine Vereinbarung über die dementsprechende Verwertung der Arbeitskraft des Klägers durch Teilung der ihm zugewiesenen Aufgaben getroffen worden.

Die Vorinstanzen haben die Klage abgewiesen. Die Revision des Klägers führte zur Aufhebung des angefochtenen Urteils und zur Zurückverweisung an die Vorinstanz.

Gründe:

Gegen die Zulässigkeit der Revision bestehen keine Bedenken. Zwar ist der Kläger nach § 22 Abs. 1 des Staatsvertrages betr. den Übergang der Wasserstraßen von den Ländern auf das Reich (Reichsgesetz vom 29. Juli 1921, RGBl. S. 961) Reichsbeamter geworden und damit aus seiner bisherigen preußischen Beamtenstellung ausgeschieden (vgl. RGUrt. vom 31. Januar 1933 III 48/32 mit weiteren Nachweisen und vom 6. November 1931 III 151/31, abgedr. JW. 1932 S. 463 Nr. 2). Die Voraussetzungen des § 71 Abs. 3 GVG. in Verbindung mit § 39 Pr. AG. z. GVG. sind jedoch auch für die Klage eines Reichsbeamten gegen den Preußischen Staat aus einem angeblich durch diesen begründeten weiteren Beamtenverhältnis in entsprechender Anwendung der genannten Vorschriften als gegeben zu erachten (§ 547 Nr. 2 ZPO.; vgl. RGUrt. vom 19. Mai 1931 III 188/30).

Die Revision ist auch begründet.

Das Landgericht hat die preußische Ministerialzulage nur als Zusatz zu einem Grundgehalt angesehen, das einem preußischen Beamten nach den Grundsätzen der preußischen Besoldungsordnung zustehe. Durch die Zulage habe einem preußischen Ministerialbeamten ein Mehr gegenüber den Bezügen nach der preußischen Besoldungsordnung gewährt werden sollen. Dem Kläger sei zwar zuzugeben, daß er auch in Preußen eine Stelle bekleidet habe. Denn eine Stelle sei jeder Kreis von Aufgaben, die kraft öffentlicher Dienstpflicht erfüllt würden. Daraus folge aber nicht, daß der Kläger einen Anspruch auf Besoldung nach den Grundsätzen der preußischen Besoldungsordnung erworben habe, sondern seine in Preußen geleisteten Dienste seien durch die ihm vom Reich gezahlten Dienstbezüge abgegolten.

Der Berufungsrichter hat demgegenüber angenommen, daß dem Kläger kein zweites Amt in Preußen übertragen worden sei. Er führt aus: Es könne dahingestellt bleiben, ob das Referat im Preußischen Landwirtschaftsministerium, welches der Kläger früher verwaltet gehabt habe und das ihm vom 1. April 1921 ab erneut übertragen worden sei, ein hauptamtliches Referat gewesen sei. Dem Kläger sei in Preußen nicht ein besonderes Amt verliehen worden, sondern es sei ihm nur als einem vom Reich beurlaubten Beamten im Wege der Geschäftsverteilung die weitere Verwaltung seines bisherigen Referats anvertraut worden. Der Kläger habe für den preußischen Dienst den „kommissarisch beschäftigten Beamten" gleichgestanden. Seine Ansprüche könnten ferner überhaupt nur aus einer preußischen Besoldungsbestimmung hergeleitet werden, eine solche sei aber nicht gegeben. Im Sinne von § 1 Abs. 3 BDEG. habe der Kläger in Preußen ein Amt überhaupt nicht „bekleidet", sondern nur „verwaltet". Außerdem beziehe sich diese Bestimmung nur auf das Grundgehalt, und es fehle zu ihrer sinnentsprechenden Ausdehnung auf die Ministerialzulage an jeder Grundlage. Etwas anderes ergebe sich auch nicht aus dem für den Bezug der Ministerialzulage in Preußen maßgebenden § 8 BDEG. in Verbindung mit der Schlußbemerkung B Nr. 2 der Besoldungsordnung und den am 19. Mai 1927 erlassenen Richtlinien. Die Annahme des Klägers, daß durch die letzteren ganz allgemein für jeden in einem Ministerium beschäftigten Beamten mit der bloßen Tatsache der Beschäftigung die Ministerialzulage bewilligt sei, gehe fehl. Vielmehr ergebe sich aus der Fassung der Richtlinien, daß es in der Hand des Staatsministers liege, inwieweit er den in seinem Ministerium beschäftigten Beamten Ministerialzulagen bewilligen wolle. Die Zulage gehöre nicht zum planmäßigen Diensteinkommen, sondern sei jederzeit von der widerruflichen Bewilligung durch das Staatsministerium abhängig. Hieraus ergebe sich die Notwendigkeit der besonderen Bewilligung für jeden einzelnen Beamten. Nach dem ganzen Aufbau des Besoldungsgesetzes sei die Ministerialzulage nur eine Sondervergütung zu einem aus preußischen Mitteln gezahlten Grundgehalt. Ein solches preußisches Grundgehalt habe der Kläger nicht bezogen.

Bei der Entscheidung des vorliegenden Rechtsstreits kommt es zunächst darauf an, ob der Kläger in der Tat — wie der Berufungsrichter anzunehmen scheint — vom Reich in das Preußische Landwirtschaftsministerium „kommittiert" war, also vom Reich — zufolge Vereinbarung mit Preußen — beauftragt war, die Wasserbausachen in dem preußischen

Ministerium nach den Weisungen des preußischen Ministers zu erledigen, oder ob er aus dem Reichsdienst beurlaubt war, um von Preußen in einem unmittelbaren Beamtenverhältnis zu diesem verwendet zu werden. Im ersteren Fall würde der Klaganspruch nicht begründet sein, nur im zweiten Fall könnte er überhaupt eine rechtliche Grundlage finden. Die Revision rügt nun nicht ohne Grund, daß die Annahme des Berufungsrichters, „der Kläger habe einem kommissarisch beschäftigten Beamten gleichgestanden", in dem festgestellten Sachverhalt keine ausreichende rechtliche Grundlage findet. Zu beachten ist, daß die Beurlaubung eines Beamten regelmäßig die Bedeutung hat, daß die Behörde für die Zeit der Beurlaubung auf die Dienste des Beamten verzichtet, damit er seine Arbeitskraft an anderer Stelle verwenden kann. Die Beurlaubung des Klägers spricht daher zunächst gegen die Annahme, daß der Kläger vom Reich in die Tätigkeit beim Preußischen Landwirtschaftsministerium „kommittiert" worden sei. Allerdings hat der Beklagte behauptet, er habe mit dem Reich eine besondere Vereinbarung getroffen, auf Grund deren ein Teil der Arbeitskraft des Klägers im Einverständnis mit ihm im preußischen Dienst zur Abwicklung der dortigen Geschäfte verwendet wurde, derart, daß beide Tätigkeiten sein Hauptamt bilden sollten. Der Berufungsrichter hat aber hierüber keine Feststellungen getroffen.

Es muß deshalb für die Revisionsinstanz davon ausgegangen werden, daß eine „Kommittierung" des Klägers durch das Reich zur Wahrnehmung der erwähnten preußischen Geschäfte nicht erfolgt ist. War aber dem Kläger die freie Verfügung über seine Arbeitskraft oder über einen erheblichen Teil seiner Arbeitskraft eingeräumt, so bestand rechtlich die Möglichkeit, daß ihm neben seinem Reichsamt auch ein Amt in Preußen übertragen wurde. Das Beamtenverhältnis wird zwar gekennzeichnet durch das Gewaltverhältnis, das die Anstellung zwischen dem Gemeinwesen und dem Beamten begründet. Auch folgt aus diesem Gewaltverhältnis, daß regelmäßig niemand gleichzeitig Beamter zweier verschiedener Staaten sein kann. Zu beachten ist aber, wie vom erkennenden Senat bereits früher hervorgehoben, daß sich Reich und Länder nicht als fremde Staaten gegenüberstehen, sondern rechtlich und tatsächlich auf das engste zusammenhängen. Die Länder sind Glieder des Reiches und bilden mit ihm ein Ganzes, in welchem das Endziel ihrer Betätigung kein anderes ist als das des Reiches, nämlich die Wohlfahrt des deutschen Volkes. Es kann somit der Eintritt eines Reichsbeamten in den Dienst eines Landes keineswegs mit Notwendigkeit einen solchen Widerstreit der Pflichten begründen, daß damit seine Tätigkeit im Landesdienst unvereinbar wäre. Vielmehr ist die Fortdauer des Unterordnungsverhältnisses, in dem er zum Reich steht, durchaus vereinbar mit der Übernahme einer entsprechenden Bindung gegenüber dem Lande. Die Stellung eines Reichsbeamten und die eines Landesbeamten brauchen sich somit nicht gegenseitig auszuschließen. ... Dies wird insbesondere dann gelten müssen, wenn das in Frage kommende Landesamt nur von zeitlich beschränkter Dauer ist und seine Übernahme dem Beamten durch Beurlaubung aus dem Reichsdienst ermöglicht wird. Hier hat nun der Kläger, der auch im Handbuch für den Preußischen Staat als nichtplanmäßiger Referent aufgeführt wurde, durch die Verfügung vom 1. April 1921 nach seiner Beurlaubung aus dem Reichsdienst auf Grund der Geschäftsverteilung in Preußen ein ganz bestimmtes Referat, mithin eine Tätigkeit übertragen erhalten, die an sich die Begründung eines Gewaltverhältnisses auch zwischen dem Preußischen Staat und dem Kläger zur Folge haben konnte.

Der Berufungsrichter nimmt allerdings an, daß es jedenfalls an einer Besoldungsnorm und damit an einer gesetzlichen Grundlage für den Klaganspruch fehle. Dem ist jedoch nicht beizutreten. Zwar besagt der auch vom Kläger angezogene § 1 Abs. 3 BDEG.:

> Beamten, die gleichzeitig mehrere in der Besoldungsordnung vorgesehene Stellen bekleiden, wird das Grundgehalt nur einmal gewährt, und zwar für diejenige Stelle, für die das höhere Grundgehalt vorgesehen ist.

Diese Norm mag sich aber nur auf die Gewährung eines in der preußischen Besoldungsordnung ausgeworfenen Grundgehalts beziehen. § 8 Satz 1 BDEG., der bestimmt:

> In der Besoldungsordnung nicht vorgesehene Vergütungen, insbesondere Vergütungen für über das festgesetzte oder übliche Maß hinausgehende Dienstleistungen, werden dem Beamten aus dem Hauptamte nicht gewährt,

handelt ebenfalls zunächst nur von Vergütungen, die in der preußischen Besoldungsordnung ausgeworfen sind. Der Berufungsrichter übersieht aber, daß dem Kläger — immer die Übertragung eines preußischen Amts vorausgesetzt —, unabhängig von der Frage der Erdienung eines in der preußischen Besoldungsordnung bestimmten Grundgehaltes, ein Anspruch auf sonst in der Besoldungsordnung vorgesehene Vergütungen erwuchs. In der Schlußbemerkung B zur preußischen Besoldungsordnung (BDEG Anl. 1) mit der Überschrift „Sondervergütungen" ist unter Nr. 2 Satz 1 gesagt:

> Den in einem Ministerium beschäftigten Beamten können nach näherer Bestimmung des Staatsministeriums Sondervergütungen (Ministerialzulagen) aus den dafür im Staatshaushaltsplane vorgesehenen Mitteln gewährt werden.

Diese Bestimmung bildet die gesetzliche Grundlage für die vom Kläger seinem Anspruch zugrundegelegten und vom Berufungsrichter erwähnten „Richtlinien des Preußischen Staatsministeriums über die Gewährung einer jederzeit widerruflichen Sondervergütung (Ministerialzulage) der bei den Zentralbehörden beschäftigten Beamten" vom 19. Mai 1927 (in Geltung mit Wirkung vom 1. April 1927). Sie lauten im ersten Satz:

> Die bei den Ministerien in planmäßigen und nichtplanmäßigen Stellen beschäftigten Beamten erhalten außer dem Diensteinkommen ihrer Besoldungsgruppe ... während der Dauer ihrer Beschäftigung eine jederzeit widerrufliche, nicht ruhegehaltsfähige Zulage — Ministerialzulage — ...

Der Ansicht des Berufungsrichters, daß es auf Grund dieser Richtlinien jedesmal einer besonderen Bewilligung der Ministerialzulage an den einzelnen Beamten bedürfe, kann nicht zugestimmt werden. Der Berufungsrichter verkennt, daß es sich bei diesen Richtlinien nicht bloß um eine für den inneren Dienst bestimmte Vorschrift handelt, sondern um eine von den Zentralbehörden erlassene Bestimmung, die an sich, vorbehaltlich der Widerruflichkeit, allen in einem Ministerium beschäftigten, für die Zulage in Betracht kommenden Beamten einen unmittelbaren Anspruch auf die Ministerialzulage gewähren sollte. Es liegt hier eine Rechtsnorm vor, deren selbständige Nachprüfung dem Revisionsgericht obliegt. ... Bereits § 85 Preuß. ALR. II 10 hatte vorgeschrieben, daß Rechte und Pflichten aus dem einem Beamten anvertrauten Amte „durch die darüber ergangenen besonderen Gesetze und durch ihre Amtsinstruktion" bestimmt wurden (vgl. auch RGUrt. vom 4. März 1932 III 205/31). Dementsprechend erwuchs dem Kläger — immer vorausgesetzt, daß ihm ein preußisches Amt übertragen worden war — aus den auf Grund gesetzlicher Ermächtigung erlassenen genannten Richtlinien, die zu seinen Gunsten eine Amtsinstruktion für seinen Ministerialdienst darstellten, unmittelbar infolge seiner Betrauung mit dem Ministerialdienst auch ein Anspruch auf die Zulage als solche (vgl. ferner hinsichtlich der Begründung subjektiver Rechte durch die an Beamte gewährten Zulagen RGUrt. vom 16. Dezember 1930 III 76/30, abgedr. HöchstRspr. 1931 Nr. 859, und vom 26. Juli 1929 III 30/29). Für den Erwerb des Anspruchs war es unerheblich, daß dem Kläger keine im Haushalt vorgesehene Planstelle übertragen worden war. Hierdurch konnte seine Rechtslage nicht berührt werden. Vielmehr bildeten die Grundlage seiner beamtenrechtlichen Vergütung nicht die Bezüge einer Planstelle als solcher, sondern die Bezüge der Stelle, die ihm übertragen worden war (vgl. auch RGUrt. vom 10. Februar 1931 III 172/30). Denn für die besonderen Ansprüche der Beamten kann, wie vom Reichsgericht wiederholt ausgesprochen, der Staatshaushalt nicht maßgeblich sein (vgl. RGUrt. vom 4. Juli 1930 III 304/29, abgedr. JW. 1932 S. 461 Nr. 1 und HöchstRspr. 1930 Nr. 1844; § 8 des Gesetzes, betr. den Staatshaushalt, vom 11. Mai 1898, GS. S. 77). Daß aber überhaupt keine Mittel für die Gewährung der Ministerialzulage im Staatshaushaltsplan vorgesehen waren, ist weder dem Vorbringen des Beklagten zu entnehmen noch sonst ersichtlich. Vielmehr hat der Kläger das Gegenteil unter Hinweis auf gewisse Haushaltsbestimmungen dargelegt.

Auch Sinn und Zweck der Ministerialzulage sprechen für die Gewährung eines subjektiven Rechts. Wenn sie auch ursprünglich gedacht war, um den in den Ministerien vorübergehend beschäftigten Hilfskräften einen Anreiz zu gewähren und sie so für die verantwortungsvolle und aufreibende Arbeit zu entschädigen, so verlor sie doch später den Charakter einer „Hilfsarbeiterzulage" und wurde allen planmäßigen und außerplanmäßigen, auch den nur vorübergehend in den Ministerien beschäftigten Beamten aus den dafür im Staatshaushalt vorgesehenen Mitteln gewährt (vgl. Staatsministerialbeschlüsse vom 28. März 1922, 30. Juni 1922 u. öfter). Dementsprechend erhalten auch die Landesbeamten, die in einem Reichsministerium kommissarisch beschäftigt werden, die Ministerialzulage nach den für Reichsbeamte geltenden Bestimmungen (vgl. Sölch-Ziegelasch Besoldungsgesetz vom 16. Dezember 1927 S. 81, Anm. 14 zu § 2 RBesG. und zu Nr. 6 der Besoldungsvorschriften vom 12. März 1928, RBesBl. S. 33). Ferner würde es dem ebenfalls im öffentlichen Recht zu beachtenden Grundsatz von Treu und Glauben widersprechen, wenn ein in einem Ministerium beschäftigter Beamter trotz der in den Richtlinien allgemein zugesagten Ministerialzulage für seine Person von dieser ausgeschlossen bliebe. Insbesondere müßte eine in den Richtlinien etwa enthaltene Unklarheit zu Lasten des den Beamten beschäftigenden Gemeinwesens gehen. Daher muß es als unzulässig erscheinen, die einer ganzen Beamtengruppe, nämlich sämtlichen in den Ministerien beschäftigten Beamten, bewilligte Zulage einem einzelnen Beamten nicht zu bewilligen oder sie ihm im Wege des Widerrufs wieder zu entziehen. ...

. . . . .

Es kann somit dem Berufungsrichter weder darin beigetreten werden, daß es an einer gesetzlichen Grundlage oder Ermächtigung für eine den Klaganspruch rechtfertigende Norm mangle, noch daß die genannten Richtlinien vom 19. Mai 1927 nur auf Grund besonderer Bewilligung einen Anspruch für einen in einem preußischen Ministerium beschäftigten Beamten begründen könnten. Die dort hervorgehobene Widerruflichkeit ist — ganz abgesehen von der Frage, ob der Widerruf gegenüber einem einzelnen Beamten ausgesprochen werden kann — schon deshalb hier ohne Bedeutung, weil durch die spätere, verneinende grundsätzliche Stellungnahme des Preußischen Finanzministeriums vom 5. Juni 1931 rückwirkend wohlerworbene subjektive Rechte des Klägers nicht wieder beseitigt werden konnten. ...

Das angefochtene Urteil unterliegt somit der Aufhebung und die Sache der Zurückverweisung zwecks erneuter Prüfung namentlich dahin, welche rechtliche Bedeutung der Beurlaubung des Klägers und der Übertragung des Referats im Preußischen Landwirtschaftsministerium zukam, und ob eine „Kommittierung" des Klägers in den preußischen Dienst gegeben war, wobei der Berufungsrichter insbesondere auf die vom Beklagten behauptete, vorerwähnte Vereinbarung näher einzugehen haben wird.

RGZ. 141, 240

1. Wird die erforderliche Klarheit und Bestimmtheit des Entlassungsantrags eines noch nicht dienstunfähigen Beamten dadurch beeinträchtigt, daß in dem Antrag hervorgehoben wird, der Beamte erhebe keine Pensionsansprüche?

2. Bedarf in Preußen die Entlassung eines mittelbaren Staatsbeamten dann der Bestätigung durch die staatliche Aufsichtsbehörde, wenn solche Bestätigung bei der Ernennung des Beamten erforderlich ist?

3. Verstößt eine Behörde gegen ihre Fürsorgepflicht, wenn sie dem Entlassungsantrag eines Beamten stattgibt, obgleich dieser, wie der Behörde bekannt, den Antrag im Zustand heftiger seelischer Erregung gestellt hat?

4. Kann ein Beamter seinen Entlassungsantrag wegen einseitigen Irrtums im Beweggrund anfechten? Welche rechtliche Bedeutung hat es, wenn sein Irrtum von der Entlassungsbehörde geteilt wird?

Preuß. ALR. II 10 § 94.

III. Zivilsenat. Urt. v. 27. Juni 1933 i. S. Preuß. Landespfandbriefanstalt (Bekl.) w. N. (Kl.). III 363/32.

I. Landgericht I Berlin. II. Kammergericht daselbst.

Auf Grund des Gesetzes, betr. die Beteiligung Preußens an einer gemeinnützigen Grundkreditanstalt, vom 20. Mai 1922 (GS. S. 117) wurde durch Beschluß des Preußischen Staatsministeriums vom 22. Juli 1922 die Preußische Landespfandbriefanstalt, die jetzige Beklagte, errichtet. Ihr wurden zugleich die Rechte einer Körperschaft des öffentlichen Rechts verliehen. Der Zweck der Anstalt bestand darin, zum gemeinen Nutzen unter Ausschluß des Erwerbszwecks nichtlandwirtschaftlichen Grundkredit zu gewähren (§ 2 Abs. 1 der Satzung). Das Grundkapital der Anstalt wurde gebildet aus Stammeinlagen des Preußischen Staates und öffentlicher Körperschaften (§ 4 das.). Die Anstalt untersteht der Aufsicht des Staates (§ 1 Abs. 2 Satz 1), welche durch den Preußischen Minister für Volkswohlfahrt ausgeübt wird (§ 35 Abs. 1). Die Organe der Anstalt sind der Vorstand, der Verwaltungsrat und die Hauptversammlung (§ 21). Der Vorstand, der die unmittelbare Verwaltung der Anstalt unter Aufsicht des Verwaltungsrats führt, besteht aus einem oder mehreren vom Verwaltungsrat gewählten Mitgliedern (Direktoren), deren Anstellungsbedingungen der Verwaltungsrat festsetzt (§ 22 Abs. 1). Die Vorstandsmitglieder sind mittelbare Staatsbeamte; ihre Wahl bedarf der Bestätigung durch die zuständigen Minister (Abs. 2). Die Höhe des Diensteinkommens der Vorstandsmitglieder sowie die Bedingungen der Anstellung und der Lösung ihres Dienstverhältnisses bestimmt der Verwaltungsrat in der Anstellungsurkunde (Abs. 3 Satz 2). Die Vorstandsmitglieder unterstehen dem Disziplinargesetz vom 21. Juli 1852; die Einleitung des Disziplinarverfahrens gegen sie wird von der

Aufsichtsbehörde verfügt (§ 25 Abs. 1). In den Verwaltungsrat, der von den Inhabern der Stammeinlagen bestellt wird (§ 26), entsendet auch der Preußische Staat Vertreter.

Der Finanzminister und der Minister für Volkswohlfahrt, in deren Geschäftsbereich die Errichtung der Landespfandbriefanstalt fiel, nahmen für die Stelle des 1. Direktors der Anstalt den Kläger in Aussicht, der damals Ministerialrat im Reichswirtschaftsministerium war. Nach mündlichen Vorbesprechungen teilten sie ihm durch Schreiben vom 11. Juli 1922 die Anstellungsbedingungen mit, stellten die Übernahme einer Bürgschaft des Staates für einen Teil seiner Versorgungsbezüge in Aussicht und ersuchten ihn um Erklärung, ob er zur Annahme des Postens bereit sei. Der Kläger gab diese Erklärung ab und übernahm die neue Tätigkeit am 1. September 1922. Am 22. September wählte ihn der inzwischen gebildete Verwaltungsrat zum 1. Direktor. Diese Wahl wurde am 30. dess. Mts. durch die genannten beiden Minister bestätigt. Eine Anstellungsurkunde hat der Kläger nicht erhalten.

In den Jahren 1923/24 machte die Beklagte unter entscheidender Mitwirkung des Klägers Kreditgeschäfte von erheblichem Umfang. Diese Geschäfte, die gegen die Satzung der Beklagten verstoßen haben sollen, führten zu lebhaften Angriffen gegen den Kläger in der Presse. Leichtfertige Kreditgewährung, Verheimlichung der Geschäfte vor den übrigen Vorstandsmitgliedern und vor dem Verwaltungsrat, Vornahme von Scheinbuchungen wurden ihm vorgeworfen, Vorwürfe, welche die Beklagte auch in dem gegenwärtigen Rechtsstreit aufrechterhält. Der Preußische Landtag setzte einen Untersuchungsausschuß zur Prüfung der Vorkommnisse bei der Landespfandbriefanstalt ein. Gegen den Kläger wurde auch ein Strafverfahren eingeleitet, das indessen mit seiner Freisprechung geendigt hat.

Während die erwähnten Kreditgeschäfte noch die Öffentlichkeit beschäftigten, wurde der Kläger am 9. Januar 1925 fernmündlich in das Ministerium für Volkswohlfahrt berufen. Er wurde von dem Staatssekretär Sch. und dem Ministerialdirektor C., welcher damals Vorsitzender des Verwaltungsrats der Beklagten war, empfangen und wegen der Geschehnisse bei der von ihm geleiteten Anstalt zur Rede gestellt. Die Auseinandersetzungen endeten damit, daß der Kläger folgende (undatierte) Erklärung niederschrieb und unterschrieb und sie dem Ministerialdirektor C. zur weiteren Verwendung übergab:

> Ich beantrage hierdurch meine Entlassung als 1. Direktor der Preußischen Landespfandbriefanstalt und bitte hiervon dem Herrn Minister für Volkswohlfahrt und dem Verwaltungsrat der Anstalt Kenntnis zu geben. Pensionsansprüche erhebe ich nicht.

Durch Schreiben der Beklagten vom 30. Januar 1925, das von C. als Vorsitzendem des Verwaltungsrats unterzeichnet war, wurde dem Kläger unter Bezugnahme auf eine am 22. Januar 1925 vom Verwaltungsrat abgehaltene Sitzung mitgeteilt, von seinem Entlassungsgesuch nehme der Verwaltungsrat zustimmend Kenntnis. Seitdem hat der Kläger der Beklagten keine Dienste mehr geleistet, auch seit dem 1. Februar 1925 kein Gehalt mehr von ihr empfangen.

Der Kläger hält seine Entlassung aus der von ihm bekleideten Direktorstelle bei der Beklagten für rechtsunwirksam und fordert deshalb Fortzahlung seines Gehaltes, und zwar mit der gegenwärtigen Klage zunächst in Höhe eines Teilbetrags von 25 000 RM. nebst Zinsen.

1. Zunächst bemängelt der Kläger die Vorgänge bei seiner Entlassung als formell unzulänglich.

a) Sein Entlassungsgesuch vom 9. Januar 1925 entbehre, so führt er aus, der erforderlichen Klarheit, welche Voraussetzung seiner Wirksamkeit sei. Er habe nur um die Entlassung aus seinem Amt als Direktor der Beklagten nachgesucht, nicht aber um die Entlassung aus dem Staatsdienst überhaupt, wie die Beklagte angenommen habe. Auch habe er es ausdrücklich abgelehnt, einen Verzicht auf Pension zu erklären. Gleichwohl habe die Beklagte den Satz: „Pensionsansprüche erhebe ich nicht" später als solchen Verzicht gedeutet.

b) Es fehle an einer ordnungsmäßigen Annahme seines Entlassungsantrages durch die Beklagte.

c) Die Minister der Finanzen und für Volkswohlfahrt hätten ebenso wie die Wahl auch die Entlassung des Klägers bestätigen müssen; das sei nicht geschehen.

2. Der Kläger behauptet ferner, seine Entlassung sei wegen Vorliegens von Willensmängeln unwirksam.

a) Zur Abgabe der Erklärung vom 9. Januar 1925 sei er durch Zwang und widerrechtliche Drohung veranlaßt worden. Staatssekretär Sch. habe, unterstützt von Ministerialdirektor C., ihm erklärt, es solle gegen ihn ein Disziplinarverfahren mit dem Ziele der Dienstentlassung ohne Pension eingeleitet werden, weil er der Beklagten durch satzungswidrige Geschäfte einen Millionenschaden verursacht habe; er werde vom Dienst suspendiert werden, was in der Presse großes Aufsehen erregen werde. Sch. habe ihm sogar gesagt, er werde „cum infamia exkludiert" werden. Er (Kläger) habe nicht erwartet, daß man von ihm sein Ausscheiden aus dem Amt fordern werde. Er sei daher aufs höchste bestürzt gewesen und habe gebeten, sich die Sache in Ruhe überlegen zu dürfen. Sch. habe ihm aber nur eine Frist von zehn Minuten bewilligt, während deren er sich die Sache in einem Nebenzimmer habe überlegen können. Nach Ablauf dieser kurzen Zeitspanne habe er dann sein Einverständnis erklärt und nun, zum Teil nach den Weisungen von C., das Gesuch niedergeschrieben. Nachdem er das getan, sei er noch in Gegenwart von C. in einem Weinkrampf zusammengebrochen. Das in solcher Weise unter Ausnutzung der Zwangslage des Klägers zustandegekommene Entlassungsgesuch sei nichtig.

b) Der Kläger macht geltend, sein Entlassungsantrag sei auf beiderseitigen Irrtum zurückzuführen und deshalb ebenfalls unwirksam. Sch. und C. hätten seinen Rücktritt mit der Begründung gefordert, daß die in Frage kommenden Geschäfte der Beklagten einen Millionenschaden zugefügt hätten. Er habe sich durch die Vorhaltungen der Genannten am 9. Januar 1925 ebenfalls vom Vorliegen einer erheblichen Schädigung der Beklagten überzeugen lassen. Sonst würde er sich zur Einreichung seines Entlassungsgesuches nie entschlossen haben. In Wirklichkeit sei aber die Beklagte in keiner Weise geschädigt worden. Die beanstandeten Kredite seien ihr durch Verwertung der gestellten Sicherheiten in vollem Umfange mit Zinsen zurückgezahlt worden. Er (Kläger) habe, als dies Ende 1929 endgültig festgestanden habe, durch Schreiben vom 26. Januar 1930 seine Erklärung vom 9. Januar 1925 angefochten und widerrufen.

Die Beklagte tritt dem Vorbringen des Klägers in allen Teilen entgegen und macht Folgendes geltend:

1. Bei der Entlassung des Klägers seien die erforderlichen Förmlichkeiten erfüllt worden.

a) Über die Tragweite der am 9. Januar 1925 von ihm abgegebenen Erklärung habe nie ein Zweifel bestanden und könne auch keiner bestehen. Pensionsansprüche habe er nicht besessen und daher auch nicht geltend machen können. Daß man gelegentlich von einem „Pensionsverzicht“ gesprochen habe, sei unerheblich.

b) Der Verwaltungsratsbeschluß vom 22. Januar 1925 sei ordnungsmäßig zustandegekommen.

c) Einer Bestätigung durch die Staatsregierung habe das Ausscheiden des Klägers weder nach allgemeinen Rechtsgrundsätzen noch nach der Satzung der Beklagten bedurft. Außerdem sei die Entlassung tatsächlich von den beiden zuständigen Ministern genehmigt worden.

2. Sachliche Mängel haften nach Auffassung der Beklagten der Entlassung des Klägers ebenfalls nicht an.

a) Sie bestreitet, daß sein Entlassungsgesuch durch Drohungen erzwungen worden sei. Im Gegenteil habe Staatssekretär Sch. die Frage der Stellung eines Entlassungsantrages mit dem Kläger reiflich erwogen, ohne ihm für seine Entschließung eine Frist zu setzen. Von der Einleitung eines Disziplinarverfahrens sei allerdings gesprochen worden. Damit habe der Kläger aber schon selbst rechnen müssen, da er vor der Unterredung vom 9. Januar 1925 bereits Zeit gehabt habe, sich die Folgen zu überlegen, die seine Handlungsweise für seine persönliche Stellung haben müsse. Übrigens habe er nachher noch bis zur Mitteilung des Beschlusses des Verwaltungsrats vom 22. Januar 1925 seinen Entlassungsantrag zurücknehmen können. Auch das habe er nicht getan. Eine Anfechtung wegen Drohung sei rechtzeitig jedenfalls nicht erklärt worden.

b) Der vom Kläger geltend gemachte Irrtum sei schon deshalb unerheblich, weil die von ihm verursachte Schädigung der Beklagten für seinen Entschluß, aus dem Amte zu scheiden, nicht bestimmend gewesen sei. Vielmehr sei er sich ganz unabhängig davon klar darüber gewesen, daß seine Handlungsweise sein Verbleiben im Dienst unmöglich mache. Ein Irrtum in der vom Kläger behaupteten Richtung habe bei ihm auch gar nicht vorgelegen. Er habe stets behauptet, durch die dinglichen Sicherungen sei die Entstehung eines Verlustes aus den Kreditgeschäften ausgeschlossen. In Wirklichkeit sei allerdings die Beklagte nicht ohne erheblichen Schaden davongekommen. Von ihren Zins- und sonstigen Nebenforderungen habe sie einen wesentlichen Teil streichen müssen. Sie würde überhaupt infolge der Geschäfte des Klägers zusammengebrochen sein, wenn nicht der Staat sie durch Bereitstellung von einigen Millionen Reichsmark gestützt hätte. Sie sei aber trotzdem in den folgenden Jahren durch die Abwicklung jener Geschäfte in der Ausübung ihrer satzungsmäßigen Tätigkeit stark behindert gewesen; auch sei dadurch ihr Kredit erheblich beeinträchtigt worden. Alles das habe ihr gleichfalls großen Schaden gebracht. Die Anfechtung wegen Irrtums sei übrigens viel zu spät erklärt worden.

Die Vorinstanzen haben der Klage stattgegeben. Die Revision der Beklagten führte zur Aufhebung des Berufungsurteils und zur Zurückverweisung an das Kammergericht.

Gründe:

Das Berufungsgericht nimmt an, daß der Kläger nicht rechtswirksam aus seinem Amt als 1. Direktor der Beklagten entlassen worden sei, und zwar sowohl deshalb, weil die erforderlichen formellen Voraussetzungen nicht erfüllt seien, als auch wegen Vorliegens von Willensmängeln. In beiden Richtungen vermögen jedoch seine Ausführungen die Verurteilung der Beklagten nicht zu rechtfertigen.

I. Das Berufungsgericht erörtert nicht, ob die Beklagte dem Entlassungsantrag des Klägers ordnungsmäßig entsprochen hat. Es sieht schon den Entlassungsantrag selbst nicht als geeignet an, die Grundlage für ein freiwilliges Ausscheiden des Klägers zu bilden. Ferner vermißt es die nach seiner Ansicht erforderliche Bestätigung der Entlassung durch die zuständigen Minister.

1. Das Kammergericht befindet sich in Übereinstimmung mit der Rechtsprechung des erkennenden Senats, wenn es ausführt, daß die Erklärung eines Beamten, durch die er um die Entlassung aus seinem Amt, noch dazu ohne Gewährung von Ruhegehalt nachsucht, klar und bestimmt sein muß. Sie muß unzweideutig zum Ausdruck bringen, was gewollt ist. Für auslegungsbedürftige Willenserklärungen ist hier kein Raum. Indessen verneint der Berufungsrichter ohne hinreichenden Grund, daß die vom Kläger am 9. Januar 1925 schriftlich abgegebene Erklärung

diesen Erfordernissen genüge. An dem ersten Satz: „Ich beantrage hierdurch meine Entlassung als 1. Direktor der Preußischen Landespfandbriefanstalt und bitte, hiervon dem Herrn Minister für Volkswohlfahrt und dem Verwaltungsrat der Anstalt Kenntnis zu geben" ist nichts undeutlich. Die vom Kläger im gegenwärtigen Rechtsstreit vertretene Auslegung, er habe nur aus seinem Amt als 1. Direktor der Beklagten scheiden, im öffentlichen Dienst aber bleiben wollen, ist völlig abwegig, wird auch vom Vorderrichter nicht geteilt.

Die Bedenken des Berufungsrichters knüpfen sich an den zweiten Satz der Erklärung: „Pensionsansprüche erhebe ich nicht". Er führt hierzu aus: Nach der Darstellung des Klägers, die von dem als Zeugen vernommenen Ministerialdirektor C. als möglich zugestanden sei, habe mit dieser Erklärung kein Verzicht auf irgendwelche dem Kläger etwa zustehende Ansprüche abgegeben werden sollen; der Kläger habe sogar ausdrücklich abgelehnt, auf etwaige Pensionsansprüche zu verzichten. Der Zeuge habe jedenfalls bestätigt, daß auch nach seiner Auffassung durch diese Erklärung eine Änderung der bestehenden Rechtslage nicht habe eintreten sollen. Gleichwohl sei sie später von den vorgesetzten Dienststellen, insbesondere von C. selbst in seiner Eigenschaft als Vorsitzendem des Verwaltungsrats der Beklagten, als Verzicht gekennzeichnet worden. Auch aus den Verhandlungen des Untersuchungsausschusses des Preußischen Landtages ergebe sich die Möglichkeit der Auslegung der Erklärung in diesem Sinne. Da aber bei der freiwilligen Auflösung eines Beamtenverhältnisses in der Frage des Verzichts auf Ruhegehaltsansprüche besonders strenge Anforderungen an die Eindeutigkeit der Erklärung zu stellen seien, so müsse die vorliegende Äußerung des Klägers als nicht völlig eindeutig, die Gefahr von Mißverständnissen in sich bergend bezeichnet und deshalb für unwirksam erklärt werden.

Diesen Ausführungen ist entgegenzuhalten, daß rechtlich ein Verzicht des Klägers auf Ruhegehalt überhaupt nicht in Frage kam, als er den Antrag auf Entlassung aus dem Amte stellte. Dem Kläger sollten nach seinen Anstellungsbedingungen im Fall des Eintritts der Dienstunfähigkeit Ruhegehaltsbezüge gewährt werden nach Maßgabe der jeweils für unmittelbare Staatsbeamte geltenden Grundsätze. Dienstunfähig war er im Januar 1925 unstreitig nicht. Ebensowenig hatte er damals schon das 65. Lebensjahr vollendet (vgl. § 1 Abs. 3 des preuß. Pensionsgesetzes vom 27. März 1872, GS. S. 268). Er hatte also die Vorbedingungen, von denen sein Anspruch auf Ruhegehalt abhing, noch nicht erfüllt. Das, was er durch sein Ausscheiden aus dem Dienste verlor, war nur die Anwartschaft auf das Ruhegehalt, das er beim Verbleiben im Dienst künftig hätte erwerben können. Zur Aufgabe dieser Anwartschaft bedurfte es beim Ausscheiden des Klägers keiner besonderen Willenserklärung. Er verlor sie ohne weiteres, wenn er seine Entlassung erhielt, wie er sie im ersten Satz seiner Erklärung klar und bestimmt beantragt hatte. Dieser Rechtslage entsprach genau der zweite Satz: der Kläger verzichtete nicht auf

Pension, sondern erhob überhaupt keine Pensionsansprüche, eben deshalb, weil er sich darüber klar war, daß ihm solche nicht zustanden. Sein späteres Verhalten steht damit durchaus im Einklang. Er hat nie Ruhegehalt gefordert, auch im gegenwärtigen Rechtsstreit nicht, in welchem er Gehalt einklagt, weil er nicht rechtswirksam ausgeschieden sei. Daß er, wenn dieser Standpunkt falsch ist, aus seinem Beamtenverhältnis keine Ansprüche mehr gegen die Beklagte erheben kann, auch keine auf Ruhegehalt, sondern höchstens noch Schadensersatzansprüche gegen sie besitzt, hat er nie in Abrede gestellt. Daß später von verschiedenen Seiten, so vom Vorsitzenden des Verwaltungsrats der Beklagten und dann auch in den Verhandlungen des Untersuchungsausschusses des Landtags, von einem Pensionsverzicht des Klägers gesprochen worden ist, läßt nicht den Rückschluß zu, daß seine Erklärung vom 9. Januar 1925 in ihrem zweiten Satz unklar sei. Dabei ist es ohne Belang, ob es sich bei diesen Äußerungen anderer Personen um eine rechtlich ungenaue Ausdrucksweise oder um eine sachlich falsche Deutung der Erklärung gehandelt hat. Eine, wie es geboten, die gegebene Rechtslage berücksichtigende Auslegung des in diesem Zusammenhang allein in Frage kommenden zweiten Satzes beseitigt jede Unklarheit. Deshalb geht auch die Auffassung des Klägers fehl, es handle sich insoweit um eine das Revisionsgericht bindende Feststellung des Tatrichters.

Auf RGZ. Bd. 96 S. 302[1]) kann sich der Kläger nicht berufen. Der Fall lag in dem entscheidenden Punkt gerade anders als der gegenwärtige. Der damals klagende Beamte hatte um seine Dienstentlassung mit Pension gebeten. Obgleich er diesen Anspruch nicht in klarer Weise hatte fallen lassen, war er doch ohne Gewährung von Ruhegehalt entlassen worden. Hier dagegen hat der Kläger ausdrücklich erklärt, Pensionsansprüche nicht erheben zu wollen. Insoweit war sein Antrag völlig zweifelsfrei. In dem Urteil vom 3. Dezember 1929 III 54/29, abgedr. ZBR. Bd. 3 S. 133, hat übrigens der erkennende Senat sogar eine Entlassung ohne Ruhegehalt für wirksam erklärt, der ein Entlassungsantrag zugrunde lag, in dem die Ruhegehaltsfrage überhaupt nicht berührt worden war. Auch damals war, ebenso wie im gegenwärtigen Fall, sowohl nach der objektiven Rechtslage wie nach der Auffassung des Beamten und der Entlassungsbehörde kein Pensionsanspruch gegeben.

2. Das Berufungsgericht stellt den Grundsatz auf, daß in allen Fällen, in denen die Bestätigung eines mittelbaren Staatsbeamten bei seiner Ernennung stattgefunden habe, die Aufsichtsbehörde auch zur Mitwirkung bei der Auflösung des Beamtenverhältnisses berechtigt und verpflichtet sei. Daraus folgert es ebenfalls die Unwirksamkeit der Entlassung des Klägers, da sie die Zustimmung des Ministers für Volkswohlfahrt und des Finanzministers nicht erhalten habe. Ein Grundsatz dieses Inhalts ist indessen dem preußischen Rechte fremd.

---

[1]) In diesem Band S. 49.

§ 94 Preuß. ALR. II 10, der, soweit eine Sonderregelung fehlt, auch für die sog. mittelbaren Staatsbeamten gilt, bestimmt:

> Bei derjenigen Instanz, von welcher die Besetzung eines Amts abhängt, muß auch die Entlassung davon gesucht werden.

Das bedeutet nicht bloß, daß bei dieser Instanz, d. h. bei der Anstellungsbehörde, der Entlassungsantrag eingereicht werden muß, sondern auch, daß sie über ihn zu befinden hat. Die Ausübung des staatlichen Bestätigungsrechts ist aber keine Mitwirkung bei der Anstellung des Gewählten. Anstellungsbehörde ist bei Wahlbeamten nur die Behörde, welche sie wählt, nicht auch die Aufsichtsbehörde, welche die etwa vorgeschriebene staatliche Bestätigung erteilt. Eine Mitwirkung der letzteren bei der Entlassung eines von ihr bestätigten Beamten ist mithin nach dem Wortlaut von § 94 a. a. O. nicht geboten.

Es fehlt auch an inneren Gründen, die für eine weitere Auslegung der genannten Vorschrift, für eine Ausdehnung des Begriffs der Anstellungsbehörde sprächen. Die Bestätigung soll dem Staat ermöglichen, von Ämtern, die er nicht selbst besetzt, an deren Verwaltung er aber ein besonderes Interesse nimmt, Personen fernzuhalten, die ihm nicht als geeignet erscheinen, die ihm insbesondere nicht die Gewähr dafür bieten, daß sie bei ihrer Amtsführung die staatlichen Belange hinreichend berücksichtigen werden. Die Bestätigung bedeutet, daß von staatlichen Gesichtspunkten aus keine Bedenken gegen die Anstellung des Gewählten zu erheben sind. Dagegen hat der Staat kein wesentliches Interesse daran, einen Beamten im Dienst einer Gemeinde oder öffentlichen Körperschaft gegen deren Willen festzuhalten. Scheidet ein derartiger Beamter ohne Zutun des Staates aus, so bietet das Bestätigungsrecht die Handhabe, dafür zu sorgen, daß nur ein der zuständigen staatlichen Behörde genehmer Nachfolger an seine Stelle tritt. Das reicht aus, um die Fortführung des Amtes in einem Sinne zu sichern, wie er im Staatsinteresse als geboten erscheint. Den staatlichen Belangen wird damit ausreichend Genüge getan. Es geht also nicht an, aus dem Erfordernis der staatlichen Bestätigung der Wahl eines Beamten auf die Notwendigkeit der Bestätigung seiner Entlassung zu schließen.

Der erkennende Senat hat bereits in seinem Urteil vom 1. April 1902 III 473/01, abgedr. Gruch. Bd. 46 S. 1142, der Ansicht des damaligen Berufungsgerichts zugestimmt, daß die Kündigung allein der Amtsversammlung (die den damals klagenden Beamten gewählt hatte) zustehe, während der Landrat nur die Ernennung zu bestätigen gehabt habe. Auch das Preußische Oberverwaltungsgericht hat es abgelehnt, die Bestätigungsbehörde als Anstellungsbehörde anzusehen, und hat deshalb ihre Zustimmung zur Entlassung eines von ihr bestätigten Beamten für nicht erforderlich erklärt (OVG. Bd. 51 S. 52 und Bd. 53 S. 440). Die angeführten Entscheidungen beziehen sich allerdings sämtlich auf Kommunalbeamte. Und dieser Umstand hat das Berufungsgericht veranlaßt, für sie eine von der Regel abweichende Ausnahme anzunehmen, die in der Besonderheit des staatlichen Aufsichtsrechts über die Kommunalverbände begründet sei. Diese seien, so führt es aus, Selbstverwaltungskörperschaften und als solche in der Erledigung ihrer Angelegenheiten grundsätzlich selbständig. Das staatliche Bestätigungsrecht den von ihnen gewählten Beamten gegenüber sei ein Ausfluß des dem Staat allgemein zustehenden Aufsichtsrechts und solle deshalb nur verhindern, daß ungeeignete Persönlichkeiten zu Beamten gewählt würden. Die Rechtslage sei bei den sonstigen Körperschaften des öffentlichen Rechts anders. Ihrer bediene sich der Staat zur Erledigung zahlreicher und wichtiger staatlicher Geschäfte. Er benutze sie meist dazu, Tätigkeiten auf dem Gebiet der staatlichen Fürsorge den Erfordernissen des wirtschaftlichen Lebens stärker anzupassen. Außerdem sei er dann auch der wirtschaftliche Träger dieser Arbeit. Ihnen gegenüber müsse ihm deshalb ein weitergehendes Aufsichtsrecht zustehen als gegenüber Selbstverwaltungsverbänden.

Diesen Darlegungen kann nicht beigepflichtet werden. Es mag sein, daß der Staat bei den öffentlich-rechtlichen Körperschaften, die nur wirtschaftliche Ziele verfolgen, eines strafferen Aufsichtsrechts bedarf als bei den kommunalen Gebietskörperschaften. Die Bestätigung der Beamten solcher Körperschaften ist aber nur ein Mittel der Staatsaufsicht neben anderen. Diese kann also stärker betont werden, ohne daß eine Erweiterung des Bestätigungsrechts nötig wäre. Ganz besonders kann sich der Staat bei Körperschaften, an denen er geldlich beteiligt ist, auf anderem Wege den erforderlichen Einfluß verschaffen, wie er es z. B. gerade bei der Beklagten in der Satzung, die er ihr gegeben, dadurch getan hat, daß er sich das Recht gesichert hat, Vertreter in ihren Verwaltungsrat zu entsenden. Auch die Bestellung eines besonderen Staatskommissars (§ 35 Abs. 2 der Satzung) mag in diesem Zusammenhang erwähnt werden. Es kann deshalb nicht anerkannt werden, daß das Bestätigungsrecht des Staates bei den Beamten der öffentlich-rechtlichen Körperschaften von nichtkommunalem Charakter eine größere Tragweite haben müsse als bei Beamten der Gemeinden und Gemeindeverbände. Die vom Berufungsgericht angestellten allgemeinen Erwägungen zwingen nicht dazu, bei ersteren das Bestätigungsrecht über die Wahl hinaus auch auf die Entlassung zu erstrecken. Dazu bedürfte es einer gesetzlichen Grundlage, an der es indessen fehlt. Daß diese insbesondere nicht in § 94 ALR. II 10 zu finden ist, ergibt sich aus dem, was bereits über die Bedeutung dieser Vorschrift und die mit ihr verfolgten gesetzgeberischen Ziele gesagt worden ist.

Für die vom Kläger bekleidete Stelle eines Direktors der Beklagten ist keine Sonderregelung getroffen worden. Sie findet sich insbesondere nicht in der Satzung der Beklagten. ... (Wird näher ausgeführt.)

Der Satzung der Beklagten gegenüber kann es auf die vom Berufungsgericht für eine Sonderstellung des Klägers verwerteten Vorgänge bei dessen Anstellung nicht ankommen. Bei ihr haben der Finanzminister und der Minister für Volkswohlfahrt zwar in erheblichem Maße mitgewirkt, aber doch nur, weil sie den Aufbau der Beklagten in die Hand genommen hatten und daher auch für die Heranziehung von Persönlichkeiten, die zu ihrer Leitung geeignet waren, sorgen mußten, bis die Anstalt mit eigenen Organen ausgestattet war. Es braucht hier nur darauf hingewiesen zu werden, daß das die Anstellungsbedingungen des Klägers zusammenfassende Schreiben der beiden Minister vom 11. Juli 1922 datiert, während die Anstalt selbst erst durch Staatsministerialbeschluß vom 22. dess. Mts. errichtet worden ist. So hat der Kläger am 1. Sepember 1922 auch zunächst nur vorläufig die Geschäfte eines Direktors der Beklagten übernommen. Rechtlich ist er in ein Beamtenverhältnis zu ihr erst dadurch getreten, daß gemäß der Satzung der Verwaltungsrat ihn am 22. September 1922 zum Direktor gewählt hat und die Minister ihn am 30. dess. Mts. bestätigt haben. Enthielten die vorher liegenden Verhandlungen aber noch gar nicht die Anstellung des Klägers im Dienst der Beklagten, so sind sie auch für die Frage der Bestätigung seiner Entlassung ohne Bedeutung. Insbesondere lassen sie nicht, wie das Berufungsgericht meint, die Minister neben dem Verwaltungsrat als Anstellungsbehörde im Sinne von § 94 ALR. II 10 erscheinen. Dasselbe gilt von der Bürgschaft, die der Staat für einen Teil der Versorgungsbezüge des Klägers übernommen hat. Daß ihn die Beklagte nicht mit Ruhegehalt entlassen würde, ohne daß dafür die gesetzlichen Voraussetzungen vorlägen, dafür konnte der Preußische Staat durch die von ihm in den Verwaltungsrat der Beklagten entsandten Mitglieder sorgen, ohne dazu noch des Rechts zu bedürfen, seine Entlassung zu bestätigen.

Es kann deshalb dahingestellt bleiben, ob die mehrgenannten beiden Minister eine solche Bestätigung des Ausscheidens des Klägers wirklich vorgenommen haben. Die Rechtswirksamkeit seiner Entlassung hing nicht davon ab.

II. Das Berufungsgericht erklärt die Entlassung des Klägers weiter für unwirksam wegen des Vorliegens von Willensmängeln.

1. Es stellt allerdings nicht fest, daß der Kläger widerrechtlich durch Drohung zur Abgabe seiner Erklärung vom 9. Januar 1925 bestimmt worden sei, sondern unterstellt sogar die von der Beklagten behaupteten und unter das Zeugnis des Staatssekretärs Sch. gestellten Vorgänge als wahr: der Kläger habe sich nach langer Überlegung mit Sch. und C. zu dem Entschluß durchgerungen, es sei das Beste, wenn er seine Entlassung beantrage; dann sei er zur Niederschrift des Entlassungsantrags in einen Nebenraum geschickt worden. Diesen Vorgängen legt es aber kein entscheidendes Gewicht bei gegenüber denen, die sich im Anschluß daran in dem Nebenraum und in dem Zimmer des Ministerialdirektors C. abgespielt hätten. Aus dessen Aussagen ergebe sich, so führt das Kammergericht weiter aus, daß der Kläger das Entlassungsgesuch nicht in Ruhe

und mit dem Maß von Überlegung abgefaßt habe, das einer derart wichtigen, für sein ganzes ferneres Leben ausschlaggebenden Entscheidung angemessen gewesen sei. Der Kläger habe sich vielmehr in höchster seelischer Erregung befunden, die sich bei der Übergabe des Entlassungsantrags an C. dahin gesteigert habe, daß er vor diesem zusammengebrochen und in einen Weinkrampf verfallen sei. Zudem habe C. bei der Abfassung des Entlassungsgesuchs mehrfach auf den Kläger eingeredet und ihn veranlaßt, den zweiten Teil des ersten und den letzten Satz des Gesuchs niederzuschreiben. Der Zeuge C. habe weiter bestätigt, daß sich der Kläger dagegen gesträubt habe, in seine Erklärung einen irgendwie gearteten Verzicht auf Pensionsansprüche aufzunehmen. Aus alledem ergebe sich, daß die Willensbildung des Klägers bei der Abfassung des Antrages unter Umständen erfolgt sei, bei denen es Treu und Glauben widersprechen würde, wenn ihn die Beklagte an seinem auf diese Weise zustandegekommenen Gesuch festhielte. Denn die Fürsorgepflicht der Beklagten, als deren Vertreter C. in seiner Eigenschaft als Vorsitzender des Verwaltungsrats bei den Verhandlungen vom 9. Januar 1925 anzusehen sei, erschöpfe sich nicht darin, daß die Beklagte Handlungen zu unterlassen habe, welche geeignet seien, den Beamten zu schädigen. Sie gebiete ihr auch die Vornahme von Handlungen, die nötig seien, um den Beamten vor Nachteilen zu bewahren. Die Beklagte hätte deshalb das Entlassungsgesuch des Klägers nicht annehmen dürfen, sondern hätte es ihm wieder aushändigen und ihm anheimstellen müssen, es nach nochmaliger ruhiger Überprüfung erneut einzureichen. Ein Festhalten des Klägers an seinem Entlassungsantrag sei demnach mit Treu und Glauben nicht in Einklang zu bringen. Daraus folge nach der ständigen Rechtsprechung des Reichsgerichts, daß die Entlassung ohne weiteres rechtsunwirksam sei, ohne daß sie hätte angefochten zu werden brauchen.

Bei diesen Darlegungen hat der Vorderrichter wesentliche Tatumstände nicht berücksichtigt oder wenigstens nicht hinreichend geklärt. Letzteres gilt insbesondere von der Annahme, daß C. bei den Verhandlungen am 9. Januar 1925 als Vertreter der Beklagten in seiner Eigenschaft als Vorsitzender ihres Verwaltungsrats teilgenommen habe. Wenn er, der als Ministerialdirektor dem Staatssekretär Sch. unterstand, von diesem zu der Unterredung mit dem Kläger hinzugezogen wurde, so liegt zunächst jedenfalls die Annahme nahe, daß er, wie der Staatssekretär selbst, nur als Staatsbeamter tätig geworden ist. Diese Auffassung ist um so gebotener, als mit dem Kläger unstreitig die Möglichkeit der Einleitung eines Disziplinarverfahrens gegen ihn erörtert worden ist. Die Anordnung dieses Verfahrens stand aber nach § 25 Abs. 1 Satz 2 der Satzung der Beklagten nicht dem Verwaltungsrat, sondern der Aufsichtsbehörde, also gerade dem Minister für Volkswohlfahrt (§ 35 Abs. 1 das.) zu, dessen Vertreter und Beauftragte Sch. und C. waren. Inwiefern die Eigenschaft des letzteren als Vorsitzender des Verwaltungsrats damals zutage getreten ist, hätte also der näheren Begründung bedurft.

Der Berufungsrichter beurteilt aber auch das Verhalten von C. überhaupt zu ungünstig. Zu beachten ist, daß nach den bisher nicht widerlegten Behauptungen der Beklagten der Unterredung vom 9. Januar 1925 zahlreiche Verhandlungen des Klägers in dem Ministerium für Volkswohlfahrt über seine angeblichen Verfehlungen vorangegangen sind. Auch an dem genannten Tage ist nach dem Sachverhalt, den das Berufungsgericht als wahr unterstellt, kein Druck auf den Kläger ausgeübt worden, seinen Abschied einzureichen, sondern er hat sich erst nach längerer Überlegung mit Sch. und C. zu dem Entschluß durchgerungen. C. sah sich also einer wohlerwogenen Willensmeinung des Klägers gegenüber, als er ihm nunmehr behilflich war, seinen Entlassungsantrag in die gehörige Form zu bringen. Den wesentlichen Teil des ersten Satzes und damit des ganzen Gesuchs: „Ich beantrage hierdurch meine Entlassung als 1. Direktor der Preußischen Landespfandbriefanstalt" hat der Kläger sogar ganz allein niedergeschrieben. Auf Wunsch von C. hat er nur hinzugefügt: „und bitte, hiervon dem Herrn Minister für Volkswohlfahrt und dem Verwaltungsrat der Anstalt Kenntnis zu geben", Worte, die mehr von formeller als von sachlicher Bedeutung waren. Und auch der letzte Satz: „Pensionsansprüche erhebe ich nicht" beruht auf Erörterungen zwischen ihnen beiden. Dabei hat C. den Kläger nicht etwa veranlaßt, auf Pensionsansprüche zu verzichten, sondern nur, wie bereits dargelegt, darauf hingewirkt, daß die Rechtslage in diesem Punkt klargestellt wurde. Irgendwie zum Nachteil des Klägers hat C. ihn also bei den Verhandlungen, denen der Vorderrichter so wesentliches Gewicht beilegt, nicht beeinflußt. An seinem Verhalten kann deshalb, selbst unter Berücksichtigung seiner Eigenschaft als Vorsitzender des Verwaltungsrats der Beklagten, insoweit nichts beanstandet werden.

So bleibt nur übrig, daß sich der Kläger bei der Abfassung des Entlassungsgesuchs in großer Erregung befunden hat, ja sogar bei dessen Abgabe an C. in einen Weinkrampf verfallen ist. Solche Erregung war nur zu begreiflich. Bedeutete doch der vom Kläger gefaßte Entschluß die ruhmlose Beendigung einer verdienstvollen Beamtenlaufbahn mit allen sich an eine Beendigung dieser Art knüpfenden Einbußen an Ehre und Vermögen. Indessen geht es zu weit, wenn das Berufungsgericht der Beklagten einen Vorwurf daraus macht, daß sie das unter diesen Umständen zustandegekommene Entlassungsgesuch des Klägers angenommen hat. Mit Gemütsbewegungen sind solche Vorgänge für die von ihnen betroffenen Beamten stets verbunden. Soweit sie nicht deren freie Willensbestimmung beeinträchtigen, können sie, wenn überhaupt, so doch jedenfalls nur in Ausnahmefällen die rechtliche Bedeutung der unter ihrem Einfluß abgegebenen Erklärungen beeinträchtigen. Ein solcher Ausnahmefall kann aber nach den bisherigen Feststellungen des Berufungsgerichts, wie sie im Vorstehenden gewürdigt worden sind, nicht als vorliegend anerkannt werden. Hinzuzufügen ist insoweit dem bereits Gesagten nur noch, daß der Kläger seine Entlassung erst am 30. Januar

1925 vom Verwaltungsrat der Beklagten erhalten hat. Er hatte also noch drei Wochen Zeit, sich den von ihm am 9. Januar gefaßten Entschluß in seiner Tragweite zu überlegen. Bis zur Annahme seines Entlassungsgesuchs durch die Beklagte konnte er es noch jederzeit zurückziehen, worüber er sich als höherer, rechtlich vorgebildeter Beamter im klaren gewesen sein wird. Zum mindesten durfte die Beklagte damit rechnen, daß er es war, so daß sie ihn auch nicht etwa auf diese Möglichkeit hinzuweisen brauchte. Wenn er gleichwohl den jetzt von ihm als übereilt bezeichneten Schritt in jener geräumigen Frist nicht zurückgenommen hat, so kann er die Verantwortung dafür nicht auf die Beklagte abwälzen.

Die Annahme des Berufungsgerichts, daß die Beklagte den Kläger unter Verstoß wider Treu und Glauben und deshalb zu Unrecht an seinem Entlassungsantrag vom 9. Januar 1925 festhalte, entbehrt sonach der Begründung. Es bedarf deshalb auch keiner grundsätzlichen Erörterung der Frage mehr, ob nicht die Ansicht des Kammergerichts überhaupt zu weit geht, daß jede Entlassung eines Beamten unwirksam sei, wenn die Annahme seines Entlassungsantrags wider Treu und Glauben verstoße.

2. Das Berufungsgericht sieht die Entlassung des Klägers aber auch deshalb als fehlerhaft an, weil beide Parteien, d. h. der Kläger und der Verwaltungsrat der Beklagten, bei Abgabe ihrer Erklärungen von der irrtümlichen Auffassung ausgegangen seien, daß der Beklagten durch die angeblich satzungswidrigen Geschäfte des Klägers ein Millionenschaden entstehen werde. Insbesondere sei, so führt das Kammergericht aus, auch der Kläger bei der Aussprache am 9. Januar 1925 der Ansicht gewesen, daß er tatsächlich einen Schaden verursacht habe, der ihn zur Amtsniederlegung zwinge. Der Kläger habe zwar damals immer betont, es sei für die von ihm gewährten Kredite eine ausreichende dingliche Sicherung vorhanden, so daß kein Schaden entstehen werde. Indessen folge daraus nicht, daß er völlig davon überzeugt gewesen sei, ein Schaden für die Beklagte werde nicht eintreten. Denn der Schaden sei ja auch nur durch die im Januar 1925 noch nicht zu übersehende Entwicklung des Grundstücksmarkts in den Jahren 1925 und 1926 vermieden worden. In diesen Jahren hätten nämlich die Grundstückspreise sehr erheblich angezogen. Wäre die umgekehrte Entwicklung eingetreten, so wäre es durchaus möglich gewesen, daß die Beklagte bei den Geschäften des Klägers erhebliche Verluste erlitten hätte. Angesichts der im Zeitpunkt der Unterredung bestehenden Ungewißheit darüber, ob ein Schaden entstehen werde, könne es aber dem Kläger geglaubt werden, daß er, als Sch. und C. von einem Millionenschaden gesprochen hätten, auch seinerseits zu der Auffassung gelangt sei, daß sich tatsächlich ein solcher Schaden ergeben werde. Ein unmittelbarer Verlust für die Beklagte sei nun aber als Folge der beanstandeten Kreditgeschäfte nicht eingetreten. Sie behaupte allerdings, mittelbar geschädigt worden zu sein, indem die Abwicklung der fraglichen Kreditgeschäfte sie in ihrer satzungsmäßigen Tätigkeit behindert habe, und indem ferner durch die vom Kläger ver-

schuldeten Vorgänge ihr Kredit derart erschüttert worden sei, daß ihre wirtschaftliche Weiterentwicklung auf das empfindlichste beeinträchtigt worden sei. Auf diesen angeblichen weiteren Schaden komme es aber, so meint der Berufungsrichter, nicht an, denn es lägen keinerlei Anhaltspunkte dafür vor, daß der Verwaltungsrat der Beklagten oder wenigstens sein Vorsitzender C. unter dem Schaden, mit dem sie gerechnet hätten, außer den unmittelbaren Verlusten aus den vom Kläger geschlossenen Geschäften auch solche mittelbaren, durch die Auseinandersetzungen in der Öffentlichkeit bedingten Schädigungen der Beklagten verstanden hätten. Sicherlich habe aber der Kläger auf Grund der Ausführungen des Staatssekretärs Sch. nur mit einem unmittelbaren Schaden gerechnet. Deshalb komme es schließlich nicht darauf an, ob C. und der Verwaltungsrat auch an mittelbare Einbußen der Beklagten gedacht hätten. Denn auch ein einseitiger Irrtum des Klägers über das Vorliegen einer in Wirklichkeit später nicht eingetretenen unmittelbaren Schädigung der Beklagten reiche aus, um seine Entlassung ohne Anfechtungserklärung und ohne Wahrung der Fristen des bürgerlichen Rechts nichtig zu machen. Die Unwirksamkeit der Entlassung ergebe sich wiederum aus den Gesichtspunkten von Treu und Glauben, die es der Beklagten verböten, den Kläger an einem unter irrtümlichen Voraussetzungen abgegebenen Entlassungsantrag festzuhalten. Der Beklagten könne auch darin nicht zugestimmt werden, daß im öffentlichen Recht ebenso wie im bürgerlichen Recht ein Irrtum im Beweggrund, um welchen es sich im vorliegenden Fall handle, rechtlich bedeutungslos sei. Nach RGZ. Bd. 126 S. 243[2]) genüge mit Rücksicht auf die Fürsorgepflicht des Staates auch ein Irrtum im Beweggrund, um die auf ihm beruhende Erklärung nichtig zu machen, wenn sie einen Verzicht auf Rechte enthalte, den der Beamte ohne diesen Irrtum nicht erklärt haben würde. Dies sei aber für den vorliegenden Fall anzunehmen.

Gegen diese Ausführungen des Berufungsgerichts ist zunächst das folgende Bedenken zu erheben: Nach seiner Annahme sind die vom Kläger geschlossenen Geschäfte, die zu dessen Ausscheiden Anlaß gegeben haben, nur infolge einer im Januar 1925 noch nicht vorauszusehenden Entwicklung des Grundstücksmarkts ohne Verluste für die Beklagte abgelaufen. Die Grundstückspreise sind in den folgenden Jahren erheblich in die Höhe gegangen, während bei der umgekehrten Entwicklung möglicherweise eine Schädigung der Beklagten eingetreten wäre. Letzterenfalls würde also bei einer rückschauenden Betrachtung, wie sie das Berufungsgericht vorgenommen hat, kein Irrtum der Beteiligten vorliegen. Der Willensmangel, aus dem das Berufungsgericht die Nichtigkeit der Entlassung des Klägers ableitet, müßte dann verneint werden. Nach der Auffassung des Vorderrichters hing also die Gültigkeit der Entlassung des Klägers von der künftigen Gestaltung der Grundstückspreise in

[2]) In diesem Band S 134.

Deutschland ab. Stiegen sie, so war seine Entlassung wegen Irrtums unwirksam; fielen sie, so war sie wirksam. Daß das ein rechtlich unhaltbares Ergebnis ist, betont die Revision mit Recht. Es braucht nur hervorgehoben zu werden, daß, wenn es zuträfe, die Beklagte den Posten ihres ersten Direktors erst nach der lange Zeit erfordernden Abwicklung der beanstandeten Geschäfte hätte wieder besetzen können, sofern sie sich nicht der Gefahr doppelter Gehaltszahlung — an den Kläger und an seinen Nachfolger — aussetzen wollte. Auch von seinem Standpunkt aus durfte das Berufungsgericht bei Beurteilung der Frage, ob sich die Beteiligten geirrt haben, nur den Zeitpunkt des Austausches der beiderseitigen Erklärungen, also den Januar 1925, zugrunde legen. Es mußte feststellen, ob in diesem Zeitpunkt bei verständiger Würdigung der Sachlage die Geschäfte, um die es sich handelte, als verlustbringend anzusehen waren oder nicht.

Der Vorderrichter mißt nun aber im vorliegenden Fall dem Irrtum überhaupt eine viel zu weitgehende Bedeutung bei. Das tritt besonders zutage in seinen einen e i n s e i t i g e n Irrtum des Klägers unterstellenden Ausführungen. Der Satz, im öffentlichen Recht genüge mit Rücksicht auf die Fürsorge des Staates auch ein Irrtum im Beweggrund, um die auf ihm beruhende Erklärung eines Beamten nichtig zu machen, wenn sie einen Verzicht auf Rechte enthalte, den der Beamte ohne diesen Irrtum nicht erklärt haben würde, findet in der dafür angezogenen Entscheidung in RGZ. Bd. 126 S. 243[2]) keine Stütze. In dem damals entschiedenen Fall befanden sich b e i d e Teile, Beamter und Behörde, in einem Irrtum. Für den zunächst zu behandelnden Fall des einseitigen Irrtums eines Beamten ist das Urteil also überhaupt nicht zu verwerten. Daß es gegen Treu und Glauben verstieße, wenn die Anstellungsbehörde einen Beamten an seinem Entlassungsantrag festhielte, bei dessen Stellung auf seiner Seite — und zwar nur auf seiner Seite — ein auch nicht etwa von der Behörde verschuldeter Irrtum im Beweggrund vorgelegen habe, hat das Reichsgericht bisher nicht ausgesprochen. In den Fällen, in denen sich ein Beamter der von seiner Behörde verfügten Entlassung unterworfen hatte, weil er sie irrtümlich für rechtsgültig hielt, hat der erkennende Senat allerdings ein rechtswirksames Ausscheiden des Beamten aus dem Dienste verneint, so z. B. in den Urteilen vom 29. April 1930 III 253/29, abgedr. JW. 1930 S. 2216 Nr. 9, HöchstRspr. 1930 Nr. 1384, DRZ. 1930 Nr. 466, und vom 17. Oktober 1930 III 407/29, abgedr. JW. 1932 S. 491 Nr. 19, Gruch. Bd. 71 S. 652, HöchstRspr. 1931 Nr. 243. Der tragende Entscheidungsgrund war hier aber nicht die Anerkennung eines Irrtums im Beweggrund, sondern verneint wurde nur, daß in dem Verhalten des Beamten ein wirklicher Antrag auf Entlassung oder eine unzweideutige Zustimmung zu ihr gelegen habe. Ein Irrtum des Erklärenden kann auch im öffentlichen Recht, soweit er auf diesem Rechtsgebiet überhaupt beachtlich ist, jedenfalls nur in den Grenzen des § 119 BGB. berücksichtigt werden. Diese Vorschrift verleiht insoweit einem allgemeinen, über das Gebiet des bürgerlichen Rechts hinaus geltenden Rechtsgedanken Ausdruck, wie denn auch gerade im öffentlichen Recht von der unverzüglichen Geltendmachung eines Irrtums (vgl. § 121 Abs. 1 BGB.) nicht wird abgesehen werden dürfen. Nur wenn der Irrtum des Beamten durch ein Verschulden seiner vorgesetzten Behörde hervorgerufen oder verstärkt worden ist, kann von dem Gesichtspunkt der Amts- oder Fürsorgepflichtverletzung aus eine andere Beurteilung geboten sein. Dafür fehlt es aber bisher im vorliegenden Fall an genügenden Feststellungen.

Aber auch soweit ein beiderseitiger Irrtum, ein Irrtum sowohl des Klägers wie des Verwaltungsrats der Beklagten, in Frage kommt, verkennt das Berufungsgericht die Tragweite des von ihm angeführten Urteils RGZ. Bd. 126 S. 243[2]). Der erkennende Senat hat in dieser Entscheidung keineswegs jeden Irrtum im Beweggrund für beachtlich erklärt, wenn ihm nur beide an der Entlassung des Beamten beteiligten Parteien unterlegen sind. Es handelte sich damals um einen Irrtum über die Dauer der Anstellung des klagenden Beamten: die Stadtgemeinde hatte ihn, wie er sich selbst, für einen kündbaren Beamten gehalten, während er in Wahrheit lebenslänglich angestellt war. Der Irrtum betraf also den Inhalt seines Beamtendienstverhältnisses. Nur auf einen solchen Irrtum bezieht sich jenes Urteil. Es hat nicht etwa jede Entlassung eines Beamten für unwirksam erklären wollen, bei der beide Teile übereinstimmend von irgendwelchen unrichtigen Voraussetzungen ausgegangen sind. In späteren Entscheidungen hat der Senat den Grundgedanken des genannten Urteils dahin gefaßt: es verstößt gegen Treu und Glauben, wenn die Anstellungsbehörde den Beamten an einer Erklärung festhält, die er unter einem von ihr geteilten Irrtum über die objektive Grundlage des zwischen ihnen bestehenden Rechtsverhältnisses abgegeben hat (Urteile vom 10. Januar 1930 III 79/29, vom 29. April 1930 III 254/29 und vom 28. Oktober 1932 III 60/32). Darüber hinaus können Erklärungen des Beamten, die auf seine Entlassung hinzielen, nicht schon deshalb als unwirksam behandelt werden, weil er dazu durch einen von seiner Behörde geteilten Irrtum bewogen worden ist. Ein Irrtum der vorstehend gekennzeichneten besonderen Art ist hier aber bisher nicht ersichtlich. ...

RGZ. 141, 385

1. Zum Umfang und Inhalt der Fürsorgepflicht des Staates und der öffentlichen Körperschaften gegenüber ihren Beamten.

2. Ist der Beamte verpflichtet, bei Fürsorgepflichtverletzungen, die ihm gegenüber begangen werden, seine Belange durch Beschwerde zu wahren?

Muß er sich hierbei ein Verschulden derjenigen Personen entgegenhalten lassen, deren er sich zur Wahrnehmung seiner Rechte bedient?

BGB. §§ 254, 618[1]).

III. Zivilsenat. Urt. v. 20. Juni 1933 i. S. 1. L. (Kl.) 2. Reichsverband Deutscher Kriegsbeschädigter und Kriegshinterbliebener e. V. (Neb.Int.) w. Deutsche Reichsbahn-Gesellschaft (Bekl.). III 5/33.

I. Landgericht Wuppertal. II. Oberlandesgericht Düsseldorf.

Der Kläger wurde am 15. November 1911 als Hilfsheizer bei der Rechtsvorgängerin der Beklagten eingestellt. Am 14. Oktober 1914 wurde er der Militär-Eisenbahndirektion I in Lille überwiesen. Ende 1915 wurde er wegen eines Magenleidens behandelt und am 21. Februar 1916 nach längerer erfolgloser Behandlung in die Heimat entlassen. Am 1. November 1916 wurde er als Lokomotivheizer eingestellt. Da sein Magenleiden fortdauerte, stellte er am 28. Oktober 1920 bei dem Versorgungsamt in S. einen Antrag auf Gewährung von Versorgungsbezügen. In diesem Rentenverfahren füllte der Vorsteher der Eisenbahn-Betriebswerkstätte in O., welcher der Kläger unterstand, unter dem 9. November 1290 einen Fragebogen aus, den das Versorgungsamt an den Bürgermeister von O. geschickt und den dieser an die Betriebswerkstätte weitergeleitet hatte. Die Frage, ob der Kläger bereits vor dem Kriege magenleidend gewesen sei, wurde in dem Fragebogen dahin beantwortet, daß er ein Magenleiden gehabt habe. Ferner wurde auf die Frage, worauf sich diese Ermittlungen stützten, angegeben: „Aus den Personalpapieren". Nach dem Gutachten vom 24. Oktober 1921 in den Rentenakten des Versorgungsamts in So. wurde bei dem Kläger ein veraltetes Magenleiden festgestellt, dessen Folgen durch Operation beseitigt seien. Am 26. Oktober 1921 erhielt er daraufhin den Bescheid, daß ihm keine Rente gewährt werden könne, weil seine Erwerbslosigkeit 15 % nicht erreiche.

Im Juli 1925 stellte der Kläger erneut einen Antrag auf Versorgungsrente. Dieser wurde durch Bescheid des Versorgungsamtes in So. vom 6. August 1925 ebenfalls abgelehnt mit der Begründung, daß die durch den Kriegsdienst hervorgerufene Verschlimmerung des Magenleidens des Klägers, das schon vor seiner Einziehung bestanden habe, vollständig beseitigt worden sei. Der Bescheid enthielt den ausdrücklichen Hinweis, daß der Kläger innerhalb eines Monats das Rechtsmittel der Berufung einlegen könne. Der Kläger hatte mit seiner Vertretung vor dem Versorgungsamt den Reichsverband Deutscher Kriegsbeschädigter und Kriegshinterbliebener e. V. in Berlin (den Nebenintervenienten) beauftragt. Diesem schrieb er nach seiner Darstellung am 4. September 1925, unverständlich sei ihm, daß ein Vorkriegsleiden vorgelegen haben solle,

[1]) Vgl. jetzt § 79 BBG. und § 36 DBG.

da er doch an keinem gelitten habe; er müsse vollkommen gesund gewesen sein, da er im Jahre 1911 vor Antritt der Beamtenlaufbahn ärztlich genau untersucht worden sei. Ein Rechtsmittel gegen den Bescheid vom 6. August 1925 legte indessen weder der Reichsverband noch der damals nach seiner Behauptung schwer kranke Kläger selbst ein.

Im März 1929 nahm der Kläger Einsicht in seine Rentenakten und stellte dabei die angeblich unrichtige Ausfüllung des Fragebogens vom Jahre 1920 fest. Er brachte nunmehr im April 1929 unter Berufung auf die falsche Beantwortung des Fragebogens und auf eine weitere Verschlimmerung seines Leidens nochmals einen Antrag auf Gewährung von Versorgungsrente an. Hierauf wurde ihm mit Wirkung vom 1. April 1929 eine Rente in Höhe von 50 % bewilligt.

Der Kläger behauptet, die Betriebswerkstätte in O. habe den Fragebogen am 9. November 1920 schuldhaft falsch beantwortet. Er sei vor dem Kriege nie magenkrank gewesen. Die Beklagte habe durch diese falsche Auskunft ihre ihm gegenüber obliegende Fürsorgepflicht verletzt und sich gleichzeitig einer Amtspflichtverletzung schuldig gemacht. Auf Grund dieser Auskunft sei sein Rentenanspruch im Jahre 1925 abgelehnt worden. Er habe einen Schaden von etwa 1500 RM. dadurch erlitten, daß seinem Rentenanspruch nicht schon im Jahre 1925 stattgegeben worden sei. Von dieser Summe klagt er einen Teilbetrag ein.

Die Beklagte hat bestritten, daß schuldhaft eine falsche Auskunft erteilt worden sei. Der Kläger habe den ihm möglicherweise entstandenen Schaden auch selbst dadurch in sehr hohem Maße mit verursacht, daß er oder sein Beauftragter, der Reichsverband, gegen den Bescheid des Versorgungsamts in So. vom 6. August 1925 kein Rechtsmittel eingelegt und nicht die Versorgungsakten früher eingesehen hätten.

Das Landgericht hat die Klage abgewiesen. Berufung ist sowohl von dem Reichsverbande als Nebenintervenienten — ihm hatte der Kläger in der ersten Instanz den Streit verkündet — als auch vom Kläger selbst eingelegt worden. Das Oberlandesgericht hat jedoch beide Berufungen zurückgewiesen. Die vom Nebenintervenienten eingelegte Revision führte zur Aufhebung des Berufungsurteils und zur Zurückverweisung der Sache in die Vorinstanz.

Aus den Gründen:

Die Klage ist gestützt sowohl auf Verletzung der Fürsorgepflicht als auch auf Amtspflichtverletzung (Art. 131 RVerf. in Verb. mit § 839 BGB.).

Der Berufungsrichter hat aus beiden Gesichtspunkten der Klage den Erfolg versagt. Seine Ausführungen zur zweiten Klagebegründung (Amtspflichtverletzung) sind rechtlich nicht zu beanstanden. . . . (Wird näher dargelegt.) Dagegen muß die Revision hinsichtlich der Ablehnung der ersten Klagebegründung (Verletzung der Fürsorgepflicht) durchdringen.

Der Berufungsrichter hat insoweit die Klage für nicht schlüssig erachtet. Zwar sei, so führt er aus, der Regelung des § 618 BGB. der allgemeine Rechtsgedanke zu entnehmen, daß dem Staat und den öffentlichen Verbänden ihren Beamten gegenüber eine Fürsorgepflicht obliege, deren Außerachtlassung eine Schadensersatzpflicht nach sich ziehe. Diese allgemeine Fürsorgepflicht des Staates beziehe sich jedoch nur auf das eigene Dienstverhältnis der Beamten und die aus diesem Dienstverhältnis unmittelbar zwischen Staat und Beamten sich ergebenden Beziehungen. Eine weitergehende Fürsorgepflicht sei auch in der Rechtsprechung des Reichsgerichts nicht anerkannt worden. Im vorliegenden Fall handle es sich nicht um die Verletzung einer unmittelbar aus dem Beamtenverhältnis entspringenden Beziehung. Der Fragebogen sei von dem Versorgungsamte nicht einmal unmittelbar der Rechtsvorgängerin der Beklagten übersandt, sondern von dem Bürgermeister von O. an die dortige Betriebswerkstätte weitergeleitet worden. Man habe ihn dort in einer Art Rechtshilfeverfahren, das unter Behörden üblich sei, beanwortet. Diese Beantwortung sei nicht erfolgt in Erfüllung von Verpflichtungen, die der Rechtsvorgängerin der Beklagten auf Grund des Beamtenverhältnisses dem Kläger gegenüber obgelegen hätten.

Nicht ohne Grund rügt die Revision, daß der Berufungsrichter der dem Staat und anderen Gemeinwesen ihren Beamten gegenüber obliegenden Fürsorgepflicht im Hinblick auf den hier zu beurteilenden Tatbestand eine zu enge Deutung gegeben habe.

Es handelt sich, wie auch der Berufungsrichter nicht verkennt, bei der Anwendung des dem § 618 BGB. zugrunde liegenden Rechtsgedankens keineswegs um eine entsprechende Anwendung, sondern, wie der erkennende Senat mehrfach hervorgehoben hat, um die Anwendung einer öffentlichen Rechtsregel, die auf einem allgemeinen Rechtsgedanken fußt, der, wie er für das Privatrecht in § 618 BGB. ausgeprägt ist, schon in Ausfüllung einer Lücke des positiven öffentlichen Rechts auch das öffentlich-rechtliche Beamtenverhältnis beherrschen muß. Dieser Rechtsgedanke, den die Rechtsprechung schöpferisch in das öffentliche Recht eingeführt hat, ist nach seiner inneren Eigenart und seinen Erfordernissen, also unabhängig vom Inhalt des § 618 BGB., zu entwickeln und anzuwenden (vgl. hierzu RGZ. Bd. 97 S. 43[2]); RGUrt. v. 18. September 1931 III 419/30, abgedr. HöchstRspr. 1932 Nr. 277, ZBR. Bd. 4 S. 218 und öfter). Für die Entwicklung und Anwendung des Fürsorgegedankens im öffentlichen Beamtenrecht muß entscheidend sein die überragende Machtstellung, welche der Staat gegenüber seinen Beamten einnimmt und welche damit die Verpflichtung des Staates in sich schließt, die Rechte und Interessen seiner Beamten auch im Verhältnis zu ihm selbst zu berücksichtigen und zu wahren. Denn der Staat steht seinen Beamten

[2]) In diesem Band S. 52.

nicht gegenüber wie ein wirtschaftlicher Verband, der nur seine eigenen Interessen verfolgt und innerhalb der durch die Gesetze und die guten Sitten gebotenen Schranken auch verfolgen darf. Wie der Beamte seine volle Arbeitskraft dem Staate widmen muß, dem gegenüber er auch im Innenverhältnis zur vollen Treue verpflichtet ist, so ist der Staat und damit jeder Vorgesetzte gemäß der ihnen obliegenden Fürsorgepflicht gehalten, die untergebenen Beamten mit Gerechtigkeit zu behandeln, ihnen die Erfüllung ihrer Dienste nach Möglichkeit zu erleichtern und in dieser Beziehung alles zu vermeiden, was für das Weiterkommen des Beamten von Nachteil sein könnte. Es kann nun dahingestellt bleiben, wieweit diese Fürsorgepflicht bei der Wahrnehmung mehr persönlicher Belange des Beamten reicht. Jedenfalls ist im vorliegenden Fall anzunehmen, daß die Fürsorgepflicht des dem Kläger vorgesetzten Vorstehers der Betriebswerkstätte auch die wahrheitsmäßige Beantwortung des Fragebogens umfaßte. Die Beklagte hat selbst vorgetragen, daß Personalpapiere über den Kläger nicht geführt worden waren. Der Vorsteher gab somit über den Kläger eine unrichtige dienstliche Erklärung ab, indem er die Frage, ob dieser bereits vor dem Kriege magenleidend gewesen sei, unter Berufung auf Personalpapiere des Klägers bejahte. Damit verletzte er die ihm seinem Untergebenen, dem Kläger, gegenüber obliegende Fürsorgepflicht.

Vergeblich beruft sich der Vorderrichter auf die Entscheidung des erkennenden Senats vom 4. Juli 1930 III 270/29, abgedr. JW. 1931 S. 47 Nr. 12 und ZBR Bd. 3 S. 222. Hier hat der Senat einer auf ein schuldhaft erstattetes Gutachten eines Stadtarztes gestützten Schadensersatzklage aus dem Gesichtspunkt der Amtspflichtverletzung (Art. 131 RVerf., § 839 BGB.) stattgegeben, damit aber keineswegs die Möglichkeit einer Verletzung der öffentlichen Fürsorgepflicht verneint. In jenem Falle bedurfte es keiner Prüfung in dieser Richtung, da die Klage ohnehin begründet war.

Allerdings hat das Landgericht der Klage den Erfolg auch aus dem Gesichtspunkt der Fürsorgeverpflichtung deshalb versagt, weil den Kläger ein überwiegendes Verschulden treffe. Einmal konnte jedoch mangels Feststellung einer Verletzung der Fürsorgepflicht durch die Rechtsvorgängerin der Beklagten und die ihr unterstellten Beamten der Betriebswerkstätte, für welche sie gemäß dem auch das öffentliche Recht beherrschenden, dem § 278 BGB. zugrunde liegenden Rechtsgedanken einzutreten hat, . . . keine Abwägung des beiderseitigen Verschuldens stattfinden. Sodann ist vorliegend aber auch zu berücksichtigen, daß das Verschulden des vom Kläger beauftragten Reichsverbandes jedenfalls als geringer erscheinen muß.

Der Berufungsrichter hat die Abwägung mit dem dem Nebenintervenienten zur Last fallenden Verschulden in dieser Beziehung unterlassen, da er die Frage nur aus dem Gesichtspunkt der unerlaubten

Handlung geprüft hat. Es ist nun zu berücksichtigen, daß durch das Treueverhältnis des Beamten gegenüber dem Staate oder dem öffentlichen Verbande auch eine Verpflichtung des Beamten begründet wird, seinerseits alles zu tun, um seine eigenen Belange zu fördern. Er hat daher auch die Verpflichtung, seinen etwaigen Beschwerden oder Rechtsmitteln den nötigen Nachdruck zu verleihen, der allein zur Abhilfe führen kann (vgl. RGUrt. vom 28. Oktober 1932 III 2/32). Der Beamte muß sich somit auch ein Verschulden derjenigen Personen entgegenhalten lassen, deren er sich zur Erfüllung dieser ihm obliegenden Verpflichtungen bedient, der Kläger hier also das des Reichsverbandes. Es braucht daher nicht darauf eingegangen zu werden, ob es sich um die Abwendung oder Minderung eines Schadens im Sinne des § 254 Abs. 2 BGB. handelt; dieser Gesichtspunkt kann erst nach Eintritt des schadenstiftenden Ereignisses rechtliche Bedeutung erlangen. Eine Abweisung der Klage wegen überwiegenden, vom Kläger zu vertretenden Selbstverschuldens kommt indessen noch nicht in Frage. Sonach muß auf Aufhebung und Zurückverweisung erkannt werden.

RGZ. 141, 394

Steht das hamburgische Gesetz zur Herabsetzung der Altersgrenze vom 28. August 1931 in Widerspruch mit Art. 129 Abs. 1 Satz 3 RVerf. und mit den Grundsätzen, welche die Rechtsprechung des Reichsgerichts über die Zulässigkeit der Bestimmung von Altersgrenzen aufgestellt hat?

III. Zivilsenat. Urt. v. 12. Juli 1933 i. S. H. (Kl.) w. Hamburger Staat (Bekl.). III 57/33.

I. Landgericht Hamburg. II. Oberlandesgericht daselbst.

Der Kläger war als Lehrer im hamburgischen Staatsdienst angestellt. Durch Schreiben der Landesschulbehörde vom 19. Oktober 1931 wurde ihm mitgeteilt, daß er auf Grund des Art. 1 des hamburgischen Gesetzes zur Herabsetzung der Altersgrenze vom 28. August 1931 (Hamb. GuVoBl. S. 225) wegen Vollendung des 63. Lebensjahres mit Ablauf des 30. November 1931 in den Ruhestand zu treten habe, während dieser Fall nach den bis dahin geltenden gesetzlichen Bestimmungen erst zum 31. August 1933 eingetreten wäre. Der Kläger hält die Festsetzung der Altersgrenze auf das 63. Lebensjahr für eine Verletzung wohlerworbener Rechte nach Art. 129 RVerf. und verlangt mit der Klage die Unterschiedsbeträge zwischen Gehalt und Ruhegehalt für die Monate Dezember 1931 und Januar 1932. Zur Begründung der Klage und seiner Behauptung, daß die Herabsetzung der Altersgrenze nicht den allgemeinen Erfahrungen des Lebens entspreche, hat der Kläger geltend gemacht, daß seit dem 1. Mai 1932 von zwanzig Volksschullehrern, die das 63. Lebensjahr überschritten hätten, nur zwei in den Ruhestand versetzt worden seien, und zwar auf ihren eigenen Wunsch, daß die anderen dagegen im Dienst verblieben seien.

Der verklagte Staat hält das neue Altersgrenzengesetz für rechtsgültig. Er hat erklärt, bis zum 31. März 1933 habe allerdings das Ausscheiden von Volksschullehrern tunlichst vermieden werden sollen, weil damals eine besonders hohe Schülerzahl vorhanden gewesen sei. Dagegen hat er die weitere Behauptung des Klägers bestritten, die Verhältnisse lägen bei allen hamburgischen Beamten ebenso und die in dem Gesetz vom 28. August 1931 vorgesehene Ausnahme sei derart zur Regel geworden, daß die Beamten im allgemeinen nicht bei der Vollendung des 63. Lebensjahres in den Ruhestand versetzt würden.

In den beiden vorderen Rechtszügen ist die Klage abgewiesen worden. Die Revision des Klägers führte zur Aufhebung des Berufungsurteils und zur Zurückverweisung der Sache an die Vorinstanz.

Gründe:

Die grundlegende Entscheidung des erkennenden Senats vom 14. März 1922 (RGZ. Bd. 104 S. 58[1]), in der das preußische Altersgrenzengesetz vom 15. Dezember 1920 (GS. S. 621) als nicht gegen Art. 129 Abs. 1 Satz 3 RVerf. verstoßend und daher als rechtsgültig anerkannt wurde, hat als allgemeinen Rechtsgrundsatz für die Zulässigkeit von Altersgrenzen aufgestellt, die Bestimmung des Lebensalters, bei dessen Eintritt die Beamten regelmäßig nicht mehr voll dienstfähig seien, ihre Dienstunfähigkeit also zu unterstellen sei, müsse notwendig der allgemeinen Lebenserfahrung angepaßt sein, wann bei den meisten Beamten eine Unfähigkeit zur Erfüllung ihrer Amtspflichten infolge Nachlassens ihrer körperlichen oder geistigen Kräfte einzutreten pflege. Sei dies nicht geschehen, so sei darin nicht die Bestimmung einer Altersgrenze zu finden, und ein solches Gesetz, das nur den Namen eines Altersgrenzengesetzes führe, in Wahrheit aber einen anderen Charakter trage, sei verfassungswidrig. Damit sind zugleich die Grenzen abgesteckt, innerhalb deren eine richterliche Nachprüfung der Maßnahmen des Landesgesetzgebers in ihrem Verhältnis zu dem reichsverfassungsrechtlichen Schutze der wohlerworbenen Beamtenrechte statthaft ist. Während es im allgemeinen Sache des pflichtmäßigen, nicht nachprüfbaren Ermessens der gesetzgebenden Gewalt ist, die Altersgrenze festzusetzen, die nach den allgemeinen Erfahrungen des Lebens für das Ausscheiden der Beamten aus dem aktiven Dienst angemessen ist, steht den ordentlichen Gerichten das Recht der Nachprüfung für die Frage zu, ob der Gesetzgebungsakt einen Ermessensmißbrauch und damit eine Verletzung von Beamtenrechten darstellt, die durch die Reichsverfassung geschützt sind.

Wendet man nun die Rechtsgrundsätze und Richtlinien des angeführten Reichsgerichtsurteils auf den vorliegenden Tatbestand an, so kann

[1]) In diesem Band S. 57.

der Revision der Erfolg nicht versagt werden. In der eine amtliche Begründung zu dem Altersgrenzengesetz darstellenden Mitteilung Nr. 98 des Hamburger Senats an die Bürgerschaft vom 19. August 1931 (Verhandl. zwischen Senat und Bürgerschaft S. 211) wird wörtlich ausgeführt:

> Vor wenigen Tagen hat der Senat bereits durch amtliche Verlautbarung im einzelnen die Gründe dargelegt, die ihn vor die Notwendigkeit wirksamer Sparmaßnahmen stellen, um die laufenden Einnahmen mit den Ausgaben in Einklang zu bringen. Die unvermeidliche Einschränkung der Personalausgaben bedingt in erster Linie eine zahlenmäßige Verminderung des Bestandes an Beamten und Angestellten unter besserer Ausnutzung der verbleibenden Kräfte. Die mildeste Form eines solchen Personalabbaues ist die vom Senat angeordnete Maßnahme, daß die durch natürlichen Abgang von Beamten und Angestellten freiwerdenden Stellen bis auf weiteres grundsätzlich zur Wiederbesetzung nicht freigegeben werden sollen. Diese Maßnahme allein wird aber für die erforderliche Verminderung nicht ausreichen. Vielmehr bedingen die besonderen Zeitverhältnisse auch für die Dienstfähigkeit der im Staatsdienst verbleibenden Beamten und Angestellten einen strengeren Maßstab als bisher. Die Bewältigung der Aufgaben, deren Erledigung der Staat sich nicht entziehen kann, mit zahlenmäßig stark verringertem Personalbestand verlangt von jedem einzelnen Beamten und Angestellten eine besondere Spannkraft und Anpassungsfähigkeit, zumal die Aufgaben der Verwaltung heute in immer neuen und schnell wechselnden Formen an den Staat herantreten. Unter diesen besonderen Umständen hält der Senat es für gerechtfertigt, die Altersgrenze, die bisher nach gesetzlicher Regel auf die Vollendung des 65. Lebensjahres abgestellt war, nunmehr auf die Vollendung des 63. Lebensjahres festzusetzen.

Schon die Einleitung dieser Begründung, in der ausschließlich von der Notwendigkeit wirksamer Sparmaßnahmen, von der unvermeidlichen Einschränkung der Personalausgaben und der dadurch bedingten zahlenmäßigen Verringerung des Bestandes an Beamten die Rede ist, muß erhebliche Bedenken erwecken. Denn sie legt die Annahme nahe, daß für die Herabsetzung der Altersgrenze nur solche Erwägungen, nicht aber der Gedanke einer Verringerung der Leistungsfähigkeit der Beamten maßgebend war. Rein finanziellen Gesichtspunkten brauchen aber die verfassungsmäßig gewährleisteten wohlerworbenen Rechte der Beamten nicht zu weichen. Zu einem solchen Eingriff bietet auch die Notverordnung des Reichspräsidenten zur Sicherung der Haushalte von Ländern und Gemeinden vom 24. August 1931 (RGBl. I S. 453) keine Rechtsgrundlage. ...

Will man aber selbst der weiteren amtlichen Begründung des Landesgesetzes vom 28. August 1931 entnehmen, daß für dessen Erlaß nicht ausschließlich Ersparnisgründe maßgebend waren, und würde man die Mitberücksichtigung einer Sicherung des Staatshaushalts bei der Herabsetzung der Altersgrenze solange für zulässig und die Rechtswirksamkeit des Gesetzes nicht beeinträchtigend halten, als sie nicht den alleinigen gesetzgeberischen Zweck bildet, so ist doch im vorliegenden Fall weiter noch folgendes zu beachten: An der einzigen Stelle der Mitteilung des Hamburger Senats, die sich mit der Begründung für die Herabsetzung der Altersgrenze befaßt, wird nicht etwa erklärt, nach den allgemeinen Erfahrungen des Lebens trete bei den hamburgischen Beamten die Unfähigkeit zur Erfüllung ihrer Amtspflichten infolge Nachlassens ihrer körperlichen oder geistigen Kräfte bereits zu einem früheren Zeitpunkte als der Vollendung des 65. Lebensjahres ein, und diese Lebenserfahrung mache eine Herabsetzung der Altersgrenze auf 63 Jahre notwendig, sondern es wird nur gesagt, die Bewältigung der Aufgaben „mit zahlenmäßig stark verringertem Personalbestand" verlange von jedem einzelnen Beamten und Angestellten eine besondere Spannkraft und Anpassungfähigkeit, und „unter diesen besonderen Umständen" halte der Hamburger Senat die Herabsetzung der Altersgrenze für gerechtfertigt. Es wird also auf erst in der Zukunft voraussichtlich eintretende und erst als Folge der Verschiebung der Altersgrenze erwartete Verhältnisse zur Rechtfertigung für den Erlaß des Gesetzes verwiesen. Nun ist aber nach der unwiderlegten Behauptung des Klägers gerade diese Voraussetzung für die Änderung der Altersgrenze, nämlich die zahlenmäßige starke Verringerung des Personalbestandes an Beamten, überhaupt nicht eingetreten, und zwar infolge der Handhabung oder richtiger der Nichtanwendung des in Rede stehenden Gesetzes durch den verklagten Staat. Wie erwähnt, hat der Kläger in den Vorinstanzen ein Doppeltes behauptet und dafür Beweis erboten, nämlich einmal, daß das Landesgesetz vom 28. August 1931 seit dem 1. Mai 1932 auf die Volksschullehrer nur in wenigen Ausnahmefällen angewendet worden sei, und zum anderen, daß das Gleiche bei allen übrigen hamburgischen Beamten der Fall sei, daß also die überwiegende Mehrzahl aller Beamten auch über die neugeschaffene Altersgrenze hinaus im aktiven Dienst belassen werde. Der Beklagte hat die erste Behauptung mittelbar zugegeben, die zweite hat er bestritten. Das Berufungsgericht hat zu dem ersterwähnten Vorbringen keine Stellung genommen, im übrigen am Schlusse seiner Urteilsbegründung erklärt, wenn in Hamburg wirklich das Gesetz vom 28. August 1931 jetzt so gehandhabt werden sollte, wie der Kläger behaupte, so sei damit noch nicht bewiesen, daß der Gesetzgeber bei seinem Erlaß die ihm gesetzten Grenzen überschritten habe. Dieser Ansicht kann nicht beigetreten werden. Daß sich in der kurzen Zeit vom Erlaß des Altersgrenzengesetzes bis zu der vom Kläger behaupteten Handhabung die Lebensauffassung in Hamburg über den Zeitpunkt des Eintritts der Dienstunfähigkeit der Beamten bereits wiederum grundlegend in dem Sinne geändert hätte, daß man nun wieder die Vollendung des 65. Lebensjahres als maßgebend angesehen hätte, dafür fehlt es an jedem Anhaltspunkt; es ist dies auch vom Beklagten nicht einmal behauptet worden. Dann aber bleiben nur zwei Möglichkeiten offen: entweder die Herabsetzung der Altersgrenze war wirklich der allgemeinen Lebenserfahrung angepaßt, dann hätte der Beklagte Beamte, die infolge Nachlassens ihrer körperlichen oder geistigen Fähigkeiten nicht mehr voll dienstfähig waren, pflichtwidrig weiter im Dienst belassen; oder die Herabsetzung der Altersgrenze war nach den allgemeinen Erfahrungen des Lebens nicht notwendig. Für die erstere Annahme ist keinerlei tatsächliche Unterlage vorhanden, und so tritt im Hinblick auf die Unterstellung der Behauptung des Klägers, wie sie der Berufungsrichter vornimmt, in Verbindung mit den oben bereits erörterten sonstigen Bedenken die letztere Möglichkeit in den Vordergrund, daß die Herabsetzung der Altersgrenze der allgemeinen Lebenserfahrung nicht angepaßt war, daß sonach das in Rede stehende Gesetz nur den Namen eines Altersgrenzengesetzes führt, in Wahrheit aber einen anderen Charakter trägt und daher nach den im Reichsgerichtsurteil RGZ. Bd. 104 S. 58 (62)[2]) aufgestellten Rechtsgrundsätzen verfassungswidrig ist. Jedenfalls reichen gegenüber dem dahingehenden Vorbringen des Klägers die bis jetzt getroffenen Feststellungen nicht aus.

Mit der vorliegenden Begründung ist sonach das angefochtene Urteil nicht aufrechtzuerhalten.

RGZ. 142, 56

1. Ist das Reichsgesetz zur Änderung von Vorschriften auf dem Gebiet des allgemeinen Beamten-, des Besoldungs- und des Versorgungsrechts vom 30. Juni 1933 — BRÄndG. — (RGBl. I S. 433) rechtsgültig?
2. Wann liegt Aushändigung einer Anstellungsurkunde vor?

Preuß. Kommunalbeamtengesetz vom 30. Juli 1899 — KBG. — (GS. S. 141) § 1. RBG. § 1 in der Fassung vom BRÄndG. § 3 Nr. 1.

III. Zivilsenat. Urt. v. 27. Oktober 1933 i. S. P. (Kl.) w. Landkreis K.-Kr. (Bekl.) III 116/33.

I. Landgericht Krefeld-Uerdingen. II. Oberlandesgericht Düsseldorf.

Der Kläger ist am 8. Februar 1928 durch den Vorsitzenden des Kreisausschusses des — später in dem jetzt verklagten Kreis aufgegangenen — Kreises K. zur „informatorischen" Beschäftigung mit dem ausdrücklichen Vorbehalt angenommen worden, daß die Beschäftigung beiderseits jederzeit ohne vorherige Kündigung beendigt werden könne. Der Kläger war zunächst beim Kreiswohlfahrtsamt tätig. Im Mai 1928 ergab sich für den Kreis K. infolge der vorläufigen Dienstenthebung eines Kreisausschußobersekretärs das Bedürfnis nach einer Arbeitskraft für die Bearbeitung der Geschäfte der Abteilung IV (Steuerabteilung) des Kreisausschusses. Ohne vorherige Beschlußfassung des letzteren übertrug der

[2]) In diesem Band S. 57 [61].

Landrat am 12. Mai 1928 die Dienstgeschäfte dieser Abteilung dem Kläger. Auf Beschluß des Kreisausschusses wurde dem Kläger zum 31. Dezember 1930 gekündigt. Mit diesem Tage wurde er entlassen und die Weiterzahlung seiner Vergütung eingestellt. Er hat Klage auf Fortzahlung seiner Vergütung erhoben mit der Begründung, er sei durch die Übertragung der Dienstgeschäfte der Abteilung IV des Kreisausschusses, womit die Übertragung hoheitsrechtlicher Aufgaben verbunden gewesen sei, lebenslänglicher Beamter des Kreises K. geworden.

Das Landgericht hat die Klage abgewiesen, das Berufungsgericht die Berufung zurückgewiesen. Mit der Revision hat der Kläger seine Ansprüche weiterverfolgt, und zwar, wie er ausdrücklich erklärt hat, auch gegenüber dem Beamtenrechts-Änderungsgesetz vom 30. Juni 1933. Die Revision wurde zurückgewiesen.

Gründe:

Der Kläger hat in den Vorinstanzen selbst nicht behauptet, daß er zum Beamten berufen und ihm sogar eine Anstellungsurkunde ausgehändigt worden sei. Er hat vielmehr früher nur — unter Hinweis auf die Rechtsprechung des Reichsgerichts — geltend gemacht, daß er Beamteneigenschaft durch Übertragung und Ausübung obrigkeitlicher Aufgaben erlangt habe. Vorgetragen war allerdings auch schon in den vorangegangenen Rechtszügen, daß der Landrat als Vorsitzender des Kreisausschusses in den Personalakten des Klägers am 16. Mai 1928 folgende Verfügung mit seinem Namenszeichen versehen hat:

1. Herr Dr. P. (d. i. der Kläger) hat auf meine Anordnung am 12. Mai 1928 die Bearbeitung der Dienstgeschäfte der Abt. IV des Kreisausschusses übernommen.

Die Vergütung desselben wird hiermit vom 12. Mai 1928 ab einschl. Steuern auf monatlich 293 RM. festgesetzt ...

2. Herrn Dr. P. zur Kenntnis

und daß der Kläger neben Nr. 2 dieser Verfügung vermerkt hat:

Kenntnis genommen! 16. Mai 1928. Dr. P.

Da aber der Kläger selbst nicht behauptet hatte, darin sei die Aushändigung einer Anstellungsurkunde an ihn zu sehen, hatten Landgericht und Oberlandesgericht keine Veranlassung, in eine Erörterung nach dieser Richtung einzutreten. Der jetzt vom Kläger eingenommene Standpunkt, die Verfügung vom 16. Mai 1928 enthalte eine genügende Anstellungsurkunde, mindestens im Sinne des Kommunalbeamtengesetzes, aber auch im Sinne des Reichsgesetzes vom 30. Juni 1933, ist unhaltbar. Die Aktenverfügung vom 16. Mai 1928 enthält selbst weder eine Übertragung von Dienstgeschäften noch gar eine Anstellung als Beamter, sondern vermerkt unter Nr. 1 zunächst lediglich, daß eine Übertragung von gewissen Dienstgeschäften — offenbar mündlich — (am 12. Mai oder vorher) stattgefunden habe, und regelt sodann unter derselben Nummer die Vergütung. Es kann dahingestellt bleiben, ob als Anstellungsurkunde im Sinne des Kommunalbeamtengesetzes auch eine Urkunde angesehen werden kann, in der nicht die Anstellung selber ausgesprochen, sondern nur bekundet wird, daß eine Anstellung stattgefunden hat. Jedenfalls bezeugt die Verfügung nicht eine Anstellung als Beamter, sondern bloß eine Übertragung von Dienstgeschäften. Dem Erfordernis des § 1 KBG. ist aber auch insofern nicht genügt, als es an einer Aushändigung der Urkunde an den Kläger fehlt; die Vorlage der in den Akten enthaltenen und verbliebenen Verfügung zur Einsichtnahme ist keine Aushändigung. Schon aus diesen Gründen kann aber auch nicht die Rede davon sein, daß die Verfügung vom 16. Mai 1928 als Anstellungsurkunde im Sinn des § 1 RBG. in der Fassung von § 3 Nr. 1 des Beamtenrechts-Änderungsgesetzes angesehen werden könnte. Nun wäre allerdings nach § 5 Abs. 1 in Verbindung mit § 6 Abs. 1 Satz 1 BRÄndG., da die angebliche Anstellung vor dem Inkrafttreten dieser Vorschriften (1. Juli 1933) liegt, die Aushändigung einer dem § 1 RBG. entsprechenden Anstellungsurkunde nicht erforderlich, sondern eine sonstige Berufung als Beamter ausreichend. Aber § 6 Abs. 1 Satz 3 BRÄndG. fordert doch wieder für solche älteren Berufungen die Einhaltung landesrechtlich bestimmter Formen, für den vorliegenden Fall also die Aushändigung einer Anstellungsurkunde im Sinn des § 1 KBG.

Danach kommt in der Tat nur in Frage, ob der Kläger durch die Übertragung einer mit obrigkeitlichen Aufgaben verbundenen Tätigkeit Beamter geworden ist. Ein solcher Erwerb der Beamteneigenschaft war zwar nach der ständigen Rechtsprechung des Reichsgerichts rechtlich möglich, wird aber durch das Beamtenrechts-Änderungsgesetz vom 30. Juni 1933 mit rückwirkender Kraft ausgeschlossen (§ 5 Abs. 2 letzter Satz in Verb. mit § 6). Der Kläger will diesem Ausschluß mit der ... Erwägung entgegentreten, die Vorschrift sei ungültig, weil sie etwas rechtlich Unmögliches und Undurchführbares angeordnet habe. Demgegenüber ist darauf hinzuweisen, daß ... der Richter grundsätzlich nicht befugt ist, einem ordnungsmäßig erlassenen Gesetz seines Inhalts wegen die Anwendbarkeit abzusprechen. Daß das Beamtenrechts-Änderungsgesetz ordnungsmäßig erlassen ist, kann keinem Zweifel unterliegen. Mithin ist der Kläger nach diesem Gesetz auch durch die Betrauung mit obrigkeitlicher Tätigkeit und durch deren Ausübung nicht Beamter geworden.

RGZ. 143, 77

1. Wieweit geht das Recht des Beamten, insbesondere des Ruhestandsbeamten, auf standesmäßigen Unterhalt?

2. Muß der Ruhestandsbeamte kraft der Beamtentreupflicht hinnehmen, daß sein Ruhegehalt mit Rücksicht auf sein anderweitiges Arbeitseinkommen gekürzt wird?

RVerf. Art. 129 Abs. 1 Satz 3.

III. Zivilsenat. Urt. v. 30. Januar 1934 i. S. K. (Kl.) w. Hess. Staat (Bekl.). III 283/33.

I. Landgericht Darmstadt. II. Oberlandesgericht daselbst.

Der Kläger stand als Direktor einer Hebammenanstalt im hessischen Staatsdienst. Nach Erreichung der Altersgrenze trat er mit dem 30. November 1927 in den Ruhestand. Sein Ruhegehalt wurde nach seinem zuletzt 11 068 RM. jährlich betragenden Diensteinkommen auf 7764 RM. jährlich festgesetzt. Zur Durchführung der Notverordnung des Reichspräsidenten zur Sicherung der Haushalte von Ländern und Gemeinden vom 24. August 1931 (RGBl. I S. 453) erließ das Hessische Gesamtministerium am 21. September 1931 eine Verordnung (Hess. RegBl. S. 173), deren § 5 Abs. 1 folgendes bestimmte:

> Bezieht ein Wartestandsbeamter oder ein Ruhegehaltsempfänger neben seinem Wartegeld oder Ruhegehalt ein weiteres Einkommen nach § 6 Absatz 1 Nr. 1 bis 4 des Einkommensteuergesetzes vom 10. August 1925 (Anrechnungseinkommen), das den Betrag von 2000 RM. jährlich und mit dem Wartegeld oder Ruhegehalt zusammen das letzte Diensteinkommen übersteigt, so ruht das Wartegeld oder Ruhegehalt in Höhe der Hälfte des diese beiden Grenzen übersteigenden Diensteinkommens.

Die Verordnung trat mit dem 1. Oktober 1931 in Kraft. Sie wurde auf den Kläger angewandt, da er, wie während seiner Dienstzeit, so auch im Ruhestand als Frauenarzt tätig war. Unter Zugrundelegung eines Einkommens aus ärztlicher Berufsausübung von jährlich 13 800 RM. wurde das Ruhegehalt des Klägers um jährlich 5248 RM. gekürzt, so daß er nur noch 184,47 RM. monatlich bekommt. Er hält die Kürzung für unzulässig und hat deshalb gegen den Hessischen Staat Klage erhoben auf Zahlung des für den Monat Oktober 1931 einbehaltenen Betrages von 437,34 RM. nebst 8 % Zinsen seit dem 6. Oktober 1931.

Der Kläger bestreitet zunächst die verfassungsmäßige Gültigkeit sowohl der Notverordnung des Reichspräsidenten vom 24. August 1931 als auch der auf ihr beruhenden Hessischen Verordnung vom 21. September 1931. Ferner sieht er in der Kürzung einen unzulässigen Eingriff in sein wohlerworbenes Recht auf Ruhegehalt. Endlich vertritt er die Auffassung, daß § 5 Abs. 1 der Hessischen Verordnung außer Kraft getreten sei, als das Reich durch die Dritte Notverordnung des Reichspräsidenten zur Sicherung von Wirtschaft und Finanzen usw. vom 6. Oktober 1931, Dritter Teil, Kap. V (Pensionskürzung) Abschnitt II (RGBl. I S. 537, 549) die Anrechnung von Arbeitseinkommen auf das Ruhegehalt auch für die Länderbeamten abschließend geregelt habe. Äußerstenfalls könnten daher nur die günstigeren Vorschriften der Dritten Notverordnung des Reichspräsidenten auf ihn angewendet werden.

Die Vorinstanzen haben die Klage abgewiesen. Die Revision des Klägers führte zur Verurteilung des Beklagten, dem Kläger den eingeklagten Betrag, jedoch ohne Zinsen, zu zahlen.

Aus den Gründen:

Den Streitgegenstand bildet der Betrag von 437,34 RM., um welchen das Ruhegehalt des Klägers für den Monat Oktober 1931 gekürzt worden ist. Diese Kürzung kann ihre Rechtfertigung nur finden in § 5 Abs. 1 der Hessischen Verordnung vom 21. September 1931, nicht aber in den Pensionskürzungsvorschriften der Dritten Notverordnung des Reichspräsidenten vom 6. Oktober 1931. Denn diese sind erst seit dem 1. Januar 1932 anzuwenden ... (Wird näher begründet.)

Daß die der Hessischen Verordnung vom 21. September 1931 zugrunde liegende Notverordnung des Reichspräsidenten vom 24. August 1931 verfassungsgemäß erlassen worden ist, nimmt das Berufungsgericht im Anschluß an die Rechtsprechung des Staatsgerichtshofs für das Deutsche Reich und des Reichsgerichts zutreffend an. Ebenso ist ihm darin beizupflichten, daß § 5 Abs. 1 der Hessischen Verordnung eine Maßnahme enthält, zu der das Hessische Gesamtministerium als Landesregierung nach jener Notverordnung ermächtigt war. Auch die Revision bescheidet sich hierbei und macht nur noch geltend, § 5 Abs. 1 das. widerstreite dem Art. 129 Abs. 1 Satz 3 RVerf.

Bei Erörterung dieses Streitpunktes stellt das Berufungsgericht zunächst fest, daß das Ruhegehalt des Klägers nach den Vorbehalten, die in den hessischen Besoldungsgesetzen enthalten seien und die auch die Bezüge der Ruhestandsbeamten umfaßten, durch einfaches Gesetz herabgesetzt werden könne. Die Zulässigkeit solcher Vorbehalte bejaht es ... und folgert daraus weiter, daß die Kürzung von Ruhegehalt, wie durch einfaches Gesetz, so auch — was durch die Hessische Verordnung vom 21. September 1931 geschehen — auf der Grundlage von Art. 48 RVerf. vorgenommen werden könne. Es erkennt dann aber für die Herabsetzung der Ruhegehälter auf diesem Wege eine Grenze an: sie dürfe den der Amtsstellung angepaßten standesmäßigen Unterhalt nicht schmälern; sonst verletze sie wesentliche Grundlagen des Berufsbeamtentums und trete insoweit mit Art. 129 RVerf. in Widerspruch. Diesen Ausführungen ist beizutreten, soweit sie nicht überhaupt auf irrevisibelem Recht beruhen und deshalb der Nachprüfung durch das Revisionsgericht entzogen sind. Insbesondere ist es richtig, daß sich die ... Begrenzung der Wirkung von Kürzungsvorbehalten, die in Besoldungsgesetzen gemacht worden sind, nicht beschränkt auf Beamte im Dienst und im Wartestande, sondern daß auch die Ruhestandsbeamten ein durch die Reichsverfassung gewährleistetes Recht auf standesmäßigen Unterhalt besitzen, welcher Unterhalt allerdings für die Beamten außer Dienst niedriger zu bemessen ist als für die noch im Dienst befindlichen. Der Hessischen Verordnung vom 21. September 1931, die nur die Kraft eines einfachen, nicht die eines verfassungsändernden Gesetzes besitzt, ist deshalb dem Kläger gegenüber die Wirkung zu versagen, soweit durch die in § 5 Abs. 1 das. verordnete Kürzung sein Ruhegehalt unter die Grenze des zu seinem standesmäßigen Unterhalt Erforderlichen herabsinkt.

Dem Kläger ist für Oktober 1931 als Ruhegehalt nur der Betrag von 184,47 RM. verblieben. Tatrichterlich und ohne ersichtlichen Rechtsirrtum stellt das Berufungsgericht fest, daß der Kläger als beruflich viel beschäftigter und gesellschaftlich angesehener Frauenarzt in Mainz damit seinen standesmäßigen Unterhalt nicht habe bestreiten können. Gleichwohl verneint es einen Verstoß gegen Art. 129 RVerf., und zwar deshalb, weil dem Kläger noch sein Einkommen aus ärztlicher Tätigkeit mit 1150 RM., insgesamt also 1334,47 RM., zur Verfügung gestanden hätte. Dieser Betrag, so führt das Oberlandesgericht aus, reiche zur Führung eines standesmäßigen Lebens für den Kläger aus. Er könne sich auch nicht darauf berufen, sein Recht auf Belassung des standesmäßigen Unterhalts gehe soweit, daß ihm die hierzu erforderlichen Mittel ohne Rücksicht auf seine ärztlichen Einnahmen vom Beklagten bar bezahlt werden müßten. Denn dieser habe ihm die Fortführung eines standesmäßigen Lebens in finanzieller Hinsicht dadurch allein ermöglicht, daß er die Tätigkeit des noch voll arbeitsfähigen Klägers nicht mehr in Anspruch nehme und ihn so in die Lage versetze, die Mittel für seinen Unterhalt in uneingeschränkter Ausübung des ärztlichen Berufs zu beschaffen. Der Kläger habe von der Möglichkeit Gebrauch gemacht, könne dann aber, nach dem auch auf dem Gebiet des öffentlichen Rechts anwendbaren § 242 BGB. in der Zeit der größten geldlichen Notlage des Staates daneben nicht noch die Auszahlung des ungekürzten Ruhegehalts mit der Begründung verlangen, sonst werde sein Recht auf den standesmäßigen Unterhalt geschmälert.

Diesen Ausführungen kann nicht beigepflichtet werden. Sie verkennen die Tragweite des in der Rechtsprechung anerkannten, aus Art. 129 RVerf. herzuleitenden Rechts der Beamten auf standesmäßigen Unterhalt. Dieses Recht beschränkt sich nicht darauf, daß der Staat dem Beamten den standesmäßigen Unterhalt belassen muß, sondern geht dahin, daß er ihm solchen Unterhalt selbst gewähre. Die Gewährung dieses Unterhalts bildet die Gegenleistung dafür, daß der Beamte während seiner Dienstzeit seine volle Arbeitskraft in den Dienst des Staates stellt, daß er seine ganze Persönlichkeit für ihn einsetzt. Der Staat schuldet diese Gegenleistung unabhängig davon, ob der Beamte in der Lage ist, seinen Unterhalt aus anderen Mitteln zu bestreiten. Das liegt außerhalb des Verhältnisses von Staat und Beamten und berührt dieses nicht. Sonst müßte man sich sogar, wie die Revision mit Recht bemerkt, zu der Folgerung bekennen, daß der Staat von einem Beamten mit erheblichem Privateinkommen, unabhängig von dessen Quelle, unentgeltliche Dienstleistung verlangen könnte. Dies alles gilt für die Beamten im Dienst wie für die außer Dienst, die insoweit nicht unterschiedlich behandelt werden können.

Das Berufungsgericht meint nun allerdings, Treu und Glauben verpflichteten den Kläger, eine Beschränkung seines Ruhegehalts mit Rücksicht auf sein Einkommen aus ärztlicher Berufstätigkeit hinzunehmen. Demgegenüber ist hervorzuheben, daß die an sich auch im öffentlichen Recht gebotene Berücksichtigung von Treu und Glauben auf diesem Rechtsgebiet doch nur mit Einschränkungen möglich ist. Der Eigenart des im einzelnen Fall zur Beurteilung stehenden öffentlich-rechtlichen Verhältnisses muß dabei stets Rechnung getragen werden ... Im vorliegenden Fall handelt es sich um das Verhältnis zwischen Staat und Beamten. Gerade für das Beamtenverhältnis hat aber der allgemeine Grundsatz von Treu und Glauben seine besondere Ausprägung erfahren. Aus der Fürsorgepflicht des Staates auf der einen, der Treupflicht des Beamten auf der anderen Seite läßt sich für beide Teile regelmäßig das ableiten, was sonst mit dem allgemeinen Hinweis auf Treu und Glauben gerechtfertigt zu werden pflegt. Die vom Berufungsgericht aufgeworfene Frage muß also enger dahin gefaßt werden, ob sich der Kläger kraft der Beamtentreupflicht seine Ruhegehaltsbezüge schmälern lassen muß, weil er durch seine ärztliche Berufstätigkeit Einnahmen erzielt. Diese Frage ist zu verneinen.

Zu berücksichtigen ist hier zunächst, daß der Kläger nicht mehr im Dienst ist. Den Ruhestandsbeamten liegt aber eine Treupflicht ihrem öffentlich-rechtlichen Dienstherrn gegenüber bloß noch in sehr abgeschwächtem Maße ob. Das eigentliche Beamtenverhältnis endet mit dem Übertritt in den Ruhestand, nur Nachwirkungen aus ihm bleiben übrig. Die wesentlichste ihrer Nachwirkungen ist das Recht des Ruhestandsbeamten auf Ruhegehalt. Solange er dieses hinnimmt, mag der Beamte dem Gemeinwesen immer noch enger verbunden sein als die sonstigen Volksgenossen, und daraus mögen sich auch Pflichten für ihn ableiten lassen. In der Verwendung und Verwertung seiner Arbeitskraft ist der Ruhestandsbeamte aber frei. Denn gerade dadurch unterscheidet er sich von den Beamten im Dienst, daß er seine Tätigkeit nicht mehr dem Staat zu widmen braucht. In anderem Zusammenhang legt das Berufungsgericht selbst dar, daß der Kläger nach dem für ihn maßgebenden hessischen Landesrecht als Ruhestandsbeamter in der Ausübung der ärztlichen Berufstätigkeit völlig unbehindert sei. Ist er das aber, so kann ihm auch nicht angesonnen werden, die Erträgnisse dieser Tätigkeit dem Staat in der Weise zur Verfügung zu stellen, daß er sich einen entsprechenden Teil von seinem Ruhegehalt abziehen läßt. Eine so weitgehende Entsagung kann von einem Ruhestandsbeamten auch nicht aus dem Gesichtspunkt der Treupflicht gefordert werden.

Nicht ausschlaggebend ist die Erwägung des Berufungsgerichts, der Beklagte habe, indem er die Tätigkeit des noch voll arbeitsfähigen

Klägers nicht mehr in Anspruch nehme, diesen erst in die Lage versetzt, sich als Arzt die Mittel für seinen Unterhalt zu verschaffen. Dabei wird übersehen, daß der Staat den Kläger nicht in dessen Interesse in den Ruhestand versetzt hat, insbesondere nicht deshalb, weil er ihm die vielleicht einträglichere freie Berufsausübung uneingeschränkt ermöglichen wollte. Der Kläger ist nur wegen Erreichung der Altersgrenze ausgeschieden. Die Altersgrenze ist aber nicht geschaffen worden zugunsten der mit ihr ausscheidenden Beamten, sondern im wesentlichen im Interesse des Staates und des Beamtennachwuchses ... Muß sich ein Beamter auch der gesetzlichen Altersgrenze fügen, so kann er deshalb doch nicht noch besonderen wirtschaftlichen Beschränkungen unterworfen werden, wie das Berufungsgericht meint.

Daß die Pensionskürzung eine Maßnahme ist, die der schweren geldlichen Notlage des Staates abhelfen soll, ist allerdings richtig. Ihr muß der Kläger aber schon in anderer Weise Opfer bringen, indem er — außer der jetzt streitigen Kürzung — einer Verminderung seines Ruhegehalts in demselben Maße wie alle übrigen Beamten unterworfen worden ist. Darüber hinaus noch dem Staat weitere Geldbeträge zur Verfügung zu stellen, ohne daß dafür eine verfassungsrechtlich genügende gesetzliche Grundlage gegeben wäre, dazu verpflichtet auch die Beamtentreue den Ruhestandsbeamten nicht.

Erwähnt werden mag noch der in neuerer Zeit viel erörterte Gesichtspunkt des sog. Doppelverdienertums. Wesen und Berechtigung des „Doppelverdienens" sind indessen so umstritten, daß nur der Gesetzgeber zu entscheiden vermag, inwieweit sich daraus eine Kürzung von Beamtenbezügen rechtfertigen läßt. Der Richter würde seine Befugnisse überschreiten, wenn er aus diesem Grunde über — noch dazu verfassungsrechtlich geschützte — Beamtenrechte hinweggehen wollte.

Unerörtert kann bleiben, ob es möglich wäre, den § 5 Abs. 1 der Hessischen Verordnung vom 21. September 1931 wenigstens teilweise anzuwenden. Dem Kürzungsvorbehalt gegenüber ist der Kläger verfassungsrechtlich geschützt vor einer Herabminderung seines Ruhegehalts unter den Betrag, den er für seinen standesmäßigen Unterhalt benötigt. Es könnte also in Frage kommen, ob nicht sein Arbeitseinkommen wenigstens insoweit angerechnet werden dürfte, als sein Ruhegehalt über diese untere Grenze noch hinausginge. ... Indessen bedarf es der Prüfung dieser Frage hier nicht. Denn das Ruhegehalt des Klägers ist bereits in demselben Maß herabgesetzt worden wie die Bezüge aller anderen Beamten. Das diesen nach den Kürzungen der letzten Jahre verbleibende Einkommen übersteigt nach allgemeiner Erfahrung nicht mehr den für ihren standesmäßigen Unterhalt erforderlichen Betrag. Daß es beim Kläger anders läge, dafür fehlt es an einem Anhalt. Insbesondere ergibt sich das bei Berücksichtigung seiner vom Berufungsgericht näher gekennzeichneten Stellung — er ist ein beruflich vielbeschäftigter, gesellschaftlich angesehener Frauenarzt — nicht schon daraus, daß seine Bezüge für den streitigen Oktober 1931, wenn ihm der eingeklagte Betrag zugesprochen wird, 621,81 RM. betragen. Die Kürzung ist deshalb im ganzen als verfassungsrechtlich unzulässig anzusehen.

Die vorstehend gegen den § 5 Abs. 1 der Hessischen Verordnung vom 21. September 1931 erhobenen verfassungsrechtlichen Bedenken greifen, wie schließlich noch bemerkt werden mag, nicht oder jedenfalls nicht mehr durch gegenüber der Anrechnung von Arbeitseinkommen, die in der Dritten Notverordnung des Reichspräsidenten vom 6. Oktober 1931, Dritter Teil, Kap. V Abschnitt II angeordnet worden ist. Nach § 63 des Beamtenrechts-Änderungsgesetzes vom 30. Juni 1933 (RGBl. I S. 433) sind die Vorschriften dieses Kapitels auch insoweit anzuwenden, als sie wohlerworbene Rechte nach Art. 129 RVerf. berühren. Das genannte Gesetz ist von der Reichsregierung erlassen worden auf Grund des Gesetzes zur Behebung der Not von Volk und Reich vom 24. März 1933 (RGBl. I S. 141), konnte also nach Art. 2 das. von der Reichsverfassung abweichen. Damit sind die reichsrechtlichen Kürzungsvorschriften auf eine verfassungsrechtlich einwandfreie Grundlage gestellt worden.

Die Dritte Notverordnung kommt allerdings, wie schon eingangs dargelegt, im vorliegenden Fall nicht zur Anwendung. § 5 Abs. 1 der Hessischen Verordnung vom 21. September 1931 anderseits genügt nach dem Gesagten nicht als Rechtsgrundlage für die streitige Kürzung des Ruhegehalts des Klägers. Mithin muß seiner Klage in Abweichung von den vorinstanzlichen Entscheidungen in der Hauptsache stattgegeben werden. Nur das Zinsbegehren ist unbegründet (12. Ergänzung zum Reichsbesoldungsgesetz vom 12. Dezember 1923, RGBl. I S. 1181, Art. 7).

RGZ. 146, 35

1. Kann die Berufung des öffentlich-rechtlichen Dienstherrn auf den Ablauf der Ausschlußfrist des § 150 RBG.[1]) unter Umständen als dem Grundsatz von Treu und Glauben widersprechend abgewehrt werden?

2. Legt die dem Staate seinen Beamten gegenüber obliegende Fürsorgepflicht dem von einem Beamten um Rat in persönlichen Dienstangelegenheiten angegangenen anderen Beamten die Amtspflicht auf zu sachgemäßer Beratung des ratsuchenden Beamten?
Besteht solche Beratungspflicht auch gegenüber den versorgungsberechtigten Hinterbliebenen eines Beamten?

RBG. § 150. BGB. § 839. RVerf. Art. 131[2]).

III. Zivilsenat. Urt. v. 13. November 1934 i. S. Witwe J. (Kl.) w. Deutsche Reichspost (Bekl.). III 112/34.

I. Landgericht Dresden. II. Oberlandesgericht daselbst.

[1]) Vgl. jetzt § 173 Abs. 1 Satz 2 BBG.
[2]) Vgl. jetzt Art. 34 GG.

Die Klägerin hat am 13. Juni 1931 geheiratet. Ihr Ehemann, zuletzt Oberpostsekretär bei einem Bahnpostamt in D., ist am 2. September 1931 gestorben. Auf ein Gesuch um Gewährung des gesetzlichen Witwengeldes ist sie nach Vornahme von Ermittlungen im Auftrage des Reichspostministers durch die Oberpostdirektion im Hinblick auf § 8 des Beamtenhinterbliebenengesetzes vom 17. Mai 1907 (RGBl. S. 208)[3]) unter dem 6. Februar 1932 abschlägig beschieden worden, weil nach der ganzen Lage des Falles angenommen werden müsse, daß die Ehe geschlossen worden sei, um ihr den Bezug des Witwengeldes zu verschaffen. Weitere Eingaben und mündliche Vorstellungen der Klägerin hatten nur den Erfolg, daß ihr eine einmalige außerordentliche Unterstützung gewährt wurde. Im Herbst 1932 nahm sie schließlich die Hilfe des Deutschen Postverbandes in Anspruch. Ihn hat der Reichspostminister unter dem 24. November 1932 dahin beschieden, daß eine nochmalige eingehende Prüfung neue ausschlaggebende Gesichtspunkte nicht ergeben habe und daß er deshalb an seiner bisherigen Beurteilung der Sachlage festhalten müsse.

Mit der am 10. März 1933 zugestellten Klage hat die Klägerin dann Zahlung von 153,20 RM. für Januar 1932 gefordert. Da sie erst in dem Bescheid des Reichspostministers vom 24. November 1932 eine endgültige Versagung des Witwengeldanspruchs erblickt und demgemäß die sechsmonatige Ausschlußfrist des § 150 RBG. als gewahrt ansieht, verlangt sie den Betrag in erster Reihe als Witwengeld, für den Fall der Versäumung der Ausschlußfrist aber als Schadensersatz wegen Amtspflichtverletzung.

In beiden Vorinstanzen abgewiesen, verfolgt die Klägerin mit der Revision das Ziel der Klage. Ihre Revision führte zur Aufhebung des Berufungsurteils und zur Zurückverweisung der Sache.

Gründe:

I. Insofern der Klaganspruch auf Zahlung von Witwengeld gerichtet ist, mußte der Rechtsweg nach § 150 in Verb. mit § 149 RBG. erst durch einen Vorbescheid des Reichspostministers als der obersten Reichsbehörde eröffnet werden und würde die Klägerin des Klagerechts verlustig gegangen sein, wenn sie die Klage nicht innerhalb von sechs Monaten seit Zugehen des Vorbescheides erhoben hätte. Den für die Eröffnung des Rechtswegs maßgebenden Vorbescheid erblickt das Berufungsgericht in dem unter dem 6. Februar 1932 der Klägerin durch die Oberpostdirektion Dresden mitgeteilten Bescheid des Reichspostministers. Da der Bescheid unstreitig schon im Februar 1932 der Klägerin zugegangen ist, sieht es die sechsmonatige Ausschlußfrist als mit der erst im März 1933 erhobenen Klage nicht mehr gewahrt an.

[3]) Vgl. jetzt § 123 Abs. 1 Ziff. 1 BBG.

Die Revision findet dadurch § 150 RBG. verletzt und will die Ausschlußfrist erst mit dem unter dem 24. November 1932 dem Postverband erteilten Bescheid des Reichspostministers in Lauf gesetzt wissen. Ihre Rüge ist unbegründet. Schon der erste Bescheid, durch den der Anspruch in klar erkennbarer Weise und mit Bestimmtheit abgelehnt wird, ist maßgebend für den Beginn der Ausschlußfrist. Er verliert diese seine Bedeutung nicht dadurch, daß die Behörde auf weitere Gesuche oder Vorstellungen erneute Prüfungen vornimmt. Andernfalls würde der mit der Ausschlußfrist verfolgte Zweck, möglichst bald das Bestehen der in § 149 RBG. bezeichneten vermögensrechtlichen Ansprüche der Reichsbeamten und ihrer Hinterbliebenen endgültig zu klären, nicht erreicht werden (es folgen Rspr.-Nachweisungen). Daß der schon im Februar 1932 der Klägerin durch die Oberpostdirektion zugegangene Bescheid des Reichspostministers ihren Anspruch in unmißverständlicher Weise zurückweist, kann nicht zweifelhaft sein. Auch die später der Klägerin gewordenen Mitteilungen der Behörden waren nicht geeignet, in ihr den Eindruck zu erwecken, daß der Februarbescheid nur vorläufig und noch nicht endgültig hätte sein sollen. Ebenso läßt der von der Revision für maßgebend gehaltene Novemberbescheid nicht erkennen, daß die umstrittene Frage des Anspruchs auf Witwengeld erst in ihm endgültig beantwortet werden sollte; vielmehr hebt er mit aller Deutlichkeit hervor, daß der Reichspostminister an seinem früheren Bescheide festhalte und daß es bei diesem verbleiben müsse. Die Klägerin hatte demnach, als sie im März 1933 die Klage erhob, das Klagerecht für ihren etwaigen beamtenrechtlichen Anspruch auf Witwengeld längst verloren.

Die Revision glaubt nun aber, der Berufung der Beklagten auf den Ablauf der Ausschlußfrist des § 150 RBG. mit dem Gegeneinwand begegnen zu können, daß die Beklagte damit nach den besonderen Umständen des Falls gegen den auch das öffentliche Beamtenrecht beherrschenden Grundsatz von Treu und Glauben verstoße, und verweist auf das Urteil des erkennenden Senats vom 28. März 1933 III 344/32 (RGZ. Bd. 141 S. 67 [71])[4]. Diese Entscheidung hat jedoch die Frage, ob eine Partei, selbst in eng begrenzten Ausnahmefällen, die Geltendmachung des Ablaufs der erwähnten Ausschlußfrist mit dem Hinweis auf Treu und Glauben im Verkehr überhaupt abwehren könne, nicht bejaht, sondern offengelassen. In Wirklichkeit ist die Frage zu verneinen. Der Vergleich mit der Verjährungsfrist, der gegenüber die Rechtsprechung die Berufung auf Treu und Glauben in besonderen Fällen zugelassen hat, versagt. Die Verjährung gehört dem sachlich-rechtlichen Gebiet an und ergreift die sachlich-rechtlichen Beziehungen der Anspruchsbeteiligten. Sie verleiht dem Anspruchsschuldner ein besonderes Gegenrecht, durch welches er die Geltendmachung des Anspruchs abwehren kann. Auf dieses Recht findet der in § 242 BGB. ausgesprochene

[4]) In diesem Band S. 213 [216].

Grundsatz von Treu und Glauben im Verkehr Anwendung, der das gesamte Gebiet sachlich-rechtlicher Vorschriften beherrscht. § 150 RBG. hat dagegen nur verfahrensrechtliche Bedeutung und läßt die sachlichrechtlichen Beziehungen der Anspruchsbeteiligten unberührt. Der in ihm vorgesehene Bescheid der obersten Reichsbehörde eröffnet den in § 149 RBG. bezeichneten vermögensrechtlichen Ansprüchen der Reichsbeamten und ihrer Hinterbliebenen lediglich den Rechtsweg und auch nur für eine mit dem Bescheid in Lauf gesetzte sechsmonatige Frist. Der Anspruchsberechtigte muß „bei Verlust des Klagerechts" innerhalb der Frist die Klage erheben. Mit Ablauf der Frist geht er der Klagemöglichkeit verlustig; der Rechtsweg wird wieder geschlossen. Eine nach Ablauf der sechsmonatigen Frist erhobene Klage findet daher für die erwähnten beamtenrechtlichen Ansprüche des § 149 RBG. den Rechtsweg nicht mehr offen und muß schon aus diesem Grunde abgewiesen werden. Der dem sachlich-rechtlichen Gebiet angehörende Grundsatz von Treu und Glauben im Verkehr ist hier nicht anwendbar.

II. Insofern der Klaganspruch dagegen aus unerlaubter Handlung, nämlich aus schuldhaft in Ausübung anvertrauter öffentlicher Gewalt begangenen Amtspflichtverletzungen von Beamten der Beklagten auf Grund des Art. 131 RVerf. in Verb. mit § 839 BGB., hergeleitet wird, besteht für ihn die Prozeßvoraussetzung einer besonderen Oeffnung des Rechtswegs nicht, sondern ist der Rechtsweg ohne weiteres gegeben.

1. Eine Amtspflichtverletzung, für deren Folgen die Beklagte einzustehen hätte, erblickt die Revision in erster Reihe schon darin, daß der Reichspostminister der Klägerin die Gewährung gesetzlichen Witwengeldes abgeschlagen hat. Zutreffend weist sie die Rechtsauffassung des Berufungsgerichts zurück, daß es sich bei dem abschlägigen Bescheide des Ministers um eine Ermessensentscheidung handle und es daher nicht darauf ankomme, ob die Entscheidung richtig sei, sondern nur darauf, ob kein Ermessensmißbrauch stattgefunden habe. Die Gewährung von Witwengeld wird vom Gesetz nicht in das pflichtmäßige Ermessen der Behörde gestellt. Der Witwengeldanspruch ist vielmehr gesetzlich begründet und entfällt nach § 8 des Beamtenhinterbliebenengesetzes vom 17. Mai 1907 nur dann, wenn die Ehe des verstorbenen Beamten innerhalb der letzten drei Monate vor seinem Ableben geschlossen und die Eheschließung zu dem Zweck erfolgt ist, um der Witwe den Bezug des Witwengeldes zu verschaffen. Die zwischen den Parteien streitige Frage, ob die erst in den letzten drei Monaten vor dem Tode des Ehemanns der Klägerin geschlossene Ehe eine Versorgungsehe im Sinne dieser Bestimmung war, ist also keine Ermessens-, sondern eine Rechtsfrage. Hat sie der Reichspostminister zu Unrecht bejaht, so hat er damit eine ihm der Klägerin gegenüber obliegende Amtspflicht verletzt. Gleichwohl konnte das Berufungsgericht die Richtigkeit der Entscheidung dahingestellt lassen, weil die etwaige Amtspflichtverletzung nach den vom Berufungsgericht getroffenen Feststellungen jedenfalls keine schuldhafte

gewesen wäre. Wie das Berufungsgericht hervorhebt, hat die Klägerin schon vor ihrer Verehelichung lange Jahre hindurch zu ihrem Ehemann in engen Beziehungen gestanden und von ihm fortlaufend Unterstützungen bezogen. Diese Beziehungen haben dann eine plötzliche Aenderung erfahren, als der Ehemann der Klägerin an Knochentuberkulose erkrankte und sich nach dem Rat der Aerzte einer langen Krankenhausbehandlung unterziehen mußte. Damals wurde der Entschluß zur sofortigen Eingehung der Ehe gefaßt und die Ehe unter Abkürzung der Aufgebotsfrist mit größter Beschleunigung geschlossen. Wenn der Reichspostminister angesichts dieser auffälligen Umstände, obwohl die Aerzte keine nahe Lebensgefahr des Erkrankten festgestellt haben, angenommen hat, die Ehe habe der Klägerin die Witwenversorgung sichern sollen, so könnte auch im Fall der Unrichtigkeit dieser Annahme in der Versagung des Witwengeldes doch keine Fahrlässigkeit gefunden werden; sie wäre mit einer sorgfältigen und gewissenhaften Prüfung des Sachverhalts durchaus vereinbar.

2. Eine andere Beurteilung verdient jedoch die zweite Amtspflichtverletzung, welche die Klägerin Beamten der Beklagten vorwirft. Sie soll darin liegen, daß die rechtsunkundige Klägerin von den Beamten der Beklagten, bei denen sie nach Empfang des abschlägigen Februarbescheides des Ministers und in der Folgezeit während des Laufs der sechsmonatigen Ausschlußfrist vorstellig wurde, nicht auf die Möglichkeit einer Klage und den drohenden Ablauf der Ausschlußfrist hingewiesen worden sei. Gesetzlich vorgesehen ist eine Belehrung über die Rechtsbehelfe gegen einen derartigen abschlägigen Bescheid der Behörde nicht. Läßt sich aber ein Beamter in amtlicher Eigenschaft auf die Erteilung eines Rates ein, so muß er den Rat richtig und sachgemäß erteilen. Unter besonderen Umständen kann er sogar zur Erteilung des erbetenen Rates verpflichtet sein. Die Verpflichtung kann insbesondere aus der Treu- und Fürsorgepflicht folgen, die dem Staat aus dem Beamtenverhältnis obliegt. Diese Fürsorgepflicht des Staates besteht nicht nur gegenüber dem Beamten selbst, sondern erstreckt sich, soweit es sich um Hinterbliebenenbezüge handelt, auch auf die Hinterbliebenen des Beamten, die als versorgungsberechtigt in Frage kommen.

Nach ihrer Darstellung hat sich die Klägerin nach Empfang des Februarbescheides und nach der ihr am 10. März 1932 eröffneten Zurückweisung eines neuen Gesuchs an den Personalreferenten bei der Oberpostdirektion in D., den Postrat Ga., gewandt und jedesmal nur den Rat erhalten, ihr Gesuch mit näherer Begründung zu erneuern. Ob schon damals Veranlassung bestand, die Klägerin auf die Möglichkeit der Klagerhebung und die Notwendigkeit der Innehaltung der dazu gegebenen sechsmonatigen Ausschlußfrist hinzuweisen, mag auf sich beruhen. Zugunsten des Postrats Ga. spricht immerhin, was schon das landgerichtliche Urteil hervorhebt, daß damals die Ausschlußfrist erst begonnen hatte. Anders liegt die Sache bei dem Postrat St. An ihn ist die Klägerin, wie sie behauptet, im Juli 1932 gewiesen worden, weil der Postrat Ga. nicht erreichbar war. Auch von ihm will sie nur den Rat zur Erneuerung des Gesuchs erhalten haben. Er hätte sich jedoch bei Beobachtung der im Verkehr erforderlichen Sorgfalt sagen müssen, daß das empfohlene neue Gesuch im üblichen Geschäftsgang kaum vor Ablauf der schon im August zu Ende gehenden Ausschlußfrist beschieden werden würde und daß deshalb ein Abwarten des Bescheides für die Klägerin die Gefahr mit sich brachte, die Ausschlußfrist zu versäumen und dadurch ihr Klagerecht zu verlieren. In erhöhtem Maße trifft dies auf den Postrat Gr., den Vorsteher des Bahnpostamts, bei dem der Ehemann der Klägerin zuletzt beschäftigt gewesen war, zu, falls er, was nicht ohne weiteres unzweifelhaft erscheint, den Rat nach den Umständen ebenfalls in amtlicher Eigenschaft und nicht etwa nur in mehr freundschaftlicher und unverbindlicher Art erteilt hat. Bei ihm will die Klägerin erst am 26. Juli 1932, also kurz vor Ablauf der Ausschlußfrist, die nach ihrer Angabe über den Zeitpunkt des Empfangs des Februarbescheides spätestens Mitte August endete, vorstellig geworden sein, und auch er soll ihr von der Klagemöglichkeit und dem drohenden Ablauf der Frist nichts gesagt, sondern nur die Einreichung von Unterstützungsgesuchen empfohlen haben.

Das von der Klägerin behauptete Verhalten der Beamten würde nur dann zu rechtfertigen sein, wenn sie entweder von der Unrechtmäßigkeit der Forderung auf Witwengeld überzeugt sein durften oder wenn sie annehmen konnten, die Klägerin sei mit den gesetzlichen Vorschriften über das Klagerecht vertraut. Das erstere kann auf die Posträte Ga. und St. als zuständige Sachbearbeiter kaum zutreffen, weil die Oberpostdirektion seinerzeit bei Uebersendung der ihr aufgegebenen Ermittelungen die dann vom Reichspostminister nicht geteilte Ansicht vertreten hatte, es läge keine Versorgungsehe vor und der Witwengeldanspruch sei berechtigt. Die Annahme aber, daß die Klägerin mit den gesetzlichen Rechtsbehelfen vertraut gewesen sei, läßt sich nicht mit dem Berufungsgericht schon darauf stützen, daß die Frage der Klagerhebung in den Verhandlungen der Klägerin mit den Beamten überhaupt nicht erörtert worden ist. Das Berufungsgericht hat dabei nicht beachtet, daß nach der Erfahrung des Lebens mit der Rechtsunkunde der Klägerin, einer einfachen Frau, gerechnet werden mußte, sondern hat zur Ausräumung des Verschuldens der Beamten es als genügend angesehen, daß die Rechtsunkunde der Klägerin nicht besonders hervorgetreten sei. Um die Unterlassung einer Belehrung der Klägerin seitens der Beamten über die Klagemöglichkeit zu entschuldigen, hätte umgekehrt die Rechtskunde der Ratsuchenden bei den Verhandlungen offen zutage gekommen sein müssen. . . .

RGZ. 146, 105

Gesetzgeberisches Ziel der Befristung vermögensrechtlicher Rechtsbehelfe der Beamten.

Alter Leitsatz:

1. Zur Entstehungsgeschichte und gesetzgeberischen Bedeutung der §§ 54, 150 Abs. 2 RBG.

2. Macht es für die Anwendung dieser Bestimmungen einen Unterschied, ob es sich um die erstmalige Festsetzung oder um eine spätere Änderung der Ruhegehaltsbezüge handelt?

3. Unter welchen Voraussetzungen tritt der Verlust des Klagerechts infolge Nichteinlegung der Beschwerde nach § 150 Abs. 2 RBG. ein?

III. Zivilsenat. Urt. v. 4. Dezember 1934 i. S. Deutsche Reichspost (Bekl.) w. Sch. (Kl.). III 145/34.

I. Landgericht Frankfurt a. O. II. Kammergericht Berlin.

. . . . .

Aus den Gründen:

. . . . .

. . . Die Frist zur Erhebung der Klage ist vom Gesetz gestellt, damit in möglichst kurzer Zeit klargelegt werde, welche rechtlichen Ansprüche dem Beamten gegen den Fiskus zustehen und welche Verpflichtungen dem Fiskus dem Beamten gegenüber obliegen. Der Beamte ist an die Frist gebunden, und ein Anlaß zur Klage ist dann gegeben, wenn die oberste Dienstbehörde über den Rechtsanspruch des Beamten endgültig entschieden hat. . . .

. . . Die Gewährung der öffentlichen Klage für die vermögensrechtlichen Ansprüche der Beamten aus ihrem Dienstverhältnis ist . . . an Bedingungen geknüpft, welche die Rücksicht auf den Staatshaushalt, die Ordnung des Kassenwesens und das dienstliche Verhältnis der Beamten erfordern. Endlich widerspricht . . . die Meinung, daß der Beamte, der die Entscheidung seiner obersten Dienstbehörde zunächst widerspruchslos hingenommen hat, noch nach Jahren dagegen vorstellig werden könne, durchaus dem Zweck der Vorschrift, die Ordnung des Staatshaushalts zu sichern.

. . . . .

RGZ. 146, 290

1. Ist bei einer Gehaltspfändung der an den Pfändungspfandgläubiger auszuzahlende Betrag ohne Rücksicht auf den Gehaltsteil zu berechnen, den der Beamte vor der Pfändung auf Grund des Gesetzes über die Abtretung von Beamtenbezügen zum Heimstättenbau vom 30. Juni 1927 an eine Heimstättengesellschaft abgetreten hat?

2. Kann ein Beamter einer Gehaltspfändung gegenüber den Einwand, daß der von ihm auf Grund des zu 1 bezeichneten Gesetzes abgetretene Gehaltsteil in den pfändbaren Betrag einzurechnen sei, nur durch die Einwendung nach § 766 ZPO. oder auch im Wege der Feststellungsklage geltend machen?

3. Ist der Preußische Staat oder die Preußische Landesschulkasse passiv legitimiert gegenüber der Klage eines Volksschullehrers auf Feststellung, daß die Regierungshauptkasse wegen einer auf Grund des zu 1 bezeichneten Gesetzes vorgenommenen Gehaltsabtretung an den Pfändungspfandgläubiger nur den Betrag auszahlen dürfe, um den der pfändbare Teil des Gehalts den abgetretenen Betrag übersteige?

Gesetz über die Abtretung von Beamtenbezügen zum Heimstättenbau vom 30. Juni 1927 (RGBl. I S. 133) §§ 1, 2. ZPO. §§ 256, 766 Abs. 1, § 850 Abs. 1 Nr. 8, Abs. 2. Preuß. Volksschullehrer-Besoldungsgesetz vom 1. Mai 1928 — VBG. — (GS. S. 125) § 34 Nr. 1, §§ 36, 37, 39.

III. Zivilsenat. Urt. v. 21. Dezember 1934 i. S. W. (Kl.) w. Preuß. Staat (Bekl.). III 113/34.

I. Landgericht Breslau. II. Oberlandesgericht daselbst.

Der Kläger hatte im Jahre 1928 mit der Beamtenbausparkasse „Heimstättengesellschaft der deutschen Beamtenschaft" einen Bausparvertrag geschlossen, der über eine Sparsumme von 20 000 RM. lautete und eine Sperrzeit von 20 Jahren vorsah. Zur Erfüllung seiner vertraglichen Verpflichtungen hatte er auf Grund des Gesetzes über die Abtretung von Beamtenbezügen zum Heimstättenbau vom 30. Juni 1927 von seinen monatlichen Dienstbezügen 104,25 RM. an die Heimstättengesellschaft abgetreten. Diesen Betrag behielt die Regierungshauptkasse in B., von welcher der Kläger als städtischer Lehrer sein Gehalt und seit dem 1. April 1933 sein Ruhegehalt bezog, laufend ein und führte ihn an die Heimstättengesellschaft ab. Nach Abschluß des Bausparvertrags und der damit verbundenen Gehaltsabtretung war gegen den Kläger eine große Anzahl von Pfändungs- und Überweisungsbeschlüssen erwirkt worden, durch die der dritte Teil des monatlich 165 RM. übersteigenden Diensteinkommens des Klägers gepfändet und den Gläubigern zur Einziehung überwiesen worden war. Auf Grund dieser Pfändungs- und Überweisungsbeschlüsse behielt die Regierungshauptkasse außer den an die Heimstättengesellschaft abgetretenen 104,25 RM. bis zum 31. März 1933 weitere 77,85 RM. monatlich von dem 400,53 RM. betragenden Monatsgehalt des Klägers ein und führte sie dem Amtsgericht zur Verteilung an die Gläubiger im Wege des Verteilungsverfahrens zu. Seit dem 1. April 1933 verfuhr sie in gleicher Weise nur noch mit 38,11 RM. von dem 275,25 RM. betragenden Ruhegeld.

Der Kläger war der Auffassung, die Regierungshauptkasse dürfe für diejenigen Gläubiger, die nur den nach § 850 Abs. 2 ZPO. zulässigen

Teil hätten pfänden können und gepfändet hätten, keine Beträge von seinem Gehalt abziehen, da der pfändbare Teil des Gehalts durch die vorangegangene Abtretung an die Heimstättengesellschaft bereits erschöpft sei und darüber hinaus nach § 850 Abs. 2 ZPO. nichts mehr der Pfändung unterliege. Er erhob gegen den Preußischen Staat, vertreten durch den Regierungspräsidenten, Klage mit dem Antrag, festzustellen, daß der Beklagte auf Grund der gegen den Kläger erwirkten Pfändungs- und Überweisungsbeschlüsse nur insoweit von seinem Gehalt einen Betrag einbehalten und an die Gläubiger — abgesehen von den von der Ehefrau und dem Kinde des Klägers erwirkten Beschlüssen — auszahlen dürfe, als der pfändbare Teil des Gehalts höher sei als derjenige Betrag, den der Kläger von seinem Gehalt an die Heimstättengesellschaft abgetreten habe, und zwar für die Dauer dieser Abtretung.

Das Landgericht wies die Klage ab. Die Berufung des Klägers wurde zurückgewiesen. Seine Revision war ohne Erfolg.

Gründe:

Der Kläger begehrt mit der Klage die Feststellung, daß der Beklagte auf Grund von Pfändungs- und Überweisungsbeschlüssen, die gegen den Kläger erwirkt worden sind — abgesehen von den von Ehefrau und Kind gegen ihn erwirkten Beschlüssen —, nur insoweit von seinem Gehalt einen Betrag einbehalten und an die Gläubiger auszahlen darf, als der pfändbare Gehaltsteil höher ist als derjenige Betrag, den der Kläger von seinem Gehalt an die Heimstättengesellschaft abgetreten hat. Er macht mit anderen Worten geltend, daß die im Rahmen des § 850 Abs. 1 Nr. 8 und Abs. 2 ZPO. gegen ihn ergangenen Pfändungs- und Überweisungsbeschlüsse mit Rücksicht auf die von ihm im Jahre 1928 erfolgte Abtretung eines Teiles seiner Gehaltsforderung an die Heimstättengesellschaft für die Dauer der Abtretung nur insoweit rechtliche Wirksamkeit hätten, als der gepfändete Gehaltsteil den abgetretenen Gehaltsbetrag übersteige, und daß infolgedessen die pfändenden Gläubiger des Klägers durch die Beschlüsse auch nur insoweit einen Anspruch auf Auszahlung des gepfändeten Gehaltsteils gegen den Drittschuldner erlangt hätten.

Das Berufungsgericht hat die Klage in erster Reihe deshalb abgewiesen, weil es die Passivlegitimation des Beklagten für die erhobene Feststellungsklage nicht als gegeben ansieht. Es hat erwogen, eine Klage wegen vermögensrechtlicher Ansprüche aus dem Dienstverhältnis eines Volksschullehrers sei nach § 34 Nr. 1 VBG. gegen die Landesschulkasse, vertreten durch den Kassenanwalt, oder, wenn es sich um Leistungen handle, für welche die Schulunterhaltungspflichtigen einzutreten hätten, unmittelbar gegen den Schulverband zu richten. Gegen den Staat selbst könne nicht geklagt werden. Die Generalstaatskasse und die ihr unterstellten Kassen, wie z. B. die Regierungshauptkasse in B., von welcher der Kläger sein Gehalt beziehe, führten nur die Geschäfte der Landesschulkasse (§ 37

Abs. 2 VBG.). Dieser Auffassung des Berufungsgerichts kann nicht beigetreten werden.

Über die Bedeutung der Preußischen Landesschulkasse und ihre rechtliche Stellung zum Staat hat sich der erkennende Senat bereits in mehrfachen Entscheidungen ausgesprochen ... Danach ist allerdings die Landesschulkasse, die nach § 36 VBG. eine den Ausgleich der persönlichen Volksschullasten bezweckende Vereinigung aller Schulverbände darstellt, ein von dem Staate durchaus verschiedenes Rechtssubjekt. Sie übernimmt nach § 39 VBG. die Zahlung der Dienstbezüge an die Lehrer und die Zahlung des Ruhegehalts, und deshalb sind auch diejenigen Klagen, mit welchen ein Leistungsanspruch auf Dienstbezüge oder Ruhegehalt geltend gemacht wird, gegen sie zu richten. Um die Geltendmachung eines solchen Leistungsanspruchs handelt es sich aber hier nicht. Daß dem Kläger seine Dienstbezüge oder sein Gehalt in bestimmter Höhe zustehen und daß er einen Anspruch auf Leistung dieser Bezüge gegen die Landesschulkasse hat, ist weder im Verhältnis des Klägers zur Landesschulkasse noch unter den Parteien streitig. Streit besteht vielmehr nur darüber, ob und inwieweit der Anspruch des Klägers auf Auszahlung der ihm unbestritten zustehenden Bezüge infolge der gegen ihn ergangenen Pfändungs- und Überweisungsbeschlüsse auf die Pfändungspfandgläubiger übergegangen ist und ob dies deshalb bei der Auszahlung der Bezüge von der die Auszahlung bewirkenden Stelle zu beachten ist. Für diesen in Form der Feststellungsklage auszutragenden Streit muß aber der Beklagte als passiv legitimiert angesehen werden.

Nach § 39 VBG. übernimmt zwar die Landesschulkasse die Zahlung der Dienstbezüge und des Ruhegehalts. Die Auszahlung erfolgt aber nicht durch Angestellte der Landesschulkasse selbst, sondern durch die Generalstaatskasse und die ihr nachgeordneten Regierungshauptkassen, also durch Kassen des verklagten Staates. Diese führen nach § 37 Abs. 2 VBG. die Kassengeschäfte der Landesschulkasse unentgeltlich und erledigen damit kraft gesetzlichen Auftrags als Stellen, welche Geschäfte der Landesschulkasse führen, auch das Zahlungsgeschäft. Dessen Erledigung schließt aber die Prüfung der Legitimation der Empfangsberechtigten in sich. Wenn deshalb auch die Regierungshauptkassen die Kassengeschäfte für die Landesschulkassen führen, so beruht doch das Auszahlungsgeschäft, d. i. die Auszahlung der dem einzelnen Gehalts- oder Ruhegehaltsberechtigten aus der Landesschulkasse zustehenden Bezüge an die jeweils zum Empfang legitimierten Personen, auf eigener Entschließung der Beamten der Regierungshauptkassen. Ihnen liegt die Prüfung der Legitimation zur Einziehung, z. B. der Vollmacht oder der Berechtigung, auf Grund eines Pfändungs- und Überweisungsbeschlusses einen Teil des Gehalts zu erheben, in eigener Entschließung ob. Sie sind diejenigen Stellen, denen gegenüber Drittberechtigte ihren Anspruch auf Auszahlung von Gehaltsteilen Bezugsberechtigter geltend zu machen haben, und ebenso kann der Bezugsberechtigte ihnen gegenüber Schadensersatzansprüche auf Grund des Art. 131 RVerf. in Verbindung mit § 839 BGB. geltend machen, wenn Beamte der Zahlstelle unter Verletzung ihrer Amtspflicht Auszahlungen an nicht empfangsberechtigte Dritte vorgenommen haben sollten. Aus diesen Erwägungen ist auch ein rechtliches Interesse des Klägers an der von ihm begehrten Feststellung zu bejahen. Es handelt sich nicht lediglich um eine in die Form einer Feststellung gekleidete theoretische Entscheidung einer Rechtsfrage. Vielmehr kommen rechtliche Beziehungen zwischen der Regierungshauptkasse, einer Einrichtung des Beklagten, und denjenigen, welche als Pfändungspfandgläubiger des Klägers die Einziehungsberechtigung für sich in Anspruch nehmen, in Betracht. An deren Feststellung hat auch der Kläger als Gehalts- und Ruhegehaltsempfänger ein rechtliches Interesse. Wie in der Rechtsprechung anerkannt ist, können Rechtsbeziehungen des Beklagten zu einem Dritten den Gegenstand einer Feststellungsklage bilden, sofern nur ein rechtliches Interesse des Klägers an der alsbaldigen Feststellung gegeben ist ...

Das Berufungsgericht hat nun freilich die Zulässigkeit der erhobenen Feststellungsklage insoweit, als sie sich auf die Vergangenheit beziehen sollte, deshalb verneint, weil in diesem Umfange die Leistungsklage hätte erhoben werden können. Damit hat es aber die Grenzen der Zulässigkeit einer Feststellungsklage zu eng gezogen. Die insoweit von der Revision erhobene Rüge einer Verletzung des § 256 ZPO. ist begründet. Zwar ist nach der Rechtsprechung für den Regelfall ein rechtliches Interesse an der Durchführung der Feststellungsklage da nicht anzuerkennen, wo die Leistungsklage hätte erhoben werden können. Im vorliegenden Fall wäre aber dem Kläger mit der Leistungsklage auf Zahlung bisher unrechtmäßig an die Gläubiger abgeführter Gehaltsteile nur unvollständig gedient. Ihm kommt es darauf an — und das ist der Gegenstand seines Feststellungsbegehrens —, sowohl für die Vergangenheit als auch für die Gegenwart und Zukunft festgestellt zu sehen, ob und inwieweit die Regierungshauptkasse verpflichtet war und ist, die gegen ihn ergangenen Pfändungs- und Überweisungsbeschlüsse mit Rücksicht auf die Gehaltsabtretung bei der ihr obliegenden Gehaltsauszahlung zu beachten. Die Rechtsprechung wird ... von dem Bestreben geleitet, im Interesse der Feststellungskläger den § 256 ZPO. weit und frei auszulegen, und hat deshalb ein rechtliches Interesse an der alsbaldigen Feststellung trotz Möglichkeit der Erhebung einer Leistungsklage namentlich dann für vorliegend erachtet, wenn die Erwartung berechtigt ist, daß ein Dritter, insbesondere eine Behörde, die Entscheidung auch ohne den Zwang der Rechtskraft anerkennen und zum Anlaß von Maßnahmen nehmen werde, die im Interesse des Feststellungsklägers liegen. Aus diesem Gesichtspunkt heraus muß für den vorliegenden Fall der Feststellunganpruch nach § 256 ZPO. auch insoweit für zulässig erachtet werden, als er sich auf die Vergangenheit bezieht.

Die Revision wendet sich ferner mit Recht gegen die Annahme des Berufungsgerichts, der Kläger habe nur die Möglichkeit, im Wege des § 766 ZPO. durch Erhebung der Erinnerung gegenüber den pfändenden Gläubigern die von ihm behauptete Unpfändbarkeit seines Gehalts geltend zu machen. Allerdings ist in der Rechtsprechung des Reichsgerichts anerkannt, daß die auf Bestimmungen der Zivilprozeßordnung oder des sachlichen Rechts gegründete Einwendung der Unpfändbarkeit gepfändeter Forderungen oder anderer Vermögensrechte nur in dem durch § 766 Abs. 1 ZPO. vorgesehenen Verfahren vor dem Vollstreckungsgericht und insbesondere nicht auch im Wege des ordentlichen Prozesses geltend gemacht werden könne ... Das Reichsgericht hat jedoch bereits für zulässig erachtet, daß der von dem Pfändungspfandgläubiger in Anspruch genommene Drittschuldner im Prozeßverfahren dem Kläger den Einwand der Unpfändbarkeit der gepfändeten Forderung entgegensetze, wenn die Unpfändbarkeit nicht allein auf die prozessuale Bestimmung des § 850 ZPO. gestützt werde, sondern in dem sachlichrechtlichen Schuldverhältnis, in der Rechtsstellung des Schuldners selbst, ihren Grund habe. Eine ähnliche Erwägung muß auch für den vorliegenden Fall Platz greifen. Auch hier wird die Einwendung des Schuldners nicht lediglich auf § 850 ZPO. gestützt. Nach den Feststellungen des angefochtenen Urteils lauten die gegen den Kläger erwirkten Pfändungs- und Überweisungsbeschlüsse dahin, daß der dritte Teil des monatlich 165 RM. übersteigenden Diensteinkommens gepfändet wird. Ihr Inhalt hält sich damit völlig im Rahmen der durch § 850 Abs. 2 ZPO. (in der zur Zeit des Erlasses der Pfändungs- und Überweisungsbeschlüsse geltenden Fassung) gezogenen Grenzen. Zu einer Einwendung gegen die Art und Weise der vom Vollstreckungsgericht vorgenommenen Zwangsvollstreckung gemäß § 766 ZPO. bestand für den Kläger kein Anlaß. Dieser beruft sich deshalb auch nicht etwa darauf, daß die durch das Vollstreckungsgericht veranlaßten Maßnahmen unzulässig seien; er macht vielmehr geltend, daß die im Zwangsvollstreckungsverfahren ordnungsmäßig erlassenen Pfändungsbeschlüsse sachlich-rechtlich nicht diejenige Wirkung ausüben, die ihnen nach der Auffassung des Beklagten beizumessen sei. In Frage steht, ob zufolge der sachlich-rechtlichen Vorschrift des Gesetzes vom 30. Juni 1927 durch die Abtretung des Gehalts in Höhe von 104,25 RM. monatlich an die Heimstättengesellschaft der der Pfändung nach § 850 Abs. 2 ZPO. an sich unterliegende und durch die Pfändungs- und Überweisungsbeschlüsse gepfändete Teil des Gehalts bereits ganz oder teilweise erschöpft ist, insoweit also dem Kläger keine Forderung mehr zusteht. Es ist daher im Grunde keine die Zwangsvollstreckungsmaßnahmen als solche betreffende Frage, sondern die Frage nach den sachlich-rechtlichen Wirkungen dieser Zwangsvollstreckungsmaßnahmen einerseits und der auf Grund des Gesetzes vom 30. Juni 1927 erfolgten Abtretung anderseits, die den Gegenstand des Rechtsstreits bildet. Die Auffassung des Berufungsgerichts, auch diese Frage dürfe der Kläger nur im Wege der Erinnerung nach § 766 ZPO. zur Entscheidung bringen, ist mithin nicht zu billigen.

Halten hiernach zwar die bisher erörterten Gesichtspunkte, auf die das Berufungsgericht seine die Klage abweisende Entscheidung gestützt hat, einer rechtlichen Nachprüfung nicht stand, so kann doch im Endergebnis die Revision keinen Erfolg haben. Das Berufungsgericht hat — trotz seiner eben dargelegten Rechtsauffassung — in einer Schlußerwägung auch noch zu der Frage der sachlich-rechtlichen Wirkung der Zwangsvollstreckungsmaßnahmen im Hinblick auf die nach dem Gesetz vom 30. Juni 1927 erfolgte Abtretung Stellung genommen. Es gelangt in den sich hierauf beziehenden Ausführungen des angefochtenen Urteils ebenfalls zu einer Verneinung des Feststellungsanspruchs. Soweit die Revision sich hiergegen richtet, indem sie Verletzung der §§ 850, 851 ZPO., § 400 BGB. und des § 1 des Reichsgesetzes vom 30. Juni 1927 rügt, ist sie nicht begründet.

Für die preußischen Beamten ist durch Art. 81 EG.z.BGB. das nach Anh. § 163 zu § 108 Allg. Gerichtsordnung I 24 bestehende Verbot der Verfügung über das Diensteinkommen und die Pension aufrechterhalten worden. Die Unpfändbarkeit der Dienstbezüge, die sich daraus in Verbindung mit § 400 BGB. ergibt, erleidet eine Ausnahme durch die in § 850 ZPO. getroffene reichsgesetzliche Regelung, wonach abweichend von dem in § 850 Abs. 1 Nr. 8 ZPO. ausgesprochenen allgemeinen Grundsatz der Unpfändbarkeit der Dienstbezüge der Offiziere, Beamten, Lehrer an öffentlichen Anstalten in Abs. 2 die Pfändung insoweit zugelassen ist, als das Diensteinkommen oder die sonstigen Bezüge die Summe von monatlich 165 RM. übersteigen. Durch § 1 des Reichsgesetzes über die Abtretung von Beamtenbezügen zum Heimstättenbau vom 30. Juni 1927 ist nun den Beamten gestattet worden, bis zu zwei Drittel des Betrags, um den ihr Diensteinkommen, Ruhegehalt und ihre sonstigen laufenden Bezüge mit Ausnahme etwaiger Dienstaufwandsentschädigungen die Summe von insgesamt 1560 RM. für das Jahr übersteigen, abzutreten, sofern die Abtretung zu einem der in § 2 des Gesetzes genannten Zwecke vorgenommen wird, nämlich für die Beschaffung, Verzinsung und Tilgung von Darlehen, die zum Zweck des Erwerbes oder der Errichtung einer Wohnheimstätte nach Maßgabe des Reichsheimstättengesetzes vom 10. Mai 1920 (RGBl. S. 962) oder zu einem diesem gleichgestellten Zweck gewährt oder zugesagt sind. Von diesem Recht hat der Kläger im Rahmen der gesetzlichen Bestimmungen Gebrauch gemacht, indem er 104,25 RM. von seinen monatlichen Dienstbezügen der Heimstättengesellschaft fortlaufend für die Dauer der Sparzeit von 20 Jahren abgetreten hat. Streitig ist unter den Parteien, wie diese Abtretung auf den Umfang der Pfändungen einwirkt, die von den Pfändungspfandgläubigern in die Gehalts- und Ruhegehaltsforderung des Klägers ausgebracht worden sind. Der Kläger vertritt den Standpunkt, daß durch die Abtretung der nach § 850

Abs. 2 ZPO. pfändbare Teil seiner Bezüge erschöpft und die durch die Pfändungsbeschlüsse ausgesprochene Pfändung dieses pfändbaren Teiles gegenstandslos sei. Dagegen ist der Beklagte der Auffassung, daß der nach § 850 Abs. 2 ZPO. pfändbare Teil der Dienstbezüge ohne Rücksicht auf die erfolgte Abtretung berechnet werden müsse und daß die Pfändung in der sich hiernach ergebenden Höhe des pfändbaren Teiles neben der Abtretung wirksam sei. Das Berufungsgericht hat sich dieser letzten Auffassung angeschlossen. Ihr ist beizutreten.

Nach der dem Gesetzentwurf beigegebenen Begründung (Verhandl. des Reichstags III. Wahlperiode 1924, Bd. 411 Drucks. Nr. 2683) ist das Gesetz vom 30. Juni 1927 aus der Notwendigkeit heraus geschaffen worden, die zahlreichen wohnungslosen und in Notwohnungen untergebrachten Beamten so bald wie möglich in geordnete Wohnungsverhältnisse zu überführen. Gleichzeitig ist in der Begründung darauf hingewiesen, daß gerade unter den Beamten der überall vorhandene Drang nach Eintausch großstädtischer Mietwohnungen gegen Wohnheimstätten mit Gartenland zu beobachten sei. Beiden Bedürfnissen sollte das in Aussicht genommene Gesetz dienen, indem ohne Inanspruchnahme öffentlicher Mittel für die Beamten die Möglichkeit geschaffen wurde, auf dem Wege des Zwecksparens gegen gleichzeitig fortlaufende Abtretung eines Gehaltsteils Mittel zum Erwerb einer eigenen Heimstätte zu erhalten. Um diesen Zweck zu erreichen, mußten die die Abtretungsbefugnis des Beamten stark einschränkenden gesetzlichen Bestimmungen — die Begründung weist auf § 400 BGB., auf § 850 ZPO. und auch auf den Ausschluß der Abtretung sämtlicher Beamtenbezüge in Preußen hin — abgeändert werden, indem für diese Zwecke die Abtretungsgrenze erweitert und die einmal erfolgte Abtretung für unabänderlich erklärt wurde. Der gesetzliche Pfändungsschutz bleibe, so heißt es in der Begründung, unberührt, ebenso § 400 BGB. Aus diesen Darlegungen ergibt sich, daß es sich um ein ausgesprochenes Zweckgesetz handelt, das die Abtretung nur zu dem einen bestimmten Zweck hat zulassen wollen: den Beamten sollte die Möglichkeit des Erwerbs einer Heimstätte erleichtert werden. Lediglich diesem Zweck diente die vom Gesetz ausgesprochene Erweiterung der Abtretungsbefugnis. Darüber hinaus war eine Veränderung der Rechtsstellung der Beamten nicht beabsichtigt. Insbesondere ist nicht ersichtlich, daß die durch § 850 Abs. 2 ZPO. getroffene Ausnahme von dem in Abs. 1 das. ausgesprochenen Grundsatz der Unpfändbarkeit des Beamtengehalts durch die in dem Gesetz vom 30. Juni 1927 getroffene Regelung zu Ungunsten der Gläubiger des Beamten in ihrer Wirkung hätte abgeschwächt werden sollen. Deshalb wurde zwar die Abtretung in der im Gesetz vorgesehenen Grenze ohne Rücksicht auf die Frage der Pfändbarkeit und die sich daraus nach § 400 BGB. sonst ergebende Unzulässigkeit der Abtretung zugelassen. Anderseits blieb umgekehrt die Frage der Pfändbarkeit aus dem Gesichtspunkt des § 850 ZPO. von einer auf Grund des besonderen Gesetzes bereits erfolgten Abtretung unberührt. Die beiderseits in Betracht kommenden gesetzlichen Bestimmungen stehen nicht in einem Abhängigkeitsverhältnis zueinander. Ein Beamter, der von dem ihm durch das Gesetz vom 30. Juni 1927 gegebenen Recht der Abtretung eines Gehaltsteils Gebrauch machen will, muß deshalb sorgsam überlegen, ob er mit Rücksicht auf seine sonstigen wirtschaftlichen Verhältnisse in der Lage sein wird, trotz der durch die Abtretung eintretenden Beschränkung seiner wirtschaftlichen Bewegungsfreiheit durchzuhalten. Die Abtretung erfolgt, wie in § 7 der Verordnung zur Durchführung des Gesetzes vom 30. Juni 1927 vom 12. März 1928 (RGBl. I S. 61) noch besonders zum Ausdruck gebracht ist, auf eigene Verantwortung des Beamten.

Die von der Revision gegen diese Auffassung geltend gemachten Gesichtspunkte sind nicht stichhaltig. Allerdings hat der Gesetzgeber bei der Regelung gleichzeitig auch die Interessen des Sparunternehmens wahren und es auf eine gefahrenfreie Grundlage stellen wollen, wie es in der Begründung zum Gesetzentwurf heißt. Er hat dies aber auch dadurch getan, daß er die Abtretungsgrenze für den Sparzweck erweitert und die einmal vorgenommene Abtretung — abgesehen von den besonderen Fällen der Kündigung — für unabänderlich erklärt hat, auch wenn sich die Dienstbezüge nachträglich verringern sollten. Darüber hinaus das Sparunternehmen noch zu fördern, lag für den Gesetzgeber keine Veranlassung vor. Die Revision hat versucht, zum Zweck der Auslegung des Gesetzes vom 30. Juni 1927 vergleichsweise die Beamten-Siedlungsverordnung vom 11. Februar 1924 (RGBl. I S. 53) heranzuziehen. Das ist schon deshalb nicht angängig, weil der Gesetzgeber gerade den dort eingeschlagenen Weg — etwa durch Erstreckung dieser Regelung auf Beamte im Dienst und im Ruhestand — bewußt nicht weiter verfolgt hat. Anderseits weist das Berufungsgericht mit Recht auf einige Gesichtspunkte hin, die, wenn auch nicht von ausschlaggebender Bedeutung, so doch seine Auffassung immerhin zu stützen geeignet sind: einmal darauf, daß der nach § 850 Abs. 2 ZPO. pfändbare und der nach dem Gesetz vom 30. Juni 1927 abtretbare Gehaltsteil verschiedener Berechnungsweise unterliegen, ferner auf die sich bei dieser verschiedenen Berechnungsweise aus der vom Kläger vertretenen Auffassung zugunsten unverheirateter Beamten ergebende Folge. Ein lediger Beamter, der seine Bezüge genau in Höhe des nach § 850 ZPO. pfändbaren Teils abgetreten hat, würde dann nämlich auf Jahre hinaus vor allen Zugriffen seiner Gläubiger geschützt sein, während ein kinderreicher Beamter, der den Abtretungsvertrag schon aus den Kinderbeihilfen zu decken in der Lage wäre, daneben noch die Pfändung nach § 850 Abs. 2 ZPO. über sich ergehen lassen müßte.

Das Berufungsgericht hat schließlich noch mit Recht hervorgehoben, daß, wenn die Ansicht des Klägers über die Wirkung des Gesetzes vom 30. Juni 1927 richtig wäre, der bausparende Beamte, der die Kosten seiner Wohnung durch die Abtretung eines Gehaltsteiles bezahlt, dadurch, daß dieser abgetretene Betrag in den der Pfändung unterworfenen Teil des Gehalts einbezogen werden müßte, eine Sonderstellung einnehmen würde gegenüber den übrigen Beamten, die von der Möglichkeit des Erwerbs einer Wohnheimstätte nicht Gebrauch machen. Dieses Ergebnis hat der Gesetzgeber, der den Beamten lediglich den Erwerb einer eigenen Wohnheimstätte hat erleichtern wollen, keinesfalls beabsichtigt.

RGZ. 146, 369

Kein Rechtsanspruch des Beamten auf Beförderung. Die Fürsorgepflicht des öffentlichen Dienstherrn betrifft nur das Dienstverhältnis des Beamten in seinem derzeitigen Bestande, nicht dagegen die Erlangung einer besseren Dienststellung. Daher scheidet das Beförderungsanliegen des Beamten als tauglicher Gegenstand einer Fürsorgepflichtverletzung ohne weiteres aus.

Alter Leitsatz:

1. Ueber den Umfang der allgemeinen Fürsorgepflicht der öffentlichrechtlichen Körperschaften gegenüber ihren Beamten.

2. Inwieweit dürfen die ordentlichen Gerichte das Verfahren der Verwaltungsbehörde bei der Entscheidung über die Beförderung eines Beamten nachprüfen?

3. Kann ein Beamter im ordentlichen Rechtsweg Schadensersatz verlangen für die Nachteile, die ihm durch seine, wie er behauptet, ungerechtfertigte Nichtbeförderung erwachsen sind?

RVerf. Art. 131.

III. Zivilsenat. Urt. v. 7. Dezember 1934 i. S. L. (Kl.) w. Deutsche Reichsbahn-Gesellschaft (Bekl.). III 178/34.

I. Landgericht Berlin. II. Kammergericht daselbst.

Der bei der Preußischen Eisenbahnverwaltung, der Rechtsvorgängerin der Beklagten, als Zivilsupernumerar für den Verwaltungsdienst im Jahre 1896 eingetretene Kläger hatte die Prüfung zum Eisenbahnsekretär auch bei ihrer Wiederholung nicht bestanden. Er wurde deshalb nur zum Büroassistenten ernannt und später zum Oberbahnassistenten befördert. Am 15. Januar 1915 wurde er zum Heeresdienst einberufen und im Frühjahr 1918 in den Feldeisenbahndienst abkommandiert. Dort war er bis zum 30. Juni 1923 beschäftigt. Erst Anfang Juli 1923 kehrte er, nachdem inzwischen mit dem 1. April 1920 die Eisenbahnen der Länder auf das Reich übergegangen waren, in den Dienst der nunmehrigen Reichsbahndirektion M. zurück.

Als im letzten Kriegsjahr ein Mangel an Anwärtern für die Vorsteherstellen bei der Eisenbahn einzutreten drohte, hatte der Preußische

Minister der öffentlichen Arbeiten durch Erlaß vom 5. Juni 1918, ergänzt durch Erlaß vom 11. September 1918, die Besetzung freiwerdender Stellen mit praktisch geeigneten Eisenbahnassistenten vorgesehen, die nach Ernennung zum Vorsteher nach den allgemeinen Grundsätzen auch für eine Beförderung in die mittleren Beamtenstellen I. Klasse in Betracht kommen sollten. Er hatte deshalb den Eisenbahndirektionen die Aufstellung von Listen, in welche die Anwärter nach dem Grade ihrer Eignung und bei gleicher Eignung nach dem Dienstalter einzuordnen waren, und die Besetzung freiwerdender Vorsteherstellen gemäß dieser Reihenfolge aufgegeben. Der Kläger wurde in die bei der damaligen Eisenbahndirektion M. aufgestellte Liste nicht aufgenommen. Seine zahlreichen Bemühungen um nachträgliche Aufnahme in die Liste blieben ohne Erfolg.

Nachdem durch den Nachtragshaushalt für 1920 die Umwandlung von 8550 Planstellen der bisherigen Eisenbahnassistenten und jetzigen Eisenbahnsekretäre, die nach dem am 1. April 1920 in Kraft getretenen Besoldungsgesetz vom 30. April 1920 zur Besoldungsgruppe VI gehörten, in solche der unter die höhere Gruppe VII fallenden Eisenbahnobersekretäre genehmigt und die Vergünstigung vom Bestehen einer sog. Sonderprüfung abhängig gemacht worden war, folgte der Kläger der Aufforderung zur Ablegung dieser Prüfung. Er bestand sie am 19. Dezember 1921 und wurde mit Wirkung vom 1. April 1920 zum Eisenbahnobersekretär ernannt. Inzwischen war die von vornherein als vorübergehend gedachte Maßnahme der prüfungslosen Beförderung von Assistenten zu Vorstehern abgeschlossen worden. Als dann später, im Januar 1925, Beamte, die auf Grund der erwähnten Erlasse aus dem Jahre 1918 ohne Prüfung vom Assistenten zum Vorsteher befördert worden waren, zu Eisenbahninspektoren (Besoldungsgruppe VIII) weiterbefördert wurden, kam der Kläger gleichfalls um Uebernahme in die Gruppe VIII ein. Auch diesmal scheiterte er mit seinen jahrelangen Bemühungen um die erstrebte Gleichstellung mit jenen Vorstehern.

Nunmehr macht der Kläger geltend, seine Nichtbeförderung in eine Stelle der Gruppe VIII beruhe auf Amts- und Fürsorgepflichtverletzungen der beteiligten Reichsbahndirektionen und ihrer Beamten. Er verlangt deshalb im Klagewege von der Beklagten als Schadensersatz die für die Zeit vom 1. Januar 1925 ab sich ergebenden Unterschiedsbeträge zwischen den Bezügen der Besoldungsgruppen VII und VIII der Reichsbesoldungsordnung vom 30. April 1920, später der Gruppen 7 und 7 a der mit dem 1. Oktober 1927 in Kraft getretenen Reichsbahnbesoldungsordnung vom 10. Januar 1928.

Die Vorinstanzen haben die Klage abgewiesen. Die Revision des Klägers hatte keinen Erfolg.

Aus den Gründen:

Der Kläger ist nicht mit in die in seinem damaligen Eisenbahndirektionsbezirk im Jahre 1918 aufgestellte Liste der Anwärter für ausnahmsweise Beförderung von Eisenbahnassistenten zu Vorstehern aufgenommen worden. Er hat infolgedessen nicht zu den ersten 13 Anwärtern dieser Liste gehört, die im März 1920 zu Vorstehern befördert worden sind (sog. Märzvorsteher). Der Gehaltsnachteil, den er dadurch gegenüber den ausnahmsweise zu Vorstehern beförderten Assistenten erlitten hat, ist für die Zeit bis Ende Dezember 1924 wieder ausgeglichen worden. Der Kläger hat am 19. Dezember 1921 die Sonderprüfung bestanden, von der im Nachtragshaushalt für 1920 die Umwandlung von Planstellen der Besoldungsgruppe VI in die der höheren Gruppe VII abhängig gemacht war, und hat dadurch seine Ernennung zum Eisenbahnobersekretär, als welcher er wie ein Vorsteher ebenfalls zur Gruppe VII gehörte, vom 1. April 1920 ab erreicht. Aus der Nichtzugehörigkeit zu den sog. Märzvorstehern ist ihm dann aber vom 1. Januar 1925 ab ein neuer Nachteil dadurch entstanden, daß diese damals zu Eisenbahninpektoren (Besoldungsgruppe VIII) ernannt worden sind, welche Weiterbeförderung ihm versagt geblieben ist. Sein Klagbegehren geht auf Zahlung des ihm seit Januar 1925 entgangenen Unterschiedsbetrages zwischen den Bezügen seiner Besoldungsgruppe und denen der Inspektorengruppe.

Das Berufungsgericht hat die von der Beklagten in erster Reihe erhobene Einrede der Unzulässigkeit des Rechtswegs nicht durchgreifen lassen. Es erkennt an, daß der Beamte kein Recht auf Beförderung besitze, und daß deshalb für den aus einer Nichtbeförderung hergeleiteten Anspruch auf Zahlung des Gehaltsunterschieds der Rechtsweg nicht offenstehe. Es weist aber darauf hin, daß der Klaganspruch aus Verletzungen der der Beklagten dem Kläger gegenüber obliegenden öffentlichrechtlichen allgemeinen Fürsorgepflicht hergeleitet werde, die gleichzeitig Amtspflichtverletzungen bilden sollten, für deren Folgen die Beklagte nach Art. 131 RVerf.[1]) in Verb. mit § 839 BGB. haftbar sei. Der Kläger sieht diese Verletzungen der Fürsorgepflicht und gleichzeitig von Amtspflichten nicht in der Nichtbeförderung selbst, sondern in besonderen, der Beklagten zur Last gelegten Handlungen und Unterlassungen, die seine Nichtbeförderung erst zur Folge gehabt haben sollen. Doch auch damit wird nicht ohne weiteres ausgeschlossen, daß der Kläger in Wirklichkeit nur einen dem Rechtsweg entzogenen Beförderungsanspruch geltend macht, der lediglich in das Gewand eines einklagbaren Schadensersatzanspruchs aus Verletzung von Fürsorge- und Amtspflichten gekleidet ist. Ob dies der Fall ist, kann erst eine sachlichrechtliche Untersuchung der einzelnen vom Kläger vorgebrachten und als Verletzungen von Fürsorge- und Amtspflichten bezeichneten Vor-

[1]) Vgl. jetzt Art. 34 GG.

gänge ergeben. Diese Vorgänge zerfallen in zwei Gruppen. Entweder beziehen sie sich auf die Nichtaufnahme des Klägers in die Anwärterliste für die ausnahmsweise Beförderung von Eisenbahnassistenten zu Vorstehern, oder sie betreffen falsche oder unterlassene Belehrungen über Prüfungen, wodurch dem Kläger die Ausnutzung einer später noch vorhanden gewesenen Aufrückungsmöglichkeit vereitelt sein soll.

1. Was die erste Gruppe anbetrifft, so wirft der Kläger der Beklagten eine Reihe von angeblichen Pflichtwidrigkeiten bei der Aufstellung der erwähnten Anwärterliste vor, die es verhindert hätten, daß er einen aussichtsreichen, seine Beförderung sichernden Platz in der Liste erhalten habe. Damit wird der Beklagten der Vorwurf einer für den Kläger nachteiligen pflichtwidrigen Behandlung der durch ministerielle Erlasse vom 5. Juni und 11. September 1918 angeordneten Angelegenheit einer ausnahmsweisen Beförderung gemacht. Insofern der Kläger dabei seine Schadensersatzansprüche nicht nur aus unerlaubter Handlung, nämlich aus Amtspflichtverletzung, sondern zugleich aus einer Verletzung der auf dem öffentlich-rechtlichen Dienstverhältnis des Klägers beruhenden allgemeinen Fürsorgepflicht der Beklagten herleitet, ist die aus den §§ 149, 150 RBG. und § 8 des Reichsbahn-Personalgesetzes vom 30. August 1924 (RGBl. II S. 287) sich ergebende besondere Prozeßvoraussetzung eines Vorentscheides der obersten Reichsbahnbehörde und der Innehaltung einer vom Bescheid ab laufenden sechsmonatigen Klagefrist erfüllt worden. Die Revision ist nun der Ansicht, das Berufungsgericht habe den Begriff der öffentlich-rechtlichen allgemeinen Fürsorgepflicht verkannt. Sie meint, das Berufungsgericht habe diesen Begriff zu eng gefaßt, und glaubt, er schließe die Verpflichtung ein, alles zu tun, was das Weiterkommen des Beamten zu fördern geeignet sei. Diese allgemeine weite Fassung, welche die Revision dem Begriff der Fürsorgepflicht des Staates oder sonstiger öffentlicher Körperschaften gegenüber ihren Beamten gibt, läßt sich jedoch der Rechtsprechung nicht entnehmen und liegt auch der von der Revision angezogenen Entscheidung des erkennenden Senats vom 20. Juni 1933 (RGZ. Bd. 141 S. 385)[2]) nicht zugrunde.

Die aus der überragenden Machtstellung des Staates gegenüber seinen Beamten begründete und aus dem Rechtsgedanken, welcher der bürgerlich-rechtlichen Vorschrift des § 618 BGB.[3]) zugrunde liegt, entwickelte Fürsorgepflicht erfaßt nur das bestehende Dienstverhältnis des Beamten. Innerhalb dieses Dienstverhältnisses darf der Staat seine Machtstellung nicht einseitig zur Geltung bringen, sondern hat auch die Belange des ihm untergebenen Beamten zu berücksichtigen und zu wahren, hat ihn wohlwollend und gerecht zu behandeln. Er darf keine ungerechten und

[2]) In diesem Band S. 239.

[3]) Vgl. später § 36 DBG., jetzt § 79 BBG.

unbilligen dienstlichen Anforderungen an ihn stellen, muß ihm die Erfüllung seiner Dienstpflichten nach Möglichkeit erleichtern und dabei vor allem auf seine Gesundheit bedacht sein. Nach außen kann sich die Pflicht zu wohlwollender und gerechter dienstlicher Behandlung dahin auswirken, daß er auf Anfragen über seinen Beamten keine unwahre dienstliche Auskunft erteilen darf, die dem Beamten ein erstrebtes anderweitiges Fortkommen erschwert oder ihm sonst nachteilig sein kann. Die angezogene Entscheidung hat daher eine Verletzung der Fürsorgepflicht des Staates darin gefunden, daß der Vorgesetzte eines Beamten, der beim Versorgungsamt die Gewährung von Versorgungsbezügen beantragt hatte, in dem Rentenverfahren eine dem Beamten ungünstige falsche dienstliche Auskunft über dessen früheren Gesundheitszutand erteilt hatte, und hat den Vorgesetzten als verpflichtet angesehen, „alles zu vermeiden, was für das Weiterkommen des Beamten von Nachteil sein könnte". Dagegen ist es grundsätzlich abzulehnen, daß die allgemeine Fürsorgepflicht des Staates, deren Verletzung ihn schadenspflichtig macht, auch Belange des Beamten ergriffe, die nicht dessen gegenwärtige Dienststellung betreffen oder in ihr begründet sind, sondern die eine Beförderung, also die Erlangung einer besseren Dienststellung gegenüber dem Staate verfolgen. Soweit geht die Fürsorgepflicht des Staates nicht. Der öffentliche Beamte hat keinerlei Anspruch auf Beförderung. Diese erfolgt im Interesse des Gemeinwohls und unterliegt lediglich dem pflichtmäßigen Ermessen der Behörde. Die der Beklagten vorgeworfene ordnungswidrige Behandlung der Beförderungsangelegenheit des Klägers konnte deshalb die allgemeine Fürsorgepflicht der Beklagten überhaupt nicht verletzen. Die Klage erweist sich mithin insofern tatsächlich als ein unzulässiger Versuch des Klägers, die ihm entgangenen Vorteile einer Beförderung, auf die er keinen Anspruch hatte, auf dem Umweg über einen Schadensersatzanspruch aus Verletzung der öffentlich-rechtlichen Fürsorgepflicht der Beklagten zu erreichen. Dafür steht der Rechtsweg nicht offen.

Ebenso liegt die Sache bei den einzelnen Amtspflichtverletzungen, die sich die zuständigen Beamten der Beklagten nach Ansicht des Klägers bei der Behandlung seiner Beförderungsangelegenheit haben zuschulden kommen lassen. Der Kläger führt im einzelnen aus, die Beamten hätten sich ihre Ansicht von seiner angeblichen sittlichen Ungeeignetheit, die zunächst den Grund für seine Nichtaufnahme in die Anwärterliste gebildet habe, ohne ausreichende Unterlagen, nämlich nur auf Grund eines noch nicht rechtskräftigen, später wieder aufgehobenen Ehescheidungsurteils gebildet und hätten es, nachdem der Grund schlechten außerdienstlichen Verhaltens später fallen gelassen wäre, bei Bewertung seiner dienstlichen Leistungen an sorgfältigen und besonders auch rechtzeitigen Ermittlungen fehlen lassen. Doch ist nicht nur der Staatshoheitsakt der Beförderung selbst Sache allein des pflichtmäßigen Ermessens der Verwaltungsbehörde, sondern auch das Verfahren, wie sich die Behörde ihre Ueberzeugung davon verschafft, ob ein Beamter zur Beförderung geeignet ist oder nicht. Es würde zu großen Unzuträglichkeiten führen und die Grenzen zwischen den Aufgaben von Verwaltung und Justiz völlig verwischen, wollte man den Gerichten hier die Nachprüfung aller Maßnahmen der Verwaltungsbehörde zur Bildung ihres Urteils über die Geeignetheit eines Beamten gestatten.

Der Kläger beruft sich noch auf angebliche Zusicherungen, die er zu seinen Gunsten in § 66 des Reichsmilitärgesetzes vom 2. Mai 1874 (RGBl. S. 45) und in dem der Beklagten zur Nachachtung zugegangenen Erlaß des Wiederaufbauministers vom 24. Juni 1920 findet. Der genannte § 66 schreibt vor, daß die Beamten durch Einberufung zum Militärdienst in ihren bürgerlichen Dienstverhältnissen keinen Nachteil erleiden sollen, und der ministerielle Erlaß enthält die Bitte, bei Besetzung von Beförderungsstellen in der heimischen Eisenbahnverwaltung die beim Kommissariat für die Rückführung von Eisenbahnmaterial tätigen Beamten, zu denen der Kläger gehörte, möglichst zu berücksichtigen und ihnen dadurch für die dem Vaterland geleisteten aufopfernden Dienste eine Anerkennung zuteil werden zu lassen. Aber auch diese Vorschriften bieten dem Gericht keine Handhabe zur Nachprüfung des Verfahrens der Beklagten bei der Beförderungsangelegenheit des Klägers. Denn sie geben lediglich Richtlinien für die Ausübung des pflichtmäßigen Ermessens der Verwaltungsbehörden. Soweit aber der Bereich des pflichtmäßigen Ermessens einer Behörde geht, kommt die Verletzung einer gegenüber einem Dritten obliegenden Amtspflicht grundsätzlich nicht in Frage. Nur insofern der zuständige Beamte gar nicht nach pflichtmäßigem Ermessen, sondern willkürlich, etwa offensichtlich schikanös, feindselig oder unwahrhaftig, verfährt oder in so hohem Maße fehlsam vorgeht, daß sein Verhalten mit dem an eine ordnungsmäßige Verwaltung zu stellenden Anforderungen schlechterdings unvereinbar ist, findet nach feststehender Rechtsprechung eine Nachprüfung durch die Gerichte statt. Von reinen Willkürakten oder offenbarem Ermessensmißbrauch der Beamten der Beklagten kann aber nach der eigenen Darstellung des Klägers keine Rede sein.

2. Die beiden anderen Verletzungen von allgemeiner Fürsorgepflicht der Beklagten und zugleich von Amtspflichten ihrer Beamten, für deren Folgen der Kläger die Beklagte verantwortlich macht, betreffen nicht die Aufstellung der erwähnten Anwärterliste und deshalb nicht unmittelbar die Beförderung des Klägers, sondern sollen ihm nur die eigene Ausnutzung einer später noch einmal gegebenen Beförderungsmöglichkeit vereitelt haben. Insoweit unterliegt die Zulässigkeit des Rechtswegs für die Klage keinem Bedenken. . . (Es wird dann dargelegt, daß die Klage insoweit sachlich unbegründet ist.)

RGZ. 147, 36

1. Zum Begriff der Anstellungsurkunde nach § 1 des preußischen Kommunalbeamtengesetzes vom 30. Juli 1899.

2. Liegt eine nach dem Beamtenrechts-Änderungsgesetz vom 30. Juni 1933 gültige Berufung als Beamter vor, wenn die Anstellungsbehörde dem Anzustellenden nur deshalb eine Anstellungsurkunde ausgehändigt hat, weil er ein rechtskräftiges Urteil dahin erstritten hatte, daß er bereits durch Übertragung obrigkeitlicher Befugnisse Beamter geworden sei?

Preuß. Kommunalbeamtengesetz vom 30. Juli 1899 (GS. S. 141) — KBG. — § 1. Gesetz zur Änderung von Vorschriften auf dem Gebiete des allgemeinen Beamten-, des Besoldungs- und des Versorgungsrechts vom 30. Juni 1933 (RGBl. I S. 433) — BRÄndG. — §§ 5, 6.

III. Zivilsenat. Urt. v. 5. Februar 1935 i. S. W. (Bekl.) w. Stadtgemeinde K. (Kl.). III 221/34.

I. Landgericht Königsberg. II. Oberlandesgericht daselbst.

Der Beklagte war im Dezember 1913 von der klagenden Stadtgemeinde auf Privatdienstvertrag ausdrücklich lediglich zur Vertretung eines erkrankten Beamten und für die Dauer der Vertretungsnotwendigkeit als Hilfssteuererheber eingestellt, schließlich aber trotz Wiedereintritts des Erkrankten weiterbeschäftigt worden, und zwar bis Ende September 1923. Seine Tätigkeit im städtischen Dienst endete infolge einer am 15. August 1923 mit Zustimmung des Betriebsrats (Angestelltenrats) ausgesprochenen Kündigung zum 30. September 1923, die er nach anfänglichem Widerstand schließlich nach Empfang einer Abfindungssumme hinnahm. In der Folgezeit machte er geltend, er sei — was bei den Abfindungsverhandlungen nicht bedacht gewesen sei — infolge weisungsmäßiger Ausübung obrigkeitlicher Tätigkeit Beamter der Beklagten geworden. Die Kündigung vom 15. August 1923 sei entgegen ortsgesetzlicher Vorschrift ohne Magistratsbeschluß ausgesprochen und deshalb unwirksam gewesen. Die Klägerin kündigte vorsorglich am 29. August 1929 auf Grund eines Magistratsbeschlusses von neuem zum 30. November 1929. Der Beklagte ließ auch diese Kündigung nicht gelten, weil mittlerweile die ortsgesetzlich zur Begründung lebenslänglicher Anstellung vorgesehene Frist von zehn Jahren abgelaufen sei. Der Bezirksausschuß trat ihm darin bei. In einem Vorprozeß hat die Klägerin auf Feststellung geklagt, daß die zum 30. November 1929 erklärte Kündigung wirksam und der Beklagte nicht auf Lebenszeit angestellter Beamter sei. Sie ist damit endgültig unterlegen zufolge Urteils des erkennenden Senats vom 8. März 1932 III 215/31.

Der Beklagte forderte am 5. Juni 1932 Ausstellung und Aushändigung einer Anstellungsurkunde, erhielt aber von der Klägerin einen ablehnenden Bescheid. Er stellte ihr darauf schriftlich seine Dienste zur

Verfügung und erwirkte, als sie schwieg, beim Bezirksausschuß ihre Verurteilung zur Gehaltszahlung. Darauf erklärte er ihr mit Schreiben vom 30. August 1932, auf Grund der Entscheidung des Reichsgerichts vom 8. März 1932 betrachte er sich als ihr lebenslänglich angestellter Beamter. Die Klägerin stellte ihn darauf Anfang September wieder in Dienst und behändigte ihm am 20. September 1932 folgende Urkunde:

Anstellungsurkunde.

Auf Grund der Reichsgerichtsentscheidung vom 8. März 1932 sind Sie Beamter der Stadtgemeinde K. auf Lebenszeit.

In dem Übersendungsschreiben teilte sie ihm mit, daß er die Amtsbezeichnung Stadtassistent zu führen habe und nach Besoldungsgruppe 8 und einem Besoldungsdienstalter vom 1. Juni 1914 Gehalt beziehe.

Nach Erlaß des Beamtenrechts-Änderungsgesetzes vom 30. Juni 1933 eröffnete die Klägerin dem Beklagten durch Schreiben vom 11. September 1933, sie erkenne nunmehr seine Beamteneigenschaft nicht mehr an; mit Ende September 1933 stellte sie die Zahlung des Beamtengehalts an ihn ein. Der Beklagte wandte sich an den Bezirksausschuß und erzielte hier den Beschluß vom 9. November 1933, daß er lebenslänglicher Beamter der Klägerin sei und diese ihm seine Dienstbezüge mit 230,70 RM. monatlich zu zahlen habe. Die Klägerin hat darauf Klage erhoben mit dem Antrag, den Beschluß des Bezirksausschusses vom 9. November 1933 aufzuheben und festzustellen, daß dem Beklagten keine vermögensrechtlichen Ansprüche gegen sie zuständen.

Das Landgericht hat festgestellt, daß der Beklagte nicht Beamter der Klägerin sei und ihm ein Gehaltsanspruch seit dem 1. Oktober 1933 nicht zustehe. Das Oberlandesgericht hat die Berufung des Beklagten zurückgewiesen. Seine Revision führte zur Abweisung der Klage.

Gründe:

Das Berufungsgericht geht zutreffend davon aus, daß das Beamtenrechts-Änderungsgesetz vom 30. Juni 1933 in § 5 die Beamten, die als solche berufen worden sind, denen gegenüberstellt, die ohne solche Berufung gemäß der Rechtsprechung des Reichsgerichts infolge ihrer Betrauung mit obrigkeitlichen und anderen öffentlichen Aufgaben Beamteneigenschaft erlangt haben. Richtig erkennt es auch den Willen des Gesetzes, daß Beamte der zweiten Art mit Rückwirkung nicht mehr die Rechte von Beamten haben sollen, selbst dann nicht, wenn gegenteilige Zusicherungen, Vereinbarungen, Vergleiche, rechtskräftige Urteile und Schiedssprüche vorliegen. Zu Unrecht rechnet es aber den Beklagten zu dieser Gruppe. Maßgebend ist im vorliegenden Falle § 6 Abs. 1 Satz 3 BRÄndG.:

Wenn in landesrechtlichen Vorschriften bestimmte Formen für die Begründung des Beamtenverhältnisses vorgesehen waren, so gelten bis zum Inkrafttreten dieses Kapitels nur diese Formen als Berufung im Sinne des § 5.

Ob vor dem Inkrafttreten des II. Kapitels des Beamtenrechts-Änderungsgesetzes bei der Anstellung des Beklagten die vorgeschriebene Form gewahrt war, ist also nach § 1 KBG. zu beurteilen, wonach die Anstellung „durch Aushändigung einer Anstellungsurkunde" erfolgt. Über den Inhalt dieser Anstellungsurkunde sagt das Kommunalbeamtengesetz selbst nichts, namentlich ist hier im Gegensatz zu der auf dem Beamtenrechts-Änderungsgesetz (§ 3 Nr. 1) beruhenden Neufassung des § 1 RBG. nicht vorgeschrieben, daß in der Urkunde die Worte „unter Berufung in das Beamtenverhältnis" enthalten sein müssen. Es ist unerläßlich, aber auch genügend, daß in der Urkunde der Wille der Anstellungsbehörde zum Ausdruck kommt, daß der Betreffende Beamter sein soll. Die Aushändigung einer derartigen Urkunde schafft das Beamtenverhältnis.

Im vorliegenden Fall ist die dem Beklagten ausgehändigte Urkunde selbst in ihrer Überschrift ausdrücklich als Anstellungsurkunde bezeichnet; sie läßt schon allein dadurch keinen Zweifel darüber, daß damit die Anstellung des Beklagten als städtischen Beamten erklärt werden soll. Es ist nicht erforderlich, daß die Anstellungsurkunde — etwa nach den Mustern, die in der Anweisung zur Ausführung des Kommunalbeamtengesetzes gegeben sind — gerade besagt, daß der Empfänger „hierdurch ernannt" werde; es genügt auch die bloße Feststellung, daß er Beamter sei. Wird eine diese Feststellung bescheinigende Urkunde ausgehändigt, so ist die in § 1 KBG. vorgeschriebene Form erfüllt. Im gegenwärtigen Fall kommt hinzu, daß dem Beklagten zugleich mit der Urkunde vom 20. September 1932 die schriftliche Erklärung zugestellt worden ist, daß er die Amtsbezeichnung als Stadtassistent zu führen habe, daß er einer bestimmten Beamtenbesoldungsgruppe zugeteilt und ein bestimmtes Beamtenbesoldungsdienstalter festgesetzt worden sei.

Wenn die Klägerin geltend macht und das Berufungsgericht seine Entscheidung darauf gestützt hat, daß das ganze Verhalten der Klägerin seinerzeit deutlich habe erkennen lassen, daß sie nicht den Willen habe, den Beklagten von sich aus zum Beamten zu machen, sondern daß sie sich lediglich der Rechtsprechung des Reichsgerichts füge, so wird damit die Bedeutung des Formalakts der Aushändigung der Anstellungsurkunde verkannt. Nach § 1 KBG. wird, wie schon gesagt, das Beamtenverhältnis dadurch begründet, daß eine Anstellungsurkunde ausgehändigt wird, in welcher der Wille, daß der Empfänger Beamter sein solle, unzweideutig zum Ausdruck kommt. Ob die Anstellungsbehörde der Meinung ist, der Betreffende sei, trotz Fehlens der Anstellungsurkunde, schon bisher Beamter gewesen und mit der Anstellungsurkunde solle ihm nur ein Ausweis über diese seine bereits erworbene Beamteneigenschaft behändigt werden, ist ohne Bedeutung. Denn unter allen Umständen vervollständigt die Aushändigung der Urkunde den gegenüber der Formvorschrift des § 1 noch unvollkommenen Anstellungsakt und erfüllt damit den Tatbestand der Anstellung. Mag auch die Klägerin das Verlangen des Beklagten nach einer Anstellungsurkunde zunächst abgelehnt und ihm auch sonst noch so deutlich zu erkennen gegeben haben, daß sie ihn weder als ihren Beamten anerkennen noch dazu machen wolle, so hat sie doch schließlich diesen Standpunkt ganz unverkennbar aufgegeben und mit aller nur wünschenswerten Deutlichkeit zum Ausdruck gebracht, daß sie den Beklagten fortan als ihren Beamten gelten lassen und behandeln wolle. Wenn sie in der Anstellungsurkunde auf die Entscheidung des Reichsgerichts vom 8. März 1932 verwiesen hat, so hat sie damit lediglich eine Begründung für ihre Sinnesänderung gegeben, nicht aber ihren Willen, den Beklagten als ihren Beamten anzuerkennen, irgendwie eingeschränkt. Die Klägerin war durch das Reichsgerichtsurteil nicht etwa zur Aushändigung einer Anstellungsurkunde verurteilt worden — für welche Verurteilung übrigens die ordentlichen Gerichte gar nicht zuständig gewesen wären —; es war lediglich festgestellt, daß die Kündigung vom 29. August 1929 unwirksam, d. h. in vermögensrechtlicher Hinsicht unwirksam gewesen sei und die laufenden vermögensrechtlichen Ansprüche des Beklagten nicht zum Erlöschen gebracht habe. Wenn nunmehr die Klägerin unter Aufgabe ihres bisherigen Widerstands dem Beklagten eine Anstellungsurkunde aushändigte, so ist sie damit mindestens nach außen hin nach § 1 KBG. verfahren. Ein geheimer Vorbehalt ist, ebenso wie im bürgerlichen Recht (§ 116 BGB.), auch im öffentlichen Recht unwirksam. Die Klägerin kann deshalb nicht geltend machen, daß sie das von ihr Erklärte in Wirklichkeit nicht gewollt habe. Für den Beklagten konnte die Aushändigung der Urkunde trotz des darin enthaltenen Hinweises auf die Reichsgerichtsentscheidung vom 8. März 1932 nichts anderes bedeuten als die Nachholung der noch fehlenden Anstellungsform oder — anders ausgedrückt — als die förmliche Anstellung.

Die Klägerin hat notfalls geltend gemacht, sie sei an die Anstellung nicht gebunden, weil sie, wie auch der Beklagte, dabei von der irrigen Auffassung ausgegangen sei, dieser sei bereits ihr Beamter. Sie will die in den Urteilen des erkennenden Senats vom 22. November 1929 und vom 27. Juni 1933 (RGZ. Bd. 126 S. 243[1]) und Bd. 141 S. 240 [259])[2]) ausgesprochenen Grundsätze über die Rechtsfolgen eines gemeinsamen Irrtums über die objektive Grundlage einer Entlassung aus dem Beamtenverhältnis auch auf den Fall einer Beamtenanstellung angewendet wissen. Das ist aber im vorliegenden Fall ausgeschlossen. Geht man freilich von dem durch das Beamtenrechts-Änderungsgesetz rückwirkend geschaffenen Rechtszustand aus, so mögen beide Teile zu Unrecht das Bestehen eines — ohne Berufung des Beklagten zum Beamten, allein durch die Übertragung

[1]) In diesem Band S. 134.
[2]) In diesem Band S. 224 [239].

und weisungsmäßige Ausübung obrigkeitlicher Tätigkeit entstandenen — Beamtenverhältnisses angenommen haben. Für die Frage des gemeinsamen Irrtums kann aber nicht die nachträglich mit Rückwirkung geänderte Rechtslage, sondern nur die im Augenblick der Anstellung wirklich gegebene Lage entscheiden. Diese war aber so, daß die Klägerin rechtskräftig verurteilt war, dem Beklagten Beamtengehalt zu zahlen, weil er schon Beamter war. Die Parteien haben sich also damals nicht geirrt.

Eine Anfechtung nach § 119 BGB., worauf sich die Klägerin in den Vorinstanzen noch berufen hat, kommt, wie nicht weiter ausgeführt zu werden braucht, ernsthaft nicht in Frage.

Eine ausdehnende Auslegung des Beamtenrechts-Änderungsgesetzes, durch die auch der vorliegende Fall ergriffen würde, ist nicht angängig. Er zeigt zwar die Besonderheit, daß der Beklagte zunächst Ansprüche gegen die Klägerin nur daraus herleiten konnte, daß er durch Ausübung obrigkeitlicher Befugnisse ihr Beamter geworden sei, und daß sich die Klägerin erst, nachdem die Gerichte in diesem Punkte zu ihren Ungunsten entschieden hatten, dazu entschlossen hat, die gesetzliche Form des § 1 Satz 2 KBG. zu erfüllen. Indessen kann der tatsächliche Zusamenhang, der danach zwischen der formgerechten Berufung des Beklagten in ein Beamtenverhältnis und seiner vorangegangenen, nunmehr nach dem Beamtenrechts-Änderungsgesetz rechtlich bedeutungslosen Betrauung mit öffentlichen Aufgaben besteht, nicht dazu führen, die gesetzliche Rückwirkung auf seine allen Erfordernissen entsprechende Anstellung als Beamter zu erstrecken. Nach dem früheren Rechtszustand, wie das Reichsgericht ihn in seiner Rechtsprechung entwickelt hatte, konnte jemand auf zweierlei Weise Beamter werden: entweder dadurch, daß ihm von der dafür zuständigen Stelle obrigkeitliche Befugnisse übertragen wurden, oder dadurch, daß die Behörde ihren Willen erklärte, ihn als Beamten anzustellen. Die erste Möglichkeit hat das Beamtenrechts-Änderungsgesetz mit rückwirkender Kraft beseitigt. Die zweite, die es „Berufung als Beamter" nennt, hat es aufrechterhalten. Insoweit fordert es nur Erfüllung der landesrechtlich bestimmten Formen (§ 6 Abs. 1 Satz 3). Es scheidet mit voller Klarheit und läßt unzweifelhaft erkennen, daß die früheren Anstellungen bestehen bleiben sollen, wenn sie — was hier, wie dargelegt, der Fall ist — in den gesetzlichen Formen vorgenommen worden sind, während lediglich die hoheitsrechtliche Betätigung die Kraft verlieren soll, ein Beamtenverhältnis zu begründen. Diese besitzt also auch für den Beklagten keine Bedeutung mehr. Unberührt bleibt aber anderseits seine formgerechte Berufung in ein Beamtenverhältnis. Daß sie tatsächlich veranlaßt worden ist durch die frühere Rechtsanschauung, auch die hoheitsrechtliche Betätigung verleihe Beamteneigenschaft, begründet keinen für die Anwendung des Beamtenrechts-Änderungsgesetzes rechtlich bedeutsamen Zusammenhang zwischen dieser Betätigung und der ihr folgenden Ernennung. Denn das genannte Gesetz trennt in seinen §§ 5 und 6 beide Arten des Entstehens eines Beamtenverhältnisses mit aller Bestimmtheit.

Es würde mithin einen unstatthaften Eingriff in das wohlabgewogene Verhältnis dieser Vorschriften bedeuten, wenn man der formgerechten Berufung des Beklagten in ein Beamtenverhältnis deshalb die Wirksamkeit versagen wollte, weil er vor Erlaß des Beamtenrechts-Änderungsgesetzes noch eine zweite, jetzt bedeutungslose Art des Erwerbs der Beamteneigenschaft für sich hat anführen können.

RGZ. 150, 364

1. Sind für Ansprüche der Reichsbahnbeamten gegen die Deutsche Reichsbahn-Gesellschaft die Landgerichte ohne Rücksicht auf den Wert des Streitgegenstandes ausschließlich zuständig?

2. Gilt Art. 7 Abs. 1 der 12. Ergänzung des Besoldungsgesetzes vom 12. Dezember 1923 noch?

3. Schließt diese Vorschrift auch Schadenersatzansprüche aus, die auf Fürsorgepflichtverletzung gestützt werden?

4. Liegt in der Nichtzahlung von Gehalt, das einem Beamten geschuldet wird, stets eine schuldhafte Amtspflichtverletzung?

GVG. § 71 Abs. 2. ZPO. § 547 Nr. 2. Verordnung über die zwölfte Ergänzung des Besoldungsgesetzes vom 12. Dezember 1923 (RGBl. I S. 1181) Art. 7 Abs. 1. WeimVerf. Art. 131.

III. Zivilsenat. Urt. v. 13. März 1936 i. S. Deutsche Reichsbahn-Gesellschaft (Bekl.) w. Sch. (Kl.). III 222/35.

I. Landgericht Königsberg. II. Oberlandesgericht daselbst.

Der Kläger stand als Bahnmeister in Lötzen im Dienst der Preußischen Staatseisenbahnverwaltung, der Rechtsvorgängerin der Beklagten. Am 3. März 1910 erlitt er einen Dienstunfall. Er begab sich zur Erholung nach Bad Kösen. Bei der Abreise von dort am 6. Juli 1910 erlitt er durch Abgleiten vom Trittbrett einen zweiten Eisenbahnunfall. Darauf wurde er durch Verfügung vom 24. September 1910 wegen Dienstunfähigkeit in den Ruhestand versetzt. Er war damals noch Kündigungsbeamter, hatte auch noch keine zehnjährige Dienstzeit zurückgelegt. Ihm wurde aber eine Unfallpension in Höhe von ²/₃ seines Gehalts bewilligt, da angenommen wurde, daß er durch seinen ersten Unfall dienstunfähig geworden sei. Der Kläger machte demgegenüber geltend, daß erst der zweite Unfall seine Dienstunfähigkeit hervorgerufen habe. Er verlangte deshalb auf Grund des Haftpflichtgesetzes vollen Schadensersatz und klagte gegen die Eisenbahnverwaltung auf Zahlung des fehlenden Drittels seines Gehalts. Durch rechtskräftig gewordenes Urteil des Landgerichts Erfurt vom 5. Dezember 1912 wurde seiner Klage entsprochen. Die Eisenbahnverwaltung stellte sich nunmehr auf den Standpunkt dieses Urteils. Sie eröffnete dem Kläger am 8. Juli 1913, daß seine Unfallpensionierung zurückgenommen werde, da das gerichtliche Verfahren ergeben habe, daß seine Dienstunfähigkeit nicht auf dem ersten, sondern auf dem zweiten Unfall beruhe, und zahlte ihm sein volles Gehalt als Haftpflichtrente weiter. Mit dem 1. April 1924 stellte sie jedoch die weitere Zahlung ein mit der Begründung, daß der Kläger vollständig wiederhergestellt sei und durch den (zweiten) Unfall nicht mehr in seiner Erwerbsfähigkeit beschränkt werde.

Der Kläger erhob nunmehr zum zweiten Male Klage beim Landgericht Erfurt. Er verlangte in erster Reihe auf Grund des Haftpflichtgesetzes Weiterzahlung seines Gehalts, hilfsweise Zahlung von Unfallruhegehalt. Während das Landgericht seine Klage abwies, verurteilte das Oberlandesgericht Naumburg a. S. durch Urteil vom 12. Mai 1925 die Beklagte nach dem Hilfsantrag des Klägers zur Zahlung von Unfallpension. Das Reichsgericht hob dies Urteil durch Urteil vom 17. Dezember 1925 IV 428/25 auf und verwies die Sache an das Oberlandesgericht zurück. Dieses wies nunmehr durch Urteil vom 3. Mai 1927 die Berufung des Klägers gegen das landgerichtliche Urteil zurück. Seine Revision wurde durch Urteil des Reichsgerichts vom 13. Februar 1928 IV 489/27 zurückgewiesen. Dem Kläger sind durch diesen für ihn erfolglosen Rechtsstreit nach seiner Behauptung 11 935,25 RM. an Gerichts- und Anwaltskosten entstanden.

Im Jahre 1929 klagte der Kläger bei dem Landgericht Königsberg i. Pr. gegen die Beklagte auf Zahlung seines Gehalts als Bahnmeister. Er berief sich darauf, daß seine Unfallpensionierung zurückgenommen worden sei; daraus ergebe sich, daß sein Beamtenverhältnis noch fortbestehe. Die Beklagte bestritt diese Folgerung; die von ihr ausgesprochene Unfallpensionierung des Klägers sei trotz der späteren Zurücknahme als Kündigung des Dienstverhältnisses des Klägers wirksam geblieben. Die Klage wurde zunächst vom Landgericht und Oberlandesgericht abgewiesen. Das Berufungsurteil wurde jedoch vom erkennenden Senat durch Urteil vom 23. Dezember 1930 III 61/30 (HRR. 1931 Nr. 858) aufgehoben und die Sache an das Berufungsgericht zurückverwiesen. Der Rechtsstreit endete dann mit der Verurteilung der Beklagten nach dem Klagantrage. Sie hat daraufhin den Gehaltsanspruch des Klägers befriedigt.

Im gegenwärtigen Rechtsstreit verlangt der Kläger von der Deutschen Reichsbahn-Gesellschaft als Schadensersatz wegen Fürsorgepflichtverletzung Erstattung der Kosten, die ihm durch den zweiten Erfurter Prozeß entstanden sind. Er macht geltend, in dem Königsberger Prozeß sei festgestellt worden, daß die Beklagte ihm Gehalt habe zahlen müssen. Die Einstellung jeder weiteren Zahlung an ihn vom 1. April 1924 an habe somit eine Fürsorgepflichtverletzung der Beklagten enthalten, die ihn zur Klagerhebung gegen sie gezwungen habe. Die Kosten des damaligen Prozesses seien also durch ihr Verschulden verursacht worden und müßten von ihr getragen werden. Er hat deshalb beantragt, die Beklagte zu verurteilen, ihm 11 935,25 RM. nebst Zinsen zu zahlen.

Die Beklagte bestreitet den Klaganspruch nach Grund und Höhe. Sie leugnet, ihre Fürsorgepflicht verletzt zu haben. Sie sei im Jahre 1924 nach sorgfältiger Prüfung der Rechtslage zu dem Ergebnis gelangt, daß dem Kläger keine Ansprüche mehr zuständen, und habe deshalb ohne Verschulden weitere Zahlungen an ihn abgelehnt. Außerdem fehle der ursächliche Zusammenhang, da ihre Zahlungsweigerung den Kläger nicht genötigt habe, eine unbegründete Klage zu erheben.

Das Landgericht hat die Klage abgewiesen. Das Oberlandesgericht hat dagegen den Klaganspruch dem Grunde nach zur Hälfte für begründet erklärt und nur im übrigen die Klage abgewiesen. Die Revision der Beklagten führte zur vollständigen Klagabweisung.

Aus den Gründen:

1. Der Beschwerdegegenstand beläuft sich für die Revision der Beklagten nur auf die Hälfte des eingeklagten Betrags von 11 935,25 RM., übersteigt also die Revisionssumme von 6000 RM. nicht. Gleichwohl ist die Revision nach § 547 Nr. 2 ZPO. in Verbindung mit § 71 Abs. 2 Nr. 1 GVG. zulässig. Im Sinne der letzten Vorschrift stehen die Ansprüche der Reichsbahnbeamten gegen die jetzige Beklagte, die Deutsche Reichsbahn-Gesellschaft, den Ansprüchen der Reichsbeamten gegen den „Reichsfiskus" gleich. Daß der Klaganspruch nicht in einer ausdrücklichen Vorschrift des Reichsbeamtengesetzes oder des Reichsbahn-Personalgesetzes seine Grundlage findet, ist unerheblich. Soweit der Kläger die Klagsumme als Verzugsschaden fordert, handelt es sich unmittelbar um seinen Gehaltsanspruch, nur in erweiterter Gestalt. Daß Ansprüche aus Fürsorgepflichtverletzung unter § 71 Abs. 2 GVG. fallen, ist in der Rechtsprechung anerkannt ... Soweit als Klaggrund Amtspflichtverletzungen von Beamten der Beklagten in Frage kommen sollten, braucht die Revisionssumme ebenfalls nicht erreicht zu sein (vgl. § 71 Abs. 2 Nr. 2 GVG.).

2. Für die sachliche Entscheidung ist von ausschlaggebender Bedeutung eine in den Vorinstanzen nicht berücksichtigte Vorschrift: Art. 7 Abs. 1 der Verordnung über die zwölfte Ergänzung des Besoldungsgesetzes vom 12. Dezember 1923. Dort ist folgendes bestimmt:

> Werden von dem Reiche, den Ländern, den Gemeinden und den sonstigen öffentlichen Körperschaften Dienstbezüge ... ihrer Beamten, Angestellten und Arbeiter sowie Versorgungsbezüge nach dem Tage der Fälligkeit ausgezahlt, so besteht gegen das Reich, die Länder, die Gemeinden und die sonstigen öffentlichen Körperschaften kein Rechtsanspruch auf Verzinsung oder Ersatz des durch die spätere Auszahlung entstandenen Schadens.

Diese Vorschrift verstieß nicht gegen Art. 129 Abs. 1 Satz 3 WeimVerf., ganz abgesehen davon, daß die Nichtzahlung von Gehaltsbezügen an den Kläger, auf die er seinen Schadenersatzanspruch stützt, erst am 1. April 1924, also nach Erlaß der mit dem 1. Dezember 1923 in Kraft getretenen 12. Ergänzung des Besoldungsgesetzes (Art. 9 das.), begonnen hat. Die Bestimmung ist trotz der im Jahre 1927 vorgenommenen Neuordnung des Besoldungswesens in Geltung geblieben. Auch der neuesten Entwicklung des Beamtenrechts sind keine Bedenken gegen ihr Weiterbestehen zu entnehmen. Zu den in Art. 7 genannten öffentlichen Körperschaften gehört die jetzige Beklagte. Die Vorschrift umfaßt nicht bloß Geldentwertungsschäden, sondern nach ihrem uneingeschränkten Wortlaut Schäden jeder Art. So hat der erkennende Senat bereits auf Grund von Art. 7 a. a. O. eine Klage abgewiesen, mit der Ersatz der Unkosten einer Darlehnsaufnahme verlangt wurde, wozu der damalige Kläger infolge der Nichtzahlung seines Gehalts gezwungen sein wollte (Urt. vom 12. März 1935 III 136/24).

Der Kläger leitet seinen Schadensersatzanspruch daraus her, daß die Beklagte die ihm zustehenden Gehaltsbezüge seit dem 1. April 1924 nicht sofort bei Fälligkeit, sondern erst nach rechtskräftiger Erledigung des Königsberger Prozesses gezahlt hat. Er verlangt also Ersatz von Schaden, der ihm durch die spätere Auszahlung entstanden sein soll. Ein derartiger Schadensersatzanspruch steht ihm als Beamten nach Art. 7 a. a. O. seiner Dienstherrin gegenüber nicht zu. Soweit sich der Kläger auf Zahlungsverzug der Beklagten beruft, bedarf das nach dem klaren Wortlaut der Vorschrift keiner weiteren Begründung. Aber auch auf Fürsorgepflichtverletzung vermag sich der Kläger nicht zu stützen.

Bedenklich ist schon der Satz des Berufungsurteils, es bedürfe keiner Ausführung, daß eine Verletzung der Fürsorgepflicht gegeben sei, wenn eine öffentliche Verwaltung einem Beamten das ihm zukommende Gehalt jahrelang verweigere. Sie verletzt damit zwar ihre Pflicht zur Gehaltszahlung. Aber es fehlt an einer gesetzlichen Grundlage wie an einem sachlichen Bedürfnis, neben der Verpflichtung des öffentlichen Dienstherrn zur Zahlung von Gehalt noch eine besondere Pflicht zur Fürsorge anzunehmen, die durch Gehaltszahlung erfüllt, durch Nichtzahlung verletzt wird. Außerdem würde, selbst wenn eine Fürsorgepflicht dieses Inhalts den öffentlichen Dienstherren obläge, Art. 7 der 12. Ergänzung des Besoldungsgesetzes auf Schadensersatzansprüche erstreckt werden müssen, die sich auf Verletzung dieser Pflicht gründen. Denn sonst würde stets auf dem Umweg über eine Fürsorgepflichtverletzung Ersatz des Schadens gefordert werden können, den die Beamten nach Art. 7 a. a. O. gerade nicht erstattet verlangen sollen. Sinngemäße Auslegung dieser Vorschrift führt also jedenfalls dazu, daß die Beamten Ersatz des durch die verspätete Auszahlung von Gehalt entstandenen Schadens auch dann nicht beanspruchen können, wenn die Nichtzahlung rechtlich zugleich als Fürsorgepflichtverletzung gewertet werden müßte.

Verfehlt ist auch der Versuch des Klägers, der Anwendung des Art. 7 a. a. O. auf den von ihm erhobenen Anspruch durch folgende Erwägungen zu entgehen: Die Beklagte habe, als der Kläger den zweiten

Erfurter Prozeß gegen sie angestrengt habe, kraft ihrer Fürsorgepflicht die Rechtslage prüfen müssen. Hätte sie das mit der gebotenen Sorgfalt getan, so würde sie erkannt haben, daß der Gehaltsanspruch des Klägers — wenn auch mit einer anderen als der von ihm selbst damals gegebenen Begründung — gerechtfertigt gewesen sei. Sie würde sich dann nicht auf den Prozeß eingelassen, sondern dem Begehren des Klägers entsprochen und damit die Aufwendung von Prozeßkosten vermieden haben. Der Kläger versucht mit diesen Ausführungen die Nichtzahlung seines Gehalts, die nach Art. 7 keinen Schadensersatzanspruch auslösen kann, zu trennen von den Überlegungen, welche die Beklagte zu dieser Nichtzahlung geführt haben. Er will in letzteren eine selbständig zum Schadensersatz verpflichtende Handlung der Beklagten sehen. Das ist jedoch nicht angängig, da auf diesem Wege die Anwendung des Art. 7 ebenfalls völlig vereitelt oder wenigstens in einer dem Zweck dieser Bestimmung widersprechenden Weise eingeschränkt werden würde. Die entscheidende Tatsache bleibt auch bei der Betrachtungsweise des Klägers die Nichtzahlung des Gehalts. Die Erwägungen, welche die Beklagte dazu geführt haben, sind nach außen nicht in Erscheinung getreten und können daher nur durch ihr Ergebnis, die Ablehnung von Zahlungen an den Kläger, Schaden verursacht haben. Dieser Schaden ist aber nach ausdrücklicher gesetzlicher Vorschrift nicht erstattungsfähig.

3. Unberührt geblieben durch Art. 7 der 12. Ergänzung des Besoldungsgesetzes sind Ansprüche aus schuldhaften Amtspflichtverletzungen von Beamten nach Art. 131 WeimVerf. Indessen hat der Kläger seine Klage hierauf nicht gestützt. Übrigens kann den Beamten der Beklagten auch nicht vorgeworfen werden, daß sie bei Einstellung der Zahlungen an den Kläger vom 1. April 1924 an schuldhaft gehandelt hätten. Die Frage, ob der Kläger Beamter der Beklagten geblieben war und daher Gehalt beanspruchen konnte, war rechtlich außerordentlich zweifelhaft. In dem Königsberger Prozeß haben sowohl das Landgericht wie auch das Oberlandesgericht sie zunächst verneint und die auf Gehaltszahlung gerichtete Klage abgewiesen. Erst in der Revisionsinstanz hat der Kläger in dem entscheidenden Punkt, ob sein Dienstverhältnis als durch die später zurückgenommene Unfallpensionierung gekündigt anzusehen sei oder nicht, eine für ihn günstige Entscheidung erwirkt. Die Beamten der Beklagten sind mithin einer Rechtsmeinung gefolgt, die später von zwei Kollegialgerichten auf Grund mündlicher Verhandlung und entsprechender sorgfältiger Prüfung gebilligt worden ist. Das kann ihnen nach der ganzen Sach- und Rechtslage nicht als Verschulden angerechnet werden, zumal sie keineswegs allein die Belange des Klägers, sondern mindestens ebenso sehr die ihrer Dienstherrin, der Deutschen Reichsbahn-Gesellschaft, wahrnehmen mußten, also aus deren Mitteln nur Ansprüche erfüllen durften, die ihnen bei pflichtmäßiger Prüfung als begründet erscheinen mußten. Hervorgehoben werden mag dabei noch, daß auch das Berufungsgericht in dem gegenwärtigen Rechtsstreit nicht eigentlich

ein Verschulden auf seiten der Beklagten bejaht hat, sondern zur Verurteilung nur vom Gesichtspunkt des Verzugs aus gelangt ist. Es legt die verstärkte Haftung des nicht zahlenden Geldschuldners von Eintritt des Verzuges an zugrunde, der ja dann in erhöhtem Maße für Rechtsirrtum einzustehen hat. Damit kann aber kein eine Haftung aus Art. 131 WeimVerf. begründendes Beamtenverschulden dargetan werden.

RGZ. 151, 187

Witwengeld aus früherer Ehe nach Auflösung einer späteren Ehe.

Alter Leitsatz:

Hat die Witwe eines preußischen unmittelbaren Staatsbeamten, die sich wiederverheiratet hatte, deren zweite Ehe aber demnächst auf ihre Anfechtungsklage für nichtig erklärt worden ist, Anspruch auf Witwengeld für die Zeit, während deren die zweite Ehe bestand?

Preuß. Gesetz, betr. die Fürsorge für die Witwen und Waisen der unmittelbaren Staatsbeamten vom 20. Mai 1882 (GS. S. 298) § 18 Nr. 1[1]). BGB. § 1343 Abs. 1 Satz 1.

III. Zivilsenat. Urt. v. 22. Mai 1936 i. S. Witwe G. gegen den Preuß. Staat (Bekl.). III 237/35.

I. Landgericht Düsseldorf. II. Oberlandesgericht daselbst.

Die Klägerin war in erster Ehe mit dem im preußischen Staatsdienst stehenden Förster G. verheiratet. Nachdem dieser am 18. Februar 1917 an einer im Weltkrieg erlittenen Kriegsdienstbeschädigung gestorben war, erhielt sie Witwenbezüge nach dem preußischen Gesetz, betr. die Fürsorge für die Witwen und Waisen der unmittelbaren Staatsbeamten, vom 20. Mai 1882. Am 3. April 1919 heiratete sie den Schankwirt B. Seit diesem Zeitpunkt hat der Beklagte kein Witwengeld mehr gezahlt (§ 18 Nr. 1 a. a. O.). Anfang 1933 erhob die Klägerin gegen B. die Eheanfechtungsklage des § 1333 BGB. mit dem Erfolg, daß durch das demnächst rechtskräftig gewordene Urteil vom 16. August 1933 die Nichtigkeit der Ehe festgestellt wurde. Nunmehr forderte die Klägerin unter Berufung auf § 1343 Abs. 1 Satz 1 BGB. vom Beklagten Wiederaufnahme der Zahlung des laufenden Witwengeldes sowie dessen Nachzahlung für die Zeit seit dem 1. Dezember 1923. Der Beklagte entsprach dem Verlangen, nur setzte er dem Anspruch auf Zahlung für die Zeit vor dem 1. Januar 1929 unter Berufung auf die §§ 197, 201 BGB. die Einrede der Verjährung entgegen. Nach Einholung des — ablehnenden — Bescheides des Preußischen Ministerpräsidenten in seiner Eigenschaft als „Departementschef" erhob die Klägerin Ende 1934 Klage

[1]) Vgl. § 97 DBG. und DurchfVO. z. DBG. (Nr. 2 zu § 97), ferner § 164 Abs. 3 BBG.

auf Zahlung der auf die Zeit vom 1. Dezember 1923 bis 31. Dezember 1928 entfallenden Beträge in der unstreitigen Höhe von 4464,85 RM. In beiden Vorinstanzen wurde sie wegen Verjährung abgewiesen. Ihre Revision wurde zurückgewiesen.

Gründe:

Nach § 18 Nr. 1 des genannten Gesetzes vom 20. Mai 1882 erlischt das Recht auf den Bezug des Witwengeldes durch eine neue Heirat der Witwe. Der Beklagte hat danach zunächst mit Recht die Zahlung an die Klägerin eingestellt, nachdem diese die Ehe mit B. eingegangen war. Durch das am 26. September 1933 rechtskräftig gewordene Urteil vom 16. August 1933 ist diese Ehe für nichtig erklärt worden. § 1343 Abs. 1 Satz 1 BGB. bestimmt, daß eine mit Erfolg angefochtene Ehe als von Anfang an nichtig angesehen werden soll. Die Klägerin will diese gesetzliche Unterstellung (Fiktion) auch auf die Frage der Witwenversorgung ausgedehnt haben. Sie meint, ihr Anspruch auf Witwengeld müsse nunmehr so behandelt werden, als sei ihre zweite Ehe niemals geschlossen worden und somit der Fall des § 18 Nr. 1 des Gesetzes vom 20. Mai 1882 niemals eingetreten. Sie zieht daraus nicht nur die Folgerung, daß ihr von Rechtskraft des Eheanfechtungsurteils ab das Witwengeld fortlaufend weiterbezahlt werden müsse, sondern verlangt weiter, daß ihr auch die bis dahin ihr vorenthaltenen Beträge nachgezahlt werden.

Sie befindet sich mit dieser Rechtsauffassung im Einklang mit der bisherigen Rechtsprechung des erkennenden Senats. Im Urteil vom 24. April 1913 III 516/12 (JW. 1913 S. 739 Nr. 9) ist der Anspruch der Witwe eines preußischen Kommunalbeamten, die sich wieder verheiratet hatte, deren neue Ehe aber auf Anfechtungsklage für nichtig erklärt worden war, auf Weiterzahlung des Witwengeldes von Rechtskraft des Urteils ab als im Einklang mit § 18 stehend anerkannt worden. Im Urteil vom 20. Juni 1916 III 88/16 (RGZ. Bd. 88 S. 326)[2]) ist für den Bereich des — insoweit dem preußischen Gesetz vom 20. Mai 1882 gleichenden — Militärhinterbliebenengesetzes vom 17. Mai 1907 (RGBl. S. 214) ausgesprochen, daß als eine Eheschließung, die das Recht auf Witwengeld zum Erlöschen bringe, nur eine wirksame Eheschließung gelten könne, daß dagegen, wenn die neue Ehe nichtig war, die Witwe den Anspruch auf das Witwengeld auch für die Zeit, während deren die neue Ehe äußerlich — formell — bestanden habe, ebenso geltend machen könne, wie wenn sie diese Ehe niemals geschlossen hätte. Indessen muß geprüft werden, ob diese Rechtsauffassung auch noch den heutigen Anschauungen sachlicher Gerechtigkeit entspricht.

Die staatliche Versorgung der Beamtenwitwe beruht auf dem Gedanken, daß die Bezüge des Beamten nur ausreichen, um seinen und

[2]) In diesem Band S. 15.

seiner Familie standesgemäßen Unterhalt bei Lebzeiten des Mannes zu sichern, nicht aber auch dazu, Rücklagen für eine Hinterbliebenenfürsorge zu machen, wie sie bei sozial gleichgestellten Angehörigen freier Berufe üblich sind, daß überdies der Beamte, der seine ganze Arbeitskraft dem Staat widmen muß, keinen anderweitigen Erwerb suchen kann, mit dem er diese Versorgung sicherstellen könnte. Die staatliche Witwenversorgung soll also die sonst übliche Fürsorge des Ehemanns für seine künftige Witwe ersetzen. Diese ehemännliche Fürsorge beschränkt sich in aller Regel auf die Dauer des Witwenstandes der Frau, d. h. solange die Witwe dem Verstorbenen „die Treue hält" und damit nach allgemeiner Anschauung mit ihm über seinen Tod hinaus verbunden bleibt. Solange bleibt die „Beamtenwitwe" auch noch mit dem Staat verbunden. Mit der Eingehung einer neuen Ehe zerreißt sie dieses Band. Die Witwe tritt in die Familie des neuen Ehemanns ein; dieser übernimmt die gesetzliche Unterhaltspflicht und zugleich die sittliche Pflicht, Vorsorge zu treffen für den Fall, daß die Frau abermals Witwe werden sollte. Den Staat berührt ein solcher Fall — wie übrigens auch der Fall, daß die zweite Ehe geschieden werden sollte — regelmäßig nicht, wie auch ein Ehemann bei seinen Lebzeiten in aller Regel keine Verpflichtung fühlen wird, für seine künftige Witwe über den Zeitpunkt einer etwaigen Wiederverheiratung hinaus zu sorgen. Wenn § 18 a des preußischen Gesetzes vom 20. Mai 1882 die Möglichkeit eröffnet, daß eine Beamtenwitwe, deren neue Ehe nach verhältnismäßig kurzer Zeit abermals durch den Tod des Mannes aufgelöst wird, eine „Witwenbeihilfe" bis zur Höhe ihres früheren Witwengeldes erhält, so handelt es sich dabei nur um Gnadenbezüge, die aus Billigkeit gewährt werden können, auf die also die Witwe keinerlei Rechtsanspruch hat. Die Bestimmung ist übrigens auch erst durch § 30 Nr. 3 des preußischen Personalabbau-Abwicklungsgesetzes vom 25. März 1926 (GS. S. 105) eingefügt worden und findet sich z. B. weder im Reichsbeamtenhinterbliebenengesetz vom 17. Mai 1907 (RGBl. I S. 208) noch im Militärhinterbliebenengesetz von demselben Tage.

Andere Erwägungen mögen Platz greifen können, wenn sich die neue Ehe einer Beamtenwitwe demnächst als nichtig erweist oder infolge einer Eheanfechtungsklage rückwirkend zusammenbricht. Wenn die Witwe die Nichtigkeit der neuen Ehe bei der Eheschließung nicht kannte oder ihr in bezug auf die Anfechtbarkeit der neuen Ehe kein Verschulden beizumessen ist, wird der Staat jedenfalls nach dem Gesetz vom 20. Mai 1882 verpflichtet sein, für die Zeit nach rechtskräftiger Feststellung der Nichtigkeit das Witwengeld weiterzuzahlen. Keine innere Rechtfertigung aber wird sich für einen solchen Anspruch der Witwe dann finden lassen, wenn ihre neue Ehe z. B. auf Anfechtungsklage ihres zweiten Mannes deshalb für nichtig erklärt worden ist, weil dieser seinerzeit durch eine von der Frau verübte arglistige Täuschung (§ 1334 BGB.) oder widerrechtliche Drohung (§ 1335 BGB.) zur Eingehung der Ehe bestimmt worden ist. Doch hierzu braucht jetzt nicht abschließend Stellung genommen zu werden. Keinesfalls kann nach heutiger Rechtsauffassung ein Anspruch der Beamtenwitwe darauf anerkannt werden, nach Nichtigerklärung ihrer neuen Ehe für die rückwärts liegende Zeit seit deren Eingehung das Witwengeld nachgezahlt zu erhalten.

Wenn noch im Urteil vom 20. Juni 1916 (RGZ. Bd. 88 S. 326)[3]) ein solcher Anspruch bejaht worden ist, so beruhte diese Entscheidung auf rein denkmäßiger (formallogischer) Anwendung des § 1343 Abs. 1 Satz 1 BGB. und der dort angeordneten gesetzlichen Unterstellung (Fiktion), daß die mit Erfolg angefochtene Ehe als von Anfang an nichtig angesehen werden soll. Der Gesetzgeber bedient sich des Hilfsmittels der Unterstellung (Fiktion), um die für einen bestimmten Tatbestand bereits getroffene Regelung auf einen anderen Tatbestand zu übertragen. Er kann und will aber dabei nicht die Wirklichkeit umgestalten und vollzogene Tatsachen ungeschehen machen. Zudem zeitigt eine vorbehaltlose Anwendung des Grundsatzes des § 1343 Abs. 1 Satz 1 auf dem Gebiet der Witwenversorgung Folgerungen, die mit den Grundgedanken dieser Rechtseinrichtung nicht verträglich sind. Die Witwenversorgung soll dazu dienen, den laufenden Unterhalt der Beamtenwitwe sicherzustellen. Das entspricht ebensosehr der Fürsorgepflicht des Staates für den Beamten, dem er, wie schon gesagt, nicht die Mittel zur eigenen Fürsorge für seine Hinterbliebenen gewährt, wie auch seinem eigenen Ansehen, das notwendig leiden muß, wenn er die Hinterbliebenen seiner Beamten nicht zu einer einigermaßen auskömmlichen Lebensführung in den Stand setzt. Einer wiederverheirateten Beamtenwitwe aber, deren neue Ehe nach mehr oder weniger langer Dauer für nichtig erklärt ist, lediglich dem ganz allgemein gefaßten Gesetzesausspruch des § 1343 Abs. 1 Satz 1 und einer daraus denkmäßig gezogenen Folgerung zuliebe das Witwengeld für die ganze Zeit ihrer zweiten Ehe nachzuzahlen, wird dem Sinn und Zweck der Witwenversorgung in keiner Weise gerecht. Durch die Wiederverheiratung hat die Witwe zunächst tatsächlich das Band gelöst, mit dem sie über den Tod ihres Mannes hinaus mit dem Staat verbunden war. Sie hat ihre Stellung als Beamtenwitwe tatsächlich aufgegeben. Sie hat, solange die neue Ehe bestand, in dem zweiten Ehemann einen Versorger gehabt, der gesetzlich verpflichtet war, ihr grundsätzlich den vollen Unterhalt zu gewähren. Sie hat in dieser Zeit auch, soweit das eben den Verhältnissen der neuen Ehe entsprach, tatsächlich ihren Unterhalt gefunden. Es ist kein sinnvoller Grund ersichtlich, warum der Staat ihr für diese Zeit nachträglich noch einmal Unterhalt gewähren sollte. Wenn im Urteil vom 20. Juni 1916 (a. a. O. S. 329)[4]) darauf hingewiesen ist, daß —

[3]) In diesem Band S. 15.
[4]) In diesem Band S. 17.

eben nach der Vorschrift des § 1343 Abs. 1 Satz 1 BGB. — mit der Nichtigerklärung der neuen Ehe die Unterhaltspflicht des zweiten Ehemanns rückwirkend fortfalle, so werden sich doch für die Beamtenwitwe aus einem solchen rückwirkenden Fortfall nur ausnahmsweise Schwierigkeiten ergeben, deren Behebung durch Nachzahlung des Witwengeldes billig und erwünscht erscheinen möchte. War der zweite Mann bösgläubig, so stehen der Frau § 1345 Abs. 1 und § 1346 BGB. zur Seite. War sie selbst bösgläubig, so ist es nur gerecht, wenn sie die Folgen trägt. Es kommen also nur die Fälle in Betracht, in denen beide Teile gutgläubig die Ehe eingegangen sind. Indessen kommt auch dann eine Rückgewähr des Unterhalts, den die Frau von ihrem zweiten Mann empfangen hat, aus tatsächlichen oder rechtlichen Gründen, insbesondere wegen Wegfalls der Bereicherung, kaum je in Frage. Vereinzelt mag allerdings die Frau von dem zweiten Mann keinen Unterhalt bekommen haben und so unter Umständen genötigt gewesen sein, zur Bestreitung ihres Unterhalts Schulden zu machen. Solche Ausnahmefälle rechtfertigen aber nicht eine allgemeine Regelung, die umgekehrt in den allermeisten Fällen zu einem sinnwidrigen Ergebnis führen würde.

Nach alledem rechtfertigt sich die Abweisung der Klage, ohne daß es auf eine Erörterung der Verjährungsfrage ankommt.

RGZ. 152, 79

1. . . . (überholt).

2. Zum Begriff des Dauerangestellten im preußischen öffentlichen Dienst.

III. Zivilsenat. Urt. v. 21. Juli 1936 i. S. Stadt Sch. (Bekl.) w. H. (Kl.). III 338/35.

I. Landgericht Halle. II. Oberlandesgericht Naumburg.

Aus den Gründen:

Entscheidend bleibt allein, ob sich der Kläger als Angestellter der Gemeinde P. in einem Dauerangestelltenverhältnis befunden hat. Für dieses fehlt es an einer allgemeinen gesetzlichen Begriffsbestimmung. Einen Anhalt bieten in den preußischen Gesetzen vorhandene Begriffsbestimmungen für Angestellte, die nach diesen Gesetzen wegen der Dauer ihrer Anstellung in gewissen Beziehungen eine beamtengleiche Behandlung finden sollen. Die eine Gruppe dieser Gesetze spricht von den „nach Gemeindebeschluß den Beamten gleich zu achtenden ständig Angestellten". Diese Bezeichnung findet sich schon in § 1 Abs. 4 des Gesetzes betr. die vorläufige Regelung verschiedener Punkte des Gemeindebeamtenrechts vom 8. Juli 1920 (GS. S. 383), sodann in dem an dessen Stelle getretenen § 43 Abs. 2 des Besoldungsgesetzes vom 17. Dezember 1927 (GS. S. 223) und in der Sparverordnung vom 12. September 1931 (GS. S. 179), Vierter Teil, Kap. II § 1 Abs. 4. Die andere Gruppe nennt „Arbeitnehmer (Angestellte), deren Dienstverhältnis nur aus einem wichtigen Grunde gekündigt werden kann und denen Anwartschaft auf Ruhegeld gewährleistet ist", so zunächst bereits die Personal-Abbau-Verordnung vom 8. Februar 1924 (GS. S. 73) in § 51 Abs. 2, dann unter ausdrücklicher Hinzufügung des (in Klammer gesetzten) Wortes „(Dauerangestellte)" drei Eingemeindungsgesetze, nämlich die Gesetze vom 26. Februar 1926 (GS. S. 53) in § 49, vom 29. März 1928 (GS. S. 31) in § 22 und vom 29. Juli 1929 (GS. S. 137) in § 26. Alle diese Vorschriften ... haben das gemeinsam, daß sie die in ihnen vorgesehene beamtengleiche Behandlung von Angestellten nicht von einer nur tatsächlichen längeren Dauer der Anstellung abhängig machen, sondern die rechtliche Gewährleistung einer längeren Anstellungsdauer voraussetzen. Diese rechtliche Sicherung muß für das Dauerangestelltenverhältnis verlangt werden. Dabei mag gleichgültig sein, in welcher Weise und für wie lange Zeit die Dauer des gemeindlichen Angestelltenverhältnisses rechtlich gesichert ist. Notwendig ist aber auf jeden Fall, daß das gesetzliche Kündigungsrecht der Gemeinde entweder ganz ausgeschlossen oder doch in einem wirklich erheblichen Maße irgendwie rechtlich eingeschränkt worden ist, etwa in der Weise, daß dem Angestellten nur aus wichtigem Grunde gekündigt werden darf, oder daß die für ihn bestehende gesetzliche Kündigungsfrist eine so wesentliche Verlängerung erfahren hat, daß die Anstellung nach der Anschauung des Verkehrs als eine solche von längerer Dauer anzusehen ist.

Der Kläger hat in seinem Bewerbungsgesuch vom 19. April 1923 um die ausgeschriebene Verwaltungsgehilfenstelle unter den „Bedingungen", die er an die Annahme der Stelle knüpfen müsse, die „Einstellung als Dauerangestellter" genannt. Mit Bezug hierauf heißt es im Antwortschreiben des Gemeindevorstehers vom 26. April 1923: „Da der Stelleninhaber die Amts- und Gemeinde-Sekretariatsgeschäfte zu erledigen hat, handelt es sich selbstverständlich um eine Dauerstellung. Bei ordnungsmäßiger Erledigung der Geschäfte und Pflichterfüllung wird ein Anlaß zur Kündigung nicht eintreten". Diese Antwort enthält keinerlei rechtswirksame Zusicherung einer längeren Dauer der angebotenen Stellung, wie sie der Kläger vielleicht erstrebt haben mag, sondern hebt mit dem Hinweis auf die dem Stelleninhaber obliegenden Geschäfte nur das dauernde Bedürfnis hervor, zu dessen Befriedigung die ausgeschriebene Stelle diente. Sie eröffnet im übrigen dem Bewerber für den Fall zufriedenstellender Dienstführung unmißverständlich lediglich die Aussicht auf eine t a t s ä c h l i c h längere Dauer der Anstellung. Das weitere Schreiben des Gemeindevorstehers vom 3. Mai 1923, welches den Kläger dann auf seine schriftliche Annahmeerklärung hin zum Antritt der Stelle auffordert, bringt keine Bemerkung über die Dauer der Stellung mehr. Es teilt dem Kläger zwar noch mit, daß die Kündigung, solange das Gehalt monatlich gezahlt und er nicht als Beamter angestellt werde, eine vierwöchige sei. Die darin gelegene Verlängerung der halbmonatigen gesetzlichen Kündigungsfrist des § 621 Abs. 3 BGB. ist aber so geringfügig und unwesentlich, daß sie der Stellung in keiner Weise die Eigenschaft einer dauernden verleihen könnte. Demnach hat das Berufungsgericht zu Unrecht angenommen, daß sich der Kläger, bevor ihn die Gemeinde P. als Beamten anstellte, bei ihr schon im Dauerangestelltenverhältnis befunden habe.

Da der Kläger somit eine zur Entstehung des Ruhegehaltsanspruchs des § 4 BBG. erforderliche anrechnungsfähige zehnjährige Dienstzeit im Augenblick seiner Entlassung nicht vollendet hatte, mußte die Revision der Beklagten Erfolg haben und die Abweisung der Klage herbeiführen.

RGZ. 153, 216

Vorbescheid-Erfordernis auch für Aktiv-Prozesse des öffentlichen Dienstherrn? Umfang der Prozeßfreigabewirkung eines einmal ergangenen Vorbescheides.

Alter Leitsatz:

Muß ein preußischer Kommunalverband, der zur Zahlung von Gehalt an einen seiner Beamten verurteilt worden ist, einen Vorbescheid nach § 7 des preußischen Kommunalbeamtengesetzes einholen, wenn er gegen seine Verurteilung Vollstreckungsgegenklage erheben will?

ZPO. § 767. Preuß. Kommunalbeamtengesetz vom 30. Juli 1899 (GS. S. 141) — KBG. — § 7.

III. Zivilsenat. Urt. v. 12. Januar 1937 i. S. Amtsbezirk R. (Kl.) w. H. (Bekl.). III 131/36.

I. Landgericht Ratibor. II. Oberlandesgericht Breslau.

Der Beklagte war als Amtsdiener des Klägers, eines preußischen Amtsbezirks, und des Amtsbezirks W. angestellt; er hatte auch Polizeidienste zu tun. In einer Sitzung der beiden Amtsausschüsse vom 24. Mai 1923 wurde die Umbildung der Polizeisergeantenstelle in eine Beamtenstelle, die Aufnahme einer Polizeiwachtmeisterstelle in Gruppe II der Beamtenbesoldungsordnung und Einverständnis mit der Verleihung der Amtsbezeichnung „Polizeiwachtmeister" an den Beklagten beschlossen. Am 30. Juli 1924 erteilte der Amtsvorsteher dem Beklagten eine Bescheinigung, daß er als Polizeiexekutivbeamter gegen dreimonatige Kündigung angenommen sei. Am 26. November 1925 erhielt er auf Beschluß des Amtsausschusses ein weiteres Schreiben mit der Aufschrift „Anstellungsurkunde". Danach wurde er vom 1. Oktober 1925 ab auf halbjährige Kündigung ohne Änderung seiner Einkommensverhältnisse angestellt. Nach Trennung des Amtsbezirks W. von dem jetzt klagenden Amtsbezirk kündigte dieser dem Beklagten zum 1. Juli 1927.

Auf Klage des jetzigen Beklagten wurde der Kläger durch rechtskräftiges Urteil des Landgerichts vom 26. Juni 1930 zur Gehaltsnachzahlung in Höhe von 7742,75 RM. verurteilt. Das Gericht nahm Beamteneigenschaft des Beklagten an, da er öffentlich-rechtliche Befugnisse als

Polizeibeamter ausgeübt habe und da die Bescheinigung vom 30. Juli 1924 als Anstellungsurkunde anzusehen sei. Die Kündigungsklausel in dieser Bescheinigung sei als nach Erwerb der Beamteneigenschaft angefügt unbeachtlich.

Nach Zahlung von 450,81 RM. erhob der Kläger Vollstreckungsgegenklage mit dem Antrag, die Zwangsvollstreckung aus dem Urteil vom 26. Juni 1930 für unzulässig zu erklären. Denn das Urteil habe durch das Gesetz zur Änderung von Vorschriften auf dem Gebiete des allgemeinen Beamten-, des Besoldungs- und des Versorgungsrechts vom 30. Juni 1933 (RGBl. I S. 433) seine Grundlage verloren. Nach diesem Gesetz sei eine Berufung in das Beamtenverhältnis erforderlich. Eine solche sei in den Bescheinigungen von 1924 und 1925 nicht enthalten.

Das Landgericht wies die Klage aus sachlichen Gründen ab. Die Berufung des Klägers wurde zurückgewiesen, weil der Streit um die Beamteneigenschaft des Beklagten gehe und daher der Rechtsweg mangels Vorbescheides nach § 7 KBG. unzulässig sei. Außerdem sei die Klage aber auch aus näher angeführten Gründen sachlich abzuweisen. Die Revision des Klägers führte zur Aufhebung und Zurückverweisung.

Gründe:

Das Berufungsurteil hat nicht festgestellt, ob im Vorprozeß der nach §§ 7, 18 Abs. 4 KBG. erforderliche Beschluß des Kreisausschusses erwirkt war. Die Revision unterstellt es als selbstverständlich. Nach dem Urteil vom 26. Juni 1930 hat der damalige Kläger, jetzige Beklagte, die Entscheidung des Kreisausschusses angerufen. Der Vorsitzende des Kreisausschusses hat aber eine sachliche Entscheidung abgelehnt.

Der Vorbescheid ist nach der Rechtsprechung des erkennenden Senats (Urt. vom 14. Juni 1935 III 311/34, auszugsweise abgedr. in HRR. 1935 Nr. 1418) auch Klagevoraussetzung für eine Klage des öffentlichrechtlichen Dienstherrn [1]) gegen den Beamten über vermögensrechtliche Ansprüche aus dem Beamtenverhältnis. Die Umkehrung der Parteirollen, die notwendig auf Seiten der klagenden Körperschaft zur Verneinung des Beamtenanspruchs führen muß, ändert bei der Vollstreckungsgegenklage so wenig wie bei der verneinenden Feststellungsklage etwas daran, daß der Streit Ansprüche betrifft, die der Dienstverpflichtete aus seinem Dienstverhältnis als Kommunalbeamter herleitet.

Eben diese Ansprüche, gegen die sich die Vollstreckungsgegenklage wendet, waren aber bereits Gegenstand des Vorprozesses und des für diesen Prozeß vom Kläger erwirkten Bescheides des Vorsitzenden des Kreisausschusses. Die Vollstreckungsgegenklage verlangt die wiederholte Prüfung desselben Anspruchs nach neu entstandenen Gründen. Sie ist im Kern aber keine selbständige Klage, sondern eine Fortsetzung des früheren Rechtsstreits durch den besonderen Behelf des § 767 ZPO. Für

[1]) Nicht mehr im Anwendungsbereich des BBG. (vgl. daselbst § 173 Abs. 1 Satz 1).

den Fall einer Restitutionsklage, die auf die Auffindung einer für eine günstigere Entscheidung maßgeblichen Urkunde gestützt war, hat der erkennende Senat (Urt. vom 26. April 1929 III 368/28, abgedr. HRR. 1929 Nr. 1528) die Notwendigkeit der erneuten Einholung eines Vorbescheides verneint. Dieselben Erwägungen führen dazu, den für den Vorprozeß erwirkten Bescheid als Prozeßvoraussetzung für die Zulässigkeit der Vollstreckungsgegenklage als genügend anzusehen. Dabei ist nicht mehr zu untersuchen, ob die Ablehnung einer sachlichen Entscheidung durch den Vorsitzenden des Kreisausschusses als wirksame Erfüllung der Prozeßvoraussetzung gelten konnte. Denn diese Frage ist schon durch die Annahme der Zulässigkeit des Rechtswegs im Vorprozeß rechtskräftig bejaht, im Einklang übrigens mit der Rechtsprechung des erkennenden Senats.

Die Abhängigkeit der Vollstreckungsgegenklage von der vorausgegangenen Sachklage und von dem die Zulässigkeit der Sachklage bedingenden Vorbescheid sowie die Unnötigkeit eines neuen Vorbescheides erhellen noch aus einer anderen Erwägung. Ein neuer Vorbescheid könnte, auch wenn er für die Behörde günstig ausfiele, den vorhandenen gerichtlichen Vollstreckungstitel nicht beseitigen, die Vollstreckungsgegenklage also, anders als eine verneinende Feststellungsklage der Behörde, keinesfalls entbehrlich machen. Die Eröffnung des Rechtswegs durch den dem Sachurteil vorangegangenen Vorbescheid muß deshalb beiden Parteien alle ordentlichen und alle besonderen Rechtsbehelfe freigeben, die sich dem Sachurteil nach der Prozeßordnung anschließen können. Dadurch, daß der Rechtsweg einmal eröffnet ist, können die ergangenen gerichtlichen Entscheidungen nur wieder im Rechtsweg beseitigt oder geändert werden, nicht aber durch einen neuen Bescheid der Verwaltungsbehörde. Auch daraus ergibt sich, daß die Vollstreckungsgegenklage keinen besonderen Vorbescheid voraussetzen kann, weil sie in diesem Sinne ein unselbständiger, an die Sachklage anknüpfender Rechtsbehelf ist, mit dem nicht nur die sachlich-rechtliche Feststellung des Nichtbestehens des Beamtenanspruchs, sondern darüber hinaus zugleich die verfahrensrechtliche Vernichtung des Vollstreckungstitels angestrebt wird.

Das angefochtene Urteil ist deshalb aufzuheben, weil es wegen des Fehlens eines neuen Vorbescheids den Rechtsweg für unzulässig erklärt hat, und die Sache ist zur Verhandlung und Entscheidung zurückzuverweisen. Die behelfsweise sachliche Begründung der Klagabweisung kann nicht beachtet und vom Revisionsgericht nicht nachgeprüft werden, weil das Berufungsgericht nach der Verneinung der Zulässigkeit des Rechtswegs auf die sachliche Begründung der Klage überhaupt nicht hätte eingehen dürfen. ...

RGZ 154, 193

Kann durch orts- oder landesgesetzliche Vorschrift bestimmt werden, daß, wenn das Dienstverhältnis eines auf Widerruf angestellten Beamten nur aus wichtigem Grunde gelöst werden darf, die Entscheidung der Verwaltungsbehörde über das Vorliegen eines solchen Grundes für die ordentlichen Gerichte bindend ist?

WeimVerf. Art. 129 Abs. 1 Satz 4. Bayerische Gemeindeordnung vom 17. Oktober 1927 (Bay. GVBl. S. 293) — Bay.Gem.O. — Art. 88 Abs. III, Art. 99 Abs. II. [1])

III. Zivilsenat. Urt. v. 16. März 1937 i. S. B. (Kl.) w. Stadtgemeinde P. (Bekl.). III 130/36.

I. Landgericht Zweibrücken. II. Oberlandesgericht daselbst.

Der Kläger stand seit dem 1. März 1912 als Direktor des Elektrizitätswerks der verklagten bayerischen Stadtgemeinde bei dieser im Beamtenverhältnis. Seine Anstellung blieb widerruflich. Die Beklagte entließ ihn unter der Beschuldigung dienstlicher Verfehlungen am 12. September 1933 fristlos. Doch entschied die von beiden Parteien angerufene Regierung der Pfalz, Kammer des Innern, am 23. Oktober 1934 dahin, daß das Beamtenverhältnis des Klägers erst mit Ablauf des 20. Dezember 1933 aufgelöst worden sei. Der Bescheid wurde am 10. April 1935 durch Beschluß des Bayerischen Staatsministeriums des Innern unter Zurückweisung der beiderseitigen Beschwerden bestätigt.

Der Kläger stellt die ihm zur Last gelegten Dienstverfehlungen in Abrede und hält seine Entlassung für unberechtigt. Er hat nach ergebnislosem Abhilfegesuch rechtzeitig Klage erhoben und neben anderem die Feststellung gefordert, daß die Lösung seines Dienstverhältnisses nicht aus einem wichtigen Grunde erfolgt sei, der in seiner Person liege.

---

[1]) Die genannten Vorschriften der bayerischen Gemeindeordnung lauten folgendermaßen:

Art. 88 Abs. III:

> Hat ein widerruflicher Gemeindebeamter drei Dienstjahre als vollbeschäftigter Beamter zurückgelegt, so darf das Dienstverhältnis nur gelöst werden, wenn ein wichtiger Grund vorliegt. Liegt der Grund nicht in der Person des Gemeindebeamten, so wird diesem eine angemessene Abfindung gewährt. Beschwerde (Art. 100) ist zulässig. Darüber, ob der wichtige Grund zur Lösung des Dienstverhältnisses in der Person des Gemeindebeamten liegt, sowie über die Höhe der Abfindung nach Satz 2 entscheiden im Streitfalle die ordentlichen Gerichte.

Art. 99 Abs. II:

> Die Entscheidungen der Gemeindebehörden, der Staatsaufsichtsbehörden und der Disziplinargerichte sind in den Fällen des Art. 178 des Beamtengesetzes für die Beurteilung der vor den ordentlichen Gerichten geltend gemachten vermögensrechtlichen Ansprüche bindend. Das gleiche gilt für die Entscheidungen über die Lösung des Dienstverhältnisses widerruflicher Gemeindebeamter sowie für Entscheidungen der Schiedsgerichte nach Art. 90.

Die Beklagte bestreitet wegen der Möglichkeit einer Leistungsklage die Zulässigkeit der erhobenen Feststellungsklage. Ferner hält sie die Klage auch für unbegründet und führt aus, die Entscheidung der Verwaltungsbehörde, daß das Dienstverhältnis aus wichtigem Grunde aufgelöst sei, binde nach den Vorschriften der bayerischen Gemeindeordnung vom 17. Oktober 1927 das Gericht; die weitere Frage, ob der wichtige Grund in der Person des Klägers gelegen habe, wovon sein etwaiger Abfindungsanspruch abhänge, sei zwar der Entscheidung des Gerichts vorbehalten, jedoch zutreffend zum Nachteil des Klägers bejaht worden. Die Beklagte hat widerklagend die Feststellung erbeten, daß dem Kläger kein Anspruch auf Abfindung zustehe.

Das Landgericht hat durch Teilurteil nach dem Feststellungsantrag des Klägers erkannt und ausweislich der Urteilsgründe den Feststellungsantrag der Widerklage damit als erledigt angesehen, weil die getroffene klagegemäße Feststellung ohne weiteres die Rechtsgrundlage für den Abfindungsanspruch des Klägers ergebe, dessen Bestehen die Widerklage verneint wissen wolle. Die Beklagte hat das Teilurteil mit der Berufung angefochten und gebeten, unter Aufhebung des landgerichtlichen Urteils den Feststellungsanspruch der Klage abzuweisen und dem der Widerklage stattzugeben. Das Berufungsgericht hat demgemäß erkannt. Die vom Kläger eingelegte Revision wurde zurückgewiesen.

Gründe:

I. Gegenstand der Revision sind lediglich die Feststellungsanträge der Klage und Widerklage. Auch die mit der Klage erstrebte, vom Landgericht getroffene, vom Berufungsgericht aber abgelehnte Feststellung, daß die Lösung des Beamtenverhältnisses des Klägers nicht aus einem in seiner Person gelegenen wichtigen Grunde erfolgt ist, betrifft vermögensrechtliche Ansprüche des Klägers, nämlich vor allem den aus dem Nichtvorliegen eines wichtigen Kündigungsgrundes hergeleiteten Anspruch auf Weiterzahlung seiner vollen Dienstbezüge, außerdem aber für den Fall, daß der etwa doch vorhanden gewesene Kündigungsgrund nicht in der Person des Klägers gelegen habe, den aus Art. 88 Abs. III Bay.GemO. folgenden Abfindungsanspruch, dessen Nichtbestehen anderseits die Beklagte im Wege der Widerklage festgestellt wissen will. Obwohl es sich um öffentlich-rechtliche Ansprüche aus dem Beamtenverhältnis handelt, kann wegen der vermögensrechtlichen Natur der beiderseitigen Feststellungsverlangen die Zulässigkeit des Rechtswegs, der nach Art. 129 Abs. 1 Satz 4 WeimVerf. für die vermögensrechtlichen Ansprüche aller Beamten aus ihrem Dienstverhältnis offensteht, für Klage und Widerklage nicht zweifelhaft sein.

Daß ferner die erhobene Feststellungsklage nach § 256 ZPO. verfahrensrechtlich zulässig ist, hat schon das Landgericht mit zutreffenden Gründen bejaht. Die Zulässigkeit kann auch nicht deshalb beanstandet werden, weil der Feststellungsantrag der Klage nach seinem Wortlaut nicht, wie § 256 ZPO. es fordert, auf das Bestehen oder Nichtbestehen eines Rechtsverhältnisses gerichtet ist. Denn der Antrag ist nur unrichtig gefaßt, wenn er auf das Vorliegen eines in der Person des Klägers gelegenen wichtigen Grundes, also nur auf die Beantwortung einer Rechtsfrage oder die Feststellung einer rechtlich erheblichen Tatsache, abgestellt ist. Richtig verstanden zielt er in Wirklichkeit, wie bereits hervorgehoben, auf die Feststellung von vermögensrechtlichen Ansprüchen des Klägers gegenüber der Beklagten und deshalb von Rechtsverhältnissen zwischen den Parteien ab, deren Bestehen lediglich davon abhängt, daß der Beklagten kein wichtiger Kündigungsgrund zur Seite gestanden oder daß dieser Grund doch wenigstens nicht in der Person des Klägers gelegen hat.

Auch die Revision hat gegen die Zulässigkeit des Rechtswegs und die Zulässigkeit der Feststellungsklage irgendwelche Bedenken nicht mehr erhoben.

II. Der, wie vorstehend dargelegt, vom Kläger im Wege der Feststellungsklage in erster Reihe verfolgte Gehaltsanspruch hat das Weiterbestehen seines Beamtenverhältnisses zur Voraussetzung. Dieses war unstreitig widerruflich, konnte aber, da der Kläger im Dienste der Beklagten eine dreijährige Dienstzeit längst zurückgelegt hatte, nach Art. 88 Abs. III Bay.GemO. nur aus wichtigem Grunde gelöst werden. Schon Art. 178 des bayerischen Beamtengesetzes vom 16. August 1908 (Bay.GVBl. S. 581) hatte vorgeschrieben, daß für die Beurteilung der vor dem Gerichte geltend gemachten vermögensrechtlichen Ansprüche der bayerischen Staatsbeamten die Entscheidungen der Verwaltungsbehörden und Disziplinargerichte bindend sind, welche diese Stellen nach ihrem pflichtmäßigen Ermessen zu treffen berechtigt sind, und hatte weiter unter zwölf Nummern die hauptsächlichsten dieser Ermessensentscheidungen aufgeführt. Hierauf nimmt Art. 99 Abs. II Bay.GemO. Bezug, indem er die Bindung der ordentlichen Gerichte bei der Beurteilung der vermögensrechtlichen Ansprüche der Gemeindebeamten an die in den Fällen des Art. 178 des Beamtengesetzes getroffenen Entscheidungen der Gemeindebehörden, der Staatsaufsichtsbehörden und der Disziplinargerichte, also an die Ermessensentscheidungen dieser Stellen, ebenfalls vorschreibt. Er fügt jedoch den Satz hinzu:

> Das gleiche gilt für die Entscheidungen über die Lösung des Dienstverhältnisses widerruflicher Gemeindebeamter.

Diese Entscheidungen beruhen, wenn sie das Dienstverhältnis eines nach Zurücklegung dreier Dienstjahre nur aus wichtigem Grunde kündbaren Gemeindebeamten, wie des Klägers, betreffen, nicht auf freiem Verwaltungsermessen, sondern werden, soweit ihre Grundlage das Vorliegen eines wichtigen Kündigungsgrundes bildet, auf Grund tatsächlicher Feststellungen nach einem rechtlichen Gesichtspunkt getroffen. Sie schließen die Beantwortung der Tat- und Rechtsfrage ein, ob ein wichtiger Kündigungsgrund vorliegt, nämlich ein Sachverhalt gegeben ist, wonach der Gemeinde unter Berücksichtigung aller Verhältnisse nach Treu und Glauben die Beibehaltung des Beamten nicht mehr zugemutet werden kann. Das Berufungsgericht hat sich gleichwohl auf Grund des Art. 99 Abs. II Bay.GemO. an die mit der Kündigung des Klägers getroffene Entscheidung der Beklagten über die Lösung des Beamtenverhältnisses für gebunden erachtet. Hiergegen richtet sich der Angriff der Revision. Sie hält die landesgesetzliche Vorschrift der Gemeindeordnung für unvereinbar mit der reichsrechtlichen des Art. 129 Abs. 1 Satz 4 WeimVerf., wonach der Rechtsweg für die vermögensrechtlichen Ansprüche aller Beamten aus ihrem Dienstverhältnis offen steht.

Die Frage ist von jeher streitig gewesen, ob eine nicht reichsgesetzliche Vorschrift dem ordentlichen Gericht im Rahmen der ihm reichsgesetzlich über die vermögensrechtlichen Beamtenansprüche zugewiesenen Gerichtsbarkeit die Entscheidung über die Frage des Vorliegens eines wichtigen Kündigungsgrundes entziehen kann[1]). Häufig finden sich namentlich ortsgesetzliche Bestimmungen, welche diese Entscheidung unter Ausschluß der ordentlichen Gerichte der für die Kündigung des Beamten zuständigen Behörde oder einer sonstigen Verwaltungsstelle übertragen. Der erkennende Senat hat sich in solchen Fällen durch die von der Verwaltungsbehörde getroffene Entscheidung nicht behindert gesehen, sondern sich trotzdem für berechtigt und verpflichtet gehalten, über das Vorliegen des wichtigen Kündigungsgrundes selbst zu befinden (s. Urteile vom 24. März 1925 III 709/23, abgedr. JRdsch. 1925 Rspr. Nr. 714, vom 20. November 1925 III 611/24, abgedr. JRdsch. 1926 Rspr. Nr. 403, Gruch. Bd. 68 S. 670 und Pr. VerwBl. Bd. 48 S. 243, und vom 7. Januar 1930 III 77/29, abgedr. JW. 1930 S. 1187 Nr. 4). Die Begründung ist nicht immer ganz eindeutig. Der häufig, auch von der Revision, angeführte Grund, daß derartige orts- oder landesgesetzliche Vorschriften mit der reichsrechtlichen Zulassung des Rechtswegs für vermögensrechtliche Beamtenansprüche nicht vereinbar seien, trifft jedenfalls nicht zu. Der Rechtsweg für die vermögensrechtlichen Beamtenansprüche bleibt trotz derartiger Vorschriften im vollen Umfange gewahrt; er wird durch sie weder ausgeschlossen noch beschränkt. Vorschriften der bezeichneten Art betreffen den mit der Klage geltend gemachten Beamtenanspruch unmittelbar überhaupt nicht, sondern nur eine notwendige Voraussetzung für den Anspruch. Dieser ist abhängig davon, daß das widerrufliche Beamtenverhältnis des nur aus wichtigem Grunde kündbaren Beamten gelöst worden ist oder, was auf dasselbe hinauskommt, ein die Lösung herbeiführender wichtiger Kündigungsgrund vorgelegen hat. Es handelt sich daher um die von der Zulässigkeit des Rechtswegs völlig verschiedene Frage, ob und inwieweit das Gericht

1) Vgl. jetzt Art. 19 Abs. 4 GG.

durch eine von anderer Stelle über eine Voraussetzung des Klaganspruchs bereits getroffene Entscheidung gebunden ist, wenn es darüber als über eine notwendige Vorfrage für den bei ihm anhängigen Beamtenanspruch gleichfalls zu befinden hat.

Im allgemeinen gilt der Grundsatz, daß das Gericht alle tatsächlichen und rechtlichen Voraussetzungen für die seiner Gerichtsbarkeit unterstehenden Ansprüche selbständig festzustellen und zu beurteilen hat. So hat § 14 Abs. 2 Nr. 1 EG.z.ZPO. alle Vorschriften über die bindende Kraft des strafgerichtlichen Urteils für den Zivilrichter außer Kraft gesetzt; umgekehrt gilt der Strafrichter trotz Fehlens einer entsprechenden ausdrücklichen Gesetzesvorschrift ebenfalls nicht als gebunden an die Entscheidung des Zivilrichters.

Doch ist der Grundsatz der richterlichen Nichtgebundenheit an die Entscheidungen anderer Behörden keineswegs ausnahmslos. Er findet vor allem an der in der Rechtsprechung gleichfalls grundsätzlich anerkannten bindenden Kraft der rechtsgestaltenden Verwaltungsakte seine Schranke, zu denen insbesondere die Entscheidungen der Verwaltungsbehörden gehören, durch die ein Beamtenverhältnis beendet wird (RGZ. Bd. 108 S. 345[2]) und besonders das grundsätzliche Urteil vom 24. November 1925 III 36/25, abgedr. JW. 1927 S. 259 Nr. 12, Pr. VerwBl. Bd. 47 S. 295 und Gruch. Bd. 69 S. 256). Anders als die Kündigung oder Entlassung eines Angestellten wirkt die eines Beamten rechtsgestaltend. Während das Angestelltenverhältnis nur bei rechtmäßiger Entlassung oder Kündigung sein Ende findet, wird das Beamtenverhältnis durch die Entlassung oder Kündigung, auch wenn sie rechtswidrig erfolgt ist, auf jeden Fall aufgelöst. Im Bereich des Verwaltungsrechts bleibt die Auflösung des Beamtenverhältnisses, solange sie nicht von Verwaltungsseite, etwa im Wege der Beschwerde, wieder beseitigt ist, vollwirksam bestehen. So erklärt es sich, daß die Rechtskraft des in der Entlassung oder Kündigung eines Beamten gelegenen rechtsgestaltenden Verwaltungsaktes als eine allgemeine, nicht auf das Verhältnis zwischen dem öffentlichen Dienstherrn und dem Beamten beschränkte, sondern als eine jedermann, mithin auch das ordentliche Gericht, bindende anerkannt worden ist. Die Gerichte haben solche Entscheidungen hinzunehmen, sofern sie nur überhaupt gesetzlich an sich zulässig sind. Ihrer Nachprüfung unterliegt daher nur, ob der rechtsgestaltende Verwaltungsakt den für ihn bestehenden allgemeinen gesetzlichen Erfordernissen entspricht. Das Berufungsgericht verweist deshalb mit Recht auf RGZ. Bd. 122 S. 119[3]) und hätte auch noch das Urteil vom 1. Juli 1930 III 361/29, abgedr. ZBR. Bd. 4 S. 37, anführen können, das den Grundsatz besonders deutlich zum Ausdruck bringt. An sich zulässig ist der Verwaltungsakt in der Regel dann, wenn er in der vorgeschriebenen Form und von einer für Akte seiner Art zuständigen Stelle ergangen ist.

[2]) In diesem Band S. 77.
[3]) In diesem Band S. 110.

Von vornherein unbedenklich und einleuchtend erscheint eine auch das Gericht bindende Kraft des rechtsgestaltenden Verwaltungsaktes überall dort, wo die in ihm enthaltene Entscheidung allein auf freiem Verwaltungsermessen beruht. Dessen Ausübung würde sich ja, abgesehen vom Fall der Willkür oder einer mit den an eine ordnungsmäßige Verwaltung zu stellenden Anforderungen schlechterdings unvereinbaren groben Fehlsamkeit, der gerichtlichen Nachprüfung ohnehin entziehen. Zweifel tauchen aber auf, sobald die Entscheidung die Feststellung und rechtliche Würdigung tatsächlicher Umstände und die Beantwortung von Rechtsfragen erfordert. So liegt es, wenn die Entscheidung von dem Vorliegen eines die Kündigung oder Entlassung allein gestattenden wichtigen Grundes abhängt. Denn hierbei sind die besonderen Umstände des Falles festzustellen und unter dem rechtlichen Gesichtspunkt zu würdigen, ob danach der Beamte für den öffentlichen Dienst noch tragbar ist. Soll auch in solchem Falle das ordentliche Gericht, wenn es über die Beendigung des Beamtenverhältnisses bei der ihm gesetzlich zugewiesenen Beurteilung ihrer vermögensrechtlichen Auswirkung gleichfalls zu befinden hat, durch orts- oder landesgesetzliche Vorschrift an die rechtsgestaltende Kraft des Verwaltungsaktes gebunden werden können?

Eine denkgesetzliche Notwendigkeit spricht weder für die Verneinung noch für die Bejahung der Frage. Die Antwort läßt sich nur in sorgfältiger Abwägung der dabei in Betracht kommenden gegensätzlichen Belange der an der Entscheidung des ordentlichen Gerichts beteiligten Parteien finden. Wird es für zulässig angesehen, das ordentliche Gericht[4]) bei seiner Urteilsfällung auch in einem solchen Fall an die Entscheidung der Verwaltungsbehörde zu binden, so geht der Beamte, falls sein Dienstverhältnis von der Verwaltungsbehörde zu Unrecht aufgelöst worden ist, seiner an sich begründeten vermögensrechtlichen Ansprüche aus dem Beamtenverhältnis verlustig, wird aber das Ansehen des öffentlichen Dienstherrn nicht gefährdet und tritt weiter nicht die unerfreuliche Folge ein, daß einerseits das Beamtenverhältnis verwaltungsrechtlich aufgelöst bleibt, anderseits jedoch noch vermögensrechtliche Wirkungen zeitigt, so als wenn es in Wirklichkeit noch bestände.

Das Reichsgericht hat in seiner bisherigen Rechtsprechung diese Folge in Kauf genommen und das Rechtsschutzbedürfnis des Beamten vorangestellt und deshalb die Nachprüfung der Rechtmäßigkeit der Kündigung und der Dienstentlassung des Beamten durch den von Verwaltungsinteressen in keiner Weise beeinflußten ordentlichen Richter für erforderlich gehalten. Ihm hat sich das Bayerische Oberste Landesgericht in seinen Urteilen Bd. 30 S. 164 und Bd. 32 S. 28 angeschlossen. An dieser Rechtsprechung kann jedoch heute nicht mehr festgehalten

[4]) Jetzt ist hier der durch die Generalklausel allgemein eröffnete Verwaltungsrechtsweg zu beschreiten.

werden. Infolge des mit dem Nationalsozialistischen Staat eingetretenen Wandels der Rechtsanschauungen sind die Belange des einzelnen mehr in den Hintergrund getreten, hat dagegen das Ansehen des öffentlichen Dienstherrn eine besondere Stärkung erfahren. Von ihm darf nach heutiger Auffassung auch unbedingt erwartet werden, daß er anders als ein privater Arbeitgeber seine Machtbefugnis nicht rechtswidrig oder unsozial mißbraucht, und an sich erscheint er wegen seiner Kenntnis der in Betracht kommenden besonderen Umstände und Verhältnisse für die Beurteilung des Vorliegens eines wichtigen Kündigungsgrundes besonders geeignet. Das Berufungsgericht hat daher[5]) mit Recht die Rechtsgültigkeit der Vorschrift des Art. 99 Abs. II Bay.GemO. anerkannt, welche den ordentlichen Richter an die Entscheidungen der Verwaltungsbehörden über die Lösung des Dienstverhältnisses der nur aus wichtigem Grunde kündbaren Gemeindebeamten bindet.

Danach bleibt der die Auflösung des Beamtenverhältnisses des aus wichtigem Grunde gekündigten Klägers in letzter Verwaltungsinstanz bestätigende Beschluß des Bayerischen Staatsministeriums des Innern vom 10. April 1935 für das Gericht maßgebend. Diesem steht die Entscheidung nur noch darüber zu, ob der wichtige Grund zur Lösung des Dienstverhältnisses in der Person des Gemeindebeamten gelegen ist. Denn hierüber ist ihm die Entscheidung durch keine gesetzliche Vorschrift entzogen, sondern in Art. 88 Abs. III Bay.GemO. sogar ausdrücklich vorbehalten. Da der wichtige Grund in den dem Kläger vorgeworfenen persönlichen Verfehlungen von den Verwaltungsinstanzen gefunden worden ist, hat das Berufungsgericht ihn zutreffend als in der Person des Klägers gelegen festgestellt. Das wird auch von der Revision nicht beanstandet.

Die Revision erweist sich somit als unbegründet.

RGZ. 154, 229

1. . . . (überholt).

2. Ist die Kriegsdienstzeit eines Beamten auf die Dienstzeit anzurechnen, die für die Entstehung seines Ruhegeldanspruchs maßgebend ist?

III. Zivilsenat. Urt. v. 20. April 1937 i. S. W. (Kl.) w. Gemeinde N. (Bekl.). III 206/36.

I. Landgericht Mainz. II. Oberlandesgericht Darmstadt.

Aus den Gründen:

Das Berufungsgericht kommt zu dem Ergebnis, daß der Kläger dieses Erfordernis (Dienstzeit von 10 Jahren) nicht erfüllt habe, indem es die Anrechnung seiner Kriegsdienstzeit ablehnt. Es folgert aus . . . , daß eine

[5]) An Stelle dieser überholten Argumentation sind jetzt Art. 19 Abs. 4 GG. und die verwaltungsgerichtliche Generalklausel zu beachten.

solche Anrechnung der Kriegsdienstzeit zwar für die Berechnung der für die Höhe des Ruhegehalts maßgebenden Dienstzeit, nicht aber für die Ermittlung der für die Entstehung des Anspruchs vorausgesetzten 10jährigen Dienstzeit zulässig sei. An sich können die Berechnungsgrundlagen für diese beiden Dienstzeiten verschieden geregelt sein, wenngleich vielfach ihre Vereinheitlichung angestrebt und auch durchgeführt worden ist. Die Nichtanrechnung der Kriegsdienstzeit bei der Ermittlung der für die Gewährung von Ruhegehalt maßgeblichen Dienstzeit verstößt aber gegen zwingendes Reichsrecht. Die Anrechnung der an der Front verbrachten Kriegsjahre bei der Berechnung der ruhegehaltsfähigen Dienstzeit beruht auf einem allgemeine Geltung beanspruchenden Grundsatz des Beamtenbesoldungsrechts. ... Dieser Grundsatz muß auch bei der Ermittlung der für die Entstehung des Ruhegeldanspruchs maßgebenden Dienstzeit angewandt werden. Denn er hat — abgesehen von rein ideellen Gesichtspunkten — seinen letzten Grund darin, daß den Beamten, die Kriegsdienste getan haben, für die damit verbundenen Opfer an Kraft und Gesundheit und für eingetretenen Zeitverlust ein versorgungsrechtlicher Ausgleich gewährt werden soll. Dieser Ausgleich rechtfertigt sich aber nicht nur für die Höhe der Versorgungsbezüge, sondern auch für den Ruhegeldanspruch an sich, zumal da Kriegsteilnehmer nicht selten wegen ihrer Teilnahme am Krieg nur mit zeitlicher Verzögerung zur Anstellung haben gelangen können. ...

RGZ. 155, 243

Vorbescheid für Aufrechnung durch den Beamten gegenüber seinem Dienstherrn?

Alter Leitsatz:

Ist ein Vorbescheid der Verwaltungsbehörde nach § 7 des preußischen Kommunalbeamtengesetzes vom 30. Juli 1899 (GS. S. 141)[1]) erforderlich, wenn ein Beamter in einem von seiner Dienstbehörde gegen ihn anhängig gemachten Rechtsstreit mit Forderungen aus seinem Dienstverhältnis aufrechnen will?

III. Zivilsenat. Urt. v. 17. August 1937 i. S. C. (Bekl.) w. Kreiskommunalverband A. (Kl.). III 75/37.

I. Landgericht Düsseldorf. II. Oberlandesgericht daselbst.

Der klagende preußische Kreiskommunalverband fordert vom Beklagten, der als Landrat früher Vorsitzender des Kreisausschusses war, Zahlung eines Gesamtbetrages von 1101 RM. nebst Zinsen. Es handelt sich dabei um die Zurückzahlung eines restlichen Gehaltsvorschusses, um Zahlung von Betriebskosten für Privatfahrten mit dem Dienstwagen des Kreises und um Miete für Benutzung der Dienstwohnung. Der Beklagte

[1]) Vgl. § 173 Abs. 1 BBG.

hat die Klagforderung in den Vorinstanzen teilweise bestritten und im übrigen geltend gemacht, daß er mit Gegenforderungen aus seinem Dienstverhältnis in einer Gesamthöhe von 11 290,88 RM. aufgerechnet habe.

Das Landgericht hat in Höhe von 1026 RM. nach dem Klagantrag erkannt, im übrigen aber die Klage abgewiesen. Hiergegen hat der Beklagte Berufung eingelegt; die Klägerin hat sich der Berufung angeschlossen. Daraufhin hat das Oberlandesgericht das erstinstanzliche Urteil abgeändert. Es hat zunächst durch ein Urteil vom 20. September 1933 unter Vorbehalt der Entscheidung über die Aufrechnung im vollen Umfange nach dem Klagantrag erkannt. Dieses Urteil ist nicht angefochten worden. Durch Schlußurteil vom 12. Februar 1937 hat dann das Oberlandesgericht das Urteil vom 20. September 1933 ohne Vorbehalt aufrechterhalten. Die Revision des Beklagten führte zur Aufhebung und Zurückverweisung aus folgenden

Gründen:

... Das Berufungsgericht hat in dem angefochtenen Urteil über die zur Aufrechnung gestellten Gegenforderungen des Beklagten sachlich nicht entschieden. Es hat in seinen beiden Urteilen den Standpunkt vertreten, Voraussetzung für die Zulässigkeit einer gerichtlichen Geltendmachung der Aufrechnung sei ein Vorbescheid des „Verwaltungschefs" gemäß § 2 des preußischen Gesetzes betreffend die Erweiterung des Rechtsweges vom 24. Mai 1861 (GS. S. 241), da die Gegenforderungen in engstem Zusammenhang mit den amtlichen Aufgaben des Beklagten als Landrats ständen und deshalb nicht privatrechtlicher Natur seien. Zur Beibringung eines solchen Vorbescheides hatte das Berufungsgericht das Nachverfahren zunächst ausgesetzt; es hat dann aber schließlich das jetzt angefochtene Schlußurteil erlassen, weil sich der Beklagte um die Herbeiführung eines Vorbescheides nicht genügend bemüht habe. Es sagt dazu, es müsse dem Beklagten überlassen bleiben, seine angeblichen Forderungen in einem gesonderten Verfahren geltend zu machen.

Das Urteil wird von der Revision mit Recht angegriffen. Zunächst ist es jedenfalls unzutreffend, wenn das Berufungsgericht einen Vorbescheid nach § 2 des Gesetzes vom 24. Mai 1861 für erforderlich erklärt. Denn es kommt hier nicht das Beamtenverhältnis des Beklagten als Landrats gegenüber dem Preußischen Staat, sondern das als Kreisausschußvorsitzenden gegenüber dem Kreiskommunalverband in Betracht. Ein verwaltungsmäßiger Vorbescheid käme danach nur nach § 7 des Kommunalbeamtengesetzes in Frage. In Wirklichkeit bedarf es hier aber auch eines solchen Vorbescheides nicht. Daß an sich mit öffentlich-rechtlichen Forderungen aufgerechnet werden kann, auch bevor darüber ein Vorbescheid der Verwaltungsbehörde ergangen ist, hat das Berufungsgericht ... schon in dem Vorbehaltsurteil vom 20. September 1933 zutreffend angenommen. Die Wirkung einer Aufrechnung ist nun die, daß die Forderungen, soweit sie sich decken, als in dem Zeitpunkt erloschen gelten, in welchem sie zur Aufrechnung geeignet einander gegenübergetreten sind. Diese in § 389 BGB. für bürgerlich-rechtliche Ansprüche getroffene Regelung muß in gleicher Weise auch für öffentlich-rechtliche Ansprüche gelten. Im vorliegenden Fall war die Aufrechnung schon vor Erhebung der Klage erklärt worden. Es ist nicht einzusehen, warum der Beklagte da noch eines Vorbescheides bedürfen sollte, um sich in dem gegen ihn angestrengten Rechtsstreit zu seiner Verteidigung auf die Tatsache der Aufrechnung, also das Erlöschen der gegenseitigen Forderungen, soweit sie sich aufrechenbar gegenübergestanden haben, zu berufen. Es macht aber auch keinen Unterschied, ob die Aufrechnung schon vor Klagerhebung oder erst innerhalb des Verfahrens erklärt wird. Dem § 7 des Kommunalbeamtengesetzes ist zu entnehmen, daß nur dann, wenn die Ansprüche aus dem Dienstverhältnis klageweise geltend gemacht werden, als Prozeßvoraussetzung ein behördlicher Vorbescheid verlangt wird. Das muß zwar auch für eine Widerklage gelten, kann aber nicht auf eine Aufrechnung ausgedehnt werden. Bei der Aufrechnung ist die Entscheidung über die Gegenforderung nur eine Vorfrage für die Entscheidung über die eingeklagte Forderung selbst. Wenn auch dazu ein Vorbescheid notwendig sein sollte, hätte das im Gesetz deutlich zum Ausdruck kommen müssen.

Die Ansicht des Berufungsgerichts würde auch zu Ergebnissen führen, die das Gesetz nicht gewollt haben kann. Es würde beispielsweise ein Beamter, der sich über eine Forderung einen ihm günstigen Vorbescheid verschafft hat, dann aber zunächst von deren Geltendmachung im Klageweg absieht und nun später von der Behörde verklagt wird, nach Ablauf der in § 7 a. a. O. gesetzten „Ausschlußfrist" von 6 Monaten nicht mehr in der Lage sein, sich mit einer Aufrechnungseinrede zu verteidigen. Das kann nicht Rechtens sein. ...

Beruht hiernach das angefochtene Urteil auf Rechtsirrtum, so ist seine Aufhebung und gleichzeitig die Zurückverweisung der Sache in die Vorinstanz geboten, damit nunmehr sachlich über die Gegenforderungen des Beklagten entschieden wird.

RGZ 156, 340

Witwengeld aus früherer Ehe nach Auflösung einer späteren Ehe.

Alter Leitsatz:

1. Kann der Witwe eines preußischen unmittelbaren Staatsbeamten, die sich wiederverheiratet hatte, deren zweite Ehe aber demnächst auf Anfechtungsklage für nichtig erklärt worden ist, das ihr bereits vor dem Jahre 1933 erneut gewährte Witwengeld nachträglich im Hinblick auf den in der Durchführungsbestimmung Nr. 2 zu § 97 DBG. zum Ausdruck gelangten Rechtsgedanken wieder entzogen werden?

2. Welche rechtliche Bedeutung hat es für den Witwengeldanspruch einer solchen Ehefrau und für den Rechtsstreit um Gewährung des Witwengeldes, wenn der Beamte die Ehe durch Anfechtungsklage angefochten hat, vor der rechtskräftigen Entscheidung des Anfechtungsprozesses aber verstorben ist?

BGB. §§ 1341, 1343. DBG. §§ 97[1]), 133, 184 Abs 1 Satz 3. DurchfVO. z. DBG. Nr. 2 zu § 97. Preuß. Gesetz, betr. die Fürsorge für die Witwen und Waisen der unmittelbaren Staatsbeamten, vom 20. Mai 1882 (GS. S. 298) § 7.

III. Zivilsenat. Urt. v. 26. November 1937 i. S. Deutsche Reichsbahn (Bekl.) w. L. (Kl.). III 96/37.

I. Landgericht Altona. II. Oberlandesgericht Kiel.

Die Klägerin war in erster Ehe mit G. verheiratet gewesen. Diese Ehe ist wegen Ehebruchs der Klägerin geschieden worden. Die Ehelichkeit eines nach der Rechtskraft des Scheidungsurteils geborenen Kindes hat G. mit Erfolg angefochten.

Im Dezember 1911 heiratete die Klägerin den im Dienst der früheren Preußischen Eisenbahnverwaltung stehenden Eisenbahnobersekretär L. Dieser focht die Ehe mit der Klägerin an, weil sie ihn über den Grund der Scheidung ihrer ersten Ehe arglistig getäuscht habe. Das Landgericht hatte auf einen Eid für L. dahin erkennen wollen, er habe bei Abschluß der Ehe mit der Klägerin nicht gewußt, daß deren erste Ehe wegen eines von ihr begangenen Ehebruchs geschieden war. Einen Tag vor Verkündung dieses Urteils war L. gestorben. Das Landgericht hat dann in dem Urteil vom 7. Februar 1917 die Hauptsache für erledigt erklärt und die Kosten des Verfahrens der Klägerin auferlegt. In den Gründen hat es ausgeführt: Nach der ganzen Sachlage sei als erwiesen anzusehen, daß die Klägerin dem L. bewußt verschwiegen habe, daß ihre erste Ehe wegen eines von ihr begangenen Ehebruchs geschieden worden sei. Sie habe daher L. durch arglistige Täuschung zur Eingehung der Ehe veranlaßt.

Im Oktober 1918 heiratete die Klägerin in dritter Ehe den Kaufmann J. Im Jahre 1930 klagte sie auf Ehescheidung, der Ehemann erhob Anfechtungswiderklage. Die Ehe wurde daraufhin durch Urteil des Landgerichts in H. vom 20. November 1931 unter Abweisung der Scheidungsklage auf die Widerklage aus § 1333 BGB. für nichtig erklärt. Das Landgericht sah in einem von ihm festgestellten Hang der Klägerin zur Unwahrhaftigkeit eine Eigenschaft, deren Kenntnis J. bei verständiger Würdigung des Wesens der Ehe von der Eingehung der Ehe abgehalten haben würde. Dieses Urteil ist am 8. Januar 1932 rechtskräftig geworden.

---

[1]) Vgl. § 164 Abs. 3 BBG.

Die Klägerin hatte nach dem Tode ihres zweiten Ehemannes auf Grund des Preußischen Gesetzes betreffend die Fürsorge für die Witwen und Waisen der unmittelbaren Staatsbeamten, vom 20. Mai 1882 (GS. S. 298) von der Preußischen Eisenbahnverwaltung bis zu ihrer Wiederverehelichung Witwengeld bezogen. Nachdem die dritte Ehe für nichtig erklärt worden war, wandte sie sich an die Beklagte und bat um rückwirkende Wiedergewährung des Witwengeldes, da jene Ehe infolge der wirksamen Anfechtung als von Anfang an nichtig anzusehen sei. In einem Schreiben der Reichsbahndirektion E. vom 17. Februar 1932 an die bevollmächtigten Rechtsanwälte der Klägerin „erkannte" die Beklagte den Anspruch „an" mit Rückwirkung vom 1. Januar 1928 ab. Dementsprechend erhielt die Klägerin das Witwengeld ausbezahlt, bis die Beklagte auf Grund einer Entscheidung des Reichs- und Preußischen Verkehrsministers vom 7. Oktober 1936 mit Wirkung vom 1. Dezember 1936 ab die Zahlung mit der Begründung einstellte, daß nach neuerer Rechtsauffassung der Anspruch einer Beamtenwitwe auf Witwengeld dann weggefallen sei, wenn ihre spätere Ehe aus ihrem alleinigen Verschulden für nichtig erklärt worden sei, die Wiedergewährung des Witwengeldes demnach auf Rechtsirrtum beruht habe.

Der Klage der Klägerin auf Weiterzahlung des Witwengeldes ist in beiden ersten Rechtszügen stattgegeben worden. Die Revision der Beklagten führte zur Aufhebung und zur Zurückverweisung.

Aus den Gründen:

Die Klägerin erblickt in dem Schreiben der Reichsbahndirektion E. vom 17. Februar 1932 einen von der gesetzlichen Regelung unabhängigen selbständigen Rechtfertigungsgrund ihres Anspruchs, ein rechtsbegründendes Anerkenntnis. Den Ausführungen des Berufungsgerichts, die diesen Standpunkt ablehnen, ist zuzustimmen. Die Reichsbahndirektion hatte weder die Absicht noch die Sachbefugnis, der Klägerin einen nicht in der Beamtengesetzgebung begründeten Anspruch auf Witwengeld zu gewähren. Sie hat den von der Klägerin angemeldeten Anspruch lediglich nach Maßgabe der gesetzlichen Vorschriften anerkennen wollen. Erweist sich ein solches Anerkenntnis in der Folgezeit als durch das Gesetz nicht gerechtfertigt, so kann der Beamte (die Witwe) daraus kein selbständiges Recht herleiten; die Behörde ist vielmehr zur Berichtigung des ohne Rechtsgrundlage abgegebenen anerkennenden Bescheides berechtigt und verpflichtet.

Die Entscheidung über den Witwengeldanspruch der Klägerin muß somit unabhängig von dem Schreiben der Reichsbahndirektion E. allein aus der Regelung des Beamtenrechts entnommen werden.

Der erkennende Senat hat sich in der Entscheidung vom 22. Mai 1936 III 237/35 (RGZ. Bd. 151 S. 187 [190])[2]) mit der Frage befaßt, unter welchen Voraussetzungen eine Beamtenwitwe, deren spätere Ehe

[2]) In diesem Band S. 287.

sich als nichtig erweist oder infolge einer Anfechtungsklage rückwirkend zusammenbricht, für die Zeit nach rechtskräftiger Feststellung der Nichtigkeit das Witwengeld erneut beanspruchen kann, ohne daß es jedoch nach der Lage des damaligen Falles erforderlich war, die Frage abschließend zu beantworten. Damals ist ausgeführt worden: Keine innere Rechtfertigung werde sich für einen solchen Anspruch der Beamtenwitwe dann finden lassen, wenn ihre neue Ehe z. B. auf Anfechtungsklage des späteren Ehemanns deshalb für nichtig erklärt worden sei, weil die Witwe ihn durch arglistige Täuschung oder widerrechtliche Drohung zur Eingehung der neuen Ehe bestimmt habe. Bei diesen Ausführungen ging der Senat davon aus, daß die Entscheidung über den Anspruch nicht aus rein denkmäßiger, formalrechtlicher Anwendung des § 1343 Abs. 1 Satz 1 BGB. und der dort festgelegten Unterstellung, daß die angefochtene Ehe als von Anfang an nichtig anzusehen sei, entnommen werden dürfe.

Seitdem ist die in jener Entscheidung offengebliebene Frage in der neuen deutschen Beamtengesetzgebung geregelt worden. Die Regelung findet sich nicht im Deutschen Beamtengesetz vom 26. Januar 1937 (RGBl. I S. 39) selbst, sondern in der Verordnung zur Durchführung dieses Gesetzes vom 29. Juni 1937 (RGBl. I S. 669). Die Durchführungsbestimmung Nr. 2 zu § 97 DBG. lautet:

> Wird eine neue Ehe einer Beamtenwitwe auf Nichtigkeits- oder Anfechtungsklage für nichtig erklärt, so wird für die Zeit, während der die neue Ehe bestand, kein Witwengeld gewährt. Für die Zeit nach rechtskräftiger Feststellung der Nichtigkeit besteht ein Anspruch auf Witwengeld nur dann, wenn die Witwe bei Eingehung der neuen Ehe die Nichtigkeit oder Anfechtbarkeit dieser Ehe nicht kannte.

Unmittelbar kann diese Bestimmung auf den streitigen Anspruch nicht angewandt werden, insbesondere auch nicht auf die Witwengeldbeträge, die seit dem Inkrafttreten des Deutschen Beamtengesetzes, also seit dem 1. Juli 1937, fällig geworden sind und weiter fällig werden. Dies ergibt sich aus § 184 Abs. 1 Satz 3 DBG. Danach gelten für Witwen, die vor dem 1. Juli 1937 bereits Ansprüche auf Versorgungsbezüge erworben haben, nur die §§ 126 bis 147 DBG. Die Anwendbarkeit des § 97 DBG. ist nicht angeordnet, und damit ist auch die dazu ergangene Durchführungsbestimmung nicht anwendbar; vielmehr ist ausdrücklich bestimmt worden, daß sich die sonstigen Rechtsverhältnisse nach dem bisherigen Rechte regeln. Jetzt handelt es sich allein um die Vorschrift über die Witwengeldansprüche von Beamtenwitwen, deren spätere Ehe für nichtig erklärt worden ist; sie ist zu § 97 DBG. erlassen worden. Sie ergreift deshalb ebensowenig wie § 97 selbst den Anspruch der Klägerin. Es ist zuzugeben, daß die fragliche Durchführungsvorschrift auch zu § 133 DBG. hätte erlassen werden können, wo unter Nr. 1 das Erlöschen des Witwengeldes mit der Verheiratung der Witwe angeordnet wird. § 133 gilt auch für die Beamtenwitwe aus früherer Zeit. Indessen hat der Gesetzgeber nun einmal die Vorschrift nicht zu § 133, sondern zu § 97 des Gesetzes gestellt. Er sieht darin eine Vorschrift über das Entstehen — Wiederentstehen — des Witwengeldanspruchs, der, wie dem § 97 selbst, keine Rückwirkung zukommt. Diesem klar zum Ausdruck gekommenen gesetzgeberischen Willen entsprechend ist also eine unmittelbare Anwendung der Vorschrift auf den vorliegenden Fall abzulehnen, auch soweit es sich um die Zeit seit dem 1. Juli 1937 handelt.

Nach den in der Senats-Entscheidung vom 22. Mai 1936 entwickelten Grundsätzen muß angenommen werden, daß die in der Durchführungsbestimmung Nr. 2 zu § 97 DBG. enthaltenen Rechtsgedanken bereits vor dem 1. Juli 1937 Bedeutung erlangt haben. Denn darin hat nationalsozialistisches Rechtsdenken[3]) maßgebliche Ausprägung gefunden. Die in jener Entscheidung offen gelassene Frage muß deshalb jetzt dahin entschieden werden, daß es, unabhängig von der bisherigen gesetzlichen Regelung, nationalsozialistischer Rechtsauffassung[3]), die mit dem Umbruch des Jahres 1933 die Herrschaft erlangt hat, entspricht, eine Beamtenwitwe, die bei Eingehung der späteren Ehe wußte, daß diese Ehe nichtig oder anfechtbar war, nach deren Anfechtung nicht wieder in den Genuß des Witwengeldes gelangen zu lassen. Die Wiederzahlung des Witwengeldes entfällt auch nicht nur in dem in RGZ. Bd. 151 S. 191[4]) hervorgehobenen Falle, daß die Witwe selbst bei der Eingehung der neuen Ehe eine arglistige Täuschung oder eine widerrechtliche Drohung verübt hat.

Gleichwohl folgt daraus noch keine der Klägerin ungünstige Entscheidung. Denn das neue Rechtsdenken hat erst mit dem Jahre 1933 maßgebliche Bedeutung für die Rechtsanwendung gewonnen. Erst mit dem allgemeinen Umbruch in Deutschland ist auch der Umbruch auf rechtlichem Gebiet eingetreten. Es fragt sich deshalb, wie weit dieser auch schon vorher entstandene Rechtsverhältnisse beeinflußt, insbesondere vorher entstandene Ansprüche vernichtet, hier also, ob das neue Rechtsdenken zu einer Aberkennung des Witwengeldanspruchs der Klägerin zwingt, sofern dieser Anspruch nach früherem Recht begründet war. Daß nach früherem Recht die Folgerungen aus § 1343 Abs. 1 Satz 1 BGB. auch für den Witwengeldanspruch uneingeschränkt zu ziehen waren, ist nach der Rechtsprechung der älteren Zeit nicht zu bezweifeln, so daß die Klägerin, falls ihre Ehe mit L. bei dessen Tode noch bestand, worauf unten in anderem Zusammenhange zurückzukommen ist, Witwengeld fordern könnte, wie ja auch die Beklagte den so begründeten Witwengeldanspruch anerkannt und für die Zeit vom 1. Januar 1928

[3]) Anmerkung des Bearbeiters: Diese zeitbedingte vermeintliche Legitimierung einer rechtlichen Erwägung durch Bezugnahme auf das damalige politische Regime braucht nicht im Sinne untrennbarer Verbundenheit verstanden zu werden.

[4]) In diesem Band S. 289 unten/290.

ab erfüllt hat. Aus der Regelung in § 184 Abs. 1 Satz 3 DBG. ist aber zu entnehmen, daß trotz der geänderten Rechtsansichten, soweit nicht die Anwendung des neuen Rechts ausdrücklich angeordnet worden ist, die sonstigen Rechte der Beamten und deren Hinterbliebenen auch in Zukunft weiter nach bisherigem Recht beurteilt werden sollen. Soweit also nach früherer Rechtsauffassung zufolge der damals allgemein anerkannten Auslegung des § 1343 Abs. 1 Satz 1 BGB. angenommen werden mußte, daß eine Beamtenwitwe nach Anfechtung der späteren Ehe den Anspruch auf das Witwengeld wieder erwarb, verbleibt es dabei. Die Klägerin, deren dritte Ehe durch Urteil vom 20. November 1931 rechtskräftig für nichtig erklärt worden ist, konnte damals den Witwengeldanspruch erneut geltend machen, und hierbei soll es nach der Bestimmung im § 184 DBG. sein Bewenden behalten. Aus dieser Vorschrift ist zu entnehmen, daß es dem neuen Rechtsdenken entspricht, einmal begründete Witwengeldansprüche unangetastet zu lassen, auch wenn diese nach dem Umbruch des Jahres 1933 auf der gleichen Rechtsgrundlage nicht mehr zur Entstehung gelangen können. Es widerstrebt, wie aus der mehrfach genannten Übergangsvorschrift zum Deutschen Beamtengesetz zu entnehmen ist, auch nach heutiger Rechtsanschauung der Billigkeit, einer Beamtenwitwe das bisher von ihr rechtmäßig bezogene Witwengeld zu entziehen und damit die wirtschaftliche Grundlage ihrer Lebensführung zu zerstören. Aus der Anfechtung der späteren Ehe der Klägerin mit J. kann also die Beklagte kein Recht herleiten, der Klägerin das Witwengeld vorzuenthalten. Im Ergebnis ist mithin insoweit dem Berufungsgericht beizutreten.

Damit ist aber der Rechtsstreit noch nicht entscheidungsreif.

Der Anspruch der Klägerin gründet sich auf das Preußische Gesetz, betreffend die Fürsorge für die Witwen und Waisen der unmittelbaren Staatsbeamten, vom 20. Mai 1882, da ihr zweiter Ehemann preußischer Beamter war. Nach § 7 dieses Gesetzes hat Anspruch auf Witwengeld nur die W i t w e eines Staatsbeamten. Daraus folgt, daß die Ehe bis zum Tode des Beamten zu Recht bestanden haben muß. Das war aber bei der Ehe der Klägerin mit L. nicht mehr der Fall, wenn dessen Anfechtungsklage begründet war. Denn während die Scheidung einer Ehe durch Urteil erfolgt (§ 1564 BGB.), erfolgt ihre Anfechtung (solange nicht die Ehe aufgelöst ist, was hier nicht in Betracht kommt) durch Erhebung der Anfechtungsklage (§ 1341 Abs. 1 das.). Allerdings kann die Nichtigkeit einer anfechtbaren Ehe, die im Wege der Klage angefochten ist, anderweit nicht geltend gemacht werden, solange nicht die Ehe für nichtig erklärt oder aufgelöst worden ist (§ 1343 Abs. 2 das.). Wird sie aber vor Erlaß eines Urteils auf Nichtigkeit durch den Tod eines der beiden Ehegatten aufgelöst, was hier durch den Tod des L. geschehen ist, so kann sich jedermann auf die schon durch die Klagerhebung bewirkte Nichtigkeit berufen. Also kann auch die Beklagte gegenüber dem Anspruch der Klägerin auf Witwengeld geltend machen, daß deren Ehe mit L. bei dessen Tode infolge der von ihm durch Erhebung der Anfechtungsklage ausgesprochenen Anfechtung nicht mehr bestanden habe, sie also damals nicht mehr dessen Ehefrau gewesen sei. Der Eheprozeß L. ist Gegenstand des tatsächlichen Vorbringens der Parteien in den Vorinstanzen gewesen. Diese hätten ihn also unter dem erörterten Gesichtspunkt berücksichtigen müssen. Es muß jetzt darüber entschieden werden, ob die Anfechtungsklage des L. begründet war oder nicht. Eine solche Entscheidung hat das Berufungsgericht bisher nicht getroffen. Daß das in dem Anfechtungsprozeß später ergangene Kostenurteil für den gegenwärtigen Rechtsstreit keine Rechtskraftwirkung hat, bedarf keiner Ausführung. Deshalb bleibt noch durch den Tatrichter zu prüfen, ob die Ehe der Klägerin mit dem Eisenbahnobersekretär L. von diesem durch die Erhebung der Anfechtungsklage zu Recht angefochten war. Von dem Ergebnis dieser Prüfung hängt die Entscheidung über den Witwengeldanspruch der Klägerin ab.

RGZ. 156, 404
Zum Begriff der „tatsächlichen Dienstzeit in einer Planstelle".

III. Zivilsenat. Urt. v. 7. Januar 1938 i. S. Hessischer Staat (Bekl.) w. Sch. (Kl.). III 54/37.

I. Landgericht Darmstadt.

. . .

Aus den Gründen:

. . .

Eine Planstelle ist ein für die Dauer eingerichtetes Amt, für dessen Bedürfnisse der Staatshaushaltsplan jeweils besonders, und zwar regelmäßig unter dem Titel „für Besoldungen", die erforderlichen Mittel bereitstellt. Dienst in einer solchen Planstelle bedeutet nicht die tatsächliche Wahrnehmung der Geschäfte des Amtes, sondern ihre Wahrnehmung auf Grund der endgültigen Uebertragung des Amtes. Diese Uebertragung setzt die Anstellung als Beamter voraus. Erst mit der Anstellung erwirbt der Beamte durch die Uebertragung des Amtes das Recht auf die im Haushaltsplan für das Amt vorgesehene Besoldung. ... Ein anderweit verwendeter Beamter bleibt tatsächlicher Inhaber seines Amtes, wenn er auch die Amtsgeschäfte nicht versieht.

RGZ. 157, 145
1. Können aus dem Deutschen Beamtengesetz für die Zeit vor seinem Inkrafttreten Folgerungen auf den Umfang der Dienstpflichten der Beamten gezogen werden?

2. Verletzt eine Behörde ihre Fürsorgepflicht, wenn sie auf einen Beamten dienstlich dahin einwirkt, daß er Vermögensstücke, die er von ihr erworben hat, zurückgebe?

Deutsches Beamtengesetz vom 26. Januar 1937 (RGBl. I S. 39) § 184. BGB. § 618.

III. Zivilsenat. Urt. v. 10. Dezember 1937 i. S. B. (Kl.) w. Landesbank der Provinz W. (Bekl.). III 98/37.

I. Landgericht Münster. II. Oberlandesgericht Hamm.

Der jetzt im Ruhestande lebende Kläger ist als Prokurist Beamter der Beklagten gewesen.

Zur Zeit der Hochinflation im Jahre 1923 hatten sich bei der Beklagten große Mengen festverzinslicher Wertpapiere angesammelt, die gekündigt oder ausgelost waren. Diese Papiere waren so stark entwertet, daß es schließlich nicht mehr des Portos lohnte, sie den Ausgabestellen (Emissionsstellen) zwecks Einlösung vorzulegen. Ein erheblicher Teil dieser Papiere ist damals von Beamten der Beklagten übernommen worden. Die Uebernahme wurde ordnungsmäßig gebucht, wobei der von den Beamten bezahlte oder ihnen belastete geringfügige Gegenwert den Kunden, welche die Papiere zur Einlösung eingereicht und in Depot gegeben hatten, gutgebracht wurde. An der Uebernahme war der Kläger mit einem Gesamtnennwert von über 800 000 M. beteiligt. Der damalige Direktor der Beklagten, G., hat unstreitig in einigen Fällen den Erwerb der Papiere durch die Beamten genehmigt. Er selbst hielt die Papiere für wertlos, während die Beamten glaubten, daß sie durch ein Steigen der Mark an Wert gewinnen könnten. G. ist Anfang 1924 gestorben. Als Ende 1924 der Kurs der übernommenen Papiere erheblich stieg, wollte ein Teil der Kunden über sie verfügen. Die neue Leitung stellte jetzt zu ihrer Ueberraschung fest, daß die Papiere nicht mehr in den Depots, sondern im Besitze der Beamten waren. Da sie den Angaben der Beamten, G. habe die Uebernahme genehmigt, nicht glaubte, nahm sie einen unrechtmäßigen Erwerb der Papiere durch die Beamten an. Sie forderte die Beamten deshalb dienstlich unter Hinweis auf disziplinare Folgen zur Rückgabe der Papiere auf. Daraufhin unterschrieb der Kläger — ebenso wie die anderen beteiligten Beamten — am 22. Januar 1925 folgende Erklärung:

> Im Jahre 1923 habe ich eine Reihe Papiere, die seinerzeit verlost waren, übernommen und nunmehr diese Papiere auf meinen Namen wieder eingereicht. Hierdurch erkläre ich mich damit einverstanden, daß diese Papiere wieder auf den Namen des früheren Eigentümers gebucht werden.

Zwei Tage später hat der Kläger u. a. Rheinisch-Westfälische Rentenbriefe und Schalker Grubenobligationen zum Gesamtnennwerte von 180 000 M. und zum damaligen Gesamtkurswerte von 1629 RM. zurückgegeben. Die Papiere sind dann den in Betracht kommenden Kundendepots wieder zugeführt worden.

Wegen des Erwerbs und der Zurückbehaltung der Papiere wurde gegen den Kläger und 16 andere Beamte der Beklagten Anfang 1926 das förmliche Disziplinarverfahren eingeleitet, das sowohl vor dem Bezirksausschuß wie auch vor dem Oberverwaltungsgericht mit Freisprechung endete. Ein nebenherlaufendes Strafverfahren wurde Ende 1926 eingestellt. Ebenso blieb eine durch alle Instanzen durchgeführte Schadensersatzklage der Beklagten gegen den Kläger erfolglos.

Der Kläger hat nunmehr die Beklagte auf Zahlung des Kurswerts der zurückgegebenen Wertpapiere mit 1629 RM. nebst Zinsen in Anspruch genommen. Er stützt die Klage auf Verletzung der Fürsorgepflicht, die der Beklagten ihm als Beamten gegenüber obgelegen habe. Er habe die Papiere angesichts der von G. erteilten Genehmigung auf völlig einwandfreiem Wege erworben. Die Rückgabe an die Beklagte sei auf dienstlichen Befehl und unter dem Drucke des angedrohten Disziplinarverfahrens erfolgt. Die Beklagte habe sich dieses Druckmittels nicht bedienen dürfen, um sich die Papiere wieder zu verschaffen; sie hätte etwaige Ansprüche im ordentlichen Rechtswege verfolgen müssen.

Die Klage ist in beiden Vorinstanzen abgewiesen worden. Auch die Revision des Klägers blieb erfolglos.

Gründe:

Für Schadensersatzansprüche, die ein Beamter wegen Verletzung der Fürsorgepflicht gegen seinen öffentlich-rechtlichen Dienstherrn erhebt, steht nach Art. 129 WeimVerf. der Rechtsweg offen. Den Voraussetzungen des § 7 des Preuß. Kommunalbeamtengesetzes vom 30. Juli 1899 hat der Kläger genügt. Gegen die Zulässigkeit der Revision bestehen trotz des Mangels der Revisionssumme keine Bedenken (§ 547 Nr. 2 ZPO., § 71 Abs. 3 GVG., § 39 Abs. 1 Nr. 3 Pr. AG. z. GVG. . . .). Indessen kann in der Revisionsinstanz nur der öffentlich-rechtliche Klagegrund der Fürsorgepflichtverletzung nachgeprüft werden, während etwaige bürgerlich-rechtliche Haftungsgründe wegen Fehlens der Revisionssumme unberücksichtigt bleiben müssen. . . .

Der Kläger erblickt die Verletzung der Fürsorgepflicht darin, daß die Beklagte ihn im Januar 1925 durch dienstliche Weisung unter Androhung des Disziplinarverfahrens zur Herausgabe von Wertpapieren veranlaßt habe, obwohl diese von ihm auf sachlich-rechtlich einwandfreiem Wege und ohne Verstoß gegen seine öffentlich-rechtlichen Beamtenpflichten erworben gewesen seien. Auch das Berufungsgericht geht auf Grund der im Disziplinarverfahren und im Vorprozesse getroffenen Feststellungen davon aus, daß der Erwerb der Wertpapiere durch den Kläger nicht zu beanstanden sei, weil der Kläger erwiesenermaßen die Genehmigung des Direktors G. hierzu erhalten habe. Es sieht hiernach die Androhung dienstlicher Zwangsmittel als ungerechtfertigt an und erblickt in diesem Eingriff zugleich eine schuldhafte Verletzung der Fürsorgepflicht. Die Beklagte habe nämlich die entscheidenden Schritte gegen ihre Beamten nicht unternehmen dürfen, ohne zuvor eine eingehende Aufklärung des Sachverhalts zu versuchen. Insoweit sei nicht genug geschehen. Gründlichere Ermittlungen, die damals unschwer hätten durchgeführt werden können, würden — so meint das Berufungsgericht — mindestens die Unwahrscheinlichkeit eines unrechtmäßigen Verhaltens der Beamten ergeben haben; denn es hätte sich alsbald herausgestellt, daß G. die Genehmigung, wenn vielleicht auch nicht allgemein, so doch in einzelnen Fällen erteilt hatte. Außerdem habe mit dienstlichen Unregelmäßigkeiten schon wegen der großen Anzahl der beteiligten Beamten und ihrer jahrelangen untadeligen Bewährung nicht gerechnet werden können. Ueber die Angaben der Beamten habe die Beklagte deshalb nicht ohne weiteres hinweggehen dürfen. Sie habe also schuldhaft gehandelt, indem sie gleich zu Mitteln gegriffen habe, die nur bei einem pflichtwidrigen Verhalten der Beamten gerechtfertigt sein konnten. Ebensowenig wie die Vorgänge beim Erwerbe der Papiere habe auch die spätere Entwicklung der Dinge einen genügenden Grund für die Maßnahmen der Beklagten abgegeben. Diese sei nach der gegebenen Rechtslage ihren Kunden gegenüber weder zur Rückgabe der Papiere noch zur Aufwertung oder zum Schadensersatz verpflichtet gewesen. Auch unter dem Gesichtspunkt des Anstandes oder der Erhaltung ihres geschäftlichen Ansehens sei die Beklagte nicht genötigt gewesen, die Papiere ihren Beamten zu entziehen und den Kunden zurückzuerstatten. Unter diesen Umständen habe von dem Kläger nach den damaligen beamtenrechtlichen Anschauungen die Rückgabe der Papiere nicht verlangt werden dürfen. Der Kläger könne daher zu Recht Ersatz seines Vermögensschadens verlangen.

Gleichwohl ist das Berufungsgericht zur Abweisung der Klage gelangt. Es meint, der Kläger verstoße mit der Geltendmachung seines Anspruchs gegen die heute gewandelten Anschauungen über das Verhältnis des Beamten zu seinem öffentlich-rechtlichen Dienstherrn. Nach § 3 des Deutschen Beamtengesetzes sei die Berufung in das Beamtenverhältnis ein Vertrauensbeweis der Staatsführung, den der Beamte dadurch zu rechtfertigen habe, daß er sich der erhöhten Pflichten, die ihm seine Stellung auferlege, stets bewußt sei. Auch werde von ihm Opferbereitschaft verlangt, so daß er sich nicht scheuen dürfe, auch persönliche Opfer zu bringen. . . . Der Kläger habe bei der Uebernahme der Papiere einen wirklichen Vermögenswert nicht aufgewandt, der mit der Klage geforderte Kurswert sei für ihn also ein reiner Gewinn gewesen. Mit Rücksicht darauf aber, daß ihm dieser Gewinn in Wahrheit nur deshalb, weil er Beamter der Beklagten war, möglich gewesen, und daß andrerseits die Beklagte infolge seines Verhaltens in Schwierigkeiten geraten sei und zu deren Beseitigung die Papiere an die Kunden zurückgegeben habe, erscheine es unangemessen und unbillig, daß sie dem Kläger nunmehr diesen entgangenen Gewinn ersetzen solle.

Der Revision ist zuzugeben, daß die Klagabweisung so nicht begründet werden kann. Das Deutsche Beamtengesetz hat in § 36[1]) das Gebot beamtenrechtlicher Fürsorge, wie dieses früher durch die reichsgerichtliche Rechtsprechung nach dem Vorbilde des § 618 BGB. entwickelt worden war, nunmehr ausdrücklich bestätigt. Schon deshalb kann dem Gesetz nichts ferner gelegen haben, als früher entstandene Schadensersatzansprüche dieses Ursprungs irgendwie einzuschränken. Eine solche Absicht läßt sich aus keiner Bestimmung des Gesetzes entnehmen. Für derartige Ansprüche aus der zurückliegenden Zeit muß aber schon aus Gründen innerer Selbstverständlichkeit hinsichtlich des Maßes der Fürsorge die Rechtslage zur Zeit der Verletzung des Fürsorgegebots maßgebend sein, auch was die Frage angeht, welche Anforderungen die Behörde an den Beamten stellen durfte, ohne dem Fürsorgegebot zuwiderzuhandeln. Wenn das Berufungsgericht dem Klaganspruch gleichwohl Bedenken aus dem Deutschen Beamtengesetz entgegenhalten zu müssen glaubt, so beruht das ersichtlich auf der Annahme, daß der Kläger diejenigen Vorteile, die er durch den Erwerb der Wertpapiere erlangt hatte, unter der Herrschaft des neuen Rechts nicht weiter hätte behalten dürfen. Genauer ausgedrückt wird damit der Beklagten der Einwand der unerlaubten Rechtsausübung (Einwand der Arglist) zugestanden, wonach niemand von seinem Gegner etwas verlangen kann, was er diesem aus einem anderen Rechtsgrund selbst gewähren muß. Ein solcher Rechtsgrund soll nach der Ansicht des Berufungsgerichts durch das Deutsche Beamtengesetz nachträglich geschaffen worden sein. Dabei ist indessen übersehen, daß dieses Gesetz in § 23 Abs. 1[2]) durchaus übereinstimmend mit den früher geltenden landesrechtlichen Bestimmungen in §§ 88 flg. Preuß. ALR. II 10 dem öffentlichen Dienstherrn einen Anspruch gegen den Beamten nur bei vorliegendem Verschulden gibt. Ein solches Verschulden auf seiten des Klägers wird aber vom Berufungsgericht ausdrücklich verneint. Das Berufungsgericht nimmt vielmehr an, daß der Erwerb der Wertpapiere sowohl in bürgerlich-rechtlicher wie auch in beamtenrechtlicher Hinsicht einwandfrei gewesen sei. War das einmal der Fall, so ist daran durch die Bestimmungen des Deutschen Beamtengesetzes, die sich keinerlei rückwirkende Kraft beilegen und den Umfang der Beamtenpflichten . . . unberührt lassen, nichts geändert worden. . . . Was endlich die Opferbereitschaft anbelangt, die in § 3 des Gesetzes von den Beamten erwartet wird, so läßt sich diese fraglos nicht soweit ausdehnen, daß der Beamte einwandfrei erworbene Vermögensstücke zur Verfügung stellen müßte, um Schwierigkeiten zu beseitigen, die dem öffentlichen Dienstherrn ohne Verschulden des Beamten entstanden sind. Derartige Anforderungen können weder jetzt noch konnten sie jemals

[1]) Vgl. jetzt § 79 BBG.
[2]) Vgl. jetzt § 78 Abs. 1 BBG.

früher an einen Beamten gestellt werden. Hiernach kann jedenfalls aus den Vorschriften des Deutschen Beamtengesetzes gegen den Klaganspruch, dessen Bestand vorausgesetzt, nichts hergeleitet werden.

Eine andere Frage ist, ob in der Tat die Voraussetzungen für den erhobenen Anspruch im Zeitpunkt seiner vermeintlichen Entstehung gegeben waren. Dafür ist nicht schon entscheidend, ob der Erwerb der Wertpapiere durch den Kläger als einwandfrei anzusehen ist, was das Berufungsgericht in Uebereinstimmung mit den im Disziplinarverfahren und im Vorprozeß ergangenen Urteilen bejaht hat. Die Haftung der Beklagten ist vielmehr in erster Linie davon abhängig, ob ihre Maßnahmen die nach den obwaltenden Umständen gebotene Rücksichtnahme auf die Belange des Beamten verletzten und ob ihr insoweit ein Verschulden zur Last fällt. Dabei kann nicht außer acht gelassen werden, wie sich die Aufteilung der Wertpapiere unter die Beamten damals der Beklagten darstellte und welche Schritte ihr dieserhalb als sachdienlich und vertretbar erscheinen mußten.

Die Aufteilung so großer Mengen ausgeloster oder gekündigter Wertpapiere unter die Beamten war kein Vorgang des regelmäßigen Geschäftsbetriebs und brauchte als solcher von dem Vorstande der Beklagten nicht hingenommen zu werden. Es handelte sich vielmehr um ein ganz ungewöhnliches Verfahren, das mit den innerdienstlichen Verhältnissen in engstem Zusammenhang stand. Der Kläger hatte deshalb auch die Zustimmung des damaligen Direktors G. für den Erwerb der Wertpapiere erbeten, was er nicht notwendig gehabt hätte, wenn er in der Rolle eines Außenstehenden mit der Beklagten ein gewöhnliches Bankgeschäft hätte abschließen wollen. Dementsprechend mußte die Angelegenheit vom Vorstande nicht lediglich vom rein geschäftlichen Standpunkt, sondern auch vom Standpunkt der Beamtendisziplin aus beurteilt werden. Der Umstand, daß die Wertpapiergeschäfte ordnungsmäßig durch die Handelsbücher der Beklagten gelaufen waren, ändert daran nichts. Es kann nun nicht Wunder nehmen, daß der Vorstand, als er einige Zeit nach dem Tode von G. das Fehlen der inzwischen wieder zu erheblichem Wert gelangten Papiere entdeckte und feststellte, daß die Papiere im Besitze der Beamten waren, zu der Vermutung gelangen mußte, daß dies kaum mit rechten Dingen vor sich gegangen sein könne. Zwar mag für den Vorstand, wie das Berufungsgericht annimmt, alsbald erkennbar geworden sein, daß nicht gerade Unredlichkeiten der Beamten im Spiele waren. Daß aber dienstliche Mißgriffe oder Ordnungswidrigkeiten obgewaltet hätten, damit hatte der Vorstand, wenn er seine Aufsichtspflichten ernst nahm, bei der gegebenen Sachlage zu rechnen. Die Beamten beriefen sich damals darauf, daß G. die Papiere für wertlos und für vernichtungsreif angesehen und den Beamten deshalb den Erwerb gestattet habe. Indessen konnte das die Bedenken gegen die Vorgänge keineswegs hinwegräumen. Denn auf der anderen Seite haben die Beamten kein Hehl daraus gemacht, daß sie die Papiere in der Absicht, daran zu verdienen, erworben hatten. Sie glaubten nämlich, die Mark würde noch einmal steigen und die Papiere dadurch wertvoller werden. Wenn auch diese Hoffnung trügerisch war und die Wertsteigerung der Papiere dann später lediglich durch die immer deutlicher werdenden Aussichten auf eine Aufwertung eintrat, so ändert das nichts daran, daß die Beamten ihre Stellung im Betriebe der Beklagten zu dem Zwecke benutzt hatten, um sich Gewinnaussichten zu sichern, die — mögen sie auch noch so gering gewesen sein — der Beklagten selbst oder ihren Kunden gebührten. Der erkennende Senat hat bereits in seinem im Vorprozeß ergangenen Urteil vom 9. Januar 1934 III 153/33 (SeuffArch. Bd. 88 S. 311) hervorgehoben, daß ein solches Vorgehen von Beamten *einer öffentlichen Bank aufs schwerste zu mißbilligen ist.* Niemand wird bezweifeln können, daß insoweit ein Mißgriff geschehen war, der auch einer Privatbank nicht zur Ehre gereicht haben würde. Um wieviel mehr mußte das erst die Aufmerksamkeit des Vorstandes einer öffentlichen Bank erregen, die als amtliche Zentralstelle und Girozentrale der westfälischen Sparkassen in der Hauptsache öffentliche Gelder verwaltete und auf peinlichste Sauberkeit ihrer Geschäftsführung bedacht sein mußte. Das oben erwähnte Urteil des erkennenden Senats hatte deshalb die Zustimmung des Direktors G. nicht ohne weiteres als Entschuldigung für die Beamten gelten lassen, sondern hatte an diese Genehmigung und ihre Grundlagen besondere Anforderungen gestellt, bevor sie zur Wegräumung eines Verschuldens des Kläger für ausreichend angesehen werden konnte. Diesen Anforderungen ist im Vorprozesse später allerdings so weit genügt worden, daß dem Kläger zugute gehalten werden durfte, er habe sich bei der Zustimmung seines Direktors beruhigen können. (Vgl. das im Vorprozeß ergangene weitere Urteil des erkennenden Senats vom 21. Juni 1935 III 339/34). Auf der anderen Seite wird man aber auch nicht mißbilligen können, daß der Vorstand damals einen anderen Standpunkt eingenommen hat. Er konnte völlig zutreffend davon ausgehen, daß das Verhalten der Beamten an sich in einem auffälligen Widerspruch zu ihren Dienstpflichten stehe. Die von den Beamten behauptete Zustimmung von G. war schwerlich schon damals abschließend zu klären. Das ist selbst mit den Mitteln des Prozeßverfahrens erst später nach manchen Weiterungen gelungen. Im übrigen konnte der Vorstand auch auf dem Grundsatze fußen, daß sich in der Regel kein Beamter auf die Mitverantwortung eines anderen berufen darf, um damit seine Haftung für eine Dienstpflichtwidrigkeit abzuwenden. Die damalige Einlassung der Beamten brauchte daher für den Vorstand nicht so schwer zu wiegen, um ihn von den ergriffenen Maßnahmen abzuhalten. Sein Rechtsstandpunkt hatte jedenfalls äußerlich so viel für sich, daß dem Vorstand kein Ermessensmißbrauch vorgeworfen werden kann, wenn er den geschaffenen Zustand als dienstpflichtwidrig ansah und sich auf dem Dienstwege bemühte, die Beamten zur Rückgabe der Papiere anzuhalten. Insoweit hatte er auch in erster Linie auf die zweifellos gefährdet erscheinenden Belange der Beklagten Rücksicht zu nehmen. Diese waren denen der Beamten schon deshalb voranzustellen, weil den Beamten die sehr erheblich angewachsenen Vermögenswerte ohne jede innere Berechtigung zugefallen waren. Auch das Berufungsgericht betont, daß die Beamten für die Papiere so gut wie gar nichts bezahlt und sie eigentlich nur als eine Zuwendung empfangen hatten. Die Beamten konnten die Papiere auch weit eher entbehren als die Beklagte, die nach den getroffenen Feststellungen dieserhalb in Schwierigkeiten versetzt war. Im Grunde handelte es sich nur um die Frage, ob es hiernach den Beamten oder der Beklagten eher zuzumuten war, den Rechtsweg zu beschreiten. Auch diese Umstände mußten dem Vorstande die getroffenen Maßnahmen als vertretbar erscheinen lassen. Wenn das Berufungsgericht meint, der Vorstand habe sein Heil in weiteren Ermittelungen suchen müssen, so ist nicht einzusehen, was er sich — nachdem die Beamten angehört waren — hiervon noch versprechen konnte, während die Verhältnisse zu Entschlüssen drängten, um die Beklagte vor einer Vergrößerung der bereits entstandenen Schwierigkeiten zu bewahren. Bei der grundsätzlichen Bedeutung, welche die Angelegenheit nicht nur in wirtschaftlicher, sondern auch in ideeller Hinsicht hatte, war es durchaus verständlich, daß der Vorstand eine weitere Klärung durch eigene Ermittlungen nicht für ratsam hielt, schon um sich der Oeffentlichkeit gegenüber nicht dem Vorwurf einer Verschleierung von Mißständen in der inneren Verwaltung der Beklagten auszusetzen. Es war also das gute Recht des Vorstandes, die endgültige Aufklärung in die Hand der disziplinären Anklagebehörde zu legen. Dem entsprach auf der anderen Seite seine Pflicht, den Beamten vorher Kenntnis davon zu geben. Wenn also der Vorstand den Beamten unter Hinweis auf den Ernst der Lage vorher nahelegte, die Papiere zurückzugeben, so war das nicht verfehlt. Den Beamten war eine ausreichende Zeit zur Ueberlegung gelassen worden. Es blieb schließlich ihrem eigenen Entschluß anheim gestellt, ob sie sich nach der einen oder anderen Richtung hin entscheiden wollten. Es fehlte dem Kläger auch nicht an der nötigen Geschäftsgewandtheit, um die Folgen seines Entschlusses selbst zu verantworten. Nach alledem ist eine schuldhafte Verletzung der Fürsorgepflicht der Beklagten zu verneinen, so daß der Entscheidung des Berufungsgerichts im Endergebnisse beizutreten war.

RGZ. 157, 187

Bestand vor Inkrafttreten des Deutschen Beamtengesetzes vom 26. Januar 1937 und der Reichsdienststrafordnung von demselben Tage für den in den Ruhestand übergetretenen preußischen Beamten eine besondere Treupflicht gegenüber dem Staate, deren Verletzung einen Schadensersatzanspruch des Staates gemäß den §§ 88, 89 ALR. II 10 begründete?

V. Zivilsenat. Urt. v. 28. März 1938 in S. H. (Bekl.) w. Deutsches Reich (Kl.). V 191/37.

I. Landgericht Prenzlau. II. Kammergericht Berlin.

Der Beklagte war Justizobersekretär beim preußischen Amtsgericht A. und hatte seit einer Reihe von Jahren die Vormundschafts- und Nachlaßsachen zu bearbeiten; er ist am 31. März 1929 in den Ruhestand getreten.

Als Anfangs des Jahres 1935 die Akten 5 F VIII 43/25, 5 IV 44/25 und 5 VIII 50/26 vom Amtsgericht B. eingefordert wurden, waren sie bei dem Amtsgericht A. nicht aufzufinden. Sie befanden sich in der Wohnung des Beklagten, der sie auf Erfordern herausgab. Es stellte sich heraus, daß in diesen Akten die Kosten nicht errechnet waren. Als dies im Jahre 1935 nachgeholt wurde, erhob der Kostenschuldner die Einrede der Verjährung. . . .

Der Beklagte hat die Verletzung einer Dienstpflicht und den Tatbestand einer unerlaubten Handlung in Abrede gestellt. . . .

Das Landgericht hatte der Klage stattgegeben. Auf die Berufung des Beklagten hat das Kammergericht diesen nur zur Zahlung von 1716,68 RM. nebst Zinsen verurteilt und den weitergehenden Klagantrag abgewiesen. Die Revision des Beklagten blieb ohne Erfolg.

Gründe:

Aus zutreffenden, auch von der Revision nicht angegriffenen Gründen hat das Kammergericht angenommen, daß die in den drei oben genannten Sachen noch ausstehenden Gebühren dem Kostenschuldner gegenüber verjährt sind und daß der Kläger der Verjährungseinrede gegenüber auch nicht den Einwand der unzulässigen Rechtsausübung erheben kann.

. . .

Das Kammergericht hat den Grund der Haftung des Beklagten darin erblickt, daß er die Akten Ende 1929 an sich genommen und über fünf Jahre in seiner Wohnung behalten habe. Eine unerlaubte Handlung hat es allerdings nicht für vorliegend erachtet. § 823 Abs. 2 BGB. in Verbindung mit § 133 oder § 274 StGB. komme nicht in Betracht. § 133 StGB. diene nicht dem Schutz des einzelnen, sondern nur der Aufrechterhaltung der öffentlichen Ordnung. § 274 StGB. setze voraus, daß der Täter in der Absicht, einem anderen Schaden zuzufügen, gehandelt habe. Auch das liege nicht vor. Demnach komme auch § 826 BGB. nicht zur Anwendung, da dieser nur den verantwortlich mache, der einem anderen vorsätzlich Schaden zugefügt habe. Jedoch sei darin, daß der Beklagte die Akten an sich genommen und so lange Zeit behalten habe, eine Verletzung der Beamtenpflicht, die auch über den Zeitpunkt des Uebertritts in den Ruhestand nachwirke, zu erblicken. . . . Demnach hafte der Beklagte gemäß Art. 80 EG.z.BGB. und §§ 88, 89 ALR. II 10 auf Ersatz des Schadens.

Die hiergegen von der Revision erhobenen Angriffe greifen nicht durch. Dem in den Ruhestand getretenen und daher aus dem eigentlichen Beamtenverhältnis ausgeschiedenen Beamten liegt auch nach dem vor Inkrafttreten des Deutschen Beamtengesetzes vom 26. Januar 1937 und der Reichsdienststrafordnung von demselben Tage geltenden Recht noch eine besondere Treuverpflichtung gegenüber dem Staate ob. Zutreffend hat das Kammergericht angenommen, daß der Beklagte diese Treupflicht schuldhaft verletzt hat. Er hat Akten, die ihm nur deshalb zugänglich waren, weil er während seiner Amtszeit mit ihnen dienstlich befaßt war, in seine Wohnung mitgenommen. . . . Er hat die Akten über fünf Jahre in seinem Besitz gehalten, obwohl er wußte, daß noch die Kostenrechnungen in ihnen aufzustellen waren. Dieses Verhalten stellt eine gröbliche Verletzung der amtlichen Verfügungsgewalt des Staates über das amtliche Aktenmaterial dar, die auch von dem in den Ruhestand übergetretenen Beamten kraft der ihm obliegenden Treupflicht um so mehr zu achten ist, als schon für jeden Nichtbeamten die Bedeutung der amtlichen Verfügungsgewalt aus der Vorschrift des § 133 StGB. klar ersichtlich ist. . . .

Dem Kammgericht ist aber auch weiter in der Annahme beizutreten, daß für den Beklagten die aus seinem früheren Beamtenverhältnis sich ergebende Verpflichtung bestand, den Aufsichtsrichter unter Vorlegung der Akten vor Ablauf der Verjährungsfristen darauf hinzuweisen, daß die Kosten noch nicht berechnet seien. Hier kommt insbesondere in Betracht, daß der Beklagte, soweit die Gebühren bereits während seiner Amtszeit fällig geworden waren, an sich gemäß § 15 Nr. 1 der preußischen Kassenordnung für die Justizbehörden vom 28. März 1907 (JMBl. S. 127) zur unverzüglichen Berechnung verpflichtet war. Wenn auch das Kammergericht mit Rücksicht auf die besonderen Umstände in der Nichtberechnung der Kosten durch den Beklagten keine schuldhafte Unterlassung erblickt hat, so erforderte es doch die dem Beklagten obliegende Treupflicht um so mehr, dem entgegenzuwirken, daß die auf sein Verhalten zurückzuführende Nichtberechnung der Kosten zu einer Schädigung des Staates führte.

. . .

Wenn das Kammergericht bei diesem Sachverhalt die Haftung des Beklagten aus den §§ 88, 89 ALR. II 10 hergeleitet hat, so ist hierin ein Rechtsirrtum nicht zu erblicken. Es bedurfte daher keines Eingehens mehr auf den von der Revisionsbeantwortung vorgetragenen Gesichtspunkt der unerlaubten Handlung.

RGZ. 158, 27

Steht nach dem Preuß. Kommunalbeamtengesetz vom 30. Juli 1899 einem Gemeindebeamten, der von einer preußischen Stadtgemeinde zunächst zur Vorbereitung angestellt worden war, dann aber die vorgeschriebene, den Vorbereitungsdienst abschließende Prüfung nicht bestanden hatte und nach vorheriger Kündigung in nichtplanmäßiger Eigenschaft weiterbeschäftigt worden ist, bei Eintritt der Dienstunfähigkeit ein Anspruch auf Ruhegehalt zu?

Preuß. Kommunalbeamtengesetz vom 30. Juli 1899 (GS. S. 141) — KBG. — §§ 2, 8, 9, 10, 12. Preuß. Gesetz, betr. die Pensionierung der unmittelbaren Staatsbeamten usw., vom 27. März 1872 (GS. S. 268) §§ 1, 2.

III. Zivilsenat. Urt. v. 1. Juli 1938 i. S. G. (Kl.) w. Stadtgemeinde B. (Bekl.). III 147/37.

I. Landgericht Berlin. II. Kammergericht daselbst.

Die Klägerin war seit dem 10. März 1915 bei der beklagten preuß. Stadtgemeinde B. als Angestellte beschäftigt gewesen. Am 25. Mai 1923 wurde sie unter Aushändigung einer Anstellungsurkunde zur nichtplanmäßigen Stadtsekretärin ernannt und als Gemeindebeamtin zur Vorbereitung angestellt. Die Urkunde enthielt den Vermerk, daß mit der Anstellung ein Anspruch auf Ruhegehalt nicht verbunden sei. Unter dem 28. Juni 1926 wurde der Klägerin, nachdem sie bis dahin die Abschlußprüfung I des Verwaltungsseminars nicht bestanden hatte, als nichtplanmäßiger Stadtsekretärin zum 30. September 1927 gekündigt mit der Maßgabe, daß sie als nichtplanmäßige Stadtassistentin weiter beschäftigt werde. Durch Verfügung vom 28. Februar 1935 wurde ihr wegen eingetretener dauernder Dienstunfähigkeit gemäß § 13 des Ortsgesetzes über die Anstellung der Beamten der Beklagten vom 11. Oktober 1922 zum 30. Juni 1935 gekündigt. Durch weitere Verfügung vom 13. März 1935 wurde ihr mitgeteilt, daß ihr ein jederzeit widerrufliches Ruhegehalt in Höhe desjenigen Ruhegehaltes bewilligt werde, das sie erdient haben würde, wenn sie bei der Beklagten endgültig angestellt gewesen wäre.

Die Klägerin ist der Ansicht, daß ihr ein Rechtsanspruch auf das gesetzliche Ruhegehalt zustehe, und hat mit der Klage die Feststellung dieses Rechtsanspruchs begehrt. Sie ist in den beiden vorderen Rechtszügen unterlegen. Ihre Revision führte zur Verurteilung der Beklagten nach dem Klageantrag.

Gründe:

Die Voraussetzungen für die Klagerhebung nach § 7 KBG. sind erfüllt. Gegen die Zulassung der Feststellungsklage bestehen keine Bedenken. Nach ständiger Rechtsprechung hat der Beamte ein im Rechtswege verfolgbares Interesse an der Feststellung des rechtlichen Charakters seiner Dienstbezüge . . ., also auch seiner Ruhegehaltsbezüge.

§ 8 KBG. stellt den Grundsatz der lebenslänglichen Anstellung der städtischen Beamten auf. Nach Abs. 2 das. können die Beamten der städt. Betriebsverwaltungen davon ausgenommen werden. Abweichungen von dem Grundsatz der lebenslänglichen Anstellung können weiter durch Ortsstatut oder in einzelnen Fällen mit Genehmigung der Aufsichtsbehörde festgesetzt werden (§ 9 Abs. 1 KBG.). Schließlich kann der Anstellung eine Beschäftigung auf Probe vorangehen, die in der Regel die Dauer von zwei Jahren nicht übersteigen darf (§ 10 Abs. 1 KBG.).

Die Rechtsverhältnisse der auf Probe, zu vorübergehenden Dienstleistungen oder zur Vorbereitung angestellten Kommunalbeamten unterliegen den Bestimmungen des Kommunalbeamtengesetzes im allgemeinen nicht (§ 2 Abs. 1). Doch hat die Regelung der Annahmebedingungen bei diesen Beamten vor dem Antritt der Beschäftigung zu erfolgen (§ 10 Abs. 2).

So wenig wie durch den einzelnen Anstellungsvertrag kann § 8 durch ein Ortsgesetz umgangen werden. Ein Beamter kann aber auch nicht zu vorübergehender Beschäftigung angestellt werden, wenn ihm eine Dienstaufgabe übertragen wird, die in Wirklichkeit nicht vorübergehend ist. Nach der Anweisung zur Ausführung des Kommunalbeamtengesetzes vom 12. Oktober 1899 Art. III Nr. 4 (PrMBliV. 1899 S. 192, 198) „wird die in § 10 Abs. 2 vorgeschriebene zuvorige Regelung der Annahmebedingungen bei vorübergehenden Dienstleistungen den Gegenstand der Beschäftigung und die voraussichtliche Dauer derselben zu umfassen haben". Das Preuß. Oberverwaltungsgericht hat in PrVBl. Bd. 37 S. 505 angenommen, daß im Sinne der Bestimmungen des Preuß. Staatsministeriums zur Ausführung des § 66 RMilG. eine Beschäftigung nur dann vorübergehend sei, wenn sie von vornherein ausdrücklich oder nach den Umständen auf eine bestimmte Zeit begrenzt sei und daß die Beschäftigung in allen anderen Fällen, insbesondere wenn die Ausübung der Amtsverrichtung bis auf weiteres übertragen sei, als ständig gelte.

Nun hat das Ortsgesetz über die Anstellung der Beamten der Beklagten vom 11. Oktober 1922, bestätigt durch den Oberpräsidenten, in § 7 bestimmt, daß „die zu ihrer Ausbildung angenommenen Anwärter und die Diätare als Beamte zur Vorbereitung angestellt werden". Das Berufungsgericht hat die Bestimmung dahin ausgelegt, daß demnach alle Diätare, das seien die nichtplanmäßigen Beamten, Beamte zur Vorbereitung seien. Die Auslegung ist nicht überzeugend. § 7 sagt nicht, daß die Diätare Beamte zur Vorbereitung sind, sondern nur, daß sie als solche angestellt werden. Damit ist über die spätere Entwicklung der Anstellung nichts festgelegt. Es wäre schwer zu verstehen, wenn eine Körperschaft, wie die Beklagte, ein Ortsgesetz erlassen hätte, das ganz offensichtlich mit dem Kommunalbeamtengesetz schlechterdings unvereinbar wäre. Allein das Revisionsgericht ist an die Auslegung des Berufungsgerichts nach § 549 Abs. 1, § 562 ZPO. gebunden. Dann verstößt die Bestimmung insoweit gegen § 8 KBG., als sie die nichtplanmäßigen Beamten auch dann noch als im Vorbereitungsdienst stehend behandelt, wenn ihre Beschäftigung mit einer Vorbereitung für ein Amt nichts mehr zu tun hat, und kann nicht aus § 2 KBG. gerechtfertigt werden.

Das Berufungsgericht hat sich mit der Unvereinbarkeit des § 7 des Ortsgesetzes in der von ihm gefundenen Auslegung mit § 8 KBG. nicht auseinandergesetzt, sondern dem Satz, daß die Einordnung der Klägerin in die Gruppe der Beamten zur Vorbereitung aus dem Anstellungsortsgesetz herzuleiten sei, nur angefügt, daß die Grundsätze, die die Beklagte in § 9 des Anstellungsortsgesetzes aufgestellt habe, durch die Notwendigkeit der Anstellung von Militär- und Versorgungsanwärtern geboten seien. § 9 spricht von der Beschäftigung der auf Kündigung angestellten Beamten. Kündigungsbeamte sind im Sinne des Kommunalbeamtengesetzes diejenigen, deren Kündigung nach § 8 Abs. 2 und § 9 KBG. vorbehalten ist. Von dem Vorbehalt hat das Ortsgesetz in § 4 Gebrauch gemacht. Soweit aus der notwendigen Versorgung der Militäranwärter und den dazu ergangenen Vorschriften rechtliche Folgen für die Wirksamkeit der Anstellung von Kommunalbeamten zu ziehen sind, mag sich daraus das Gebot der Anstellung auf Kündigung oder zu vorübergehender Beschäftigung ergeben, nicht aber ein Anlaß zur Anstellung von Beamten zur Vorbereitung auf Stellen, die mit einer Vorbereitung nichts zu tun haben. Aus § 9 des Ortsgesetzes läßt sich also die Berechtigung, Diätare immer nur als Beamte zur Vorbereitung anzustellen, nicht herleiten.

Das Berufungsgericht hat nicht erwogen, ob die Klägerin als zu vorübergehender Beschäftigung angestellt angesehen werden konnte. Das folgte freilich nicht allein daraus, daß sie nicht planmäßig angestellt wurde, und andere ausreichende Anhaltspunkte, daß die Anstellung zeitlich oder sachlich begrenzt war, liegen nicht vor. Die Regelung der Annahmebedingungen hätte auch vor Eintritt der Beschäftigung erfolgen müssen, wenn die Klägerin zu vorübergehender Dienstleistung beschäftigt werden sollte (§ 10 Abs. 2 KBG.), und es wäre der Gegenstand der Beschäftigung oder die voraussichtliche Dauer derselben bei der Anstellung genau festzulegen gewesen (Art. III Nr. 4 der Anweisung zur Ausführung des Kommunalbeamtengesetzes).

Die Behandlung der Klägerin als Beamtin zur Vorbereitung bis zur Kündigung aus Anlaß ihrer Dienstunfähigkeit verstieß jedenfalls gegen § 8 KBG., da die Beklagte selbst nicht behauptet, daß der der Klägerin übertragene Dienst ihrer Vorbereitung gedient hätte.

Eine andere Frage ist, ob die Klägerin Kündigungsbeamtin war. Unter die in § 4 des Ortsgesetzes aufgeführten Beamten ist sie nicht einzureihen. Die Diätare, jetzt außerplanmäßige Beamte, sind nicht begriffsmäßig Kündigungsbeamte. § 7 des Ortsgesetzes konnte aber dahin ausgelegt werden, daß mit der Bezeichnung der Diätare als Vorbereitungsbeamte gesagt werden sollte, daß sie nur gegen Kündigung angestellt würden. Das Anstellungs-Ortsgesetz unterscheidet zwischen „endgültig auf

Kündigung angestellten Beamten (§ 4)" in § 12 und den „auf Probe oder zur Vorbereitung angestellten Beamten (§§ 6 und 7)" in § 13, die kündbar sind. Daraus kann noch nicht hergeleitet werden, daß alle Diätare Kündigungsbeamte sein sollten, da die Bestimmung wörtlich auf die wirklich zur Probe oder zur Vorbereitung angestellten Beamten abgestellt sein kann. In § 13 Abs. 2 ist allerdings statt dessen von nichtplanmäßigen Beamten die Rede. Allein auch hier kann vorausgesetzt sein, daß die Bestimmung nur auf an sich kündbare nichtplanmäßige Beamte anzuwenden ist.

Die Frage kann aber offenbleiben, ob § 7 des Ortsgesetzes bezweckte, alle Diätare zu Kündigungsbeamten zu machen. Denn wenn das Gesetz sie, wie ausgeführt, nicht schlechthin zu Vorbereitungsbeamten machen konnte, so blieb es für den Ruhegehaltsanspruch der Klägerin ohne Belang, ob sie lebenslängliche Beamtin der Stadt geworden war oder nur auf Kündigung angestellt war. War sie nach dem allgemeinen Grundsatz des § 8 KBG. lebenslänglich angestellt, weil sie nicht zu den Kündigungsbeamten des § 4 des Ortsgesetzes gehörte, so war sie nach § 12 KBG. mit § 1 des Gesetzes, betreffend die Pensionierung der unmittelbaren Staatsbeamten usw., vom 27. März 1872 ungeachtet der Verleihung bloß einer nichtplanmäßigen Stelle schlechthin ruhegehaltsberechtigt. Erst § 2 bringt Ausnahmen für die unter dem Vorbehalt des Widerrufs oder der Kündigung angestellten Beamten, wenn sie keine in den Besoldungsetats aufgeführte Stelle bekleiden.

Aber auch wenn die Klägerin als Inhaberin einer nicht planmäßigen Stelle im Sinne des § 7 des Ortsgesetzes nur Kündigungsbeamtin geworden war, wurde ihr Ruhegeldanspruch dadurch nicht ausgeräumt. Denn auch den Kündigungsbeamten kann der Ruhegeldanspruch nicht dadurch allein entzogen werden, daß sie der Bezeichnung nach nicht planmäßige Stellen bekommen, und die nichtplanmäßigen Beamten werden nicht schon dadurch ihres Ruhegeldanspruchs beraubt, daß sie alle als Kündigungsbeamte erklärt werden. Sonst wäre der Zweck des Kommunalbeamtengesetzes, für alle Beamten eine sichere und eindeutige Rechtsgrundlage zu schaffen, wieder vereitelt und seine Erfüllung in die Willkür der Gemeinden gestellt. Planstellen sind grundsätzlich die im Haushaltsplan vorgesehenen Stellen, die dauernd erforderlich sind (so jetzt auch § 148 Abs. 4 DGB. und Ausführungsanweisung zum Deutschen Beamtengestz für die Kommunalbeamten RdErl. d. RuPrMdI. vom 1. Juli 1937 — Va I 1210/37 —, RMBliV. 1937 S. 1051 zu § 28 Nr. 3 des Gesetzes), und es kann nicht dem Belieben der Gemeinden anheimgestellt werden, Stellen in ihre Stellenpläne einzusetzen, ihnen aber trotz des dauernden Bedürfnisses den Charakter als Planstelle durch die einfache Umbenennung in nichtplanmäßige Stellen zu nehmen. Das Gesetz, betreffend vorläufige Regelung verschiedener Punkte des Gemeindebeamtenrechts vom 8. Juli 1920 (GS. S. 383), hat deshalb die Gemeinde verpflichtet, die Bezüge ihrer hauptamtlich angestellten Beamten den Grundsätzen des staatlichen Beamten-Diensteinkommens und Beamten-Altruhegehaltsgesetzes anzupassen, und unterscheidet im Sinne der staatlichen Beamtenbesoldung zwischen planmäßigen Beamten mit Grundgehalt oder Besoldung und nichtplanmäßigen Beamten mit Grundvergütung, ohne daß die Haushaltspläne der Gemeinden die klare Trennung überall durchgeführt hätten.

Das Kommunalbeamtengesetz selbst kennt den Unterschied nicht, sondern spricht allgemein von Besoldung (§ 11 KBG.). Auch der Stellenplan der Beklagten unterscheidet noch nicht entsprechend zwischen Besoldung und Vergütung, sondern reihte die der Klägerin zugewiesene Stelle in eine Besoldungsgruppe der nichtplanmäßigen Beamten ein, während er erst bei den städtischen Angestellten von Vergütungsgruppen spricht. Aus der Bezeichnung kann sich die Frage der Ruhegehaltsfähigkeit demnach nicht regeln (V o g e l s Anstellung und Versorgung der Kommunalbeamten, Anhang I Gesetz, betr. die Pensionierung der unmittelbaren Staatsbeamten usw., vom 27. März 1872 § 2 Bem. III Abs. 2). Entscheidend ist vielmehr, daß die Stelle nach dem städtischen Stellenplan eine in dem Besoldungsetat aufgeführte Stelle ist und dauernd erforderlich war, deshalb aber im Sinne des § 2 Abs. 1 des Gesetzes, betreffend die Pensionierung der unmittelbaren Staatsbeamten, eine Stelle, die einen Anspruch auf Pension gewährt, auch wenn sie kündbar war. Art. IV Nr. 2 der AusfAnw. zum Kommunalbeamtengesetz spricht ohne jeden Unterschied davon, daß durch § 12 des Gesetzes die Pensionsberechtigung der lebenslänglich angestellten städtischen Beamten auf die sämtlichen städtischen Beamten, insbesondere also die auf Kündigung angestellten, ausgedehnt werde, welch' letztere Pension erhalten, sofern sie nach Zurücklegung der erforderlichen Dienstjahre dauernd dienstunfähig werden. Ob das darauf hindeuten könnte, daß § 12 KBG. bei der Bezugnahme auf das Pensionsgesetz vom 27. März 1872 die ursprünglich nur den Staatsbeamten eigene Einteilung in planmäßige und nichtplanmäßige Stellen überhaupt nicht berücksichtigt hat, kann nach dem Gesagten dahingestellt bleiben.

Da somit die Klägerin Vorbereitungsbeamtin im Sinne des § 2 KBG. nicht gewesen, aber sowohl bei lebenslänglicher wie bei kündbarer Anstellung ruhegeldberechtigt ist, ist das Urteil aufzuheben und dem Klagantrag zu entsprechen, ohne daß es noch darauf ankam, zu untersuchen, ob die in ihrer Wirksamkeit unbestrittene Kündigung nach § 9 Abs. 2 KBG. nur durch Kollegialbeschluß hätte erfolgen können.

RGZ. 158, 95

1. Haftet die Gemeinde oder der Staat, wenn ein von einer Gemeinde auf privatrechtlichen Dienstvertrag angestellter und vom Landrat bestätigter Feld- und Forsthüter in Ausübung der ihm zustehenden polizeilichen Gewalt einen Dritten schuldhaft verletzt?

2. Ueber die Stellung des Streitgehilfen bei einem von ihm eingelegten Rechtsmittel.

WeimVerf. Art. 131[1]). Reichsgesetz zur Änderung von Vorschriften auf dem Gebiete des allgemeinen Beamten-, des Besoldungs- und des Versorgungsrechts vom 30. Juni 1933 — BRÄndG. — (RGBl. I S. 433) § 3 Nr. 1, §§ 5, 6. Preuß. Feld- und Forstpolizeigesetz vom 1. April 1880 — Pr.FeldFPolG. — (GS. S. 230) § 62. ZPO. § 67.

III. Zivilsenat. Urt. v. 15. Juli 1938 i. S. N. (Kl.) und Streitgehilfe w. Landgemeinden O. u. B. (Bekl). III 211/37.

I. Landgericht Naumburg a. S. II. Oberlandesgericht daselbst.

Am Morgen des 9. September 1934 kam es auf der Landstraße G.—Z. zu einem heftigen Wortwechsel zwischen dem Kläger und dem Feldhüter B. aus Z., weil dieser glaubte, der Kläger habe ihn mit seinem Fahrrad angefahren. Im Verlauf des Wortwechsels zog B. mit dem Rufe „Hände hoch" seine Pistole und gab einen Schuß auf den Kläger ab, der den linken Oberarm streifte und dem Kläger durch Brust und Lunge ging. B. ist deswegen rechtskräftig zu einer Gefängnisstrafe von 4 Monaten verurteilt worden.

Der Kläger macht die verklagten Gemeinden für den ihm entstandenen und noch entstehenden Schaden verantwortlich, weil B. in ihren Diensten als Feldhüter gestanden und bei der widerrechtlichen Abgabe des Schusses in Ausübung der ihm anvertrauten öffentlichen Gewalt gehandelt habe. Er verlangt Befreiung von seiner Verbindlichkeit gegenüber dem Bezirksfürsorgeverband Z. in Höhe von 1499,65 RM. Krankenhauskosten und 1359,35 RM. Wohlfahrtsunterstützung, weiter Zahlung von 1326 RM., eine wöchentliche Rente von 32 RM. für die Dauer seiner Erwerbsunfähigkeit, Schmerzensgeld und Feststellung der Verpflichtung der Beklagten zum Ersatz des ihm noch künftig entstehenden Schadens. Die Beklagten lehnen jede Haftung ab, sie behaupten, B. sei nicht von ihnen, sondern von der Gemeinschaft der Feldbesitzer beider Ortschaften angestellt und besoldet gewesen. Unstreitig ist B. auf Grund eines privatrechtlichen Anstellungsvertrags als Feldhüter angenommen und als solcher nach § 62 Abs. 2 Pr. FeldFPolG. von dem Landrat in Z. bestätigt und beeidigt worden.

Das Landgericht hat die Klage abgewiesen. Das Land Preußen, dem der Kläger den Streit verkündet hatte, ist diesem als Streitgehilfe beigetreten und hat Berufung eingelegt. Der Kläger hat in der Berufungsinstanz den Antrag des Streitgehilfen aufgenommen. Das Oberlandesgericht hat „beide Berufungen" zurückgewiesen. Die Revision des Klägers und seines Streitgehilfen blieb erfolglos. Das Urteil des Oberlandesgerichts wurde aber dahin berichtigt, daß es sich nur um eine Berufung handle.

[1]) Vgl. Art. 34 GG.

Gründe:

Der Berufungsrichter unterstellt als richtig, daß die verklagten Gemeinden B. als Feldhüter angestellt hätten, kommt aber trotzdem zur Abweisung der Klage, weil B. im staatsrechtlichen Sinne nicht Beamter gewesen sei und deshalb die Haftung aus Art. 131 WeimVerf. nicht die Beklagten, sondern nur das Land Preußen treffen könne, dessen Hoheitsrechte B. wahrgenommen habe.

Die Revision rügt Verletzung des Art. 131 WeimVerf. ...

Die Angriffe der Revision sind jedoch nicht begründet. ...

Die Verantwortlichkeit für Amtspflichtverletzungen, die ein Beamter in Ausübung der ihm anvertrauten öffentlichen Gewalt begeht, trifft nach Art. 131 WeimVerf. den Staat oder die (öffentliche) Körperschaft, in deren Dienst der Beamte steht. Im Sinne dieser Bestimmung befindet sich ein Beamter im Dienste desjenigen Gemeinwesens, welches ihn angestellt hat. Dieses haftet für ihn, während es nicht darauf ankommt, wessen Hoheitsrechte der Beamte bei der beanstandeten Amtshandlung ausgeübt hat. Für einen Körperschaftsbeamten, der staatliche Hoheitsrechte wahrnimmt, haftet danach die Körperschaft, in deren Dienst er steht, nicht dagegen der Staat.

Bis zum Inkrafttreten des Beamtenrechts-Aenderungsgesetzes vom 30. Juni 1933 gab nach ständiger Rechtsprechung des erkennenden Senats die Ausübung hoheitlicher Befugnisse dem damit Beliehenen volle Beamteneigenschaft im Innen- wie im Außenverhältnis. Die wiedergegebenen Grundsätze waren demnach auch anzuwenden, wenn die Beamteneigenschaft des Handelnden erst dadurch entstanden war, daß ihm die Ausübung obrigkeitlicher Befugnisse übertragen wurde. Hierin ist durch § 3 Nr. 1, §§ 5, 6 BRÄndG. eine Aenderung eingetreten. Nach ihnen ist Beamter nur, wer als solcher berufen worden ist.

Diese Einschränkung des bisherigen staatsrechtlichen Beamtenbegriffs gilt aber nur für das Innenverhältnis, für das Außenverhältnis, die Haftung des Staats oder der öffentlichen Körperschaft gegenüber dritten Personen nach Art. 131 WeimVerf., ist sie ohne Bedeutung. ...

Wenn nun die Person, für die gehaftet werden soll, zwar für das Haftungsrecht Beamter ist, weil ihr öffentliche Gewalt anvertraut ist, aber wegen Fehlens einer öffentlich-rechtlichen Bestellung in keinem Beamtendienstverhältnis steht, so kann die Frage, welches von mehreren Gemeinwesen für den Beamten einzustehen hat, der Dienstherr oder dasjenige Gemeinwesen, dessen Hoheitsrechte er wahrgenommen hat, überhaupt nicht auftauchen. Die Haftung als Dienstherr scheidet aus. Nur ein Gemeinwesen kann als haftbar in Betracht kommen, nämlich dasjenige, welches den Beamten zur Ausübung öffentlich-rechtlicher Gewalt berufen und ihn damit für den Bereich des Haftungsrechts zum Beamten gemacht hat.

Die Feld- und Forsthüter des § 62 Pr. FeldFPolG., zu denen B. gehörte, sind nur privatrechtliche Angestellte und stehen in keinem öffentlich-rechtlichen Dienstverhältnis. Deshalb muß bei Bestimmung des für sie verantwortlichen Gemeinwesens auf die Natur der ihnen übertragenen Hoheitsrechte zurückgegangen werden. Auf Grund der Bestätigung durch den Landrat besitzen sie polizeiliche Befugnisse. Verletzen sie bei deren Wahrnehmung ihre Amtspflichten, so muß der Staat als Träger der Polizeigewalt den Schaden ersetzen. Denn die Gemeinde übt die staatliche Polizeigewalt nur kraft Uebertragung aus, nicht aus eigenem Recht.

. . .

Auch eine Haftung der verklagten Gemeinden aus § 831 BGB. kommt nicht in Frage. Wenn man die Richtigkeit der Behauptungen des Klägers unterstellt, so hat B. unter Mißbrauch der ihm anvertrauten öffentlichen Gewalt gehandelt, seine privatrechtlichen Beziehungen zu den Beklagten waren für die Tat ohne Bedeutung. Handelte er aber in — allerdings mißbräuchlicher — Ausübung der ihm anvertrauten öffentlichen Gewalt, so ist für die Haftung aus § 831 BGB. kein Raum, auch wenn ein anderer in Anspruch genommen wird als der Träger des übertragenen Hoheitsrechts. Denn die Haftung aus § 831 BGB. setzt voraus, daß der Bestellte auf privatrechtlichem Gebiet tätig geworden ist, und das war hier nicht der Fall.

Die Klage gegen die verklagten Gemeinden ist danach mit Recht abgewiesen worden, die Revision ist zurückzuweisen. Jedoch ist das Berufungsurteil dahin zu berichtigen, daß es sich nur um e i n e Berufung handelt und daß den Streitgehilfen nur die durch seine Beteiligung entstandenen Kosten treffen. Das Land Preußen hatte als Streitgehilfe des Klägers nach § 67 ZPO. für diesen Berufung eingelegt. Der Kläger hatte sich später an dem Berufungsverfahren beteiligt. Es handelt sich aber nur um e i n e Berufung, und zwar um eine Berufung des Klägers, . . . so daß ihn nach § 97 ZPO. die Kosten des erfolglos gebliebenen Rechtsmittels treffen. Dem Streitgehilfen sind nach § 101 ZPO. nur die durch seinen Beitritt entstandenen Kosten aufzuerlegen. In gleicher Weise war über die Kosten der Revisionsinstanz zu entscheiden.

RGZ. 158, 235

1. Kann ein Beamter der Ansprüche, die ihm aus der Verletzung der Fürsorgepflicht oder der Amtspflicht seiner Vorgesetzten erwachsen sind, durch Verwirkung verlustig gehen?

2. Ueber die Voraussetzungen für den Eintritt dieser Rechtsfolge.

BGB. §§ 242, 278, 618[1]), 839. WeimVerf. Art. 131[2]).

---

[1]) Vgl. §§ 79 BBG., 36 DBG.
[2]) Vgl. Art. 34 GG.

III. Zivilsenat. Urt. v. 19. September 1938 i. S. M. (Kl.) w. das Deutsche Reich (Bekl.). III 45/83.

I. Landgericht Düsseldorf.

Der Kläger hatte als preußischer Zollaufseher eine Dienstwohnung in einem Hause inne, das die Zollbehörde zur Unterbringung der Zollbeamten und ihrer Familien von dem Bauunternehmer Th. gemietet hatte. Am 4. Februar 1909 traf den Kläger, als er sich auf dem Hofe des Grundstücks auf dem Wege zu dem dort befindlichen Dienstkasten befand, ein vom Dach herabfallender Ziegelstein so auf den Kopf, daß er erheblich verletzt wurde und längere Zeit dienstunfähig war. Im Jahre 1918 erstritt der Kläger ein Urteil gegen Th., nach dem dieser an den Kläger an Schmerzensgeld und schon entstandenem Schaden 1787,20 RM. nebst näher angegebenen Zinsen und, zum Ausgleich des künftig entstehenden Schadens, im einzelnen näher bezeichnete wiederkehrende Leistungen zu entrichten hatte. Außerdem wurde in dem Urteil festgestellt, daß Th. verpflichtet sei, von dem Tage ab, an dem die Versetzung des Klägers in den Ruhestand wirksam werde, an den Kläger in vierteljährlichen Teilbeträgen im voraus den Unterschied zwischen dem Ruhegehalt eines Zollaufsehers und dem eines Zollassistenten zu zahlen, wobei das Ruhegehalt so zu berechnen sei, als wenn der Kläger am 1. Oktober 1919 Zollassistent geworden wäre. Th. zahlte nur 1782,20 RM. Auf die ihm in dem Urteil auferlegten weiteren Leistungen hat er nichts entrichtet. Er ist am 30. November 1924 gestorben. Weder gegen ihn noch gegen seine Erben hat der Kläger in den folgenden Jahren etwas zur Erzwingung der Erfüllung seines Anspruchs unternommen. Erst 1936 brachte er bei dem Landgericht in Cl. ein Gesuch um Bewilligung des Armenrechts zur Klage gegen die Erben des Th. auf Aufwertung der ihm zugesprochenen Beträge an; es hatte aber keinen Erfolg, da das Landgericht annahm, daß der Anspruch verwirkt sei. Der Kläger hatte inzwischen am Kriege teilgenommen und später seinen Dienst als Zollbeamter wieder versehen. Ende November 1927 erkrankte er. Mit Wirkung vom 1. Oktober 1928 wurde er auf seinen Antrag im Alter von 52 Jahren in den Ruhestand versetzt.

Im Jahre 1936 trat er an den Beklagten als den Rechtsnachfolger des Preußischen Staates mit dem Verlangen heran, ihn wegen der Nachteile aus dem Unfall schadlos zu halten. Als solche bezeichnete er das Ausbleiben einer Beförderung und seine vorzeitige Versetzung in den Ruhestand. Diesen Anspruch lehnte der Reichsminister der Finanzen als unbegründet ab. Mit der Klage machte der Kläger einen Teilbetrag seines Schadens geltend. Er behauptete, der fehlerhafte Zustand des Daches sei seinen Dienstvorgesetzten bekannt gewesen. Sie hätten insbesondere aus dem Gesichtspunkt der Fürsorgepflicht, die dem Staat seinen Beamten gegenüber obliege, rechtzeitig Abhilfe schaffen müssen.

Der Beklagte bestritt die Ursächlichkeit des Unfalls für die vom Kläger geltend gemachten Folgen und wendete Mitverschulden des Klägers ein.

Das Landgericht wies die Klage ab. Die Sprungrevision des Klägers führte zur Aufhebung und Zurückverweisung.

Gründe:

Das Begehren des Klägers kann, wie die Revision hervorhebt, auf zwei selbständige Klagegründe zurückgeführt werden: auf sein Beamtendienstverhältnis, nämlich den in den §§ 618, 278 BGB. zum Ausdruck gekommenen, nach der ständigen Rechtsprechung des Reichsgerichts auch für öffentlich-rechtliche Dienstverhältnisse geltenden Rechtsgedanken der Fürsorgepflicht[3]), sodann auf die Vorschriften über Schadensersatz aus unerlaubten Handlungen in § 839 BGB. und Art. 131 WeimVerf. Das Landgericht hat, wie die allgemein gehaltene Fassung des Eingangs der Entscheidungsgründe erweist, die Herleitung des Anspruchs aus beiden Tatbeständen im Auge gehabt. In der Revisionsinstanz ist eine Nachprüfung des angefochtenen Urteils gleichfalls unter beiden rechtlichen Gesichtspunkten möglich, wobei es unerheblich ist, daß der vom Kläger geltend gemachte Anspruch nur 100 RM. beträgt (§ 547 Nr. 2 ZPO.; § 71 Abs. 2 Nr. 2 GVG.).

Die Zulässigkeit des Rechtswegs ist . . . unbedenklich. Die Erfüllung der Erfordernisse des § 150 Abs. 1 RBG. — Vorentscheidung der obersten Dienstbehörde und Wahrung der Frist von 6 Monaten — hat das Landgericht einwandfrei festgestellt.

Das angefochtene Urteil läßt es dahingestellt, ob eine Verpflichtung des Beklagten (oder seines Rechtsvorgängers, des Preußischen Staates), dem Kläger den durch den Unfall verursachten Schaden zu ersetzen, entstanden ist. Es meint, wenn dies der Fall gewesen sei, hätte der Kläger vom Jahre 1928 ab, dem Zeitpunkt, für den der Verlust der Ansprüche des Klägers gegen die Erben des Th. anzunehmen sei, mithin bis zur Erhebung seines Anspruchs gegenüber dem Beklagten im Jahre 1936 etwa 8 Jahre lang, die Möglichkeit gehabt, seine Forderung geltend zu machen. Da er sich während dieser Zeit untätig verhalten habe, sei der Anpruch verwirkt. Diese Rechtsfolge treffe beide Teile der vom Kläger verlangten Ausgleichung, sowohl die der unterbliebenen Beförderung, wie die der vorzeitigen Versetzung in den Ruhestand.

Die Revision bekämpft in erster Linie die Annahme, daß eine Verjährung des Anspruchs eingetreten sei, wobei sie wohl die Bestimmung des § 852 BGB. im Auge hat. Indessen hat sich das Landgericht, wie aus dem soeben Ausgeführten hervorgeht, mit der Frage der Verjährung nicht beschäftigt, und darüber hinaus ist auch nicht zu ersehen, daß der Beklagte diese Einrede überhaupt erhoben hätte. Nicht die Verjäh-

[3]) Ausdrücklich niedergelegt in den §§ 79 BBG. und 36 DBG.

rung, sondern die Verwirkung des Anspruchs hat das Landgericht angenommen.

. . .

Eine Verwirkung von Ansprüchen, die dem öffentlichen Recht angehören, ist nicht schlechthin auszuschließen. Das Beamtenrecht wird seiner Natur nach in erheblichen Teilen von einer größeren Formenstrenge beherrscht als andere Rechtsgebiete, zumal die Schuldverhältnisse des bürgerlichen Rechts. Das muß in entsprechendem Umfange zur Ausschaltung von Folgerungen führen, die sich aus der Berücksichtigung solcher allgemeinen Gesichtspunkte ergeben würden, wie diese für das bürgerliche Recht § 242 BGB. darbietet. . . . In anderen Teilen ist aber auch das Beamtenrecht schon mit Rücksicht auf die Gebote einerseits der Treue, andererseits der Fürsorge, von denen es beherrscht wird, Gesichtspunkten dieser Art keineswegs verschlossen. Der Senat hat Erwägungen dieser Art in ständiger Rechtsprechung zwar die Folgerung entnommen, daß eine Verwirkung von Gehaltsansprüchen, etwa durch Hinnahme einer unwirksamen Dienstentlassung, in aller Regel nicht möglich sei, da dies durch die formbestimmte Natur der Akte, von denen die Entstehung und die Beendigung des Beamtenverhältnisses hervorgerufen werden, in Verbindung mit der Gewährleistung der Beamtenbezüge unmittelbar durch das Gesetz ausgeschlossen werde (es folgen Rspr.-Nachweisungen). Es ergibt sich aber zugleich aus dieser Begründung, daß jene Folgerung nicht schlechthin für alle vermögensrechtlichen Ansprüche aus dem Beamtenverhältnis zu ziehen ist. Zumal bei der Pflicht der Vorgesetzten zur Fürsorge für den Beamten und bei der Abwendung, Minderung und Ausgleichung der Schäden, die aus Vorkommnissen oder Verhältnissen hervorgehen, die möglicherweise eine Verletzung dieser Pflicht enthalten, muß die Beurteilung begrifflichen Zusammenhängen höchst allgemeiner Art entnommen werden und kann die Rechtsgestaltung schon wegen der Vielfältigkeit des Lebens nicht, wie die Entstehung oder Beendigung des Beamtenverhältnisses, einer in äußere Formen eingeschlossenen Regelung unterworfen sein. Es handelt sich insoweit um Beziehungen, deren sachgemäße Abwicklung nur möglich ist, wenn beide Teile, der Beamte und der Vorgesetzte, in entsprechender Weise, wie dies § 242 BGB. für das bürgerliche Recht verlangt, ihr Verhalten dem Gebot gegenseitiger Rücksichtnahme unterstellen. So hat der Senat mehrfach ausgesprochen, daß der Beamte, wenn er glaubt, in seinen Belangen in einer der Forderung des § 618 BGB. zuwiderlaufenden Weise Schaden zu erleiden, sich nicht untätig verhalten dürfe, sondern durch Angehen der wirklich maßgebenden Stelle seiner Beschwerde den Nachdruck verleihen müsse, der allein zur Abhilfe führen könne (RGZ. Bd. 141 S. 385 [390])[4].

[4]) In diesem Band S. 239 [244].

Die Möglichkeit, daß ein Beamter der Ansprüche, die ihm aus der Verletzung der Fürsorgepflicht oder der Amtspflicht seiner Vorgesetzten erwachsen sind, durch Verwirkung verlustig geht, ist hiernach nicht grundsätzlich auszuschließen. Es kann sich nur darum handeln, ob die Feststellungen, die das Landgericht getroffen hat, genügen, um die für diese Rechtswirkung zu fordernden Voraussetzungen als gegeben anzunehmen. Das ist zu verneinen.

Das Landgericht ist davon ausgegangen, daß der Kläger sich bis 1936 wegen seines Anspruchs untätig verhalten hat und daß diese Untätigkeit etwa 8 Jahre gedauert hat. Wenn es dabei dem Jahre 1928 eine besondere Bedeutung beimißt, so beruht das übrigens auf einer nicht erschöpfenden Würdigung der rechtlichen Zusammenhänge. Der Zeitpunkt, für den, wie das Landgericht meint, der Verlust der Ansprüche des Klägers gegen die Erben des Th. anzunehmen ist, könnte im Hinblick auf die Voraussetzung, die die Vorschrift des § 839 Abs. 1 Satz 2 BGB. für die Entstehung des in dieser Bestimmung geregelten Anspruchs fordert, nur für die Möglichkeit wesentlich sein, gerade den Schadensersatzanspruch aus der Amtspflichtverletzung (§ 839 BGB., Art. 131 WeimVerf.) gegen den Beklagten geltend zu machen. . . . Aber neben dem Anspruch des Klägers gegen Th. stand von Anfang an derjenige gegen den Preußischen Staat, später gegen den Beklagten, aus der Verletzung der Fürsorgepflicht — dem Rechtsgedanken des § 618 BGB. entsprechend —, vorausgesetzt, daß eine solche stattgefunden hatte. Dessen Bestehen war davon, ob der Kläger Ansprüche gegen Th. hatte und durchsetzen konnte, unabhängig.

Indessen können diese Erwägungen, die das Landgericht freilich bei der weiteren Behandlung der Sache nicht außer Betracht zu lassen haben wird, zurückgestellt werden, und es kann auch unerörtert bleiben, ob der Zeitraum von etwa 8 Jahren, schon auf seine Dauer schlechthin angesehen, hinreichend sein kann, zusammen mit den außerdem zu fordernden Voraussetzungen an seinen Ablauf die Rechtsfolge der Verwirkung zu knüpfen. Denn die beiden Tatsachen des Zeitablaufs und der Untätigkeit des Berechtigten können für sich allein nicht genügen, um die spätere Geltendmachung des Anspruchs als in dem Maße unvereinbar mit der dem Beamten obliegenden Pflicht der Treue erscheinen zu lassen, daß diese Geltendmachung nicht mehr zuzulassen wäre. Die Verjährungsfrist für Beamtenansprüche aus dem Rechtsgedanken des § 618 BGB. beträgt 30 Jahre (RGUrt. vom 1. Juli 1930 III 353/29 = Gruch. Bd. 71 S. 618 und vom 23. Juni 1931 III 337/30 = JW. 1932 S. 484 Nr. 16). Es geht nicht an, sie aus bloßen Erwägungen allgemeiner Art abzukürzen.

Bei alledem wird bereits vorausgesetzt, daß die Untätigkeit des Berechtigten ihren Grund nicht in seiner Unkenntnis von dem Bestehen des Anspruchs hatte, sondern daß er ihn nicht geltend machte, obwohl er äußerlich und innerlich dazu in der Lage war. Daß das freilich bei dem Kläger seit 1928 der Fall war, hat das Landgericht offenbar feststellen wollen. Es will darlegen, daß dem Kläger bis dahin alle diejenigen Sachumstände bekannt geworden sind, die für die Beurteilung wesentlich waren, ob ihm ein Anspruch gegen den Beklagten zustand. Indessen weist die Revision mit Recht darauf hin, daß damit eine wirkliche Kenntnis des Klägers von seinen Ansprüchen gegen den Beklagten noch nicht nachgewiesen ist. Dazu würde es der Darlegung bedürfen, welche Schlüsse der Kläger aus jenen Tatsachen gezogen und welche Vorstellungen er demgemäß während der einzelnen Zeiträume über seine Rechtsbeziehungen zu dem Beklagten gehabt hat. Das hat das angefochtene Urteil nicht erörtert, obwohl schon dasjenige, was es über den Gesundheitszustand des Klägers im Jahre 1927 anführt, Bedenken in dieser Hinsicht hervorruft.

Aber auch wenn es bis zu der Feststellung fortgeschritten wäre, daß sich der Kläger über das Vorhandensein seiner Ansprüche gegen den Beklagten klar bewußt gewesen wäre, würde die Annahme ihrer Verwirkung nach dem zuvor Ausgeführten nicht gerechtfertigt sein. Denn das Verhalten des Klägers in Beziehung auf diese Ansprüche ging zu keinem Zeitpunkt darüber hinaus, daß er sie nicht geltend machte. Er hat nichts unternommen, um bei seiner vorgesetzten Dienstbehörde die Vorstellung zu erwecken oder zu nähren, daß er sich solchen, von dieser nach Lage der Sache in Betracht gezogenen Anspruch nicht zuschreibe oder daß er jedenfalls gesonnen sei, ihn nicht geltend zu machen. Auch sein Verhalten gegenüber der Aufforderung seiner vorgesetzten Dienstbehörde, in den Ruhestand zu treten, kann nur als solche bloße Untätigkeit aufgefaßt werden: Der Kläger hat ihre Maßnahmen lediglich hingenommen; er hat sich dem, was sie wünschte, gefügt. Daß er es damals unterließ, der Versetzung in den Ruhestand und ihrer Voraussetzung, der ärztlichen Beurteilung seines Zustandes, zu widersprechen, seine Dienstunfähigkeit zu bestreiten und geltend zu machen, daß sein Zustand auf den Unfall zurückzuführen sei, für den der Staat einzustehen habe, kann schon im Hinblick auf das Unterordnungsverhältnis, in dem sich der Beamte gegenüber seiner vorgesetzten Dienstbehörde befindet, nicht in anderem Sinne gewertet werden.

Zutreffend weist schließlich die Revision zur Frage der Verwirkung noch darauf hin, daß auch eine weitere Voraussetzung dafür fehlt, den Berechtigten mit seinem Anspruch auszuschließen: Es ist in der Tat nicht zu ersehen, daß Belange des Beklagten dadurch, daß der Kläger die Geltendmachung des Schadensersatzanspruchs hinauszögerte, verletzt oder auch nur gefährdet worden wären. Der Umstand, daß der Verpflichtete das Deutsche Reich ist, schließt die Annahme aus, daß dieser bei frühzeitigerer Kenntnis von den Ansprüchen des Klägers irgendwelche Maßnahmen getroffen hätte, um sich auf deren Erfüllung wirtschaftlich einzurichten. Wenn es aber die Aufklärung des Sachverhalts beeinträchtigen sollte, daß die für die Entstehung der Ansprüche maßgeblichen Zusammenhänge tatsächlicher Art zeitlich zurückliegen, so trifft das nicht den Beklagten, sondern den Kläger, dem es obliegt, den Tatbestand zu beweisen, der die Entstehung seiner Ansprüche ergibt. . . .

RGZ. 159, 247

Rechtsanspruch des Beamten auf Beförderung? Obliegen den Beamten, die mit der Besetzung einer Beamtenstelle durch Beförderung befaßt sind, Amtspflichten auch gegenüber den einzelnen Amtsbewerbern oder nur gegenüber ihrem öffentlichen Dienstherrn?

Alter Leitsatz:

Ist für die Klage eines Beamten gegen die öffentliche Körperschaft, bei der er angestellt ist, der Rechtsweg zulässig, wenn er Anspruch auf den Ersatz des Schadens erhebt, der ihm durch das Unterbleiben einer Beförderung entstanden ist, und wenn er zur Begründung anführt, daß die Beamten, denen die Vornahme des auf die Besetzung der gehobenen Stelle gerichteten Verwaltungsaktes oder dessen Vorbereitung zustand, nicht nach pflichtmäßigem Ermessen, sondern willkürlich und in einer mit den Anforderungen an ordnungsmäßige Verwaltung unvereinbaren Weise gehandelt hätten?

GVG. § 13. WeimVerf. Art. 131[1]). BGB. § 839.

III. Zivilsenat. Urt. v. 27. Januar 1939 i. S. H. (Kl.) w. Stadt St. (Bekl.). III 86/38.

I. Landgericht Stettin. II. Oberlandesgericht daselbst.

Der Kläger trat am 1. April 1901 als Militäranwärter in den Dienst der beklagten Stadtgemeinde. Am 30. September 1936 wurde er als Stadtoberinspektor nach Erreichung der gesetzlichen Altersgrenze in den Ruhestand versetzt. Er hielt die Beklagte für verpflichtet, ihm den Schaden zu ersetzen, der ihm dadurch entstanden ist, daß er im Jahre 1927 und später bis zu seiner Versetzung in den Ruhestand nicht zum Stadtamtmann befördert worden ist, und forderte die Nachzahlung des Mehreinkommens, das ihm diese Beförderung gebracht haben würde. Nach vergeblicher Anrufung des Oberbürgermeisters und des Regierungspräsidenten erhob er die vorliegende Klage mit dem Vorbringen, daß das Unterbleiben der Beförderung „trotz Vorschlages und Befürwortung" auf Amts- und Fürsorgepflichtverletzungen der Beklagten und ihrer Beamten zurückzuführen sei. Insbesondere habe der Personaldezernent der Beklagten in den Jahren 1927 bis 1929 zu verschiedenen Malen, als das Freiwerden von Stellen Gelegenheit geboten hätte, den Kläger in den Dienstgrad eines Stadtamtmanns einrücken zu lassen, dies in einer Weise hintertrieben, die als offensichtlich schikanös, feindselig,

---

[1]) Vgl. jetzt einerseits Art. 34 GG. (letzter Satz), andererseits § 172 BBG.

unwahrhaftig und arglistig, überhaupt als rein willkürlich zu kennzeichnen, zum mindesten aber so fehlerhaft sei, daß das Verhalten des Beamten mit den an eine ordnungsmäßige Verwaltung zu stellenden Anforderungen unvereinbar erscheine.

Die Beklagte wendete Unzulässigkeit des Rechtsweges ein. Sie bestritt die Behauptungen des Klägers und trat den daraus von ihm gezogenen Folgerungen entgegen.

Das Landgericht wies die Klage ab. Die Berufung des Klägers hatte keinen Erfolg. Seine Revision wurde zurückgewiesen.

Gründe:

Der Kläger verlangt den Ersatz des Schadens, der ihm daraus entstanden ist, daß er im Jahre 1927 sowie später bis zu seiner Versetzung in den Ruhestand am 30. September 1936 bei der beklagten Stadt, in deren Diensten er, zuletzt als Stadtoberinspektor, tätig war, nicht zum Stadtamtmann befördert worden ist. Er verkennt dabei nicht, daß im Hinblick auf die gesetzliche Abgrenzung der Aufgabenkreise der Verwaltung und der Rechtsprechung der Beamte nicht in der Lage ist, das Verhalten seiner vorgesetzten Dienstbehörde, soweit es sich in der Unterlassung einer Beförderung äußert, schlechthin der gerichtlichen Nachprüfung zu unterstellen. Er gründet daher den erhobenen Anspruch nach der Auslegung, die das Berufungsgericht seinem Vorbringen gegeben hat, auf die beiden rechtlichen Gesichtspunkte der Verletzung der Fürsorgepflicht und der Amtspflicht. Nachdem er in der Revisionsinstanz ausdrücklich erklärt hat, sein Begehren aus dem erstgenannten Klagegrunde nicht herleiten zu wollen, ist das angefochtene Urteil nur unter dem Gesichtspunkte der Amtspflichtverletzung nachzuprüfen.

Die bloße Geltendmachung des Klägers, daß er den Anspruch auf diese rechtliche Grundlage stelle, kann indessen den Rechtsweg noch nicht zulässig machen. Ansprüche gegen öffentliche Beamte wegen schuldhafter Verletzung der ihnen obliegenden Amtspflichten (§ 839 BGB.) fallen zwar ohne Rücksicht auf die Natur des bei der Amtshandlung in Betracht kommenden Rechtsverhältnisses unter die bürgerlichen Rechtsstreitigkeiten im Sinne des § 13 GVG., und der Rechtsweg ist daher auch zulässig, wenn der Anspruch auf Grund des Art. 131 Weim.Verf. gegen den öffentlich-rechtlichen Verband gerichtet wird, für dessen Dienst der Beamte angestellt ist. Aber es darf sich nicht lediglich darum handeln, daß im Gewande einer Schadensersatzklage wegen Verletzung der Amtspflicht die Nachprüfung von Entscheidungen der Verwaltungsbehörden verlangt wird. Das, worauf es hiernach ankommt, ist die Abgrenzung wirklicher Schadensersatzansprüche aus diesem rechtlichen Gesichtspunkte von den Fällen, in denen ihn der Kläger nur anführt, um unzulässigerweise die Entscheidung über das bloße Begehren der Vornahme oder der Rückgängigmachung eines Verwaltungsaktes, hier der Beförderung in den höheren Dienstgrad, dem ordentlichen Gericht zu unterbreiten. Das Merkmal dieser Unterscheidung besteht, wie das Reichsgericht vielfach dargelegt hat, grundsätzlich darin, ob von dem Kläger ein Tatbestand behauptet wird, der in bestimmter Weise ein schuldhaftes, pflichtwidriges und daher zum Schadensersatz verpflichtendes Verhalten eines an der Anordnung oder Unterlassung beteiligten Beamten bei Ausübung der öffentlichen Gewalt deutlich erkennen läßt ... (es folgen Rspr.Hinweise).

Diesen Anforderungen genügt der Kläger nicht mit der Darlegung, daß die Voraussetzungen, unter denen die ausgebliebene Beförderung angängig gewesen wäre, sowohl in seiner Person als auch außerhalb von ihr vorgelegen hätten. Denn wenn der Kläger gleichwohl nicht befördert wurde, so ist doch nicht ersichtlich, daß die Beamten, denen die Vornahme der auf die Beförderung gerichteten Verwaltungsakte zustand, eine Amtspflicht verletzt hätten, die ihnen gerade gegenüber dem nicht beförderten Beamten, dem Kläger, oblag. Wenn eine Beamtenstelle durch Beförderung besetzt werden soll, so haben die Beamten, denen die Entscheidung hierüber und deren allgemeine, d. i. nicht in den Bestand wirklicher Rechte des einzelnen Beamten eingreifende, Vorbereitung obliegt, lediglich die Belange der öffentlichen Körperschaft — im gegebenen Fall der beklagten Stadtgemeinde — wahrzunehmen. Die für eine Beförderung in die offene Stelle möglicherweise in Betracht kommenden Beamten sind an der Angelegenheit nur mittelbar beteiligt, zumal ihr Kreis völlig unbestimmt ist. Ihre Belange spielen bei Besetzung der gehobenen Stelle überhaupt keine Rolle. Es geht nicht an, daß die Aemterhoheit, die durch die Beförderung eines Beamten betätigt wird, irgendwie durch die Rücksichtnahme auf einzelne Beamte eingeschränkt wird. Diese Erwägungen führen, wenn es sich um die Entschließung über die Beförderung eines Beamten handelt, dazu, jede Amtspflicht einem einzelnen Amtsbewerber gegenüber zu verneinen. Das steht mit den Rechtsgrundsätzen im Einklang, die dazu geführt haben, daß durch die ständige Rechtsprechung des Senats Bewerbern um ein Amt ein im Rechtswege verfolgbarer Schadensersatzanspruch wegen schuldhafter Nichtverleihung einer Beamtenstelle versagt worden ist .... (es folgen Rspr.-Nachweisungen). Es sind dieselben rechtlichen Gesichtspunkte, welche die Anerkennung eines Rechts des bereits angestellten Beamten auf Verleihung einer Stelle von höherem Range oder von höherem Diensteinkommen ausschließen. Auch ein im Rechtswege verfolgbarer Anspruch des Beamten auf Beförderung ist daher nicht gegeben. . . .

Aus alledem ergibt sich: Soweit ein derartiger Anspruch auf Schadensersatz wegen unterbliebener Anstellung oder Beförderung auf Amtspflichtverletzung gegründet wird, um den Rechtsweg zulässig zu machen, genügt nicht nur nicht die Darlegung, daß das Verfahren der Behörde, um das es sich handelt, sachlich unbegründet oder sogar fehlerhaft war, vielmehr behauptet der Anwärter oder Beamte selbst dann keinen im Sinne des § 839 BGB. schlüssigen Tatbestand, wenn er darlegt, daß das

Verhalten des mit der Entscheidung über seine Anstellung oder Beförderung befaßten Beamten Willkür war oder sich jedenfalls soweit von den Anforderungen, die an die Betätigung einer ordnungsmäßigen Verwaltung gestellt werden müssen, entfernte, daß sie nicht mehr in deren Rahmen fallen könne. . . . Denn der Kläger würde zwar das Vorliegen des einen Merkmales des in § 839 BGB. geregelten Gesamttatbestandes, nämlich das Vorliegen einer Amtspflichtverletzung, schlüssig dargelegt haben, nicht hingegen das weitere Erfordernis, daß die verletzte Amtspflicht gerade ihm, dem klagenden Beamten gegenüber, bestand. Daß es hieran fehlt, ergibt sich in allen derartigen Fällen ohne weiteres aus demjenigen, was zuvor über das Nichtbestehen eines Anspruchs des Bewerbers oder Beamten auf Anstellung oder Beförderung ausgeführt wurde.

Nur dann hat, wie schon oben angedeutet, etwas anderes zu gelten, wenn der Klageanspruch auf eine Amtshandlung gestützt wird, die nicht den entscheidenden Staatshoheitsakt der Anstellung oder Beförderung selbst betrifft, sondern nur seiner Vorbereitung dient und sich dabei auf einen bestimmten einzelnen Beamten bezieht, wie etwa die Berichterstattung durch einen Vorgesetzten oder die Begutachtung des Gesundheitszustandes durch einen Amtsarzt. In solchen Fällen besteht eine Amtspflicht des handelnden Beamten gegenüber dem betroffenen Einzelnen, deren schuldhafte Verletzung einen Schadensersatzanspruch aus Art. 131 WeimVerf. zu begründen vermag. . . .

Ein Fall dieser Art liegt aber hier nicht vor. Die Sachverhalte, aus denen der Kläger die Verletzung der Amtspflicht herleitet, betreffen folgende von ihm behauptete Vorgänge: (wird dargelegt).

Diese Anführungen ergeben ohne weiteres, daß der Kläger Vorwürfe lediglich gegen solche Beamte der beklagten Stadtgemeinde erhebt, die bei dem Beförderungsakt selbst beteiligt waren, und zwar eben wegen der dabei von ihnen ausgegangenen Betätigung. . . . Wenn alle Behauptungen, die der Kläger über das Verhalten dieser Beamten aufstellt, als wahr unterstellt werden, so mögen diese zwar ihre Amtspflichten gegenüber der Stadt verletzt haben, nicht aber gegenüber dem an Beförderungsangelegenheiten nur mittelbar beteiligten Kläger. Deshalb ist ihm die Ableitung eines Anspruchs aus § 839 BGB., Art. 131 WeimVerf. aus diesen angeblichen Vorgängen nicht möglich. Damit steht fest, daß seine Anführungen keine schlüssige Darlegung eines Sachverhalts enthalten, der solchen Anspruch ergeben würde. Hieraus folgt nach dem vorher Dargelegten, daß dem Klagebegehren der Rechtsweg nicht offen steht. Mit Recht ist aus diesem Grunde das Berufungsgericht für die hier allein zur Erörterung stehende Herleitung des Anspruchs aus Verletzung der Amtspflicht zur Abweisung der Klage gelangt.

RGZ. 160, 253

Zum Uebergang des gesetzlichen Schadensersatzanspruchs auf den Dienstherrn.

Deutsches Beamtengesetz vom 26. Januar 1937 (RGBl. I S. 39) — DBG. — § 139[1]).

VI. Zivilsenat. Beschl. v. 6. Mai 1939 i. S. Witwe K. (Kl.) w. S. M. Komm.-Ges. u. a. (Bekl.). VI A 75/39.

I. Landgericht Frankenthal. II. Oberlandesgericht Zweibrücken.

Der Sachverhalt und die Entscheidung ergeben sich aus den folgenden

Gründen:

Die Klägerin, die für die Revision das Armenrecht begehrt, verlangt von den Beklagten Schadensersatz, weil ihr Mann, der städtischer Bademeister war, am 1. Februar 1936 bei einem Zusammenstoß des von ihm gelenkten Kraftrades mit dem Personenkraftwagen der Erstbeklagten, den der Zweitbeklagte führte, tödlich verunglückt ist. Die gegen die Beklagten gerichteten Klageansprüche sind zu ²/₃ dem Grunde nach für gerechtfertigt erklärt worden. Im Betragsverfahren hat das Landgericht die Beklagten als Gesamtschuldner verurteilt, an die Klägerin neben bezifferten Ersatzbeträgen eine Monatsrente zu zahlen, die für drei verschiedene Zeiträume auf je 22 RM., 41,40 RM. und 10,84 RM. bemessen ist. Auf die Berufung der Beklagten hat das Oberlandesgericht die Klage abgewiesen, soweit sie die Rentenansprüche betrifft. Es geht davon aus, daß die Klägerin ein Witwengeld von 91 RM. monatlich gemäß §§ 97 flg. DBG.[2]) bezieht. Es erachtet den § 139 DGB.[1]) für anwendbar und meint, daß entsprechend der zu § 1542 RVO. entwickelten Rechtsprechung im Falle der Teilung des Schadens wegen mitwirkenden Verschuldens die Leistungen der Gemeinde von dem Schadensteil, der nach der Teilung dem Geschädigten zustehen würde, voll abzuziehen seien. Für alle drei Zeiträume errechnet das Berufungsgericht, daß ²/₃ des der Klägerin durch Wegfall der Unterhaltspflicht ihres Mannes erwachsenen Schadens geringer als der Betrag des Witwengeldes seien. Eine Revision der Klägerin verspricht sachlich keinen Erfolg.

Daß § 139 DBG.[1]) jedenfalls seit dem 1. Juli 1937, dem Tage des Inkrafttretens dieses Gesetzes, und im Umfange der seit diesem Tage gewährten Versorgung auch auf alle Fälle wie den vorliegenden anzuwenden ist, kann im Hinblick auf § 184 DBG.[3]) und die Durchführungsverordnung vom 29. Juni 1937 (RGBl. I S. 669) Nr. 1 zu § 139[1]) nicht zweifelhaft sein. Danach ist der gesetzliche Schadensersatzanspruch

[1]) Vgl. § 168 BBG.

[2]) Vgl. §§ 123 ff. BBG.

[3]) Übergangsvorschrift.

der Klägerin im Umfang ihrer Versorgungsbezüge auf den Dienstherrn, die Stadt L., übergegangen. Dieser gesetzliche Schadensersatzanspruch ist aber nicht gleich dem gesamten wirklichen Schaden der Klägerin, sondern er besteht nur in Höhe der zwei Drittel davon, die der Klägerin dem Grunde nach zugesprochen waren. In dieser Höhe ist er nach der jetzigen Rechtslage als Anspruch der Klägerin entstanden — anders als nach der früheren Rechtsprechung, nach der ein Schaden und dementsprechend ein Ersatzanspruch nicht eintrat, soweit ein Anspruch auf Ruhegehalt oder Hinterbliebenenversorgung bestand (vgl. dazu jetzt die Begründung zu § 139) —; er ist aber auch n u r in dieser Höhe als Anspruch der Klägerin erwachsen, nicht auch zum letzten Drittel des tatsächlichen Schadens. Dieser für die Klägerin entstandene Anspruch ist auf den Dienstherrn übergegangen, und damit ist insoweit die Klageberechtigung der Klägerin entfallen, als der Umfang der Versorgungsbezüge reicht. Im Ergebnis entspricht das der Rechtsprechung zu § 1542 RVO., ebenso aber auch der Billigkeit. Dem Schlußsatze des § 139 DBG. [„Der Übergang des Anspruchs kann nicht zum Nachteil des Versorgungsberechtigten geltend gemacht werden“[4])], legt der Vorderrichter zutreffend nur die Bedeutung bei, daß die Gemeinde zurückzutreten habe, wenn und soweit der Schädiger nicht in der Lage sei, den Geschädigten und die Gemeinde zu befriedigen. Eine Auslegung des Satzes etwa dahin, die Einführung des Anspruchsübergangs solle den Versorgungsberechtigten nicht schlechter stellen dürfen, als er nach der bisherigen Gesetzeslage und Rechtsprechung gestanden hätte, würde ungefähr zu dem Ergebnis des Landgerichts führen, da in Höhe der Versorgungsbezüge nach der bisherigen Rechtsprechung ein Schaden nicht entstanden war, ein solcher also nur in Höhe des Unterschiedes zwischen der wirklichen Beeinträchtigung und den Versorgungsbezügen bestand und die Verteilung auf $^2/_3$ und $^1/_3$ an diesem Unterschiedsbetrage vorzunehmen gewesen wäre. Eine derartige Auslegung ist aber nicht möglich, da das Gesetz nicht Stellung zu dem Verhältnis der früheren und jetzigen Gesetzeslage zueinander nehmen, sondern lediglich die neue Rechtslage festlegen und der bisherigen Rechtsprechung gerade „die Grundlage entziehen“ will (Begründung zu § 139 DBG.).

Allerdings gehen die Schadensersatzansprüche auf den Dienstherrn in Fällen, in denen beim Inkrafttreten des Deutschen Beamtengesetzes bereits eine Versorgung gewährt wird, nur im Umfange der seit dem 1. Juli 1937 gewährten Versorgung über (vgl. N a d l e r - W i t t l a n d - R u p p e r t Bem. 28 zu § 139 DBG.), während hier ein Rentenanspruch für die Zeit vom 1. Juni 1936 ab in Streit ist. Das Berufungsgericht geht auf diesen Gesichtspunkt nicht näher ein, sondern begnügt sich mit dem Ausspruch, daß nach § 184 DBG.[3]) der § 139 das.[1]) auch für solche Versorgungsberechtigte gelte, die bereits vor dem 1. Juli 1937 Versor-

[4]) Ebenso Schlußsatz des § 168 BBG.

gungsansprüche erworben hätten. Dieser Mangel des Berufungsurteils vermag jedoch eine Erfolgsaussicht für die Revision nicht zu begründen, da die Rentenansprüche für die Zeit vom 1. Juni 1936 bis zum 30. Juni 1937 keinesfalls die Revisionssumme erreichen können.

Die Berechnung der Beträge, welche die Klägerin hätte als Unterhalt verlangen können, läßt einen Rechtsirrtum nicht erkennen. Das Gesuch um Bewilligung des Armenrechts ist hiernach unbegründet.

RGZ. 160, 332

Auch der bloße Fortfall einer ruhegehaltsfähigen Stellenzulage infolge Uebertritts des Beamten in ein anderes Amt bedeutet eine Verringerung der Dienstbezüge i. S. des § 90 DBG. (§ 119 BBG.).

Alter Leitsatz:

Wie ist das Ruhegehalt eines Beamten zu berechnen, der nach Landesrecht ohne seine Zustimmung im dienstlichen Interesse in ein Amt mit geringeren Dienstbezügen versetzt worden ist und nach Inkrafttreten des Deutschen Beamtengesetzes in den Ruhestand tritt?

Deutsches Beamtengesetz vom 26. Januar 1937 (RGBl. I S. 39) — DBG. — §§ 35[1]), 90[2]).

III. Zivilsenat. Urt. v. 16. Mai 1939 i. S. des Landes Braunschweig (Bekl.) w. M. (Kl.). III 183/38.

I. Landgericht Braunschweig. II. Oberlandesgericht daselbst.

Der Kläger war seit 1. April 1922 im braunschweigischen Staatsdienst als Leiter des Schulmuseums und Fachlehrer angestellt und bezog als solcher eine ruhegehaltsfähige Stellenzulage von jährlich 600 RM. und eine nicht ruhegehaltsfähige außerordentliche Zulage von weiteren 600 RM. jährlich. Mit Wirkung vom 1. Oktober 1933 ab wurde er auf Grund von § 41 Nr. 1 und 2 des Braunschweigischen Gesetzes über die Gemeindeschulen vom 5. April 1913 in der Fassung des Gesetzes vom 2. Juni 1933 (GuVS. Nr. 65 S. 99) in eine Stelle als Lehrer an einer Bürgerschule ohne die bisher gewährten Zulagen versetzt. Nach der neuen Fassung des Gesetzes stand die Versetzung eines Angestellten in eine andere Stelle des öffentlichen Schuldienstes mit nicht geringerem Einkommen dem zuständigen Minister jederzeit zu, und es war nicht als Verringerung des Einkommens anzusehen, wenn infolge einer Versetzung eine ruhegehaltsfähige Stellenzulage oder eine Amtszulage fortfiel. Ferner waren Stellenzulagen nur ruhegehaltsfähig, wenn der Angestellte sie bis zu dem Zeitpunkte bezogen hatte, an dem er aus dem Amt ausschied. Seine Bitte, ihm die Zulage zu belassen, wurde von dem Braunschweigischen Minister für Volksbildung am 5. Oktober 1933 abschlägig beschieden.

[1]) Vgl. jetzt § 26 BBG.

[2]) Vgl. jetzt § 119 BBG.

Nach Erreichung der Altersgrenze trat er mit Ende November 1937 in den Ruhestand. Bei der Ruhegehaltsberechnung wurde die Fachlehrerzulage von 600 RM. nicht berücksichtigt. Seine Bitte, die Ruhegehaltsberechnung in Anwendung des § 90 DBG. zu berichtigen, wurde vom Minister für Volksbildung unter Berufung auf eine Aeußerung des Reichsfinanzministers am 14. Februar 1938 abgelehnt. Der Reichsfinanzminister hatte ausgeführt, § 90 DBG. gehe auf den Grundsatz des § 35 des Gesetzes zurück, daß kein Beamter ohne seine Zustimmung in ein anderes Amt mit niedrigerem Endgrundgehalt versetzt werden könne. § 90 könne demnach nicht auf Versetzungen angewendet werden, die ohne Zustimmung des Beamten mit niedrigerem Endgrundgehalt auf Grund gesetzlicher Sonderregelungen vorgenommen seien. In diesem Falle regele sich das Grundgehalt nach allgemeinen Grundsätzen nach den zuletzt bezogenen Dienstbezügen. In einer weiteren Vorstellung an den Minister für Volksbildung bat der Kläger zugleich um Entscheidung nach § 143 DBG[3]). Am 7. April 1938 erwiderte der Minister, daß es bei seiner Entscheidung vom 14. Februar 1938 bleibe.

Der Kläger erhob darauf im Mai 1938 Klage auf Mehrzahlung von brutto je 37,50 RM. für die Monate Dezember 1937 bis Mai 1938, nach der Klageschrift „selbstverständlich unter Anerkennung der entsprechenden, vom Beklagten zu machenden gesetzlichen Abzüge". Er stützte die Klage auf § 90 DBG., hilfsweise auf die Begründung, daß seine Versetzung in ein mit geringeren Bezügen verknüpftes Amt nach dem Gesetze vom 2. Juni 1933 gegen Art. 129 WeimVerf. verstoßen habe. Beide Vorderrichter verurteilten den Beklagten aus § 90 DBG. . . .

Die Revision des Beklagten hatte keinen Erfolg.

Gründe:

§ 90 DBG. bestimmt, daß das Ruhegehalt eines Beamten, der früher ein mit höheren Dienstbezügen verbundenes Amt bekleidet und diese Bezüge wenigstens ein Jahr bezogen hat, nach den ruhegehaltsfähigen Dienstbezügen des früheren Amts berechnet wird, sofern der Beamte in ein mit geringeren Dienstbezügen verbundenes Amt nicht lediglich auf seinen im eigenen Interesse gestellten Antrag übergetreten ist. Nach diesem Wortlaut des § 90 DBG. ist Voraussetzung für die Berechnung des Ruhegehalts nach den ruhegehaltsfähigen Dienstbezügen des früheren Amts nichts anderes, als daß der Beamte in das mit geringeren Dienstbezügen verbundene Amt nicht lediglich auf seinen im eigenen Interesse gestellten Antrag übergetreten ist. Versetzung auf Antrag ist nicht vorausgesetzt, sondern nur für den Fall der Versetzung auf Antrag, daß dieser nicht lediglich auf dem eigenen Interesse des Beamten beruht.

Nach dem neuen Beamtenrecht (§ 35 DBG.) kann der Beamte allerdings ohne seine Zustimmung nicht mehr in ein Amt mit geringe-

[3]) Vgl. jetzt § 173 BBG.

rem Einkommen versetzt werden. § 90 findet aber für die Höhe des Ruhegehalts nach § 179 Abs. 5 auch auf Beamte Anwendung, die vor Inkrafttreten des Deutschen Beamtengesetzes im Dienste waren. Der Ansicht des Reichsfinanzministers, daß § 90 auf den in § 35 enthaltenen Grundsatz zurückzuführen sei, daß kein Beamter in ein anderes Amt mit geringeren Bezügen ohne seine Zustimmung versetzt werden dürfe, kann deshalb nicht ohne Einschränkung beigepflichtet werden. Weil die Reichweite des § 90 sich nach § 179 Abs. 5 auch auf Zeiten vor der Geltung des § 35 auswirkt, kann seine Auslegung nicht allein aus der für das künftige Beamtenrecht aufgestellten Regel über die Versetzung der Beamten gesucht werden. Freilich kann sinngemäß § 90 dem Beamten keine Besserstellung gegenüber § 43 RBG. gebracht haben. Er kann also einem Reichsbeamten, der früher strafweise in ein Amt mit geringerem Einkommen versetzt wurde und deshalb nach § 43 RBG. nicht Ruhegehaltsbezüge nach dem früheren höheren Einkommen beanspruchen konnte, jetzt nicht diesen Anspruch verschaffen, weil die strafweise Versetzung nach dem Wortlaut des § 90 eine Versetzung nicht lediglich auf einen im eigenen Interesse gestellten Antrag wäre und die Ausnahme der strafweisen Versetzung im § 90 nicht mehr ausdrücklich genannt ist. Dasselbe muß für Landesbeamte gelten, die strafweise in ein Amt mit geringeren Bezügen versetzt worden sind. Im übrigen ist aber mit dem Berufungsrichter anzunehmen, daß § 90 auch Versetzungen in dienstlichem Interesse ohne Antrag erfaßt, soweit sie nach früherem Reichs- oder Landesrecht zulässig waren und in der Zeit der Geltung des Deutschen Beamtengesetzes fortwirkten. Denn es ist in der Tat nicht einzusehen, warum ein ohne Antrag im Staatsinteresse versetzter Beamter schlechter gestellt werden sollte, als ein mit seiner Zustimmung — neben seinen eigenen Wünschen — auch im Staatsinteresse versetzter Beamter. Der Wortlaut des § 90 erfaßt zwanglos auch solche Fälle, und sein Zweck, entsprechend der Zielrichtung des ganzen Beamtengesetzes auch bei der Berechnung der Ruhegehälter für alle unmittelbaren und mittelbaren Beamten des Reichs einheitliches Recht zu schaffen, würde nicht erreicht, wenn die nach früherem Reichs- oder Landesrecht möglichen Versetzungen aus dienstlichem Interesse ohne Zustimmung des Beamten von seiner Regelung unberührt bleiben würden.

Freilich ist § 90 nur anwendbar, „sofern der Beamte in ein mit geringeren Dienstbezügen verbundenes Amt übergetreten ist". Die Revision hält ihn deshalb im vorliegenden Falle nicht für anwendbar, weil der Fortfall der ruhegehaltsfähigen Stellenzulagen nach dem braunschweigischen Gesetz vom 2. Juni 1933 eben nicht als Verringerung des Einkommens anzusehen sei. Dagegen gelten nach § 35 DBG. ruhegehaltsfähige Stellenzulagen bei der Versetzung als Bestandteile des Grundgehalts, ihr Verlust also als Einkommensminderung. Auch insoweit muß aber von dem Zwecke des Beamtengesetzes, einheitliches Beamtenrecht zu schaffen, und von der daraus folgenden Bestimmung des § 179 Abs. 5 ausgegangen werden, daß die Höhe des Ruhegehalts sich für alle Beamten, die nach Inkrafttreten des Gesetzes in den Ruhestand treten, nach diesem Gesetze richtet. § 35 steht zwar unter dem Titel „Versetzung" der Beamten. Hier ist jedoch der Auffassung des Reichsfinanzministers beizutreten, daß § 90 in einer gewissen Beziehung zu § 35 steht. Der Begriff der geringeren Dienstbezüge in § 90 ist deshalb aus der Bestimmung in § 35 zu entnehmen, daß auch der Fortfall einer ruhegehaltsfähigen Stellenzulage eine Verringerung der Dienstbezüge bedeutet. Denn insoweit wirkt sich die Begriffsbestimmung der geringeren Dienstbezüge auf die Höhe der Ruhegehaltsbezüge aus, die nach § 90 zu berechnen ist und die sich gemäß § 179 Abs. 5 DBG. auch für Beamte aus früherer Zeit nach diesem Gesetz bemißt. Durch die Verwendung der Begriffsbestimmung der geringeren Dienstbezüge des § 35 in § 90 muß demnach mittelbar diese Begriffsbestimmung auch der Berechnung der Ruhegehaltsbezüge nach § 179 Abs. 5 zugrunde gelegt werden, um dem Zwecke der einheitlichen Regelung der Beamtenbezüge durch das Beamtengesetz zu genügen. Die Vorschrift des braunschweigischen Gesetzes, daß der Fortfall einer ruhegehaltsfähigen Zulage nicht als Verringerung des Einkommens anzusehen sei, hat dadurch ihre Rechtswirksamkeit für die Anwendung des § 90 verloren; sie kann die Anwendung nicht verhindern.

Das ist offenbar der Gedankengang des Berufungsrichters gewesen, wenn er ihn auch nicht ausgeführt hat; denn ohne diese Voraussetzung hätte er nicht zur Anwendung des § 90 kommen können. . . .

Bei dieser Sachlage kann dahingestellt bleiben, ob die Vorschrift des braunschweigischen Gesetzes als Verstoß gegen Art. 129 WeimVerf. von vornherein insoweit rechtsunwirksam war, als sie in wohlerworbene Rechte der Beamten eingriff. . . .

Die Revision war aus den ausgeführten Gründen . . . als unbegründet zurückzuweisen.

RGZ. 161, 163

1. Kann auch nach dem Deutschen Beamtengesetze der zur Verfolgung vermögensrechtlicher Ansprüche der Beamten erforderliche Vorbescheid der „obersten Dienstbehörde" nach Klageerhebung, auch in höheren Instanzen noch, nachgebracht werden?

2. . . .*)

*) Überholt.

Deutsches Beamtengesetz vom 26. Januar 1937 — DBG. — §§ 142[1]), 143[2])....

III. Zivilsenat. Urt. v. 12. Mai 1939 i. S. Sch. (Kl.) w. Gemeinde L. (Bekl.). III 168/38.

I. Landgericht Bautzen. II. Oberlandesgericht Dresden.

Aus den Gründen:

1. Die Klage ist erst nach dem Inkrafttreten des Deutschen Beamtengesetzes rechtshängig geworden. Damit ist, auch soweit es sich um Ansprüche aus der Zeit vor dem Inkrafttreten dieses Gesetzes handelt (VO. zur Durchführung des Deutschen Beamtengesetzes vom 29. Juni 1937 — RGBl. I S. 669 — zu § 143 DBG.), die Beibringung des Vorbescheides der obersten Aufsichtsbehörde [§ 143 DBG.[2]) in Verbindung mit § 1 Abs. 3 der DurchfVO. zum Deutschen Beamtengesetz für die Kommunalbeamten vom 2. Juli 1937 — RGBl. I S. 729 —] erforderlich. Diesen Vorbescheid hat der Kläger erst in der Revisionsinstanz beigebracht. Damit hat er aber die Voraussetzungen des § 143 DBG.[2]) noch rechtzeitig erfüllt. Die Beibringung des Vorbescheides noch in der Revisionsinstanz ist vom erkennenden Senat für das frühere Recht in ständiger Rechtsprechung für ausreichend gehalten worden (vgl. u. a. RGZ. Bd. 104 S. 23 [24][3]). Hieran ist auch für das neue Recht festzuhalten. Für eine insoweit geänderte Rechtsauffassung ist kein Anhalt gegeben. Auch nach neuem Recht liegt kein Anlaß vor, die Parteien zu zwingen, einen Rechtsstreit von neuem anzufangen, wenn der ablehnende Vorbescheid im Laufe des Verfahrens noch beigebracht wird.

2. . . .

RGZ. 161, 308

Die Versetzung eines Beamten in den Ruhestand ist ein bedingungsfeindlicher Verwaltungsakt. Die bedingte Zurruhesetzung ist rechtlich unwirksam.

Alter Leitsatz:

1. Sind bei der gerichtlichen Beurteilung vermögensrechtlicher Ansprüche von Beamten Vorbescheide der obersten Dienstbehörde bindend für die Vorfragen, ob und von welchem Zeitpunkt ab das Beamtenverhältnis endet oder der Beamte in den Wartestand zu versetzen ist?

2. Von welcher Stelle war 1934 im Bereiche der Kreisordnung für die Provinz Schleswig-Holstein die Versetzung eines Kreiskommunalbeamten in den Ruhestand anzuordnen und wie hatte das zu geschehen?

---

[1]) Vgl. § 172 BBG.

[2]) Vgl. § 173 BBG.

[3]) In diesem Band S. 54 [55]

Deutsches Beamtengesetz vom 26. Januar 1937 (RGBl. I S. 39) — DBG. — §§ 143[1]), 146[2]). Preußische Kreisordnung für die Provinz Schleswig-Holstein vom 26. Mai 1888 (GS. S. 139) § 122 Nr. 3. Preußisches Gesetz über die Anpassung der Landesverwaltung an die Grundsätze des nationalsozialistischen Staates vom 15. Dezember 1933 (GS. S. 479) §§ 1, 2.

III. Zivilsenat. Urt. v. 15. September 1939 i. S. Kreis St. (Bekl.). w. S. (Kl.). III 6/39.

I. Landgericht Altona. II. Oberlandesgericht Kiel.

Der Kläger war als Eisenbahnoberinspektor der vom Beklagten betriebenen Kreisbahn lebenslänglich als Beamter angestellt. Er bezog das Endgehalt aus Gruppe 6 der Besoldungsgruppe für Reichsbahnbeamte sowie eine Entschädigung für die Miterledigung der Dienstgeschäfte des Bahnmeisters. Der Regierungspräsident in Sch. ordnete zur Durchführung der Angleichung der Bezüge an, daß der Kläger in die Gruppe A 4 b der Preußischen Besoldungsordnung eingestuft werde (§ 2 Abs. 3 und § 3 Abs. 1 des Kapitels II des 4. Teils der Preußischen Verordnung vom 12. September 1931 [GS. S. 179] in Verbindung mit den Bestimmungen zur Durchführung des Gesetzes zur Aenderung von Vorschriften auf dem Gebiete des allgemeinen Beamten-, des Besoldungs- und des Versorgungsrechts [BRÄndG.] vom 30. Juni 1933 [RGBl. I S. 433]).

Kurz vorher hatte der Kläger eine Eingabe an den Beklagten gerichtet, in der er seine Versetzung in den Ruhestand vorschlug. Er berief sich darin auf die Finanzlage der Kreisbahn, zu deren Besserung er damit beizutragen wünschte. Er schlug vor, sich wegen der ihm im Ruhestande zu gewährenden Bezüge auf bestimmte Abmachungen zu einigen. Zwischen den Parteien fanden Verhandlungen statt. Eine der Eingaben des Klägers schloß:

> Wenn es nicht möglich sein sollte, meine Versetzung in den dauernden Ruhestand auf Grund meines Angebots genehmigen zu können, so bitte ich Sie, Herr Landrat, mir mein Gesuch zurückzugeben und es als nicht gestellt betrachten zu wollen. Ich werde dann meinen Dienst weiter verrichten.

Schließlich erging am 15. Juni 1934 ein Beschluß des Kreisausschusses dahin, daß der Kläger mit dem 1. Oktober 1934 in den dauernden Ruhestand unter den aus dem Folgenden ersichtlichen Bedingungen zu versetzen sei. Der Kläger erhielt hiervon Kenntnis durch ein Schreiben

---

1) Vgl. § 173 BBG.

2) Das BBG. enthält eine entsprechende Vorschrift nicht mehr; für seinen Anwendungsbereich entfällt das Bedürfnis zu einer solchen Regelung wegen der unbeschränkten Verweisung aller Klagen der Beamten aus dem Beamtenverhältnis in den Verwaltungsrechtsweg (vgl. § 172 daselbst).

des Vorsitzenden des Kreisausschusses vom 18. Juni 1934, das folgendermaßen lautete:

> Der Kreisausschuß hat in seiner Sitzung vom 15. Juni 1934 beschlossen, Sie mit Wirkung vom 1. Oktober 1934 in den dauernden Ruhestand zu versetzen.
>
> Sie erhalten das Gehalt eines Oberinspektors entsprechend der Gruppe 4 a 1 der Preußischen Besoldungsordnung mit einem Grundgehalt von 5700 RM. Dieses Diensteinkommen soll Ihnen gewährleistet und in einem Privatvertrag niedergelegt werden. Bis zur Versetzung in den Ruhestand erhalten Sie Ihr bisheriges Gehalt. Vor Vollendung des 65. Lebensjahres beträgt das Ruhegehalt 80 vH. Dieses wird noch besonders festgelegt.

Der Vorsitzende des Kreisausschusses ersuchte den Kreisarzt um einen Bericht über den Gesundheitszustand des Klägers und forderte diesen auf, sich zur Untersuchung bei dem Kreisarzt einzufinden. Das verzögerte sich durch Erkrankung und Beurlaubung des Klägers. Am 23. Juli 1934 schloß dieser, der inzwischen noch gebeten hatte, seinen Uebertritt in den Ruhestand erst zum 1. November 1934 in Aussicht zu nehmen, mit dem Beklagten einen schriftlichen Vertrag, der von dem damaligen Landrat und dem Kläger unterzeichnet wurde und die Bestimmungen über die Bezüge enthielt, die der Beklagte dem Kläger während seiner restlichen Dienstzeit und während seines Ruhestandes sowie seinen Hinterbliebenen zu zahlen haben werde. Als der Kreisarzt dem Beklagten am 3. August 1934 fernmündlich mitteilte, der Kläger sei vollständig dienstunfähig und könne bis zu seiner endgültigen Versetzung in den Ruhestand keinen Dienst mehr machen, erklärte sich der Landrat mit Schreiben vom 7. August 1934 mit der Beurlaubung des Klägers „bis zur endgültigen Versetzung in den Ruhestand einverstanden".

Der Kläger hat seitdem keinen Dienst mehr getan. Am 23. August 1934 erhielt er ein Schreiben vom 28. Juli 1934, dessen Absender im Kopf bezeichnet war als „Der Vorsitzende des Kreisausschusses des Kreises St., Personal- und Lohnamt" und das mit den Worten begann:

> Da Sie mit Wirkung vom 1. November 1934 in den Ruhestand versetzt sind, teile ich Ihnen nachstehend Ihre Gebührnisse ab 1. November bzw. 1. Januar 1935 mit. Ihr Ruhegehalt errechnet sich wie folgt: . . .

Der Beklagte beantragte auch bei der Pensionskasse für Beamte Deutscher Privateisenbahnen, das Ruhegeld für den Kläger zu bewilligen. Die Kasse gab dem Antrage statt, nachdem sie noch ein Obergutachten einer medizinischen Universitätsklinik über den Gesundheitszustand des Klägers eingeholt und diese ihr Gutachten dahin abgegeben hatte, daß der Kläger dauernd dienstunfähig sei.

Entsprechend dem Vertrage vom 23. Juli 1934 und dem Bescheide vom 23. August 1934 zahlte der Beklagte dem Kläger das ihm zugesagte

Ruhegeld, bis der Regierungspräsident in Sch. die Höhe dieser Bezüge beanstandete. Der Regierungspräsident vertrat den Standpunkt, daß die Abmachung vom 23. Juli 1934 gegen die Bestimmungen des Beamtenrechts-Aenderungsgesetzes verstoße und aus diesem Grunde unwirksam sei, weil der Kläger von dem Regierungspräsidenten in die Gruppe A 4b der Preußischen Besoldungsordnung eingestuft worden sei. Infolgedessen setzte der Beklagte das Ruhegeld des Klägers herab, wobei er sich eine Neufestsetzung des der Berechnung zugrunde zu legenden Dienstalters vorbehielt. Gegenvorstellungen des Klägers bei dem Beklagten blieben erfolglos.

Der Kläger hat darauf Klage erhoben. Im Laufe des Rechtsstreits hat er Vorbescheide des Regierungspräsidenten vorgelegt, die seine Ansprüche ablehnen. Zunächst hat er allein auf Weiterzahlung des Ruhegehalts in der ursprünglichen Höhe geklagt und das damit begründet, seine „privatrechtlichen Abmachungen" mit dem Beklagten würden durch die Beanstandung des Regierungspräsidenten nicht berührt. Im Berufungsverfahren hat der Kläger den Anspruch in erster Reihe als Gehaltsanspruch für die Zeit seit dem 1. November 1934 geltend gemacht. Er hat vorgetragen: Wenn er, wie der Beklagte, in diesem Rechtsstreit zunächst davon ausgegangen sei, daß er durch den Bescheid des Beklagten vom 18. Juni 1934 in den Ruhestand versetzt worden sei, so sei das unzutreffend. Jene Mitteilung kündige nur die Absicht an, ihn in den Ruhestand zu versetzen, nämlich für den Fall, daß die Beteiligten sich über das von ihm verlangte Ruhegehalt verständigen würden. Der Bescheid entbehre auch der Form, wie sie für rechtsverbindliche Erklärungen des Beklagten durch die maßgeblichen gesetzlichen Bestimmungen vorgeschrieben worden sei. Alles das gelte auch von dem Vertrage vom 23. Juli 1934, wenn man ihn überhaupt dahin auslegen könne, daß er die Versetzung in den Ruhestand enthalte. Ein selbständiger Hoheitsakt, der diese schlechthin ausspreche, fehle; alles sei stets von der Einigung über das von ihm beanspruchte Ruhegehalt abhängig gemacht worden.

Der Beklagte hat dem Ruhegehaltsanspruch des Klägers die von dem Regierungspräsidenten vertretene Rechtsauffassung entgegengehalten. Gegenüber dem Gehaltsanspruch vertritt er den Standpunkt, daß die Frage, ob der Kläger in den Ruhestand versetzt worden sei, durch § 146 DBG.[2]) der Nachprüfung durch die ordentlichen Gerichte entzogen sei. Daher müsse der Beurteilung die in dem Vorbescheide des Regierungspräsidenten vom 25. Juli 1938 ausgesprochene Rechtsauffassung zugrunde gelegt werden. Uebrigens sei diese auch zutreffend, da die Versetzung des Klägers in den Ruhestand in dem Schreiben an ihn vom 18. Juni 1934 ausgesprochen worden sei.

Das Landgericht hat dem Kläger die verlangten Mehrbeträge an Ruhegehalt zugesprochen. Das Oberlandesgericht hat die Berufung des

Beklagten zurückgewiesen; es hält den Gehaltsanspruch für begründet. Die Revision des Beklagen hatte keinen Erfolg.

Gründe:

(Zunächst wird die Zulässigkeit des Rechtsweges dargelegt.)

. . . Voraussetzung für den in erster Reihe geltend gemachten Gehaltsanspruch ist, daß der Kläger sich noch im Dienste des Beklagten befindet und nicht, wie beide Teile bis in den Rechtsstreit hinein angenommen haben, im Laufe des Jahres 1934 in den Ruhestand versetzt worden ist. Das ist also zunächst zu erörtern. Dabei ist von der Vorschrift des § 146 DBG.[2]) auszugehen, die gemäß § 184 Abs. 1 DBG.[3]) nach dem Inkrafttreten dieses Gesetzes, dem 1. Juli 1937, für alle gegenwärtigen und früheren Beamten Geltung gewonnen hat. Nach § 146 Satz 1 DBG.[2]) sind die Entscheidungen der Verwaltungsbehörden darüber, ob und von welchem Zeitpunkt ab das Beamtenverhältnis endet, für die Beurteilung der vor dem Gericht geltend gemachten vermögensrechtlichen Ansprüche bindend.

Der Bescheid des Regierungspräsidenten in Sch. vom 25. Juli 1938, den der Kläger eingeholt hat, um der Anforderung eines Vorbescheides der obersten Dienstbehörde zu genügen, und der den Antrag des Klägers auf Gehaltszahlung als unbegründet zurückweist, spricht in seinen Gründen aus, daß der Kläger rechtsgültig in den Ruhestand versetzt worden sei. Damit entsteht die Frage, ob diesem Verwaltungsakt die durch § 146 DBG.[2]) angeordnete bindende Kraft beizumessen ist. Das hat das Berufungsgericht verneint. Es hält für entscheidend, daß der Bescheid, ebenso wie der ihm vorhergegangene vom 30. Dezember 1937, keine sachlichrechtliche Aenderung der öffentlichrechtlichen Beziehungen der Streitteile angestrebt habe. Die Revision bekämpft das. Sie macht unter Hinweis auf den Zweck und den Wortlaut des § 146 geltend, daß nicht nur die Entscheidungen der „Anstellungsbehörde", sondern auch die nach § 143 DBG.[1]) ergehenden der obersten oder einer höheren Dienstbehörde verbindlich seien.

Der Meinung des Berufungsgerichts ist beizutreten.

Schon der Wortlaut des Gesetzes ergibt, daß sich § 146 DBG.[2]) auf die nach § 143 das.[1]) getroffenen Entscheidungen überhaupt nicht bezieht. Nach § 146 DBG.[2]) sind die Entscheidungen der Verwaltungsbehörden darüber, ob und von welchem Zeitpunkt ab das Beamtenverhältnis endet, für die Beurteilung der vor dem Gericht geltend gemachten vermögensrechtlichen Ansprüche bindend. Die Beendigung des Beamtenverhältnisses des Klägers auszusprechen, war, wie später noch darzulegen sein wird, Sache des Kreisausschusses. Den Gegenstand der Entscheidung des nach § 143 DBG.[1]) angerufenen Regierungspräsidenten bildete das nicht. Die Entscheidungen nach § 143[1]) betreffen nämlich

[3]) Übergangsvorschrift.

die vermögensrechtlichen Ansprüche der Beamten, wie sich aus dem Zusammenhange von § 143 DBG.[1]) mit § 142 das.[4]) klar ergibt. Ueber diese vermögensrechtlichen Ansprüche soll, ehe das Gericht angegangen wird, zunächst die oberste Dienstbehörde (hier: der Regierungspräsident) entscheiden. Ihre Entscheidung ist dem Gegenstande nach keine andere als die des Gerichts, falls dieses bei Ablehnung des Anspruchs durch die oberste Dienstbehörde von dem Beamten angerufen wird. Für die Verwaltungsentscheidung nach § 143 DBG.[1]) ist die Frage, ob und wann das Beamtenverhältnis geendet hat, ebenso eine bloße Vorfrage wie für die Entscheidung des Gerichts. Die Verwaltungsbehörde hat sich darüber nur in den Gründen ihres Bescheides auszusprechen. Dabei braucht für die jetzt zu treffende Entscheidung nicht erörtert zu werden, ob nicht bei diesem Sachverhalt § 146 DBG.[2]) für die Entscheidungen der Verwaltungsbehörden nach § 143 das.[1]) gleichfalls, wenigstens sinngemäß, gilt. Jedenfalls hat auch der Regierungspräsident im vorliegenden Falle nicht die Versetzung des Klägers in den Ruhestand angeordnet oder bestätigt, sondern nur über seine vermögensrechtlichen Ansprüche — Gehaltsansprüche — entschieden; dagegen steht dem Kläger der Rechtsweg offen. Die Begründung, die der Regierungspräsident seiner Entscheidung gegeben hat, ist für die Gerichte in keiner Hinsicht maßgebend. § 146 DBG.[2]) kann demnach hier nur Platz greifen, wenn eine Entscheidung des Kreisausschusses über die Beendigung des Beamtenverhältnisses des Klägers ergangen ist. Ob das der Fall ist, hat das Gericht zu prüfen.

Zu demselben Ergebnis führen die folgenden Erwägungen: Die Bestimmung des § 146 DBG.[2]) ist aus der bisherigen Rechtsentwickelung erwachsen und daher aus dieser zu verstehen. Sie ging dahin, daß der Grundsatz der richterlichen Nichtgebundenheit an die Entscheidungen anderer Behörden an der bindenden Kraft rechtsgestaltender Verwaltungsakte seine Schranke zu finden habe, zu denen insbesondere die Entscheidungen gehören, durch die ein Beamtenverhältnis beendigt wird. . . . Der Grund für diese Beschränkung des Umfangs der richterlichen Prüfung liegt in der Selbständigkeit des Aufgabenbereichs der Verwaltung. Sie würde beeinträchtigt werden, wenn den Gerichten schrankenlos die Befugnis zustände, Verwaltungsakte für ungültig zu erklären und dadurch in den Gang der Geschäfte einzugreifen, die den Verwaltungsbehörden zur eigenen verantwortlichen Erledigung übertragen worden sind. Dieser Gesichtspunkt gewinnt aber nur bei Verwaltungsakten rechtsgestaltenden Inhalts Bedeutung. Er versagt, sofern es sich nicht um Willenskundgebungen der Verwaltungsbehörden handelt, durch die in die vorgefundene Rechtslage mit regelnder, rechtsgestaltender Kraft eingegriffen wird, sondern nur um die lediglich beurteilende, die wirkliche

[4]) Demgegenüber betrifft die entsprechende Vorschrift in § 172 BBG. „alle Klagen der Beamten ... aus dem Beamtenverhältnis", nicht nur Klagen wegen vermögensrechtlicher Ansprüche.

Rechtslage unberührt lassende Ueberprüfung anderweit gewordener Rechtsvorgänge. So verhält es sich aber bei den Vorbescheiden des § 143 DBG.[1]). Sie enthalten, wie das Berufungsgericht zutreffend hervorhebt, keine sachlichrechtlichen Aenderungen der Beziehungen zwischen dem Dienstherrn und dem Anspruchsberechtigten. Die in ihnen zutage tretende Auffassung der Behörde über diese kann daher den Umfang der richterlichen Nachprüfung nicht berühren. Richtig ist freilich der Hinweis der Revision darauf, daß die Bindung nach § 146 DBG.[2]) nicht auf Entscheidungen der „Anstellungsbehörde" zu beschränken ist. Greift beispielsweise der Beamte die seine Versetzung in den Ruhestand aussprechende Verfügung seiner vorgesetzten Dienstbehörde mit der Beschwerde an, so ist auch die Beschwerdeentscheidung der höheren Verwaltungsbehörde mit der Verbindlichkeit nach § 146 DBG.[2]) ausgestattet. Aber um dergleichen handelt es sich im gegebenen Falle nicht.

Mit Recht ist das Berufungsgericht daher bei seiner Beurteilung auf die Vorgänge selbst zurückgegangen, in denen etwa der Verwaltungsakt der Versetzung des Klägers in den Ruhestand gefunden werden könnte. Es stellt fest, daß in dieser Hinsicht allein die Mitteilung des Vorsitzenden des Kreisausschusses vom 18. Juni 1934 über dessen vorangegangenen Beschluß vom 15. Juni 1934, der Vertrag der Streitteile vom 23. Juli 1934 sowie das Schreiben des „Vorsitzenden des Kreisausschusses des Kreises St., Personal- und Lohnamt" vom 28. Juli 1934 in Betracht kämen, und behandelt auch die Frage, ob der Verwaltungsakt der Versetzung des Klägers in den Ruhestand, wenn er in einem dieser Vorgänge zu finden wäre, rechtlich gültig sein würde. Das angefochtene Urteil weist wegen der Mitteilung vom 18. Juni 1934 über den Beschluß des Kreisausschusses vom 15. Juni 1934 darauf hin, daß damals die gesetzlichen Voraussetzungen einer Ueberführung des Klägers in den Ruhestand schon mangels der Feststellung seiner Dienstunfähigkeit und wegen der Abhängigmachung seines Antrages von der Zubilligung bestimmter Bezüge nicht vorgelegen hätten, vermißt weiter bei dem Vertrage vom 23. Juli 1934 die Einhaltung der für derartige Verpflichtungsgeschäfte gesetzlich vorgeschriebenen Form sowie der Beschränkungen, die dem Willen der Vertragschließenden durch das Beamtenrechts-Aenderungsgesetz auferlegt worden seien, und meint schließlich, daß die hierdurch hervorgerufene Unmöglichkeit, dem Kläger das zu gewähren, was er doch zur Bedingung seines Antrages auf Versetzung in den Ruhestand gemacht habe, auch der Wirksamkeit einer etwa in dem Schreiben vom 28. Juli 1934 zu findenden Versetzung in den Ruhestand entgegenstehe.

Ob das alles zutrifft und ob nicht, sofern ein die Versetzung des Klägers in den Ruhestand aussprechender und mit solchem Inhalt unter den gegebenen Voraussetzungen an sich möglicher Verwaltungsakt der zuständigen Stelle festzustellen ist, eben die Vorschrift des § 146 DBG.[2])

es ausschließt, daß dessen Wirksamkeit in diesem Rechtsstreit in Frage gestellt werde, kann dahingestellt bleiben, wenn ein solcher Verwaltungsakt entweder gar nicht oder doch nicht mit einem nach Lage der gesetzlichen Vorschriften möglichen Inhalt ergangen ist. Der Umstand, daß es überhaupt an einem solchen fehlt, muß selbstverständlich trotz der Vorschrift des § 146 DBG.[2]) von den Gerichten beachtet werden.

Die für die Prüfung der Zuständigkeit bedeutungsvolle Annahme des Berufungsgerichts, daß über die Versetzung des Klägers in den Ruhestand der Landrat an Stelle des früher zuständig gewesenen Kreisausschusses hätte entscheiden müssen, ist freilich unzutreffend. Das preußische Gesetz über die Anpassung der Landesverwaltung an die Grundsätze des nationalsozialistischen Staates vom 15. Dezember 1933 (GS. S. 479), aus dem das Berufungsgericht derartiges entnehmen will, bezieht sich, wie Name und Inhalt ergeben, auf die unmittelbare staatliche Verwaltung, nicht auf die Verhältnisse der Selbstverwaltungskörper. Die Kreisausschüsse insbesondere hatte das Gesetz (§ 1) nur als Beschlußbehörden beseitigt und ihnen (§ 2) in ihrer Eigenschaft als Verwaltungsgerichte die Bezeichnung „Kreisverwaltungsgericht" gegeben. Dagegen hatte es die Stellung der Kreisausschüsse in der Kommunalverwaltung unberührt gelassen. Auch später ist eine grundsätzliche Neuregelung der Selbstverwaltung allein für die unterste Stufe, für die Gemeinden, erfolgt, während die Zwischenstufen nur durch Einzelvorschriften den Erfordernissen der staatlichen Neuordnung angepaßt worden sind. Eine Beseitigung des Kreisausschusses oder eine allgemeine Uebertragung seiner Befugnisse auf den Landrat, seinen Vorsitzenden, hat nicht stattgefunden. . . . Auch im Jahre 1934, in dem sich die hier zu beurteilenden Ereignisse abgespielt haben, war demnach die Anstellung der Beamten der Kreiskommunalverbände gemäß § 122 Nr. 3 der Kreisordnung für die Provinz Schleswig-Holstein Sache des Kreisausschusses (vgl. Schönebeck-Seel-Krauthausen Das neue Kommunalbeamtenrecht 1938 Erl. 1 Abs. 6 zu § 24 DBG., S. 100). Dasselbe gilt — vgl. ALR. § 94 II 10 — für ihre Entlassung. Die Entschließung des Kreisausschusses des Kreises St. vom 15. Juni 1934 über die Versetzung des Klägers in den Ruhestand ging also von der dafür zuständigen Stelle aus.

Das Berufungsgericht hat aber angenommen, daß eine Versetzung des Klägers in den Ruhestand überhaupt nicht ausgesprochen worden sei. Es geht davon aus, daß einerseits im Jahre 1934 zwar eine besondere Vorschrift über die Form, in der ein Kreiskommunalbeamter in den Ruhestand zu versetzen war, nicht bestanden habe, andrerseits aber diese Anordnung doch klar und eindeutig habe zum Ausdruck gebracht werden müssen. Es untersucht die drei genannten Rechtsvorgänge darauf, ob einer von ihnen die hier in Rede stehende Erklärung enthalte, und kommt zur Verneinung dessen. Da es sich jedoch um die Auslegung von behördlichen Willenskundgebungen handelt — auch der Vertrag vom 23. Juli 1934 soll ja darauf untersucht werden, ob mit ihm eine solche verbunden worden ist —, unterliegt deren Nachprüfung durch das Revisionsgericht, wie das Reichsgericht in ständiger Rechtsprechung annimmt . . ., keinen Schranken. Diese Nachprüfung führt zur Bestätigung des Ergebnisses, zu dem das Berufungsgericht gelangt ist.

Unmöglich kann zunächst der Mitteilung vom 18. Juni 1934, die an den Kläger über den Beschluß des Kreisausschusses vom 15. Juni 1934 erging, eine Auslegung gegeben werden, die der Auffassung des Beklagten zum Siege verhelfen könnte. Freilich bestand die Möglichkeit, daß der Beschluß selbst die endgültige Entscheidung des Kreisausschusses über den Antrag des Klägers auf Versetzung in den Ruhestand enthielt, obwohl, wie weiter darzulegen sein wird, die gesetzlichen Voraussetzungen dieser Maßnahme zur Zeit der Beschlußfassung noch nicht eingetreten waren. Es stand nichts im Wege, daß der Kreisausschuß seinen Vorsitzenden ermächtigte, für den Fall der Erfüllung dieser Erfordernisse die Versetzung in den Ruhestand auszusprechen. Dann erübrigte sich die nochmalige Beschlußfassung des Kreisausschusses und genügte, um die Beendigung des Dienstverhältnisses herbeizuführen, die — notwendigerweise unbedingte — Erklärung des Vorsitzenden des Kreisausschusses an den Beamten, daß er in den Ruhestand versetzt werde.

Zutreffend weist das Berufungsgericht darauf hin, daß der Wortsinn des Schreibens vom 18. Juni 1934 mit seiner Bezugnahme auf den möglicherweise in solchem Sinne nur vorbereitenden Beschluß des Kreisausschusses nicht notwendig als Kundgabe einer Entscheidung aufgefaßt werden müsse, welche die in Aussicht genommene Rechtsänderung der Versetzung des Klägers in den Ruhestand unmittelbar habe hervorrufen wollen. Solche Bedeutung habe aber ferner dieser Erklärung wegen äußerer Umstände von dem Absender oder dem Empfänger nicht beigemessen werden können. Denn es sei beiden Teilen klar gewesen, daß es noch an der Feststellung einer unumgänglichen Voraussetzung der Versetzung in den Ruhestand gefehlt habe, nämlich der Dienstunfähigkeit des Klägers, und es könne unmöglich angenommen werden, daß der Vorsitzende des Kreisausschusses eine Anordnung habe treffen wollen, die das Gesetz unter den gegebenen Voraussetzungen noch nicht gestattete. Auch aus der Vorgeschichte und dem späteren Verhalten der Beteiligten weist das Berufungsgericht nach, daß sie nicht an die Möglichkeit gedacht haben können, die Versetzung des Klägers in den Ruhestand schon am 18. Juni 1934 endgültig auszusprechen. Gegen alle diese Darlegungen vermag die Revision nichts vorzubringen.

Sie schließen freilich ein anderes nicht aus. Der Zusammenhang der gesamten Vorgänge und zumal das spätere Verhalten des Vorsitzenden des Kreisausschusses — besonders bezeichnend in dieser Hinsicht ist § 6 des Vertrages vom 23. Juli 1934 — kann nur mit der bei ihm obwaltenden Vorstellung erklärt werden, daß der zunächst nur vorbereitete Uebertritt des Klägers in den Ruhestand in der Folgezeit ohne weiteres Zutun der Behörde rechtswirksam werden sollte und geworden sei. Das zwingt zu der Auffassung, der Vorsitzende des Kreisausschusses habe in seinem Schreiben vom 18. Juni 1934 die Versetzung des Klägers in den Ruhestand immerhin bedingt aussprechen wollen, dergestalt, daß sie von selbst durch die Erfüllung der weiteren Voraussetzungen — des Nachweises der Dienstunfähigkeit, der vertraglichen Regelung der Geldansprüche des Klägers — zu voller Wirksamkeit habe gelangen sollen.

Diese Auslegung der Kundgebung vom 18. Juni 1934 kommt zwar den wirklichen Vorgängen näher als die Auffassung des Berufungsgerichts, daß in dem Schreiben vom 18. Juni 1934 ein Ausdruck des Willens des Vorsitzenden des Kreisausschusses, der Kläger solle in den Ruhestand übertreten, überhaupt nicht zu finden sei; sie läßt aber doch das Ergebnis, zu dem das Berufungsgericht gelangt ist, unberührt. Die Rechtslage kann keine andere sein, als wenn die Versetzung des Klägers in den Ruhestand überhaupt nicht ausgesprochen worden wäre. Denn die Versetzung eines Beamten in den Ruhestand ist, worauf das Berufungsgericht mit Recht hinweist, ein Verwaltungsakt, der die Hinzufügung von Bedingungen nicht verträgt. Wird er unter einer Bedingung erlassen, so kann er auch bei ihrer späteren Erfüllung nicht rechtswirksam werden. Eine derartige bedingte Versetzung eines Beamten in den Ruhestand hat wegen der Bedingungsfeindlichkeit dieses Verwaltungsaktes rechtlich keine Wirkung. Im gegebenen Falle war daher zwar, wie gezeigt, ein Beschluß des Kreisausschusses möglich, der seinen Vorsitzenden unter Vorbehalten ermächtigte, die Versetzung in den Ruhestand auszusprechen. Aber der solches anordnende, an den Beamten gerichtete Verwaltungsakt selbst, den jener auf Grund der Ermächtigung vorzunehmen hatte, konnte nur unbedingt vor sich gehen. Die Sache liegt also auch bei derjenigen Auslegung der Mitteilung vom 18. Juni 1934, der nach dem Ausgeführten der Vorzug zu geben ist, so, daß ein Verwaltungsakt, der die Ruhestandsversetzung des Klägers in rechtlich beachtlicher Weise ausspräche und darum nach § 146 DBG.[2]) der Entscheidung über die vermögensrechtlichen Ansprüche des Klägers zugrunde gelegt werden müßte, mit jener Mitteilung noch nicht vorgenommen worden ist. Er ist auch später nicht nachgeholt worden.

Dem Vertrage vom 23. und dem Schreiben vom 28. Juli 1934 kann schon ihrem äußeren Inhalte nach der Verwaltungsakt einer Versetzung des Beamten in den Ruhestand nicht entnommen werden. Gerade die Auslegung, die der Mitteilung vom 18. Juni 1934 gegeben wurde, daß nämlich schon in dieser die Ruhestandsversetzung, und zwar bedingungsweise, habe erklärt werden sollen, schließt das fernerhin aus.

Hiernach ist dem Berufungsgericht darin beizustimmen, daß der Kläger nicht mit rechtlicher Wirksamkeit in den Ruhestand überführt worden ist. Daß beide Teile sich in der Folgezeit so verhalten haben, als ob das geschehen wäre, hat die Rechtslage nicht geändert. Insbesondere kann keine Nachholung des unterbliebenen vorbehaltlosen Staatsaktes in Gestalt schlüssigen Verhaltens des Vorsitzenden des Kreisausschusses angenommen werden. Das muß daran scheitern, daß bei diesem, eben aus seiner Rechtsauffassung heraus, der Wille nicht vorhanden war, in dieser Weise nachträglich auf den Rechtszustand gestaltend einzuwirken.

Die Revision macht weiter geltend, daß es gegen Treu und Glauben verstoße, wenn ein früherer Beamter, der nach dem ihm bekannten Willen seiner Anstellungsbehörde und mit seinem Einverständnis im Jahre 1934 in den tatsächlichen Ruhestand getreten ist und keinerlei Dienste mehr für seine frühere Dienstbehörde verrichtet hat, dessen Dienstunfähigkeit zudem für den Zeitpunkt seines tatsächlichen Eintritts in den Ruhestand unzweifelhaft feststeht, im Jahre 1938 für zurückliegende Zeiträume sein volles Beamtengehalt beanspruche wegen angeblicher Formmängel der Verfügung, die seine Versetzung in den Ruhestand aussprach. Aber auch diese Ausführung kann der Verteidigung des Beklagten zu keinem Erfolge verhelfen. Es verhält sich lediglich so, daß in den Rechtsbeziehungen der Streitteile eine seinerzeit von beiden Teilen gewollte Aenderung nicht eingetreten ist. Den Kläger trifft daran kein Verschulden, und es ist sogar nicht einmal auf sein Verhalten zurückzuführen, daß der vorbehaltlose Ausspruch seiner Ueberführung in den Ruhestand unterblieben ist. Unter diesen Umständen kann es dem Kläger nicht verwehrt werden, sich auf die bestehende Rechtslage zu berufen. Die bloße Tatsache, daß er diese eine Zeitlang, ebenso wie die Leitung des Beklagten, verkannt hat, indem er annahm, daß er wirksam in den Ruhestand versetzt worden sei, kann keine rechtlichen Wirkungen auslösen. Dazu kommt noch, was die Revision verkennt, daß der Kläger eben nicht „mit seinem Einverständnis" in den Ruhestand versetzt worden ist. Denn der Kläger hatte, worauf das Berufungsgericht mit Recht hinweist, in allen Stufen der Verhandlungen seine Ueberführung in den Ruhestand von der Erfüllung bestimmter geldlicher Anforderungen abhängig gemacht, die aber, wie die Revision selbst vorträgt, wegen der Unwirksamkeit des Vertrages vom 23. Juli 1934 nicht erfüllt werden können. Unter diesen Umständen verstößt es weder gegen Treu und Glauben, noch kann es die Einrede der Arglist begründen, wenn der Kläger nunmehr die zutreffenden Folgerungen aus der wirklichen Rechtslage zieht.

Dem Kläger stehen daher die Dienstbezüge seiner bisherigen Stellung über den 1. November 1934 zu.

RGZ. 162, 93

Geht der gesetzliche Schadensersatzanspruch nach § 139 DBG.[1]) auf eine Pensionskasse über, die nach Landesgesetz dem im Dienst einer Gemeinde stehenden Beamten oder seinen Hinterbliebenen Versorgung gewährt?

[1]) Vgl. jetzt § 168 BBG.

VI. Zivilsenat. Urt. v. 11. November 1939 i. S. R. u. a. (Bekl.) w. Pensionskasse für Körperschaftsbeamte (Kl.). VI 81/39.

I. Landgericht Stuttgart. II. Oberlandesgericht daselbst.

Am 15. September 1935 abends wurde der der R.-Brauerei in G. gehörige, von dem Beklagten R. geführte Lastkraftwagen, der als zweiter in einer Kraftwagenreihe 22 SA.-Männer von einer Uebung heimbeförderte, an einem schienengleichen unbeschrankten Bahnübergange bei O. von einem Eisenbahnzuge der mitbeklagten Reichsbahn erfaßt. Die Pritsche wurde abgerissen, von den Insassen wurden 6 sofort getötet und 15 weitere verletzt, darunter der Stadtbaumeister F. aus G.; dieser ist am 21. September 1935 an der Verletzung gestorben. Die klagende Pensionskasse, deren Pflichtmitglied F. war, verlangt von den Beklagten als Gesamtschuldnern Ersatz des Sterbenachgehalts und der Witwen- und Waisenbezüge, die sie der Witwe und den beiden minderjährigen Kindern des F. gewährt hat und in Zukunft gewähren muß. Die Witwe F. hat, zugleich namens ihrer Kinder, durch schriftliche Erklärung vom 7. Oktober 1935 die Schadensersatzansprüche aus dem Unfalle gegen die R.-Brauerei und gegen die beiden Beklagten auf Grund des Art. 37 des Württ. Körperschaftspensionsgesetzes vom 14. April 1928 (RegBl. f. Württb. S. 111) an die Klägerin bis zur Höhe von deren Leistungen abgetreten. Die Klägerin stützt ihre Ersatzansprüche gegen R. auf §§ 823, 844 BGB., gegen die Reichsbahn auf §§ 1, 3 Abs. 2 und § 7 RHaftpfl.G. Sie hat verlangt: Verurteilung der Beklagten als Gesamtschuldner zur Zahlung von insgesamt 4879,86 RM. sowie Feststellung ihrer Verpflichtung zum Ersatze der von der Klägerin an die Hinterbliebenen F.s nach dem Württembergischen Körperschaftspensionsgesetz zu zahlenden, ziffernmäßig näher angegebenen monatlichen Witwen- und Waisenversorgung. Die Beklagten haben Klageabweisung mit der Begründung verlangt, die Hinterbliebenen hätten insoweit keinen Schaden erlitten, als ihnen gesetzliche Versorgungsansprüche zuständen; überdies seien die Versorgungsansprüche der Hinterbliebenen nach § 850 g ZPO. der Pfändung nicht unterworfen und daher nach § 400 BGB. nicht abtretbar. Die Klägerin ist dem entgegengetreten und hat weiter geltend gemacht, auf alle Fälle berechtige die Abtretung sie zur Führung des Rechtsstreits über den geltend gemachten Anspruch.

Landgericht und Oberlandesgericht haben unter zeitlicher Begrenzung der erbetenen Feststellung nach dem Klageantrag erkannt. Auf Revision der Beklagten ist das Berufungsurteil vom erkennenden Senat am 1. Juni 1938 (vgl. SeuffArch. Bd. 93 S. 8) aufgehoben und die Sache an das Berufungsgericht zurückverwiesen worden. Das Berufungsgericht hat darauf durch das jetzt angefochtene Urteil die von der Klägerin erbetene Feststellung der gesamtschuldnerischen Erstattungspflicht getroffen, jedoch erst mit Wirkung vom 1. Juli 1937 ab und unter Begrenzung bis zu dem Zeitpunkte, zu dem F. vermutlich zur Ruhe gesetzt worden wäre; im übrigen hat es die Klage abgewiesen.

Die Revision der Beklagten führte zur Aufhebung dieses Urteils und zur vollen Abweisung der Klage unter gleichzeitiger Zurückweisung der Anschlußrevision der Klägerin.

Gründe:

In der Abtretungserklärung der Witwe F. vom 7. Oktober 1935 erblickt das Berufungsgericht eine der Klägerin erteilte Einziehungsermächtigung. Einen späteren Verzicht der Witwe auf ihre damaligen etwaigen Ansprüche gegen die Beklagten hält es trotz des Wortlauts der Abfindungserklärung vom 12. März 1937 nach dem Beweisergebnis nicht für dargetan. Die Klägerin habe aber, so meint es, das erforderliche Rechtsschutzinteresse für die Ausübung der Einziehungsermächtigung nicht genügend dargelegt; in Wahrheit liege ein Handeln für eigene Rechnung vor. Ueberdies hätten die Hinterbliebenen F. nach württembergischem Recht einen unbedingten Anspruch auf die gesetzlichen Bezüge gegen die Klägerin, der von der Ungültigkeit der im Art. 37 Württ. Körperschaftspensionsgesetzes vorgesehenen Abtretung unberührt bleibe; daher würde es nach der bisherigen Rechtsprechung an einem Schaden der Hinterbliebenen und an entsprechenden Ansprüchen, auf die sich im Oktober 1935 eine Einziehungsermächtigung hätte beziehen können, überhaupt fehlen. Der Berufungsrichter hält jedoch die Klage für die Zeit vom 1. Juli 1937 ab auf Grund der Bestimmungen des Deutschen Beamtengesetzes vom 26. Januar 1937 für gerechtfertigt; dazu führt er im wesentlichen aus: Der Reichsminister des Innern habe auf Grund des § 152 DBG. in § 6 der Durchführungsverordnung für die Kommunalbeamten vom 2. Juli 1937 (RGBl. I S. 729) übergangsweise die Weitergeltung der landesrechtlichen Vorschriften über die Versorgungskassen und deren Anpassung an das Deutsche Beamtengesetz durch die Länder angeordnet. Es frage sich, ob insoweit § 139 DBG.[1]) ausgeschaltet sei, der nach § 184 DBG.[2]) und der Durchführungsverordnung zum DBG. vom 29. Juni 1937 (RGBl. I S. 669) auch für Witwen und Waisen gelte, die vor dem 1. Juli 1937 bereits Ansprüche auf Versorgungsbezüge nach altem Recht erworben hätten. Rein verstandesmäßige Erwägungen zwängen zu diesem Ergebnis nicht; es sei durchaus denkbar, die Schadensersatzansprüche trotz Weiterbestehens der Pensionskassen auf den von diesen verschiedenen Dienstherrn übergehen zu lassen. Innere Gründe sprächen dafür, insbesondere der unverkennbare Gedanke des Gesetzgebers, nicht nur so weit und so rasch wie möglich einheitliches Recht zu schaffen, sondern auch mit dem als ungerecht empfundenen Rechtszustand aufzuräumen, daß von Haftung frei sein solle, wer einen Beamten schädige, im Gegensatze zu dem, der einer Privatperson Schaden zufüge. Demgegenüber könne dem Wortlaute des § 139[1])

[2]) Übergangsvorschrift.

keine maßgebliche Bedeutung beigemesssen werden. Das Schwergewicht sei nicht so sehr darauf zu legen, daß kein Ereignis vorliege, das den Dienstherrn zur Gewährung von Versorgungsbezügen verpflichte, als vielmehr auf den Umstand, daß überhaupt „eine in den staatlichen Apparat eingeschaltete Stelle“ für die Folgen des Ereignisses aufzukommen habe. Es wäre nicht verständlich, wenn nach dem 1. Juli 1937 der Schädiger in dem Lande mit Pensionskasse frei ausgehen sollte, in dem Lande ohne solche dagegen nicht. In Württemberg werde die Pensionskasse auch im wesentlichen von den Gemeinden gespeist; der Dienstherr erscheine in diesem Sinn also mittelbar auch als zur Gewährung von Versorgungsbezügen verpflichtet. Diese Auffassung liege ersichtlich auch den Richtlinien des Reichsministers des Innern vom 13. Januar 1938 zugrunde. § 139 DBG.[1]) sei daher anwendbar. Die 2. Durchführungsverordnung zum DBG. vom 13. Oktober 1938 (RGBl. I S. 1421) stelle zu § 139[1]) unmißverständlich klar, daß auch Ereignisse vor dem 1. Juli 1937 einzubeziehen seien, der Bestimmung also rückwirkende Kraft zukomme. Der tatsächliche Ablauf in der Vergangenheit könne einer solchen Rückwirkung im Einzelfall entgegenstehen, wenn etwa ein Berechtigter über seine Ansprüche damals endgültig verfügt hätte; das treffe hier aber mit Rechtswirksamkeit nicht zu. Dem Uebergang auf die Gemeinde G. als Dienstherrn des F. habe also nichts im Wege gestanden, soweit es sich um die Ersatzansprüche vom 1. Juli 1937 ab handele. Die Gemeinde habe diese Ansprüche gegen die Beklagten am 17. Februar 1938 wirksam übertragen; das Hindernis des § 400 BGB. habe dem nicht entgegengestanden.

Die Revision wendet sich mit Recht gegen die Auffassung des Berufungsrichters, daß § 139 DBG.[1]) auch in einem Falle wie dem vorliegenden anwendbar sei. § 139[1]) findet seinem eindeutigen Wortlaute nach nur Anwendung auf Dienstherren, die infolge des Ereignisses, das den Schadensersatzanspruch ausgelöst hat, zur Gewährung oder Erhöhung von Versorgungsbezügen verpflichtet sind. Ein solcher Fall liegt hier nicht vor; jedenfalls ist eine solche Verpflichtung des Dienstherrn nicht festgestellt. Dienstherr des verstorbenen F. war die Gemeinde G. Versorgungsbezüge gewährt sie nicht. Diese zahlt die Klägerin, die ihrerseits nicht Dienstherrin des F. war. Ohne Zweifel war es, wovon auch der Vorderrichter ausgeht, der Wille des Gesetzgebers, möglichst bald und weitgehend einheitliches Beamtenrecht für das gesamte Reichsgebiet zu schaffen und dabei, wie das auch der Begründung zu § 139[1]) zu entnehmen ist, die bisherige, der Billigkeit nicht entsprechende Rechtslage zu beseitigen, wonach der zum Schadensersatz verpflichtete Dritte den von ihm angerichteten Schaden zu einem Teile deshalb nicht zu ersetzen brauchte, weil der Dienstherr dem Geschädigten eine Versorgung gewähren muß. Daraus aber kann noch nicht entnommen werden, daß entgegen dem Wortlaute des § 139 DBG.[1]) allgemein, also auch bei Personenverschiedenheit des Dienstherrn und des Versorgungsverpflichteten, ein Schadensersatzanspruch in Höhe der Versorgungsbezüge entstehen und auf den die Bezüge nicht leistenden Dienstherrn übergehen soll. Wäre das die Absicht des Gesetzgebers gewesen, so wäre, wie angenommen werden muß, durch eine andere Fassung des § 139 DBG.[1]) oder wenigstens durch eine entsprechende Bestimmung in einer der Durchführungsverordnungen dieser Wille zum Ausdruck gebracht worden. Tatsächlich hat der Gesetzgeber der Pensionskassen wohl gedacht, nämlich in § 6 der Durchführungsverordnung für die Kommunalbeamten vom 2. Juli 1937. Er hat aber auch dort nicht zum Ausdruck gebracht, daß bei Gewährung der Versorgung durch eine Pensionskasse ein Anspruchsübergang auf den von ihr verschiedenen Dienstherrn einzutreten habe, vielmehr nur ausgesprochen, daß die Vorschriften über die Versorgungskassen, und zwar „übergangsweise", in Geltung bleiben. Weitere einschlägige Übergangsbestimmungen liegen bisher nicht vor; die Richtlinien des Reichsministers des Innern „für die Anpassung der Vorschriften der Versorgungskassen für die Kommunalbeamten an die Bestimmungen des Deutschen Beamtengesetzes vom 26. Januar 1937", die nach ihrem Inhalte kein neues Recht setzen wollen, enthalten solche nicht. Ist aber hiernach insoweit bisher die alte Rechtslage bestehen geblieben, so muß angenommen werden, daß — entsprechend seinem Wortlaut — auch § 139 DBG.[1]) bei Gewährung der Versorgung durch eine Pensionskasse keine Anwendung finden kann. Die bloße Tatsache, daß „eine in den staatlichen Apparat eingeschaltete Stelle" für die Folgen des Ereignisses aufzukommen hat, kann bei dieser Gesetzeslage keine Auslegung des § 139 DBG.[1]) entgegen seinem klaren und eindeutigen Wortlaute rechtfertigen. Auch die Erwägung des Vorderrichters, es wäre nicht verständlich, weshalb der Schädiger in einem Lande mit Pensionskasse frei ausgehen solle, in einem ohne solche aber nicht, kann demgegenüber nicht durchgreifen. Ein solches Ergebnis ist gewiß wenig erfreulich, erklärt sich aber aus der bisherigen Verschiedenheit der landesgesetzlichen Regelungen und muß bei der gegenwärtigen Gesetzeslage für die vorgesehene Uebergangszeit in Kauf genommen werden. Andererseits aber würde die Auffassung des Berufungsgerichts dazu führen, daß der Schadensersatzbetrag im Umfange des § 139 DBG.[1]) nicht zwangsläufig, wie es offenbar neben der Absicht, die erwähnte Unbilligkeit zu beseitigen, der Zweck des § 139[1]) ist, an denjenigen gelangen würde, der die Aufwendungen für die Versorgung bestreitet, sondern stets an den Dienstherrn, ohne daß, vom Fall einer freiwilligen Abtretung abgesehen, eine rechtliche Möglichkeit für den Versorgungsverpflichteten bestände, den Betrag für sich zu erlangen und den Dienstherrn zur Herausgabe zu zwingen. Der Umstand schließlich, daß in Württemberg im wesentlichen die Gemeinden die Pensionskasse speisen, besagt für die hier zu entscheidende Frage nichts Wesentliches.

Die Revision erweist sich schon hiernach als begründet. Eines Eingehens auf ihre weiteren Rügen bedarf es daher nicht.

Die Anschlußrevision rügt Verletzung des sachlichen Rechts, insbesondere der Grundsätze über das Erfordernis des Rechtsschutzinteresses bei einer Einziehungsermächtigung. Sie erachtet es für rechtsirrig, daß es an einem eigenen Interesse der Klägerin fehle, und meint, die Klägerin habe ein eigenes Interesse daran, daß die Witwe F. mit ihren Kindern die Entschädigungssumme von den Beklagten ausbezahlt erhalte, damit sie die Summe an die Klägerin zahlen könne. Demgegenüber ist das Berufungsgericht der Auffassung, in Wahrheit liege ein Handeln für eigene Rechnung der Klägerin vor, das nur getarnt werde und lediglich eine Umgehung des Abtretungsverbotes darstelle. Diese tatrichterliche Würdigung läßt keinen Rechtsirrtum erkennen. Sie rechtfertigt die Annahme, daß ein Rechtsschutzinteresse der Klägerin an der Einziehung der Forderung als einer fremden, der Witwe F. und ihren Kindern zustehenden, nicht gegeben ist. Im übrigen aber weist das Berufungsgericht mit Recht darauf hin, daß nach der bisherigen Rechtsprechung, die für die Zeit bis zum Inkrafttreten des Deutschen Beamtengesetzes aufrechtzuerhalten ist, den Hinterbliebenen F. im Hinblick auf die Versorgung ein Schaden in deren Höhe überhaupt nicht erwachsen sei und insoweit Schadensersatzansprüche überhaupt nicht zugestanden hätten, so daß sie eine Einziehungsermächtigung insoweit auch nicht hätten erteilen können. Damit erledigt sich auch die Erwägung der Anschlußrevision, zum mindesten sei mit der Möglichkeit zu rechnen, daß die Witwe F. nach dem Sinn des württembergischen Rechts verpflichtet sei, das, was sie an Entschädigung erhalte, bis zur Höhe der Hinterbliebenenbezüge an die Klägerin herauszugeben.

Die Anschlußrevision kann hiernach keinen Erfolg haben und muß zurückgewiesen werden.

Auf die Revision muß dagegen das angefochtene Urteil aufgehoben werden. Einer Zurückverweisung an das Berufungsgericht bedarf es nicht, da nach dem festgestellten Sachverhältnis die Sache zur Endentscheidung reif ist und der Senat daher nach § 565 Abs. 3 Nr. 1 ZPO. in der Sache selbst zu entscheiden hat. Eine Haftung der Beklagten gegenüber der Klägerin auf Grund reichsgesetzlicher Bestimmungen ist, wie die Erörterungen des früheren Revisionsurteils und die vorstehenden Darlegungen zeigen, nicht gegeben. Landesgesetzliche Bestimmungen aber, aus denen sich eine solche Haftung ergeben könnte, führen die Berufungsurteile, abgesehen von dem bereits im ersten Revisionsverfahren erörterten Art. 37 Württ. Körperschaftspensionsgesetzes, nicht an; vielmehr erwähnt das angefochtene Urteil die Möglichkeit einer Haftung auf Grund landesgesetzlicher Vorschriften nicht mehr. Es muß daher davon ausgegangen werden, daß eine solche Haftung nicht in Frage kommt, und es kann deshalb unerörtert bleiben, inwieweit das Landesrecht bei der gegenwärtigen Lage der Reichsgesetzgebung zum Erlaß eigener Bestimmungen berechtigt wäre, die eine Haftung, wie die von der Klägerin geltend gemachte, begründen könnten. Danach mangelt es dem Klageverlangen an einer rechtlichen Grundlage. Die Klage muß daher in vollem Umfang abgewiesen werden.

Dem Antrage der Klägerin, die Entscheidung im Hinblick darauf auszusetzen, daß ein die Rechte der Pensionskassen regelnder Gesetzentwurf in Württemberg vorliege, konnte nicht entsprochen werden. Für eine derartige Anordnung bestand weder Anlaß noch eine gesetzliche Möglichkeit.

RGZ. 162, 257

Grenzen der Maßgeblichkeit des Wortlautes der Anstellungsurkunde für den Rechtsstand des Beamten; Bedeutung der dem Beamten abweichend hiervon tatsächlich übertragenen Tätigkeit.

Alter Leitsatz:

1. . . . .[1]

2. Ist die Ruhegehaltsberechtigung städtischer Kündigungsbeamter davon abhängig, daß sie eine planmäßige Stelle bekleiden?

Preußisches Kommunalbeamtengesetz vom 30. Juli 1899 (GS. S. 141) — KBG. — §§ 2, 8, 9, 12. Preußisches Gesetz, betreffend die Pensionierung der unmittelbaren Staatsbeamten usw., vom 27. März 1872 (GS. S. 268) — Staatspensionsgesetz — § 2.

III. Zivilsenat. Urt. v. 8. Dezember 1939 i. S. G. (Kl.) w. Stadtgemeinde B. (Bekl.). III. 12/39.

I. Landgericht Berlin. II. Kammergericht daselbst.

Der Kläger wurde durch Anstellungsurkunde vom 5. Mai 1923 rückwirkend ab 1. Mai 1923 zum nichtplanmäßigen Stadtassistenten ernannt und als Gemeindebeamter zur Vorbereitung auf Kündigung angestellt. In der Anstellungsurkunde war ferner gesagt, daß die Kündigungsfrist aus § 13 des Anstellungsortsgesetzes der Stadt B. vom 11. Oktober 1922 ersichtlich sei, daß mit der Anstellung ein Anspruch auf Ruhegehalt, Gnadenbezüge, Witwen- und Waisengeld nicht verbunden sei und daß im übrigen für das Dienstverhältnis das Kommunalbeamtengesetz vom 30. Juli 1899 sowie die Ortsgesetze, Gemeindebeschlüsse und sonstige Dienstvorschriften der Beklagten maßgebend seien. Mit Schreiben vom 5. Dezember 1935 teilte die Beklagte dem Kläger . . . mit, daß er auf Grund von § 4 Abs. 2 Satz 1 der Ersten Verordnung zum Reichsbürgergesetz vom 14. November 1935 mit Ablauf des 31. Dezember 1935 kraft Gesetzes in den Ruhestand trete und daß er gemäß § 4 Abs. 2 Satz 2 a. a. O. vom 1. Januar 1936 ab bis zur Erreichung der Altersgrenze als Ruhegehalt das volle zuletzt bezogene ruhegehaltsfähige

[1]) Überholt.

Diensteinkommen erhalte. Mit Schreiben vom 9. Januar 1936 hob die Beklagte den die Versorgungsbezüge regelnden Teil ihres früheren Bescheides wieder auf mit der Begründung, daß die von § 4 der vorgenannten Verordnung betroffenen Beamten nur dann ein Ruhegehalt erhielten, wenn sie es nach den allgemeinen versorgungsrechtlichen Vorschriften erdient hätten, daß der Kläger indes als nichtplanmäßiger Beamter nach §§ 1 und 2 des Gesetzes, betreffend die Pensionierung der unmittelbaren Staatsbeamten, vom 27. März 1872 nicht ruhegehaltsberechtigt sei. Die Beklagte gewährte dem Kläger sodann auf Grund der Zweiten Verordnung zum Reichsbürgergesetz einen jederzeit widerruflichen Unterhaltszuschuß.

Der Kläger ist der Meinung, Ruhegehaltsansprüche gegen die Beklagte zu besitzen. Er sei trotz des Wortlauts seiner Anstellungsurkunde nicht als Beamter im Vorbereitungsdienste, sondern als lebenslänglich angestellter Beamter anzusehen; denn er habe viele Jahre hindurch die Tätigkeit eines endgültig und planmäßig angestellten Beamten ausgeübt. Die in § 7 des Anstellungsortsgesetzes enthaltene Bestimmung, wonach alle außerplanmäßigen Beamten (Diätare) als Beamte zur Vorbereitung anzusehen seien, verstoße gegen § 9 KBG. und sei daher unwirksam. Aber selbst wenn er als Kündigungsbeamter gelten müsse, so sei er dennoch gemäß § 2 Abs. 1 des Staatspensionsgesetzes um deswillen ruhegehaltsberechtigt, weil er eine planmäßige Stelle bekleidet habe. Die Beklagte ist der Auffassung des Klägers, wie folgt, entgegengetreten: Nach der Anstellungsurkunde, deren Wortlaut entscheidend sei, müsse der Kläger als nichtplanmäßiger und daher als kündbarer Beamter zur Vorbereitung angesehen werden, ohne daß es auf die von ihm tatsächlich ausgeübte Tätigkeit ankomme. Die lebenslängliche Anstellung eines Beamten müsse nach § 9 des Anstellungsortsgesetzes in der Anstellungsurkunde ausgesprochen werden. Diese Bestimmung sei mit Rücksicht auf die geringe Zahl von Planstellen, die der Beklagten für Zivilanwärter zur Verfügung gestanden habe, notwendig gewesen. Somit sei der Kläger nach § 2 des Staatspensionsgesetzes nicht ruhegehaltsberechtigt, da er keine im Haushalt aufgeführte Stelle bekleidet habe. Daß er kündbarer Beamter gewesen sei, ergebe sich im übrigen aus §§ 7, 9 und 13 des Ortsgesetzes. Sein Anspruch auf Ruhegehalt sei endlich nach § 1 des Staatspensionsgesetzes zu verneinen, weil er nicht wegen dauernder Dienstunfähigkeit in den Ruhestand versetzt worden sei.

Die auf das Ruhegehalt für die Zeit von Januar 1936 bis September 1937 im Betrage von 3465,80 RM. gerichtete Klage ist in beiden Rechtsgängen erfolglos geblieben. Die Revision führte zur Verurteilung der Beklagten nach dem Klageantrage.

Gründe:

Der Kläger war infolge der ihm ausgehändigten Anstellungsurkunde gemäß § 1 Satz 2 KBG. Beamter der beklagten Stadtgemeinde geworden.

Er ist dann nach § 4 Abs. 2 Satz 1 der Ersten Verordnung zum Reichsbürgergesetz mit Ablauf des 31. Dezember 1935 in den Ruhestand getreten. Das Ausscheiden des Klägers aus seiner Beamtenstellung beruhte somit nicht auf einer Kündigung, sondern trat von Gesetzes wegen ein. Es vollzog sich auch nicht unter gänzlicher Lösung aller aus seinem Beamtenverhältnis entspringenden Beziehungen, sondern in der Form seines Uebertritts in den Ruhestand. Die regelmäßigen Voraussetzungen für die Zurruhesetzung eines Beamten, nämlich Dienstunfähigkeit oder Erreichung der Altersgrenze, sind für diesen Sonderfall um eine weitere vermehrt worden. Demnach blieb es auch bei den Folgen, welche der Uebertritt eines Beamten in den Ruhestand nach den allgemeinen beamtenrechtlichen Grundsätzen nach sich zieht. Der Kläger kann also ein Ruhegehalt verlangen, wenn er überhaupt ruhegehaltsberechtigt war und die zeitlichen Bedingungen für die Entstehung des Ruhegehaltsanspruchs erfüllt hatte. . . . Es ist daher unhaltbar, daß das Berufungsgericht dem Kläger den Ruhegehaltsanspruch auch mit der Begründung versagen zu können glaubt, daß er nicht dienstunfähig sei. . . . Hierzu braucht nur bemerkt zu werden, daß das Ausscheiden des Klägers . . . auf seiner Zurruhesetzung kraft Gesetzes beruht, wobei ihm ein etwa bereits erdienter Anspruch auf Ruhegeld absichtlich belassen worden ist.

Also bleibt zu fragen, ob der Kläger überhaupt ruhegehaltsberechtigt war. Daß er solchenfalls die zeitlichen Voraussetzungen für den Ruhegehaltsanspruch erfüllt hatte, kann dagegen als unstreitig angesehen werden. Das Berufungsgericht geht bei der Prüfung dieser Frage zutreffend von den Bestimmungen aus, die in § 12 KBG. für die Ruhegehaltsberechtigung städtischer Beamter getroffen sind. Diese Bestimmungen finden allerdings nach § 2 Abs. 1 KBG. auf die zur Probe, zu vorübergehenden Dienstleistungen oder zur Vorbereitung angestellten Kommunalbeamten keine Anwendung. Die Beklagte hat hierzu den Standpunkt vertreten, daß der Kläger zu dieser Art von Beamten gehöre; denn er sei ausweislich der Anstellungsurkunde als Gemeindebeamter zur Vorbereitung angestellt worden. Nach der feststehenden Rechtsprechung des erkennenden Senats (RGZ. Bd. 158 S. 27 [29][1]) ist der Wortlaut der Anstellungsurkunde insoweit aber nicht maßgebend; vielmehr kommt es entscheidend auf die Art der Tätigkeit an, die dem Beamten übertragen wird. Diese ist jedoch nach den vom Berufungsgericht getroffenen Feststellungen beim Kläger nicht diejenige eines Beamten im Vorbereitungsdienste, sondern die eines endgültig angestellten Beamten gewesen. So muß auf den Kläger § 12 KBG. Anwendung finden.

[1]) In diesem Band S. 321 [325]

Somit würde er fraglos einen Anspruch auf Ruhegehalt haben, sofern er lebenslänglich angestellt gewesen wäre. Das hat das Berufungsgericht verneint. Es sieht den Kläger zwar — wie oben gesagt — nicht als Beamten im Vorbereitungsdienst, aber auch nicht als lebenslänglich angestellten Beamten, sondern nur als Kündigungsbeamten an. Diese Auffassung stützt sich auf das Ortsgesetz der verklagten Stadtgemeinde vom 11. Oktober 1922. Da dieses irrevisibel ist, kann seine vom Berufungsgericht vorgenommene Auslegung nur daraufhin nachgeprüft werden, ob sie mit dem in § 8 KBG. aufgestellten Grundsatze der lebenslänglichen Anstellung von städtischen Beamten vereinbar ist. Von diesem Grundsatze läßt § 9 Abs. 1 KBG. Abweichungen zu, wenn sie durch Ortsgesetz oder im Einzelfalle mit Genehmigung der Aufsichtsbehörde festgesetzt sind. Der Unterschied liegt darin, daß ein Ortsgesetz als Rechtsnorm allgemeine Grundsätze über die Art und Weise enthält, in der für bestimmte Beamtengruppen oder bestimmte Beamtenstellen von der lebenslänglichen Anstellung abgewichen werden soll, während die Stadt nicht selbständig, sondern nur mit Genehmigung der Aufsichtsbehörde darüber bestimmen kann, ob und wie bei der Anstellung einer bestimmten Einzelpersönlichkeit als Beamten das Dienstverhältnis zeitlich beschränkt werden soll. Insoweit ist das Berufungsgericht richtig vorgegangen, indem es den Kläger ersichtlich nur als Angehörigen der Klasse der nichtplanmäßigen Beamten (Diätare) behandelt hat, für die aus §§ 7 und 13 des Ortsgesetzes die Kündbarkeit allgemein abgeleitet ist. Bedenklich ist freilich die daran geknüpfte Bemerkung, daß für die Frage der Lebenslänglichkeit oder Kündbarkeit der Anstellung die Anstellungsurkunde maßgebend sei, weil nach § 9 des Ortsgesetzes niemand lebenslänglich angestellter Beamter werden könne, dessen Anstellungsurkunde nicht durch einen Nachtrag entsprechend berichtigt werde. Soweit damit etwa der Sinn verbunden wäre, daß die Beklagte nach freiem Belieben dem einzelnen Beamten je für sich eine kündbare oder lebenslängliche Anstellung schon durch eine entsprechende Fassung seiner Anstellungsurkunde zuweisen dürfe, würde das ohne jeweilige Genehmigung der Aufsichtsbehörde — die im gegenwärtigen Falle nicht behauptet ist — unzulässig sein. Aber nach dem Zusammenhange der Urteilsgründe, die nur allgemein die Klasse der nichtplanmäßigen Beamten ins Auge fassen, läßt sich die Bemerkung des Berufungsrichters ungezwungen dahin verstehen, daß die Anstellungsurkunde eben nur darüber maßgeblich Auskunft gibt, ob der Kläger zur Klasse der planmäßigen und darum lebenslänglich angestellten Beamten gehörte. Dagegen lassen sich keine Anstände erheben.

Muß der Kläger hiernach als Kündigungsbeamter angesehen werden, dann hängt die Entscheidung weiter davon ab, wie es mit der Ruhegehaltsberechtigung der kündbaren städtischen Beamten steht. Nach § 12 KBG. erhalten die städtischen Beamten Ruhegehalt nach den für die

Pensionierung der unmittelbaren Staatsbeamten geltenden Grundsätzen. Diese sind aus dem Staatspensionsgesetze zu entnehmen. Nach § 2 Abs. 1 dieses Gesetzes haben die unter dem Vorbehalte des Widerrufs oder der Kündigung angestellten unmittelbaren Staatsbeamten einen Anspruch auf Ruhegehalt nur dann, wenn sie eine in den Besoldungsetats aufgeführte Stelle bekleiden. Das Berufungsgericht hält diese Bestimmung auch für anwendbar auf städtische Kündigungsbeamte, macht also ihre Ruhegehaltsberechtigung von dem Erfordernis der Bekleidung einer Planstelle abhängig, wobei als Planstelle nach dem Vorbilde von RGZ. Bd. 158 S. 27 (32)[2]) eine im städtischen Haushaltsplane vorgesehene Stelle verstanden wird, die dauernd erforderlich ist. Das Berufungsgericht verneint dann aber mit Rücksicht auf die häufig wechselnde Beschäftigung des Klägers das dauernde Erfordernis der von ihm verwalteten Stelle.

Diesen Erwägungen kann jedoch nicht gefolgt werden. Abgesehen davon, daß die mehrfache Versetzung des Klägers von einer Stelle in die andere noch nichts gegen die dauernde Notwendigkeit der von ihm bekleideten Stellen ergibt, bestehen grundsätzliche Bedenken dagegen, ob überhaupt das in § 2 Abs. 1 des Staatspensionsgesetzes aufgestellte Erfordernis der Planstelle auch für städtische Kündigungsbeamte Geltung hat. Im Schrifttum findet sich durchweg die Ansicht vertreten, daß die genannte Bestimmung auf diese Beamten keine Anwendung findet und daß demnach alle auf Widerruf oder auf Kündigung angestellten Kommunalbeamten ruhegehaltsberechtigt sind (vgl. Oertel Die Städteordnung 6. Aufl. S. 562 und 568, Ledermann-Brühl Kommunalbeamtengesetz 2. Aufl. Bem. 1 und 15 zu § 12, Brand Das Beamtenrecht 3. Aufl. S. 293 flg., Brand Die preußischen Beamtenversorgungsgesetze 3. Aufl. Bem. 9 zu § 2 des Gesetzes vom 27. März 1872 und Vogels Anstellung und Versorgung der Kommunalbeamten Bem. 3 zu § 2 desselben Gesetzes). Der erkennende Senat hat zu dieser Frage in seiner letzten, das einschlägige Gebiet betreffenden Entscheidung RGZ. Bd. 158 S. 27 (33)[3]) keine Stellung genommen. Er hat sie aber bereits in der früheren Entscheidung RGZ. Bd. 88 S. 386 (388)[4]) verneint. Daran ist bei erneuter Prüfung festzuhalten, und zwar zunächst im Hinblick auf die einschlägigen Stellen in der Begründung des Entwurfs zum Kommunalbeamtengesetz, die in der zuletzt erwähnten Entscheidung wiedergegeben sind, vor allem aber angesichts der Eigenart des kommunalen Haushaltswesens, wie es zur Zeit des Erlasses des Kommunalbeamtengesetzes bestand. Der staatliche Haushalt unterschied zwischen Besoldung, die auf eine bestimmte Anzahl von Stellen — die Planstellen —

---

[2]) In diesem Band S. 324

[3]) In diesem Band S. 324/325

[4]) In dieser Auswahlsammlung, weil kaum noch von aktuellem Interesse, nicht abgedruckt.

entfällt, und anderen persönlichen Ausgaben. Davon ausgehend verbindet sich mit § 2 Abs. 1 des Staatspensionsgesetzes der Sinn, daß nur die unter den Titel Besoldung fallenden Bezüge ruhegehaltsfähig sein sollten (vgl. dazu auch Herrfurth Pensionen, Unfall- und Reliktenwesen 4. Aufl. Bem. 1 a Abs. 3 zu § 2 des Gesetzes). Das alles ist auf die kommunalen Haushalte jener Zeit nicht übertragbar, weil sie den Unterschied zwischen Besoldung und persönlichen Ausgaben nicht zu machen brauchten und dieser der damaligen Praxis auch nicht geläufig war. Das mag sich unter dem Einflusse der späteren Gesetzgebung, wobei u. a. auf das Gesetz, betreffend vorläufige Regelung verschiedener Punkte des Gemeindebeamtenrechts, vom 8. Juli 1920 (GS. S. 383) und die Verordnung über die Aufstellung von Stellenplänen in Gemeinden und Gemeindeverbänden vom 2. November 1932 (GS. S. 347) hinzuweisen ist, jetzt grundlegend geändert haben. Jedenfalls ist aber für das Verständnis des § 12 KBG. und seines Verhältnisses zu den Bestimmungen des Staatspensionsgesetzes von der damaligen Lage auszugehen. Das Kommunalbeamtengesetz bezweckte, wie bereits in der Entscheidung RGZ. Bd. 88 S. 386[4]) hervorgehoben ist, die Verhältnisse der städtischen Beamten, und zwar gerade auch der Kündigungsbeamten, zu sichern und diesen durch die gesetzliche Verleihung von Ruhegehaltsrechten ein größeres Maß von wirtschaftlicher Unabhängigkeit zu verschaffen. Es wäre daher nicht verständlich, daß ihre Ruhegehaltsrechte — wie bei den Staatsbeamten — an haushaltsmäßig bestimmte Voraussetzungen hätten geknüpft werden sollen, obwohl es dafür gerade an derjenigen gesicherten Grundlage fehlte, auf welcher die Regelung für die Staatsbeamten aufgebaut war. Von einer Ruhegehaltsregelung kann zudem erwartet werden, daß sie eine klare und sinnvolle Ordnung enthält. Derselbe Maßstab, der bei staatlichen Kündigungsbeamten ohne weiteres zu einer Klärung der Frage ihrer Ruhegehaltsberechtigung führt, fehlte aber bei städtischen Kündigungsbeamten oder wäre bei ihnen nur dort vorhanden gewesen, wo der städtische Haushalt so wie der staatliche ausgestaltet war. Wo das nicht der Fall war, blieb für Zweifel und Willkür Raum. Es konnte aber nicht von der zufälligen Art der städtischen Haushaltsgestaltung abhängig sein, wie es um das Ruhegehaltsrecht der städtischen Kündigungsbeamten, das einheitlich hat geregelt werden sollen, steht. Der § 2 Abs. 1 des Staatspensionsgesetzes paßt nach alledem nicht für die Verhältnisse der städtischen Kündigungsbeamten und kann daher auch auf sie nicht anwendbar sein. So erklärt denn auch Art. IV Nr. 2 Abs. 1 der Ausführungsanweisung vom 12. Oktober 1899 (MBliV. S. 192), daß durch § 12 KBG. die Ruhegehaltsberechtigung der lebenslänglich angestellten städtischen Beamten auf die sämtlichen städtischen Beamten, insbesondere also die auf Kündigung angestellten, ausgedehnt werde. Aus alledem folgt die Ruhegehaltsberechtigung des Klägers.

RGZ. 162, 385

Der Rechtsanspruch des Beamten auf Aufsteigen im Grundgehalte ruht während eines förmlichen Disziplinarverfahrens. Der Anspruch erlischt mit Wirkung seit Beginn des Ruhens bei Verhängung der Strafe der Entfernung aus dem Dienst. Für die Berechnung des etwaigen Unterhaltsbeitrages ist alsdann vom Grundgehalt ohne Steigerungsbetrag auszugehen.

Alter Leitsatz:

Ist bei Berechnung des Ruhegehalts, nach dem sich die Unterstützung[1]) bestimmt, die einem strafweise dienstentlassenen Beamten bewilligt ist, eine Gehaltsstufe zu berücksichtigen, die er erst im Laufe des Dienststrafverfahrens hätte erreichen können?

Preuß. Beamtendienststrafordnung vom 27. Januar 1932 (GS. S. 59) — BDStrO. — § 13 Abs. 1. Preuß. Besoldungsgesetz vom 17. Dezember 1927 (GS. S. 223) § 2 Abs. 2.

III. Zivilsenat. Urt. v. 5. Januar 1940 i. S. K. (Kl.) w. Stadtgemeinde Z. (Bekl.) III 41/39.

I. Landgericht Naumburg a. S. II. Oberlandesgericht daselbst.

Der Kläger stand bei der verklagten Stadt im öffentlichen Beamtendienst. Er wurde wegen strafbarer Handlungen verhaftet. Das Strafverfahren endete zu einem Teil mit Freisprechung, zum anderen Teil mit Einstellung. Durch Verfügung vom 11. Januar, zugestellt am 13. Januar 1933, leitete darauf der Oberbürgermeister der Beklagten das förmliche Dienststrafverfahren gegen den Kläger ein und ordnete die Fortsetzung der schon zuvor ausgeführten Einbehaltung der Gehaltshälfte an. Das Verfahren fand seinen Abschluß durch Urteil des Dienststrafsenats des Oberverwaltungsgerichts vom 8. April 1935, das auf Dienstentlassung des Klägers lautete, ihm jedoch lebenslang die Hälfte des Ruhegehalts als Unterstützung zubilligte.

Der Kläger bemängelt im gegenwärtigen Rechtsstreit u. a. die Höhe der ihm auf Grund des Dienststrafurteils gezahlten Unterstützung und fordert eine Nachzahlung für die Zeit vom 1. Mai 1935 bis zum 31. August 1937. Er hatte in den Vorinstanzen nur zum Teil Erfolg. Seine Revision wurde zurückgewiesen.

Aus den Gründen:

(Nach Ausführungen über die Zulässigkeit der Revision wird fortgefahren:)

Sachlich streiten die Parteien nur noch darum, ob die dem Kläger durch das Dienststrafurteil als Unterstützung zuerkannte Ruhegehaltshälfte nach einem Grundgehalt von 8100 oder von 8400 RM. zu berechnen sei. Die Berechnung geschieht gemäß § 12 des Preuß. Kom-

[1]) Jetzt „Unterhaltsbeitrag" (§ 64 BDO.).

munalbeamtengesetzes vom 30. Juli 1899 (GS. S. 141) nach den für die unmittelbaren Staatsbeamten geltenden Grundsätzen. Maßgebend ist dabei nach § 13 Abs. 1 der mit dem 1. April 1932 in Kraft getretenen und deshalb schon auf das am 8. April 1935 gegen den Kläger ergangene Dienststrafurteil anwendbaren Preuß. Beamtendienststrafordnung vom 27. Januar 1932 dasjenige Ruhegehalt, das der Kläger „im Zeitpunkt der Dienstentlassung erdient hätte". Wenn das Dienststrafurteil ihm 50 Hundertteile „des erdienten Ruhegehalts" als Unterstützung zuspricht, so drückt es sich ungenau aus. Richtig ist allein die Ausdrucksweise des Gesetzes. Sie ist dadurch geboten, daß der zur Dienstentlassung verurteilte Beamte kein Ruhegehalt zu beanspruchen hat. Er verliert nach § 12 BDStrO. den Anspruch auf Dienstbezüge, Ruhegehalt usw., hat *mithin im Zeitpunkte der Dienstentlassung* in Wirklichkeit kein Ruhegehalt erdient. Daher kann für diesen Zeitpunkt nur von einem Ruhegehalte die Rede sein, das er ohne den im § 12 angeordneten Verlust erdient hätte, aber nicht erdient hat, und das deshalb für die Berechnung der dem Kläger als Unterstützung zugebilligten Ruhegehaltshälfte unterstellt werden muß. Nach der vom Berufungsgericht geteilten richtigen Auffassung ist es das Ruhegehalt, das dem Kläger im Zeitpunkte der Dienstentlassung gebührt hätte, wenn er mit seiner Dienstentlassung in den Ruhestand getreten wäre, nach der irrigen Ansicht der Revision dagegen dasjenige, das ihm bei einer Zurruhesetzung in diesem Zeitpunkte zugestanden hätte, wenn nicht auf Dienstentlassung erkannt worden wäre.

Jedes Ruhegehalt, also auch das hier in Frage kommende, welches der entlassene Kläger erdient hätte, bestimmt sich nach zwei Umständen: nach der ruhegehaltsfähigen Dienstzeit und nach dem ruhegehaltsfähigen Diensteinkommen. Jene lief beim Kläger, woran kein Zweifel besteht, bis zum Zeitpunkte der Rechtskraft des auf Dienstentlassung lautenden Urteils. Das ruhegehaltsfähige Diensteinkommen des Beamten ist das zuletzt bezogene, d. h. dasjenige, das ihm noch im Augenblick der Zurruhesetzung zugestanden hatte. Für den dienstentlassenen Beamten tritt dabei nach dem Gesetz an Stelle des Zeitpunkts der Zurruhesetzung der der Entlassung. Dem Kläger stand aber in diesem Zeitpunkte nur ein Grundgehalt von 8100 RM., nicht von 8400 RM. zu. Er hatte allerdings die Gehaltsstufe von 8100 RM. schon mit dem 1. Oktober 1931 erreicht und hätte am 1. Oktober 1933 das Endgrundgehalt der Gruppe A 2 b des unstreitig gemäß Ortssatzung auf ihn anwendbaren Preuß. Besoldungsgesetzes vom 17. Dezember 1927 (GS. S. 223) nach dessen § 2 Abs. 1 erreichen müssen. § 2 Abs. 2[2]), dessen erster Satz dem planmäßigen Beamten einen Rechtsanspurch auf das Aufsteigen im Grundgehalte gibt, fährt dann aber fort: „Der Anspruch ruht, solange ein förmliches Disziplinarverfahren . . . . schwebt. . . . . Führt das Verfahren zum

[2]) Ebenso § 4 BesGes.

Verlust des Amtes, so erlischt der Anspruch auch für die Zeit des Ruhens". Der Anspruch des Klägers auf die an sich am 1. Oktober 1933 fällig gewesene Zulage von 300 RM. war danach zunächst durch das Dienststrafverfahren gehemmt und ist dann durch seine Dienstentlassung erloschen. Also hätte er auch in deren Zeitpunkte nur ein Ruhegehalt nach einem Grundgehalte von 8100 RM. erdient.

Zu der von der Revision vertretenen weitergehenden Unterstellung des Ruhegehalts, das der Kläger bei Rechtskraft des Dienststrafurteils erdient hätte, wenn er nicht mit Entlassung bestraft worden wäre, zwingen weder Wortlaut noch Sinn und Zweck des Gesetzes. Dieses billigt ersichtlich dem Beamten, gegen den ein Dienststrafverfahren läuft, kein Aufrücken im Gehalte mehr zu, zunächst zwar nur vorläufig, endgültig aber dann, wenn das Verfahren zur Dienstentlassung führt. Das muß von Bedeutung sein auch bei Berechnung des Ruhegehalts, das der dem entlassenen Beamten bewilligten Unterstützung zugrunde zu legen ist. Die einzige Abweichung von der Wirklichkeit, die für diese Berechnung nötig ist, ist die Annahme, daß der dienstentlassene Beamte überhaupt einen Ruhegehaltsanspruch erworben habe. Im übrigen können und müssen die Rechtsfolgen des Dienststrafverfahrens unangetastet bleiben, insbesondere also auch seine Folgen, welche die Höhe des Diensteinkommens des Beamten betreffen. Die völlige gedankliche Ausscheidung der Dienstentlassung mit allen ihren Rechtswirkungen geht über die Absicht der gesetzlichen Regelung hinaus.

Durchaus zu Unrecht setzt die Revision das Diensteinkommen während der vorläufigen Amtsenthebung und die Zulage gleich. Der Anspruch auf die einbehaltene zweite Gehaltshälfte ist an sich begründet, aber durch die Dienstentlassung auflösend bedingt. Im Zeitpunkte der Dienstentlassung bestand noch der volle Gehaltsanspruch. Der Anspruch auf die Zulage war dagegen noch nicht entstanden, sondern aufschiebend bedingt dadurch, daß das Dienststrafverfahren nicht zum Amtsverluste führen werde. Mit der Dienstentlassung ist die Bedingung endgültig ausgefallen. Damit steht fest, daß der Anspruch auf die höhere Gehaltsstufe niemals erworben worden ist.

Die Revision hat endlich noch dargelegt, daß der vom Berufungsgericht ermittelte Betrag vom Kläger in seiner Besoldungsgruppe überhaupt nicht als Ruhegehalt hätte erdient werden können, weil er sich auf 63 v.H. eines Grundgehalts von 8100 RM. belaufe und damit zwischen den vom Kläger allein erdienbar gewesenen Ruhegehaltswerten von 61 v.H. von 8100 RM. oder 63 v.H. von 8400 RM. liege. Das mag sein, folgt aber einfach daraus, daß während des Dienststrafverfahrens das ruhegehaltsfähige Dienstalter weiterläuft, ein Aufrücken im Gehalt aber nicht stattfindet. Daraus mag sich die von der Revision beanstandete Abweichung des der Berechnung der Unterstützung zugrunde zu legenden Ruhegehalts einer Besoldungsgruppe von den Ruhegehaltswerten, die dem nicht entlassenen Beamten in der betreffenden Gruppe allein hätten zufallen können, im Einzelfall unter Umständen ergeben. Für den Standpunkt des Klägers ist damit jedoch nichts gewonnen.[8])

[8]) Vgl. Behnke, BDO., § 64 Anm. 10 a. E., und Reuß, DR. 1940 S. 740.

RGZ. 163, 104.

Nach welchen Grundsätzen ist beim Rückgriff des Reiches gegen einen Gerichtsvollzieher wegen Amtspflichtverletzung gegenüber einem Vollstreckungsgläubiger (Verstoß gegen erbhofrechtliche Vollstreckungsbeschränkungen) der Grad des dem Gerichtsvollzieher zur Last fallenden Verschuldens zu bestimmen?

Deutsches Beamtengesetz vom 26. Januar 1937 (RGBl. I S. 39) DBG. — § 23[1]).

V. Zivilsenat. Urt. v. 21. März 1940 i. S. Deutsches Reich (Kl.) w. Gerichtsvollzieher P. (Bekl.). V 4/40.

I. Landgericht Berlin. II. Kammergericht daselbst.

Im Auftrage des Futtermittelhändlers B. pfändete der Beklagte im März 1938 wegen einer vollstreckbaren Geldforderung bei dem Bauern E. auf dessen Erbhof zwei dem Schuldner gehörige Kühe. Auf die Erinnerung des Schuldners hin, die Kühe seien als Erbhofzubehör unpfändbar, gab der Gläubiger die Tiere frei. Er forderte wegen der im Verfahren über die Erinnerung ihm auferlegten Vollstreckungskosten von dem Kläger Ersatz, weil der Beklagte durch die gesetzlich verbotene Pfändung schuldhaft seine Amtspflicht verletzt habe. Der Kläger erstattete dem Gläubiger die Vollstreckungskosten in Höhe von 11,49 RM.

In dem vorliegenden Rechtsstreit macht der Kläger im Wege des Rückgriffs den Beklagten für den Schaden verantwortlich. Er beantragt, den Beklagten zur Zahlung von 11,49 RM. nebst Verzugszinsen zu verurteilen.

Das Landgericht hat der Klage stattgegeben, das Kammergericht sie abgewiesen. Die Revision des Klägers hatte Erfolg aus nachstehenden

Gründen:

Nach § 38 Abs. 1 RErbG. kann in einen Erbhof wegen einer Geldforderung nicht vollstreckt werden. Der Vollstreckungsschutz ergreift auch das im Eigentum des Bauern stehende Zubehör (§ 7 RErbG.), und dieses umfaßt das auf dem Hofe für die Bewirtschaftung vorhandene Vieh (§ 8 Abs. 1 RErbG.). Die beiden Kühe, die der Beklagte gepfändet hat, waren unstreitig auf dem Hofe des Schuldners für dessen Bewirtschaftung vorhanden. Die Pfändung verstieß deshalb gegen die genann-

[1]) Vgl. § 78 BBG.

ten Gesetzesvorschriften. Durch Vornahme der unzulässigen Pfändung, die er in Ausübung der ihm anvertrauten öffentlichen Gewalt vornahm, hat der Beklagte eine ihm auch dem Gläubiger gegenüber obliegende Amtspflicht verletzt. Von Schuld hieran ist er nicht frei. Die anzuwendenden gesetzlichen Bestimmungen mußten ihm geläufig sein, zumal er auf sie und ihre Bedeutung durch die ihm bekanntgegebene Allgemeine Verfügung des Reichsministers der Justiz vom 23. März 1937 (DJ. S. 482) besonders hingewiesen worden war. Das Vollstreckungsverbot im § 38 Abs. 1 RErbG. ist eindeutig. Auch die Vorschrift, daß das auf dem Hofe für die Bewirtschaftung vorhandene Vieh Erbhofzubehör sei, ist ebenso klar wie etwa die verwandte Vorschrift im § 98 Nr. 2 BGB. und jedenfalls so weit gefaßt, daß die auf einem Erbhofe vorhandenen Kühe nur *ausnahmsweise nicht unter das Hofzubehör fallen* werden, wie beispielsweise dann, wenn der Bauer zugleich Händler ist und die Kühe zu dem bei ihm nur vorübergehend aufgestellten Handelsvieh gehören. Bei Anwendung der von seinem Amt erforderten gewöhnlichen Sorgfalt hätte der Beklagte erkennen können, daß bei den gepfändeten Kühen — zwei von drei auf dem Hof gehaltenen — kein Ausnahmefall gegeben war. Er hat also fahrlässig gehandelt. Für den Schaden, der daraus dem Gläubiger erwuchs, hatte nach der Verordnung über die Haftung des Reichs für die Justizbeamten vom 3. Mai 1935 (RGBl. I S. 587) an Stelle des Beklagten als dessen Dienstherr der Kläger dem Gläubiger gegenüber einzutreten. Dies ist geschehen. Daß der entstandene Schaden sich auf die Höhe der Klagesumme beläuft, ist außer Streit.

Laut § 23 Abs. 2 DBG.[2]) hat der Beklagte dem Kläger den Schaden insoweit zu ersetzen, als ihm Vorsatz oder grobe Fahrlässigkeit zur Last fällt. Vorsatz scheidet hier unstreitig aus. Grob fahrlässig handelt ein Beamter, wenn er schon einfachste, ganz naheliegende Ueberlegungen nicht anstellt oder die nach Lage des Falles gebotene Sorgfalt in besonders hohem Maße außer acht läßt. Das Urteil hierüber ist maßgeblich bedingt durch die Tatumstände des Einzelfalles. Stehen diese wie hier im wesentlichen fest, so ist die Frage, ob sie ein Verschulden des Beamten und bejahendenfalls ein Verschulden welchen Grades ergeben, auch eine Rechtsfrage. Dem Revisionsgericht fällt namentlich die Entscheidung darüber zu, ob der Tatrichter bei seiner Wertung eines bestimmten, von ihm festgestellten Verhaltens die an die Pflichterfüllung eines Durchschnittsbeamten zu stellenden Anforderungen richtig bemessen, diese Anforderungen also weder überspannt noch — worauf es hier ankommt — zu gering bestimmt hat.

Nach dem Berufungsurteil hat der Beklagte ohne Widerspruch des Klägers vorgetragen, er habe die Kühe gepfändet, weil er andere pfändbare Sachen auf dem Hofe nicht vorgefunden und weil die (allein angetroffene) Ehefrau des Schuldners geäußert habe, die Schuld werde

[2]) Vgl. § 78 Abs. 2 BBG.

ohnedies in einigen Tagen beglichen werden, er (Beklagter) könne einstweilen die beiden Kühe pfänden. Diese Einlassung deckt sich annähernd mit der vom Beklagten früher seiner vorgesetzten Behörde gegenüber abgegebenen dienstlichen Erklärung. Nur hat danach der Beklagte nicht zwei bestimmte, ihm als Pfandgegenstände bezeichnete Tiere gepfändet, sondern aus dem ihm vorgewiesenen Bestand an Kühen zwei für die Pfändung ausgewählt. Darüber hinaus ergibt die bezeichnete dienstliche Erklärung, die der Beklagte im Rechtsstreite nicht widerrufen hat, über die ihn zur Pfändung führenden Ueberlegungen das Folgende: er hatte keine Bedenken gegen die Pfändung, weil er, wie er sagt, nach gewissenhafter Prüfung des sonst noch vorhandenen Viehbestandes die Fortführung der Wirtschaft für nicht beeinträchtigt hielt und deshalb die gepfändeten Kühe nicht mehr als Zubehör im Sinne des § 98 Nr. 2 BGB. ansah. In dieser Auffassung will er durch den Gedanken bestärkt worden sein, daß im Gesetze nichts darüber gesagt sei, in welchem Umfange Vieh zum Wirtschaftsbetriebe je nach der Größe des Hofes erforderlich erscheine. Auch habe die Ehefrau des Schuldners zugegeben, daß Schuldgrund die Lieferung von Futter für das auf dem Hofe befindliche Vieh sei; deshalb habe er auch das Gesetz zur Sicherung der Düngemittel- und Saatgutversorgung vom 19. November 1936 (RGBl. I S. 939) für anwendbar gehalten.

Eine Würdigung dieser Einlassung fehlt in dem angefochtenen Urteil. Das Kammergericht hält statt dessen dem Beklagten die Möglichkeit von Zweifeln zugute, die er nach seiner eigenen Darstellung bei Vornahme der Pfändung nicht gehegt hat und die deshalb sein Verhalten nicht bestimmt haben können. Das gilt namentlich von der im Berufungsurteil als zweifelhaft bezeichneten Frage, ob und von wann ab zum Verkauf bestimmtes Vieh nicht mehr Hofzubehör ist. Von einem bevorstehenden Verkaufe der gepfändeten Kühe ist bei der Amtshandlung des Beklagten keine Rede gewesen. Er hat zwar im Hinblick auf einen anderen Vollstreckungsfall aus späterer Zeit und auch unabhängig davon in verallgemeinernder Form jene Zweifelsfrage im Laufe des Rechtsstreites erörtert, aber nirgends behauptet, daß sie bei der hier zu beurteilenden Pfändung aufgetaucht sei und seine Entschließung beeinflußt habe. Indem das Kammergericht gleichwohl die Möglichkeit eines derartigen Zweifels zugunsten des Beklagten berücksichtigt, läßt es sich von einer rechtlich unzutreffenden Erwägung leiten. Auch die weiteren allgemein gehaltenen Betrachtungen des Kammergerichts über die mit Pfändung auf Erbhöfen verbundenen „erheblichen Schwierigkeiten" haben keine ausreichende Beziehung zu den besonderen Umständen des Streitfalles. Es ist anzuerkennen, daß das Erbhofrecht den Gerichtsvollziehern besondere Aufgaben zuweist und daß Vertrautheit mit Wortlaut und Sinn seiner hier eingreifenden Vorschriften zur Lösung dieser Aufgaben erforderlich ist. Deshalb ist auch die oben bezeichnete Allgemeine Verfügung ergangen, in der die Gerichtsvollzieher auf die maßgeblichen Bestimmungen hingewiesen und über deren Anwendung in Zweifelsfällen unterrichtet worden sind. Daß Zwangsvollstreckungen gegen Bauern den Gerichtsvollzieher vor Schwierigkeiten stellen können, ist aber kein Grund, in einem Fall, in dem keine der denkbaren Schwierigkeiten sich ergeben hat, einen sonst etwa als grobes Versehen zu wertenden Fehler nur als leichte Fahrlässigkeit zu beurteilen. Anderenfalls wäre, wie die Revision mit Recht bemerkt, in Grundbuchsachen grobes Verschulden stets mit der Begründung zu verneinen, daß es im Grundbuchrecht eine Menge von schwierigen Zweifelsfragen gebe. Eine derartige Würdigung wäre handgreiflich verfehlt. Für den Grad des Verschuldens kann bestimmend nur sein, ob die im Einzelfall von dem Gerichtsvollzieher zu lösende Aufgabe Anlaß zu Zweifeln bot.

Als der Beklagte zur Pfändung der Kühe schreiten wollte, stand er nur noch vor der Frage, ob die Tiere zu dem auf dem Hofe für die Bewirtschaftung vorhandenen Vieh gehörten. Um diese Frage sich vorzulegen und um sie richtig beantworten zu können, brauchte der Beklagte nicht während seines Dienstes „eine Reihe von Erläuterungsbüchern bei sich zu führen". Hatte der Beklagte die wichtigsten Vollstreckungsbeschränkungen des Erbhofrechtes nicht im Kopf, so genügte vollauf, daß er sich darüber in seinem Geschäftszimmer an Hand des Gesetzestextes unterrichtete, bevor er sich auf den Weg zu der ihm aufgetragenen Vollstreckung gegen den — im Titel ausdrücklich als Bauer bezeichneten — Schuldner machte. Da kein irgendwie gearteter Grenzfall, dessen Beurteilung Schwierigkeiten hätte bieten können, in Betracht kam, bedurfte es zur Erkenntnis, daß die Kühe unpfändbar waren, auch nicht der vom Kammergericht als erforderlich erachteten besonderen Sachkunde. Unzweifelhaft waren alle drei Kühe auf dem Hofe „zu dessen Bewirtschaftung"' vorhanden, selbst wenn sie nur der Futterverwertung oder der Düngererzeugung gedient hätten. Daß ihr Vorhandensein irgendeinen anderen Zweck gehabt hätte, lag außerhalb des Bereichs der Wahrscheinlichkeit und ist vom Beklagten bei der Pfändung auch nicht erwogen worden. Was er im Laufe des Rechtsstreits hierzu vorgebracht hat, erschöpft sich in nachträglich herbeigezogenen Vermutungen.

Die Ausführungen des Kammergerichts über die Gründe, die den Beklagten zur Pfändung der Kühe bestimmt haben sollen, gehen an seiner oben wiedergegebenen eigenen Darstellung vorüber und finden im Sachvortrage der Parteien keine Stütze. Es ist nicht zu ersehen, welchen „Angaben der sachkundigen Bauersfrau der Beklagte vertrauen zu dürfen geglaubt" haben soll. Die Erklärung der Ehefrau des Schuldners, der Beklagte „könne" Kühe pfänden, wenn mit dem Inaussichtstellen der Zahlung die Vollstreckung nicht abzuwenden sei, sollte offensichtlich heißen, der Beklagte „möge" dies tun, besagte also nicht und sollte auch nicht besagen, daß nach den bestehenden gesetzlichen Vor-

Vorschriften die Pfändung zulässig sei. Es ist weder festgestellt noch vom Beklagten behauptet worden, daß er ein durch Tatsachen belegtes Urteil über die Pfändbarkeit der Kühe von der Ehefrau des Schuldners eingeholt habe. Auch eine bloße Rechtsansicht hat mit den wiedergegebenen Worten die Ehefrau des Schuldners nicht geäußert. Eine derartige Aeußerung wäre zudem für den Beklagten unmaßgeblich gewesen.

Zur Pfändung der Kühe geschritten wäre der Beklagte also — wenn man der so auf ihren Kern zurückgeführten tatsächlichen Annahme des Berufungsgerichts folgen wollte — ohne eigene Prüfung der Pfändbarkeit nur deshalb, weil die Ehefrau des Schuldners ihn bei der Suche nach Pfändungsgegenständen auf diese Tiere verwiesen hatte. Das wäre ein grober Verstoß gegen ein volkspolitisch wichtiges Vollstreckungsverbot gewesen, auf dessen Schutz die Ehefrau des Schuldners so wenig als dieser selbst verzichten konnte. Nach seiner eigenen Darstellung will der Beklagte sich zur Pfändung der Kühe entschlossen haben, weil sie seiner Meinung nach zum Wirtschaftsbetriebe des Schuldners nicht erforderlich waren. Auch danach läge ein grobes Versehen vor. Es mag außer Betracht bleiben, daß der Beklagte seine angebliche Meinung über die Entbehrlichkeit der Tiere — auf dem Hofe des Schuldners mit 110 Morgen Acker, 20 Morgen Heide und 20 Morgen Wiese befanden sich bei der Pfändung an Rindvieh nur drei Kühe, zwei Färsen und vier Kälber — weder im Erinnerungsverfahren noch im vorliegenden Rechtsstreit zu rechtfertigen versucht hat. Der Hauptfehler liegt darin, daß der Beklagte, wie er sagt, entscheidend auf die Entbehrlichkeit der Kühe abgestellt hat. Das Reichserbhofrecht macht die Unpfändbarkeit von Hofzubehör nicht wie die Vorschrift in § 811 Nr. 4 ZPO. (über Unpfändbarkeit von Sachen bei Personen, die Landwirtschaft betreiben) davon abhängig, daß der Schuldner die Zubehörstücke für seinen Wirtschaftsbetrieb notwendig braucht; es begnügt sich damit, daß die Zubehörstücke zur Bewirtschaftung vorhanden sind, der Bewirtschaftung irgendwie dienen. Der Erbhof genießt also einen über das sonst Uebliche hinausgehenden Vollstreckungsschutz. Darauf wird in der Allgemeinen Verfügung vom 23. März 1937 zu Beginn des Abschnitts 2, der vom Vollstreckungsschutz der Erbhöfe handelt, hingewiesen; auch der Unterschied zwischen einem Bauern und einem Landwirte (vgl. die Fassung des § 811 Nr. 4 ZPO.) wird dort (Abschn. 1 Nr. 3) hervorgehoben. Uebrigens ist auch nach der Vorschrift im § 98 Nr. 2 BGB., die der Beklagte in seiner dienstlichen Erklärung irrig herangezogen hat, Zubehör eines Landgutes das zum Wirtschaftsbetriebe bestimmte, nicht das dazu erforderliche Gerät und Vieh. Das Gesetz vom 19. November 1936 (RGBl. I S. 939), auf welches der Beklagte sich ebenda berufen hat, war offensichtlich und auch für ihn ohne weiteres erkennbar nicht anzuwenden. Es bezieht sich auf Saatgut-, nicht auf Futtermittellieferungen des Gläubigers sowie auf die Pfändung von Früchten des Erbhofes (zu denen die gepfändeten Kühe augenscheinlich nicht gehören), erweitert auch nicht den Kreis der pfändbaren Gegenstände, sondern erleichtert nur das Vollstreckungsverfahren durch Ausschaltung der Vorschriften in § 39 Abs. 2 bis 4 REbG. Auch darauf wird in der Allgemeinen Verfügung (Abschn. 4 Nr. 1) hingewiesen.

In jedem Falle hat der Beklagte, mag er nun einfach einer Anregung der Ehefrau des Schuldners gefolgt sein oder irrig auf die vermeintliche Entbehrlichkeit der Kühe für die Bewirtschaftung des Erbhofes abgestellt haben, die nach Lage des Falles gebotene Sorgfalt in besonders hohem Maße außer acht gelassen. Der schon seit dem Jahre 1933 geltende Rechtssatz, daß alles auf dem Erbhofe zur Bewirtschaftung vorhandene Vieh als Zubehör unpfändbar ist, mußte im Jahre 1938 jedem Gerichtsvollzieher geläufig sein, zumal er durch die erwähnte Allgemeine Verfügung über Sinn und Bedeutung der Vorschriften des Erbhofrechts noch besonders belehrt worden war. Der Beklagte war zudem bei der Vollstreckungshandlung schon seit etwa einem Jahr in einem ländlichen Bezirk als Gerichtsvollzieher tätig, stand also erbhofrechtlichen Verhältnissen beruflich keineswegs fern. Bei Prüfung der Pfändbarkeit der Kühe ergab sich für ihn der allereinfachste, der Anwendung der zutreffenden Gesetzesvorschrift keinerlei Schwierigkeiten bietende Tatbestand. Bei — vorauszusetzender — Kenntnis dieser Vorschrift mußten ihn ganz naheliegende Ueberlegungen zu dem Schluß führen, daß die Kühe nicht gepfändet werden durften. Wenn er ohne eigene Prüfung oder in Anwendung einer offensichtlich unzutreffenden Vorschrift zum gegenteiligen Schluß gelangte, kann ihm der Vorwurf grober Fahrlässigkeit nicht erspart bleiben. Sein Verschulden würde auch nicht geringer bewertet werden können, wenn sein Verhalten bei anderen Dienststellen des Klägers eine günstigere als die nach Vorstehendem zutreffende Beurteilung erfahren haben sollte.

Damit wird keinswegs, wie das Kammergericht annimmt, eine früher als einfach bewertete Fahrlässigkeit heute als grobes Verschulden angesehen und so dem Sinne der neuen Rückgriffsregelung im § 23 Abs. 2 DBG.[2]) entgegengewirkt. Das Verhalten des Beklagten wäre auch nach dem Recht, das vor Inkrafttreten des Deutschen Beamtengesetzes galt, als grobes Versehen zu erachten gewesen. Die genannte Vorschrift begrenzt den Rückgriffsanspruch auf die Fälle vorsätzlichen oder grobfahrlässigen Beamtenverschuldens, greift aber dem Urteil über den Grad eines festzustellenden Verschuldens nach keiner Richtung vor und kann folglich auch nicht umgekehrt dahin führen, ein Verschulden geringer, als seinem Gewicht zukommt, einzuschätzen, um den Beamten vor dem Rückgriff zu bewahren. Der in den Ausführungen des Kammergerichts enthaltene Gedanke, daß der Gerichtsvollzieher in seiner Entschlußfähigkeit nicht durch Erwägungen über seine etwaige Haftung gehemmt sein solle, hat seine Berechtigung, geht aber vornehmlich den Gesetzgeber an, der ihm durch die behandelte Vorschrift (vgl. die ihr gegebene Begründung) bereits Rechnung getragen hat. Die von dem Kammergericht für die Gerichtsvollzieher besorgte Gefahr, daß ihnen bei dem zu verlangenden tatkräftigen Vorgehen jeder Fehler als grobes Verschulden ausgelegt werde, findet weder in der Beurteilung, die im Vorstehenden dem Versehen des Beklagten zuteil wird, noch sonst in der höchstrichterlichen Rechtsprechung eine Stütze. Die Tatkraft muß freilich mit Kenntnis der wichtigsten Vollstreckungsvorschriften und mit demjenigen Maß von Ueberlegung verbunden sein, für das auch bei Ausführung eines Vollstreckungsauftrages noch Raum bleibt. Die Aufgabe, tatsächlich gegebene Vollstreckungsmöglichkeiten voll zu erschöpfen, ist mit Einhaltung der vom Gesetz der Vollstreckung gezogenen Grenzen wohl zu vereinigen. Mit der Erwägung des Kammergerichts, der Beklagte habe auf Klärung etwaiger Zweifel an der Zulässigkeit der Pfändung durch den Vollstreckungsrichter vertrauen dürfen, ist die Vornahme einer vom Gesetz schlechthin verbotenen Pfändung nicht zu entschuldigen. Der Gerichtsvollzieher darf nicht — darauf bauend, daß es ein Erinnerungs- und Beschwerdeverfahren gibt — aufs Geratewohl vollstrecken; der Verantwortung für einen schon durch den ersten Zugriff entstandenen Schaden kann er mit einer solchen Ueberlegung nicht ausweichen. . . .

RGZ. 163, 181

Bedürfen Verfügungen, durch die ein Beamter in den Ruhestand versetzt wird, zu ihrer Wirksamkeit der förmlichen Zustellung?[1]) Kann die Zustellung durch den Nachweis ersetzt werden, daß die Entlassungsverfügung dem Beamten anderweitig zugegangen ist?[2]) Besteht diese Möglichkeit insbesondere dann, wenn die Zustellung vergeblich versucht worden ist?

Deutsches Beamtengesetz vom 26. Januar 1937 (RGBl. I S. 39) — DBG. — §§ 78, 163, 183. Verordnung zur Durchführung des Deutschen Beamtengesetzes vom 29. Juni 1937 (RGBl. I S. 669) Nr. 9 zu § 184. Reichsdienststrafordnung vom 26. Januar 1937 (RGBl. I S. 71) — RDStO. — § 19. ZPO. § 187.

III. Zivilsenat. Urt. v. 2. Februar 1940 i. S. 1. der Gemeinde H. (Bekl.), 2. des Landes Preußen (Streithelfers) w. W. (Kl.). III 86/39.

I. Landgericht Wiesbaden. II. Oberlandesgericht Frankfurt a. M.

Der Kläger war seit dem 1. Januar 1933 hauptamtlicher Berufsbürgermeister der beklagten Gemeinde. Er war für die Dauer von 12 Jahren gewählt.

---

1) Vgl. jetzt § 47 Abs. 1 Satz 2 BBG.
2) Vgl. jetzt § 9 VwZG.

Am 26. Juni 1937 unterzeichnete der Reichs- und Preußische Minister des Innern eine Verfügung, durch die er den Kläger auf Grund des § 6 des Gesetzes zur Wiederherstellung des Berufsbeamtentums vom 7. April 1933 (RGBl. I S. 175) in der Fassung des Gesetzes zur Aenderung dieses Gesetzes vom 23. Juni 1933 (RGBl. I S. 389) — BBG. — in den Ruhestand versetzte. Diese Verfügung ist dem Regierungspräsidenten in W. (als oberer Aufsichtsbehörde der Beklagten) am 30. Juni 1937 zugegangen. Dieser hat die Verfügung am 1. Juli 1937 zur Zustellung durch die Post an den Kläger weitergeleitet. Der Kläger war Anfang Juli 1937 als Soldat zu einer Uebung eingezogen. Das mit Zustellungsurkunde versehene Schreiben wurde dem Kläger an den Ort seiner Ausbildung nachgesandt und ist ihm dort formlos bei einem Appell — spätestens am 13. Juli 1937 — ausgehändigt worden. Ueber eine Verwendung und den Verbleib der Zustellungsurkunde ist nichts festgestellt. Auf Anfrage der Post bescheinigte der Kläger unter dem 3. August 1937 seinem Heimatpostamt, daß er das Schreiben der Regierung zu W. — Aktenzeichen I 2 Nr. 1710 — erhalten habe. Die Bescheinigung wurde von der Post an die Regierung zu W. weitergeleitet. Diese verlangte kurz darauf von dem Kläger die Ausstellung einer weiteren Empfangsbescheinigung, daß er die Verfügung des Regierungspräsidenten in W. vom 1. Juli 1937 und die ministerielle Urkunde vom 26. Juni 1937 über seine auf § 6 BBG. gestützte Versetzung in den Ruhestand durch die Post zugestellt erhalten habe. Das zu bescheinigen weigerte sich der Kläger und begründete die Weigerung in einem Schreiben vom 11. August 1937 damit, daß keine ordnungsmäßige Zustellung an den Führer der ihm zunächst vorgesetzten Heeresbehörde stattgefunden habe. Der Regierungspräsident in W. hat dann nichts weiter veranlaßt.

Die bisherigen Dienstbezüge sind dem Kläger bis einschließlich Oktober 1937 gezahlt worden. Seitdem zahlt die Beklagte ihm das Ruhegehalt aus.

Der Regierungspräsident in W. hat durch Verfügung vom 4. März 1938 dem Kläger mitgeteilt, daß er eine Entscheidung wegen des Anspruchs auf Nach- und Weiterzahlung seiner ihm als hauptamtlichem Bürgermeister zustehenden früheren Bezüge nicht zu treffen beabsichtige.

Der Kläger hält seine Versetzung in den Ruhestand für wirkungslos. Die Verfügung sei ihm nicht in der gesetzmäßigen Weise zugestellt worden. Sie sei am 26. Juni 1937 unterzeichnet. Nach § 7a BBG. — eingefügt durch das 5. Gesetz zur Aenderung des Gesetzes zur Wiederherstellung des Berufsbeamtentums vom 11. Juli 1934 (RGBl. I S. 604) — hätte die Zustellung nur bis zum 14. Juli erfolgen können. Da die Prüfung vor dem 30. Juni 1937 abgeschlossen gewesen sei, finde Nr. 9 zu § 184 der Verordnung zur Durchführung des Deutschen Beamtengesetzes vom 29. Juni 1937 keine Anwendung. Innerhalb der Frist bis zum 14. Juli 1937 sei die Verfügung ihm nicht zugestellt worden. Diese habe er überhaupt nicht zugestellt erhalten. Die Form der Zustellung sei dem alten Recht zu entnehmen. Aber auch wenn man die Bestimmungen des Deutschen Beamtengesetzes anwenden wollte, läge keine wirksame Zustellung vor. Die von ihm dem Postamt ausgestellte Bescheinigung über den Zugang des Schreibens des Regierungspräsidenten könne nicht als Empfangsschein im Sinne des § 19 Abs. 1 Nr. 1 RDStO. angesehen werden. Er habe nur eine Bescheinigung für Zwecke der Post ausstellen wollen und sei nicht darüber belehrt worden, daß diese Bescheinigung an den Regierungspräsidenten weitergeleitet und als Empfangsschein angesehen werden würde. Somit sei er nicht rechtswirksam in den Ruhestand versetzt worden. Die Unwirksamkeit der Zustellung ergebe sich auch daraus, daß sein Vorname auf dem Briefumschlag irrtümlich als Johannes angegeben worden sei. Der Kläger erstrebt die Verurteilung der Beklagten zur Zahlung eines von ihm im Klageantrage näher bestimmten Gehalts vom 1. November 1937 ab.

Die Beklagte tritt den Ausführungen des Klägers entgegen. Sie trägt noch vor, der Kläger habe den Empfang des Schreibens in dem Postquittungsbuch des Truppenteils bestätigt. Auch damit habe er einen wirksamen Empfangsschein erteilt. Diese Behauptung habe das Berufungsgericht übersehen. Sie wendet weiter ein, der Kläger verstoße gegen Treu und Glauben, wenn er sich jetzt auf die Mängel der Zustellung berufe. Es wäre seine Pflicht als Beamter gewesen, den Regierungspräsidenten alsbald auf die Mängel der Zustellung hinzuweisen. Das Land Preußen, das der Beklagten als Streithelfer beigetreten ist, hat darauf hingewiesen, daß auch in dem Schreiben des Klägers vom 11. August 1937 ein Empfangsschein zu erblicken sei.

Beide Vordergerichte haben zugunsten des Klägers erkannt. Das Berufungsgericht geht davon aus, daß die Frist zur Zustellung der Verfügung gemäß § 7a BBG. durch die Aushändigung am 13. Juli 1937 an sich gewahrt sei. Es hält aber die Zustellung selbst für nicht ordnungsgemäß und daher für unwirksam, möge man altes Recht oder das Deutsche Beamtengesetz anwenden. Der Versuch, nach dem 14. Juli 1937 einen Empfangsschein vom Kläger zu erhalten, sei zudem wegen Ablaufs der Frist aus § 7a BBG. verspätet.

Die Revision der Beklagten und des Streithelfers blieb erfolglos.

Gründe:

Durch Nr. 9 zu § 184 der Durchführungsverordnung zum Deutschen Beamtengesetz vom 29. Juni 1937 sind die Fristen zur Zustellung der Verfügungen, durch die nach den §§ 5, 6 BBG. eine Versetzung in den Ruhestand ausgesprochen wurde, bis zum 30. September 1937 erstreckt worden. Hierbei ist Voraussetzung, daß die Prüfung am 30. Juni 1937 bei der obersten Reichs- oder Landesbehörde bereits in Bearbeitung, aber noch nicht abgeschlossen war. Daß diese Bestimmung zulässig war und durch die im § 183 DBG. getroffene Uebergangsregelung gedeckt ist, hat der erkennende Senat bereits in der Entscheidung vom 8. Dezember 1939 III 33/39[3]) angenommen. Nach Satz 2 des § 183 DBG. können als Uebergangsregelungen auch ergänzende Vorschriften erlassen werden. Als eine ergänzende Vorschrift für die Uebergangszeit ist aber die beschränkte Verlängerung der Fristen der §§ 5, 6 BBG. um 3 Monate und die Zurückstellung der vollen Auswirkung des neuen Rechts für diese Zeit anzusehen. Es handelt sich somit in Nr. 9 um eine Vorschrift auf ordnungsmäßiger gesetzlicher Grundlage. Durch diese Bestimmung in der Durchführungsverordnung zu § 184 DBG. hat auch § 7 a BBG. seine sachliche Bedeutung verloren. Hiernach verblieb noch bis zum 30. September 1937 die Möglichkeit, Beamte gemäß § 6 BBG. in den Ruhestand zu versetzen.

Die gerichtliche Prüfung hat im übrigen bei der Feststellung, daß die Anwendung des § 6 BBG. vor dem 1. Oktober 1937 gesetzlich nicht ausgeschlossen war, halt zu machen. Sie kann sich nicht darauf erstrecken, ob die in der Durchführungsverordnung zu § 184 DBG. unter Nr. 9 aufgestellten verfahrensmäßigen Voraussetzungen erfüllt waren. Nach § 7 Abs. 1 BBG. in Verbindung mit Nr. 9 der Dritten Durchführungsverordnung vom 6. Mai 1933 (RGBl. I S. 245) hatte darüber ausschließlich und mit bindender Wirkung für die Gerichte die oberste Verwaltungsbehörde zu entscheiden (zu vgl. RGZ. Bd. 161 S. 163)[4]). Eine gerichtliche Stellungnahme zu der Frage, ob die Prüfung der Entlassung des Klägers am 30. Juni 1937 bereits bei der obersten Reichs- oder Landesbehörde in Bearbeitung, aber noch nicht abgeschlossen war, ist somit nicht zulässig. Bedenken gegen die Entlassungsverfügung selbst können hiernach nicht geltend gemacht werden.

Im Ergebnis zu Recht nimmt das Berufungsgericht aber an, daß die Verfügung keine Wirksamkeit erlangt hat, weil sie nicht ordnungsgemäß zugestellt worden ist.

Die Entscheidungen nach § 7 Abs. 1 BBG. über die Versetzungen von Beamten in den Ruhestand waren nach der Vorschrift der Dritten Verordnung zur Durchführung des Gesetzes zur Wiederherstellung des Berufsbeamtentums vom 6. Mai 1933 zu § 7 Nr. 11 nach den für die Zurruhesetzung eines Beamten geltenden allgemeinen Bestimmungen bekanntzugeben. Als allgemeine Bestimmungen müssen hier aber die Vorschriften des Preußischen Rechts über die Bekanntgabe an den Beamten ausscheiden. Denn diese Bestimmungen waren mit dem 30. Juni 1937 außer Kraft getreten. Daß dieses Recht anzuwenden sei, kann nicht etwa mit der Begründung angenommen werden, daß die Bekanntgabe bereits vor dem 30. Juni 1937 begonnen habe. Maßgebend kann hier nicht die Abgabe der Entlassungsverfügung von dem entscheidenden Minister an den Regierungspräsidenten sein. Diese Abgabe dient nur der späteren Bekanntgabe, ist aber selbst noch kein Teil davon. Maßgebend

[3]) Abgedruckt in DR. Ausg. A 1940 S. 459 Nr. 28.
[4]) In diesem Band S. 343.

ist vielmehr die Weitergabe der Entlassungsverfügung vom Regierungspräsidenten an den Kläger. Diese geschah aber unter neuem Recht. Als allgemein geltende Vorschriften über die Bekanntgabe der Entlassungsverfügung kommen somit die Vorschriften des Deutschen Beamtengesetzes in Betracht. Aus § 78 Abs. 1 DBG. kann nicht gefolgert werden, daß Verfügungen über die Versetzung eines Beamten in den Ruhestand nach diesem Recht durch einfache schriftliche Mitteilung, im übrigen aber formlos bekanntgegeben werden könnten[1]). Daß durch die Versetzung in den Ruhestand die Vermögensrechte des Beamten berührt werden, kann keinem Zweifel unterliegen. Dann folgt aber aus § 163 DBG.[5]), daß die Entlassungsverfügung, die dem Beamten nach den Vorschriften des Gesetzes — hier also nach § 78 Abs. 1, und zwar durch schriftliche Mitteilung — bekanntzugeben ist, zugestellt werden muß. Auch die Bestimmung in der Durchführungsverordnung Nr. 9 zu § 184 des Gesetzes setzt das Erfordernis der Zustellung der Entlassungsverfügung ohne weiteres voraus.

Die Revision führt aus, die Nichtbeachtung der Förmlichkeiten der Zustellung sei für die Wirksamkeit der Bekanntgabe an den Beamten dann ohne Bedeutung, wenn diese sonst feststehe[2]). Hiermit verkennt die Revision die Bedeutung der Zustellung. Das Gesetz würde sicher nicht neben den drei Möglichkeiten der förmlichen Zustellung nach der Reichsdienststrafordnung im Satz 3 des § 163 DBG. noch die Möglichkeit einer einfacheren Ersatzzustellung geschaffen haben, wenn es davon ausgegangen wäre, daß die Erfüllung der Zustellungsvoraussetzungen für die Wirksamkeit der Entscheidungen dann nicht wesentlich sei, wenn die Bekanntgabe anderweit nachgewiesen wird. Wäre der anderweite Nachweis der Bekanntgabe genügend, so wäre es nicht erforderlich gewesen, die Möglichkeit eines Ersatzes der Zustellung durch die Anfertigung einer Niederschrift zu schaffen. Dann hätte auch ein Aktenvermerk als Nachweis genügen können. Das Erfordernis einer förmlichen Zustellung ergibt sich im übrigen auch daraus, daß der genaue Zeitpunkt der Versetzung eines Beamten in den Ruhestand deswegen feststehen muß, weil sonst Zweifel über die Wirksamkeit von ihm vollzogener Amtshandlungen entstehen können. Zusammenfassend ist also davon auszugehen, daß die Entlassungsverfügung nur dann wirksam geworden sein kann, wenn sie dem Kläger bis zum 30. September 1937 nach einer der vier Möglichkeiten, die das Deutsche Beamtengesetz gibt, zugestellt worden ist.

Der Revision kann nicht zugegeben werden, daß diese Voraussetzung erfüllt wäre. In Betracht kommen hier nur die Möglichkeiten aus § 163 Satz 2 DBG. in Verbindung mit § 19 Abs. 1 Nr. 1 und Nr. 3 RDStO. Der Regierungspräsident hatte die Zustellung nach den Vorschriften der Zivilprozeßordnung über die Zustellung von Amts wegen versucht. Diese Zustellung ist nicht wirksam zustande gekommen. Das folgt bereits

[5]) Vgl. jetzt § 175 BBG.

daraus, daß die Aufnahme einer Zustellungsurkunde über die Uebergabe des Schreibens des Regierungspräsidenten nicht nachzuweisen ist. Sie ist ein wesentlicher Teil des Zustellungsvorgangs. Wird keine Zustellungsurkunde aufgenommen, so fehlt der Zustellung ein wesentliches Erfordernis. Diese ist unwirksam. Eine entsprechende Anwendung des § 187 ZPO. über die Heilung von Mängeln der Zustellung entfällt einmal, weil dem Kläger keine Ladung zugestellt worden ist, zum anderen aber auch deswegen, weil keine Ersatzzustellung aus den §§ 181 bis 186 ZPO. in Frage kam.

Nach § 19 Abs. 1 Nr. 1 RDStO. kann die Zustellung weiter durch Uebergabe an den Empfänger gegen Empfangsschein oder, wenn er die Annahme oder die Ausstellung des Empfangsscheines verweigert, durch die Anfertigung einer Niederschrift darüber erfolgen. Die Möglichkeit der Zustellung durch Aufnahme einer Niederschrift über die Aushändigung der Verfügung kommt bei der gegebenen Sachlage ohne weiteres nicht in Betracht. Daher bleibt zunächst zu erörtern, ob in der Bescheinigung gegenüber der Postbehörde vom 3. August 1937 und der etwaigen Empfangsbescheinigung im Postquittungsbuch des Truppenteils eine Empfangsbescheinigung im Sinne des § 19 Abs. 1 Nr. 1 RDStO. erblickt werden kann. Dies muß verneint werden. Der Empfangsschein soll das Anerkenntnis des Beamten gegenüber seiner vorgesetzten Behörde über den Empfang des zuzustellenden Schriftstücks enthalten. Bescheinigungen, die der Post gegenüber ausgestellt werden und bei denen dem Ausstellenden nicht erkennbar gemacht wird, daß sie an andere Stellen weitergeleitet werden sollen, können nicht als Empfangsscheine im Sinne der Reichsdienststrafordnung angesehen werden. Unerheblich ist demgegenüber, daß die Bescheinigung des Klägers vom 3. August 1937 von der Post an den Regierungspräsidenten weitergeleitet worden ist. Daß dieser selbst die der Post erteilte Bescheinigung nicht als Empfangsschein im Sinne der Reichsdienststrafordnung angesehen hat, ergibt sich daraus, daß er dem Kläger einen ordnungsmäßigen Empfangsschein zur Unterschrift vorlegen ließ. Damit entfällt aber auch die Möglichkeit einer wirksamen Zustelllung aus § 19 Abs. 1 Nr. 1 RDStO. Bei dieser Rechtslage kann dahingestellt bleiben, ob überhaupt die nachträgliche Umwandlung einer nach den Vorschriften der Zivilprozeßordnung versuchten und mißlungenen Zustellung in eine solche durch Uebergabe des zuzustellenden Schriftstücks gegen Empfangsschein möglich ist. Denn auch die Zustellung gegen Empfangsschein ist ein förmlicher Vorgang. Damit erweist sich die Prozeßrüge als unbegründet, daß die Behauptung über die Empfangsbescheinigung des Klägers in dem Postbuch seines Truppenteils nicht beachtet worden sei.

Auch das Schreiben vom 11. August 1937, in dem der Kläger die Verweigerung seiner Unterschrift unter dem ihm vorgelegten Empfangsschein begründet, kann selbst keinen Empfangsschein darstellen. Das Schreiben könnte als Beweisurkunde Bedeutung haben, wenn eine formlose Uebergabe des Schreibens des Regierungspräsidenten Rechtswirkungen haben könnte und der Kläger den Empfang bestritte. Diese Möglichkeit besteht aber nicht. So ist es nichts anderes als eine Erklärung, daß bislang eine ordnungsmäßige Zustellung nicht stattgefunden habe. Damit entfällt übrigens auch die Möglichkeit, einen Verzicht des Klägers auf die Mängel der Zustellung anzunehmen, den die Revision aus rechtsähnlicher Anwendung des § 295 ZPO. herleiten will, wobei dahingestellt bleiben kann, ob ein solcher Verzicht bei der nun einmal notwendigen Formstrenge des Beamtenrechts überhaupt möglich wäre.

Bei dieser Rechtslage kann die Verwendung des falschen Vornamens für den Kläger unerörtert bleiben.

Schließlich führt die Beklagte zur Einrede der allgemeinen Arglist aus, daß es Beamtenpflicht des Klägers gewesen sei, den Regierungspräsidenten auf die Mängel der Zustellung hinzuweisen. Die Einrede scheitert aber bereits an der Weigerung des Klägers, den Empfangsschein zu unterzeichnen, und an seinem Schreiben vom 11. August 1937, in dem er ausdrücklich die Mangelhaftigkeit der Zustellung rügt. Im übrigen wäre es Sache des Regierungspräsidenten gewesen, für eine ordnungsmäßige Zustellung der Entlassungsverfügung zu sorgen, nachdem ihm das Mißlingen des ersten Zustellungsversuches bekanntgeworden war. Aus welchem Grund er dies unterlassen hat, ist nicht ersichtlich. Jedenfalls können die Folgen dieser Unterlassung durch einen Hinweis auf ein arglistiges Verhalten des Klägers nicht ausgeschaltet werden.

RGZ. 163, 193

1. . . .[1])

2. Kann auf Teile des Ruhegeldes rechtswirksam verzichtet werden?

. . .

Deutsches Beamtengesetz vom 26. Januar 1937 (RGBl. I S. 39) § 38 Abs. 1[2]).

III. Zivilsenat. Urt. v. 23. Februar 1940 i. S. H. (Kl.) w. Stadt B. (Bekl.). III 67/39.

I. Landgericht Karlsruhe. II. Oberlandesgericht daselbst.

. . .

Aus den Gründen:

Nach § 38 Abs. 1 DBG.[2]) kann der Beamte auf die laufenden Dienstbezüge weder ganz noch teilweise verzichten. Für Ruhegehaltsbezüge enthält das Deutsche Beamtengesetz[3]) keine entsprechende Vorschrift. Es ist aber dem Schrifttum (Nadler-Wittland-Ruppert DBG.

[1]) Überholt.

[2]) Vgl. § 83 Abs. 2 BBG.

[3]) Desgleichen jetzt das BBG.

Bem. 32 zu § 38; Brand Bem. 1 Abs. 3 zu § 38) zuzustimmen, wenn es aus dem Grundgedanken des § 38[2]) folgert, daß auch ein Verzicht auf Versorgungsbezüge im gleichen Umfange wie ein solcher auf Dienstbezüge ausgeschlossen ist. Denselben Standpunkt hat die Rechtsprechung für das frühere Recht eingenommen und nur insofern eine Ausnahme anerkannt, als der Beamte zugleich auf sämtliche Rechte und Pflichten aus dem Beamtenverhältnis verzichtet, also aus ihm völlig und endgültig ausscheidet (RGZ. Bd. 131 S. 87[4]), Bd. 133 S. 313 [316, 317])[5]). In diesem Falle liegt aber nicht sowohl ein Verzicht auf die Ruhegehaltsbezüge vor, als ein Verzicht auf die Beamtenstellung überhaupt, der den Verlust der Ruhegehaltsansprüche zwangsläufig zur Folge hat. Diese Rechtsgedanken sind ohne ausdrückliche gesetzliche Regelung aus dem Wesen des Beamtenverhältnisses abzuleiten.

Die völlige Aufgabe aller Beziehungen aus dem Beamtenverhältnis kam für den Kläger nicht in Frage. Im Gegenteil kämpfte er gerade um die Aufhebung der Entlassung und um seine Belassung als Beamter im Ruhestande[6]). Dann konnte aber dieses öffentlich-rechtliche Verhältnis so wenig wie durch eine einseitige Handlung der Behörde durch Vereinbarung mit dem Beamten gegen das Gesetz geregelt werden, weil auch von dem Ruhestandsbeamten aus öffentlichen Rücksichten eine angemessene Lebenshaltung erwartet wird und ihm dafür die entsprechenden Mittel gegeben werden müssen. . . . Wenn sich der Reichsstatthalter entschloß, den Kläger nicht zu entlassen und ihm damit alle Rechte des Beamten zu nehmen, ihn aber auch aller Pflichten eines solchen zu entbinden, so konnte sich der Beamte nicht von den trotz des Wegfalls der Amtsgeschäfte weiterbestehenden Beamtenpflichten, der Pflicht zur Amtsverschwiegenheit, der Treupflicht und der in ihr beschlossenen Pflicht, sich nicht staatsfeindlich zu betätigen, lossagen. Er sollte sich aber auch weiterhin aus öffentlichen Rücksichten in seiner Lebensführung in einer seiner Beamteneigenschaft würdigen Weise verhalten. Auf der anderen Seite konnten ihm dann seine Versorgungsansprüche — auch mit seiner Einwilligung — nicht entzogen oder verkürzt werden, damit er in der Einhaltung seiner Pflichten und einer seiner Stellung entsprechenden Lebensführung nicht beeinträchtigt wurde.

Der Verzicht war demnach rechtsunwirksam. . . .

Es kann dahingestellt bleiben, ob die Einrede der Arglist und damit die der unzulässigen Rechtsausübung begründet wäre, wenn der Kläger von vornherein auf die Täuschung der Behörde über die Zulässigkeit eines Verzichts ausgegangen wäre. Das hat die Beklagte selbst nicht behauptet. . . . Keinesfalls kann dem Kläger die Einrede der unrichtigen

[4]) In diesem Band S. 149.

[5]) In diesem Band S. 165.

[6]) Es handelte sich um Maßnahmen gemäß §§ 4, 6 des Ges. zur Wiederherstellung des Berufsbeamtentums vom 7. 4. 1933.

Rechtsausübung deshalb entgegengehalten werden, weil er sich nun auf die Rechtsunwirksamkeit der Verzichtserklärung beruft, die er im guten Glauben an ihre Wirksamkeit abgegeben hat. . . .

RGZ. 164, 72

1. Welche Behörde ist zuständig, Vorbescheide gemäß § 143 Abs. 1 DBG.[1]) an im Ruhestande befindliche Geschäftsführer von Ortskrankenkassen zu erteilen, wenn diese Beamten nicht Leiter der Ortskrankenkasse waren, aber als sogenannte Regulativbeamte die Rechte und Pflichten eines Gemeindebeamten besaßen?

2. Ist gegen Versorgungsbescheide (§§ 126 bis 133 DBG.)[2]), die von dem Leiter einer Ortskrankenkasse ausgehen, die Beschwerde gemäß § 143 Abs. 2 letzter Satz erster Halbsatz DBG.[3]) zugelassen?

3. Welche Rechtsfolgen hat ein gemäß § 143 Abs. 1 DBG.[1]) erteilter Vorbescheid, wenn er dem Beamten nur zugegangen, aber entgegen § 163 DBG.[4]) nicht zugestellt ist, und welche Bedeutung hat demgegenüber die Zustellung des Vorbescheides?

Deutsches Beamtengesetz v. 26. Januar 1937 (RGBl. I S. 39) — DBG. — §§ 143[1]), 163[4]).

III. Zivilsenat. Urt. v. 24. Mai 1940 i. S. H. (Kl.) w. Allgem. Ortskrankenkasse f. d. Kreis J.-L. (Bekl.). III 142/39.

I. Landgericht Potsdam. II. Kammergericht Berlin.

Der Kläger, der seit 1902 bei verschiedenen Gemeinden und Staatsverwaltungen im Büro- und Kassendienst als Angestellter beschäftigt gewesen war, hatte am 10. Januar 1914 die Stellung des Geschäftsführers der verklagten Ortskrankenkasse erhalten. Später waren ihm auf Grund des Regulativs vom 13. Juni 1917 die Rechte und Pflichten eines Gemeindebeamten übertragen und im Anschluß daran eine Anstellungsurkunde ausgehändigt worden. Am 21. Januar 1933 beschloß der Vorstand der Beklagten, den Kläger in den Ruhestand zu versetzen. Das Versicherungsamt in J. versagte hierzu aber seine Zustimmung. Der Kläger ist dann durch den Erlaß des Preußischen Ministers für Wirtschaft und Arbeit vom 9. September 1933 nach § 4 des Gesetzes zur Wiederherstellung des Berufsbeamtentums vom 7. April 1933 (RGBl. I S. 175) — BBG. — aus dem Dienst entlassen worden. Er schied am 20. September 1933 aus diesem aus.

Das Ruhegehaltsdienstalter des Klägers war in seiner Anstellungsurkunde auf den 1. Juni 1911 festgesetzt worden. Es ist später zweimal

---

[1]) Vgl. § 173 Abs. 1 BBG.

[2]) Vgl. §§ 155 bis 164 BBG.

[3]) Vgl. jetzt § 173 Abs. 2 Satz 2 BBG.

[4]) Vgl. § 175 BBG.

vorverlegt und schließlich durch den Vorstandsbeschluß vom 10. Dezember 1932 auf den 15. April 1900 festgesetzt, die Anstellungsurkunde hiernach berichtigt worden. Im November 1937 nahm die Beklagte auf Anweisung des Versicherungsamts in J. eine Festsetzung des Ruhegehaltsdienstalters des Kläger auf Grund von § 9 BBG. vor. Sie gelangte dabei auf den 1. Januar 1911 als Anfangstag und auf eine ruhegehaltsfähige Dienstzeit von insgesamt 24 Jahren und 29 Tagen, während diese nach dem Vorstandsbeschlusse vom 10. Dezember 1932 insgesamt 33 Jahre und 159 Tage betragen hätte. Das Oberversicherungsamt eröffnete dies dem Kläger mit Bescheid vom 2. Dezember 1937. Eine Beschwerde des Klägers vom 14. Januar 1938, mit der er sich gegen diese Festsetzung wendete, hat das Oberversicherungsamt abschlägig beschieden. Ebenso wies der Reichsarbeitsminister durch Bescheid vom 16. Mai 1938 eine vom Kläger am 17. Dezember 1937 eingelegte Bechwerde zurück. Der Kläger hat im September 1938 die gegenwärtige Klage erhoben, mit der er die Feststellung verlangt, daß die durch den Beschluß vom 10. Dezember 1932 vorgenommene Festsetzung seines Ruhegehaltsdienstalters rechtsverbindlich sei.

Die Revision des in beiden Vorinstanzen unterlegenen Klägers führte zur Aufhebung und Zurückverweisung.

Gründe:

Das Landgericht hatte angenommen, daß die Klage zwar rechtzeitig erhoben und deshalb zulässig, daß sie aber sachlich nicht begründet sei. Dagegen ist das Berufungsgericht der Auffassung, daß dem Kläger wegen der Versäumung gesetzlicher Ausschlußfristen der Rechtsweg nicht offenstehe. Aus diesem Grund ist die Berufung des Klägers zurückgewiesen worden. Allerdings hat das Berufungsgericht noch hinzugefügt, daß es, wenn es sachlich über den Anspruch des Klägers zu entscheiden gehabt hätte, auch insoweit zu keinem ihm günstigen Ergebnis gekommen wäre. Die dafür gegebene Begründung ist jedoch für das Revisionsgericht unbeachtlich und als nicht geschrieben zu behandeln. Sie steht außer Zusammenhang mit dem Urteilsergebnis, das nicht in einer Sachentscheidung besteht und gerade darauf hinausläuft, dem Kläger eine solche zu verweigern. Die Ausführungen sind dem Urteil ersichtlich auch nur angehängt, um der Belehrung des Klägers über die Aussichten der weiteren Rechtsverfolgung zu dienen. Im dritten Rechtszuge kann es sich demnach nur darum handeln, welche Zulässigkeitsvoraussetzungen für die Klage bestehen und ob der Kläger ihnen genügt hat.

Der Kläger gehörte zu den früheren Krankenkassenbeamten im Sinne von § 359 alter Fassung der Reichsversicherungsordnung. Er hatte, wenn er auch nicht Gemeindebeamter im eigentlichen Sinne war, sämtliche Rechte und Pflichten eines solchen (Erl. des Preuß. Ministers für Handel und Gewerbe vom 18. Februar 1914 HMBl. S. 79). Er unterstand nicht der Dienstordnung (§ 10 des Gesetzes vom 28. Juni 1919, RGBl. S. 615).

Für den Kläger galt daher ursprünglich § 7 des Preußischen Gesetzes, betreffend die Anstellung und Versorgung der Kommunalbeamten, vom 30. Juli 1899 (GS. S. 141) — KBG. —, wonach er bei Erhebung von Ansprüchen aus seinem Dienstverhältnisse die Vorentscheidung des Bezirksausschusses — an dessen Stelle durch das Preußische Anpassungsgesetz vom 15. Dezember 1933 (GS. S. 479) der Regierungspräsident getreten ist — beizubringen hatte. . . . Daran hat sich durch seine mit einer Versorgung verknüpfte Entlassung gemäß § 4 BBG. grundsätzlich nichts geändert. Die Voraussetzungen für die Zulässigkeit der Klage bestimmten sich somit bis zum Inkrafttreten des Deutschen Beamtengesetzes (1. Juli 1937) nach § 7 KBG. In diesem Zeitraum ist jedoch nach dem Parteivorbringen nichts geschehen, wodurch die Ausschlußfrist des § 7 KBG. hätte in Lauf gesetzt werden können.

Seit dem 1. Juli 1937 sind für die Zulässigkeit der Rechtsverfolgung die Bestimmungen in § 143 DBG.[1]) maßgebend geworden, wie sich ohne weiteres aus § 184 Abs. 1 Satz 3 dieses Gesetzes ergibt. Von einer Weitergeltung des § 7 KBG. über diesen Zeitpunkt hinaus, die das Berufungsgericht anscheinend nicht ablehnen will, kann keine Rede sein. Wohl aber kann der Umstand, daß der Kläger die Stellung eines Gemeindebeamten gehabt hatte, dafür von Bedeutung sein, welche Behörde nunmehr als oberste Dienstbehörde zuständig war, ihm den Vorbescheid im Sinne von § 143 Abs. 1 Satz 1 DBG.[1]) oder den Beschwerdeentscheid im Sinne von Abs. 2 Satz 3 zu erteilen. Für die Gemeindebeamten ist dies, wie in der ursprünglichen Fassung des § 1 Abs. 3 der Durchführungsverordnung zum Deutschen Beamtengesetz für die Kommunalbeamten vom 2. Juli 1937 (RGBl. I S. 729) unter Bezugnahme auf § 33 Abs. 2 der Ersten Durchführungsverordnung zur Deutschen Gemeindeordnung vom 22. März 1935 (RGBl. I S. 393) bestimmt wurde, die „obere Aufsichtsbehörde“ oder, wie in § 1 Nr. 2 der Aenderungsverordnung vom 28. April 1938 (RGBl. I S. 509) genauer gesagt wird, die „obere Gemeindeaufsichtsbehörde“. Das würde in Preußen ebenfalls wieder der Regierungspräsident sein. Indessen gilt diese Regelung nur für die eigentlichen Gemeindebeamten, zu denen der Kläger nicht zählt. Schon die Ueberschrift der genannten Durchführungsverordnung vom 2. Juli 1937 zeigt, daß als Kommunalbeamte nur die Beamten der Gemeinden, der Gemeindeverbände und der gemeindlichen Zweckverbände zu verstehen sind. Die Durchführungsverordnung kann auf den Kläger auch nicht sinngemäß angewendet werden. Denn soweit § 8 der Verordnung ihre sinngemäße Anwendung auf Beamte von Körperschaften, Anstalten und Stiftungen des öffentlichen Rechts gestattet, gilt das nur für solche Körperschaften, Anstalten und Stiftungen, welche der Aufsicht des Reichsministers des Innern oder der Innenminister der Länder unterstehen. Das trifft für die dem Reichsarbeitsminister unterstellten Ortskrankenkassen nicht zu. Eine Zuständigkeit des Regierungspräsidenten für die Erteilung von Vorbescheiden an den Kläger kann daher seit dem 1. Juli 1937 nicht mehr in Betracht kommen. Vielmehr lag es nach § 151 Abs. 1 DBG.[5]) dem Reichsarbeitsminister ob, die Zuständigkeit hierfür bei den Ortskrankenkassen zu regeln. Er konnte sich hiernach die Erteilung der Vorbescheide selbst vorbehalten, sie von seiner vorherigen Genehmigung abhängig machen oder diese Rechte auf nachgeordnete Aufsichtsbehörden übertragen. Die einschlägige Regelung enthält der Erlaß des Reichsarbeitsministers vom 21. Juli 1937 (RArbBl. IV S. 257). Durch diesen Erlaß (unter D 3) sind die Befugnisse der obersten Dienstbehörde gegenüber den Kassenleitern dem Vorsitzenden des Oberversicherungsamtes übertragen worden. Dagegen sind diese Befugnisse für die übrigen Beamten dem Kassenleiter verblieben. Die Erteilung von Vorbescheiden an den Kläger wäre hiernach Sache des Vorsitzenden des Oberversicherungsamtes gewesen, sofern der Kläger im Sinne von *Art. 7 § 1 des Gesetzes* über den Aufbau der Sozialversicherung vom 5. Juli 1934 (RGBl. I S. 577) Leiter der beklagten Ortskrankenkasse gewesen wäre. Das ist aber schon deshalb ausgeschlossen, weil der Kläger bei dem Inkrafttreten dieses Gesetzes nicht mehr im Amte war. Der Kläger hatte als früherer Geschäftsführer der Ortskrankenkasse eine durchaus andere Stellung als ihr nunmehriger Leiter, der zugleich die Befugnisse auf sich vereinigt, welche früher den Organen der Ortskrankenkasse zustanden. Es ist daher rechtsirrig, daß das Berufungsgericht den Kläger in dem hier gegebenen Zusammenhange dem Leiter einer Ortskrankenkasse gleichsetzt. Als früherer Geschäftsführer ohne die Eigenschaft eines Kassenleiters gehört er zu den „übrigen Beamten" im Sinne des oben erwähnten Erlasses. Seine oberste Dienstbehörde im Sinne von § 143 DBG.[1]) war der Leiter der Beklagten. Dieser hatte dem Kläger daher auch etwaige Vorbescheide zu erteilen, und nur diese Vorbescheide — nicht aber solche des Vorsitzenden des Oberversicherungsamts oder des Reichsarbeitsministers — waren geeignet, die Ausschlußfristen für die Klageerhebung in Lauf zu setzen.

Das Berufungsgericht geht daher von rechtsirrigen Auffassungen aus, wenn es annimmt, daß der Bescheid des Oberversicherungsamts vom 2. Dezember 1937 für den Beginn der Ausschlußfrist maßgebend gewesen sei. Selbst wenn dieser Bescheid, der dem Kläger mitteilte, daß der Leiter der Ortskrankenkasse das Ruhegehaltsdienstalter des Klägers auf den 1. Januar 1911 festgesetzt habe, daß diese Festsetzung vom Vorsitzenden des Oberversicherungsamts gebilligt werde und zu einem Ruhegehalt des Klägers von 196,74 RM. führe, seinem Inhalt nach als Vorbescheid im Sinne des § 143 Abs. 1 DBG.[1]) angesehen werden müßte, würde er, weil von einer unzuständigen Stelle ausgehend, unwirksam sein. Aber auch als Beschwerdeentscheidung — der Bescheid verweist zugleich auf eine Beschwerde des Klägers vom 10. Mai 1937 — würde

[5]) Vgl. jetzt die — allerdings nur mittelbare Bundesbeamte betreffende — Vorschrift in § 187 BBG.

er nicht die in § 143 Abs. 2 Satz 3 Halbsatz 2[6]) vorgesehene Wirkung entfalten. Denn ein Beschwerdeverfahren gemäß dieser Bestimmung findet nur gegen die Festsetzung von Versorgungsbezügen (§§ 126 bis 133 DBG.[2]) durch eine „nachgeordnete" Behörde statt. Hätte, was nicht aufgeklärt worden ist, der Leiter der beklagten Ortskrankenkasse vorher eine endgültige Festsetzung der Versorgungsbezüge vorgenommen, so wäre bereits diese Festsetzung von der obersten Dienstbehörde und nicht von einer nachgeordneten Behörde ausgegangen, weil der Kassenleiter wegen der gesetzlich festgelegten Selbständigkeit der Krankenkassen keiner Behörde nachgeordnet ist, sondern nur der Aufsicht der Versicherungsbehörden untersteht. Bei den Kommunalbeamten, bei denen die gleichen Verhältnisse obwalten, war zwar in § 1 Abs. 3 der Durchführungsverordnung vom 2. Juli 1937 die Beschwerde an die obere Aufsichtsbehörde zugelassen worden. Aber diese Regelung, die übrigens mit § 1 Nr. 3 der oben erwähnten Abänderungsverordnung vom 28. April 1938 wieder gefallen ist, traf nach dem bereits Ausgeführten auf den Kläger nicht zu. Für eine Beschwerde (im Sinne von § 143 Abs. 2 DBG.)[6]) blieb ihm daher kein Raum.

Endlich hat das Berufungsgericht übersehen, daß nur zugestellte Bescheide die Ausschlußfrist in Lauf zu setzen vermögen. Für die in § 143 Abs. 2 DGB. genannten Bescheide ist dies an dieser Stelle ausdrücklich bestimmt, während für die in § 143 Abs. 1[1]) genannten Bescheide gesagt ist, daß die Klage bei Verlust des Klagerechts innerhalb von sechs Monaten nach „Bekanntgabe"[7]) der Entscheidung erhoben werden muß. Es ist aber schon an sich ausgeschlossen, daß die Form der Bekanntgabe für die in Absatz 1 genannten Bescheide eine andere sein könnte als für die ihnen gleichgestellten Bescheide in Absatz 2. Dazu kommt die ausdrückliche Bestimmung in § 163 DBG.[4]), wonach Entscheidungen, die dem Beamten nach diesem Gesetze bekanntzugeben sind, zugestellt werden müssen, wenn durch sie eine Frist in Lauf gesetzt wird oder Vermögensrechte des Beamten berührt werden. Zwar heißt es in § 184 Abs. 1 Satz 3 DBG.[8]), daß für Ruhestandsbeamte, die vor dem Inkrafttreten des Gesetzes bereits Ansprüche erworben haben — abgesehen von anderen hier nicht einschlägigen Bestimmungen —, „nur" die §§ 126 bis 147 gelten, ohne daß dabei der § 163 erwähnt ist. Aber daraus kann selbstverständlich nicht geschlossen werden, daß bei den Ruhestandsbeamten alten Rechts eine Zustellung der Bescheide nach § 143 Abs. 1[1]) unnötig wäre. Denn die in § 163[4]) getroffene einheitliche Regelung der Art der Bekanntgabe bildet nur eine Ergänzung zu § 143 Abs. 1[1]) und den anderen Vorschriften des Deutschen Beamtengesetzes, die eine Bekanntgabe von Entscheidungen vorsehen, und hat diesen

[6]) Vgl. § 173 Abs. 2 Satz 2 BBG.

[7]) § 173 Abs. 1 BBG. sagt jetzt ausdrücklich „nach Zustellung".

[8]) Klarer jetzt § 180 BBG., der § 175 BBG. mit anführt.

Vorschriften gegenüber keine selbständige Bedeutung. Daher genügt, um die Ausschlußfrist in Lauf zu setzen, keineswegs schon, wie das Berufungsgericht meint, das bloße Zugehen der Vorentscheidung.

Allerdings ist das formlose Zugehen einer solchen Vorentscheidung für das Klagerecht des Beamten oder Ruhestandsbeamten nicht ohne Bedeutung. Denn auch damit wird der Klageweg eröffnet. Es wäre sinnlos, eine solche Entscheidung, wenn sie nicht zugestellt ist, überhaupt als nicht vorhanden zu erachten. Denn das würde zur Folge haben, daß der Beamte oder Ruhestandsbeamte die ihm bekanntgemachte Entscheidung der obersten Dienstbehörde als völlig wertlos ansehen und nach § 143 Abs. 1 Satz 1 zweiter Halbsatz[9]) mit seiner Klage noch so lange warten müßte, bis sechs Monate nach der Antragstellung abgelaufen wären. Da dies nicht der Wille des Gesetzes sein kann, ist die Annahme unabweislich, daß ihm der Klageweg schon mit der Bekanntgabe der in § 143 Abs. 1 und 2[10]) genannten Vorentscheidungen geöffnet wird, während allein die Zustellung bewirken kann, daß sich ihm der Klageweg nach Ablauf der Sechsmonatsfrist wieder verschließt. Weder das eine noch das andere ist aber im gegenwärtigen Falle durch die Vorentscheidung des Vorsitzenden des Oberversicherungsamts vom 2. Dezember 1937 eingetreten.

Der Kläger hat im dritten Rechtszug einen Vorbescheid der zuständigen Stelle, nämlich des Leiters der beklagten Ortskrankenkasse vom 1. Dezember 1939 vorgelegt. Nach ständiger Rechtsprechung des erkennenden Senats kann durch die Nachbringung des Vorentscheides auch noch im Revisionsverfahren die Zulässigkeit der Klage herbeigeführt werden. Hierzu würde der jetzt vorgelegte, wenn auch nicht zugestellte Vorbescheid ausreichen, sofern der Kläger sein Klagerecht nicht bereits früher verloren haben sollte. Daß dieser Verlust nicht, wie das Berufungsgericht annimmt, durch den Bescheid des Vorsitzenden des Oberversicherungsamts vom 2. Dezember 1937 eingetreten sein kann, ist bereits dargelegt worden. Aber es läßt sich nicht ausschließen, daß das anderweit geschehen ist. Soweit ersichtlich, muß der Leiter der beklagten Ortskrankenkasse die Versorgungsbezüge des Klägers irgendwann festgesetzt haben. Sollte das nach Inkrafttreten des Deutschen Beamtengesetzes durch einen dem Kläger zugestellten Bescheid gemäß § 126 Abs. 1[11]) und § 163 DBG.[4]) geschehen sein, so würde die Ausschlußfrist von sechs Monaten bei Erhebung der Klage möglicherweise abgelaufen sein (§ 143 Abs. 2 Satz 2 DBG.)[12]) Eine Ausdehnung der Frist durch Beschwerdeeinlegung hätte hier, wie oben dargelegt, nicht stattfinden können. Unabhängig davon ist aber auch mit der Möglichkeit zu rechnen,

[9]) Vgl. § 173 Abs. 1 Satz 1 zweiter Halbsatz BBG.

[10]) Vgl. § 173 Abs. 1 und 2 BBG.

[11]) Vgl. § 155 Abs. 1 BBG.

[12]) Vgl. § 173 Abs. 2 BBG.

daß der Kläger dem Leiter der beklagten Ortskrankenkasse seine Ansprüche unterbreitet und dieser sie in einem zugestellten Bescheid abgelehnt oder daß er innerhalb von sechs Monaten keine Entscheidung darüber getroffen hat. Dann würde die Ausschlußfrist mit der Zustellung eines solchen Bescheides oder mit dem Ablauf von sechs Monaten seit Stellung des Antrags in Lauf gesetzt und möglicherweise bei Erhebung der Klage bereits verstrichen gewesen sein (§ 143 Abs. 1 DBG.)[1]). Nach diesen Richtungen hin hat eine genügende Aufklärung nicht stattgefunden. Sie nachzuholen, wird nunmehr die Aufgabe des Berufungsgerichts sein, dessen Urteil angesichts der darin enthaltenen Rechtsirrtümer nicht aufrechtzuerhalten ist.

RGZ. 164, 309

1. Wie ist das Ruhegehalt eines preußischen Kommunalbeamten zu berechnen, der vor seiner Zurruhesetzung neben seinem Gehalt aus seiner letzten Dienststelle noch ein Ruhegehalt aus seiner früheren Stelle als Wahlbeamter bezog?

2. Ist bei einem Beamten, der Versorgungsbezüge nach früherem und nach neuem Recht erhält, das Ruhegehalt, das beide zusammen nicht übersteigen darf, nach den geringeren Hundertsätzen des früheren Rechts oder nach den höheren des § 89 DBG.[1]) zu berechnen?

Deutsches Beamtengesetz vom 26. Januar 1937 (RGBl. I S. 39) — DBG. — §§ 89[1]), 90[2]), 129[3]).

III. Zivilsenat. Urt. v. 26. Juli 1940 i. S. Reichshauptstadt Berlin (Bekl.) w. B. (Kl.). III 104/39.

I. Landgericht Berlin. II. Kammergericht daselbst.

Der Kläger war seit 1916 Direktor eines Städtischen Lyzeums in Berlin. Er wurde mit Wirkung vom 30. Januar 1919 zum besoldeten Stadtschulrat von Neukölln auf 12 Jahre gewählt. Bei Bildung der Stadtgemeinde Groß-Berlin im Jahre 1920 wurde er weder in den Magistrat noch in eines der Bezirksämter gewählt und war daher vom 8. April 1921 an ohne Beschäftigung. Auf Anfrage der Beklagten erklärte er sich am 22. Juni 1923 zur Uebernahme des Postens als Direktor an einem Gymnasium unter Fortzahlung seines bisherigen Gehalts bereit und wurde darauf am 10. September 1923 vom Bezirksamt zum Direktor des H.-Gymnasiums gewählt. Mit Schreiben vom 28. September 1923 nahm er dieses Amt unter der Bedingung an, daß ihm sein bisheriges Gehalt aus der Gruppe I der Einzelgehälter auch nach Ablauf seiner

[1]) Vgl. jetzt § 118 BBG.
[2]) Vgl. jetzt § 119 BBG.
[3]) Vgl. jetzt § 160 BBG.

Wahlzeit als Stadtschulrat, dem 29. Januar 1931, weitergezahlt werde. Der Magistrat stimmte dem zu, die Stadtverordneten aber billigten ihm im Beschluß vom 21. Februar 1924 das Gehalt nach der Besoldungsgruppe E I nur für die Dauer seiner Wahlzeit, danach nur das Gehalt der Besoldungsgruppe 12 zu. Der Kläger erklärte sich durch Schreiben vom 29. Februar 1924 damit einverstanden. Er trat am 24. März 1924 das ihm zunächst nur auftragsweise übertragene Amt an, erhielt aber nach der ministeriellen Bestätigung eine Bestallungsurkunde erst Ende September 1925. Mit Schreiben vom 22. Januar 1925 hatte er jedoch bereits seine Zustimmung zu der von der Stadtverordnetenversammlung getroffenen Gehaltsregelung widerrufen und forderte auch für die Zeit nach dem Ablauf der Wahlzeit Fortzahlung seines Gehalts als Stadtschulrat. Der Magistrat sicherte ihm darauf durch Beschluß vom 12. Oktober 1927, wovon die Stadtverordnetenversammlung am 18. März 1928 ohne Widerspruch Kenntnis nahm, den Unterschiedsbetrag zwischen den Gruppen 12 und E I vom Tage des Ablaufs seiner Wahlzeit als Stadtschulrat an für die Dauer seiner Tätigkeit als Direktor zu. Zum 1. Oktober 1937 wurde er auf Grund von § 6 des Berufsbeamtengesetzes vom 7. April 1933 (RGBl. I S. 175) in den Ruhestand versetzt.

Die Parteien streiten über die Höhe des Ruhegehalts des Klägers. Die Beklagte hat ihm gemäß § 129 Abs. 2[3]), § 184 DBG.[4]) 73 v. H. des Gehalts als Stadtschulrat nach der an die Stelle der früheren Besoldungsgruppe E I getretenen Besoldungsgruppe I A zugebilligt, während der Kläger der Meinung ist, daß er nach §§ 89[1]), 90[2]) DBG. ein Ruhegehalt von 80 v. H. aus der Besoldungsgruppe I A, nach Vollendung des 65. Lebensjahres von 75 v. H., beides begrenzt durch sein letztes Diensteinkommen, erhalten müßte. Mit der gemäß § 143 DBG.[5]) rechtzeitig erhobenen Klage verlangt der Kläger Zahlung des Unterschiedes für die Vergangenheit wie für die Zukunft. Das Landgericht hat die Klage abgewiesen, das Kammergericht die Klageansprüche zugebilligt. Die Revision führte zur Zurückweisung der Berufung.

Gründe:

Das Berufungsgericht hält § 55 Abs. 1 des preußischen Gesetzes über die Bildung einer neuen Stadtgemeinde Berlin vom 27. April 1920 (GS. S. 123) in der Fassung des § 91 der Preußischen Personal-Abbau-Verordnung vom 8. Februar 1924 (GS. S. 73) — PrPAV. — auf den Kläger für anwendbar, da er die nach § 1 des preußischen Kommunalbeamtengesetzes vom 30. Juli 1899 (GS. S. 141) maßgebende Bestallungsurkunde erst nach Inkrafttreten der Personal-Abbau-Verordnung erhalten habe. Es nimmt aber an, daß er auf Grund dieser Bestimmung sein Gehalt als Stadtschulrat nur für die Dauer der Wahlzeit habe ver-

4) Das war eine Übergangsvorschrift entsprechend den §§ 178, 180 BBG.

5) Entspricht § 173 BBG.

langen können. Den Anspruch auf Fortzahlung dieses Gehalts auf Lebenszeit folgert es aus den Beschlüssen der städtischen Körperschaften vom 12. Oktober 1927 und 18. März 1928, weil dadurch dem Kläger die Fortzahlung seines Stadtschulratgehalts auf Lebenszeit zugesichert sei, ihm aber nicht etwa neben seinem Gehalt als Direktor ein Teil seines Ruhegeldes als Stadtschulrat gewährt werden sollte. Da der Kläger also bei seiner Versetzung in den Ruhestand einen Anspruch auf Fortzahlung seines Stadtschulratgehalts gehabt habe, nicht dagegen einen Anspruch auf Zahlung von Gehalt und Ruhegehalt, so sei letzteres nicht nach § 129 Abs. 2 DBG.[3]), sondern nach § 89 das.[1]) zu berechnen. Dieses Ruhegehalt sei aber nicht durch die Bestimmung des § 90 Abs. 1 Satz 2 DBG.[2]) begrenzt, da der Kläger vor seiner Zurruhesetzung nicht das geringere Gehalt der Besoldungsgruppe 12 erhalten habe.

Diese Begründung ist nicht frei von Rechtsirrtum. Mit Recht rügt die Revision, daß das Berufungsgericht die Angleichungsbestimmungen des Beamtenrechts-Aenderungsgesetzes vom 30. Juni 1933 (RGBl. I S. 433) — BRÄndG. — nicht beachtet habe. Gerade wenn durch die Beschlüsse der städtischen Körperschaften dem Kläger mehr bewilligt war, als ihm gesetzlich zustand, ist diese Zusage gemäß § 40 Abs. 4, § 77 BRÄndG. auf Grund der von der Beklagten mit Schreiben vom 14. Februar 1935 vorgenommenen Angleichung unwirksam geworden. Denn dadurch wurde sein Gehalt auf die Bezüge eines Oberstudiendirektors der Preußischen Besoldungsordnung Gruppe A IIb herabgesetzt, neben dem er noch sein Ruhegeld als Stadtschulrat erhalten sollte, soweit es zusammen mit seinem Gehalte die Bezüge der Gruppe I A, auf welche Gruppe das Stadtschulratgehalt angeglichen wurde, nicht überstieg. Beim Uebertritt in seinen endgültigen Ruhestand am 1. Oktober 1937 hatte der Kläger also nur noch die ihm auf Grund der gesetzlichen Bestimmung zustehenden Gehalts- und Ruhegehaltsansprüche und war das neue Ruhegehalt demgemäß zu berechnen. Das Berufungsurteil unterlag daher wegen Nichtbeachtung dieser Gesetzesvorschriften der Aufhebung. Einer Zurückverweisung bedarf es indessen nicht, da sich die Entscheidung ohne weitere tatsächliche Feststellungen auf Grund des unstreitigen Sachverhalts aus den gesetzlichen Bestimmungen ergibt (§ 565 Abs. 3 Nr. 1 ZPO.).

Als der Kläger sich im Sommer 1923 zur Uebernahme des Amtes als Direktor des H.-Gymnasiums bereit erklärte, galt zwar noch § 55 des Gesetzes vom 27. April 1920 in seiner ursprünglichen Fassung, wonach die Beamten der zu der neuen Stadtgemeinde Berlin zusammengeschlossenen Einzelgemeinden nur zur Übernahme gleichwertiger Aemter verpflichtet waren. Gemäß § 108 PrPAV. ist indessen die in § 91 das. gegebene neue Fassung des genannten § 55, wonach die Beamten auch zur Uebernahme von Aemtern von geringerem Range und geringerem planmäßigen Diensteinkommen unter Beibehaltung ihrer bisherigen Amtsbezeichnung und ihres früheren Diensteinkommens verpflichtet waren, mit Wirkung vom 1. Oktober 1920 in Kraft getreten. Danach hatte der Kläger einen Rechtsanspruch auf Fortzahlung seines Gehalts nach Gruppe E I, obwohl sein Amt als Stadtschulrat mit seiner Ernennung zum Direktor des H.-Gymnasiums erloschen war und ihm an sich nur das planmäßige Diensteinkommen eines Oberstudiendirektors der Gruppe 12 der Besoldungsordnung der Beklagten zustand. Dieser Anspruch des Klägers auf Fortzahlung seines früheren Gehalts bestand zwar nur für die Dauer seiner Wahlzeit, nicht etwa auf Lebenszeit. Denn § 55 des Gesetzes vom 27. April 1920 in seiner Neufassung sollte ebenso wie der für alle Beamte geltende § 30 PrPAV. (vgl. auch § 5 des Gesetzes zur Wiederherstellung des Berufsbeamtentums vom 7. April 1933 [RGBl. I S. 175]) den Beamten bei der Versetzung in ein Amt mit geringerem Einkommen nur ihre bestehenden Rechte erhalten, nicht aber ihnen weitere Rechte geben. Mit Ende der Wahlzeit, dem 29. Januar 1931, verlor der Kläger sonach seinen Anspruch auf Zahlung des Gehalts eines Stadtschulrats, da er nicht wiedergewählt war, und es stand ihm jetzt nur noch das Gehalt eines Oberstudiendirektors der Gruppe 12 zu.

Indessen hatte der Kläger nach Ablauf der Wahlzeit auf Grund des § 65 der Städteordnung für die sechs östlichen Provinzen vom 30. Mai 1853 (GS. S. 261), auch wenn er noch nicht dienstunfähig war, Anspruch auf Ruhegehalt, das für ihn gemäß der Ortssatzung nach den preußischen staatlichen Ruhegehaltsgrundsätzen zu berechnen war. Gemäß § 13 des preußischen Kommunalbeamtengesetzes vom 30. Juli 1899, später gemäß § 57 Nr. 2 des Reichsbesoldungsgesetzes in der Fassung vom 18. Juni 1923 (RGBl. I S. 385), der auf Grund des § 2 Kap. X Teil II der preußischen Ersten Sparverordnung vom 12. September 1931 (GS. S. 179) auch für preußische Gemeindebeamte anzuwenden war, ruhte freilich infolge seiner weiteren Verwendung im Dienste der Beklagten sein Anspruch auf Ruhegehalt insoweit, als der Betrag seines Diensteinkommens als Oberstudiendirektor unter Hinzurechnung dieses Ruhegehalts sein früheres Gehalt als Stadtschulrat überstieg. Da das der Fall war, war dem Kläger also nach wie vor sein altes Gehalt weiterzuzahlen.

Der Anspruch des Klägers auf Ruhegehalt als Stadtschulrat für die Zeit nach Ablauf seiner Wahlzeit ist ihm auch nicht dadurch verlorengegangen, daß er auf Grund der besonderen Vorschrift des § 55 des Gesetzes vom 27. April 1920 in ein Amt versetzt wurde, das nach der Besoldungsordnung ein geringeres Gehalt hatte. Aus der Bestimmung des § 55 a. a. O. über Weiterzahlung des Gehalts und Weiterführung der bisherigen Amtsbezeichnung ist vielmehr bei sinngemäßer Auslegung zu entnehmen, daß auch dieses Recht erhalten bleiben sollte. § 55 ist zwar seinem Wortlaut nach zunächst zugeschnitten auf die lebenslänglich angestellten Beamten der in der neuen Stadtgemeinde Berlin zusammengeschlossenen Gemeinden. Diese Beamten sollten durch ihren — erzwingbaren — Uebertritt in den Dienst der Stadt Berlin keine vermögensrechtlichen Nachteile erleiden, sondern das Diensteinkommen ihrer früheren Stelle behalten. Auch den auf Zeit gewählten Beamten (Magistratsmitgliedern) verblieb dieses Diensteinkommen für die Dauer ihrer Wahlzeit. Aber das Ruhegehalt, das ihnen nach Ende der Wahlzeit bei unterbliebener Wiederwahl ohne Rücksicht auf ihre Dienstfähigkeit zustand, durfte ihnen ebenfalls durch ihren Uebertritt in den Berliner Dienst nicht genommen werden. Denn sonst würden sie durch diesen Uebertritt benachteiligt worden sein, was § 55 verhüten sollte. Das Ruhegehalt aus der Wahlstelle sicherte ihnen nach den Kürzungsbestimmungen auch dann, wenn sie in einer geringer besoldeten Stelle verwendet wurden, das frühere höhere Diensteinkommen, und zwar in der Regel (so auch hier) völlig. Die übertretenden Wahlbeamten würden also entgegen dem erkennbaren Sinn und Zwecke des § 55 geschädigt werden, wenn ihnen nicht auch das gesetzliche Ruhegehalt nach Ablauf ihrer Wahlzeit verbliebe. Für sie muß also unter Diensteinkommen der bisherigen Stelle auch das für den Fall der Nichtwiederwahl zustehende Ruhegehalt verstanden werden, ein Standpunkt, den übrigens die Beklagte stets eingenommen hat und auch jetzt noch einnimmt. Somit waren dem Kläger die Dienstbezüge als Stadtschulrat auch nach Ablauf seiner Wahlzeit während seiner Verwendung in der neuen Stelle trotz ihres geringeren Gehalts bis zu seiner endgültigen Zurruhesetzung tatsächlich und rechtlich gesichert, wie er sie ja auch erhalten hat.

Dem Kläger stehen also, nachdem er auch als Oberstudiendirektor in den Ruhestand versetzt worden ist, zwei Ruhegehälter zu: das eine als Stadtschulrat, das andere als Oberstudiendirektor. Das Verhältnis beider Versorgungsbezüge regelt sich nach § 129 Abs. 2 DBG.[3]) (vgl. § 184 Abs. 1 Satz 3 das.[4]). Dagegen liegt nicht, wie der Kläger meint, der Fall der § 90 Abs. 1 das.[2]) vor. Denn diese Vorschrift betrifft nur die Berechnung des Ruhegehalts für den Fall, daß der Beamte früher wenigstens ein Jahr aus einem von ihm bekleideten Amte höhere Dienstbezüge bezogen hat. Diese früheren höheren Bezüge kommen aber dann nicht in Betracht, wenn der Beamte bereits aus dem höher besoldeten Amt ein Ruhegehalt erhält. Das ergibt sich für den Regelfall aus Satz 5 zu § 90 der Ausführungsbestimmungen des Reichsministers der Finanzen zu Abschn. VIII des Deutschen Beamtengesetzes vom 30. Juni 1937 (RHuBBl. S. 211), wo es heißt, daß das Beamtenverhältnis in diesem Zusammenhange nicht unterbrochen sein darf. Eine solche Unterbrechung ist allerdings beim Kläger nicht eingetreten, der nur aus dem Dienste der Stadt Neukölln in den Dienst ihrer Gesamtrechtsnachfolgerin, der Stadt Berlin, unmittelbar übergegangen ist. Indessen muß dieser Sonderfall, in dem zwei Ruhegehaltsansprüche ohne das sonst dazu nötige Dazwischentreten einer Unterbrechung des Beamtenverhältnisses entstanden sind, ebenso behandelt werden. Die höheren Dienstbezüge dürfen auch in diesem Falle dem Beamten nicht zweimal zugute kommen, einmal in Gestalt des Ruhegehalts aus ihnen und dann noch einmal bei Berechnung des zweiten Ruhegehalts. Die erste Berücksichtigung der höheren Dienstbezüge schließt die Anwendung der Vergünstigung des § 90 Abs. 1 DBG.[2]) aus. Deshalb bedarf es auch keiner Prüfung, ob dem Kläger die Berufung auf diese Vorschrift angesichts der in ihrem letzten Satze vorgesehenen Beschränkung auf die letzten ruhegehaltsfähigen Dienstbezüge überhaupt eine Erhöhung des ihm von der Beklagten zugebilligten Ruhegehalts verschaffen könnte.

Nach alledem liegt der Fall des § 129 Abs. 2 DBG.[6]), des Zusammentreffens mehrerer Versorgungsbezüge, vor. Gemäß § 184 Abs. 1 DBG.[4]) ist das Ruhegehalt des Klägers aus der Dienststelle, die er als Oberstudiendirektor bekleidet hat und aus der er nach Inkrafttreten des Deutschen Beamtengesetzes in den Ruhestand getreten ist, nach den Vorschriften dieses Gesetzes zu berechnen. Dagegen sind nach Nr. 4 der Verordnung zur Durchführung des Deutschen Beamtengesetzes vom 29. Juni 1937 (RGBl. I S. 669) zu § 184 DBG. für die Berechnung des Ruhegehalts des Klägers als Stadtschulrats die alten Vorschriften, d. h. gemäß der einschlägigen Ortssatzung die Grundsätze des preußischen Gesetzes, betreffend die Pensionierung der unmittelbaren Staatsbeamten, vom 27. März 1872 (GS. S. 268) — PrPensG. — maßgebend geblieben. Beide Versorgungsbezüge zusammen dürfen allerdings sowohl nach dem früheren wie nach dem neuen Recht eine gewisse Grenze nicht übersteigen, eine Grenze, die § 129 Abs. 2 DBG.[6]) dahin bestimmt: Das frühere Ruhegehalt ist nur bis zur Erreichung des Betrages zu zahlen, der sich unter Zugrundelegung der gesamten ruhegehaltsfähigen Dienstzeit aus den der Festsetzung des früheren Ruhegehalts zugrunde gelegten ruhegehaltsfähigen Dienstbezügen als Ruhegehalt ergibt. Es bedarf also einer neuen Berechnung des Ruhegehalts des Klägers als Stadtschulrats unter Berücksichtigung seiner gesamten ruhegehaltsfähigen Dienstzeit. Dabei ergibt sich ein Unterschied, je nachdem, ob man das preußische Recht oder das neue Reichsrecht anwendet. Nach § 8 PrPensG. beträgt das Ruhegehalt bei einer Dienstzeit von 33 Jahren, wie sie für den Kläger in Frage kommt, nur 73 v. H. des Diensteinkommens, also hier des Gehalts der Besoldungsgruppe I A, nach § 89 DBG.[1]) dagegen bis zum 65. Lebensjahr 80 v. H. und von da ab 75 v. H. Während der Kläger die Hundertsätze des Deutschen Beamtengesetzes zugrunde gelegt wissen will, hat die Beklagte das Ruhegehalt nach denen des preußischen Gesetzes berechnet. Diese den eigentlichen Kern des Streites der Parteien bildende Frage ist zugunsten der Beklagten zu entscheiden. Nur ihre Berechnungsweise entspricht dem Gesetz. Zwar gelten nach § 184 Abs. 1 Satz 3 DBG.[4]) auch für Ruhestandsbeamte, die vor dem 1. Juli 1937

[6]) Ebenso jetzt § 160 Abs. 2 Ziff. 1 BBG.

[7]) Vgl. jetzt die entsprechenden in § 180 BBG. genannten neuen Vorschriften.

bereits Versorgungsbezüge erworben haben, die §§ 126 bis 147[7]), also insbesondere § 129 Abs. 2[8]). Diese Vorschrift verlangt aber eine Erhöhung des früheren Ruhegehalts nur insoweit, als solche aus der Zugrundelegung der gesamten Dienstzeit folgt. Im übrigen ändert sich nichts. Weder Wortlaut noch Sinn des § 129 Abs. 2[8]) nötigen dazu, bei den aus der Zeit vor dem 1. Juli 1937 stammenden Ruhegehältern im Fall ihres Zusammentreffens mit einem später erworbenen zweiten Ruhegehalte die in § 184 Abs. 1 DBG.[4]) ausgesprochene Unterstellung jener alten Ruhegehälter unter das frühere Recht einzuschränken. Insbesondere muß es bei dem von diesem festgesetzten Hundertsatz bleiben.

Das Ruhegehalt des Klägers als Stadtschulrat beträgt somit 73 v. H. des Gehalts der Besoldungsgruppe I A. Da er den Teil, der ihm hiervon nach § 129 Abs. 2 DBG.[8]) neben seinem Ruhegehalt als Oberstudiendirektor noch zukommt, unstreitig erhalten hat und erhält, ist seine Forderung auf höhere Zahlungen nicht begründet, sondern vom Landgericht mit Recht abgewiesen worden.

RGZ. 166, 296

1. Beginnt der Lauf der Klageausschlußfrist des § 143 Abs. 1 DBG.[1]) auch dann 6 Monate nach Zugehen des Antrages des Beamten, wenn der beantragte Vorentscheid während dieses Zeitraumes ergangen, aber nicht formgerecht zugestellt worden ist?

2.[*]) Welche Stelle ist in Preußen . . . für Lehrpersonen an nichtstaatlichen öffentlichen Schulen, soweit sie von den Unterhaltsträgern angestellt werden, oberste Dienstbehörde im Sinne des § 143 DBG.[1]) gewesen?

Deutsches Beamtengesetz vom 26. Januar 1937 (RGBl. I S. 39) — DBG. — §§ 143[1]), 163[2]). Durchführungsverordnung zum Deutschen Beamtengesetz für die Kommunalbeamten (Beamten der Gemeinden, der Gemeindeverbände und der gemeindlichen Zweckverbände) vom 2. Juli 1937 (RGBl. I S. 729) in der Fassung der Verordnung zur Aenderung und Ergänzung dieser Verordnung vom 28. April 1938 (RGBl. I S. 509) § 1 Abs. 3. Erste Verordnung zur Durchführung der Deutschen Gemeindeordnung vom 22. März 1935 (RGBl. I S. 393) § 33 Abs. 2.

III. Zivilsenat. Urt. v. 14. März 1941 i. S. Sch. (Kl.) w. Landkreis B. (Bekl.). III 60/40.

I. Landgericht Marburg (Lahn). II. Oberlandesgericht Kassel.

Der Kläger wurde durch den beklagten Kreis an der Kreisberufsschule in B. vom 1. Juli 1935 ab unter Berufung in das Beamtenverhältnis als Gewerbeoberlehrer angestellt und am 30. Januar 1937 mit Be-

*) Teilweise umformuliert.

1) Vgl. § 173 Abs. 1 BBG.

2) Vgl. § 175 BBG.

stätigung des Ministers zum Direktor dieser Schule ernannt. Er behauptet, die Schule bereits seit dem 1. Juli 1935 probeweise geleitet zu haben, und glaubt, daß ihm von diesem Tag ab eine Stellenzulage von jährlich 900 RM. zustehe. Da der Beklagte ihm die Zulage erst vom 1. Juni 1936 ab gewährte, rief er mit Eingabe vom 12. Juli 1938 die Entscheidung des Regierungspräsidenten in W. an. Dieser bezeichnete in seiner an den Landrat gerichteten Verfügung vom 26. Juli 1938 die Forderung des Klägers als unbegründet und ließ ihn dementsprechend durch den Landrat schriftlich bescheiden. Der Kläger wandte sich darauf mit Eingabe vom 8. August 1938 an den Reichs- und Preußischen Minister für Wissenschaft, Erziehung und Volksbildung. Die im Dienstweg über den Landrat zunächst an den Regierungspräsidenten gelangte Eingabe wurde jedoch von diesem nicht weitergegeben. Erteilte dies dem Kläger im Schreiben vom 10. September 1938 mit dem Bemerken mit, daß die Besoldungsangelegenheit des Klägers durch seine Verfügung vom 26. Juli 1938 endgültig geregelt sei. Nunmehr reichte der Kläger ein Gesuch um Entscheidung unmittelbar an den Minister ein. Gemäß seinem unter dem 18. Juli 1939 an den Regierungspräsidenten gerichteten Schreiben ließ der Minister aber den Kläger ebenfalls ablehnend bescheiden. Der betreffende Bescheid vom 12. August 1939 ging dem Kläger mit einem Anschreiben vom 19. August 1939 zu. Darauf hat der Kläger mit der am 22. Dezember 1939 beim Landgericht eingegangenen Klage die Stellenzulage für die Zeit vom 1. Juli 1935 bis zum 1. Juni 1936 nachgefordert. Beide Vordergerichte haben die Klage wegen Versäumung der Klageausschlußfristen des § 143 Abs. 1 DBG.[1]) abgewiesen. Die Revision hatte keinen Erfolg.

Gründe:

Der Streit der Parteien, soweit er für das Revisionsverfahren Bedeutung hat, betrifft nur die Zulässigkeit der Klage, mit der der Kläger aus seinem Beamtenverhältnis als Leiter oder ehemaliger Leiter der Kreisberufsschule des Beklagten gegen diesen einen vermögensrechtlichen Anspruch geltend macht. Da die Klage erst nach dem Inkrafttreten des Deutschen Beamtengesetzes erhoben worden ist, richtet sich ihre Zulässigkeit auf Grund des § 184 Abs. 2 DBG. . . . allein nach § 143 Abs. 1 DBG.[1]). Danach ist die Klage erst zulässig, wenn die oberste Dienstbehörde des Beamten den Anspruch abgelehnt oder wenn sie innerhalb von sechs Monaten, nachdem ihr der Antrag zugegangen ist, nicht entschieden hat. In beiden Fällen ist die Klage aber auch nur innerhalb von sechs Monaten nach Bekanntgabe der Entscheidung oder nach Ablauf der für diese bestimmten Frist zulässig.

Der Kläger hält den Reichsminister für Wissenschaft, Erziehung und Volksbildung für seine oberste Dienstbehörde, die ihm den Klageweg erst mit ihrer ihm im August 1939 zugegangenen Entscheidung eröffnet habe, so daß seine am 22. Dezember 1939 dem Landgericht eingereichte Klage noch rechtzeitig erhoben worden sei. Das Berufungsgericht ist jedoch ebenso wie das Landgericht der Auffassung des Beklagten gefolgt und hat gemäß § 1 Abs. 3 der zum Deutschen Beamtengesetz erlassenen Durchführungsverordnung für die Kommunalbeamten vom 2. Juli 1937 in der Fassung der Verordnung vom 28. April 1938 den Regierungspräsidenten als die zuständige oberste Dienstbehörde im Sinne des § 143 Abs. 1 DBG.[1]) angesehen und deshalb angenommen, daß die sechsmonatige Klageausschlußfrist bereits durch dessen dem Kläger im September 1938 bekanntgegebene Verfügung vom 26. Juli 1938 in Lauf gesetzt worden und mithin bei Klageerhebung längst abgelaufen gewesen sei.

Nach § 163 DBG.[2]) müssen Entscheidungen, die dem Beamten nach den Bestimmungen des Gesetzes bekanntzugeben sind, gemäß den Vorschriften der Reichsdienststrafordnung[3]) zugestellt werden, wenn durch sie eine Frist in Lauf gesetzt wird oder wenn Vermögensrechte des Beamten durch sie berührt werden. Daß die genannte Verfügung des Regierungspräsidenten dem Kläger formgerecht bekanntgegeben worden sei, geht aus den Personalakten des Klägers nicht hervor und ist vom Beklagten auch nicht behauptet worden. Ihre formlose Bekanntgabe hat nach § 163 DBG.[2]) zwar den Klageweg eröffnet (RGZ. Bd. 164 S. 72 [78])[4]), aber nicht die sechsmonatige Klageausschlußfrist in Lauf gesetzt[5]).

Indessen ist der Irrtum des Berufungsgerichts über die Inlaufsetzung der Frist für die Entscheidung bedeutungslos. Die sechsmonatige Ausschlußfrist, innerhalb deren der mit der formlosen Bekanntgabe der Entscheidung des Regierungspräsidenten vom 26. Juli 1938 an den Kläger eröffnete Klageweg beschritten werden konnte, hätte nämlich nach der Vorschrift des § 143 Abs. 1 DBG.[1]) auf jeden Fall mit dem Ablauf von sechs Monaten, nachdem der Antrag des Klägers vom 12. Juli 1938 auf Entscheidung dem Regierungspräsidenten zugegangen war, zu laufen begonnen. Sie wäre also aus diesem Grund ohnehin bei der Klageerhebung im Dezember 1939 längst abgelaufen gewesen. Nach dem Wortlaute des § 143 Abs. 1 DBG.[1]) beginnt die Ausschlußfrist allerdings mit Ablauf von sechs Monaten seit Zugehen des Antrages nur dann, wenn die zuständige Behörde bis dahin auf den Antrag nicht entschieden hat. Die Vorschrift könnte daher, wörtlich genommen, im Rechtsstreite der Parteien keine Anwendung finden, weil der Regierungspräsident fristgemäß entschieden hat. Doch muß sie sinngemäß auch dann gelten, wenn, wie im vorliegenden Falle, die fristgemäß getroffene Entscheidung nicht formgerecht zugestellt worden ist und deshalb die Frist nicht hat in Lauf setzen können. Denn sie will ja gerade für den Fall, daß die Frist

---

[3]) Jetzt nach den Vorschriften des Verwaltungszustellungsgesetzes (VerwZustG.) vom 3. Juli 1952 — BGBl. I S. 379 — (so § 175 BBG.).

[4]) In diesem Band S. 383 [388].

[5]) Vgl. jetzt § 9 VerwZustG.

nicht schon durch den Vorentscheid in Lauf kommt, ihren Beginn wenigstens mit dem Ablaufe von sechs Monaten seit dem Zugehen des Antrages herbeiführen, um auf diese Weise die Beunruhigung der öffentlichen Haushalte infolge vermögensrechtlicher Beamtenstreitigkeiten durch deren baldige Klärung nach Möglichkeit zu verhüten oder zu vermindern. Entscheidend bleibt danach im Rechtsstreite der Parteien allein, ob der Minister oder der Regierungspräsident im Sinne des § 143 DBG.[1]) als oberste Dienstbehörde des Klägers anzusehen ist.

. . . Oberste Dienstbehörde des Beamten ist die oberste Behörde seines unmittelbaren Dienstherrn (§ 2 Abs. 4)[6]). Für den Kläger spitzt sich die Frage deshalb dahin zu, wer sein unmittelbarer Dienstherr gewesen ist, das Land Preußen, was der Kläger für richtig hält, oder der verklagte Kreis, wie der Beklagte annimmt. Im ersten Falle wäre seine oberste Dienstbehörde der von ihm schließlich angerufene Minister gewesen; im zweiten Falle fände auf ihn die erwähnte Durchführungsverordnung zum Deutschen Beamtengesetz für die Kommunalbeamten Anwendung, zu denen im Sinne der Verordnung auch die Beamten der Gemeindeverbände, mithin auch die des verklagten Kreises, gehören. Dann wäre nach der bereits erwähnten Vorschrift des § 1 Abs. 3 DurchfVO. zum DBG. vom 2. Juli 1937/28. April 1938 die obere Aufsichtsbehörde (§ 33 Abs. 2 der Ersten Durchführungsverordnung zur Deutschen Gemeindeordnung vom 22. März 1935) seine oberste Dienstbehörde, die in den Fällen des § 143 DBG.[1]) die zur Eröffnung des Klagewegs erforderliche Vorentscheidung zu treffen hat. Die obere Aufsichtsbehörde für den Kommunalverband des Kreises ist aber in Preußen der Regierungspräsident.

Der ganze Streit läuft mithin im Revisionsverfahren schließlich darauf hinaus, ob der Kläger als Leiter der Kreisberufsschule unmittelbarer Beamter des Beklagten oder des Landes Preußen gewesen ist. Es ist eine alte Streitfrage, ob die Lehrkräfte an den nichtstaatlichen öffentlichen Schulen des Landes Preußen als unmittelbare Staatsbeamte oder als unmittelbare Beamte der Schulunterhaltsträger anzusehen sind. Mit Rücksicht auf den starken Einfluß, den sich der Preußische Staat von jeher in der Gesetzgebung und durch die Verwaltungsübung auf das gesamte Schulwesen gesichert hat . . ., hat das Preußische Oberverwaltungsgericht diese Lehrkräfte als unmittelbare Staatsbeamte angesehen. Das Reichsgericht, das sich vor allem mit der vermögensrechtlichen Seite ihres Dienstverhältnisses zu befassen hatte, hat dagegen insbesondere den Gesichtspunkt, wer die Lehrkräfte anstellt, in den Vordergrund gerückt und sie danach nur als mittelbare Staatsbeamte und als unmittelbare Beamte der sie anstellenden Schulunterhaltsträger behandelt. An dieser Auffassung ist festzuhalten. Sie allein entspricht entgegen der

[6]) Vgl. § 3 Abs. 1 BBG.

Ansicht der Revision der Entwicklung, welche die Reichsgesetzgebung in den letzten Jahren genommen hat.

. . . Nach den auf Grund ordnungsmäßiger Ermächtigung ergangenen Bestimmungen der Reichsminister des Innern und der Finanzen vom 22. Februar 1935 (RGBl. I S. 268) sind mittelbare, also nicht unmittelbare Landesbeamte . . . auch die Lehrpersonen an nichtstaatlichen öffentlichen Schulen, soweit sie — unbeschadet einer Notwendigkeit staatlicher Bestätigung — von den Unterhaltsträgern angestellt werden. Wenn solche Lehrpersonen, zu denen auch der Kläger gehört, danach mittelbare Staatsbeamte sind, so müssen sie nach dem damaligen Gesetzesstande unmittelbare Beamte der Schulunterhaltsträger gewesen sein. . . . Für die Ernennung der an nichtstaatlichen öffentlichen Schulen von den Unterhaltsträgern angestellten Lehrpersonen zu Beamten ist es . . . weiter bei den bisherigen Vorschriften geblieben. Die Frage, ob diese Lehrpersonen unmittelbare Beamte der Schulunterhaltsträger oder des betreffenden Landes sind, ist in den Bestimmungen gar nicht berührt worden. . . .

RGZ. 166, 353

Rechtsgestaltende Einwirkungen auf beamtenrechtliche Ruhestandsverhältnisse beurteilen sich nach dem Recht zur Zeit ihrer Vornahme. Keine Irrtumsanfechtung von Zurruhesetzungsverfügungen.

Alter Leitsatz:

1. Ist die Rücknahme der Versetzung eines Beamten in den Ruhestand, die nach dem 1. Juli 1937, dem Inkrafttreten des Deutschen Beamtengesetzes, erklärt wird, nach altem oder nach neuem Rechte zu beurteilen, wenn die Versetzung selbst unter altem Recht ausgesprochen war?

2. Schließt das Deutsche Beamtengesetz die Anfechtung der Versetzung eines Beamten in den Ruhestand in rechtsähnlicher Anwendung der Vorschriften des bürgerlichen Rechts aus?

Deutsches Beamtengesetz vom 26. Januar 1937 (RGBl. I S. 39) — DBG. — §§ 32[1]), 78[2]).

III. Zivilsenat. Urt. v. 28. Februar 1941 i. S. Sch. (Kl.) w. Stadtgemeinde K. (Bekl.). III 54/40.

I. Landgericht Kassel. II. Oberlandesgericht daselbst.

Der 1885 geborene Kläger, der aus der Unteroffizierslaufbahn des alten Heeres hervorgegangen ist, stand zunächst im Angestelltenverhältnis, später als Beamter im Dienste der beklagten Stadtgemeinde, zuletzt, vor seiner Zurruhesetzung, als Stadtbüroinspektor. Er wird gegen-

1) Vgl. §§ 11, 12 BBG.

2) Vgl. § 47 BBG.

wärtig wieder von der Stadt beschäftigt. Ueber die Rechtsnatur der ihm aus dieser Beschäftigung zukommenden Bezüge streiten die Parteien.

Der Kläger war im September 1914 durch Granatsplitter an der linken Hüfte und am linken Knie verwundet worden. . . . Er bezieht eine Militärversorgungsrente. Im Herbst 1928 arbeitete er beim Stadtsteueramt in einem zu Dienstzwecken benutzten Laden im Dienstgebäude in der H.straße in K. Der Laden war in der Uebergangszeit besonders kalt. Der Kläger erkrankte im Herbst 1928 an rheumatischen Erscheinungen. Dann stellte sich eine Entzündung der Sehnerven des rechten Auges ein, dessen Sehschärfe auf unter $1/_{10}$ des Normalen sank. Durch Urteil des Landgerichts Kassel vom 28. April 1930 wurde unter den Streitteilen festgestellt, daß die Beklagte verpflichtet ist, dem Kläger allen Schaden zu ersetzen, der ihm durch die im Herbst 1928 aufgetretene Augenerkrankung entstanden ist und noch entstehen wird. Die Berufung der Beklagten gegen dieses Urteil blieb erfolglos.

Am 19. Februar 1935 beantragte der Kläger seine Versetzung in den Ruhestand. Er begründete den Antrag mit zunehmenden Beschwerden infolge seines Augenleidens. Die Beklagte ließ den Kläger mehrfach, auch durch die Medizinische Universitäts-Klinik und die Nervenklinik M., untersuchen. Der Amtsarzt, Leiter des Stadtgesundheitsamtes Medizinalrat Dr. Scha., gab unter dem 26. Oktober 1935 die folgende zusammenfassende Begutachtung über ihn ab: „Nach den jetzt vorliegenden Gutachten der Medizinischen Klinik und der Nervenklinik in M. ist ein organisches Leiden rheumatischer oder nervöser Art, abgesehen von dem Augenleiden, bei Herrn Sch. nicht nachzuweisen. Die Erwerbsminderung durch das Augenleiden wird auf Grund augenfachärztlicher Atteste auf 30 v. H. geschätzt. An sich ist Herr Sch. wegen dieses Leidens aber nicht dienstunfähig, sondern könnte ohne weiteres wieder Dienst machen. Da aber bei Herrn Sch. außerdem eine schwere Kriegsdienstbeschädigung noch vorliegt, die schon an sich auf 70 v. H. geschätzt wird, und bei der ganzen psychischen Einstellung des Herrn Sch., der auf Grund seiner psychogen entstandenen Veränderung auch weiterhin allerlei Beschwerden äußern wird, halte ich ihn heute doch nicht mehr für fähig, den Dienst eines Stadtbüroinspektors in dem notwendigen Umfang auszuüben. Er ist also als dienstunfähig anzusehen." Die Beklagte versetzte darauf den Kläger durch Verfügung vom 21. November 1935 mit Wirkung vom 1. April 1936 in den dauernden Ruhestand. Sein Ruhegehalt wurde auf 74 v. H. des zuletzt bezogenen Diensteinkommens berechnet. Es beträgt monatlich 258,64 RM.

Nach der Versetzung in den Ruhestand erhob der Kläger zunächst beim Landgericht Kassel Klage auf Zahlung des Unterschiedsbetrages zwischen seinem bisherigen Gehalt und seinem Ruhegehalt, indem er vortrug, die vorzeitige Zurruhesetzung sei eine Folge seines Augenleidens; die Beklagte sei nach dem Urteil vom 28. April 1930 verpflichtet, ihm den durch das Augenleiden entstehenden Schaden zu ersetzen. In diesem Verfahren hatte die Medizinische Universitäts-Klinik in M. durch den Prof. Dr. K. das Obergutachten vom 27. August 1937 erstattet, das sich lediglich mit dem Kriegsleiden des Klägers befaßt. Der Gutachter kommt zu dem folgenden Ergebnis: „1. Herr Sch. ist meiner Ansicht nach, abgesehen von seiner Augenerkrankung, am 1. April 1936 dienstfähig gewesen. 2. Er hätte seinen Dienst teils im Stehen, teils im Sitzen durchführen können. 3. Es ist kein Anhaltspunkt dafür vorhanden, daß Herr Sch. schon vor Eintritt in sein 65. Lebensjahr wegen seines Kriegsleidens dienstunfähig geworden wäre."

Die Beklagte faßte nach Erstattung dieses Gutachtens im Vorprozeß ihre Einwendungen dahin, der Kläger sei überhaupt nicht dienstunfähig. Eine etwaige Dienstunfähigkeit sei jedenfalls nicht auf das Augenleiden, sondern auf die Kriegsbeschädigung zurückzuführen. Durch das Augenleiden sei dem Kläger somit kein Schaden entstanden. Sie stellte dann dem Kläger unter dem 14. September 1937 den folgenden Bescheid zu: „Ihre Versetzung in den Ruhestand vom 21. November 1935 nehme ich zurück, weil die Annahme, daß Sie infolge Kriegsdienstbeschädigung nicht mehr dienstfähig sind, durch ärztliches Obergutachten als irrtümlich erwiesen ist."

Die Gehaltsunterschiede für die Zeit seit dem 1. April 1936 wurden dem Kläger erstattet. Die Parteien erklärten dann die Hauptsache für erledigt. Die Kosten des Verfahrens wurden der Beklagten auferlegt. Ihre sofortige Beschwerde blieb erfolglos.

Der Kläger trat am 1. Oktober 1937 seine Dienste bei der Beklagten wieder an. Er erhält seitdem auch weiter die vollen Bezüge eines im Dienste stehenden Beamten.

Er vertritt den Standpunkt, daß die Rücknahme der Versetzung in den Ruhestand keine rechtliche Grundlage habe. Wenngleich er für die Beklagte erneut tätig sei, so tue er dieses nicht auf Grund des alten Beamtenverhältnisses. Er sei vielmehr Ruhestandsbeamter geblieben. Seine Tätigkeit für die Beklagte müsse nicht nach beamtenrechtlichen, sondern nach bürgerlichrechtlichen Gesichtspunkten beurteilt werden. Im Rechtsstreite verlangt der Kläger nunmehr die Feststellung, daß die an ihn von der Beklagten monatlich gezahlten Beträge von insgesamt 376,38 RM. sich zusammensetzen zu einem Teilbetrage von 258,64 RM. aus Ruhegehalt und zu 117,74 RM. aus bürgerlichrechtlichem Schadensausgleich. Im zweiten Rechtszuge hat der Kläger nur noch beantragt, festzustellen, daß von dem durch die Beklagte an ihn monatlich zur Auszahlung gelangenden Betrag ein Teilbetrag von monatlich 258,64 RM. Ruhegehalt darstelle.

Beide Vordergerichte haben die Klage abgewiesen. Das Landgericht meint, der Kläger habe kein Interesse an der begehrten Feststellung. Er erhalte jedenfalls die vollen Bezüge. Hierbei sei unerheblich, ob er sie als im Dienste gebliebener Beamter oder als wiederbeschäftigter Ruhestandsbeamter erhalte. Ein Schadensersatzbetrag sei in den ausbezahlten Bezügen nicht enthalten. Der Kläger erhalte nur Entgelt für geleistete Arbeit. Das Berufungsgericht führt aus, der Kläger habe an der Feststellung, welche Rechtsnatur die von ihm empfangenen Bezüge haben, allerdings ein rechtliches Interesse. Die Anfechtung der Zurruhesetzung sei aber möglich gewesen. Im übrigen sei die Nachprüfung dieses zulässigen Verwaltungsaktes auf seine sachliche Begründetheit durch die Gerichte unzulässig. Der Kläger sei nach der Anfechtung aktiver Beamter, sein Feststellungsbegehren somit unbegründet.

Die Revision des Klägers hatte Erfolg.

Gründe:

Die Zulässigkeit des Rechtsweges hängt zunächst davon ab, ob es sich bei dem Klageanspruch um einen vermögensrechtlichen Anspruch des Klägers handelt (§ 142 Abs. 1 DBG.[3]). Dies muß bejaht werden. Zwar kann im bürgerlichen Rechtsstreit nicht[4]) darüber entschieden werden, ob das Beamtenverhältnis des Klägers zufolge der Anfechtung der Zurruhesetzung wieder aufgelebt ist oder ob der Kläger noch jetzt Ruhestandsbeamter ist. Wenngleich die Gerichte in den Rechtsstreitigkeiten über vermögensrechtliche Ansprüche der Beamten auch über die Vorfrage entscheiden können, ob ein Beamtenverhältnis noch besteht oder ob es erloschen ist, kann doch das Bestehen selbst nicht zum Gegenstand eines bürgerlichen Rechtsstreites gemacht werden. So liegt die Sache hier auch nicht. Der Klageanspruch hat nicht das Bestehen oder Nichtbestehen eines Beamtenverhältnisses zur Beklagten zum Gegenstande, sondern betrifft die Rechtsnatur der Zahlungen, die der Kläger erhält. Die Parteien streiten darüber, auf welchen Rechtsgrund die Zahlungen zurückzuführen sind. Somit handelt es sich um einen vermögensrechtlichen Anspruch, für den der Rechtsweg eröffnet ist. . . .

Der Rechtsweg ist auch im vorliegenden Einzelfalle durch die Beibringung der Mitteilung des Regierungspräsidenten vom 21. November 1939 dahin, daß er nicht beabsichtige, in dieser Angelegenheit eine Entscheidung zu treffen, eröffnet worden (§ 143 Abs. 1 DBG.[5]), § 1 Abs. 3, § 4 der Durchführungsverordnung zum Deutschen Beamtengesetz für die Kommunalbeamten vom 2. Juli 1937 [RGBl. I S. 729] in der Fassung der Verordnung vom 28. April 1938 [RGBl. I S. 509], § 33 Abs. 2 der Ersten Durchführungsverordnung zur Deutschen Gemeindeordnung vom 22. März 1935 [RGBl. I S. 393]). Die Klage ist innerhalb von 6 Monaten seit der Bekanntgabe der Mitteilung des Regierungspräsidenten an den Kläger erhoben worden. Gegen die Zulässigkeit der Klage bestehen sonach keine Bedenken.

---

[3]) Für den Anwendungsbereich des BBG. ist jetzt der Verwaltungsrechtsweg gegeben (§ 172 Abs. 1 daselbst).

[4]) Anders jetzt im Verwaltungsrechtsstreit nach § 172 Abs. 1 BBG.

[5]) Vgl. jetzt § 173 BBG.

Die Voraussetzungen einer Feststellungsklage sind gegeben. Der Kläger verlangt im zweiten Rechtszug und im Revisionsverfahren nur noch die Feststellung, daß ihm die Bezüge als Ruhegehalt geschuldet werden. Damit begehrt er die Feststellung eines Rechtsverhältnisses. An ihr hat er auch ein rechtliches Interesse, obwohl er die Bezüge in der von ihm begehrten Höhe ausbezahlt erhält. Denn gezahlt wird ihm der Betrag nicht als Ruhegehalt, sondern als Gehalt. Für den Kläger ist es aber von Bedeutung zu wissen, so wegen etwaigen Rückforderungsrechts der Beklagten, auch etwa wegen der Sicherheit, daß laufend weiter gezahlt wird, aus welchem rechtlichen Grunde ihm die Beträge, die er erhält, geschuldet werden. Die Zulässigkeit der Feststellungsklage kann auch nicht deswegen entfallen, weil die Leistungsklage möglich wäre. Dies folgt bereits daraus, daß die Leistungsklage nicht gegeben ist. Der Kläger erhält die Beträge laufend, er hat somit keinen Leistungsanspruch gegen die Beklagte. Demnach sind die Voraussetzungen für die sachliche Entscheidung gegeben.

Hier war zunächst zu prüfen, nach welchen Rechtsnormen die Anfechtung der Zurruhesetzung zu beurteilen ist. Der Kläger ist vor dem 1. Juli 1937, dem Tage des Inkrafttretens des Deutschen Beamtengesetzes, also unter der Herrschaft des Preußischen Gesetzes, betreffend die Anstellung und Versorgung der Kommunalbeamten, vom 30. Juli 1899 (GS. S. 141) als des für ihn maßgebenden beamtenrechtlichen Gesetzes in den Ruhestand versetzt worden. Diese Verfügung ist nach dem 1. Juli 1937, also zur Zeit der Geltung des neuen Rechts, angefochten worden. Der Kläger war beim Inkrafttreten des neuen Rechts, wenn man von der Möglichkeit der Anfechtung absieht, und jedenfalls dem äußeren Anscheine nach, Ruhestandsbeamter. Nach § 184 Abs. 1 Satz 3 DBG.[6]) regeln sich zwar die Rechtsverhältnisse der Ruhestandsbeamten, die vor dem 1. Juli 1937 in den Ruhestand getreten sind, grundsätzlich nach dem bisherigen Recht. Die im Gesetz vorgesehenen Ausnahmen (§§ 22, 23, 37 Abs. 2 Satz 4 bis 6, Abs. 4, §§ 126 bis 147) sind hier ohne Belang. Wäre aber die Anfechtung der Versetzung in den Ruhestand begründet, so wäre der Kläger — entgegen dem äußeren Anschein — niemals Ruhestandsbeamter gewesen. Er wäre am 1. Juli 1937 und in der Folgezeit im Beamtendienst geblieben. Seine Rechtsverhältnisse ließen sich ausschließlich nach dem neuen Recht beurteilen. Dieser Widerspruch ist zugunsten des neuen Rechts zu lösen. Unter welchen Voraussetzungen nach dem Inkrafttreten des neuen Rechts ein Ruhestandsbeamter wieder in ein Beamtenverhältnis berufen werden kann, ist lediglich nach dem neuen Recht zu entscheiden. Dann kann etwas anderes auch nicht für die Voraussetzungen eines — durch Rücknahme oder Anfechtung der Verfügung über die Versetzung in den Ruhestand hervorgerufenen und rückwirkenden — Wiedererstehens des Beamtenverhältnisses gelten.

[6]) Vgl. jetzt § 180 BBG.

Auch sie sind unter der Geltung des neuen Rechts nach diesem, nicht nach dem alten Recht zu beurteilen. Ueberdies besteht schon grundsätzlich keine Veranlassung, Rechtswirkungen des alten Rechts nach seinem Außerkrafttreten über die notwendigen Grenzen hinaus zuzulassen.

Nach neuem Recht ist die Anfechtung der Versetzung eines Beamten in den Ruhestand durch den Dienstherrn mit der Begründung, die Annahme der Dienstunfähigkeit habe auf einem Irrtum beruht, nicht mehr zulässig. § 78 Abs. 1 Satz 3 DBG.[7]) läßt die Rücknahme der Verfügung, durch die ein Beamter in den Ruhestand versetzt wird, nur bis zum Beginn des Ruhestandes zu. Erkennt der Dienstherr später, daß der Beamte tatsächlich nicht dienstunfähig war[8]), so kann er die Versetzung in den Ruhestand auch nicht auf dem Umweg einer Anfechtung wegen Irrtums zurücknehmen. Die Zurücknahme einer solchen Versetzung wird nur dann in Frage kommen, wenn der Dienstherr erkennt, daß er die Voraussetzungen für den Eintritt in den Ruhestand zu Unrecht als gegeben angesehen hat, d. h. wenn er sich dabei geirrt hat. So ergibt sich aus § 78 Abs. 1 DBG.[7]), daß die Voraussetzungen für die Versetzung in den Ruhestand von seinem Beginn ab nicht mehr in Zweifel gezogen werden sollen, daß ein endgültiger Zustand geschaffen worden ist (vgl. Nadler-Wittland-Ruppert DBG. Bem. 32 zu § 73 S. 1124).

Dieses aus § 78 Abs. 1 DBG.[7]) für die Versetzung in den Ruhestand gewonnene Ergebnis wird bestätigt durch die Regelung, die § 32 DBG.[1]) für den Fall getroffen hat, daß die Ernennung eines Beamten mit Willensmängeln behaftet ist. Inwieweit diese eine Nichtigkeit[9]) der Ernennung herbeiführen können, bestimmt die genannte Vorschrift selbständig ohne Zurückgreifen auf Regeln des bürgerlichen Rechts. Daraus muß gefolgert werden, daß nach dem Deutschen Beamtengesetz, wie die Begründung, so auch die Beendigung eines Beamtenverhältnisses nicht nach bürgerlichrechtlichen Grundsätzen wegen Irrtums angefochten werden kann. Diese Auffassung ist um so mehr gerechtfertigt, als das heute im stärksten Maße nach den Belangen der Allgemeinheit ausgerichtete öffentliche Recht jetzt noch weniger als früher seine Ausgestaltung nach dem Vorbilde des in erster Reihe den Belangen des einzelnen dienenden bürgerlichen Rechts zuläßt. Dem entspricht das, was die Begründung zum Deutschen Beamtengesetz zur Frage der Nichtigkeit der Ernennung eines Beamten ausführt: Es sei, da es sich um ein öffentlichrechtliches Amt handle, davon abgesehen worden, neben den Nichtigkeitsgründen des § 32 Abs. 1 DBG.[1]) noch die Anfechtungsgründe des Zivilrechts

[7]) Ebenso § 47 Abs. 1 Satz 2 BBG.

[8]) Vgl. jetzt für den Fall, daß der wegen Dienstunfähigkeit in den Ruhestand versetzte Beamte wieder dienstfähig geworden ist, § 45 BBG.

[9]) Insoweit vgl. jetzt § 11 BBG.

gelten zu lassen. Besonders sei davon abgesehen worden, die Anfechtung wegen Irrtums zuzulassen.

Nach alledem kann der Standpunkt des Berufungsgerichts für das heutige Recht nicht gebilligt werden. Vielmehr bestand für die Beklagte nach dem Eintritt des Klägers in den Ruhestand keine Möglichkeit mehr, ihre Verfügung zu beseitigen, auch nicht auf dem Wege der Anfechtung.

Dahingestellt bleiben kann im Rahmen der vorliegenden Entscheidung, welche Rechtsfolgen einzutreten haben, wenn ein Beamter seine vorzeitige Versetzung in den Ruhestand durch Zwang, arglistige Täuschung oder Bestechung herbeiführt. In diesen Fällen könnte eine Nichtigkeit der Versetzung in den Ruhestand aus rechtsähnlicher Anwendung des § 32 Abs. 2 Nr. 1 DBG.[10]) in Frage kommen. Man könnte auch die Anwendung der beamtendienststrafrechtlichen Vorschriften für ausreichend halten.

Der Kläger ist somit Ruhestandsbeamter. Damit ergibt sich aber ohne weiteres die Rechtsfolge, daß die Beklagte verpflichtet ist, ihm das Ruhegehalt zu gewähren. Sein Feststellungsbegehren, daß die ihm von der Beklagten gezahlten Teilbezüge von 258,64 RM. monatlich Ruhegehalt seien, ist berechtigt. Bei dieser Sachlage konnte nicht zu den Fragen Stellung genommen werden, ob sich die Beklagte bei der Versetzung des Klägers in den Ruhestand tatsächlich in einem Irrtum befunden hat und ob die Gerichte berechtigt wären, die Anfechtungserklärung der Beklagten, wenn sie möglich gewesen wäre, auf ihre sachliche Begründetheit nachzuprüfen.

[10]) Vgl. § 12 Abs. 1 Ziff. 1 BBG.

RGZ. 168, 81

Verliert ein wegen vorsätzlicher (nicht hoch- oder landesverräterischer) fortgesetzter Handlung zu einem Jahr Gefängnis rechtskräftig verurteilter Ruhestandsbeamter schon dann das Ruhegehalt, wenn nur der Beginn der Ausführung der Tat in die Zeit vor seiner Versetzung in den Ruhestand fällt?

Deutsches Beamtengesetz vom 26. Januar 1937 (RGBl. I S. 39) — DBG. — §§ 53[1]), 132[2]).

III. Zivilsenat. Urt. v. 21. November 1941 i. S. Sch. (Kl.) w. Preuß. Landesschulkasse (Bekl.). III 63/41.

I. Landgericht Berlin.

Der Kläger, Volksschullehrer, trat mit dem 1. Oktober 1933 wegen Erreichung der Altersgrenze in den Ruhestand. Am 9. Juni 1939 wurde er durch Urteil einer Großen Strafkammer wegen einer in teilweiser

[1]) Vgl. § 48 BBG.
[2]) Vgl. § 162 BBG.

Tateinheit mit Unterschlagung und gewinnsüchtiger Urkundenfälschung begangenen fortgesetzten Untreue sowie wegen zweier Betrugsfälle zu einer Gesamtstrafe von 1 Jahr und 2 Monaten Gefängnis und zu einer Geldstrafe von 50 RM. verurteilt. Die Einsatzstrafen betragen 1 Jahr Gefängnis für die fortgesetzte Untreue und je 6 Wochen für die beiden Betrugsfälle. Einige der Einzelhandlungen der vom Kläger im Fortsetzungszusammenhange begangenen Untreue fallen noch in seine Dienstzeit, die übrigen sowie die beiden Betrugsfälle in die Zeit seines Ruhestandes.

Nach Rechtskraft des Urteils stellte der Regierungspräsident, wie er dem Kläger unter dem 2. Oktober 1939 mitteilte, die Zahlung des Ruhegehalts mit sofortiger Wirkung vorläufig ein, weil die strafbaren Handlungen teilweise vor Beginn des Ruhestandes begangen worden seien, und bemerkte dazu, daß er die Entscheidung des Reichsministers für Wissenschaft, Erziehung und Volksbildung beantragt habe. Um eine günstigere Regelung herbeizuführen, wandte sich des Klägers Sohn mit einer Eingabe vom 5. Oktober 1939 unter Darlegung der Familienverhältnisse an den Minister. Der Regierungspräsident beschied den Gesuchsteller darauf unter dem 2. Januar 1940 dahin, daß nach Entscheidung des Ministers der Fall des § 132 Abs. 1[2]) und § 181 DBG.[3]) gegeben, deshalb mit der Rechtskraft des Strafurteils der Ruhegehaltsanspruch erloschen und eine Milderung der strafrechtlichen Folge demnach nur durch einen Gnadenerweis möglich sei. Zugleich verlangte er, da der Minister ihm die Eingabe zur näheren Feststellung der wirtschaftlichen Verhältnisse der Familie des Klägers übersandt habe, darüber weitere Aufklärung. Der bis dahin nicht unmittelbar beschiedene Kläger erhielt unter dem 15. Oktober 1940 vom Regierungspräsidenten die Mitteilung, daß der Minister ihm mit Erlaß vom 7. Oktober einen Unterhaltsbeitrag von 40 v. H. des gekürzten Ruhegehalts vom 1. April 1940 ab auf 5 Jahre widerruflich bewilligt habe.

Nunmehr begehrte der Kläger mit der im März 1941 erhobenen Klage die Feststellung, daß die Beklagte verpflichtet sei, ihm für die Zeit vom 1. Oktober 1939 — unter Berücksichtigung des gnadenweise gewährten Unterhaltsbeitrages — das volle Ruhegehalt zu zahlen. Seiner Auffassung, daß ihm das Ruhegehalt gesetzwidrig vorenthalten werde, trat die Beklagte mit dem Antrag auf Klageabweisung entgegen.

Das Landgericht wies die Klage ab. Die Sprungrevision des Klägers hatte keinen Erfolg.

Gründe:

Daß der Sohn des Klägers mit seiner Eingabe vom 5. Oktober 1939 an dessen oberste Dienstbehörde, den Reichsminister für Wissenschaft,

[3]) Diese Vorschrift stellte klar, daß es auf den Zeitpunkt der Tat nicht ankommt, soweit es das Gesetz nicht selbst hierauf abstellt. Das BBG. enthält eine solche Klarstellung, anscheinend weil überflüssig, nicht mehr.

Erziehung und Volksbildung, in Vollmacht seines Vaters gehandelt hat, ist nach der ganzen Sachlage unbedenklich anzunehmen. Die ihm darauf durch Bescheid des Regierungspräsidenten vom 2. Januar 1940 mitgeteilte, den Ruhegehaltsanspruch des Klägers ablehnende Entscheidung des Ministers hat deshalb nach § 143 Abs. 1 Satz 1[4]) in Verb. mit § 142 Abs. 1[5]) DBG. die Voraussetzung einer verwaltungsmäßigen Vorentscheidung für die Zulässigkeit des Klagewegs erfüllt. Sie ist zwar nicht gemäß § 163 DBG.[6]) nach den Vorschriften der Reichsdienststrafordnung[7]) zugestellt worden; ihre formlose Mitteilung hat aber die Eröffnung des Klagewegs nicht gehindert, sondern lediglich die erst mit der förmlichen Zustellung beginnende sechsmonatige Klageausschlußfrist nicht in Lauf gesetzt (RGZ. Bd. 164 S. 72 [78])[8]).

In der Sache selbst streiten die Parteien darüber, ob das gegen den Kläger ergangene Strafurteil vom 9. Juni 1939 zu denjenigen gehört, die nach § 132 Abs. 1 DBG.[2]) mit ihrer Rechtskraft den Verlust des Ruhegehalts nach sich ziehen. Das Deutsche Beamtengesetz ist mit dem 1. Juli 1937 in Kraft getreten. Die in dem Strafurteil abgeurteilten Straftaten liegen aber größtenteils vor diesem Zeitpunkt. . . . Nach § 181 DBG.[3]) gilt jedoch die Bestimmung der vorgenannten Gesetzesstelle und tritt daher die in ihr ausgesprochene beamtenrechtliche Wirkung ein „ohne Rücksicht auf den Zeitpunkt der Tat".

In anderer Hinsicht bleibt allerdings nach der Vorschrift des § 132 DBG.[2]) die Zeit der Tat von rechtlicher Bedeutung. Die Folgen der Verurteilung eines Ruhestandsbeamten, an deren Rechtskraft § 132[2]) beamtenrechtliche Wirkungen, darunter den Verlust des Ruhegehalts, knüpft, sind nach der Art der abgeurteilten Straftaten und der Art und Höhe der erkannten Strafen verschieden, je nachdem, ob die Straftaten vor oder nach dem Eintritt des Täters in den Ruhestand begangen sind. Ist gegen einen Ruhestandsbeamten wegen einer vor Eintritt in den Ruhestand begangenen Tat auf Strafe erkannt worden, so treten die im § 132[2]) bezeichneten beamtenrechtlichen Folgen mit der Rechtskraft des Urteils stets dann ein, wenn die Verurteilung nach § 53[1]) das Ausscheiden eines noch im Dienste befindlichen Beamten aus dem Beamtenverhältnis zur Folge gehabt haben würde. Lautet die Strafe auf Gefängnis, so ist dies der Fall, wenn die Verurteilung wegen einer vorsätzlich begangenen Tat geschehen ist und entweder die Tat eine vorsätzliche hoch- oder landesverräterische Handlung bildet oder die erkannte Gefängnisstrafe mindestens ein Jahr beträgt. Ist dagegen der

[4]) Vgl. § 173 Abs. 1 Satz 1 BBG.

[5]) Vgl. § 172 Abs. 1 BBG.

[6]) Vgl. § 175 BBG.

[7]) Jetzt: nach den Vorschriften des Verwaltungszustellungsgesetzes vom 3. Juli 1953 (BGBl. I S. 379), vgl. § 175 BBG.

[8]) In diesem Band abgedruckt S. 383 [388].

Ruhestandsbeamte wegen einer nach Eintritt in den Ruhestand begangenen Straftat verurteilt worden, so treten die beamtenrechtlichen Folgen bei Verurteilung zu Gefängnis nur[*]) dann ein, wenn die abgeurteilte Tat eine vorsätzliche hoch- oder landesverräterische Handlung ist.

Da der zu Gefängnis verurteilte Kläger eine Handlung der letztbezeichneten Art nicht begangen hat, so hat er sein Ruhegehalt nur verloren, wenn er wegen vor seinem Eintritt in den Ruhestand vorsätzlich begangener Handlungen zu mindestens einem Jahre Gefängnis verurteilt worden ist. Nun ist die gegen den Kläger erkannte Strafe eine Gesamtstrafe, welche sich auf drei Straftaten bezieht und deshalb aus drei Einsatzstrafen gebildet worden ist. Zwei der Straftaten, die beiden Betrugsfälle, hat der Kläger erst im Ruhestande begangen. Die sie betreffenden Gefängniseinsatzstrafen müssen daher bei Beantwortung der Frage, ob die Verurteilung mit ihrer Rechtskraft den Verlust des Ruhegehalts des Klägers nach sich gezogen hat, ohne weiteres ausscheiden. Die dann allein übrigbleibende dritte Einsatzstrafe beträgt ein Jahr Gefängnis, erreicht also die zur Herbeiführung beamtenrechtlicher Urteilsfolgen erforderliche Mindestdauer, bezieht sich aber auf eine im Fortsetzungszusammenhange begangene Straftat, die der Kläger schon während seiner Amtszeit begonnen, jedoch erst während seines Ruhestandes vollendet hat. Einige der in ihr zusammengefaßten einzelnen Tätigkeiten, welche für sich allein betrachtet die Tatbestandsmerkmale einer selbständigen Straftat voll erfüllt haben, sind freilich schon vor Eintritt des Klägers in den Ruhestand abgeschlossen gewesen. Sie sind aber als selbständige Handlungen in der eine natürliche Einheit bildenden fortgesetzten Straftat untergegangen. Die im Fortsetzungszusammenhange begangene Tat wird nur dadurch zu einer einzigen Handlung, daß die in ihr enthaltenen einzelnen Tätigkeiten, mag auch einer jeden noch ein besonderer Vorsatz zugrunde liegen, von vornherein sämtlich in einer nach Ort, Zeit und Gelegenheit schon annähernd bestimmten Weise von dem Gesamtvorsatz des Täters umfaßt werden. Ob das gegen den Kläger ergangene Strafurteil eine einzige fortgesetzte Handlung zu Recht angenommen oder etwa verkannt hat, daß in Wirklichkeit mehrere selbständige Handlungen vorgelegen haben, ist nicht nachzuprüfen. Denn nicht die Straftat selbst, sondern die rechtskräftige Verurteilung löst beamtenrechtliche Folgen aus. Für den Inhalt der Verurteilung kann aber nur die Auffassung des Strafrichters maßgebend sein, und dieser hat die in Frage kommenden mehreren Tätigkeiten als miteinander im Fortsetzungszusammenhange stehend und deshalb als eine einzige fortgesetzte Handlung angesehen.

Für die noch notwendige Feststellung, ob diese fortgesetzte Hand-

[*]) Nach § 162 Abs. 1 Ziff. 2 Buchst. b BBG. auch dann, wenn der Ruhestandsbeamte zu Gefängnis mit Verlust der bürgerlichen Ehrenrechte auf die Dauer von mindestens drei Jahren verurteilt worden ist.

lung vor oder nach Eintritt des Klägers in den Ruhestand begangen ist, geht es nicht an, die Zeit, über die sich die Begehung der Straftat erstreckt, zu teilen, je nachdem, ob sie vor oder nach jenem Ereignis liegt, und den überwiegenden Teil entscheiden zu lassen. Das ist schon deshalb nicht möglich, weil die Tat selbst sich nicht in mehrere nach dem Maßstab ihrer Dauer zu bewertende und zu bestrafende Teile zerlegen läßt. Die notwendige Sicherheit über die Entstehung beamtenrechtlicher Folgen bei einer mit Gefängnisstrafe von mindestens einem Jahr abgeurteilten, nicht hoch- oder landesverräterischen, vorsätzlichen Handlung gebietet vielmehr, eine sich über einen längeren Zeitraum erstreckende Begehungszeit auf einen bestimmten Zeitpunkt festzulegen. Dieser aber kann nur der Beginn der Ausführung der Tat sein. Das entspricht auch der Auffassung des Reichsdienststrafhofs in seiner Entscheidung vom 29. März 1939 IV D 5/39 (RVerwBl. Bd. 60 S. 546 Nr. 3). Der innere Grund dafür liegt darin, daß der auf die Straftat gerichtete Vorsatz, bei einer fortgesetzten Straftat der Gesamtvorsatz des Täters, bereits in jenem Augenblick vorhanden und wirksam geworden ist. Der Kläger hat mithin schon vor Eintritt in den Ruhestand durch die Tat eine Gesinnung offenbart, welche ihn als eine Persönlichkeit kennzeichnet, die nicht würdig war, Beamter zu bleiben. Wäre er wegen dieser Tat auch schon während seiner Dienstzeit zu einem Jahre Gefängnis verurteilt worden, so würde die Verurteilung mit ihrer Rechtskraft nach § 53 DBG.[1]) sein Ausscheiden aus dem Beamtenverhältnis zur Folge gehabt haben, und ein Anspruch auf Ruhegehalt wäre dem Kläger überhaupt nicht erwachsen. Allein aus dem Grunde dem Täter das Ruhegehalt zu belassen, weil er erst nach Eintritt in den Ruhestand verurteilt worden ist, würde, da die beamtenunwürdige Gesinnung schon vorher in der, wenngleich zunächst nur teilweisen Verwirklichung des auf eine fortgesetzte Tat gerichteten Vorsatzes hervorgetreten war, dem Sinn und der Absicht des Gesetzes nicht entsprechen. Vielmehr ist die Bewahrung des Ruhestandsbeamten vor den beamtenrechtlichen Folgen nur dann gerechtfertigt, wenn er die Ausführung der mit mindestens einem Jahre Gefängnis bestraften vorsätzlichen Tat erst während des Ruhestandes begonnen und daher eine beamtenunwürdige Gesinnung erst zu einer Zeit gezeigt hat, in der das ihn mit dem öffentlichen Dienstherrn verbindende Treueverhältnis nur noch in stark abgeschwächtem Maße fortwirkt.

RGZ. 168, 398

Grundsätzlich sind für die Berechnung des Ruhegehalts und der Hinterbliebenenbezüge die letzten aktiven Dienstbezüge des Beamten maßgeblich. Die Abweichung von diesem Grundsatz dahin, daß die frühere Bekleidung eines Amtes mit höheren Dienstbezügen berücksichtigt wird, setzt voraus, daß die unterschiedliche Verwendung des Beamten sich

innerhalb des fortbestehenden einheitlichen Beamtenverhältnisses vollzogen hat.

Alter Leitsatz:

1. Setzt § 90 Abs. 1 DBG.[1]) voraus, daß der Beamte später in der geringer besoldeten Amtsstelle in Fortsetzung desjenigen Beamtenverhältnisses verwendet wird, welches auch seiner früheren Verwendung in der höher besoldeten Amtsstelle zugrunde gelegen hat?[2])

2. Hat ein Staatsbeamter, der unter Beurlaubung aus seinem Staatsamte zum hauptamtlichen Bürgermeister bestellt worden war, dann aber nach Zurücknahme seiner Berufung zum Bürgermeister seinen Dienst als Staatsbeamter wieder aufgenommen hat, im Sinne des § 90 Abs. 1 DBG.[1]) damit einen Ämterwechsel innerhalb eines einheitlichen Beamtenverhältnisses vollzogen?

Deutsches Beamtengesetz vom 26. Januar 1937 (RGBl. I S. 39) — DBG. — § 90 Abs. 1[1]).

III. Zivilsenat. Urt. v. 18. März 1942 i. S. Witwe H. (Kl.) w. Land Preußen (Bekl.). III 102/41.

I. Landgericht Allenstein. II. Oberlandesgericht Königsberg.

Der Ehemann der Klägerin war bis zu seinem Tod am 9. Juli 1940 Regierungsinspektor, zuletzt bei der Regierung in A., vorher bei der Regierung in K. Demgemäß erhält die Klägerin von dem beklagten Lande Witwengeld nach der Besoldungsgruppe A 4 c 2. In den Jahren 1934, 1935 und 1936 hatte der Verstorbene während verschiedener Zeitabschnitte die Stelle eines hauptamtlichen Amtsbürgermeisters der Rheinischen Landbürgermeisterei D. verwaltet. Seine Berufung in diese Stelle durch den zuständigen Regierungspräsidenten geschah erstmalig vom 1. Dezember 1934 ab und endete infolge Zurücknahme am 30. März 1935. Sodann erging eine weitere Berufung des Ehemanns der Klägerin in dieselbe Stelle vom 1. August 1935 ab. Diese Berufung nahm der Regierungspräsident durch Verfügung vom 25. Juli 1936 zurück, gleichzeitig berief er den Ehemann der Klägerin aber von neuem in dieselbe Stelle. Die Berufung endete dann infolge Zurücknahme endgültig am 31. Oktober 1936. Während des Zeitraums, in welchem der Ehemann als Amtsbürgermeister von D. tätig war (insgesamt 1 Jahr und 213 Tage), war er in seinem staatlichen Amt als Regierungsinspektor beurlaubt.

Die Klägerin ist der Meinung, daß ihr Ehemann gemäß § 90 DBG.[1]) den Anspruch auf Ruhegehalt nach Maßgabe der für den Amtsbürgermeister in D. maßgeblichen Besoldungsgruppe erworben habe. Denn ihr Ehemann habe die mit diesem Amte verbundenen höheren Dienstbezüge

[1]) Vgl. § 119 BBG.

[2]) Für den Geltungsbereich des BBG. ist ausdrücklich klargestellt, daß nur ein früheres Amt „im Bundesdienst" in Betracht kommt (§ 119 BBG.).

— nämlich solche aus der Besoldungsgruppe A 2 c 2 — mindestens ein volles Jahr hindurch bezogen, womit die Voraussetzungen des § 90 DBG.[1]) erfüllt gewesen seien. Dabei vertritt die Klägerin unter Hinweis auf § 17 der Ersten Verordnung zur Durchführung der Deutschen Gemeindeordnung vom 22. März 1935 (RGBl. I S. 393) den Standpunkt, ihrem Ehemanne sei schon die Zeit vom 1. Dezember 1934 bis zum 30. März 1935 auf das erste Amtsjahr im Sinne des § 45 der Deutschen Gemeindeordnung vom 30. Januar 1935 (RGBl. I S. 49) anzurechnen, so daß die Zurücknahme seiner Berufung am 25. Juli 1936 unzulässig gewesen sei; außerdem sei diese Zurücknahme mit der gleichzeitigen Neuberufung nicht zu vereinbaren und auch deswegen unbeachtlich. Die Klägerin folgert aus alledem, daß die einzelnen Zeiträume der Tätigkeit ihres Ehemanns als Amtsbürgermeister nicht getrennt werden dürften und daß ihr Witwengeld entsprechend den Ruhegehaltsansprüchen ihres Ehemanns demgemäß nach der Besoldungsgruppe A 2 c 2 zu bestimmen sei. Sie hat auf Feststellung geklagt, daß ihr ein Witwengeld unter Zugrundelegung dieser Besoldungsgruppe und nicht der Besoldungsgruppe A 4 c 2 zustehe.

Das beklagte Land Preußen ist dem Verlangen der Klägerin entgegengetreten. Es hält die Bestimmung in § 90 DBG.[1]) im vorliegenden Fall überhaupt für unanwendbar. Die Aemter, deren ruhegehaltsfähige Dienstbezüge nach dieser Vorschrift miteinander zu vergleichen seien, müßten im Bereiche desselben unmittelbaren Dienstherrn liegen. Hier aber handele es sich einmal um ein Amt des Staatsdienstes und sodann um ein Amt des Kommunaldienstes, die keinen solchen Zusammenhang besäßen. Außerdem dürften auch die einzelnen Tätigkeitsabschnitte des Ehemanns der Klägerin als Amtsbürgermeister zum Zwecke der Errechnung des in § 90 DBG.[1]) erforderten Zeitraums von einem Jahre nicht zusammengezogen werden. Endlich sei für die Amtsbürgermeisterstelle in D. nicht, wie die Klägerin angebe, die Besoldungsgruppe A 2 c 2, sondern A 2 e zuständig.

Das Landgericht hat die Voraussetzungen des § 90 DBG.[1]) als erfüllt angesehen, jedoch die Besoldungsgruppe A 2 e für maßgebend erachtet und deshalb festgestellt, daß der Klägerin ein Witwengeld nach dieser Besoldungsgruppe zustehe. Das Berufungsgericht hat die Klage abgewiesen. Die Revision der Klägerin blieb erfolglos.

Gründe:

Das Witwengeld der Klägerin ist nach § 98 DBG.[3]) abhängig von der Höhe des Ruhegehalts, das ihrem Ehemann zugestanden hätte, wenn er am 9. Juli 1940 — am Tage seines Ablebens — in den Ruhestand versetzt worden wäre. Der Ehemann der Klägerin war während der im Tatbestande genannten Zeiträume, ohne aus dem Staatsdienst ausgeschieden zu sein, als hauptamtlicher Amtsbürgermeister einer

[3]) Vgl. § 124 BBG.

Rheinischen Bürgermeisterei tätig. Seine Berufung in dieses Amt war für jeden einzelnen dieser Zeiträume vom Regierungspräsidenten ausgesprochen worden. Dem schloß sich jedesmal die von dem Ersten Beigeordneten vollzogene Anstellung an. In jedem Fall ist dann die Berufung des Ehemanns der Klägerin durch den Regierungspräsidenten wieder zurückgenommen worden. Hierzu sei bemerkt, daß diese Maßnahmen auf § 41 Abs. 3 und § 45 der Deutschen Gemeindeordnung beruhten, soweit sie nach deren Inkrafttreten am 1. April 1935 getroffen worden sind.

Der Streit der Parteien geht darum, welchen Einfluß die Verwendung des Ehemanns der Klägerin als Amtsbürgermeister auf die Gestaltung seiner Versorgungsansprüche und derjenigen der Klägerin ausgeübt hat. Die Klägerin will sich mit dem ihr gezahlten Witwengeld aus der Besoldungsgruppe A 4 c 2 nicht zufrieden geben, sondern beansprucht ein solches nach der höheren Besoldunsgruppe, die für ihren Ehemann als Amtsbürgermeister maßgebend gewesen sei. Sie stützt sich dabei auf § 90 Abs. 1 DBG.[1]): „Das Ruhegeld eines Beamten, der früher ein mit höheren Dienstbezügen verbundenes Amt bekleidet und diese Bezüge wenigstens ein Jahr bezogen hat, wird, sofern der Beamte in ein mit geringeren Dienstbezügen verbundenes Amt nicht lediglich auf seinen im eigenen Interesse gestellten Antrag übergetreten ist, nach den ruhegehaltsfähigen Dienstbezügen des früheren Amts und der gesamten ruhegehaltsfähigen Dienstzeit berechnet. Das Ruhegehalt darf jedoch die letzten ruhegehaltsfähigen Dienstbezüge nicht übersteigen."

Die Bestimmung enthält eine Durchbrechung des Grundsatzes, daß für die Berechnung des Ruhegehalts die zuletzt bezogenen Dienstbezüge maßgebend sind (§ 80 Abs. 1 Nr. 1 DBG.)[4]). Sie bezweckt, den Beamten vor Schaden zu bewahren, wenn er sich vor dem Eintritt in den Ruhestand mit einer geringer besoldeten Amtsstelle begnügt hat und dies nicht lediglich in seinem eigenen, sondern auch im dienstlichen Interesse geschehen ist. Das hat jedoch nur einen Sinn bei einem solchen Wechsel von Amtsstellen, der sich innerhalb des fortbestehenden Beamtenverhältnisses vollzieht; denn nur dann kann es wegen des inneren Zusammenhanges gerechtfertigt sein, dem Beamten die Vorteile zu erhalten, die er während eines früheren Abschnitts seiner Amtstätigkeit erworben hat. Handelt es sich aber darum, daß der Beamte aus dem früheren (höher besoldeten) Amt ausgeschieden ist und unter Begründung eines neuen Beamtenverhältnisses in ein geringer besoldetes Amt übernommen wird, dann fehlt dieser Zusammenhang und damit jede Grundlage dafür, daß Vorteile aus dem früheren Beamtenverhältnis in das später begründete übergegangen sein könnten. § 90 Abs. 1 DBG.[1]) setzt daher nach herrschender Rechtsauffassung voraus, daß die Einheitlichkeit des Beamtenverhältnisses durch den Wechsel der Aemter nicht berührt und

[4]) Vgl. § 108 BBG.

das Beamtenverhältnis insoweit nicht unterbrochen wird. Die Ausführungsbestimmungen des Reichsministers der Finanzen zu Abschnitt VIII des Deutschen Beamtengesetzes vom 30. Juni 1937 (RHuBBl. S. 211) heben das in Satz 5 zu § 90[1]) ausdrücklich hervor. Von einem „Uebertritt" aus dem höher besoldeten Amt in das niedriger besoldete Amt im Sinne des § 90 Abs. 1 DBG.[1]) kann also nur dann die Rede sein, wenn beide Aemter in den Rahmen eines einheitlichen Beamtenverhältnisses fallen, d. h. die spätere Verwendung des Beamten in der geringer besoldeten Amtsstelle muß in Fortsetzung desjenigen Beamtenverhältnisses geschehen, das auch der früheren Verwendung des Beamten in der höher besoldeten Amtsstelle zugrunde lag.

Das Berufungsgericht hat das entscheidende Merkmal für die Anwendbarkeit des § 90 Abs. 1 DBG.[1]) allerdings nur darin erblickt, daß der Beamte bei dem Wechsel der Aemter nicht zugleich auch seinen Dienstherrn gewechselt haben dürfe. Da der Ehemann der Klägerin in seiner Eigenschaft als Amtsbürgermeister zweifellos Kommunalbeamter war und insoweit das Amt D. zum Dienstherrn hatte, während in seiner Eigenschaft als Regierungsinspektor das Land Preußen sein Dienstherr war, könne — so folgert das Berufungsgericht — § 90 Abs. 1 DBG.[1]) nicht angewendet werden. Das trifft im Ergebnisse zwar zu. Jedoch geht die dafür gegebene Begründung in ihrer Allgemeinheit zu weit. Das Beamtenverhältnis wird nämlich keineswegs immer durch einen Wechsel des Dienstherrn unterbrochen. (Es folgen hierfür Beispiele, die jedoch überholt sind.) Abgesehen von diesen Sonderfällen, in denen sich der Aemterwechsel durch Versetzung vollzieht, ist dem Berufungsgericht aber darin beizutreten, daß ein Uebergang vom Staatsdienst in den Kommunaldienst und umgekehrt nur unter Neubegründung des Beamtenverhältnisses möglich ist. Das Berufungsgericht verweist dazu mit Recht auf die einschlägigen Bestimmungen in Abschnitt I zu § 2 Nr. 3 a der Zweiten Verordnung zur Durchführung des Deutschen Beamtengesetzes vom 13. Oktober 1938 (RGBl. I S. 1421). Diese . . . Bestimmungen waren allerdings zu der hier in Betracht kommenden Zeit noch nicht in Geltung. Sie sind jedoch nur der Niederschlag eines Rechtszustandes, der in Preußen von jeher gegeben war; denn die grundsätzliche Verschiedenheit des Staats- und des Kommunaldienstes ist dort stets anerkannt gewesen. Im übrigen mag noch darauf hingewiesen werden, daß nach § 42 Abs. 1 Nr. 1 der Deutschen Gemeindeordnung besoldete Beamte des Staates nicht Bürgermeister sein können, eine Vorschrift, die gemäß § 17 der Preußischen Amtsordnung vom 8. Oktober 1934 (GS. S. 393) in der Fassung der Verordnungen vom 13. Juli 1935 (MBliV. Sp. 894) und vom 13. September 1937 (RMBliV. Sp. 1533) auch für Amtsbürgermeister gilt. Daß der Ehemann der Klägerin trotz der Fortdauer seines staatlichen Beamtenverhältnisses, aus dem er nur beurlaubt war, dennoch als Amtsbürgermeister angestellt werden konnte, beruhte auf der Ausnahmebestimmung in § 42 Abs. 2 der Deutschen Gemeindeordnung, die solches für die Dauer des ersten Amtsjahres eines Bürgermeisters zuläßt.

Aus dem Vorhergesagten ergibt sich folgendes: Der Ehemann der Klägerin war aus seinem staatlichen Beamtenverhältnis nicht entlassen, sondern für die Dauer seiner Verwendung als Amtsbürgermeister nur beurlaubt worden. Neben diesem dem Staatsdienste zugehörigen Beamtenverhältnisse wurde durch seine Ernennung zum Amtsbürgermeister ein neues selbständiges, dem Kommunaldienste zugehöriges Beamtenverhältnis für ihn begründet. Beide Beamtenverhältnisse liefen, ohne ineinander überzugehen, nebeneinander her. Fand das eine von ihnen sein Ende, so setzte sich das andere unabhängig davon fort. Der Ehemann der Klägerin ist also dadurch, daß er nach der Beendigung seiner kommunalen Tätigkeit seinen Dienst als Staatsbeamter wieder aufnahm, überhaupt nicht im Sinne des § 90 Abs. 1 DBG.[1]) von einem Amt in das andere „übergetreten", geschweige denn hat er einen Aemterwechsel innerhalb eines einheitlichen Beamtenverhältnisses vollzogen. Die Voraussetzungen des § 90 Abs. 1 DBG.[1]) sind daher im vorliegenden Falle nicht erfüllt. Es wäre auch vom Standpunkte der Billigkeit unverständlich, den Staat mit einem höheren Ruhegehalte zu belasten, wenn er einem Beamten durch Beurlaubung Gelegenheit gibt, außerhalb des Staatsdienstes endgültig eine anderweitige Amtsstellung zu erwerben, und der Beamte dieses Ziel dann nicht erreicht.

. . .

Auf den Streit der Parteien darüber, ob die letzte Zurücknahme der Berufung des Ehemanns der Klägerin nach § 45 der Deutschen Gemeindeordnung unzulässig war, braucht nicht eingegangen zu werden. Das Berufungsgericht hat dazu mit Recht bemerkt, daß dieser Streit nur für die Frage von Belang sein könne, ob der Klägerin auch Versorgungsansprüche gegen das Amt D. zustehen, daß aber selbst das Bestehen solcher Ansprüche die Klägerin nicht berechtigen würde, von dem Lande Preußen ein höheres Witwengeld zu verlangen, als ihr gezahlt wird.

RGZ. 171, 193

Uebergang des gesetzlichen Schadensersatzanspruches der Hinterbliebenen eines Beamten gegen Dritte aus einem die beamtenrechtliche Versorgung auslösenden Ereignis auf den Dienstherrn, auch wenn die Versorgung nach bloßen „Kann"-Bestimmungen gewährt wird. Selbständigkeit des Witwengeldanspruchs.

Die Dienst- und Versorgungsbezüge des Beamten und seiner Hinterbliebenen haben letztlich ihren Grund in der Fürsorgepflicht des öffentlichen Dienstherrn; aus ihr erwachsen sie. Auch „Kann"-Vorschriften,

durch die eine Gewährung von Versorgungsbezügen an Hinterbliebene vorgesehen ist, stehen unter dem Gebot der Fürsorge; die Bewilligung ist keine in das völlig freie Ermessen des Dienstherrn gestellte Vergünstigung. Es wird dem Dienstherrn durch solche Vorschriften nur die Möglichkeit offengehalten, die Verhältnisse dahin zu überprüfen, ob eine Fürsorge in Gestalt der Gewährung von Versorgungsbezügen geboten ist oder nicht. Wird die Notwendigkeit der Fürsorge anerkannt und daraufhin Versorgung zugesagt, so ist nunmehr eine Verpflichtung des Dienstherrn gemäß der Bewilligung gegeben, von der er sich, falls nicht jederzeitiger freier Widerruf vorbehalten ist, nicht ohne triftigen Grund lösen kann. Die Hinterbliebenen, denen so Versorgungsbezüge bewilligt worden sind, gehören dann zu den versorgungsberechtigten Personen i. S. des *§ 139 Satz 1 DBG.*[1]), der bestimmt, daß ein gesetzlicher Schadensersatzanspruch, der den nach beamtenrechtlichen Vorschriften versorgungsberechtigten Personen gegen Dritte infolge eines Ereignisses zusteht, das den Dienstherrn zur Gewährung oder Erhöhung von Versorgungsbezügen verpflichtet, im Umfange dieser Versorgungsbezüge auf den Dienstherrn übergeht.

Die Witwen- und Waisenversorgung ist rechtlich gesondert vom Gehalt (auch Ruhegehalt) des Beamten zu betrachten. Die Beamtenwitwe erwirbt den Versorgungsanspruch gegen den Dienstherrn ihres Ehemannes aus eigenem Recht, nicht als Erbin und Rechtsnachfolgerin ihres Ehemannes.

Alter Leitsatz:

Tritt der Forderungsübergang nach § 139 DBG.[1]) *auch dann ein, wenn Versorgungsbezüge an die Witwe oder die Kinder eines Beamten gezahlt werden, denen nach § 101 Abs. 2 Satz 3 DBG.*[2]) *Witwen- oder Waisengeld bewilligt werden „kann"?*

DBG. § 101 Abs. 2 Satz 3[2]), § 139 Satz 1[1]).

III. Zivilsenat. Urt. v. 24. Mai 1943 i. S. H. (Kl.) w. Großdeutsches Reich (Bekl.). III 19/43.

I. Landgericht Bonn. II. Oberlandesgericht Köln.

Am 5. März 1940 stieß der Ehemann der Klägerin, der auf seinem Fahrrad zu seiner Dienststelle fuhr, mit einem Kraftwagen der Wehrmacht zusammen und wurde getötet. Die Klägerin hat ihren Schaden aus diesem Unfall gegen den Beklagten geltend gemacht, jedoch mit Rücksicht auf ein Mitverschulden ihres Ehemannes an dem Zusammenstoß nur zur Hälfte. Der Anspruch ist dem Grunde nach rechtskräftig für gerechtfertigt erklärt worden. Der Verunglückte war Volksschullehrer, 1932 in den Ruhestand getreten, aber im Kriege wieder als

[1]) Vgl. § 168 BBG.

[2]) Vgl. hinsichtlich der Witwe § 125 Abs. 1 BBG., hinsichtlich der Kinder § 126 Abs. 2 Satz 2 BBG.

Lehrer beschäftigt worden. Die Klägerin bezog nach dem Tod ihres Ehemannes durch die Regierungshauptkasse in K. ein Witwengeld von zunächst 115 RM., später 124 RM. monatlich.

Die Klägerin verlangt — neben der Erstattung der Begräbniskosten — vom Beklagten vom 1. Juli 1940 ab eine Rente von monatlich 75 RM. Sie behauptet, ihr Ehemann wäre wegen des großen Mangels an Lehrkräften bei seinem guten Gesundheitszustande bis mindestens zum 70. Lebensjahre weiter beschäftigt worden. Er habe zuletzt nach Abzug der gesetzlichen Kürzungen über 400 RM. monatlich an Gehalt bekommen. Auf ihren Unterhalt seien hiervon mindestens 150 RM. zu rechnen. Davon verlange sie die Hälfte mit 75 RM. monatlich als Rente.

Der Beklagte bestreitet mit Rücksicht auf die sonstigen Verpflichtungen des Ehemannes der Klägerin (Schulden, Unterhaltsansprüche der Kinder aus seiner ersten Ehe), daß auf den Unterhalt der Klägerin mehr als monatlich 100 bis 110 RM. zu rechnen seien. Auch würde der Ehemann nur noch kurze Zeit seine Tätigkeit als Lehrer haben fortsetzen können. Der Rentenanspruch entfalle nach § 139 DBG.[1]) schon deshalb, weil die Klägerin seit dem 1. Juli 1940 ein Witwengeld erhalte, das höher sei als der etwa in Frage kommende Schadensersatzanspruch in Gestalt der Rente.

Die Klägerin ist mit dem Rentenanspruch in allen Rechtszügen unterlegen.

Gründe:

Der Streit geht allein noch um die Frage, ob die Bewilligung von Witwengeld an die Klägerin als nachgeheiratete Witwe eines tödlich verunglückten Beamten nach § 101 Abs. 2 Satz 3 DBG.[2]) bewirkt hat, daß ihr auf Zahlung einer Rente gerichteter, auf § 7 KFG. gestützter Schadensersatzanspruch aus dem Unfall ihres Ehemannes nach § 139 DBG.[1]) auf den öffentlichen Dienstherrn, der jenes Witwengeld gewährt, in dessen Höhe übergegangen ist.

§ 139 Satz 1 DBG.[1]) bestimmt, daß der gesetzliche Schadensersatzanspruch, der den nach den Vorschriften des Deutschen Beamtengesetzes versorgungsberechtigten Personen gegen Dritte infolge eines Ereignisses zusteht, das den Dienstherrn zur Gewährung oder Erhöhung von Versorgungsbezügen verpflichtet, in dem Umfange dieser Versorgungsbezüge auf den Dienstherrn übergeht. Die Witwe eines Beamten, die nach §§ 97 flg. DBG.[3]) Anspruch auf Witwengeld hat, gehört, wie nicht zweifelhaft ist, zu den versorgungsberechtigten Personen, und ihr gegenüber besteht eine Verpflichtung des Dienstherrn im Sinne des § 139 DBG.[1]) zur Gewährung dieses Bezuges. Zweifel können auftauchen bei einer Witwe, die, wie die Klägerin, mit dem Beamten erst nach dessen Versetzung in den Ruhestand die Ehe geschlossen hat. Sie erhält nach

[3]) Vgl. §§ 123 ff. BBG.

§ 101 Abs. 2 Satz 1 DBG. grundsätzlich kein Witwengeld[4]); doch kann ihr nach Satz 3 die oberste Dienstbehörde im Einvernehmen mit dem Reichsminister der Finanzen in den Grenzen der gesetzlichen Hinterbliebenenbezüge ein solches bewilligen. Nach dem strengen Wortlaute des § 139 Satz 1 DBG.[1]) würde eine Witwe in der bezeichneten Lage[5]) nicht zu den „versorgungsberechtigten" Personen gehören und bestände für den Dienstherrn, in dessen pflichtmäßiges Ermessen die Entscheidung gestellt ist, keine „Verpflichtung" zur Gewährung des Witwengeldes. Der gesetzliche Übergang des Schadensersatzanspruchs würde danach in diesem Falle nicht eintreten.

Der Sinn der Bestimmung ist indessen weiter zu fassen; sie schließt Fälle wie die des § 101 Abs. 2 Satz 3 DBG.[2]) ein. Die Bewilligung des Witwengeldes in diesen Fällen ist, wie auch das Berufungsgericht zutreffend erwägt, keine in das völlig freie Ermessen des Dienstherrn gestellte Vergünstigung, also keine freigebige Zuwendung, bei der allerdings von einer infolge des Ablebens des Beamten entstandenen Verpflichtung des Dienstherrn zur Gewährung des Bezugs nicht gesprochen werden könnte. Die Gewährung auch dieses Bezugs hat vielmehr letztlich ihren Grund in der Fürsorge des Dienstherrn für den Beamten und seine Hinterbliebenen, aus der heraus auch die sonstigen im Gesetz bestimmten Versorgungsbezüge des Beamten und seiner Hinterbliebenen erwachsen. Eine solche Fürsorgepflicht gegenüber der Witwe verneint das Gesetz schlechthin nur, wenn die Ehe mit dem verstorbenen Beamten innerhalb dreier Monate vor seinem Ableben unter Umständen geschlossen worden ist, welche die Annahme rechtfertigen, daß mit der Heirat allein oder überwiegend der Zweck verfolgt worden ist, der Witwe den Bezug des Witwengeldes zu verschaffen (§ 101 Abs. 1 DBG.)[6]); im übrigen stellt es ..., die Besonderheiten der Lebensverhältnisse berücksichtigend, die Gewährung von Bezügen an die Witwe und die sonstigen Hinterbliebenen in das pflichtmäßige Ermessen des Dienstherrn und gibt diesem die Möglichkeit der Ueberprüfung der Verhältnisse dahin, ob eine Fürsorge in Gestalt der Gewährung von Versorgungsbezügen geboten ist oder nicht. Auch hier erwächst zwar mit dem Ableben des Beamten seiner Witwe zunächst noch kein Recht auf das Witwengeld und seinem Dienstherrn noch keine Pflicht zu

[4]) Anders jetzt nach § 123 Abs. 1 Ziff. 3 BBG.; hiernach steht der nachgeheirateten Witwe nur dann keine Witwenversorgung zu, wenn die Ehe erst nach Eintritt des Beamten in den Ruhestand geschlossen worden ist und der Ruhestandsbeamte zur Zeit der Eheschließung das 65. Lebensjahr bereits vollendet hatte.

[5]) Jetzt nur, wenn ein bereits 65jähriger Ruhestandsbeamter die spätere Witwe geheiratet hatte.

[6]) Vgl. § 123 Abs. 1 Ziff. 1 BBG.

dessen Gewährung im Sinne des § 139 Satz 1 DBG.[1]). Wird die Notwendigkeit der Fürsorge aber anerkannt und daraufhin Versorgung zugesagt, dann ändert sich die Rechtslage: Nunmehr ist eine Verpflichtung des Dienstherrn zur Gewährung des Witwengeldes gemäß der Bewilligung gegeben, von der er sich, falls der Bezug nicht jederzeit frei widerruflich zugesagt worden ist, nicht ohne triftigen Grund lösen kann. Entsprechendes gilt für das Waisengeld, das den hinterbliebenen Kindern eines Beamten gemäß § 101 Abs. 2 Satz 3 DBG.[2]) bewilligt werden kann.

Diese Hinterbliebenen gehören also dann auch zu den versorgungsberechtigten Personen im Sinne des § 139 Satz 1 DBG.[1]). Steht ihnen aus einem Ereignis, das dem Dienstherrn zur Gewährung der Bezüge Anlaß gibt, gegen einen Dritten ein gesetzlicher Schadensersatzanspruch zu, so tritt der in dieser Bestimmung vorgesehene Forderungsübergang im Umfange der bewilligten Bezüge auf den Dienstherrn ein. Daß der Bezug nach § 101 Abs. 2 Satz 3 DBG.[2]) einen besonderen Willensakt des Dienstherrn voraussetzt, steht der Annahme des Ursachenzusammenhangs zwischen der Gewährung des Bezugs und jenem Ereignis nicht entgegen.

Die Rechtsauffassung, daß der in § 139 Satz 1 DBG.[1]) festgelegte Forderungsübergang auch im Falle der Gewährung des Witwengeldes an eine Witwe nach § 101 Abs. 2 Satz 3 DBG.[2]) eintritt, findet eine Stütze in der auch vom Berufungsgericht angestellten Ueberlegung, daß andernfalls die nachgeheiratete Witwe eines Ruhestandsbeamten günstiger dastehen würde als die Witwe eines Beamten, die nach § 97 DBG.[7]) Anspruch auf Witwengeld hat, insofern als jene abweichend von dieser den Anspruch auf Schadensersatz gegen den Dritten, ungeachtet der Gewährung des Witwengeldes, uneingeschränkt behalten würde. Das kann das Gesetz nicht gewollt haben. Vielmehr ist als der Wille des Gesetzes anzusehen, daß überall, wo der öffentliche Dienstherr im Zusammenhange mit dem einen Beamten schädigenden Ereignis Versorgungsbezüge gewährt — gleichviel ob unmittelbar gemäß gesetzlicher Verpflichtung oder erst nach Prüfung der Verhältnisse auf Grund pflichtmäßigen Ermessens —, er sich mit Hilfe des gesetzlichen Forderungsüberganges bei dem auf Schadensersatz haftenden Dritten soll schadlos halten können.

. . .

Der Klägerin ist unstreitig auf Grund des § 101 Abs. 2 Satz 3 DBG.[2]) ein Witwengeld in Höhe von $^{6}/_{10}$ des gesetzlichen Vollsatzes des Witwengeldes mit anfangs 115 RM., dann 124 RM. monatlich bewilligt worden, und zwar nur mit dem Vorbehalte der Ueberprüfung für den Fall, daß kein Uebergang des auf Gewährung einer Rente gerichteten

[7]) Vgl. § 123 Abs. 1 BBG.

Schadensersatzanspruchs der Klägerin nach § 139 Satz 1 DBG.[1]) angenommen werde. Dieser Forderungsübergang ist aber nach dem oben Ausgeführten zu bejahen.

. . . (Es folgen Ausführungen dahin, daß hier Dienstherr, auf den der Anspruch übergegangen ist, nicht das Deutsche Reich, sondern das Land Preußen war.)

Die Revision meint noch, ein Uebergang des Schadensersatzanspruchs der Klägerin nach § 139 Satz 1 DBG.[1]) komme auch um deswillen nicht in Frage, weil dem Träger der Versorgungslast durch den tödlichen Unfall des Ehemannes der Klägerin keine Verpflichtung zur Gewährung oder Erhöhung von Versorgungsbezügen, wie nach dem Gesetze zu verlangen, neu erwachsen sei. Die Versorgungslast in Gestalt des jetzt der Klägerin zu gewährenden Witwengeldes habe sich vielmehr, verglichen mit dem Ruhegehalt des schon in den Ruhestand versetzt gewesenen Ehemannes, vermindert. Dabei ist indes verkannt, daß die Witwen- und Waisenversorgung rechtlich gesondert vom Gehalt (auch Ruhegehalt) des Beamten zu betrachten ist. Die Beamtenwitwe erwirbt, wie in der Rechtsprechung des erkennenden Senats anerkannt ist (vgl. Urt. III 218/36 vom 25. Mai 1937, abgedr. JW. 1937 S. 2531 Nr. 27), den Versorgungsanspruch gegen den Dienstherrn ihres Ehemannes aus eigenem Recht, nicht als Erbin und Rechtsnachfolgerin ihres Ehemannes. Auch das nach § 101 Abs. 2 Satz 3 DBG.[2]) zu gewährende Witwengeld stellt gegenüber dem Ruhegehalt des Beamten eine rechtlich besonders zu bewertende Belastung des Dienstherrn dar. Es kann daher auch im Hinblick auf § 139 Satz 1 DBG.[1]) nicht mit dem Ruhegehalt seiner Höhe nach verglichen werden, sondern es bildet eine eigene Last und enthält damit eine neue Verpflichtung des Dienstherrn im Sinne dieser Bestimmung, die im gegebenen Falle den gesetzlichen Forderungsübergang zur Folge hat. Dieser ist im § 139 Satz 1 DBG.[1]) auch keineswegs an die Voraussetzung geknüpft, daß sich der Gesamtbetrag der dem Dienstherrn obliegenden Leistungen infolge des Ereignisses, das ihn zur Gewährung der Versorgungsbezüge verpflichtet, erhöht hat.

Daß beim Vorliegen eines mitwirkenden Verschuldens des geschädigten Beamten und bei Begründetheit nur eines Teiles des Schadensersatzanspruchs der verbleibende Teilanspruch im vollen Umfang in Höhe der gewährten Versorgung auf den öffentlichen Dienstherrn übergeht, ist mit dem Berufungsgericht nach der Rechtsprechung auf dem Gebiete des gesetzlich bestimmten Forderungsübergangs (u. a. § 1542 RVO.) anzunehmen. Da das der Klägerin gewährte Witwengeld höher ist als der Schadensersatzanspruch in Gestalt der Rente, hat das Berufungsgericht den Klageanspruch mit Recht wegen fehlender Sachbefugnis der Klägerin zu seiner Geltendmachung für unbegründet erachtet.

RGZ. 171, 215

Aufrechnung des Dienstherrn gegen Dienst- und Versorgungsbezüge des Beamten. Zulässigkeit der Aufrechnung auch gegen erst künftig fällig werdende Gehalts- und Ruhegehaltsteile.

Mit der Begründung des Beamtenverhältnisses wird ein geschlossenes einheitliches Recht auf alle, auch die künftig fällig werdenden gesetzlichen Gebührnisse hervorgerufen. Das Gehalt des Beamten ist keine Entlohnung für die einzelnen von ihm geleisteten Dienste, sondern eine ihm für die Dauer des Amts zugebilligte Rente; der Anspruch auf künftige Gehaltsbeträge ist Teil eines schon entstandenen Anspruchs.
Der öffentlich-rechtliche Gehaltsschuldner kann in den Grenzen, die der Aufrechnung überhaupt gesetzt sind, mit einer Gegenforderung von vornherein nicht nur gegen die schon fälligen, sondern auch gegen alle etwa künftig fällig werdenden Gehalts- und Ruhegehaltsteile des Beamten wirksam aufrechnen; er ist nicht darauf angewiesen, die Aufrechnung an den einzelnen Gehalts- und Ruhegehaltsteilen jedesmal erst bei deren Fälligkeit vorzunehmen. Das folgt im Grundsatz aus der Natur des Gehalts- und Ruhegehaltsanspruchs als eines einheitlichen Gebildes, das von Anfang an auch die künftigen Teile umfaßt, wie daraus, daß, obwohl die Dienstbehörde nicht schlechthin — auch gegen den Willen des Beamten — zu beliebigen Vorauszahlungen berechtigt ist, doch dann über die gesetzliche Zahlungsweise hinaus auf künftige Gehaltsteile vorgegriffen werden kann, wenn überwiegende Belange, sei es des Beamten selbst, sei es anderer, dies verlangen; das gilt auch für den Dienstherrn, der einen fälligen, zur Aufrechnung geeigneten Schadensersatzanspruch gegen den Beamten hat.

Alter Leitsatz:

1. Kann der Dienstherr mit einer Forderung an den Beamten auch gegen die erst künftig fällig werdenden Teile seines Gehalts oder Ruhegehalts aufrechnen?

2. . . . . . (überholt)

BGB. §§ 387, 390, 394. DBG. § 39 Abs. 2[1]).

III. Zivilsenat. Urt. v. 28. Juni 1943 i. S. G. (Kl.) w. Kreissparkasse des Kreises H. L. (Bekl.). III 5/43.

I. Landgericht Hamburg. II. Oberlandesgericht daselbst.

Der Kläger wurde am 1. Juli 1923 bei der . . . L.'schen Landesbank, einer Einrichtung des Kommunalverbandes des Kreises H. L. ohne eigene Rechtsfähigkeit, mit der Bezeichnung „Landesbankprokurist" als Beamter auf Lebenszeit angestellt. Er war stellvertretendes Vorstandsmitglied und leitete zunächst die Buchhaltung und die Giroabteilung, von

[1]) Vgl. § 84 Abs. 2 BBG.

1927 bis Anfang 1930 außerdem die Effektenabteilung. Er wurde Ende April 1931 aus dem Amte des stellvertretenden Vorsitzenden entlassen und am folgenden 1. Mai als Prokurist abberufen. Er blieb noch Revisor der Bank, bis er . . . auf Grund von § 6 des Reichsgesetzes zur Wiederherstellung des Berufsbeamtentums am 1. August 1934 in den Ruhestand versetzt wurde.

Am 4. März 1935 wurde der Kläger . . . wegen Untreue (§ 266 Abs. 2 Nr. 2 und Abs. 3 StGB. a. F.) zu einer Gefängnisstrafe verurteilt. . . . Seine Revision wurde am 11. Juli 1935 als offensichtlich unbegründet verworfen. Der Kläger hat die Strafe bis Ende Februar 1936 verbüßt. Der Bestrafung lag der Vorwurf zugrunde, er habe in den Jahren 1928 und 1929 mehreren Bankkunden unter Verstoß gegen die Banksatzung Kredite zu Effektenspekulationen und Termingeschäften ohne Deckung zukommen lassen und dadurch die Bank an Geschäften beteiligt, die für sie zu einem großen Teile verlustreich ausgeschlagen seien. Wegen dieser Vorgänge ist der Kläger auch im Dienststrafverfahren verfolgt worden. . . . Am 25. Juli 1933 leitete der Landrat das Dienststrafverfahren ein und verfügte am 31. Juli 1933 die vorläufige Amtsenthebung des Klägers und die Einbehaltung der Hälfte seiner Dienstbezüge. Von kleineren Zahlungen an die Ehefrau abgesehen, haben die Landesbank und die Beklagte indessen auch den Rest dieser Bezüge nicht gezahlt, sondern insoweit die Aufrechnung mit einer Schadensersatzforderung erklärt. . . . Der Reichsdienststrafhof hat am 13. November 1940 . . . das Verfahren auf Grund des Gnadenerlasses des Führers für Beamte vom 21. Oktober 1939 eingestellt.

Im März 1935 hat der Kläger . . ., nachdem mit Bescheid des Regierungspräsidenten in Sch. vom 1. Oktober 1934 sein Anspruch auf die unpfändbaren Teile seiner Dienstbezüge und seines Ruhegehalts zurückgewiesen worden war, Klage auf Zahlung dieser für die Zeit . . . bis zum 31. März 1935 erhoben. Vor Eintritt in die mündliche Verhandlung wurde das Verfahren auf seinen Antrag im Einverständnis der Beklagten ausgesetzt. Nach Abschluß des Straf- und des Dienststrafverfahrens hat der Kläger im April 1941 den Rechtsstreit wieder aufgenommen und die Klage nunmehr auf alle in der Zeit vom 1. August 1933 bis 30. April 1941 nicht gezahlten pfändbaren und nicht pfändbaren Gehalts- und Ruhegehaltsteile erstreckt. Auf Einrede der Beklagten einräumend, daß die zunächst noch nicht geltend gemachten, bis zum 31. Dezember 1936 fällig gewordenen Ansprüche auf die pfändbaren Teile . . . inzwischen verjährt seien, hat der Kläger sodann den Klageantrag neu errechnet. Er verlangt die Verurteilung der Beklagten zur Zahlung von 30 569,84 RM. nebst Zinsen und für die Zeit nach dem 31. Oktober 1942 eine seinem Standpunkt entsprechende Feststellung.

Die Beklagte wendet Verjährung aller vor dem 31. Dezember 1936 fällig gewordenen Ansprüche des Klägers ein. Sie beruft sich ferner auf ihre Aufrechnung mit der Schadensersatzforderung, die sie auf 173 262,20 RM. bemißt.

Das Landgericht hat die Klage abgewiesen. Das Oberlandesgericht hat der Berufung des Klägers zum Teil stattgegeben. . . .

Die Revision des Klägers führte zur Aufhebung und Zurückverweisung. Die Revision der Beklagten wurde zurückgewiesen.

Aus den Gründen:

Der Klageanspruch ist nach Grund und Betrag unstreitig; den Voraussetzungen seiner gerichtlichen Verfolgung ist genügt. Die Entscheidung hängt daher von der Berechtigung der beiden Einreden ab, mit denen die Beklagte geltend macht, der Klageanspruch sei infolge der von ihr seit dem Jahre 1933 erklärten Aufrechnung mit einer Schadensersatzforderung von 173 262,20 RM. erloschen und die Gehaltsteile für die Zeit bis zum 31. Dezember 1936 seien verjährt. . . . Der Kläger hält der Gegenforderung ebenfalls Verjährung entgegen; . . . er wendet sich ferner gegen die Höhe der Gegenforderung. Das Berufungsgericht nimmt an, der Kläger sei der . . . Bank jedenfalls den Ersatz eines Schadens von 45 762,20 RM. schuldig geworden, den er ihr durch unerlaubte Handlung und sittenwidriges Verhalten verursacht habe. Die Aufrechnung mit dieser Gegenforderung habe dazu geführt, daß die fällig gewordenen Gehaltsteile für die Zeit vor dem Inkrafttreten des Deutschen Beamtengesetzes (1. Juli 1937) in voller Höhe, für die spätere Zeit aber insoweit aufgezehrt worden seien, als sie pfändbar sind.

Wegen der Einwirkung der Aufrechnung auf den Klageanspruch überhaupt ist das Berufungsgericht dabei davon ausgegangen, es sei sowohl ohne Bedeutung, daß wegen einzelner Gehalts- und Ruhegehaltsteile seither Verjährungsfristen abgelaufen seien (§ 197 BGB.), als auch, daß andere von ihnen erst fällig geworden seien, nachdem wegen der Gegenforderung die Verjährungsfrist vollendet sei. Die Bank habe Mitte Mai 1933 die Aufrechnung erklärt. Damals habe einerseits die Gegenforderung schon in voller Höhe bestanden; anderseits sei von den eingeklagten Gehaltsbeträgen noch keiner verjährt gewesen. Infolgedessen habe die Aufrechnung nach den Rechtsgrundsätzen der §§ 387 und 271 BGB. nicht nur die damals bereits fälligen Gehaltsteile, sondern auch die erst in der Folgezeit zu erwartenden betroffen.

Die Revision des Klägers will die dem zugrunde liegende Voraussetzung nicht gelten lassen, daß sich die öffentliche Körperschaft selbst gegen den Willen des betroffenen Beamten einer Unterhaltspflicht, wie sie durch Zahlung des Gehalts erfüllt werde, durch Vorauszahlungen für beliebige Zeiträume entledigen könne. Dann sei aber im Jahre 1933 mangels des Erfordernisses, daß der Schuldner „die ihm obliegende Leistung bewirken kann" (§ 387 BGB.), die Aufrechnung gegen die damals noch nicht fälligen Gehaltsteile unmöglich gewesen. Die Gegenforderung der Beklagten sei also nicht verbraucht worden und daher der Verjährung verfallen. Das stehe wiederum einer Wirkung derjenigen Aufrechnungserklärungen entgegen, welche die Beklagte etwa später abgegeben habe.

Die Beklagte gründet die zur Aufrechnung gestellte Gegenforderung darauf, daß der Kläger schuldhaft seine Pflichten als Beamter gegenüber seiner Dienstherrin, der Bank, verletzt habe. . . .

Nach § 390 Satz 2 BGB. schließt die Verjährung die Aufrechnung nicht aus, wenn die verjährte Forderung zu der Zeit noch nicht verjährt war, zu welcher sie gegen die andere Forderung aufgerechnet werden konnte. Es handelt sich hierbei zwar um eine bürgerlichrechtliche Vorschrift; aber das Berufungsgericht hat die Geltung des darin zutage tretenden Rechtsgrundsatzes zutreffend auch für den Bereich des öffentlichen Rechts angenommen. . . . Wenn also die Aufrechnung, welche die . . . Beklagte dem Kläger im Juli 1933 erklärt hat, sogleich bis zur Erschöpfung eines der beiderseitigen Ansprüche alle zukünftigen Teile seines Gehalts und Ruhegehalts hätte ergreifen können, so würde diese Wirkung nicht daran scheitern, daß später für den einen oder für beide Ansprüche die Verjährungsfrist abgelaufen wäre. Soweit dagegen gegen die einzelnen Gehalts- und Ruhegehaltsteile vor diesem Zeitpunkte der Vollendung der Verjährung noch nicht hätte aufgerechnet werden können, brauchte nach § 390 Satz 2 BGB. der Kläger die spätere Aufrechnung nicht gelten zu lassen. In diesem Falle könnte den nach dem Ablauf der Verjährungsfrist für die Gegenforderung fällig gewordenen Ruhegehaltsteilen diese, weil inzwischen verjährt, nicht mehr entgegengesetzt werden, während freilich die vordem fällig gewordenen Gehalts- und Ruhegehaltsteile jeweils (in nicht verjährter Zeit) durch die einzelnen Aufrechnungen getilgt worden wären, deren Erklärungen darin lagen, daß die Beklagte ihre Zahlung jedesmal verweigerte. Die Entscheidung hängt daher in dem dargelegten Umfange davon ab, ob der öffentlichrechtliche Gehaltsschuldner in der Lage ist, mit einer Gegenforderung von vornherein nicht nur gegen die schon fälligen, sondern auch gegen alle etwa künftig fällig werdenden Gehalts- und Ruhegehaltsteile des Beamten wirksam aufzurechnen, oder ob er darauf angewiesen ist, die Aufrechnung jedesmal an den einzelnen Gehalts- und Ruhegehaltsteilen erst bei deren Fälligkeit vorzunehmen.

Die Frage ist, soweit ersichtlich, bisher weder in der Rechtsprechung noch im Schrifttum erörtert worden. . . . Dem Berufungsgericht, das sich für die Zulässigkeit der Aufrechnung auch gegen erst künftig fällig werdende Gehalts- und Ruhegehaltsteile entschieden hat, ist jedenfalls im Ergebnis, beizutreten.

Wann eine Forderung gegen eine andere aufgerechnet werden kann, bestimmt § 387 BGB. dahin, der Aufrechnende (hier die Beklagte) müsse die ihm gebührende Leistung (den Schadensersatz) fordern und die ihm obliegende Leistung (die Gehaltszahlung) bewirken können. Der

Sinn dieser Bestimmung, deren entsprechende Geltung ebenfalls unbedenklich auch für das öffentliche Recht angenommen werden kann, geht dahin, daß einer Aufrechnungserklärung mit Ansprüchen, die danach nicht aufgerechnet werden können, überhaupt keine rechtsgeschäftliche Bedeutung zukommt. Sie kann äußerstenfalls Ankündigung einer Aufrechnungserklärung sein, die später abgegeben werden soll und alsdann, damit die Wirkung eintritt, neu geäußert werden muß. . . . Es verhält sich hiermit anders als beispielsweise mit der Abtretung, die an künftigen Forderungen möglich ist. . . .

Hierdurch wird also zunächst die Aufrechnung gegen eine erst künftige Forderung ausgeschlossen. Jedoch unterliegt es keinem Zweifel, daß es sich bei den künftigen Gehaltsbeträgen um Teile eines schon entstandenen Anspruchs handelt. Mit der Begründung des Beamtenverhältnisses wird ein einheitliches Recht auf alle, auch die künftig fällig werdenden gesetzlichen Gebührnisse hervorgerufen; die Ungewißheit der Dauer der Anstellung bildet kein Hindernis dafür. Diese Einheitlichkeit hat der erkennende Senat vielfach hervorgehoben; dabei ist ausgesprochen worden, daß das Gehalt des Beamten keine Entlohnung für die einzelnen von ihm geleisteten Dienste, sondern eine ihm für die Dauer des Amts zugebilligte, für den standesmäßigen Unterhalt bestimmte Rente sei und daß es, ähnlich wie die Leibrente (§ 759 BGB.) . . ., auf einem geschlossenen einheitlichen Rechte beruhe (RGZ. Bd. 107 S. 189 [190][2]), Bd. 125 S. 315 [318])[3]).

Aus dem Grundsatze des § 387 BGB. folgt aber darüber hinaus, daß der Aufrechnende auch berechtigt sein muß, die ihm obliegende Leistung zu bewirken. Das enthält den Rechtsgedanken, daß er sich nur dann der Forderung des anderen Teiles bemächtigen darf, um damit seinen eigenen Anspruch zu befriedigen, wenn er berechtigt ist, dem Gegner die Erfüllung seiner Forderung aufzudrängen. Auch das kann im öffentlichen Recht nicht anders sein. Es kommt also darauf an, ob der Gehaltsschuldner die Leistung, die ihm in Gestalt der zukünftigen Gehaltsteile obliegt, schon vor den Zeitpunkten ihrer verschiedenen Fälligkeiten bewirken kann.

Dies mit dem Berufungsgericht durch den bloßen Hinweis auf § 271 BGB. zu bejahen, erscheint bedenklich. Diese Bestimmung gibt nur eine Regelung für den Zweifelsfall. Man mag ihr mit dieser Maßgabe (wie Friederichs im Archiv für bürgerliches Recht Bd. 42 S. 39 unter XII) Geltung auch im öffentlichen Rechte zuschreiben. Das entbindet aber nicht von der Prüfung, ob nicht derjenige von den vielgestaltigen Ansprüchen des öffentlichen Rechts, um den es sich gerade handelt, nach gesetzlichen Vorschriften oder der Natur der Sache in der Erfüllbarkeit einer Besonderheit unterliegt. Wegen des Beamten-

[2]) In diesem Band abgedruckt S. 69 [71].

[3]) In diesem Band abgedruckt S. 128 [131].

gehalts erscheint es einerseits nicht möglich, mit dem Berufungsgericht anzunehmen, daß die Dienstbehörde schlechthin zu beliebigen Vorauszahlungen berechtigt sei, und zwar auch, worauf es ankommt, gegen den Willen des Beamten. Ueber die Zahlungsweise des Beamtengehalts treffen die Gesetze Bestimmungen. . . . Diese Vorschriften geben nicht nur Mindestanforderungen an die Dienstbehörden. Der Beamte kann daher ihre Einhaltung verlangen. Der zeitlichen Stückelung der Gehaltszahlung liegen, wie anzunehmen, neben der Wahrung der Belange des Staates Gesichtspunkte zugrunde, wie sie mit ähnlichem Ziele, wenn auch in verschiedener Weise, § 1642 Abs. 2 BGB. für die bürgerlichrechtlichen Unterhaltsansprüche verfolgt. Auf der anderen Seite liegt es aber nicht im Wesen der Beamtenbesoldung, daß sie nicht auch entgegen den gedachten Regelbestimmungen im voraus geleistet werden könnte. Das folgt im Grundsatz aus der vorher berührten Natur des Gehaltsanspruchs, bei dem es sich um ein einheitliches Gebilde handelt, das von vornherein auch die zukünftigen Teile umfaßt. Es findet darüber hinaus aber seinen Ausdruck in einer Reihe rechtlicher Einzelerscheinungen. Hierher gehören die Vorschußzahlung, . . ., das Gehaltsabzugsverfahren, . . ., die Abtretung und Verpfändung des Gehalts, die . . . durch § 39 Abs. 1 DBG.[4]) in demselben Umfange wie die Pfändung, also auch für zukünftige Gehaltsbeträge, zugelassen worden sind, und vor allem gemäß § 832 ZPO. die Pfändung. Aus alledem kann nur gefolgert werden, daß über die gesetzliche Zahlungsweise hinaus dann auf künftige Gehaltsteile vorgegriffen werden kann, wenn überwiegende Belange, sei es des Beamten selbst, sei es anderer, dies verlangen. Es besteht kein Grund, diesen Gesichtspunkt dann abzulehnen, wenn der Dienstherr einen fälligen, zur Aufrechnung geeigneten Schadensersatzanspruch hat, von dem übrigens, wie hervorgehoben werden möge, in diesem Zusammenhange nicht vorausgesetzt wird, daß er gerade aus vorsätzlicher Schadenszufügung durch den Beamten herrührt. Der Beamte, der wegen solchen Anspruchs einerseits die jedesmaligen Einzelaufrechnungen in Kauf nehmen, anderseits im voraus seine später fällig werdenden Gehaltsbeträge pfänden lassen müßte, hat kein schutzwürdiges Interesse, dem Dienstherrn den einfacheren Weg der einheitlichen Aufrechnung mit Wirkung auch für die künftigen Gehaltsteile zu verwehren. Es darf angenommen werden, daß dieser Gedanke auch dem § 39 Abs. 2 DBG.[1]) zugrunde liegt, wenn darin wegen der Aufrechnungsmöglichkeit auf die Pfändbarkeit verwiesen wird, die selbst sich, wie erwähnt, nach ausdrücklicher gesetzlicher Vorschrift auch auf zukünftige Gehaltsteile erstreckt.

Die Aufrechnung, welche die . . . Beklagte im Jahre 1933 erklärt hat, war hiernach von vornherein auch für die künftigen Gehalts- und Ruhegehaltsteile mit den gesetzlichen Wirkungen ausgestattet. Nach dem

[4]) Vgl. § 84 Abs. 1 BBG.

Vorausgeschickten ist es daher ohne Bedeutung, ob seither wegen einzelner Gehalts- oder Ruhegehaltsteile oder wegen der Gegenforderung Verjährungsfristen vollendet worden sind. Diese gesetzmäßigen Wirkungen umfassen anderseits die Regel des § 394 Satz 1 BGB., wonach die Aufrechnung an der Pfändbarkeit der Forderung, gegen die aufgerechnet wird, ihre Grenze findet. Die Beklagte meint aber, und das Berufungsgericht ist ihr darin für die Zeit vor dem Inkrafttreten des Deutschen Beamtengesetzes gefolgt, daß dem Kläger wegen der besonderen Umstände des Falles die Berufung auf § 394 BGB. zu versagen sei, daß also die Aufrechnung der Bank die einzelnen Teile seines Gehalts jeweils in vollem Umfang aufgezehrt habe. Das Berufungsgericht begründet diese Folgerung mit der Herkunft der Gegenforderung aus *unerlaubter Handlung* und *sittenwidrigem* Verhalten des Klägers. Der so herbeigeführte Rechtszustand sei dann freilich durch die Neuregelung des Deutschen Beamtengesetzes für die Zeit nach seinem Inkrafttreten geändert worden. Denn § 39 Abs. 2 DBG. lasse die Aufrechnung über die Pfändbarkeitsgrenze hinaus nur zu, sofern der Dienstherr über den Schadensersatzanspruch wegen vorsätzlicher unerlaubter Handlung einen Vollstreckungstitel habe[5]). Ein solcher stehe der Beklagten nicht zur Seite.

Die Revision der Beklagten wirft dem Ergebnis des Berufungsgerichts für die Zeit nach dem Inkrafttreten des Deutschen Beamtengesetzes mangelnde Folgerichtigkeit vor: Seien in Zukunft fällige Gehaltsansprüche mittels Aufrechnung wirksam getilgt worden, so könne der so herbeigeführte abgeschlossene Rechtszustand nicht nachträglich dadurch beeinflußt worden sein, daß das Deutsche Beamtengesetz eine andere Regelung des gleichen Gegenstandes gebracht habe. Die Meinung des Berufungsgerichts sei auch deshalb unmöglich, weil der Beklagten im Vertrauen auf die fortdauernde Wirkung der erklärten Aufrechnung jeder Anlaß gefehlt habe, sich vor Ablauf der Verjährungsfrist wegen ihrer Schadensersatzforderung einen Vollstreckungstitel zu beschaffen.

Diese Einwendungen sind nicht begründet. Die Aufrechnung ist ein Akt der Selbstbefriedigung des Aufrechnenden für seine Forderung an den Gegner aus dessen Gegenforderung an ihn. Als solcher Befriedigungsakt unterliegt nach § 394 Satz 1 BGB. die Aufrechnung den gleichen Beschränkungen wie eine Zwangsvollstreckung und findet deshalb nicht statt, soweit die Gegenforderung des Schuldners der Pfändung nicht unterworfen ist. Nun unterliegen zwar auch noch nicht fällige, ja unter gewissen Voraussetzungen selbst künftige Forderungen der Pfändung, und das Pfandrecht, das durch die Pfändung einer Gehaltsforderung erworben wird, erstreckt sich ohne weiteres auch auf die erst nach der

[5]) Dieses Erfordernis (Vollstreckungstitel) ist in § 84 Abs. 2 Satz 2 BBG. nicht mehr enthalten, so daß insoweit die Rechtslage für die Bundesbeamten wieder derjenigen vor Inkrafttreten des DBG. entspricht.

Pfändung fällig werdenden Beträge. Die Pfändbarkeit von Forderungen aber bestimmt sich nach den tatsächlichen und rechtlichen Verhältnissen zur Zeit ihrer Fälligkeit, nicht nach denen zur Zeit der voraufgegangenen Pfändung. . . . Mit „Fälligkeit" ist hierbei wie auch sonst in den Gesetzen immer die „Einforderbarkeit", nicht die „Erfüllbarkeit" gemeint. Beim Zugriff auf eine noch nicht fällige Forderung tritt also zunächst ein Schwebezustand ein; erst im Zeitpunkt der Fälligkeit entscheidet sich endgültig, inwieweit die Pfändung wirksam ist. Alles das gilt nicht nur für die Pfändbarkeitsgrenzen, sondern ganz allgemein für die Pfändbarkeit überhaupt. Hätte also die Beklagte für ihre Schadensersatzforderung ein Urteil gegen den Kläger erwirkt und auf Grund dieses Titels seine Gehalts- und Ruhegehaltsansprüche gepfändet, so würde sich diese Pfändung zwar ohne weiteres auf die zukünftigen Beträge erstreckt haben; aber es würde sich für jeden einzelnen dieser Beträge erst bei seiner Fälligkeit nach den dann gegebenen tatsächlichen und rechtlichen Verhältnissen entscheiden, ob und inwieweit er von jener Pfändung erfaßt worden ist.

Soweit die Rechtswirkung rechtsgeschäftlicher Verfügungen über eine Forderung von deren Pfändbarkeit abhängt, sind die dargelegten Rechtssätze auch darauf anzuwenden. Auch die Rechtswirkung solcher Verfügungen hängt also insoweit von den tatsächlichen und rechtlichen Verhältnissen zur Zeit der Fälligkeit der Forderung (d. h. ihrer Einforderbarkeit) ab, nicht von denen zur Zeit der rechtsgeschäftlichen Verfügung über sie. Auch hier tritt deshalb zunächst ein Schwebezustand ein, der erst mit dem Zeitpunkte der Fälligkeit endet. Erst dann entscheidet sich nach der nun gegebenen Sach- und Rechtslage nicht nur, bis zu welcher Grenze die Verfügung wirkte, sondern auch, ob sie die Forderung überhaupt erfaßt hat.

Die zunächst von der reichsgerichtlichen Rechtsprechung und jetzt durch § 39 Abs. 2 DBG.[1]) dem Dienstherrn des Beamten zuerkannte Befugnis, wegen eines Schadensersatzanspruchs aus vorsätzlicher unerlaubter Handlung ein Aufrechnungsrecht an den Dienstbezügen, auch soweit diese unpfändbar sind, geltend zu machen, enthält der Sache nach eine Erstreckung der Zugriffsmöglichkeit für einen derartigen Anspruch über die sonst geltenden Pfändbarkeitsgrenzen hinaus. Das wird dadurch besonders deutlich, daß das Deutsche Beamtengesetz[6]) die Aufrechnung insoweit nur noch mit einem vollstreckbaren Schadensersatzanspruch gestattet. Daß diese erweiterte Zugriffsmöglichkeit in jener Vorschrift nur für die Befriedigung durch Aufrechnung ausgesprochen

[6]) Nicht mehr das BBG. (vgl. daselbst § 84 Abs. 2 Satz 2). Hinsichtlich der Beamtengesetze der Länder muß von Fall zu Fall die Art der darin insoweit getroffenen Regelung geprüft werden. Für landesbeamtenrechtliche Bestimmungen, die noch das Erfordernis des Vollstreckungstitels vorsehen — was bis zum Ergehen eines das ausschließenden beamtenrechtlichen „Rahmen"-Gesetzes des Bundes zulässig ist —, bleiben die einschlägigen Urteilsausführungen beachtlich.

worden ist, verschlägt nichts; denn gerade diese ist hier der naturgegebene Weg, wobei dahingestellt bleiben kann, ob nicht über den Wortlaut der Bestimmung hinaus nach ihrem Sinn auch eine Pfändung für zulässig erachtet werden müßte. Wenn das Deutsche Beamtengesetz in Abweichung von der bisherigen Rechtsprechung die Erweiterung der Zugriffsmöglichkeit für einen solchen Schadensersatzanspruch von dem besonderen Erfordernis der Vollstreckbarkeit dieses Anspruchs abhängig gemacht[6]) hat, so kann für die zeitliche Geltung dieser Abänderungen nichts anderes Rechtens sein als für die gesetzlichen Aenderungen der Vorschriften des Zwangsvollstreckungsrechts über die Pfändbarkeit von Forderungen. . . . Doch mag hierzu noch auf folgendes hingewiesen werden: . . . Als § 39 Abs. 2 DBG. Geltung erlangte, hatte die Beklagte noch volle drei Jahre[7]) Zeit, sich einen vollstreckbaren Titel zu verschaffen. Nun sind freilich diese drei Jahre ungenutzt verstrichen. Aber das beruhte auf einer, wenn nicht ausdrücklichen, so doch mindestens stillschweigenden Vereinbarung zwischen den Streitteilen, diese allein zwischen ihnen streitige Frage bis zur Beendigung des Dienststrafverfahrens, von dem sich der Kläger Gutes versprach, ruhen zu lassen. Diese Abrede bezog sich ihrem selbstverständlichen Sinne nach nicht nur auf einen solchen Teil des Schadensersatzanspruches, wie er zur Aufrechnung der bisher fällig gewordenen Gehaltsteile erforderlich war, sondern auf den ganzen Anspruch. Bis zum Abschluß des Dienststrafverfahrens lief deshalb die Verjährung nicht. Seitdem sind aber noch keine drei Jahre verstrichen. Inwieweit durch die aufrechnungsweise Geltendmachung des Schadensersatzanspruchs im Rechtsstreit die Verjährung unterbrochen worden ist, kann deshalb dahingestellt bleiben; bemerkt sei nur, daß die etwaige Unzulässigkeit der Aufrechnung diese Unterbrechung nicht ausschließt. . . . Die Revision des Klägers bekämpft die Meinung des Berufungsgerichts, daß der Bank, als sie die Aufrechnung erklärte, die Voraussetzungen zur Seite gestanden hätten, unter denen sie (nach dem damaligen Recht) auch über die Pfändungsgrenze hinaus hätte aufrechnen können. (Es wird ausgeführt, daß diese Angriffe begründet sind.)

RGZ. 171, 385

Pflichten eines Sparkassenleiters. Seine Stellung zum Vorsitzenden des Sparkassenvorstandes und zum Bürgermeister des Gewährverbandes.

Alter Leitsatz:

1. Steht das Recht, einen Sparkassenbeamten aus seinem Dienstverhältnis auf Ersatz des Schadens in Anspruch zu nehmen, den er der Sparkasse

[7]) Vgl. jetzt die übereinstimmende Verjährungsregelung in § 78 Abs. 3 BBG.

durch schuldhafte Verletzung seiner Dienstpflichten zugefügt hat, dem Gewährverband oder der Sparkasse zu? Worauf geht der Anspruch des Gewährverbandes gegen den Sparkassenbeamten?

2. Kann sich der Leiter der Sparkasse, der im Widerspruch zu ihrer Satzung und dem Beschlusse des Vorstandes Gelder der Sparkasse an einen Darlehnsnehmer auszahlt, zu seiner Entlastung auf eine Anweisung des Vorsitzenden des Vorstandes zur Auszahlung berufen?

Preuß. Verordnung über die Sparkassen usw. vom 20. Juli/4. August 1932 (GS. S. 241/275) — SpVO. — §§ 1, 2, 3, 5, 9. Bestimmungen des Ministers des Innern, des Finanzministers und des Ministers für Handel und Gewerbe über die Durchführung und Ausführung der Verordnung über die Sparkassen usw. vom 12. August 1932 (MBliV. S. 817) — DuABest. —. Mustersatzung für Sparkassen vom 26. August 1932 (MBliV. S. 853) i. d. F. vom 27. Dezember 1934 (Ministerialblatt für Wirtschaft und Arbeit 1935 S. 2) — MuSa. — § 2 Abs. 2, §§ 5, 8, 9, 29 Abs. 1 Satz 4.

III. Zivilsenat. Urt. v. 13. September 1943 i. S. Stadtsparkasse K. (Kl.) w. J. (Bekl.). III 65/43.

I. Landgericht Landsberg a. d. W. II. Kammergericht Berlin.

Der Beklagte war eine Reihe von Jahren bis zum 26. September 1935 Leiter der Klägerin, seit Oktober 1934 mit dem Titel „Sparkassendirektor". Die Klägerin hatte einer Maschinenfabrik und Eisengießerei (in der Folge kurz KüMEis genannt) gegen Sicherung einen Kredit in Höhe von 15 000 RM. eingeräumt. Auf deren Bitte um Bewilligung eines weiteren Kredits von 15 000 RM. faßte der Vorstand der Klägerin am 6. April 1934 den Beschluß: „Der Kredit wird bis zur Höhe von 10 000 RM. (25 000 RM. Gesamtkredit) genehmigt unter Bürgschaftsübernahme der Stadtgemeinde K." Die Klägerin erhielt von der Stadtgemeinde eine Bürgschaftsurkunde vom 20. April 1934 ausgehändigt; zu der Bürgschaft hatte die Aufsichtsbehörde die Genehmigung noch nicht erteilt. In der Folge leistete der Beklagte — wie er behauptet, auf Anweisung P.'s, des Bürgermeisters und damaligen Vorsitzenden des Vorstandes — auf den neuen Kredit an und für die KüMEis Zahlungen in Höhe der 10 000 RM. Später, im Jahre 1935, räumte die Klägerin der KüMEis gegen Sicherheiten und Abtretungen noch weiteren Kredit bis zur Gesamthöhe von 60 000 RM. ein. Am 11. September 1937, als die Schuld der KüMEis an die Klägerin 36 000 RM. betrug, stellte jene die Zahlungen ein. Bei Verteilung der Masse fiel die Klägerin mit ihrer gesamten Forderung aus. Als sie darauf die Stadt K. aus der Bürgschaft vom 20. April 1934 in Anspruch zu nehmen versuchte, berief sich diese auf die Ungültigkeit der Bürgschaft wegen Fehlens der aufsichtsbehördlichen Genehmigung. Der Schaden, welcher der Klägerin aus ihrer Verbindung mit der KüMEis erwachsen ist, betrug im November 1940 noch 28 091,38 RM. In Höhe von 10 000 RM. macht die Klägerin den Beklagten verantwortlich, weil er auf den zweiten Kredit für die KüMEis Zahlungen geleistet habe, ohne daß die Bürgschaft der Stadtgemeinde Gültigkeit erlangt habe.

Der Beklagte behauptet: P. als damaliger Vorsitzender des Vorstandes habe ihn angewiesen, die Zahlungen auf den zweiten Kredit für die KüMEis ohne Rücksicht darauf zu leisten, daß die aufsichtsbehördliche Genehmigung zu der Bürgschaft der Stadtgemeinde noch fehle. Die Klägerin habe seine Handlungsweise gebilligt und auf seine Inanspruchnahme wegen des Schadens verzichtet. Ferner hat er Verjährung und Verwirkung des Anspruchs eingewendet, auch vorgebracht, die Klägerin treffe insofern das überwiegende Verschulden an der Entstehung des Schadens, als sie nicht vor der Eröffnung des Konkursverfahrens über die KüMEis auf das Anerbieten des Kaufmanns F. eingegangen sei, deren Geschäft bei voller Schadloshaltung der Klägerin wegen des von ihr gewährten Kredits zu übernehmen, wozu er auch wirtschaftlich in der Lage gewesen sei. Auch sei kein Schaden vorhanden, weil bei dem Zustandekommen einer gültigen Bürgschaft die Stadtgemeinde K., der die Klägerin wirtschaftlich eingegliedert sei, den Verlust erlitten haben würde.

Beide Vordergerichte haben die Klage abgewiesen. Die Revision der Klägerin führte zur Aufhebung und Zurückverweisung.

Gründe:

Die Klägerin besitzt und besaß zu der hier in Betracht kommenden Zeit nach §§ 1, 2 der preußischen Sparkassenverordnung, nach Einführung der Mustersatzung für sie, eigene Rechtspersönlichkeit, ist also berechtigt, in ihrer Person erwachsene Ansprüche geltend zu machen. Damit ist aber noch nicht ihr Recht gegeben, den Beklagten aus seinem Dienstverhältnis wegen schuldhafter Verletzung seiner Dienstpflichten in Anspruch zu nehmen.

Nach § 9 Abs. 1 SpVO., Nr. 9 DuABest. und § 9 MuSa., damit übereinstimmend § 9 der Satzung der Klägerin, steht der Sparkassenbeamte in einem Beamtendienstverhältnis nicht zur Sparkasse, sondern zu ihrem Gewährverbande. Dieser hat zwar nach § 9 Abs. 2 SpVO. der Sparkasse Beamte und Angestellte in der erforderlichen Zahl zur Dienstleistung bei ihr (Nr. 9 zweiter Halbsatz DuABest.) zur Verfügung zu stellen; aber dadurch wird kein Dienstverhältnis jener zu ihr begründet, wie z. B. auch im Arbeitsrecht bei der Entlehnung von Arbeitern eines Unternehmens diese in kein Arbeitsverhältnis zu dem

Entlehnenden treten (Rspr.-Hinweise). In demselben Sinne hat sich auch bereits das Reichsarbeitsgericht in mehreren Entscheidungen ausgesprochen (Rspr.-Hinweise). Danach ist zunächst nur der Gewährverband als Dienstherr berechtigt, einen Anspruch aus dem Dienstverhältnis gegen den Sparkassenbeamten zu erheben.

Dieser Anspruch geht im Fall einer Schädigung der Sparkasse durch schuldhaft dienstpflichtwidriges Verhalten des Sparkassenbeamten unmittelbar auf Schadloshaltung der Sparkasse. In entsprechender Anwendung des im bürgerlichen Recht anerkannten Rechtsgedankens, daß, wenn jemand ein eigenes Interesse an der Schadloshaltung eines dritten Geschädigten hat oder er dessen Interessen wahrzunehmen hat, ihm das Recht zusteht, von dem Schädiger den Ersatz des Schadens an den Dritten zu verlangen, ist dieses Recht des Gewährverbandes auf Leistung des Schadensersatzes durch den Sparkassenbeamten an die Sparkasse anzunehmen. Denn der Gewährverband, der darauf halten muß, daß die der Sparkasse zur Verfügung gestellten Beamten und Angestellten ihre dienstlichen Obliegenheiten bei ihr ordnungsmäßig verrichten, und dem um so mehr daran gelegen ist, die Sparkasse vor Schädigungen durch sie in Wahrnehmung ihres Dienstes bewahrt zu sehen, als er nach § 3 SpVO., Nr. 5 DuABest. und § 2 Abs. 2 MuSa. ihren Gläubigern unbeschränkt haftet, soweit sie aus dem Sparkassenvermögen keine Befriedigung erlangen können, besitzt solches Interesse an der Schadloshaltung der Sparkasse im Fall ihrer Schädigung durch die Beamten und Angestellten bei Ausübung ihres Dienstes. Das gilt im besonderen auch in einem Falle der vorliegenden Art, wo der Gewährverband der Sparkasse auf Grund des Art. 131 WeimVerf.[1]) in Verbindung mit § 839 BGB. wegen schuldhafter Verletzung von Amtspflichten hoheitlicher Art durch den Sparkassenbeamten für den ihr daraus erwachsenen Schaden haften würde.

Erhebt aber nicht der Gewährverband selbst, sondern die Sparkasse den Anspruch auf Schadensersatz gegen den Beamten, so ist sie angesichts der engen sachlichen und persönlichen Verbindung zwischen ihr und dem Gewährverbande regelmäßig als von diesem ermächtigt anzusehen, den Anspruch des Gewährverbandes im eigenen Namen durchzuführen. Die Sparkasse macht dann nicht einen eigenen Anspruch gegen den Beamten geltend, sondern einen solchen des Gewährverbandes.

. . .

Nach dem gegebenen Sachverhalt bestehen keine Bedenken, diese stillschweigende Ermächtigung der Klägerin durch den Gewährverband, die Stadtgemeinde K., zur Geltendmachung des Anspruchs gegen den Beklagten auf Leistung des Ersatzes des von ihm der Sparkasse schuldhafterweise zugefügten Schadens anzunehmen. Damit ist nach dem Dargelegten die Sachbefugnis der Klägerin als gegeben anzusehen.

[1]) Jetzt Art. 34 GG.

Der aus der Zeit vor dem Inkrafttreten des Deutschen Beamtengesetzes vom 26. Januar 1937 (RGBl. I S. 39), dem 1. Juli 1937, stammende Anspruch beurteilt sich gemäß § 23 Nr. 4 der Zweiten Verordnung zur Durchführung des Deutschen Beamtengesetzes vom 13. Oktober 1938 (RGBl. I S. 1421) nach dem früheren Recht, d. i. nach §§ 88 flg. II 10 ALR., wonach der Beamte mit der im § 91 das. bestimmten Einschränkung jedes bei der Führung seines Amtes begangene Versehen zu vertreten hat, das bei gehöriger Aufmerksamkeit und nach den Kenntnissen, die bei der Verwaltung des Amtes erfordert werden, hätte vermieden werden können und sollen.

Die Klage wirft dem Beklagten vor, daß er in Verfolg des Beschlusses des Vorstandes der Klägerin, bei Uebernahme der Bürgschaft hierfür durch die Stadtgemeinde den Kredit der KüMEis von 15 000 RM. auf 25 000 RM. zu erhöhen, die weiteren 10 000 RM. ohne das Vorliegen der aufsichtsbehördlich genehmigten Bürgschaft an die KüMEis ausgezahlt habe. Das Berufungsgericht erachtet in Uebereinstimmung mit dem Landgericht hier keine schuldhafte Verletzung seiner Amtspflichten durch den Beklagten für gegeben, weil er vom Bürgermeister der Stadt und damaligen Vorsitzenden des Vorstandes der Klägerin angewiesen worden sei, das Geld schon vor der Beschaffung der aufsichtsbehördlichen Genehmigung der Bürgschaft der Stadtgemeinde an die KüMEis zu zahlen.

Diese Rechtsauffassung wird von der Revision zu Recht als rechtsirrig angegriffen. Sie zeigt eine Verkennung der Pflichten eines Sparkassenleiters und seiner Stellung zum Vorsitzenden des Sparkassenvorstandes und Bürgermeister des Gewährverbandes. Während der Vorstand der Sparkasse nach § 5 Abs. 2 der Satzung über alle Angelegenheiten der Sparkasse, soweit in der Satzung nichts anderes bestimmt ist, beschließt, die laufende Geschäftsführung des Leiters der Sparkasse beaufsichtigt und die im § 8 vorgesehene Geschäftsanweisung erläßt, führt der Leiter der Sparkasse nach § 8 der Satzung verantwortlich die laufenden Geschäfte nach Maßgabe der Satzungen, der aufsichtsbehördlichen Anordnungen und der vom Vorstand zu erlassenden Geschäftsanweisung. Der Leiter der Sparkasse handelt hiernach innerhalb seines Aufgabenbereichs in eigener Verantwortung; er hat dabei die für seine Tätigkeit maßgeblichen Bestimmungen und Regelungen zu beachten, deren Kenntnis von ihm zu verlangen ist, wie von jedem Beamten das für die Ausübung des Amtes erforderliche Maß von Wissen vorauszusetzen ist (RGZ. Bd. 156 S. 34 [51][2]); Urt. III 51/40 des erkennenden Senats vom 28. Februar 1941 in DR. Ausg. A 1941 S. 1457 Nr. 12). Aus der in

[2]) Daselbst (RGZ. Bd. 156 S. 51) heißt es: „Es kommt . . . nicht darauf an, welche Kenntnisse und Einsichten der Beamte tatsächlich besitzt, vielmehr ist auszugehen von den Kenntnissen und Einsichten, die für die Führung des von ihm übernommenen Amtes erforderlich waren (Urteil des erkennenden Senats vom 1. Dezember 1931 III 51/31)."

erster Reihe zu beachtenden Satzung kommt für den gegenwärtigen Fall die Bestimmung des § 29 Abs. 1 Satz 4 in Betracht, wonach von der Sparkasse Darlehen an Private unter Bürgschaft des Reiches, eines deutschen Landes oder eines kommunalen Verbandes gewährt werden können. Entsprechend dieser Bestimmung hatte auch der Vorstand der Klägerin der KüMEis den weiteren Kredit von 10 000 RM. unter der Bürgschaft der Stadtgemeinde K. bewilligt. An jene Bestimmung der Satzung und an diesen Beschluß des Vorstandes, zu dessen Aufgabe nach § 5 Abs. 2, § 8 Abs. 1 zweiter Halbsatz der Satzung die Entscheidung über die Bewilligung von — nicht zu den laufenden Geschäften zu rechnenden — Krediten gehört, war der Beklagte als Leiter der Klägerin bei der Auszahlung der Gelder an die KüMEis gebunden. Das mußte ihm bewußt sein. Weiter mußte er, weil das mit zum Rüstzeug des Leiters einer Sparkasse gehört, sich darüber im klaren sein, daß die Bürgschaft der Stadtgemeinde zu ihrer Gültigkeit der aufsichtsbehördlichen Genehmigung bedurfte (§ 74 des am 1. Januar 1934 in Kraft getretenen preußischen Gemeindefinanzgesetzes vom 15. Dezember 1933 [GS. S. 442], ebenso jetzt § 78 der Deutschen Gemeindeordnung vom 30. Januar 1935 [RGBl. I S. 49]). Nach der im angefochtenen Urteil getroffenen Feststellung war ihm das auch bekannt. Er durfte demgemäß die Auszahlung der Gelder nicht vor dem Vorliegen einer gültigen Bürgschaft der Stadtgemeinde, d. h. vor der Nachbringung der aufsichtsbehördlichen Genehmigung der Bürgschaft, vornehmen. Dadurch, daß er dennoch die Gelder vorher auszahlte, handelte er schuldhaft pflichtwidrig.

Auf eine Anweisung des Bürgermeisters und Vorsitzenden des Vorstandes der Klägerin Pr., schon vor Einholung der aufsichtsbehördlichen Genehmigung der Bürgschaft auf den neuen Kredit hin Gelder an die KüMEis auszuzahlen, kann sich der Beklagte, entgegen der Ansicht des Berufungsgerichts, nicht berufen. Zwar war der Vorsitzende des Vorstandes der Klägerin nach der Geschäftsanweisung berechtigt, dem Leiter der Sparkasse Weisungen zu erteilen, und diese Weisungen waren, wie es in der Geschäftsanweisung heißt, für ihn verbindlich. Das gilt aber nur, soweit jener sich im Rahmen seiner Zuständigkeit hielt. Soweit er dabei die für ihn bestehenden gesetzlichen und satzungsgemäßen Schranken erkennbar überschritt, war der Beklagte als Leiter der Sparkasse nicht gehalten, seine Weisungen zu befolgen, und durfte er bei Erfüllung der ihm obliegenden Amtspflichten ihnen nicht entsprechen. Schon nach allgemeinen Grundsätzen des Beamtenrechts ist der Beamte nicht verpflichtet, offenbar gesetzwidrigen Anordnungen des Vorgesetzten nachzukommen. So weit geht die Gehorsamspflicht nicht (vgl. Urt. 3 D 215/25 des Reichsgerichts vom 21. Juli 1925 in JW. 1925 S. 2775 [2777] Nr. 1; vgl. auch jetzt § 7 Abs. 2 DBG.)[3]). Nach der Ge-

[3]) Vgl. § 56 BBG.

schäftsanweisung für den Leiter der Sparkasse ist diesem zudem noch ausdrücklich die Pflicht auferlegt, die bestehenden Gesetze und Verordnungen wie die Satzung der Sparkasse . . . zu beachten und sich an die satzungsgemäßen Beschlüsse des Vorstandes der Sparkasse zu halten. Dazu tritt dann freilich, aber nur in deren Rahmen und Ausführung, das Weisungsrecht des Vorsitzenden des Sparkassenvorstandes an ihn.

Der Vorsitzende des Vorstandes der Klägerin war also nicht berechtigt, entgegen dem Beschlusse des Vorstandes, ohne Vorliegen der rechtsgültigen Bürgschaft und entgegen § 29 Abs. 1 Satz 4 der Satzung Anweisung auf Auszahlung der Gelder an die KüMEis zu geben. Nebenerwägungen, wie: die Auszahlung der Gelder sei zur Aufrechterhaltung des Betriebes der KüMEis und zur Milderung der Arbeitslosigkeit notwendig gewesen, und man habe dabei den Bestrebungen der maßgebenden Stellen, die Arbeitslosigkeit zu beseitigen, Rechnung tragen müssen, sind nicht geeignet, den Beklagten zu entlasten. Für die Wahrnehmung seines Amtes mußte für ihn die ordnungsmäßige Führung der Geschäfte der Sparkasse in einer Weise, welche die Sicherheit der Spareinlagen nicht gefährdete und die Sparer nicht schädigte, — welchem Ziele jene gesetzlichen und satzungsmäßigen Bestimmungen dienen — die allein maßgebende Richtschnur sein, von der er durch anderweitige Erwägungen ohne schuldhafte Verletzung der ihm obliegenden Amtspflichten nicht abweichen konnte. Das hat auch in ungewöhnlichen Zeiten zu gelten; gerade in ihnen beanspruchen wohlerwogene, der Sicherheit von Spareinlagen dienende gesetzliche und satzungsmäßige Bestimmungen ihre uneingeschränkte Geltung.

Das pflichtwidrige Verhalten des Beklagten hätte nur durch den Vorstand selbst, durch ausdrücklichen, dieses Vorgehen billigenden Beschluß oder durch stillschweigende Billigung, gedeckt werden können. Dann ist freilich, wie in der Rechtsprechung anerkannt ist (vgl. die Urteile des erkennenden Senats III 453/27 vom 18. Mai 1928 in RVerwBl. Bd. 50 S. 402, III 97/31 vom 26. Januar 1932 in HRR. 1932 Nr. 1382), der Leiter der Sparkasse wegen seines satzungswidrigen Verhaltens der Sparkasse gegenüber entlastet und die Sparkasse kann ihn dieserhalb wegen eines ihr etwa entstandenen Schadens nach Treu und Glauben nicht verantwortlich machen. Ein entsprechender Beschluß des Vorstandes der Klägerin liegt nicht vor. (Weiter wird ausgeführt, daß sich aus dem vom Berufungsgericht geprüften Sachverhalt, entgegen dessen Ansicht, auch keine stillschweigende Billigung des Verhaltens des Beklagten durch den Vorstand ergibt. Dann wird fortgefahren:)

Das angefochtene Urteil beruht hiernach in beiden Gründen, aus denen es zur Verneinung des Klageanspruchs gelangt, auf Rechtsirrtum, der zur Aufhebung des Urteils nötigt. Die Sache ist aber nicht zur Endentscheidung reif. Es bleibt die Behauptung des Beklagten zu prüfen, die Klägerin sei auf das vor der Konkurseröffnung der KüMEis gemachte Anerbieten des Kaufmanns F., das Geschäft der KüMEis bei voller

Schadloshaltung der Klägerin wegen des ihr gewährten Kredits zu übernehmen, nicht eingegangen. Wäre ein solches Anerbieten tatsächlich gemacht worden und war F. wirtschaftlich in der Lage, die Klägerin schadlos zu halten, dann träfe die Klägerin nicht nur ein eigenes Verschulden an der Entstehung des behaupteten Schadens, wie der Beklagte meint, sondern es würde weiter überhaupt an einer Voraussetzung für die Klage gegen den Beklagten fehlen. Nach § 91 II 10 ALR. findet die Vertretung des Beamten für sein Amtsversehen nur dann statt, wenn kein anderes gesetzmäßiges Mittel mehr übrig ist, wodurch den nachteiligen Folgen eines solchen Versehens abgeholfen werden könnte. Zu den hier gedachten gesetzmäßigen Mitteln gehört — wie jetzt nach der insoweit gleichen Bestimmung des § 839 Abs. 1 Satz 2 BGB. — die Möglichkeit, und zwar auch eine solche tatsächlicher Art, den Schaden von anderer Seite ersetzt zu verlangen. Dabei ist der gegenwärtigen Möglichkeit zur Erlangung anderweitigen Ersatzes die frühere, aber schuldhafterweise nicht ausgenutzte Möglichkeit gleichzusetzen. . . .

(Die weiteren Ausführungen betreffen die übrigen Einwendungen des Beklagten.)

RGZ. 172, 169

Die Vermeidung rechtlich fehlerhafter, insbesondere rechtsunwirksamer Versprechen ist ein Gebot der Fürsorge des Dienstherrn für den Beamten. Der Inhalt der Fürsorgepflicht bestimmt sich nach objektiven Maßstäben, nicht nach den subjektiven Umständen in der Person des für den Dienstherrn Handelnden.

Alter Leitsatz:

1. Gilt die bindende Kraft der Entscheidung der Verwaltungsbehörden nach § 146 DBG.[1] *auch für Beamte, die vor dem Inkrafttreten des Deutschen Beamtengesetzes in den Ruhestand versetzt worden sind?*

2. Gilt die Vorschrift darüber, wie Verpflichtungserklärungen einer Gemeinde abzugeben sind, auch für solche öffentlich-rechtlicher Art und insbesondere für Erklärungen, in denen die Gemeinde ihrem Beamten aus Anlaß seines Ausscheidens eine Leistung verspricht?

3. Kann in der Abgabe eines solchen Versprechens eine Verletzung der Fürsorgepflicht der Gemeinde ihrem Beamten gegenüber liegen, wenn sich das Versprechen wegen Außerachtlassung der gedachten Vorschrift oder aus anderem Grunde als rechtsunwirksam erweist?

4. Nach welchen Gesichtspunkten bestimmen sich Inhalt und Umfang der Fürsorgepflicht, wenn der stellvertretende Bürgermeister einer Gemeinde in ihrem Namen mit dem Bürgermeister über die Regelung seines Beamtenverhältnisses verhandelt?

[1] Das BBG. enthält eine entsprechende Vorschrift nicht; für seinen Anwendungsbereich entfällt das Bedürfnis zu einer solchen Regelung wegen der unbeschränkten Verweisung aller Klagen der Beamten aus dem Beamtenverhältnis in den Verwaltungsrechtsweg (vgl. § 172 daselbst).

Deutsches Beamtengesetz vom 26. Januar 1937 (RGBl. I S. 39) — DBG. — §§ 36[2]), 146[1]), 184 Abs. 1 Satz 3[3]). Deutsche Gemeindeordnung vom 30. Januar 1935 (RGBl. I S. 49) — DGO. — § 36. BGB. §§ 306, 618.

III. Zivilsenat. Urt. v. 2. Dezember 1943 i. S. D. (Kl.) w. Gemeinde S. (Bekl.). III 94/43.

I. Landgericht Dresden. II. Oberlandesgericht daselbst.

Der Kläger wurde am 1. November 1928 auf fünf Jahre zum ehrenamtlichen Bürgermeister der Beklagten gewählt und nach dem Ablauf dieser Zeit auf weitere fünf Jahre wiedergewählt, so daß seine Wahlzeit am 31. Oktober 1938 ablief. Er erhielt nach § 2 des Ortsgesetzes der Beklagten „über die Stelle des Bürgermeisters" eine Vergütung und hatte nach § 6 die Anwartschaft auf ein Ruhegeld, sofern er nach zehnjähriger Amtszeit beim Ausscheiden dienstunfähig oder fünfundsechzig Jahre alt geworden sein würde. Der letzte Fall wäre, da der Kläger am 14. August 1873 geboren ist, eingetreten, wenn er bis zum 31. Oktober 1938 im Amte verblieben wäre. Nach Verhandlungen mit dem stellvertretenden Kreisleiter, der seinen Rücktritt als Bürgermeister wünschte, schied der Kläger jedoch schon am 31. März 1936 aus seinem Amte. Zuvor hatte unter dem 16. März 1936 der stellvertretende Bürgermeister der Beklagten, Qu., in deren Namen eine Erklärung unterschrieben, in der die Bezahlung von Gehaltsrückständen an den Kläger geregelt wurde. Am Schlusse heißt es: „Weiter verpflichten wir uns, die Beiträge an den Landespensionsverband bis zum Eintreten der Ruhegeldzahlung an den Bürgermeister D., das ist Ende 1938, weiterzuzahlen." Die Beklagte versuchte auch, diese Verpflichtung auszuführen. Das erwies sich aber als unmöglich, weil nach den Satzungen des Landespensionsverbandes die Weiterversicherung des Klägers nach seinem Ausscheiden aus dem Dienst unzulässig war. Der Kläger hat daher nach dem 31. Oktober 1938 vom Landespensionsverband kein Ruhegehalt erhalten.

Am 3. November 1937 verglichen sich die Streitteile über Meinungsverschiedenheiten wegen des noch rückständigen Gehalts und wegen eines Gemeindekassenfehlbetrags, für den der Kläger verantwortlich sein sollte. In dem Vergleiche wird auch bestimmt, daß die Beklagte keine Ansprüche aus Feststellungen, die der Buchprüfer K. getroffen hatte, an den Kläger und dieser ebensowenig „irgendwelche anderen Ansprüche" an die Beklagte stellen werde.

---

[2]) Vgl. § 79 BBG.
[3]) Vgl. § 180 BBG.

Nach Erfüllung der Voraussetzungen des § 143 DBG.[4]) macht der Kläger mit der Klage einen Anspruch auf Zahlung von 500 RM. geltend, in erster Reihe als Teilbetrag eines Ruhegeldanspruchs, in zweiter unter dem Gesichtspunkt eines Schadensersatzanspruchs. Er behauptet, durch die Vereinbarung vom 16. März 1936 habe ihm die Beklagte die Gewährung eines Ruhegelds zugesichert. Den Schadensersatzanspruch stützt er darauf, daß die Beklagte durch Verletzung ihrer Fürsorgepflicht verschuldet habe, daß er kein Ruhegeld erhalte.

Die Beklagte bestreitet alles dies. Sie hält dem Klagebegehren auch entgegen, der Kläger habe in dem Vergleich vom 3. November 1937 auf den Anspruch verzichtet.

Das Landgericht hat nach dem Klageantrag erkannt. Das Berufungsgericht hat die Klage abgewiesen. Die Revision des Klägers führte zur Aufhebung und Zurückverweisung.

Gründe:

1. Als sich der Kläger im Frühjahr 1936 bereit erklärte, aus dem Dienste der Beklagten zu scheiden, unterstand sein Beamtenverhältnis den Vorschriften der Deutschen Gemeindeordnung vom 30. Januar 1935 sowie des Ortsgesetzes der Beklagten „über die Stelle des Bürgermeisters". Weder in der Deutschen Gemeindeordnung noch in dem Ortsgesetz ist für die Entlassung des Bürgermeisters aus dem Amte die Einhaltung einer bestimmten Form angeordnet. Der Entlassungswille der Beklagten konnte daher in jeder Art, insbesondere auch mündlich oder durch schlüssiges Verhalten kundgegeben werden (Urt. III 116/30 des erkennenden Senats vom 24. März 1931, abgedr. bei Sievers Das Beamtenrecht der Reichsverfassung Nr. 81 S. 146/147). Daß sich die Beklagte dem Kläger gegenüber damals mindestens in dieser Weise geäußert hat, ist unstreitig. Es ist daher außer Frage, daß ein geeigneter Verwaltungsakt stattgefunden hat, der auf die Entlassung des Klägers abzielte.

Verhält es sich aber so, dann ist für jede nunmehrige Beurteilung des Sachverhalts durch die ordentlichen Gerichte die Beendigung des Beamtenverhältnisses als damals wirksam geschehen hinzunehmen. Das ergibt sich aus § 146 DBG.[1]), wo den Entscheidungen der Verwaltungsbehörden darüber, ob und von welchem Zeitpunkt ab das Beamtenverhältnis endet, bindende Kraft für die Beurteilung der gerichtlich geltend gemachten vermögensrechtlichen Ansprüche des Beamten beigelegt worden ist. Diese Vorschrift gilt nach § 184 Abs. 1 Satz 3 DBG. auch für die Beamten, die schon vor dem Inkrafttreten des Deutschen Beamtengesetzes in den Ruhestand getreten sind. Damit erledigen sich die von der Revision wiederholten Bedenken des Klägers, ob überhaupt vor

[4]) Vgl. § 173 Abs. 1 BBG.

Ablauf seines Wahlzeitraums eine wirksame Beendigung seines Beamtenverhältnisses eingetreten sei.

Demgemäß ist das Klagebegehren unbegründet, sofern es auf die Gehalts- oder Ruhegeldbeträge abzielt, die mit der Stelle, die der Kläger bekleidet hat, kraft Gesetzes verbunden sind. Wegen der Ruhegeldbezüge folgt dies daraus, daß im Frühjahr 1936 die dafür vorgesehenen Voraussetzungen des § 6 Abs. 1 des Ortsgesetzes — Dienstunfähigkeit oder Vollendung des 65. Lebensjahres — nicht erfüllt waren. Hiernach bleibt nur übrig, zu prüfen, ob der Anspruch etwa aus Vertrag oder als solcher auf Schadensersatz aus Verletzung der Fürsorgepflicht oder der Amtspflicht begründet ist.

2. Als vertragliche Grundlage kommt die „Erklärung" der Beklagten vom 16. März 1936 in Betracht. Daß solche Verträge öffentlichen Rechts zwischen einer Dienstbehörde und ihrem Beamten zur Herbeiführung eines freiwilligen Ausscheidens rechtlich möglich sind, war fester Bestandteil der höchstrichterlichen Rechtsprechung jedenfalls für die Gesetzeslage vor dem Deutschen Beamtengesetz (Urt. III 328/23 des erkennenden Senats vom 27. November 1923, abgedr. bei Sievers a. a. O. Nr. 475 S. 617). Inhaltlich ging die Erklärung auf die Uebernahme einer neuen Verpflichtung der Gemeinde. Denn nach der bisherigen Rechtslage bestand keine Verpflichtung der Beklagten, im Falle des Ausscheidens des Klägers aus seinem Amte die Beiträge an den Landespensionsverband weiterzuzahlen. Im Hinblick auf die Vorschrift des § 36 Abs. 2 DGO. entsteht daher die Frage, ob die Uebernahme dieser Verpflichtung von der Beklagten rechtlich wirksam erklärt worden ist.

Das Berufungsgericht läßt dies dahingestellt; es ist aus anderem Grunde zu dem Ergebnis gelangt, daß der Kläger aus dem Schriftstück vom 16. März 1936 nichts für sich herleiten könne. Es hat diese Vereinbarung dahin ausgelegt, daß die Beklagte damit lediglich die Verpflichtung übernommen habe, die Beiträge für die Ruhegeldversicherung, die sie mit dem Landespensionsverband zugunsten des Klägers abgeschlossen hatte, bis Ende 1938 weiterzuzahlen, nicht aber sich anheischig gemacht habe, von sich aus dem Kläger nach Vollendung seines 65. Lebensjahres das Ruhegeld zu entrichten. Diese Beurteilung wird von der Revision ohne Erfolg angegriffen. Die Revision beruft sich darauf, daß der Kläger in seinem Recht auf Ruhegeld durch sein vorzeitiges Ausscheiden nicht habe verkürzt werden und daß die Beklagte darauf mit der von ihr übernommenen Verpflichtung habe hinwirken wollen. Beides ist nach dem Hergang außer Zweifel, läßt aber Art und Maß des Beitrags offen, den die Beklagte zur Erreichung dieses Zieles leisten wollte und sollte. Das Berufungsgericht hat ihn in der angegebenen Weise begrenzt. Inwieweit es sich dabei auch nach dem Inkrafttreten der Deutschen Gemeindeordnung um die Anwendung sächsischen Beamtenrechts, also nichtrevisiblen Rechts (§ 549 Abs. 1 ZPO.) handelt, kann unerörtert bleiben. Jedenfalls wird die Auslegung des Berufungsgerichts einerseits durch den zwanglos aufgefaßten Sinn der Erklärung vom 16. März 1936 gefordert und tritt sie andererseits zu jener Einstellung beider Teile in keinen Widerspruch. Wurde die Verpflichtung der Beklagten aber absichtlich in dieser Weise bestimmt und begrenzt, so würde ihre Veränderung und Erweiterung dem Geschäftswillen der Beteiligten geradezu zuwiderlaufen. Derartiges kann daher auch nicht, wie die Revision möchte, aus dem Gebote von Treu und Glauben hergeleitet werden, das an sich freilich auch die Beziehungen der Streitteile beherrschte.

In der Folgezeit hat sich die Ausführung dieser Verpflichtung der Beklagten als unmöglich herausgestellt. Die Unmöglichkeit beruhte auf den Bestimmungen des Landespensionsverbandes. Sie bestand demgemäß bereits, als die Streitteile die Vereinbarung trafen. Sie machte daher nach dem Grundsatz des § 306 BGB., der in diesem öffentlichrechtlichen Verhältnis entsprechend anzuwenden ist, die Vereinbarung nichtig. Es entstand also insoweit von vornherein überhaupt keine Verpflichtung der Beklagten. Darum ist es — abgesehen von der erörterten absichtlichen Begrenzung der Verpflichtung — unzulässig, etwa in entsprechender Anwendung des Rechtsgedankens des § 242 BGB. der Leistung, welche die Beklagte übernehmen wollte, einen anderen möglichen Inhalt zu geben. Auch aus diesen rechtlichen Zusammenhängen ergibt sich also, daß der Kläger aus dem Vertrag als solchem nichts für sich herleiten kann.

Dasselbe Ergebnis wird jedoch noch durch den anderen, bereits berührten Gesichtspunkt des § 36 Abs. 2 DGO. notwendig gemacht. Wie dargelegt, sollte die Gemeinde im Sinne dieser Vorschrift durch die Erklärung „verpflichtet" werden. Das konnte, wie das Reichsgericht von jeher schon für die entsprechenden Vorschriften früherer Gemeindeordnungen und ähnlicher Bestimmungen ausgesprochen hat (RGZ. Bd. 139 S. 58 [62][6]) mit weiteren Nachweisungen), nur in der gesetzlich bestimmten Weise geschehen; ohne deren Einhaltung konnte eine rechtlich wirksame Verpflichtung überhaupt nicht entstehen. Dabei ist ohne Belang, daß der Inhalt der Verpflichtung, welche die Beklagte zu übernehmen gedachte, öffentlichrechtlicher Natur ist, da sich § 36 Abs. 2 DGO., wie übrigens ebenfalls schon die entsprechenden Vorschriften des früheren Rechts, in gleicher Weise auf bürgerlichrechtliche und auf öffentlichrechtliche Verpflichtungserklärungen bezieht (Surén-Loschelder Deutsche Gemeindeordnung, 2. Aufl., Bem. 2a zu § 36 S. 538). Die Urkunde vom 16. März 1936 genügte aber der Anforderung des Gesetzes nicht; denn sie trägt nur die Unterschrift Qu.'s, der sich dabei ausdrücklich als „stellvertretender Bürgermeister" bezeichnet. Es lag also der Fall einer Vertretung des Bürgermeisters vor; für diesen erfordert § 36 Abs. 2 Satz 2 DGO. die Unterzeichnung durch zwei vertretungsberechtigte Beamte oder Angestellte. Wenn der Kläger dem-

[6]) In dieser Auswahlsammlung abgedruckt unter „Gemeinderecht".

gegenüber geltend macht, die Erklärung sei von Qu. erst am 1. April 1936 unterschrieben worden, nachdem er „die Bürgermeisterstelle übernommen" gehabt habe, so ist dies ohne Belang, und zwar nicht nur, weil das Vorbringen die Darlegung vermissen läßt, daß Qu. zuvor in der gesetzlich bestimmten Weise Bürgermeister geworden war, sondern vor allem deshalb, weil die Urkunde selbst ausweist, daß er bei ihrer Ausstellung nur in der Eigenschaft als stellvertretender Bürgermeister tätig geworden ist.

3. Aus dem Bisherigen ergibt sich, daß der Kläger aus der Urkunde vom 16. März 1936 unmittelbar keine Verpflichtung der Beklagten herleiten kann. Damit ist jedoch der rechtliche Gehalt des Falles nicht erschöpft. Eine andere Frage ist nämlich, ob die Beklagte dafür haftet, daß ihr Beamter Qu. auf die Entschließung des Klägers zur Amtsniederlegung einwirkte, indem er namens der Beklagten eine Verpflichtungserklärung abgab, die der Anforderung des Gesetzes nicht genügte, außerdem von vornherein unvollziehbar war. Die Vermeidung solcher rechtlich fehlerhaften Versprechen ist ein Gebot der Fürsorge des Dienstherrn für den Beamten. An dem Vorbringen des Klägers ist daher richtig, daß in dem Verhalten Qu.'s, der die Beklagte bei der Vereinbarung vom 16. März 1936 vertrat, der äußere Tatbestand einer Verletzung dieser Pflicht zu erblicken ist. Für den Schaden daraus hat die Beklagte einzustehen, wenn jenem ein Verschulden wegen der Versehen zur Last zu legen wäre. Ob dem Kläger ein Schaden entstanden ist und worin er besteht, müßte der Tatsachenrichter feststellen, wenn die übrigen Voraussetzungen für eine Haftung der Beklagten gegeben wären. Er würde zu diesem Zwecke zu ermitteln haben, wie sich die Streitteile verhalten haben würden, wenn ihnen klar gewesen wäre, daß in der geschehenen Weise den Belangen des Klägers nicht zu dienen war. Es ist einerseits möglich, daß es in diesem Fall überhaupt nicht zu der vorzeitigen Amtsniederlegung des Klägers gekommen wäre, andererseits aber auch, daß er alsdann ohne Ruhegeld und ohne Vorsorge für die Sicherung eines solchen ausgeschieden wäre. Dazwischen liegt die Möglichkeit, daß die Beklagte, die ja durch die Entlassung des Klägers noch den Vorteil davontrug, das Gehalt und die Beiträge an den Landespensionsverband für den Kläger nicht weiterzahlen zu brauchen, dem Kläger in anderer Weise entgegengekommen wäre.

Ein Verschulden Qu.'s würde, wie das angefochtene Urteil mit Recht sagt, darin zu erblicken sein, daß er sich keine Gedanken darüber gemacht und darum auch nicht aufgeklärt hat, ob der Landespensionsverband auch bei dem vorzeitigen Ausscheiden des Klägers Ruhegeld an ihn zahlen würde, wenn nur die Versicherungsprämien weitergezahlt würden. Dem ist hinzuzufügen, daß Qu. sich außerdem durch Einsicht in das Gesetz hätte vergewissern müssen, in welcher Weise derartige Erklärungen einer Gemeinde abzugeben sind. Ob in dem ersten eine Fahrlässigkeit des stellvertretenden Bürgermeisters lag, hat das Berufungsgericht jedoch dahingestellt gelassen. Es meint unter Hinweis auf den Grundsatz des § 254 BGB., von dessen Geltung auch im öffentlichen Recht es ausgeht, der etwa entstandene Schaden sei so überwiegend auf das eigene Verschulden des Klägers zurückzuführen, daß dieser ihn allein tragen müsse. Vor allem sei es seine Sache gewesen, sich darüber zu unterrichten, ob er bei vorzeitigem Ausscheiden aus dem Amte vom Landespensionsverband Ruhegeld fordern könne. Von ihm als langjährigem Gemeindebeamten habe diese Vorsicht gefordert werden müssen, während es Qu., der von Beruf Bauer sei, viel ferner gelegen habe, überhaupt solche Zweifel zu hegen und darauf zu kommen, daß Ermittlungen nötig seien.

Gegen diese Betrachtungsweise bestehen schon grundsätzliche rechtliche Bedenken. Sie läßt den Umstand, daß der Kläger Vorstand der Behörde, Qu. aber nur sein Vertreter war, sich dahin auswirken, jenem schlechthin das ganze Maß der zu beobachtenden Sorgfalt aufzubürden, diesen aber davon völlig freizustellen. Das entspricht nicht der Rechtslage. Denn eben Qu. stand dem Kläger als Vertreter der öffentlichen Körperschaft gegenüber, die mit ihm als ihrem Beamten verhandelte. Qu. hatte daher gegen den Kläger in vollem Umfange die Pflichten zu erfüllen, die der Beklagten ihm gegenüber wie gegenüber jedem ihrer Beamten in solchem Fall oblagen. Dazu gehört die Fürsorge, der bei der Abwicklung der Angelegenheit der dargelegte besondere Inhalt zukam. Es kann also keine Rede davon sein, daß es von vornherein ausschließlich Sache des Klägers gewesen wäre, sich um die Rechtsgültigkeit und Ausführbarkeit derjenigen Erklärung der Beklagten zu kümmern, die nach dem Willen beider Teile die Grundlage für die weitere Entschließung des Klägers abgeben sollte.

Dazu kommt, daß die Bedenken der Revision gegen die sachliche Unterlage der Würdigung des Berufungsgerichts nicht von der Hand gewiesen werden können. Die hier eingreifende Verfahrensrüge betrifft die Annahme des angefochtenen Urteils, Qu. sei von Beruf Bauer, während sich der Kläger als langjähriger Gemeindebeamter um die einwandfreie Abfassung der Urkunde hätte bekümmern müssen. (Es wird dargelegt, daß die Rüge begründet ist.)

Aehnliches würde sich wegen der Nichtbeachtung der Vorschriften des § 36 DGO. ergeben.

Schließlich wird für eine abschließende Beurteilung, insbesondere auch des Verschuldens des Qu. — einer Frage, auf die sich das Berufungsgericht, wie gesagt, bisher nicht eingelassen hat —, die Aufklärung nicht entbehrt werden können, auf welchen Umständen die Unmöglichkeit der Weiterversicherung beruhte. Nach Schriftstücken, welche die Beklagte überreicht hat, scheint die Weiterversicherung nach dem Ausscheiden aus dem Amte früher möglich gewesen zu sein, sei es mit, sei es ohne besondere Genehmigung der Kasse, und erst 1935 abgeschafft worden zu sein. Dabei fällt noch auf, daß die Möglichkeit solcher

Weiterversicherung für im Dienst stehende Beamte entschädigungslos gestrichen worden sein soll, obwohl dafür in der vorhergegangenen Zeit Beiträge gezahlt worden waren. Jedenfalls wird es der Feststellung bedürfen, in welcher Weise der Beklagten von diesen Veränderungen Kenntnis gegeben worden war, um beurteilen zu können, ob ihren Beamten ein Vorwurf zu machen ist, wenn sie über die Verhältnisse unzutreffend unterrichtet waren.

Das Berufungsgericht wird also die Fragen der Verletzung der Fürsorgepflicht und des beiderseitigen Verschuldens nach der erforderlichen weiteren Aufklärung des Sachverhalts neu zu würdigen haben.

4. Diese Notwendigkeit würde entfallen, wenn der weitere Entscheidungsgrund zuträfe, daß der Verzicht des Klägers in dem Vergleich vom 3. November 1937 auf den Klageanspruch zu erstrecken sei. (Es wird dargelegt, daß auch diese Annahme des Berufungsgerichts auf verfahrensmäßig fehlerhafter Grundlage beruht.)

Sachregister

(Die Ziffern bedeuten die Seitenzahlen dieses Bandes)

G

H

R

Z

FSC
www.fsc.org
MIX
Papier | Fördert gute Waldnutzung
FSC® C083411

Kolibri 360 GmbH
Ferdinand-Jühlke-Straße 7
99095 Erfurt, Deutschland
produktsicherheit@kolibri360.de